JN437302

# 물류관리론

임실근 | 박수홍 공저

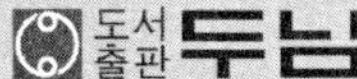

# 머리말 PREFACE

오늘날 세계경제와 함께 글로벌 환경이 조성되면서 물류산업의 역할과 그 중요성이 강조되고 있습니다. 특히, 세계적인 교역 규모의 확대와 정보통신 및 수송기술의 혁명적인 발달은 대형화·전문화·종합화 추세로 진행되고 있습니다. 특히, 중국은 지난 30년간 시장개방을 통해 급속한 경제성장을 이루고 있습니다.

경제선진국인 영국과 미국, 독일이 이룩했던 실적과 성과를 무너뜨리는가 하면, 우리나라 5천년의 가난과 선쟁의 상처를 잊고 20년 동인에 세계를 놀라게 한 경부고속도로 건설과 한강을 기적을 비웃고 있는 것입니다. 이제 중국은 세계의 생산만을 담당하는 공장이 아니라, 블랙홀이 되어 모든 자원과 자본이 중화민국으로 집약되는 세계 최고의 국가를 향해서 도약하고 있는 것입니다.

우리나라 경제는 수출산업이 산업의 중심이 되는 국가입니다. 특히, 우리나라는 미국과 중국을 중심으로 상호협력하면서도 경쟁해야 하는 중요한 기로에 있습니다. 따라서 정부와 기업들에게는 글로벌 자본력과 경영노하우, 상품개발과 서비스관리 측면에서 무한대의 경쟁력을 요구하고 있으며, 유통산업과 물류산업의 중요성이 한층 더 부각되고 있습니다. 따라서 국가 간, 지역 간 생산과 소비의 경쟁력과 안전하고 효율적인 공급채널관리와 공급체인망관리의 중요성이 더욱 증대되고 있습니다.

물류업계는 그린경제시대에 부응하는 조치로서, 단순물류차원에서 벗어나서 시스템통합(SI)을 주축으로 세계 물류시장에 뛰어들면서 국제복합유송은 물론, IT아웃소싱과 시스템 유지보수 사업 등 다양한 분야까지 진출하고 있습니다. 이러한 환경극복 노력은 새로운 업그레이드 비용과 파생혁신비용은 물론, 고객가치 창출비용까지 자체적인 고객 맞춤형 서비스로 해결하여야 되는 환경이 되었습니다.

이러한 글로벌 유통물류산업에서의 복잡한 환경변화는 동북아 유통·물류허브국가로의 도약과 생존전략이 시급한 우리나라로서는 엄청난 위협이면서도 새로운 도전이므로 이에 대처할 수 있는 육성방안이 절실하게 요구되고 있습니다.

필자는 대기업과 중소기업, 연구소, 유통협회 등 제조·판매, 유통·물류분야에 종사하면서 특히, 좁은 국토, 도로사정, 육상운송중심 운영형태 등 열악한 환경에서 물류분야를 공부하게 된 것은 하느님의 은총이라고 생각하고 있습니다.

본 저서는 총 11장으로 구성되었습니다.

제 1 장은 물류산업에 대한 기본적인 이해도를 높이고저 하였습니다.
제 2 장은 물류기능과 종류, 종합기능과 국가별 물류환경변화를 기술하였습니다.
제 3 장은 물류관리개념에 대한 접근과 기업경영과 물류서비스를 기술하였습니다.
제 4 장은 물류합리화를 위한 물류표준화와 제반 기술의 흐름과 물류공동화를 설명하였습니다.
제 5 장은 국제물류의 기본개념의 변화와 국제물류 기술의 발전을 설명하고 화물관련 처리기술에 대하여 제반 사례를 인용하여 설명하였습니다.
제 6 장은 세계 물류산업의 주요 이슈와 전략에 대하여 관련 자료를 인용하면서 국가별로 설명하였습니다.
제 7 장은 국제물류기술 발전과 화물과 농산물의 처리기술변화를 설명하였습니다.
제 8 장은 정보화 추진과 가상물류 정보의 본질과 물류정보화를 설명하였습니다.
제 9 장은 바코드와 POS 및 다양한 물류정보의 기술변화를 설명하였습니다.
제10장은 공급사슬관리의 기본개념과 공급사슬관리에서의 다양한 구현전략에 대하여 접근하고 설명하였습니다.
제11장은 물류조직과 아웃소싱, 그리고 외주관리에 대해 설명하였습니다.

이 책이 물류관리를 공부하는 관련 학생들과 실무자들에게 조금이라도 도움이 되길 기원합니다.

끝으로 본인이 소속된 한국슈퍼마켓협동조합연합회 강갑봉 회장님에게 무한한 감사를 드립니다. 또한 이 책을 출간하기까지 정성으로 도와주신 도서출판 두남 전두표 사장님과 임직원 여러분들의 노고에 감사를 드립니다.

2015년 2월

서울 대치동에서 몽천(蒙泉) 임 실 근
장안대학교 연구실에서 박 수 홍

# 차 례 CONTENTS

## 제1장 물류의 이해



## 제2장 물류의 구분

## 제3장 물류관리와 물류서비스



## 제4장 물류합리화 관리

## 제5장 국제물류와 물류체계의 변화



## 제6장 글로벌 국가별 물류동향과 전략

## 제7장 국제물류 기술

## 제8장 정보화와 물류정보시스템



## 제9장 물류 정보기술



## 제10장 공급사슬관리(SCM)

## 제11장 물류조직과 외주관리

# 01 물류의 이해

## 1 물류의 개념

### 1) 기본 물류개념

#### (1) 개요

① 물류의 정의

- 생산에서 소비에 이르는 물적(物的)인 흐름이다. 즉, 운송이나 보관을 통하여 생산자에게서 소비자에게로 재화 또는 용역이 이동되는 흐름이다.
- 물류활동은 필요한 장소에, 필요한 시기에, 적정한 가격으로, 가능한 빠르게, 저렴한 비용으로, 안전하고, 확실하게 이동시키는 것이다.
- 기업이 상품을 생산해서 고객에게 배달하기까지 전 과정에서 장소와 시간의 효용을 창출하는 부분의 제반 활동을 총체적으로 나타내는 말이다.
- 제품의 운송·하역·보관·포장 등 출하과정과 물자유통(가공·수송)과정을 포함하여 정보유통(정보통신·서비스) 등도 포괄적으로 포함되는 개념이다.
- 생산자와 소비자를 연결하는 판매물류에서 조달물류, 생산물류, 회수물류 등 원·부자재 조달과 생산, 출하, 회수처리 등의 활동을 효율적으로 추진하는 것이다.
- 물류는 경제순환과정에서 생산과 소비 사이에 발생하는 지리적, 시간적 간격을 극복하여 연결시켜 주는 동시에 수요와 공급을 원활히 조절함으로써 개별 기업은 물론, 국민경제적 관점에서 중요한 역할을 수행한다.[1)]

1) 국제물류론, 도서출판 두남, 차종곤, 2005. p.17.

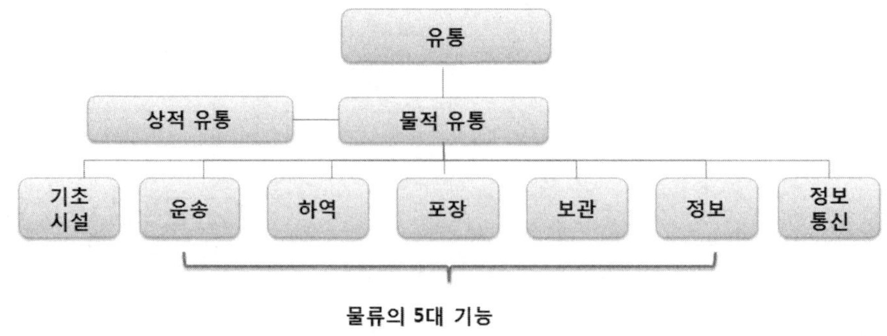


[그림 1-1] 물류의 범위

② e-물류(사이버 물류)의 정의

- 인터넷과 같은 정보통신기술을 전략적 도구로 활용하여 물류활동을 수행하거나 지원함으로써 수익창출이나 원가절감을 달성하고자하는 물류서비스를 의미함.

③ e-물류의 특징

- 정보통신기술을 전략적 도구로 사용
  - 인터넷 등의 정보통신기술을 기업의 물류활동의 목표를 달성하기 위한 핵심도구로 활용하는 것을 의미한다.
- 정보통신기술을 이용한 물류경영활동 수행
  - 보관, 하역, 수배송, 포장, 유통가공 등과 같은 본원적인 활동, 물류서비스, 물류조직 등을 통하여 물류행위를 수행한다.

### (2) 물류산업의 업(業)의 개념

① 협의물류

- 물류의 구성요소, 즉 수송, 보관, 하역, 포장, 유통가공, 정보처리 활동이다.
- 물적 유통. 재화를 생산지점에서 소비지점과 이용지점까지 이동시키는 과정.
- 재화 자체에 직접 관여활동만을 대상으로 제반 기능을 통합화시키는 노력.

② 광의물류(Logistics)

- 원자재조달, 제품생산, 배송기능과 포장, 하역, 수송, 운송, 보관, 정보통신, 서비스 등 제품과 정보가 효율적으로 연결되는 계획, 실시, 통제되는 관리체계.
- 물류활동의 효율성제고를 위한 합리화와 공동화·표준화를 위한 관리체계.
- 관리조직, 거점배치, 경로설정, 원가관리, 정보교환 등 제반 물류지원체계.

③ 물류산업의 개요

- 고객서비스, 수요예측, 물류정보, 구매, 포장, 운송, 하역, 창고(보관), 반품처리, 입지결정 등 Total Cost 개념이 도입된 시스템이다.

- 물류의 초기개념은 병참전략을 의미한다. 군수자재 발주, 생산, 재고관리, 배급, 통신 등 작전행동에 필요한 자재관리를 모두 포함하는 개념이다.
- 웹스터사전에 의하면, "군사과학의 한 분야로서 관계요원, 자재, 시설 등에 관하여 계획하고 지휘하며, 수행하는 제반활동이다"라고 정의한다.

### (3) 물류의 중요성

① 일반적인 물류의 중요성

- 국가경제에서 거시경제 효과와 밀접한 관계.
  - 생산성, 에너지효율 개선, 물가안정, 고용증대, 환경개선 등
- 국가 경쟁력과 미래 기업경쟁의 성패는 사회간접자본투자와 긴밀한 관계.
  - 물류산업의 효율적 시스템구축 및 운영전략과 정부정책과 밀접한 관계.
- 물류관련, 경제활동 비중이 GNP나 기업매출액에서 차지하는 비중이 증대함.
  - 물자수송, 보관, 하역, 포장, 재고관리, 가공물류 및 물류정보처리 등
- 세계석학들이 물류중요성에 대해 공동인식과 학문적인 접근이 지속되어 왔다.
  - 미국 피터 드럭커(P. E. Drucker)교수는 "경제의 암흑대륙"이라고 표현.
  - 미국 파커(D. D. Parker)교수는 "비용 절감을 위한 최후의 미개척분야."
  - 일본에서는 1965년 '제 3의 이윤원', '비용 절감의 보고' 등으로 표현.
- 물류는 차세대 전략요소 또는 제 3 이익원으로 잠재력이 풍부한 분야이다.
  - 고객만족을 위한 가치창조, 마케팅의 중요 원칙. 유연한 생산체계와 연관.

② 기업차원에서의 물류의 중요성

- 기업경영에서 저비용경영과제를 해결하기 위해서 물류혁신이 중요하게 대두.
  - 고정자산의 증대로 생산비용 절감의 한계와 물류비는 매년 증가하는 경향.
  - 고객요구의 다양화, 전문화, 고도화로 고객서비스향상이 중요시되고 있다.
- 기업의 경쟁력 강화, 기술혁신/IT 발전에 의한 기업의 생산비 절감 문제.
  - 생산비 절감 한계, 물류비 증가추세, 고객요구 다양화·전문화·고도화.
- 기업이윤 원천은 물류 근대화, 고객서비스 향상과 기업물류 혁신 필요.
- 마케팅믹스의 발전으로 제품, 가격, 판매촉진, 유통경로부문은 상당한 진전.
  - 물류분야(운송, 보관, 재고통제 등)는 관리혁신으로 대폭적 비용절감 기대.
- 소매업은 물류정보관련 경쟁에서 생존을 위한 독특한 물류전략 개발이 필요.
  - 기업은 수송경로, 창고관리, 화물취급, 상품흐름통제에서 치열한 경쟁 진행.
- 기업경쟁에서 승리하기 위해 물류측면에서 우위를 확보하여야 한다.
  - 운송, 보관, 하역, 포장기술의 발전과 정보통신의 기술혁신이 현저하다.
  - 선진국의 배기량 감소와 친환경대응 등 다양한 방법의 환경문제 대응노력.
  - 제조기업, 유통기업, 물류기업, 다양한 소매업태 등 전략물류 혁신이 진행.

③ 물류의 중대성 증대 요인

- 세계화와 국제무역의 증대(Increase in global trade)
- 소비자의 가치민감도 날로 증가(Customers are demanding greater value)
- 운송의 민영화 및 자유화(Transpotation privatization and liberalization)
- 환경보호 관심 증가 (Environmental concerns)
- 재고에 대한 새로운 견해 등장(Changing view of inventory)
- IT기술의 지속적 발전(Continuing advances in information technology)
- 전자상거래의 등장(E-Commerce)

④ 스튜워트(W. M. Stewart) 지적사항.

- 규모의 경영으로 재고비용절감을 위한 주문회수 증대와 증가된 주문회수를 처리할 효율적인 시스템의 도입이 필요하다.
- 소비자의 제품에 대한 다양한 요구는 재고 저장단위 수의 증대가 필요하며, 이는 다목적 창고재고 유지와 재고불균형 등의 문제를 발생시킨다.
- 소비자의 상품에 대한 저가판매 압력은 유통단계의 축소와 능률적이며 간접적인 분배경로의 등장을 강요하게 되었다.
- 가격결정에서 신축성을 부여하기 위해서는 전국 평균비용에 의존하기보다는 개별 시장별로 운송에 소요되는 실제 분배비용의 산출이 필요하게 되었다.
- 물류서비스를 개선하고 물류비용의 절감으로 기업은 고객서비스의 수준을 높일 수 있으며 이는 새로운 고객가치와 수요를 창출할 수 있다.

### (4) 물류의 영역과 기능

① 물류의 영역은 분류별 다음의 4가지로 구분할 수 있다.[2)]

- 국내 영역에서 물류의 확대 과정별로 구분하면
  - 기업내 물류 → 기업간 물류 → 산업간 물류 → 지역사회간 물류로 구분한다.
- 물류의 내용에 따라 형태별로 구분하면
  - 조달물류, 생산물류 및 판매물류로 구분할 수 있다.
- 국제화단계에서 물류영역을 구분하면
  - 국내 물류(지역형과 초지역형) → 2국간 물류(지역형과 초지역형) → 다국간 물류(지역형과 국제형) → 국제물류로 발전한다.
- 물류를 시스템측면에서 구분하면
  - 개방형(open type)과 폐쇄형(closed type)으로 구분할 수 있다.
  - 이 문제는 환경분야와 연관되는 것으로서 폐쇄형은 순환형이라고 볼 수 있다.

2) 국제물류론, 두남, 차중곤, 2005, P24.

- 최종 수요자에게까지 물리적 이동과정에서 발생하는 폐기물류(회수물류) 포함.

② 물류의 기능

• 수요충족기능
  - 고객에 대한 상품 공급활동, 수요에 대한 충족활동.
  - 생산된 상품이 소비자에게 도달시키는 과정.
• 수요창조기능
  - 상품의 품질, 가격 등 타사와 물류서비스의 차별화(마케팅기능)
  - 개별 소비자들의 다양한 수요에 대응한 물류서비스의 가치를 제공
  - 물류서비스를 중심으로 과학적이고 표준화된 상품가치의 배가기능
• 수요조정 통합기능
  - 수요와 공급의 조절
  - 고객에 대한 상품 공급활동, 수요에 대한 충족활동.
  - 생산된 상품이 소비자에게 도달시키는 과정.

### (5) 물류의 목표

① 일반 환경

• 세계유통, 물류시장의 경쟁심화, IT의 발전, 뉴미디어 등장, 시장개방 가속화 등에 따라 유망시장 선점, 다점포화, 효율화를 통한 구매능력 강화 추세
• 세계유통, 물류기업들은 경제성장에 따라 유통·물류서비스 수요가 증대하고 있는 중국, 인도 등지에 진출이 확대되는 추세
• 기업은 물류비용 절감과 이익의 극대화, 물류서비스의 질을 향상시켜야 한다.
  - 병참술(logistics)을 도입하여 최저비용으로 안전하고, 확실하게 이동시킨다.
  - 필요상품을, 필요장소에, 필요시기에, 적정가격으로, 가능한 빠르게 전제됨.
  - 고객만족으로 판매경생에서 보다 많은 충성고객을 확보하고자 하는 것이나.

② 물류부문

• 안정된 네트워크 구축과 제조·판매·물류기능의 통합화 경향.
  - 물류인재 확보, 노무관리, 생산성·효율성 향상 등 기업경쟁에서 승리전제.
• 기업이 모든 기능을 하나의 유기적 시스템으로 결합하여 이윤효과를 창출.
  - 상품을 생산해서 포장, 출하, 운송, 보관, 하역, 통신, 서비스 등 모든 요소
  - 글로벌 SCM이 진행되면서 물류도 최대화 보다는 최적화로 흐름이 변화.
• 물류산업의 경쟁력강화와 물류선진화·국제화 달성
• e-비즈니스의 확산으로 새로운 물류서비스 등장
  - 소량 다빈도 배송과 적기 배송(Door to Door의 일관배송 서비스)

• 재고·물류관리 프로세스 상 유통기술(SCM, RFID 등) 접목
- 물류체계의 효율화와 물류아웃소싱체계의 등장

③ 유통부문

• 유통업 대형화·체인스토어화 되면서 제조업에 대해 우월적인 교섭력 가능.
- 규모의 경제를 달성하고 다점포화로 저비용경영과 매일저가판매의 실현.
• 생필품의 납품가격 결정권이 유통기업으로 이전
• 글로벌 유통기업의 네트워크 확대
- 가상 쇼핑몰의 등장과 가상기업의 형성
• 우수상품의 글로벌 소싱 촉진
- 자사브랜드(Private Brand) 상품비중이 증대되어 제조기능 확대.

## 2) 물류산업의 발전단계(Key words)

### (1) 물류(Logistics)개념의 변화

① 희랍어 : 로코매네틱스(Rhocrematics)

• 물자유통관리의 과학적 접근논문에서 Rho는 흐름, Chrema는 제품이나 재료 등의 물자, Ics는 학문을 의미하여 "물자의 흐름에 관한 학문"이다.

② 그리스어 : 'Logistikos(계산 기술)'와 라틴어 'logists(행정과)'에서 유래.

③ 프랑스어 : Logistique에서 유래. 불어로 병참이란 군사용어.

• 나폴레옹이 군수품을 보급하는 부대이름을 Logistique로 명명에 근거.[3)]

④ 로지스틱스(Logistics)는 제 2차 세계대전 중 미국 육군의 병참업무.

• 오퍼레이션 리서치를 군사목적 수행에 적용 시작.
• 기능적으로 물류활동(Operation)과 조정(Coordination)기능 두 가지.
• 수송, 야영숙소 할당, 창고출납, 식료품과 무기와 피복 배급, 보급기능.

⑤ 1990년과 1991년의 걸프전에서 새로운 이미지로 부각.

• 군사장비와 무기, 병력의 배치 등 군사적인 로지스틱스의 효율적 운영.
• 1991년 걸프전쟁에서 병참의 성공에 의한 미군과 연합군의 승리
• 연합국과 다국적군대의 승리를 안겨 주면서 물류의 중요성이 한층 부각.
• 대부분의 기업들이 새로운 경영기법으로 현장을 중심으로 도입하기 시작.

⑥ 2000년대 글로벌 경쟁우위 창출

• 생산성(원가)우위 : 원가우위에 관한 '큰 것이 아름답다'는 규모의 경제.
• 가치우위(차별성) : 고객은 상품을 구매하는 것이 아니라, 효용을 산다.
• 가치 분류(Value Segment) : 고객가치는 소비자에 따라 각기 다르다.

3) 물류관리론, 장성기, 두남출판사, 2014.8. P 19.

### (2) 물류용어의 변천과정

① 물적 유통(Physical Distribution)

- 일반적으로 포장·하역·수송·보관·정보활동에서 공동화, 표준화, 정보화이다.
  - 1950년대 말 불경기와 기업이윤 축소로 물적 유통에 관심을 집중되었다.
  - 1960년대 초에 미국에서 일본으로 도입되어 '물적유통' 으로 전역된 것.[4)]
  - 경영의 한 기능 혹은 한 영역을 의미하며, 기능론의 세계라 할 수 있다.[5)]
- 포장, 운송, 하역, 창고(보관), 정보관련 고객서비스, 수요예측, 물류정보, 구매, 반품처리, 입지결정 등 기업경영에 Total Cost 개념이 도입된 시스템.
- 미국에서는 Physical Distribution을 Logistics로 바꾸는 운동이 활발함.

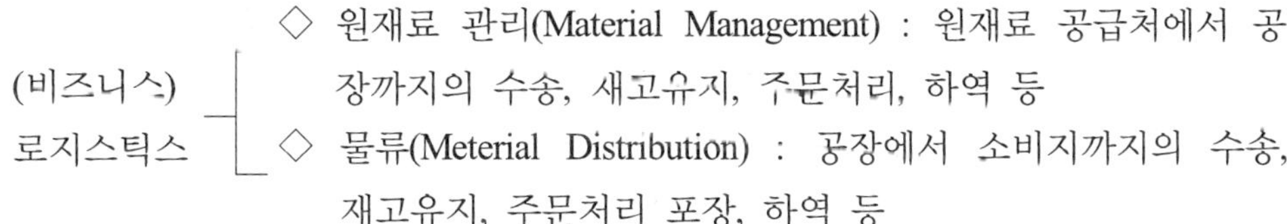


② Business Logistics

- 고객요구조건에 부합하기 위하여 생산지점에서 소비지점에 이르기까지 과정.
  - 원재료, 반제품, 완제품, 관련정보흐름과 보관을 효율적이고 최소 비용으로 계획 입안, 실시, 통제과정.
- 기업의 물류활동에는 조달물류(원재료확보물류), 판매물류(고객인도물류), 사내물류(완제품판매가 확정이전까지 물류), 반품물류 등이 있다.
- 기업경영에서는 생산에서 소비에 이르는 과정에서 발생하는 자재 및 제품 의 포장 수송 하역 보관 통신(정보처리) 등의 활동이다.
- 현대적 의미의 물류시스템은 모든 요소를 하나의 유기적 시스템으로 결합하여 이윤의 레버리지 효과를 창출하려는 노력이다.

③ 미국 A.M.A(American Marketing Association, 1948년) 위원회 보고.

- 물적 유통은 생산지점으로부터 소비지점까지 제품을 이동하는 것이다.
- 물류란 생산지(시산·장소)에서 소비지까지 상품이동과 취급을 관리하는 것.
  - 재화를 생산지점에서 소비지점까지 이동하며, 판매물류관리측면에 국한한다.
- Logistics란 군수자재(물자·인원·설비)의 발주, 유지, 수송, 재고관리, 배급, 통신 등 '병참'을 의미하며, 작전행동에 필요한 조달·공급행위를 모두 포함한다.

---

4) [네이버 지식백과]물류 [physical distribution, physical distribution(PD), 物流] (용어해설)

5) 물류관리론, 장성기, 두남출판사, 2014. 8. P 19.

④ 미국 물류관리협의회(National Council of Physical Distribution Management : NCPDM, 1962년) 정의

- 물류란 원산지에서 소비지까지 원자재, 상품재고 및 관련정보 흐름과 저장을 효율적인 방법과 저비용으로 계획하고, 실행하고, 통제하는 과정이다.
- 물류란 원재료의 공급원에서부터 생산라인시점까지의 이동을 포함하여 완성품을 생산라인에서부터 소비자까지 유효하게 이동시키는 광범위한 활동이다.
- 물류는 완성품을 생산라인의 종점에서부터 소비자까지 이동시키는 활동이며, 원재료를 공급원에서부터 생산라인까지 이동시키는 것을 포함하는 경우도 있다.

⑤ 『마케팅 핸드북(marketing handbook)』제2판

- 광의물류란 재화 및 서비스가 최초의 생산자로부터 최종 소비자에 이르기까지의 물리적인 흐름과 관련된 활동이며, 그 재화 및 서비스를 잠재사용자에게 필요한 시간과 장소에 전달시키는 데 중요한 역할을 수행한다.
- 물류는 재화의 소유권이전을 취급하는 물류활동과 연관되면서 국내외 유통활동에서 중요한 분야를 차지하고 있다는 수정된 정의를 하고 있다.
  - 물류를 판매물류에 한정하는 경향으로 마케팅의 한 분야에 포함하여 취급.
  - 물류개념이 판매물류에 한정 또는 조달물류를 함께 포함하는지는 다소 모호.

⑥ 일본 산업구조심의회

- 물류란 물의 흐름에 관한 경제활동이며, 물자유통과 정보유통이 포함된다.
  - 물류란 운송, 보관, 하역, 포장 및 통신의 제반활동이며, 물류활동은 상거래에서 물리적 재화의 시간적·공간적 가치창조에 공헌한다.
- 1960년대 중반까지의 일본의 물류정의에 대한 불명확성이 상당히 제거됨.
  - 판매물류(완성품)와 조달물류(원재료)포함, 생산물류를 완전 구별하지 못함.
  - 유통조성활동 존립의 불분명과 상류와 물류활동의 구분이 불명확하다는 점.
- 1965년 5월 일본 통계심의회에서 물류개념과 범위를 처음 상세하게 정의.
  - 유통활동이란 물리적·사회적 물(物)의 흐름에 관한 경제활동이며, 물(物)이란 일절의 경제재(經濟財)를 지칭하며, 제 물자와 정보를 말한다.
- 1965년 7월 산업구조심의회는 「물적 유통의 기본정책에 대해서」에서 정의.
  - 물적 유통이란 유형 또는 무형의 물리적인 재(財)가 공급자로부터 수요자에 이르는 실물적인 흐름으로서 수송, 포장, 보관, 하역 및 통신의 제반 활동이다.
  - 물류활동은 상거래에서도 물리적인 재의와 공간·시간적 가치창조에 공헌하고 있다고 추가로 정의함.
  - 산업구조심의회는 상세한 물류개념의 정립에 주류를 이루고 있다는 점.
  - 물류를 재화흐름측면에서만 보지 않고 효용측면에서 접근하고 있다는 점.
  - 물류를 상적유통과 연결하고, 시간과 장소효용을 위해 정보활동을 설명.

- 1972년 경제심의회 유통연구위원회의 「지금부터의 유통」에서 정의
  - 유통활동을 제 효용의 창출과정으로 보면 상류는 소유와 관계되는 창출이며, 물류는 시간, 공간 및 어느 형질(形質)의 효용창출을 주요한 임무로 하고 있다.
  - 물류란 수송·보관·하역·포장 및 그것을 지원하는 정보 등 제 활동은 통상적 개념이며, 광의개념은 조달과 관련된 제반활동도 물류활동 안에 포함하고 있다.
  - 특징은 시간 및 공간의 효용창출 외에도 일부 형질의 효용창출을 물류활동에 포함하고 있다.

⑦ 대한상공회의소

- 물류란 생산지와 소비지 간에 존재하는 장소적·시간적인 거리를 연결시키는 활동이다.
- 물류기능 중 수송, 보관, 하역, 포장, 유통가공을 물류의 5대 기능이라 하며 이를 토털 시스템화하기 위해서는 정보시스템이 필수적이다.

### (3) 물류(Logistics)개념의 변천과정

① 원시단계(1912년 ~ 1922년)

- A. W. Show(1912), 물류를 유통활동의 구성요소로 인식.
  - 경영활동을 생산의 활동, 유통의 활동, 조성의 활동으로 구분.
- 1915년 아치 쇼(Arch Shaw)의 통합물류 중요성 강조.
  - 수요의 창출과 물적 공급활동사이는 상호의존성과 균형의 원칙이 존재.
  - 물류활동에서 조정 실패, 특정기능을 강조하면 효율적 힘의 균형이 깨짐.
- F. E. Clark(1922년)
  - 마케팅기능을 교환기능, 물적 공급(물류)기능, 조성 기능으로 구분

② 초기단계(1960년 ~ 1962년)

- 1960년 워싱턴대학 브로워·존슨교수,『물자유통관리의 과학적 접근』발표.
  - 로크레매틱스(Rhochrematics)라는 물류공학적인 합성이를 처음 사용.
  - 'Rho'는 흐름, 'chroma'는 제품, 물자와 정보, 'ies'는 학술적인 과학을 의미.
  - 발표배경은 코스트증가와 복잡해지는 마케팅관리 문제에 공감하면서 비롯됨.
- 생산사는 유행, 기술혁신, 광고, 인구증가 등 다양한 시대변화로 경쟁사동향을 주시하면서 제품과 계획적인 자재흐름이 필요하게 됨.
  - 물류는 미국에서 1960년대 이후 독립적인 학문으로 마케팅에서 완전히 분리.
  - 공장, 물류시설배치 등 하드웨어측면이므로 로지스틱스에 밀려서 사용 미비.
- (1962년) 높은 공차율과 좁은 지역중심의 사업체계.
  - 소형자가용위주 개별운송과 영세한 지입차량에 의존하는 운송업체로 구분.
  - 물적 유통관리는 원료, 반제품, 완제품을 시발점에서 소비지까지 효율적으로 이

동시키는 것을 계획하고, 실현하고, 통제하기 위해 이루어지는 둘 또는 그 이상의 활동이다.

③ 개별물류 단계(1967년 ~ 1985년)

- 1970년 시카고대학 스마이키와 오하이오 주립대학 론데교수의 정의
  - 미국 물류이론을 리드하는 학자들로 "물류(Physical Distribution)"에서 주장.
  - 물류란 제조측면의 노력이 판매의 최종목표에 합치되도록 필요한 측면적 원조활동으로서 제품을 적절한 가격에, 적절한 장소에 공급하는데 있다.
  - 물류활동을 위해서는 창고의 장소, 수송방법, 보관방법 및 통신 등의 적절한 조합이 필요하다.
- 편도위주의 소형차운송으로 공차율이 높고 서비스지역은 국내 전역으로 확대되고 수송의 시대에서 물류의 시대로 전환되는 택배업 등장시대.
- 로지스틱스는 최종 제품을 생산에서부터 소비자까지 또는 원료공급원에서 생산까지 이동시키는데 관련된 광범위한 활동으로 제조와 상업에 사용되는 용어.

④ 공동물류 단계(1985년 ~ 1992년)

- 유통단계 축소 및 공동 구매 및 수·배송제도 도입으로 물류효율성이 제고되고 소매점의 경쟁력을 강화시키.
- 기업 간에 물류제휴 협정과 물류 전문화와 대형화로 운송횟수, 운송시간 조정 등 공차율의 축소 및 효율적인 배송관리와 최적의 서비스 실현.
- 소비자욕구에 부응하기 위해 원료, 반제품, 완제품 및 관련 정보와 재무사항을 원산지로부터 소비지까지 효율적으로 이동시키고 저장하기 위해 계획, 실행, 관리하는 과정.

⑤ 계획물류단계(1992년 이후)

- 물류업체와 유통업체 및 제조업체가 상호 유기적으로 연계되어 물류가 기업경영 전반에 걸쳐 전략적 차원으로 계획되면서 실행되는 단계.
- 복합운송업체와 무선박 운송업체들에 의한 복합 상품의 집단배송 및 왕복물류의 실현과 소화물 운송업의 글로벌영업망과 첨단 택배시스템의 구축.
- 기업경쟁에서 체인간의 경쟁이 되면서 물류활동의 전략적 제휴가 활성화.
- 로지스틱스는 물자와 서비스, 관련정보를 소비자욕구에 맞추기 위해 그 출발지로부터 소비자까지 효율적으로 이동하고 저장하기 위해 계획하고, 실행하고, 통제하는 과정으로 공급체인관리의 부분이다.

| | |
|---|---|
| 초기단계 | 단순 수송시대. 소형 자가용위주의 개별운송과 영세한 지입차량에 의존하는 운송업체로 구분. 높은 공차율과 좁은 지역중심의 사업체계 |
| 개별물류 관리단계 | 기업별로 물류체계가 형성되고 택배업의 등장시대<br>편도위주의 소형차운송으로 공차율이 높음<br>서비스지역은 전국으로 확장, 수송시대에서 물류시대로 전환시기 |
| 공동물류 관리단계 | 유통단계 축소 및 공동 구매 및 수·배송제도 도입으로 물류효율성이 제고되고 소매점의 경쟁력을 강화하는 조합물류체계이다. 공차율의 축소 및 효율적인 배송관리와 최적의 서비스가 실현된다. |
| 계획물류단계 | 물류업체와 유통업체 및 제조업체가 상호 유기적으로 연계되어<br>물류가 기업경영전반에 걸쳐 전략적 차원으로 계획·실행되는 단계 |

[그림 1-2] 물류사업의 발전 단계

## 2 물류의 역할

### 1) 개념적인 관점에서의 물류의 역할

#### (1) 국민경제

① 국내외 경제활동으로 수익의 창출
- 물류산업이 수출산업을 중심으로 국가경제의 중심축으로 발전되고 있다.
  - 과거에는 철광석, 농산물, 생필품 등 저가상품중심 물류활동은 영향력 부족
  - 오늘날 자동차, 선박, 석유화학, 반도체 등 고가제품 품목의 수출이 증가하면서 물류산업이 국가경제에 차지하는 영향력이 커진 것이다

② 물류의 목적
- 원가절감과 이를 통한 물가상승억제에 있다.
- 국제시장진출에 따른 인프라구축과 성장동력 지원
- 경제활성화와 고용창출 등 새로운 변화와 도약의 출발점

③ 물류의 합리화
- 상류의 합리화를 통한 대형화를 유발하여 유통효율의 향상으로 물류비용을 절감하여 소비자 및 도매물가의 상승을 억제한다.
- 정시배송의 실현을 통한 서비스 향상에 이바지하고 수요자들에게 양질의 서비스를 제공하게 된다.
- 자재와 자원의 낭비를 방지하여 자원의 효율적 이용이 가능하여 기업의 체질을

개선한다.

- 지역경제 발전의 기회를 주게 되어 도시 생활자의 생활 환경개선과 인구의 지역적 편중을 해소할 수 있게 해준다.

④ 물류 합리화를 위해서는 사회자본의 증강과 각종 설비투자가 필요하다.

- 사회간접자본과 연계된 설비투자는 국민경제개발을 위해 기회를 준다.

### (2) 사 회

① 핵심역량에 집중하여 지역사회 역할에 충실

- 물류는 유무형의 경제재의 흐름으로 산업구조에서 큰 비중을 차지한다.
- 사회 경제적으로 물류활동은 물리적 흐름의 경제활동으로써, 그 범위는 운송 통신활동과 상행위활동을 지원하는 제반 활동을 포함한다.
- 화주기업과 물류기업은 공통 경영목표 달성을 위해서는 상생관계이지만, 사회적인 인식수준은 아직도 낮은 것으로 평가된다.
- 물류의 선진국인 미국이나 일본에서도 GNP의 20%정도가 물류비로 지불되는 등 국가사회 경제적으로도 물류가 미치는 영향은 매우 크다.

② 사회적 가치 추가

- 에너지 절감과 환경오염 감소, 교통체증 감소, 물가상승 억제 등 통합조정과 역할 수행
- 소비자 행동기술, 사회트렌드, 기후변화 등 주요 변화요인을 리더하여 장기전략방향과 효율적인 접근방법 제시

### (3) 개별기업

① 물류의 목적

- 최소 비용으로 고객 서비스를 극대화하는데 있다.
- 영리가 목적인 측면에서 물류는 최소비용으로 소비자를 만족하게 하는 서비스의 질을 높임으로써 매출 신장을 꾀하는 역할을 하게 된다.

② 개별기업

- 마케팅활동에서 상품을 제조, 판매하기 위한 원재료 구입과 제품판매와 관련된 제반 물류업무를 총괄하는 물류관리에 중점을 두었다.
- 현재 대부분 기업은 물류의 중요성을 인식하여 별도의 물류전담부서가 구성되어 물류업무를 전담하고 있다.

③ 글로벌기업

- 고객욕구를 만족시키는 물류서비스에 중요한 역할을 두게 된다.
- 기업경쟁력 향상을 위한 불합리한 법제도 변경 및 관행취소 등 정책적 지원으로

산업발전의 속도에 균형감각을 유지하게 되었다.

- 물류기업과 화주기업의 노력으로 물류IT와 물류기기가 획기적으로 발전함에 따라 물류가 3D산업에서 첨단산업으로 발전하고 있다.

### 2) 기업경영에서의 물류의 역할

#### (1) 새로운 고용과 부가가치 창출.

① 선택과 집중에 따른 서비스산업의 성장시스템 구축
- 정보통신, 서비스, 금융 등의 고부가가치산업에서 일자리를 대량으로 창출.
- 수출증가, 투자/고용, 내수시장 확대로 되는 낙수효과(Trickle down effetct).

② FTA 등 새로운 환경에서 서비스 영역을 넓혀야 블루오션으로 부상되는 분야.
- 제조·유통업 등을 지원하는 보조적 역할에서 벗어나 고용과 부가가치 창출산업.
- 기술력 확보, 차세대 신성장산업 육성, 전문인력 양성 등 실행모델로 작동.

#### (2) 물류는 판매기능을 촉진한다.

① 마케팅믹스의 확대 개념
- 4P에서 5P(가격, 상품, 장소, 촉진, 물류)로 개념의 확대
- 고객서비스를 향상하고 물류코스트를 절감하여 기업이익을 최대화하는 목표.

② 산지유통기능과 소비자 분산기능을 강화
- 판매기능은 물류의 7R(Right Commodity, Right Quality, Right Quantity, Right Time, Right Place, Right Price, Right Impression)기준을 충족할 때 달성된다.
- 산지유통기능의 강화와 소비지 분산물류센터와 연계된 인프라구축으로 유통경로 간 경쟁촉진

#### (3) 물류는 제3의 이익원이다.

① 기업경쟁력을 좌우하는 주요 요인으로 부상
- 기업의 이익을 높이기 위한 매출의 증대와 원가를 절감이 필요하다.

② 물류는 이익을 높일 수 있는 세 번째 방법이다.
- 기업이익증가를 위해서는 첫째는 매출증가, 둘째는 원가절감이나.
- 물류비용의 축소는 영업이익의 증대와 순이익의 증대효과를 가져온다.

#### (4) 물류는 적정재고의 유지로 재고비용 절감에 기여한다.

① 재고는 유동자산이므로 재무비율에는 긍정적인 영향을 미치게 된다.
- 과다한 재고보유는 재고유지비용 증가와 유동성 부족으로 흑자도산의 원인이다.

• 물류 합리화는 불필요한 재고보유를 방지하여서 재고비용을 절감할 수 있다.

② 무재고를 위한 다양한 노력의 시도

• 적정한 주문생산과 소량주문 시스템의 통합관리 체계 구축
• 비용절감과 효율성제고를 위한 영업, 생산, 물류 등 부서별 의사 소통과 조정
• 업무특성별 물류아웃소싱 시스템 도입으로 인건비, 시스템지원비 등 비용절감

#### (5) 상물분리를 유통합리화에 기여한다.

① 유통기관의 유통흐름을 연결

• 유통경로상의 유형은 5가지 흐름(물적, 소유권, 지급, 정보, 촉진)에 의하여 연결.
• 물적흐름(물적유통)을 제외한 나머지 4가지 흐름을 상적유통 또는 거래유통이다.

② 상물분리가 효과적으로 이뤄지기 위해서는 상품과 상거래가 표준화되어야 한다.

• 농산물 일일이 보지 않으면 값을 매길 수 없는 상품은 상물분리를 할 수 없다.
• 전문화에 의한 원가절감과 서비스 향상, 적재율 향상과 기계화, 자동화로 저비용, 고효율 등 유통, 물류의 혁신가치 실현.

### 3) 농산물 유통에서의 물류의 역할

#### (1) 유통단계 축소 및 품질관리 강화

① 농산물 유통구조 개선과 효율성 증대

• 계획생산 및 계획판매를 중심으로 유통단계를 2단계 이상 대폭 축소
• 농산물생산체인 물류네트워크 구축과 마케팅지원시스템으로 효율적 운영.

② 농산물 품질관리체계 강화

• 농·식품의 생산, 가공, 집하, 선별, 수송, 가공, 유통 등 일관시스템 구성.
• 이력추적 시스템, 우수농산물관리체계 등 일관적인 품질관리체계의 구축

#### (2) 농산물 유통구조 합리화로 생산자·소비자 편익 증대

① 농산물 유통사업의 효과적인 담당관리

• 농산물 팔레트를 활용한 표준규격으로 물류효율성 제고와 유통비용 절감.
• 생산물의 SCM 관리체계 도입과 고급화와 차별화로 운영비용 절감 실현.

② 생산자를 보호하고 소비자의 안정을 보장하는 소비자중심의 고객만족 실현.

• 산지의 조직화·규모화를 통한 농산물 산지 유통센터(APC)와 연계.
• 유통업태와 유통환경 변화에 부응하는 가격체계와 품질평가제도 구축.
• 농산물 품질개선과 재배기술의 혁신, 브랜드 이미지의 개선 노력으로 고객만족

경영 강화

(3) 세계 식량위기시대에 대응하는 식량안보 지원

① 기후변화에 대응하는 농산물 생산 및 공급체계 구축 요구.
- 우리나라 공급자급률 3.4%(쌀 제외, 2011년 기준)수준의 위기에 대응전략.
- 해외농업기지 건설 및 현지 물류관련 전문 인력지원 및 시설투자의 강화.

② 글로벌 농산물 정보시스템 구축으로 안정적인 수출입 지원체계 구축.
- 안정적인 해외생산기지와 인프라구축으로 직배센터와 연계된 물류체계 구축
- 글로벌 생산체계 혁신화 통합물류체계 구축으로 상품성 제고와 일관 유통물류시스템 구축

## 4) 유통과 물류의 차이점

### (1) 상적유통(Commercial Distribution)

① 개요
- 상적(商的) 유통 또는 물적(物的) 유통과 관련된 산업이다.
  - 판매, 영업, 마케팅 상거래 활동 등 소유권 이전활동(상품의 사고팔기).
  - 생산과 소비를 연결시키는 상류·물류기능을 포함하는 유통구성기구이다.
- 상품관리 : 적정수준의 이윤 보장과 고객욕구 충족을 전제.
  - 매입, 재고, 판매의 각 기능의 유기적 연결하여 원활한 조정.

② 상류기능
- 범위 : 농업·임업·축·수산의 정보, 용역제공 활동이며, 기업(체)을 총칭.
- 형태 : 도매상과 소매상, 수집상, 중도매인 및 물류활동에 포함되는 기관.
- 도매업 : 최종소비자이외에 구매자에게 상품·서비스를 판매하는 유통업.
  - 제조업의 풀 마케팅(Pull Marketing)에 의한 유통채널의 중간단계.
- 소매업 : 생산 혹은 도매업자로부터 상품을 소비자에게 판매하는 유통업.
  - 제조업의 푸시마케팅(Push Marketing)에 의한 유통채널의 최종단계.

③ 유통과 물류의 차이점
- 상물분리(商物分離)의 원칙에 찾을 수 있다.
- 상류는 소유권이 이전되는 매매거래, 물류는 재화의 보관 및 운송활동이다.
  - 상류는 서류의 이동, 금전의 이동, 정보의 이동 등을 말한다.
  - 물류는 상품의 이동에 따른 생산지 수송과 소비지 배송 등을 말한다.

### 유통(Distribution)의 정의

- 유통이란 사회적 분업이 진전됨에 따라 상품과 서비스를 인간욕구 충족을 위해 생산자로부터 최종 소비자에게 이전하는 경제행위 또는 활동의 흐름을 말한다.
- 제조와 서비스의 최초 원천에서 최종 고객가치의 범위에 포함된 다양한 관계자들 사이에 있는 기관들과 그들의 관계를 연결시키는 활동사용권(권리의 실제적 이전), 지불, 정보, 촉진을 포함하는 재화와 용역의 흐름을 용이하게 하는 활동이다.

〈표 1-1〉 물류와 생산, 영업의 관계

| 물류와 생산의 관계 | 물류와 영업의 관계 |
|---|---|
| ➢ 물류란 재고를 보관하고 이동하는 활동<br>→ 창고 필요<br>• 재고 많으면 재고 비용(보관, 처분) 증가<br>→ 재고 적은 방향으로 생산방법 결정<br>➢ 생산비용과 설비가동률, 생산효율에만 치중하면 판매동향을 등한시 하게 된다 | ➢ 고객에게 상품을 배달하는 것이 물류의 역할이며 판매활동을 마무리하는 위치에 있는 것<br>➢ 물류비용까지 생각한 영업활동이 이익을 증대시킨다.<br>(한 번에 많이 주문하게 하는 것) |

#### (2) 물적유통(物的流通, Physical Distribution)

① 거래매매이외 생산자에서 소비자에게 상품이동을 지원하는 활동.

- 운송이나 보관을 통하여 실제 제품·재화의 물리적 이동 과정
  - 포장 → 보관 → 집하(集荷) 과정
  - 적재 → 수송 → 중도적환(中途積換)→ 하역 과정
  - 배달 → 보관 → 개장(開裝) 과정
- 물질적인 유통활동과 정보중심의 유통활동으로 구분.
  - 언제, 어디서나 시간적 효용과 장소적 효용을 창조하여 유통과정 지원.
  - 주문처리, 보관, 재고관리, 운송, 하역, 포장, 가공, 정보제공 등의 업무.
  - 육상, 해상, 공중의 운송업과 창고업이 주 담당자이다.

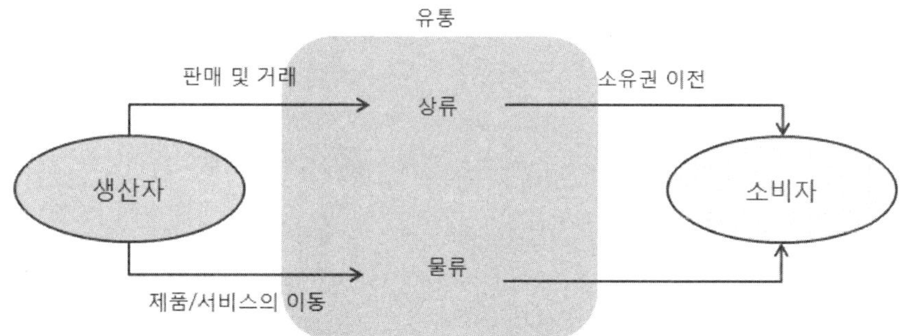


**[그림 1-3] 물류의 상품이동 지원활동**

② 물적 유통의 4대 기능 : 운송, 보관, 하역, 포장.
③ 물적 유통의 5대 기능 : 포장, 보관, 하역, 수·배송, 정보관리.
④ 물적 유통의 6대 기능 : 운송, 하역, 보관, 포장, 정보, 유통가공.

### (3) 주요 담당자

① 운송 : 공급과 수요의 장소적 간격을 조절, 물재의 장소적 효용을 창출.
- 주요 운송수단은 철도, 자동차, 선박, 항공기 등이 있다.
- 운송수단 선택에는 거리, 단위, 대상의 특성, 시간, 비용 등을 고려.

② 보관(저장) : 생산과 소비간에 시간적 간격을 조절, 시간적 효용을 창출.
- 유통과정에서 일어날 물리적 소모와 경제적인 손실의 리스크 보호.
- 원활한 물자유통을 위한 수량의 체크, 입·출고업무 등의 기능을 담당.

③ 포장 : 이용형태에 의한 판매촉진의 하나의 수단.
- 상업포장 : 상품보호와 색채, 디자인, 형태 등 구매심리 변화에 영향.
- 물적 유통을 지원하는 제품보호와 포장형태에 따른 효율성의 결정요인.

④ 하역 : 수송과 보관이 사슬같이 연결되어 '이음매' 역할을 하는 것
- 운송과 보관기능에 연결되는 화물의 상차, 하치, 운반, 적재, 피킹 등.
- 화물의 입·출고와 분류 등 물적 유통을 원활하기 위해 불가결한 기능.

⑤ 정보 : 포장, 하역, 보관 및 수송 등을 연결시켜 효율적 물류관리 수행시스템
- 관련정보 수집, 처리, 공급, 관리하여 효율성, 경제성, 신속성, 안정성 추구
- 경영관리에 필요한 정보공급 및 기획. 통제, 조정, 서비스/커뮤니케이션 기능

# 02 물류의 구분

## 1 물류의 기능과 종류

### 1) 물류의 기본 기능

#### (1) 인격적 통일 : 상적 유통기능

① 상품 및 서비스를 생산하는 생산자 및 소비자의 인격적 통일

- 사회경제적인 기능과 사회경제적 현상으로 소유권이 이전되는 경제활동.
- 다수 유통기관의 활동과 수집과 구매, 분산과 판매, 매매거래와 소유권 이전 등의 기능에 의해 이루어진다.

② 매매 : 상품을 이전시키는 기본기능이고, 상품과 화폐의 교환에 의한다.

③ 수집 : 최초의 생산자로부터 상품을 집하하여 생산물이나 재화를 사들이는 것.

④ 분산 : 최종 소비자에게 분할되는 것. 수집된 상품수요에 맞추는 통합적 기능

#### (2) 장소적 통일기능 : 물적 유통기능(운송기능)

① 사회적 유통을 조성

- 상품 및 재화의 생산과 소비사이의 공간적, 장소적 불일치를 운송으로 극복.
- 운송은 고객과 접점에서 고객 만족서비스와 물류비용의 절감이 우선이다.

② 사용가치 증가

- 상품·서비스를 생산자로부터 소비자에게 이전하는 유통의 장소적 통일기능.
- 운송 중 교통사고, 화물의 분실, 훼손감소로 신뢰성이 높은 운송서비스 제공.

### (3) 시간적 통일기능 : 물적 유통기능(보관기능)

① 상품의 생산기로부터 소비기까지 저장하여 상품효용가치를 창조하는 것.
- 생산·소비의 시간적인 격차를 줄여주는 기능이며, 시간적 조절기능이다.
- 보관은 소비자의 편의와 생산자에게 시간적 효용창출기능을 제공한다.

② 보관 : 생산시기에서부터 소비시기까지 상품을 안전하게 관리하는 기능이다.
- 보관행위는 소비·사용까지 물리적으로 보존·관리하는 것이 본래의 역할.
- 보관은 적시에 공급 원활, 제품수요에 적합한 출하, 판매지원이 주요기능.

### (4) 양적 통일기능(형태효용) : 유통조성 기능

① 생산·소비의 수량적 통일(수집·분산)
- 대부분의 상품은 소품종대량생산으로 인해 생산과 소비수량이 불일치한다.
- 수량적으로 불일치하면, 수집·분산으로 생산·소비의 양적통일기능 필요.

② 상거래 유통과 물적유통의 조정기능
- 가격결정, 위험관리, 기술창조 등 유통구조선진화 및 물적유통 효율화 촉진
- 소비자 편익의 증진과 지역별·종류별 균형발전 및 국제경쟁력 제고 확인

**〈표 2-1〉 생산·소비의 양적 통일기능이 수집 및 분산을 필요로 하는 이유**

| |
|---|
| • 소규모 생산(소량생산)-대규모 소비(대랑소비)<br>농수산물 및 원재료, 주로 대규모 경영은 원재료를 대량·집중 수집할 필요가 있다. |
| • 대량생산-소량소비<br>생산자가 공급하는 상품과 소비자가 수요하는 상품의 수량을 분할 조정하는 역할 |
| • 대량생산-대량소비<br>광산물, 임산물 및 원료품의 대부분은 대량수요(메이커)의 요청에 대비 |
| • 소량생산-소량소비<br>상품의 시장범위가 확대되면 수집분산 소비단위 수량이 적합해야 할 필요가 있다. |

※ 상기와 같이 양적 통일기능은 수집기능 및 분산기능으로 달성된다.
➪ 수집 : 소규모 생산된 상품을 대량소비에 맞추기 위해 수량적으로 집중.
➪ 분산 : 대량생산(수집상품)을 소비자에게 적정화하기 위해 수량적으로 분할.

### (5) 품질적인 통일기능(표준화) : 유통조성 기능

① 생산자상품과 소비자 수요물품이 불일치 지원
- 품질적인 거리를 조절하여 인격적인 통일기능을 수행한다.
- 품질은 품종, 품질특성, 포장, 스타일, 색상 및 디자인 등을 말한다.
  - 자연과학적 품질 : 제 1차적 품질, 기본품질, 자연적 품질

- 사회과학적 품질 : 제 2차적 품질, 부가적 품질, 문화적 품질

② 표준화 = 일정상품의 품질, 형태, 크기 등을 적당하게 균일화하는 것.
  - 선별기능 = 생산물을 일정 표준으로 검사해서 사용에 적합하게 만드는 것.
  - 혼합기능 = 여러 품종·품질 혼합하여 특정 품질을 만드는 것.
    - 이러한 기능은 가치와 그 효용성을 높여 수요확대에 공헌한다.

③ 우리나라의 품질 인증제도
  - 국가 강제 인증제도 : 가스용품검사·안전검사(검마크), 형식승인(전·열마크)
  - 임의인증제도 : KS표시, 환경마크, 농산물품질인증, A/S마크, 신기술상품표시
  - 단체 표준 품질 인증 '물'마크

### (6) 금융적 통일기능 : 유통조성 기능

① 상업금융
  - 상품이 소비자에게 전달되어 대금이 회수되기까지 시간적 공백이 발생.
  - 유통기관은 거래규모 및 거래량 증가로 금융기능의 대규모 자금이 필요.
  - 생산과 매매의 성립을 용이하게 하고 거래확대를 지원하는 역할을 한다.

② 도매금융 : 메이커가 도매상 및 소매상에게 지급

③ 소매금융 : 소매상 → 소비자, 외상 및 할부판매

④ 소비자 신용 : 판매신용과 소비자 금융

### (7) 위험부담기능 : 유통조성 기능

① 안전과 손실방지(리스크 사전 정비)
  - 유통과정에서 발생하는 물질적·경제적 위험은 유통기관이 부담하기 때문.

② 물질적 위험 : 천재지변, 풍수, 화재, 도난, 홍수, 부패, 파손 등 품질 저하.

③ 경제적 위험 : 시황변동, 경쟁조건 변화, 법률 변화 등 상품가격변동 요인.
  - 신용거래에 의한 파산 및 부도 등에 의하여 금융 자본이 위협받게 된다.

④ 유통기관의 위험부담 대처방법 : 주로 보험, 지급보증 등이 활용된다.
  - 농작물은 상품거래소 등의 정매와 선물거래에 의해 가격변동 위험 방지.
  - 기업이 환차손의 변동에 대처하기 위해 거래은행과 환율예약

### (8) 시장정보기능 : 유통조성 기능

① 정보가 적은 사람이 정보를 많이 소유한 사람으로부터 필요 정보를 얻는다.
  - 정보제공기능이란 생산자의 의사 정보를 소비자에게 다양하게 전달하고, 반대로 소비자의 의사 정보를 생산자에게 전달하는 것을 말한다.

② 유통기관은 소비자니즈에 의한 제품개발계획을 추진하며, 생산자를 지도.
- 소비자의 욕구나 기업의 필요사항대하여 특정별 사안을 조사.
- 시장정보의 수집, 분석, 해석, 전달을 정확히 행하는 기능이 매우 중요함.
- 각 시장에서 생산재의 수요분석, 측정에는 용이, 소비재는 소비자가 분산.

③ 인구, 소득, 구매습관, 성별, 기타요인에 따라 전혀 다른 측정과 분석 필요.
- 생산자와 도매업자의 정확한 의사결정에 도움 되는 장치를 강구해야 한다.

〈표 2-2〉 유통의 기본 기능

| 기본적 유통기능 | 물적 유통기능 | 유통조성 기능 |
|---|---|---|
| ① 인격적 통일기능<br>(거래유통기능) | ② 장소적 통일기능(운송) | ④ 수량적 통일기능<br>⑤ 품질적 통일기능(표준화) |
| (수집)구매<br>(분산)구매 | ③ 시간적 통일기능(보관) | ⑥ 금융적 기능(금융)<br>⑦ 위험부담기능(보험)<br>⑧ 시장정보기능(시장조사) |

## 2) 기업물류의 영역

### (1) 조달물류(원재료 확보 물류)

① 물류활동의 시발점
- 원재료가 매입자창고에 입고, 관리되어 생산에 투입되기 직전까지 물류활동.
  - 협력업체는 판매(납품)물류가 되고, 구입처입장에서는 조달물류가 된다.
- 기업이 필요로 하는 각종 원자재를 도착하기까지의 전체과정을 관리.
  - 공급처는 원자재포장, 제조업체창고까지 배송, 제조업자는 창고 보관관리.
  - 원재료 및 부품의 구매, 자재창고에 보관, 자재관리의 효율성에 중점 요소.
  - 생산부문에 대응하기 위해 결품 방지 또는 적기 납품에 대응해야 한다.

### (2) 생산물류(생산이전에서 생산까지의 물류)

① 물자가 생산 공정에 투입될 때부터 제품의 생산과정까지의 물류활동.
- 조달된 원자재를 고객판매가 최종 확정되기까지의 전체과정을 관리한다.
  - 생산물류는 자재 창고에서 원자재나 부품을 출고하는 것으로부터 시작된다.
  - 제품생산과정에서 원자재, 반제품, 재공품, 제품 등 다양한 형태를 관리한다.
- 원자재와 부품은 생산운반과정과 하역과정, 공장 창고입고까지 과정을 포함.

② 원자재를 생산과정에 투입
- 생산물류에서는 운반과 하역자동화 및 창고자동화가 관리초점이 된다.

• 조달된 원자재를 일시에 한꺼번에 처리할 수 없기 때문에 필요하다.

### (3) 판매물류(고객에게 인도될 때까지 물류)

① 영업현장의 물류
- 공장에서 생산한 제품을 소비자에게 전달하기까지 일체의 과정을 관리.
  - 생산 공장이나 제품창고에서부터 소비자에게 전달되기까지 수송과 배송과정.

② 유통기관 지원
- 생산지에서 제품출고, 배송센터까지 수송과정, 고객에게 배송 등 물류과정.
- 고객요구로 출고과정과 유통가공, 분류, 배송 등 유통과정의 물류활동 관리.

### (4) 사내물류(고객판매가 최종 확정되기까지 물류)

① 생산업자의 생산된 완제품 출하에서부터 판매보관창고에 이르기까지의 물류.

② 완제품의 대고객(對顧客) 펀매확정 이전까지의 물류

### (5) 회수물류(출고제품이 회수되기까지의 물류)

① 제품이나 상품의 판매물류에 부수적으로 발생하는 물류.
- 팔레트, 컨테이너 등과 같은 빈 물류용기를 회수하는 활동.

② 제조물책임법과 리콜조치는 제조업체의 회수물류 시각을 바꾸는 계기가 됨.
- 회수물류설계는 기업 활동에서 새로운 조직구성과 업무과정을 추가로 요구.
- 기업의 공급체인망관리 최적화뿐 아니라, 절세측면도 도움을 주고 있다.

### (6) 반품물류(판매 또는 반품에 수반하는 물류)

① 소비자에게 판매된 제품이나 상품자체의 문제점발생으로 판매교환이나 반품
- 반환된 물품을 회수, 운반, 분류, 정리, 보관, 처리하는 업무가 해당된다.
- 리콜제의 확산으로, "팔면 끝이다!"라는 고정관념의 수정을 요구한다.

② 반품물류의 중요성
- 물품의 반환은 물류경비, 품질저하, 부대비용으로 가격상승요인 등의 발생.
  - (땡처리, 인하판매, 폐기처리) 판매가격은 더 떨어지고 이익잠식이 많기 때문.
- 반품 발생원인
  - 판매자 실수, 구매자 실수, 관행상 팔고 남은 물품의 반환 등 다양하다.

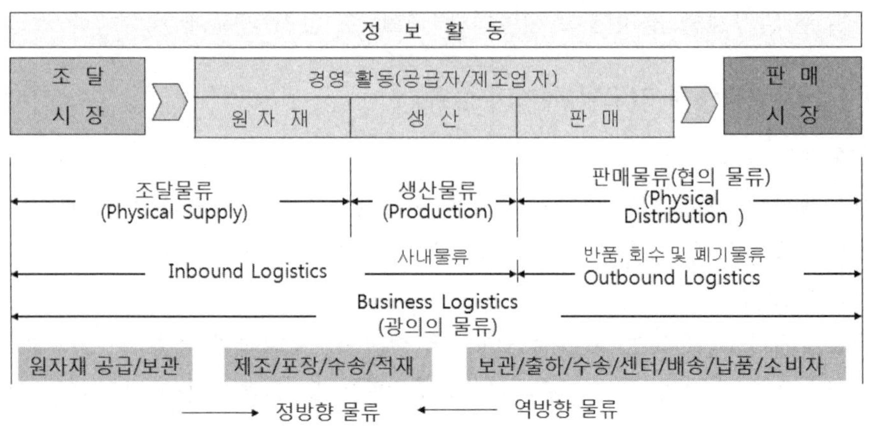


[그림 2-1] 물적 유통의 영역

### (7) 폐기물류

① 제품 및 포장재, 용기류 등 각종 물품에서 발생된 폐기물관리를 위한 물류.

- 상품, 포장용기, 물류기기가 파손, 노후로 기능을 할 수 없는 상황과 소멸.
  - 조달, 생산, 판매 등의 과정을 거치면서 매일 대량으로 폐기되고 있다

② 일반폐기물과 특정폐기물로 구분되어 처리된다.

- 폐기물을 업자가 수집, 운반, 보관, 매립, 소각, 재활용 등으로 처리.

## 3) 제조업의 물류

원재료의 조달에서부터 생산과정과 완제품의 영업소 이동과 고객에게 판매되는 활동에 수반되는 물류이다.

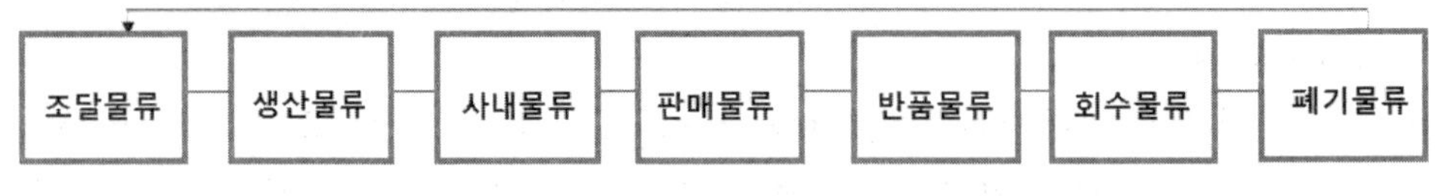


[그림 2-2] 제조업의 분류

### (1) 조달물류(physical distribution on supply)

① 생산과 연계시스템

- 외주 기업에서 생산에 필요한 원자재와 부품이 제조업자 창고에 납입되어 자체공장 창고에 보관관리에 의해 생산에 투입되기 직전까지 물류활동이다.

- 조달물류와 생산물류 사이에는 물류활동의 완충 역할을 하는 보관시스템이 존재하며, 서로 다른 보관시스템 간에는 수송 및 반송 시스템이 존재한다.

〈표 2-3〉 조달물류에서 특별히 유의해야 할 사항

| | |
|---|---|
| 단위화부문 | 팔레트 풀 결성에 적극적인 동참(팔레트를 한 곳에서 모아서 관리) |
| 포장부문 | 포장의 모듈화 및 간소화(일관시스템에 중요성 인식) |
| 하역부문 | 오더피킹제도 이용(오더가 피킹지역에 자동 전달됨으로써, 시스템이 작업자에게 해당지역에 원하는 수량, 원하는 품목, 원하는 지역을 표기하여 문서에 의한 송장 없이 자동피킹이 가능하게 유도) |
| 창고·보관부문 | 자재창고의 디지털 자동화 |
| 재고관리부문 | MRP(Material Requirement Planning : 자재동제계획)제도의 도입과 JIT(Just In Time)를 통해 재고 적정화 |
| 수·배송부문 | CRM관리체세 구축 및 전문 물류업체를 통한 납품의 시스템화 |
| 정보·통신부문 | 입주업체, 모기업, 관련업체 간에 글로벌 온라인 시스템 구축 |

② 조달물류 합리화

- 수·배송, 하역, 검품, 보관비용의 효율적 물류관리 필요.
- 외주 팔레트 풀의 결성, 포장의 모듈화와 간이화, 하역 오더피킹제도 도입
- 보관에서 자재창고자동화, 재고관리에서 자재소요량계획(MRP)과 즉시공급제도 (just in time) 도입
- 수·배송에서 납품 대행체제 공동화, 외주업체와 모기업, 관련업체간 온라인 시스템구축이 필요하다.

### (2) 생산물류(physical distribution on production)

① 효율적인 운영시스템

- 원재료의 입하이후, 자재창고의 출고작업에서부터 생산 공정의 운반, 하역 및 완제품이 창고의 입고에 이르기까지 물류과정이다.
- 생산물류범주 : 작업대 내, 생산라인 내, 부서 간, 공장 내, 공장 간의 운반, 하역, 제품창고의 입고작업 등이 포함된다.

② 생산물류비용 절감노력

- 단위적재시스템(단위화), 자동반송시스템(포장), 창고자동화(보관), 창고상품 제로화(재고관리), 자재창고(정보통신), 생산과정과 제품창고를 연결하는 온라인화가 필요하다.

〈표 2-4〉 생산물류 합리적 관리를 위한 요인

| | |
|---|---|
| 일반적인 조건 | 물류사양서 및 표준화, 물류기기와 부대장비 평가 및 선정요령, 공장내 컨테이너 운반법 숙지, 물류기기 보전절차, 원부재료 물류손상방지법, 작업 안정성 등 |
| 생산물류요원의 기본요건 | 물류담당자의 교육훈련·지식, 물류비산정방법, 물류현장의 연구개선 및 적용, 새로운 물류장비의 정보취합과 현장적용건의, 물류정보 관리 및 활용방법 |

### (3) 사내물류(社內物流)

① 유통기구와 연계된 시스템

- 생산된 제품 출하에서부터 판매보관창고에 이르기까지의 물류활동이다.
- 사내 포장, 운반, 수송, 하역, 분류, 보관, 재고관리 등이 포함된다.
  - 물류흐름은 물리적 위치를 점하고 있는 창고-작업장, 공장-특정위치.

② 물류비용의 최소화

- (제조업자)물자의 사내이동이나 보관과 같은 과정에서 발생하는 비용.
  - 제품운송 및 보관을 위한 포장에서 판매를 위해 출고까지의 물류비.
- '판매가격의 최종 확정'이란 정규적으로 판매계약이 성립하는 시점이다.

### (4) 판매물류(physical distribution on sales)

① 고객중심의 지원체계

- 완제품의 판매로 출하되어 고객에게 인도될 때까지의 물류활동을 가리킨다.
- 제품창고에서의 출고과정과 중간 물류거점인 배송센터까지 운송, 배송센터 내에서 유통가공과 제품분류작업, 각 대리점과 고객에게 배송하는 작업.

② 판매지원비용의 최소화

- 효율적인 수송을 위한 배송센터 설치와 배송망의 구축이 주요 활동이다.
- 판매실적, 납품소요시간, 차량관리, 고객서비스 등의 효율적 지원 활동

**<< 판매물류의 중점 사항 >>**

- 단위화 : 판매물류비 절감을 위해서 사내 팔레트 풀 결성,
- 포장 : 포장부문 모듈화·간이화·기계화.
- 하역 : 하역부문의 제품분류작업제도, 재고적정화.
- 수·배송 : 물류센터 및 공동 집·배송단지를 통한 공동 수·배송.
- 유통가공 : 콜드체인화, 정보통신에서 상품코드화로 바코드 도입 등.

### (5) 반품물류

① 고객서비스 관점의 지원

- 판매제품의 반환에 따른 회수, 운반, 하역, 검품, 분류, 보관, 처리하는 업무.

② 반품 발생대책 : 전사적 입장에서 고객욕구를 파악한 후, 제품의 설계부터 관련부문 협조로 반품요인을 제거해야 한다.

③ 반품물류비 : 판매제품의 반품물류에 소요되는 비용이다.

### (6) 회수물류

① 효율적 관리체계

- 물류활동 중에서 재사용하기 위한 회수활동과 관련된 물류활동이다.
- 물적 유통과정에서 상품유통기한 경과 또는 훼손, 불량품 발생과 구매자의 구매의사 번복, 상품회수와 반품을 위한 물류활동에서 요구되는 과정이다.

② 방법

- 컨테이너, 팔레트, 박스, 빈병, 용기, 알루미늄 캔 등 빈 물류용기 회수.
- 그린물류, 정맥물류, 환경물류, 등 폐기물 회수와 재활용 중요성이 대두.

### (7) 폐기물류(廢棄物流, abolition physical distribution)

① 기본 관리체계

- 제품 포장용기 및 수·배송용 용기, 자재 등 수명이 다한 물건의 처리활동.

② 요구사항

- 폐기물 처리에 따른 환경문제의 대두로 환경 친화적인 물품 생산을 통하여 폐기물류의 감소를 유도할 필요가 있다.

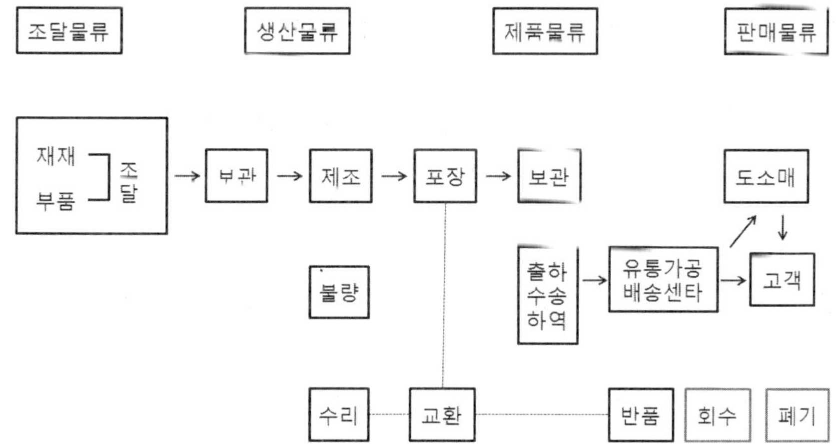


[그림 2-3] 제조업의 물류 영역

### 4) 판매업의 물류

#### (1) 조달물류(Inbound Logistics)

① 개념

- 제품과 상품 등이 조달처에서 구입자인 유통업에게 납입되기 전까지 물류.

② 특징

- 상품이 조달처에서 직접 판매장소의 보관창고로 납품되는 경우도 포함된다.
- Delivery Point가 다르다

#### (2) 사내 물류(Inter-company Logistics)

① 개념

- 입고된 상품이 판매가 최종적으로 확정되어 출고되기 전까지의 물류.

② 특징

- DC(Distiribution Center)에서 지방물류센터(RDC:Regional DC) 이동.

#### (3) 판매물류(Outbound Logistics)

① 개념

- 최종적 거래선이나 소비자에게 제품이 팔려 나가는 것.

② 특징

- 상품판매가 확정되어 고객에게 출고에서 인도까지의 물류.

#### (4) 반품물류

① 개념

- 판매된 상품이 특정한 사유에 따라 반품과 관련된 물류를 말한다.

② 특징

- 상시 운영되는 관련시설과 관련상품의 보관과 입출고 관리체계 요구

#### (5) 폐기물류

① 개념

- 물품, 상품 등 불량 및 유효기간 경과 등으로 인하여 폐기처분하는 물류.

② 특징

- 환경오염방지, 인간생활의 안전, 쾌적한 생활향상 등을 위한 매뉴얼관리

# 2 물류활동의 종합 기능

## 1) 운 송

### (1) 개 요

① 정의

- 상품 공급자와 수요자 사이의 장소적 공간적 간격을 극복하는 기능.
- 수송수단(자동차, 철도, 선박, 항공기 등)에 의해서 인간과 물자를 공간적으로 이동시켜 효용을 창출하는 생산에 포함되는 경제활동이다.

② 운송의 3대 요소

- 신속성 : 최대한 신속하게 운송되어야 한다.
- 안전성 : 최대한 내용물이 확실하고 안전하게 운송되어야 한다.
- 경제성 : 최대한 저렴한 비용으로 운송되어야 한다.

③ 운송시스템의 3대 요소

- 운송통로(way) : 하늘, 바다, 강(자연)과 철도, 도로, 운하(인위적인 것).
- 운송수단(vehicle) : 선박, 부선, 항공기, 화물자동차, 철도화차, 트레일러.
- 터미널(terminal) : 운송수단을 이용하여 효용을 얻는 인위적인 장소.

④ 목표

- 수송비용의 절감 : 수송 수단의 선택, 시스템화, 효율화
- 고객서비스 향상 : 가치창조, 감성만족, 기존 고객 및 신규 고객 창출.

⑤ 운송기능

- 생산지와 수요지와의 공간적 거리가 극복되어 상품의 장소(공간)적 효용창출.
- 물품을 공간적으로 이동시키는 기능이며, 물류비용에서 40 ~ 50%로 비중 높다.
- 재화용역을 수송수단에 의해 효용가치가 낮은 곳에서 높은 곳으로 이동한다.
  - 운반 : 사람이나 화물을 운송하여 옮기는 것
  - 운수 : 여객 및 화물을 주로 철도, 자동차, 선박, 항공기로 운반하는 것
- 수송 : 물류거점인 생산지로부터 소비지, 원재료를 이동하는 간선수송.
- 배송 : 도시 또는 지역 내의 수요자를 향한 이동으로 최종적인 수송이다.

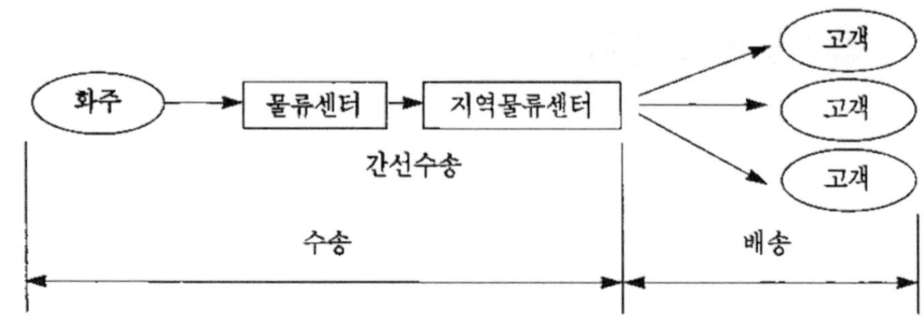


[그림 2-4] 수송과 배송의 영역

### (2) 특징

① 기능별 종류(육상운송과 수상운송, 항공운송 등으로 구분)

- 육로 : 고속도로의 건설로 급격한 성장. 제품을 원하는 지점까지 수송. 운행시간이 없는 융통성. 비용이 많이 소요, 고가품 단거리수송에 적합.
- 철로 : 부피 큰 화물 장거리수송. 저렴한 수단. 농수산물, 석탄, 철광석.
- 항로 : 장거리 신속 수송수단. 비용 많이 소요, 수송제품종류 다소 제한.
- 수로 : 속도가 느리며 기상조건 영향, 부피 큰 저가품, 모든 제품 취급.
- 파이프라인 : 석유나 가스제품, 생산지부터 시장까지 전용수송수단 이용.
- 기타 : 단위화 및 컨테이너화 등 두 가지이상 수송수단 조합사용.

〈표 2-5〉 운송기능의 종류와 특징

| 종 류 | 종 별 | 운송수단 | 특 징 | 중량제한 | 안전성 |
|---|---|---|---|---|---|
| 육상운송 | 철도운송 | 철 도 | • 고정 설비 투자가 많다.<br>• 안정성, 정확성, 규칙성. | 없음 | 높다 |
| | 도로운송 | 자동차<br>트 럭 | • 고정 설비투자가 적다.<br>• 소량운송, 신속성, 저렴성.<br>• 에너지 소모율 높다. | 있음 | 조금낮다 |
| 수상운송 | 해상운송<br>내수운송 | 선 박 | • 속도 느림, 항로개발<br>• 저렴성, 대량성, 안정성 | 없음 | 낮음 |
| 항공운송 | | 비행기<br>헬리콥터 | • 단기적 시간, 안정성<br>• 국내 / 국제 수송업무 확대<br>• 운임효율저하, 신속성 | 있음 | 높음 |

② 일관 수송방식의 형태
- piggy back : 철로와 육로의 병행
- train ship : 철로와 수로의 병행
- fishy back : 수로와 육로의 병행
- air truck : 항로와 육로의 병행

③ 화주선호도
- 운송수단별로 이용의 편리성, 운송비용, 운송속도, 운송량, 운송탄력성 등의 측면에서 경쟁력 비교
  - 운송분담율이 극히 낮은 항공운송을 제외하면 도로운송이 화주에게 가장 선호하는 운송수단임.
- 화주선호도에 따른 운소수단별 특성비교.
  항공운송을 제외하고 이용의 편리성, 운송의 탄력성, 운송속도 측면에서 도로운송 선호도가 가장 높음.
  - 연안해운은 운송비용과 수송능력측면에서는 선호도가 높으나, 작업단계가 많고 추가비용 발생으로 선호도가 높지 않은 것으로 나타남.

**〈표 2-6〉 운송수단의 특성(화주측면)**

| 특 징 | 선호 순위 |
|---|---|
| 이용의 편리 | 자동차 〉 철도 〉 항공 〉 해운 〉 파이프라인 |
| 비 용 | 파이프라인 〉 해운 〉 철도 〉 자동차 〉 항공 |
| 속 도 | 항공 〉 자동차 〉 철도 〉 해운 〉 파이프라인 |
| 수송량 | 파이프라인 〉 해운 〉 철도 〉 자동차 〉 항공 |
| 탄력성 | 자동차 〉 항공 〉 철도 〉 해운 〉 파이프라인 |

### (3) 육상운송

① 종류
- 공로(公路)운송(도로운송, 화물자동차운송), 철도운송(RAIL), 수로운송, 삭도운송(케이블카), 파이프라인운송

② 자동차 운송 : 자동차, 화물트럭 등 공로(公路)망을 통한 운송수단
- 노선수송 : 노선을 정하여 정기 운행하는 자동차로 화물 운송하는 것.
  소량단위 화물수송의 집하, 적재, 수송, 하차, 배달하는 것.
- 집배 : 철도 역두, 노선터미널 등 발착 양단에서의 집배작업에 관한 수송.

• 자동차 운송의 장단점
- 장점
* 일괄운송 가능 * 근거리 운송에 적합(경제적)
* 포장이 간단함 * 시기에 맞는 배차가 용이
- 단점
* 대량운송에 부적합 * 원거리 운송시 운임이 비싸다
* 중량과 기후에 영향을 받아 안전성이 떨어진다.

〈표 2-7〉 운송차량 분류

| 종 류 | 세부 종류 | 특 징 |
|---|---|---|
| 일반트럭(보통트럭) | | 적재량 1톤 미만에서 5톤 이상 보통트럭(경, 소, 중, 대형) |
| 트레일러 | 세미트레일러 | 트레일러 하중의 일부를 트럭이 부담 |
| | 풀(Pull)트레일러 | 트랙트 자체에 바디가 있고 트레일러로 견인, 경량화물 |
| | 폴(Pole)트레일러 | 교각, 대형목재, 파이프 등 장척용 운반용 트레일러 |
| | 더블트레일러 | 세미트레일러 2량을 연결한 더블트레일러 |
| 전용자동차 | 덤프카 | 평바디, 밴형차 등 |
| | 믹서차 | 레미콘차 등 |
| | 분립체 운송차 | 벌크차, 음료나 곡물 등의 운반차 |
| | 냉동차 | 단열 및 차량냉동장치 장비 |
| | 기 타 | 컨테이너 운송차, 행거차, 가축운반차 등 |

〈표 2-8〉 자동차 운송의 장점과 단점

| 구 분 | 세 부 내 용 |
|---|---|
| 장 점 | - 소량/중량제품 근거리 운송시 경제적<br>- 문전에서 문전(door to door)간의 근거리운송에 적합<br>- 시기에 맞는 배차가 용이하고 긴급 운송에 탄력적임<br>- 운송 도중 하역이 거의 필요 없음<br>- 운송도중에 충격이 적어 포장이 비교적 간단함 |
| 단 점 | - 대량운송에 적합하지 않음<br>- 원거리운송 시 제품당 운송비용 비싸다<br>- 중량과 기후의 영향을 많이 받음<br>- 교통 정체로 운송시간 안정성 떨어짐 |

③ 철도수송(RAIL) 방식

• 직행수송 : 발착역 직행·왕복수송에 의한 수송효율 향상, 운송품정밀도 고려
• 컨테이너 수송 : 컨테이너로 화물의 적환 없이 문전-문전으로 일관수송

- 쾌속 화물열차 : 지역별 중심역사 간을 쾌속열차로 수송
- 야드 수송방식 : 야드 기준으로 행선지별 분류 및 화물의 착역 수송

coal dump car　Tank car　container car　Log dump car

45' corrugated-side dry van container

BOXCAR Australian domestic container.

BoxCar

refrigerator car

CP Rail container crane

〈표 2-9〉 철도수송의 장점과 단점

| 구 분 | 주 요 내 용 |
|---|---|
| 장 점 | - 대량 화물을 일시에 효율적으로 운송에 적합<br>- 중, 장거리 운송시에 운송비가 싸고 경세적임<br>- 시간에 대한 안정성이 높아 계획 운행이 가능함<br>- 사고율이 낮고, 기후의 영향을 비교적 받지 않음<br>- 화물중량에 영향을 받지 않고 전국 운송망이 가능함. |
| 단 점 | - 근거리 운송 운임비용이 대체로 높음<br>- 화차의 일관 작업시 장시간 체류됨.<br>- 열차 편성에 시간 소요<br>- 긴급을 요하는 화물은 배차 관계로 운송이 불가능함<br>- 하역비용이 비싸고 운임 설정이 비탄력적임<br>- 화물차 소재 파악 및 화물수취의 불편(부가운송수단 필요) |

- 철도운송의 장단점
  - 장점
    * 대량화물 운송에 적합
    * 중·장거리운송 시 운임이 저렴하다
    * 높은 안정성(사고율 낮다)
    * 전천후적인 운송수단
    * 화물중량에 영향을 받지 않는다.
    * 저가품운송에 적합
  - 단점
    * 근거리 운송시 운임이 높다.
    * 화차의 일관작업 시 장시간 체류
    * 속도 느리고 부적절한 배차시기

* 환적비용이 많이 들고, 하역비가 비싸다
* 시설투자비가 많이 든다.
* 화물수취 불편(부가운송수단 필요)

④ 수로운송

• 바다나 강 또는 호수나 운하 등 선박이 항해할 수 있는 수면의 뱃길이다.
• 국내수로와 국제수로로 구분.
- 국내수로는 국내선박용의 수로이고,
- 국제수로는 국제적으로 개방된 수로로서
- 공해(公海)·영해(領海)·국제하천·국제운하가 포함된다.[1)]
• 배를 이용한 수로수송의 장점과 단점.
- 장점 : 부피가 큰 저가품의 수송에 적합하며 거의 모든 제품을 취급한다.
- 단점 : 속도가 느리며 기상조건으로부터 영향을 많이 받는다.

### (4) 해상선박 운송

① 개요

• 바다위에서 선박으로 사람과 재화를 장소적·공간적으로 이동하는 현상.

② 운송방식

• 정기선과 부정기선
- 정기선 : 정해진 운항일정과 항로에서 화물량과 관계없이 규칙적 반복운항.
- 부정기선 : 운항 기일이나 항로가 일정하지 않고 필요에 따라 수시 운항함.
• 컨테이너수송과 페리수송
- 컨테이너수송 : 컨테이너에 화물수송, 전용선중심 수송방식.
- 페리수송 : 통째로 화물을 싣고 있는 버스와 트럭운반방식.

벌크 화물선 가스선 컨테이너선 유조선

③ 해상운송의 장단점

• 장점
- 대량물품의 원거리 운송에 적합
- 원거리 운송시 운임이 가장 저렴

1) [네이버 지식백과](두산백과)

- 대량운송시 전용선에 의한 운송 및 일관하역작업 가능
- 용적이 큰 물품의 운송에 적합하다

• 단점
- 운송속도가 느리다.
- 항만 시설비와 하역비가 비싸다.
- 기후의 영향을 많이 받는다.
- 화물 수취의 불편함

〈표 2-10〉 해상선박운송의 장점과 단점

| 구 분 | 주 요 내 용 |
|---|---|
| 장 점 | - 대량물품 원거리수송에 적합하여 경제적임<br>- 원거리 대륙간 운송이 가능하여 운임이 가장 저렴함<br>- 대량운송시, 전용선 운송 및 일관하역작업(운송합리화) 가능<br>- 용적이 큰 물품의 운송에 적합하다 |
| 단 점 | - 수송 속도가 느림<br>- 항만시설 필요로 하역비가 소요됨<br>- 기후에 의한 영향을 많이 받음<br>- 화물수취의 불편함, 수송 시간의 안정성과 정확성이 떨어짐 |

### (5) 항공운송(Air transportation)

① 개요

• 항공기의 항복(plane's space)에 여객과 화물을 탑재하고 국내외 공항에서 공로를 통하여 다른 공항까지 운항하는 최신식 운송시스템이다.

• 항공기에 여객과 화물을 적재하고, 국내외 공항에 공로로 다른 공학까지 운항하는 최신식 수송시스템이다.

• 경제적 특성에 의해 가장 체계화된 유통시스넴과 정보세계를 활용하여 물적·상저 유통체제가 완벽하게 운용되고 있는 수송부문이다.

② 항공운송 특성

• 신속·정시성 : 해상운송에 비해 운송기간이 훨씬 짧아 신속하고, 발착시간, 정시운항, 운항횟수에 의한 정시성이 서비스의 최우선으로 고려된다.

• 안전성 : 해상운송에 비해 운송기간이 훨씬 짧아 신속하고, 발착시간, 정시운항, 운항횟수에 의한 정시성이 서비스의 최우선으로 고려된다.

• 운항시간의 단축으로 위험의 발생률이 낮고, 화물의 99% 이상을 Carton Box로 포장함으로써 안정성이 높다

- 경제성 : 해상운송에 비해 운송기간이 훨씬 짧아 신속하고, 발착시간, 정시운항, 운항횟수에 의한 정시성이 서비스의 최우선으로 고려된다.[2)]
- 야행성 : 운송화물의 대부분이 야간에 집중되는 경향이 있음(당일화물을 오후에 집화·기적한 후, 익일 아침까지 운송하는 것이 관례이다)
- 비계절성 : 여객에 비해 항공화물이 계절에 대한 변동이 적음(항공화물은 고정된 화주로부터 반복·출하되어 비교적 계절의 수요탄력성이 적다)
- 편도성 : 여객의 경우 출발지로 다시 돌아오지만, 운송화물은 목적지에서 소비되어 돌아오지 않는다.

③ 항공운송의 장단점

- 장점
  - 운송속도가 빠르다.
  - 소량상품의 원거리 운송에 적합
  - 긴급, 소형화물 원거리운송 적합
  - 물품의 파손이 적고, 포장이 간단
- 단점
  - 운임이 비싸고 화물의 중량제한이 있다.
  - 물품의 수취가 불편
  - 공항이 없는 지역은 이용불편 따름
  - 기후의 영향을 많이 받는다

**〈표 2-11〉 항공운송의 장점과 단점**

| 구 분 | 주 요 내 용 |
|---|---|
| 장 점 | - 수송 속도가 매우 빠르고 수송의 정확성이 매우 높다<br>- 단기간 소요로 수송손상 우려 낮다<br>- 긴급, 소형 화물의 원거리 운송에 적합함<br>- 하역처리 빈도가 적고 포장이 비교적 간편함 |
| 단 점 | - 수송 비용이 가장 높고 화물중량에 제한을 받음<br>- 공항이 없는 지역은 이용불편 따름<br>- 물품의 수취가 불편하고 환적이 필요함<br>- 기후의 영향을 많이 받는다. |

2) 화물의 99% 이상을 Carton Box로 포장함으로써 단순히 운임만 비교하면 해상운임에 비해 훨씬 비싸지만, 포장비, 보험료, 중량계산방법, 기타 부대비용 등을 고려한 총비용(Total Cost)의 개념에서는 항공운송이 해상운송보다 더 저렴할 수 있음

④ 항공운송 담당자

- 항공 화물 운송 대리점(Cargo Agent)
  - 항공기운송계약을 대리체결, 항공화물 운송장(AWB : Air Waybill)을 발행.
- 항공운송 주선업자(Air Freight Consolidator)
  - 자기명의 항공기를 이용해 혼재된 화물(LCL)을 운송하는 사업자.
  - 혼재업자용 화물운송장(House Air Waybill)을 발행한다.

⑤ 항공화물의 적용되는 %(요율)

- 일반화물 요율(General Cargo Rate, GCR) : 모든 화물에 적용되는 요율
- 특정품목 할인요율(Specific Commodity Rate, SCR) : 대형화물적용 할인운임
- 품목분류 요율(Commodity Classification Rate, CCR) : 특정할인, 할증운임.
  - 할인운임은 신문, 잡지 등에 적용되며, 할증은 고가의 물건들에 적용된다.
- 종가운임(Valuation Charge, VC) : 화물가격운임. 비쌀수록 운임도 비싸다.

### (6) 파이프라인(송유관) 수송

① 개요 : 석유·천연가스 등 유체 수송용, 하역용 강관으로 구성되는 관로.

② 역사 : 1868년 미국 펜실베이니아주에서 목관 약 10km를 부설에서 유례.

③ 용도 : 원유·천연가스하역선, 집유·가스자분선, 송유선, 배급선, 수송배급선.

〈표 2-12〉 파이프라인의 장점과 단점

| 구 분 | 주 요 내 용 |
|---|---|
| 장 점 | - 대량의 연속적인 수송에 적합함<br>- 변동비는 거의 0에 가까움<br>- 기후에 의한 영향을 거의 받지 않음<br>- 시간에 대한 안성성이 매우 높음 |
| 단 점 | - 원유, 가스 등에 국한, 제품에 따른 제한이 매우 심함<br>- 고정비가 매우 많이 소요됨<br>- 지역적 특성에 영향을 많이 받음<br>- 환직이 필요한 경우가 있음 |

### (7) 컨테이너 수송

① 개요

- 컨테이너에 화물을 적입, 화물을 단위화한 컨테이너를 수송하는 운송형태.
  - 반복적으로 사용하도록 규격화된 수송도구, 화물 운송단위(unit load) 실현.
  - 트럭에서 철도로 옮겨진 다음 배로 이송되고 끝으로 바지(barge)에 실린다.
  - 복잡한 항구시설과 보통 양 방향의 물동량이 클 경우에만 설치가 가능하다.

- 컨테이너 터미널(Container Terminal)
  - 화물적재 또는 하역을 원활하고 신속하게 할 수 있도록 하는 장소 및 설비.

② 컨테이너화물 운송형태(Container Transport Types)

- CFS/CFS(LCL/LCL:Pier to Pier) 운송
  - 선적항의 CFS로부터 양륙항 CFS까지 컨테이너를 이용한 화물운송형태이다.
  - 운송인이 여러 송화인들의 소량화물을 목적지별로 분류하여 컨테이너에 혼재 운송하여 목적항의 CFS에서 여러 수화인에게 화물을 인도하는 운송형태이다.

③ CFS/CY(LCL/FCL : Pier to Door) 운송

- 선적항 CFS로부터 양륙항 CY까지 컨테이너를 이용한 화물운송형태이다.
- 운송인이 송화인들로부터 선적항 CFS에 집하하여 컨테이너에 적입한 이후, 최종 목적지의 수화인의 공장 또는 창고까지 화물을 운송하는 형태이다.

④ CY/CFS(FCL/LC L: Door to Pier) 운송

- 선적항의 CY로부터 양륙항 CFS까지 컨테이너를 이용한 화물운송형태이다.
- 선적지의 송화인 FCL화물로서 컨테이너로 운송하여 수입항 CFS에서 화물을 내려 수화인들에게 인수하도록 하는 운송형태이다.

④ CY/CY(FCL/ FCL:Door to Door) 운송

- 선적항의 CY로부터 양륙항 CY까지 컨테이너를 이용한 화물운송형태이다.
- 송화인위치부터 수화인창고까지 육·해·공을 연결한 컨테이너 일관운송형태.
- 운송도중 개폐하지 않는 것은 컨테이너의 장점을 최대한도로 이용한 것이다.

**〈표 2-13〉 컨테이너 화물의 운송형태**

| 구 분 | 내 용 |
|---|---|
| CY/CY(FCL/FCL) | - 컨테이너의 장점을 최대한 이용한 형태<br>- 컨테이너 만재화물(FCL)을 그대로 일괄운송<br>- Door to Door 서비스 (1→1서비스) |
| CY/CFS(FCL/LCL) | - 1명의 송하인과 여러 명의 수하인들의 관계<br>- FCL로 운송되어 LCL로 해체되어 인도되는 운송<br>- Door to Pier 서비스(1→多서비스) |
| CFS/CY(LCL/FCL) | - 다수의 송하인과 한 명의 수하인 관계<br>- 혼재된 LCL을 FCL상태로 수하인에게 해체없이 운송<br>- Pier to Door 서비스(多→1서비스) |
| CFS/CFS(LCL/LCL) | - 컨테이너의 장점을 전혀 살리지 못한 형태<br>- 혼재된 LCL을 여러 사람에게 인도하는 운송<br>- Pier to Pier 서비스(多→多서비스) |

⑤ 컨테이너의 종류

- Dry Container : 일반 잡화물을 적재하며, 공산품 수출입에 사용된다.
- Reefer Container : 육류, 어류, 과일 등 냉동이 필요한 화물을 적재
- Pen Container : 가축, 동물의 운송을 위해서 통풍구가 설치된 컨테이너
- Open Top Container : 천장개방식 구조의 컨테이너
- Flat Rack Container : 목재·기계류 운반, 바닥과 네 기둥만 있는 컨테이너
- Tank Container : 액체의 운반을 하는 컨테이너
- Hanger Container : 옷걸이 컨테이너, 고급의류 신속진열이 필요할 때 사용
- Solid Bulk Container : 사료 등 운송 컨테이너, 천장에 3개의 맨홀이 있다.

⑥ 컨테이너의 크기와 적재량

- 크기
  - TEU(Twenty-foot Equivalent Unit)으로 컨테이너 길이가 20foot짜리 의미.
  - FEU(Forty-foot Equivalent Unit)으로 컨테이너 길이가 40foot짜리 의미.
- 용적
  - 1CMB = 가로X세로X길이 = 1㎥ = 1,000,000㎤이다.[3)]

⑦ 장점

- 신속운송으로 고객에 서비스를 제공함으로써 매출을 증대시킬 수 있다.
- 생산설비의 부품을 신속히 조달하여 가동율을 높일 수 있다.
- 신선도를 유지해야 하는 상품의 시장을 확대할 수 있다.
- 판매기간이 짧은 상품, 유행품, 계절품 등도 시장경쟁력을 유지할 수 있다.
- 갑작스런 수요변화에 대처할 수 있어 상기를 잃지 않는다.
- 운송중 상품의 위치파악이 용이하며 신뢰도가 높다.

⑧ 특징

- 내구성을 가지고 반복사용이 가능해야 한다.
- 하나 또는 그 이상의 우송형태에 의해 화물운송이 쉽도록 설계된다.
- 유송형태의 전환(환적)시 신속한 취급 기능을 부착하고 있어야 한다.
- 화물을 컨테이너에 상하차 작업이 쉽게 이루어지도록 설계되어야 한다.
- 내용적이 1입방미터 이상이어야 한다.

⑨ 주요 취급 상품

- 긴급상품 : 기계부품, 긴급의료품, 상품견본, 납기상품, 유행상품, 투기상품.
- 신속운송을 요하는 상품 : 생화, 생동물, 생선, 송이버섯, 꽃개 등
- 시기를 놓치면 가치가 없어지는 품목 : 신문, 잡지, 뉴스필름, 원고 등

3) * 문제에 cm로 제시된 길이를 m로 변환해서 풀어내는 것이 관건이다.

• 여객의 탁송품 중 긴급 상품 : 애완동물, 세일즈맨의 샘플 등

〈표 2-14〉 컨테이너 운송의 장점과 단점

| 구 분 | 주 요 내 용 |
|---|---|
| 장 점 | - 신속운송으로 고객에 서비스를 제공함으로써 매출을 증대<br>- 생산설비의 부품을 신속히 조달하여 가동율을 높일 수 있다.<br>- 신선도를 유지해야 하는 상품의 시장을 확대할 수 있다.<br>- 컨테이너가 견고하무로 內在화물 파손이나 손상방지.<br>- 판매기간이 짧은 상품, 유행품, 계절품 등도 시장경쟁력을 유지할 수 있다.<br>- 갑작스런 수요변화에 대처할 수 있어 상기를 잃지 않는다.<br>- 통과운송 또는 복합운송 등과 결합하므로 운임률이 비교적 낮다. |
| 단 점 | - 컨테이너 운반에는 전용설비가 필요하므로 초기에 많은 자금 필요.<br>- 컨테이너 내적으로 규격화되지 않은 화물을 이용하기가 곤란하다.<br>- 이러한 단점은 엄청난 정점에 비하면 거의 무시될 수 있다. |

### (8) 복합운송(Multimodal transport)

① 개요

• 특정 운송품이 선박, 철도, 도로 등 각기 다른 운송과 결합하여 운송되는 것.
  - 해륙과 해·육·공 등 둘 이상의 다른 운송형태로 순차적으로 운송하는 것.
  - 컨테이너운송의 컨테이너화가 국제복합운송의 발전을 주도해 왔다.
  - 복합운송인이 복합운송증권을 발행하여 물품인수시점부터 인도시점까지 전 운송 구간을 일관책임의 단일 복합 운송운임율에 의해서 운송되는 형태.

• 통운송(Through Transport)
  - 각 운송구간마다 운송인이 나눠 책임부담, 통선하증권(Through B/L) 발행.
  - 통운송과 복합운송은 같은 의미지만, 통운송은 반드시 해상운송이 포함된다.

② 복합운송의 특징

• 운송책임이 모두 단일 복합운송인에게 집중된다.(단일운송계약과 단일책임)
• 전 구간의 운송을 인수하고 다양한 운송수단이 이용된다.
• 단일운임 청구와 복합운송증권(MTD:Multimodal Transport Document) 발행.
• 개별 운송계약이 필요 없는 하나의 단일 운송계역으로 성립된다.

〈표 2-15〉 복합운송형태

| 구 분 | 주요 내용 |
|---|---|
| 부분운송 | - 송하인이 각 구간에서 각각 개별 운송계약을 체결하는 형식.<br>- 각 운송인은 자기의의 운송구간에 대해서만 책임을 진다. |
| 하청운송 | - 운송인이 다른 운송인이게 하청 또는 도급을 준 경우, 각 하청운송인은 자신의 운송구간에만 원청운송인과의 계약관계가 성립되고 하주와 계약관계는 발생하지 않는다. |
| 공동운송 | - 다수의 운송인이 처음부터 공동으로 참여한 경우, 운송인은 당연히 연대적인 책임을 부담해야 한다. 운송인 공동일관선하증권이 발행된다. |
| 연대운송 | - 어느 운송단계서도 전체 운송인수를 인정하는 운송서비스형태. 각 운송인은 상호 운송연락관계를 유지하기에 중계기지에서의 운송품의 인도는 직접적으로 수행된다. |
| 복합운송증권<br>(복합운송장) | - UN국제복합운송조약에서 화주중심 규정, 복합운송인은 엄격한 책임규정<br>- 발행형식/발행자 특별언급 없는 한 제시은행에서 수리 규정.<br>- 본선 적재가 표시되지 않은 선하증권도 수리가 가능하다. |

③ 장점

- 화물 유통의 신속성
- 서류의 간소화
- 화물 유통의 안전성
- 화물 유통의 경제성
- 무역의 촉진
- 노동력 부족 해결과 하역설비의 자동화

④ 복합운송의 요건

- 국제간 운송
- 복합운송계약의 체결과 복합운송인에 의한 전구간 운송의 책임 인수
- 운송수단의 이종복합성 내포

⑤ 복합운송의 효과

- 화주입장 : 안전성, 신속성 등 하역기간 단축과 간편한 서류절차와 대금결제.
- 운송인 입장 : 컨테이너운송에 의한 선박가동률 증대와 규모의 경제 실현
- 기계화, 자동화에 따른 인건비 절감 및 대량화물 신속처리로 이익 상승
- 계약형태 : 손해에 대한 귀책과 책임영역에 따라 구분된다.

### (9) 해공 복합운송(Sea & Air)

① 개요

- 출화지에서 접속지, 목적지까지 해상운송과 항공운송을 결합시킨 복합운송.
- 운송순서는 해상운송(출화지 → 접속지)에서, 항송운송(접속지 → 목적지)형태.

② 특징

- 해상운송의 저렴성, 항공운송의 신속성이라는 장점을 살린 방법으로 개발됨.

• 해상운송과 항공운송에 이어 제3의 운송방법으로 그 지위를 확보하고 있다.

③ 해공복합운송의 경제적 이점

• (부산·일본) 주요 항에서 유럽까지 운임의 경우, 항공운임의 반이하로 경감.
- 해상운임을 1로 할 경우, Sea & Air는 3 ~ 4 항공운임은 7 ~ 9가 된다.

• (부산·일본) 주요 항에서 유럽항만까지 해상운송경우, 25일 ~ 32일정도 소요됨.
- Sea & Air의 소요일수는 그 반 이해인 8 ~ 16일 정도면 충분하게 된다.

• 종래 해상운송에서 항공운송으로 전환, 물류코스트 절감으로 화주에게 이익.
- 주로 가전제품, 사무기기, 자동차부품 등 항공화물에서 Sea & Air로 전환.

④ 목표

• 수송비용의 절감 : 수송 수단의 선택, 시스템화, 효율화

• 고객의 서비스 향상 기능
- 기업적 측면 : 일정 시간대 고객에게 상품전달, 판매와 생산의 조정역할
- 경제적 측면 : 지역간 물품교환, 가격안정과 평준화, 지역적 분업화
- 사회적 측면 : 문명발달촉진, 지역간 및 국가간 유대 긴밀화

⑤ 수송의 효율화 원칙

• 대형화 원칙 : 가능한 한 대형차량에 의해 대량수송

• 회전율 극대화 원칙 : 정해진 시간에 차량운행시간(운행거리)을 최대한 확대.

• 영차율 극대화 원칙(공차율 최소화 원칙)
- 영차율(실차율)이란 전체운행거리에서 화물을 적재하고 운행한 비율이다.

## 2) 하역

### (1) 개요

① 정의

• 재화를 물리적으로 보존하고 관리하는 것.

• 수송·보관의 양단에 걸친 물품취급으로 물자를 상하좌우로 이동시키는 활동
- 피킹, 분류 등 하역작업의 대표적인 방식인 컨테이너와 팔레트화에 의한 것.

• 물품의 생산과 소비의 거리를 조정하여 시간적 효용을 창출하는 것.
- 운송의 양 끝단이나 보관시설에서 물리적으로 화물을 취급하는 기능.
- 물자의 싣고 내림, 운반, 쌓기, 꺼내기, 분류, 정리 등 작업과 부수작업.

② 필요성

• 적정수준의 재고보유로 창고비, 생산비, 수송비 등 총비용 최소화.

③ 목적
- 수송비와 생산비의 절감
- 수요와 공급의 조정 및 균형
- 생산과정의 지원
- 판매활동의 지원

④ 기능
- 유통과정 중 일어날 수 있는 물품의 파손 위험으로부터 물품 보호
- 물품의 외형을 미화시켜 소비자 구매의욕 의도
- 운송, 보관능력의 효율 향상을 지원하는 기능

〈표 2-16〉 하역 용어

| 용 어 | 개 념 |
|---|---|
| 1. 적하(Loading &Unloading) | 적하는 「싣고 내리는 것」으로 운송기기 등에 화물을 싣고 내리는 것을 포함한다. 컨테이너 운송에 있어서 물건을 싣는 것을 Vanning, 내리는 것을 Devanning이라고 한다. |
| 2. 운반(carrying) | 「운반」은 화물을 비교적 단거리로 이동시키는 작업을 말한다. 생산, 유통, 소비 등 어떤 경우에도 운반은 수반되기 때문에 하역의 일부에 포함되어야 한다. |
| 3. 적재(Stacking) | 「쌓는 것」은 화물을 보관시설 또는 장소로 이동하여 위치와 형태로 쌓는 작업이다. |
| 4. 반출(Picking) | 「꺼내는 것」은 보관장소에서 물건을 꺼내는 작업이라고 정의한다. |
| 5. 분류(Sorting) | 「분배」로서 "화물을 품종별, 발송처별, 고객별 등으로 나누 는 것"을 말한다. |
| 6. 정돈(상품구색 갖추기) | 「상품구색 갖추기」로서 출하하는 "화물을 수송기관에 바로 실을 수 있도록 순비하는 깃"이디. |

### (2) 하역의 종류

① 육상하역 : 철도, 트럭, 항공기 등의 운송에 수반되는 하역.

② 항만하역 : 선박의 해상운송에 수반되는 하역.
- 물품의 인수도경계
  - 선내하역 : 본선에 물품을 적재 또는 본선에서 물품을 양륙하는 작업.
  - 연안하역 : 적치장내와 연안과 부선사이, 육상차량 및 적치자 적하작업.
- 접안하역(계선하역) : 본선의 정박장소
  - 경안하역 : 본선의 안벽 측에서 하역하는 것
  - 부선하역 : 본선의 바다 측에서 하역하는 것

- 해상하역(박지하역) : 본선의 정박장소
  - 본선이 해상에 정박하고 있는 상태에서 하역하는 것(부선하역의 형태임)

③ 물품의 종류

- 개별하역 : 개별상자 등 낱개로 취급하는 하역. 단품별 하역.
- 유니로드 하역 : 단위 적재하역 팔레트, 일정 크기의 화물단위 하역.
- 벌크하역 : 분립체, 액체 등을 직접 적재, 입출고하는 하역. 비포장 하역.

④ 선적(적재)

- 자가선적 : 화주가 물품을 선측까지 운송하여 직접 본선에 적재
- 일괄선적 : 선사 소속 선적대리점이 화주의 물품을 모아 본선에 적재

⑤ 양륙

- 자가양륙 : 화주가 본선으로부터 물품을 직접 양륙하여 인취
- 일괄양륙 : 선사 소속 선적대리점이 본선으로부터 물품을 양륙

### (3) 하역 기계화

① 하역기계의 사용유무

- 인력하역 : 사람이 직접 투입되어 수행하는 작업
- 기계하역 : 컨베이어하역, 지게차하역, 크레인하역 등.

② 하역기계화의 필요성

- 중량화물의 경우, 인력으로 작업하기 곤란
  - 많은 인적 노력이 필요한 경우
  - 인력으로 취급하기 곤란한 화물(액체 및 분립체)
  - 인력으로 시간을 맞추기 어려운 화물
  - 장거리 운송화물
  - 인적접근이 곤란하거나 수동화하기 어려운 화물
  - 사람에게 유해하거나 위험한 화물
- 하역기계화화의 효과
  - 인력하역과 팔레트하역 비교결과, 하역기계화는 50 ~ 80% 인력단축 효과.

## 3) 보관

### (1) 개요

① 정의 : 재화를 물리적으로 보존하고 관리하는 것.

- 상품 공급자와 수요자 사이의 시간적 간격을 극복하는 기능.

- 물품의 생산과 소비의 거리를 조정하여 시간적 효용을 창출하는 것
- 기업에 있어서 적정수준의 재고보유를 통하여 창고비, 생산비, 수송비가 상쇄되어 총비용의 최소화가 되도록 하기 위함.

② 목적
- 수송비와 생산비의 절감
- 수요와 공급의 조정 및 균형
- 생산과정의 지원
- 판매활동의 지원

③ 기능
- 저장, 집산·분류·검사장소 기능, 수송과 배송의 윤활유 기능.
- 고객서비스의 최전선 기능 : 빠른 배달로 서비스가 향상되어 판매가 증가
- 소비지창고에 제품을 보관하여 수요제품을 배달하는데 걸리는 시간을 절감

④ 보관물류(physical distribution on storage)
- 재화와 용역의 생산지와 소비지사이의 거리를 효율적으로 조정하여 조화를 이룸으로써 시간적인 효용가치를 창조하는 행위.
- 물류센터나 창고를 이용하여 재화와 용역을 안전하게 보관 및 관리하고 거래 쌍방 간의 수·배송과 연계시키는 물적 유통활동.
- 입체자동창고, 회전선반, 미니로드 등 공정흐름 속도를 조정하기 위해 물품을 의도적으로 정체시켜 입출고를 신속히 행하는 보관시스템이다.

### (2) 창고의 유형(기능)

보관기능에 따라 단기간 기능인 보관(Warehouse)창고와 유통물류센터로 구분.

① 보관창고 : 장기간 제품보관시설, 주로 계절적 수요에 이용.
- 보관 : 수송비와 생산비 절감, 수요와 공급 조절, 생산 및 마케팅측면 이점.
- 창고 : 저장, 수급조정(수요와 공급의 조정 또는 완충기능).
  가격조정, 연결기능, 매매기관, 신용기관, 판매전진기지 기능.
- 저장(Storage) : 재료, 부자재의 저장(장기간)
  - 농산물, 공산품 등 원재료, 부자재 장기 저장방식.
  - 상온저장, 저온저장, 포대저장, 산물저장, 밀폐저장 등.

② 유통물류센터 : 보관, 출하 및 정보시스템의 토탈 물류기능을 강조
- 보관센터(스톡센터) : 제품 보관이 주목적
- 배송센터 : 보관과 출고기능에 중점
- 중계 또는 무재고센터(Depot), Cross-docking

③ 보관형태에 의한 분류

- 보통창고 : 상온의 일반 창고
- 저장창고 : 지반내화구조를 갖춘 저장탱크. 부두 곡물(사일로), 분립체 등.
- 야적창고 : 목재, 컨테이너 등 담장, 철책설치의 보관창고. 노천 옥외창고.
- 수면창고 : 목재로 구획된 수면보관창고. 소손 등의 유실방지 설비 요망.
- 냉장(동)창고 : 냉각설비 단열창고.
  - C1급(-20°C ~ -10°C), C2급(-10°C ~ -2°C), C3급(2°C ~ 10°C), f급(-20°C 이하)
  - 정온창고 : 공조기 등 온도와 습도조정이 가능한 창고.(10 ~ 20도 정도).
- 위험물창고 : 소방법, 고압가스관련법 등 지정위험물, 고압가스 보관창고.
- 간이창고 : 템트 등에 의한 간이구조로 된 창고.

〈표 2-17〉 보관형태에 의한 분류

| 구 분 | 내 용 |
|---|---|
| 보관창고 | 재래형 창고, 창고의 기본적인 기능인 저장보관에 충실한 창고 |
| 보세창고 | 세관장 허가에 의해 수출입화물 취급창고, 수출입세금 미납화물 보관. |
| 유통물류센터 | 제품의 집하와 필요장소에 배송기능 갖춘 창고(운송기능과 창고기능).<br>조립, 포장, 분류, 가공작업 기능창고, 제조업 소비지, 도매업, 양판점창고 |

④ 운영형태에 의한 분류

- 자가 창고
  - 민간기업이 직접 소유, 자기물품 보관창고 → 효율적 관리와 높은 유연성
  - 수요가 안정적이거나, 특수한 창고보관기술을 필요로 하는 경우 유리함.
- 영업 창고
  - 다른 사람의 기탁물품을 보관하고 그 대가로 보관료를 받는 창고.
  - 자가창고처럼 화물인도, 보관, 선적, 보관관련 서비스를 제공한다.
- 리스 창고
  - 기업이 보관공간을 리스. 단기영업 창고와 장기 자가 창고의 중간선택.
  - 임대기간에 따라 사용자가 보관공간이나 관련된 제반 운영을 직접 통제.
- 공공 창고
  - 국가 및 지방단체가 공익을 목적으로 사용하는 창고.
  - 공립창고, 관설상옥, 관설보세창고, 공공 임대창고 등을 말한다.

⑤ 보관의 원칙

- 통로대면 보관의 원칙 : 물품 입출고를 용이, 효율적으로 보관 통로면 보관.
- 높이 쌓기의 원칙 : (다단적의 원칙)제품을 높게 쌓는 것. 창고용적효율 제고.

- 선입선출(FIFO) 원칙 : 먼저 입고된 것부터 출고해 가는 것을 말한다.
- 회전대응 보관 원칙 : 보관할 물품의 장소를 회전정도에 따라 정하는 원칙

**〈표 2-18〉 운영형태의 분류**

| 구 분 | 내 용 |
|---|---|
| 자가 창고 | 민간기업 직접 소유, 자가 물품 보관창고. 효율적인 관리, 유연성 장점<br>안정적인 수요 또는 특수 창고 보관기술이 필요한 경우에 유리하다 |
| 영업 창고 | 타인의 물품보관, 보관료 받는 창고. 화물인도, 보관, 선적, 서비스제공 |
| 리스 창고 | 기업의 보관 공간 리스, 단기사용과 장기 자가 건설과 대별되는 중간선택<br>임대기간에 따라 사용자가 보관공간과 제반운영의 직접 통제가 가능함 |
| 공공 창고 | 국가(지방자치단체) 공익목적 창고. 공립창고, 관설보세창고, 공공임대창고 |

### (2) 창고자동화

① 개요

- 보관관리를 기계화와 전자화가 결합되어 지능화한 인공두뇌창고의 개념이다.

② 도입배경

- 인건비 상승과 인력난
- 유통환경의 변화(다품종 소량주문과 배송의 신속화)
- 제조부문의 자동화와 균형을 위한 물류 자동화의 필요성
- 좁은 국토의 효율적 이용
- 화물이동의 양적 증대로 인한 수용의 필요성 증대

**〈표 2-19〉 구조에 의한 분류**

| 구 분 | 내 용 |
|---|---|
| 보통 창고 | 재래식 평면창고. 물품하역은 주로 지게차(포크리프트 트럭)가 담당한다. |
| 랙 창고 | 랙(Rack)시설로 지게차와 크레인, 컨테이너에 의해 기계화와 시스템으로 운영 |
| 자동화창고 | - 제어방식으로 온라인 제어방식과 오프라인방식으로 구분된다.<br>- 온라인 제어방식은 컴퓨터가 하역기기와 직접정보를 교환하여 제어하는 방식<br>- 오프라인 제어방식은 컴퓨터 입출고 판독장치로 하역기계 작동의 제어방식<br>- 시설규모 : 저층랙(5m 이하), 중층랙(5 ~ 15m), 고층랙(15m 이상) 분류 |

③ 물류 창고 자동화의 효과

- 재고처리 비용의 절감
- 재고관리 정확성 증가

• 정시 배송 정확성의 증가
• 효율성을 기반으로 한 적재량 증가

### (3) 저장(貯藏)

① 정의

• 주로 농산물·공산품 등 상류기능을 지원하기 위해 장기 보관하는 방식이다.

② 저장의 종류

• 상온저장, 저온저장, 포대저장, 산물저장, 밀폐저장 등.

③ 쇼 케이스(Show Case) 냉각방식의 저장고 분류

• FAN Coil식 : 냉각속도가 빠르고, 성애제거 용이하나 저장고내의 상품이 건조해지기 쉬운 단점(우리나라 대부분 설치)이다.
• PIPE Coil식 : 상품의 건조방지가 쉬우나, 가격이 비싼 단점이 있다.

④ 예냉(pro-cooling, 豫冷)

• 수확물의 품온 저장온도 유지, 호흡량 축소와 포장의 열 제거 등으로 저장양분의 소모를 감소시켜서 저장능력을 증가시키는 작업.
• 과실의 신선도 유지에 대단히 중요하며, 품성 그대로 보존하기 위함이다.
  - 수확 후 생산물의 품온을 내려 생리작용을 억제하여 품질변화를 방지.
  - 수확직후 본래 품질을 유지하기 위해 포장열을 제거, 급속히 품온을 낮춘다.
• 농산물의 고유품질을 유지와 저온유통을 위한 선진농업국의 작업형태.
  - 품온(과온)
  - 청과물 자체의 온도
  - 특히 여름철에는 예냉의 중요성은 매우 큼
  - 호흡량을 줄임으로써 저장양분의 소모를 감소시키고 저장력을 증가시킴
• 예냉이 적용되는 품목
  - 수확기의 기온에 관계없이 호흡작용이 격심한 품목
  - 한낮 또는 여름철 등 주로 고온기에 수확하는 품목
  - 인공적으로 높은 온도에서 수확된 시설 채소류
  - 절화 또는 선도 저하가 빠르면서 부피에 비하여 가격이 비싼 품목
  - 에틸렌 발생을 많이 하는 품목 및 수분 증산이 비교적 많은 품목

⑤ 예냉의 종류

• 차압통풍냉각식(Static pressure air cooling)
  - 강제통풍냉각의 단점을 보완한 방법. 냉각시간을 최고 절반가량 단축한다.
  - 냉각기측의 저장고에다 측벽을 설치한 뒤, 아래 부분에 송풍기를 달아 냉기를 빨아들이게 하고 쌓아놓은 과실상자위에는 천막기지로 덮어 냉기를 수평으로 흘

러 냉각효과를 높이게 한 것.

- 공기의 압력차를 이용하고 차압팬에 의해 흡기 및 배기가 되는 예냉방식
- 예냉에는 약 2 ~ 6시간 정도 시간이 소요
- 장점
  * 약간의 경비로 기존 저온저장고의 개조가 가능
  * 강제대류에 의하므로 냉각능력을 증대시킬 수 있음
  * 냉각속도는 강제통풍에 비해 빨라 예냉효과가 좋고 냉각불균일도 비교적 적음
- 단점
  * 포장용기 및 적재방법에 따라 냉각편차가 발생하기 쉬움
  * 골판지 상자에 통기구멍을 내야 하므로 압축강도가 낮아짐

• 냉수냉각식(冷水冷却式, hydro cooling)

- 냉수샤워나 냉수침지에 의해 냉각하고 세척효과도 있는 예냉방식
- 예냉에는 30분 ~ 1시간의 냉각속도
- 시금치, 브로콜리, 무, 당근 등에 이용함
- 장점
  * 예냉과 함께 세척 효과도 있음
  * 냉각부하가 큰 수박을 비롯하여 무, 당근 등과 같은 근채류에 많이 이용됨
  * 예냉 중에는 감모현상이 없으며 오히려 시듬현상이 회복됨
  * 설비비가 싸고 운영비용도 낮음
- 단점
  * 골판지 상자등 물에 약한 조장재는 사용이 불가능 함
  * 물기를 제거해야 하고 제거하지 않으면 부패가능성이 큼

• 강제통풍냉각식(forced air cooling)

- 저온저장시실을 다소 개조한 장치로 천정에 설치한 냉각기냉풍으로 예냉한다.
- 저장시간이 12 ~ 20시간이 소요돼 속도가 늦고 냉각효과가 떨어지는 단점이다.
- 장점
  * 온도 편차가 적고예냉 후 저온저장고로 이용할 수 있음
  * 저온저장고에 비하여냉각능력과 순환 송풍량을 증대시킬 수 있음
  * 시설이 비교적 간단함
- 단점
  * 예냉되는 속도가 비교적 늦음
  * 가습장치가 없을 경우 과실의 수분손실을 가져올 수 있음

• 진공냉각식(vacuum cooling)

- 채소 과실류를 큰 금속탱크에 넣고 밀폐해서 진공 냉각시키는 방법.

- 채소류에 효과가 있어 많이 사용하고 있으나, 시설비가 많이 든다.
- 원예 산물에서 증발잠열을 빼앗는 원리를 이용하여 냉각하는 방식
- 잠열 : 온도가 변하지 않고 상태만 변하는 것
  (얼음과 물의 온도가 같은데 상태가 틀린 것)
- 가장 냉각속도가 빠른 방식
- 장점
  * 20~40분의 빠른 속도로 냉각되고 온도편차가 적음
  * 높은 선도유지로 당일 출하가 가능하고 엽채류에서 효과가 큼
- 단점
  * 설치비용이 많이 듬
  * 예냉이후 저온유통시스템이 필요함
  * 시설의 대형화가 요구됨

• C.A저장(Controlled Atmosphere Storage)
- 환경가스를 조절 저장하는 방법.
- 탄산가스농도는 높이고 산소농도는 낮추어 농산물 호흡을 최대한 억제한다.
- 공기 중의 탄산가스를 0.03%, 산소는 21%로 각기 5-10% 정도 조절해 준다.
- 성분의 소모를 방지하고 선도와 품질의 보존성을 높이는 방식이다.
- 저장기간을 최대한 연장하는 최신 첨단저장 방식이다.
- 미국은 생산한 사과의 50% 이상을 C.A저장으로 출하하고 있다.
- 일본에서도 사과상자에 C.A 저장품 표시를 하여 판매하고 있다.
- 과실 채소류의 저장기간.
- 사과는 섭씨 3.5도에서 6-7월
- 배는 0도에서 9-12개월
- 감은 0도에서 6개월
- 복숭아는 0-2도에서 4주
- 바나나는 12-14도에서 6주
- 시금치는 0도에서 3주
- 마늘은 0도에서 10-12개월
- 고구마는 3-5도에서 8-10개월
- 감자는 3도에서 8-10개월.

⑥ 사례(과실의 특징)

• 과실은 기온이 5C 상승하면 품질 변화는 2~3배 촉진
• 과실을 32C에서 1시간 방치하는 현상 결과.
- 10C에서 4시간, 0C에서 7일간의 보존기간에 상응하는 품질노화 기간과 같다.

⑦ 예냉의 효과

- 일반적 효과
  - 수분손실 억제 : 증산작용에 의한 수분손실을 억제하여 시드는 것을 방지
  - 호흡과 에틸렌 생성 억제 : 호흡급등형 과실, 호흡활성과 에틸렌 생성 억제함
  - 병원균 번식 억제 : 상온에서 번식속도가 빠르기에 병원균의 번식을 억제함
  - 수분 손실 감소 : 유통과정의 농산물을 예냉을 통해 수분손실을 감소시킴
- 품목별 예냉효과 비교
  - 예냉 효과가 높은 품목 : 사과, 포도, 오이, 딸기 등
  - 예냉 효과가 낮은 품목 : 감귤, 마늘, 양파, 감자 등

## 4) 포장(packaging)

### (1) 개요

① 포장의 정의

- 물품내용과 외형보호, 상품가치의 유지를 위해 적절히 둘러싸는 기술이다.
  - 물품을 수송·보관함에 있어, 상품을 일정단위로 정리, 가치 및 상태의 보호
  - 제반 물류기능의 효율적인 운영, 물류과정에서 상품안전성 목적의 기능 확보
- 적절한 재료나 용기 등을 물품에 시장(施裝)하는 기술 또는 상태를 말한다.
- 물품의 수·배송 , 보관, 하역 등의 가치 및 상태를 유지하기 위함이다.
  - 적절한 재료 용기 등을 이용해서 포장하여 보호하는 것이다.
- 중요한 모듈화는 일관시스템 실시에 중요한 요소이다.
  (단위포장-개별포장, 내부포장-속포장, 외부포장-겉포장)

② 포장의 목적

- 제품의 보호 또는 유지 : 원형상태의 보존
- 제품취급의 용이 : 안전성과 편리성
- 제품가치의 제고 : 디자인의 중요성

③ 포장물류

- 단위포장(낱개포장), 내부포장(속포장) 및 외부포장(겉포장)으로 대별.
- 물류부분에서 포장비율은 10%수준이지만 자재관리, 생산, 물류, 판매위한 기본단위로 생산·판매·물류의 통합기능과 정보매체로서 중요 역할.

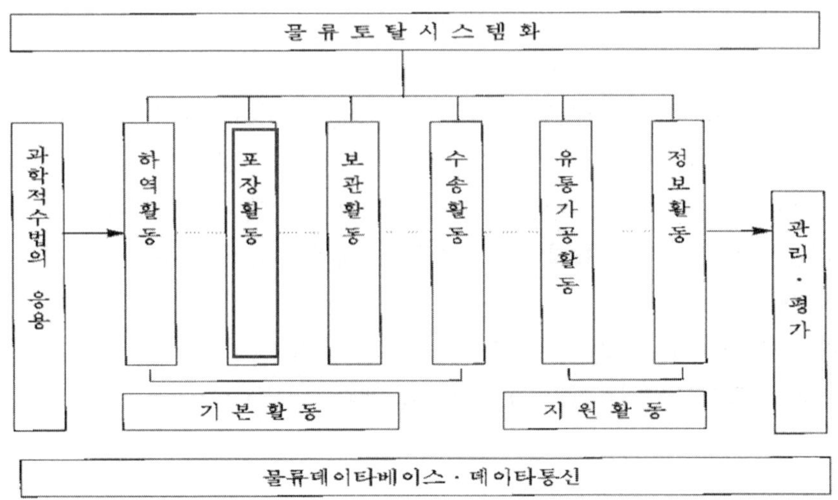


[그림 2-5] 물류활동의 구성개념

④ 물류와 포장의 관계

- 포장 설계에 따라 물류 형태에 많은 영향 미치고 있다.
- 포장은 물류의 한 분야며 물류도입부로써, 생산의 끝이자 유통의 시작.
- 포장은 물류비 절감의 주요 수단으로써, 보호성보다 경제성 강조.

## (2) 포장의 위상

① 중요성

- 환경분야 : 포장폐기물에 의한 환경오염 논란 증대
- 유통분야 : 물류표준화 최우선 경제시책으로 대두
- 정보통신분야 : 전자상거래 활성화로 거래주체간 비 대면에 의한 매매 확대 → 포장설계 및 표시정보 개선으로 신뢰성 확보가 관건
- 식품 및 기타 제조업 분야
  - 식품의 위생성, 안전성에 대한 인식 고조 : KFDA 설립
  - 모든 농산물제품의 포장화 추진 : 2003년까지 농수축산물의 80%
  - 제조업체 원가절감 : 경제둔화상황에서 포장 재료비 10% 절감운동 전개.

② 포장기능

- 보호성 : 수·배송 및 보관물류활동과정에서 진동, 충격 등 외압과 습기, 온도 등의 기상변화 및 생물·화학적으로 내용물의 보호 기능.
- 하역성 : 물류하역기능을 효율적으로 수행할 수 있어야 한다.
- 작업성 : 기계화와 시스템화로 포장기기 사용. 포장물류일관작업과 자동화작업이

가능해야 한다.

• 편리성 : 하역 등 물류작업 편리함과 포장해체 시는 용이성을 고려한다.

• 표시성 : 화물에 필요사항(품명, 수량, 중량)을 문자, 표지, 기호, 심벌로 포장표면에 표시하여야 하역자동화와 컨베이어분류 채택용이.

• 보관성 : 하역작업이 원활하고도 능률적으로 수행되도록 단위용적이나 중량과 관련문제 등이 고려되어야 한다.

• 경제성 : 비용 절감될 수 있도록 포장은 최소한도로 억제되는 것이 좋다.

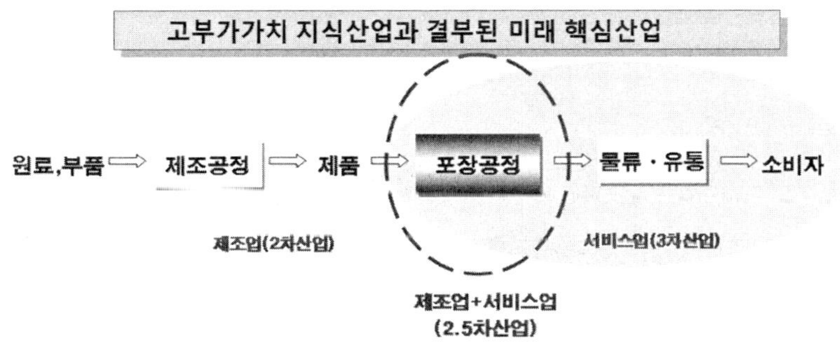


[그림 2-6] 포장의 위상

③ Packing포장과 Shipping Mark화인

• Packing포장

- 수출품목을 포장한 후는 외장에 특정표시의 Shipping Mark화인을 한다.
- 다른 화물과 식별이 용이하고, 수입자가 상품분류하고 파악하기 쉽게 한다.

• Shipping Mark화인

- 화인이란 화물식별과 취급을 용이하게 하려고 포장외장에 특정 기호나 문자 등을 표기하는 것이다.
- 화인에 반드시 들어가야 할 것은 Main Mark, Port Mark, Case Number이다.
- 화인의 내용이나 형태는 통상 Sales Note매매계약서나 Purchase Note구매계약서에 표시된다.

### (3) 종류

① 단위포장(개장 : 個裝, 상업포장 또는 소비자포장)

• 상품가치를 높이고 개개물품 보호위하여 물품을 포장하는 방법 및 포장상태.

• 물품을 직접 싸기 위한 포장. 제조공정의 최종단계에서 제품시장.

• 단순제품보호에서 재료와 용기로 소비자구매의욕을 자극하는 시각적인 목적.

• 개장의 포장재에는 금속·종이·플라스틱, 골판지, 유리, 나무 등이 있다.

• 보조 재료로는 방습재, 방충재, 봉함재, 결속재 등이 사용된다.

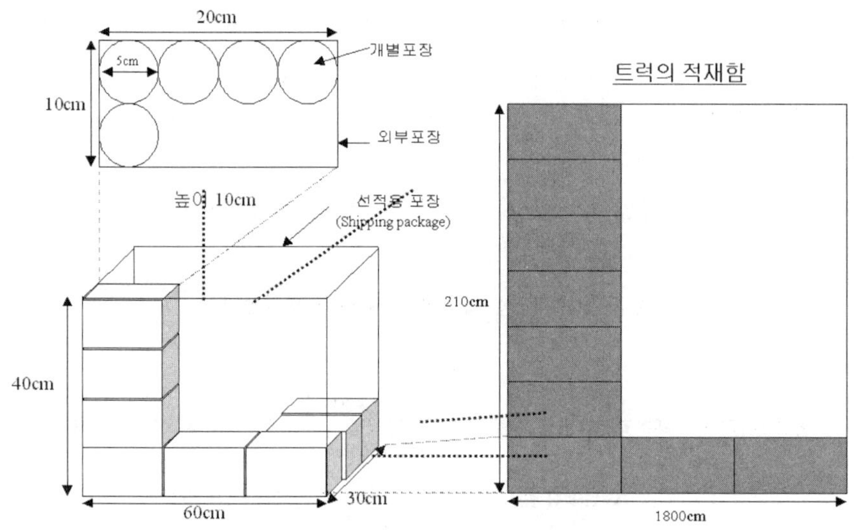


[그림 2-7] 포장의 연계성

② 내부포장(내장 : 內裝, 상업포장 또는 소비자포장)

• 물품 수분, 습기, 광열 및 충격방지 위해 물품을 포장하는 방법 및 포장상태.
• 개장된 물품을 상자 등 용기에 넣는 포장. 포장된 화물안쪽에 시작되며, 개장이나 외장보다 복잡하여 고도의 기술 요구.
• 종류
  - 일반 내장 : 종이포장지와 용기사용(약품·화장품·과자·문구 등)
  - 특수 내장 :
    * 방수·방습포장(상품을 수분이나 습기에서 보호)
    * 방청포장(금속제품의 수송·보관 중에 녹이 슬지 않도록 방지)
    * 완충포장(포장화물의 수송·하역 중에 내용물의 보호)

③ 외부포장(외장:外裝, 공업포장)

• 화물 외부포장. 수송을 위한 포장. 각종 용기에 상품을 넣어 포장하는 것.
• 물품을 상자, 포대, 나무통, 금속 등 용기에 넣거나 용기를 사용하지 않고 그대로 묶어서 기호 또는 화물표시방법 및 포장상태.
• 과거는 나무상자포장, 오늘날 골판지상자, 철사, 플라스틱용기포장 증가.
• 금속관·병, 항아리, 대나무 광주리, 산소를 넣는 봄베(bombe) 포장 등. 끈이나 로프 등 다발로 묶는 결속포장·자루포장 방법 등도 있다.
• 화물번호, 송화인표시, 품명·품질표시, 행선지·용적·무게·주의사항.

④ 사전포장(pre-package, 점내포장)

- 점포 내에서 특정상품을 판매하기 위해 상품특성과 소비자니즈에 맞게 사전 포장하여 매대에 진열하여 셀프서비스를 통해 판매하는 것을 말함.
- 사전포장제도는 소비자의 다품종 소량품목에 대한 선택폭 증대에 따른 고객만족과 소매점 판매효율화와 인건비 절감이라는 상호 이점이 있다.

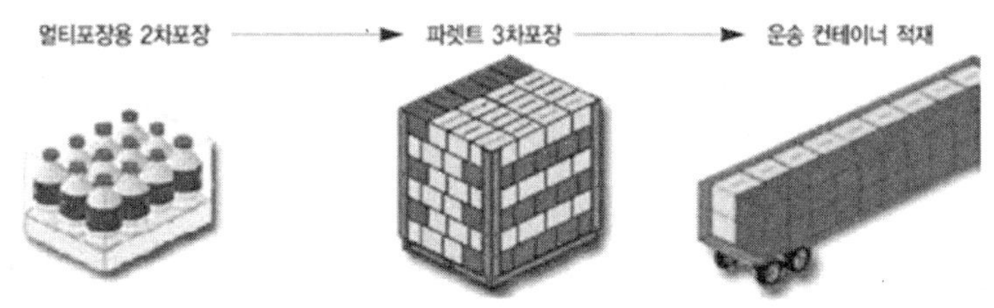


[그림 2-8] 포장-팔레트-컨테이너화 관계도

(4) 용기의 변화

① 원인

- 생활의 다양화, 식생활의 향상과 가공식품의 증대는 식품포장 변화.

② 물품포장(사용이후 버리는 것)

- 무드상품포장
  - 사회변화에 다라 편리성을 추구하는 경향으로 확대.
  - 화장품 등은 화려한 경향을 띠는 추세임.
- 수송포장
  - 나무상자로부터 금속히 골판지화가 진전되어 경량화 방향.
- 플라스틱포장
  - 필름, 용기형태로 소비자포장과 수송포장에도 널리 이용.
  - 포장 폐기물의 환경오염과 공해, 화려함과 과대포장문제.
  - 포장폐기물의 재활용과 재순환과 관련되는 포장설계 요청.

## 5) 물류정보

(1) 개요

① 정의

- 물류의 운송, 하역, 보관, 포장 기능들이 독자 수행되는 과정에서 발생되어 기록

된 요소들을 공동의 데이터베이스에 자료로 입력된 것.

- 운송, 보관, 하역, 포장, 유통가공 등의 기능을 유기적으로 결합하는 역할을 수행
  - 전체 물류관리를 효율적으로 수행하기 위한 중심기능이다.
- 기업의 공통의 목표인 생산성 향상과 이익증진을 위함
  - 생산에서 소비에 이르는 전 유통과정에서 수행하려는 제반 정보를 말한다.
- 정보통신의 발달과 급격한 물류환경의 급속한 변화추세
  - 물류정보의 중요성이 높아지고 있다.
  - 기업은 물론, 국가차원의 관심과 참여 및 전 인쇄매체, 전파매체, 통신매체가 전력투구하는 상황이다.

② 정보기능

- 물류정보를 수집, 가공, 제공하여 운송, 보관, 하역, 포장, 유통가공 기능
  - 컴퓨터 등 솔루션으로 통합하여 물류관리의 효율성으로 저비용경영에 기여한다.
- 고객요구를 이행하기 위하여 상품출고 지시, 수·배송 등의 물류의 각 기능을 서로 연계·유지하여 효율을 발휘하는 것이 가능하도록 조정하는 것이다.

③ 물류정보의 중요성

- 물류에서 정보는 상거래를 구체적으로 실현하기 위해 운송, 보관, 하역, 포장, 유통가공의 제반 활동 내용을 신속/정확하게 전달하는 기능이다.
- 물류의 제반 기능을 통합시스템으로 구성하여 전체적인 효율화를 추구하는 기능을 수행하기 때문에 매우 중요한 기능이다.

④ 물류 정보의 의의

- 물류포장, 하역, 보관, 운송, 유통가공 등 각 기능을 연결시켜, 전체적인 물류관리를 효율적으로 수행하는 정보시스템을 의미한다.
- 물류정보는 그 자체가 물류 기능을 발휘하는 것이 아니라, 제반 물류기능을 효율적으로 작용하도록 연결시켜주는 핵심적인 역할을 수행한다.
- 물류기능의 시스템화와 네트워크의 통합화로 원료생산에서부터 최종 수요자에게 인도까지 신속하고, 정확하게 부가가치를 창출하는 물류관리의 핵심이다.
- 물류 제반기능을 원부자재구매에게 최종 소비자에게 배달하여 만족하기까지 통합시스템으로 구성하여 전체적인 효율화를 추구하는 기능을 수행한다.

### (2) 물류정보의 기능과 목적

① 기능

- 각 물류라인과 상적·물적 네트워크상의 정보를 신속·정확하게 전달하고 통합된 시스템 구축을 통한 전체적인 효율화를 구축하는 기능

② 목적

- 정보시스템의 효율성·경제성·신속성·안전성 등의 촉진을 통한 고객서비스 향상과 국가 또는 기업물류비용의 절감 등.

③ 물류정보의 특징

- 정보의 양과 종류가 매우 다양하여 타 정보에 비해 절대적으로 크다.
- 정보의 발생지, 처리장소, 전달대상 등이 넓은 지역에 분산되어 광범위하다.
- 평상시 정보와 성수기 정보량의 차이가 크다.
- 화물정보와 상태에 대한 정보가 동시에 제공될수록 좋은 반응을 나타낸다.
- 정보의 양이 매우 많기 때문에 업무 처리 절차가 매우 복잡하다.
- 물류과정에서 항상 상품의 흐름과 정보의 흐름이 일치해야 한다.
- 정보내용이 부서간의 연관성이 크며, 전 단계에서 필요정보를 사전 처리.
- 최소의 비용으로 서비스 내용을 극대화할 수 있다.

### (3) 물류정보의 종류

① 화주정보

- 화주에 대한 모든 정보.
- 화주의 성명, 전화번호, 주소, 화물 종류, 중량, 출발지, 도착지, 운송기간, 운송구간 등에 관한 정보.

② 운송정보

- 화물운송 자동차정보, 항공기정보, 선박 및 철도운송정보, 창고정보, 집하정보 등이다.

③ 항만 및 공항정보

- 출발지, 도착지 공항이나 항만 및 CY 등에 관한 정보.

④ 수출입화물검사·통관정보

- 검수정보, 수출입통관정보, 검역대상품목정보.

⑤ 하역정보

- 하역업체정보, 하역 진척에 관한 정보, 실적 등에 대한 정보.

⑥ 보험정보

- 화물보험정보, 자동차등 운송 기기에 따른 보험정보 등이다.

### 6) 농산물가공

#### (1) 가공의 개념

① 정의

- 가공이란 소비자에게 판매되는 재료 또는 제품을 손질하는 판매단위별 작업, 사전포장작업, 소분작업, 반가공처리작업, 전처리작업, 가격표시작업도 포함한다.
- 생산자로부터 소비자까지 특정상품을 이전시키는 간단한 생산활동과 물류활동의 원활화를 위한 보조활동이다.
- 상품구색의 간단한 제품가공과 조립, 재포장과 주문 작업에 라벨을 붙이는 검품작업 등이 포함된다.
- 보존가공 및 동일물품의 형태전환 등 물자유통 상의 가동률 향상을 말한다.

② 유통가공 물류

- 유통과정에서 행하여지는 제품의 단순가공, 조립행위이다.
- 제품절단, 부품조립, 제품 재포장 등을 통하여 상품화되는 유통과정에서의 재포장, 절단, 라벨링, 검수, 검량, 단순가공 등의 행위이다.

③ 유통가공 기능

- 물자유통과정에서 물류효율을 향상시키기 위하여 가공하는 활동으로 단순한 가공, 재포장, 조립 등과 제품, 상품의 부가가치를 높이기 위한 물류활동이다.

④ 목적

- 판매촉진(고객서비스) : 유통단계 보존기능 강화, 고객요구 다양화에 부응.
- 생산성 지원 : 시간경과 극복에 따른 신선도의 유지와 상품부가가치 부여.
- 물류합리화 : 유통단계상의 상거래 위험 회피와 물류효율 촉진.

#### (2) 범주

① 제품형태에 가공을 가하기 때문에 생산에 속한다.

- 물류시스템 설계에서 중요요인이기 때문에, 물류 구성요소에 포함.

② 유통가공 대형거점인 유통가공기지 : 소비자 스톡포인트 기능 수행목표.

- 생산·유통·소비흐름을 전체로서 효율화하여 물류 결정점의 역할수행.

③ 유통 가공물류

- 물류업무의 수행과정에 있어 재포장, 절단, 라벨링, 검수, 검량, 단순가공 등 제품 단순한 가공, 조립 등의 행위이다.

④ 가공 도매업자

- 취급상품의 대부분을 가공해서 판매하는 도매업자.

- 직영공장 또는 외부 생산자에게 위탁하는 외주에 의한 아웃소싱의 형태.
- 양자 모두 유통기능이외에도 생산기능을 겸하는 점에 특징이 있다.
- 주로 식료품과 섬유업계에서 볼 수 있다.

### (3) 형태

① 생산재의 유통가공

- 대규모 설비투자로 복합기능을 지닌 (산지)유통센터 설립으로 시스템 구축.
- 물류비용 절감 및 유통단계 축소 등 물류효율성 제고와 보관기능, 가공기능 부가 등 소비자의 작업시간 절약과 고객만족시스템 구축.

② 소비재의 유통가공

- 가격표 붙이기, 마킹, 가구의 조립, 카페트 잘라 잇기 등의 형태가 있으며,
- 목적은 고객시비스 및 물류효율화를 위한 것이며,
- 소비재 특성이 다품종 소량화되는 경향에 따라 새로운 유통가공의 기능으로의 발전이 예상된다.

### (4) 식품의 가공

① 가공의 종류 : 생선, 야채 등의 냉동식품 및 가공품, 부분식육(커트미트)

② 의의

- 보존과 유통효율의 유효성
- 공간적, 물리적 거리개념의 단축
- 다양한 식품선택의 가능

**농산물 종합가공센터 운영메뉴얼(농촌진흥청)**

- 제1장 : 사업개념, 필요성, 목표, 운영전략
- 제2장 : 사업운영 및 조직구성, 사업추진프로세스
- 제3장 : 가공시설유형, 시설구축절차, 건축설계 및 시공, 가공장비 선정방법
- 제4장 : 운영체계, 창업교육방법, 창업코칭프로그램 등

③ 가공 물류의 도입효과

- 물류센터보관기능 강화와 물류과정에서 리드타임 단축으로 신선도 유지.
- 상품의 부가가치를 향상시켜서 고품질의 상품을 소비자에게 제공한다.
- 고객에게의 서비스 타임조절이 가능하여 전체 물류서비스를 제고한다.
- 상품에 대한 다양한 서비스를 받고자 하는 고객의 욕구를 충족시켜 준다.
- 생산지에서 물류센터의 유통가공 장소까지는 대량운송체제가 가능하여서 고객까

지 소량다빈도 공급배송체계에 의하여 수배송의 효율화를 기한다.

④ 유통가공 물류의 효율화 요인

- 모든 제품을 반드시 유통가공물류과정을 거칠 필요는 없기 때문에 유통가공물류를 가미하여 특정한 제품유형을 판별하여야 한다.
- 물류센터 설계 시는 유통가공 지역을 할당하여 설계하여야 하며, 취급상품의 종류에 따라 물류센터에서 보관되는 안전재고기간 등 제반 작업량과 소요인력, 리더타임을 정확하게 산정하여 관련 업무를 확정하여야 한다.
- 유통가공물류업무의 효율성 제고를 위하여 고객니즈의 변화와 작업수행에 필요한 절단기, 포장기 등 필수장비를 갖추어야 한다.

⑤ 가공식품 표준화 작업(加工食品 標準化 作業)

- 가공식품 표준화 제도.
- KS국가규격은 1961년 국내 산업의 취약한 기술수준과 품질경쟁력을 향상시켜 단기간 내에 국가 경제의 활성화를 도모하고 저 하는 경제정책수단의 하나로 공업표준화법이 제정되었다.
- 식품업체에서의 KS규격은 해당업체인 ㈜삼양사가 1967년 7월에 제 281호 KS표시업체로 취득한 것이 효시이다.
- 식품표준화업무는 1980년 농림부 유통정책국내에 가공산업과를 신설하여 식품전반의 표준화업무를 전담하였으나, 1983년 3월 가공식품의 모든 규격이 농림부로 이관된 이래, 1988년 5월부터 한국식품개발연구원에서 업무를 수행하고 있다.

## 3 국가별 물류환경의 변화

### 1) 물류환경의 변화

#### (1) 시장 환경의 변화

① 제조업중심의 생산자물류에서 고객중심의 소비자 물류환경으로 전환

- 과거 : 대량생산체계에서 생산자중심으로 상품을 판매하는 Push market환경.
  - 물류란 단순히 정해진 수요에 대응하기 위한 생산의 보조적인 수단이었다.
  - 물류관리는 운송, 보관, 재고, 원자재 관리 등의 물류기능을 수행해왔다.
- 새로운 물류환경의 변화되면서 물류관리의 중요성이 대두되었다.
  - 다품종 소량 다빈도 물류시대의 등장

- 물류리엔지니어링 기법의 확산
- ABC에 의한 물류리엔지니어링의 실현
- 물류제로베이스 사고의 필요성 대두
• 물류효율화, 물류생산성을 위하여 이익목표설정(원가통제 → 이익창출)
- 소비자요구에 부응하는 납품다변화와 비가격경쟁을 위한 판매전략의 필요성.
  * 물류를 제조와 판매에 이은 제3의 부문으로 위상확립
  * 물류상품서비스의 유료화 및 고부가가치시대의 도래
  * 원가통제형 관리에서 이익창출형 관리시대로의 전환

② 원가절감과 고객창출실현을 위한 종합물류관리시스템의 구축요망.
• 국제물류의 시장수효 증가 및 새로운 수요 패턴의 등장을 초래하고 있다.
- 지역별 무역협정과 글로벌 교역으로 세계교역은 급격하게 증가되고 있다.
- 물류기능은 관련기술의 발전으로 다양화와 신속화로 변화되고 있다.
• 물류의 효율적 운영과 경쟁력제고를 위한 새로운 물류서비스가 대두되었다.
- 단순물류로부터 다양성과 복잡성을 가진 로지스틱스로의 전환
- 개별 기능관리에서 토털코스트 어프로치에 의한 원가절감시대
- 관계네트워크 구축 등 물류효율화 및 물류통합화 시대의 도래

③ 배경
• 기업 활동에서 4P전략[4]은 마케팅믹스의 발전으로 상당한 진전을 가져왔다.
- 제품의 물적 흐름에서 단지 기업 활동의 보조나 지원수단으로 인식했었다.
• 기업 활동에서 제조부문에서의 절감노력은 어떤 한계점에 도달되어 있다.
- 생산 기계화, 원가관리 합리화, 자본 고정화로 고정자산의 증대 등의 노력.
• 물류는 상류와 연계하여 거래 이후에 상품이 실제로 이동하는 것을 의미한다.
- 유형 상품의 거래가 있으면 물류활동은 반드시 발생하다.
• 물류는 운송, 보관, 포장, 정보, 가공, 제고통제 등 혁신으로 비용절감을 기대.
- 타 분야에 비하여 대폭적인 원가절감이 기대되는 미개척분야로 남아 있다.

### (2) 물류산업의 추세

① 물류산업은 고객만족중심으로 시간과 비용은 감소시켜 기업목표를 반영한다.
• 기업의 유연성 증가와 고정비용의 감소를 위해 물류부문을 아웃소싱에 의존.
- 복잡한 물류문제를 해결하고자 주력업무가 아닌 물류부문을 전문가에게 위탁.
• 물류 전문사업자가 원가절감과 서비스 향상에 노력하도록 강조되고 있다.
- 대형 유통업태 등장으로 인해, 유통단계가 축소되면서 중개기능이 위축되었다.

4) (제품, 가격, 판매촉진, 유통경로)

② 기업의 물류기능과 효율성문제는 글로벌기술에 기반을 두고 노력하고 있다.
- 하역, 배송, 보관 등의 문제는 이제 전 세계적인 범위에서 영향을 받는다.
  - 물류서비스 수요의 양과 질의 변화와 원가절감과 서비스향상이 핵심수단이다.
- 한국은 첨단지식집약산업중심의 구조개편과 함께 유통혁명이 진행되고 있다.
  - 할인업태 확산과 신업태의 출현 등에 따른 매일저가판매를 위한 저비용경영.

③ 정보통신의 발전으로 기업들이 물류업무를 전산화하는 업체들이 증가되었다.
- 산업별 경기변동에 신속히 대응하는 물류체계의 유연성확보가 경쟁력이다.
  - 기업들이 물류업무를 기계화와 자동화를 위하여 많은 노력을 기울이고 있다.
  - 자사가 수행하던 물류업무 중 일부를 아웃소싱하는 업체들이 대폭 늘어났다.
- 세계적 초우량 물류기업의 국내진출이 활발하게 진행되고 있다.
  - 대형 소매업은 물류효율화에 의한 원가절감이 가격파괴실현의 관건이 되었다.
  - 소형 소매업은 물류공동화와 협동화를 통한 상호 생존모색이 이슈가 되었다.
- 물류공동화를 시행하는 기업니즈가 증가되고 정부의 관심과 지원이 증대됨.
  - 공동 집·배송단지 및 중소공동도매물류센터 건설, 공동물류자회사 운영 등

### (2) 관련기술의 발전

① 물류부문
- 정보통신의 발달은 IT기술의 발전과 응용으로 물류정보화가 급속하게 진행.
  - 개별적인 물류기능이 정보통신 및 IT기술과 유기적으로 연결되면서 변화.
  - 운송, 보관·소생, 하역, 포장, 가공이 인터넷 모바일, RFID 등 IT기술과 연계.
    * e-비즈니스의 확산으로 새로운 물류서비스 등장
    * 제조업을 중심으로 도입 확산
    * BPR과 ERP, SCM 등이 활발하게 도입
    * 제3자 물류(Third Party Logistics : TPL)의 등장

② 유통부문
- 고객입장에서, 점포의 상품발주부터 전 과정에서 물류관리시스템이 구축된다.
  - 상류에 의한 물류활동에서 발생되는 원가개념을 종합시스템으로 관리한다.
  - 상품발주부터 원재료 조달과 상품생산, 점포운반, 점포보관 등 모든 과정이다.
    * 디지털 제품의 네트워크 수송
    * 택배업의 급성장
    * 가상 쇼핑몰의 등장
    * 가상기업의 형성

## 2) 국가별 물류관리의 변화

### (1) 미국

① 미국 물류의 탄생

- 현대 물류의 탄생은 '미국'을 기점으로 발전해 왔다고 해도 과언이 아니다.
  - 19세기 사람과 재화이동에 싸고 빠르게 이동함에 철도와 증기선이 뒷받침함.
  - 상선운행과 항만개량, 도크와 창고, 신속한 화물취급 위한 기계와 방법 도입.
- 해상운송은 운하의 개통으로 스피드화 되었다.
  - 1872년 로테르담과 북해를 잇는 새로운 수로의 완성으로 유럽의 변화.
  - 1869년 수에즈운하와 1915년 파나마운하의 개통은 미국의 성공을 낳았다. 1894년의 영국 맨체스터 운하 및 1895년의 독일 킬(Kiel) 운하의 개통.
- 1912년 미국의 쇼(A. W. Shaw)교수가 하버드대학 학술지에서 발표.
  - 논문 "시장유통상 약간의 문제"에서 물류란 용어를 처음 제시하면서 등장.
  - 경영활동의 구성요소를 수요창조활동·물적공급활동 구분, 물류중요성 강조.
  - 경영활동을 생산 활동, 유통 활동, 조성 활동으로 구분했다.
  - 유통활동을 수요창조활동(常流)과 물적공급활동(物流) 두 가지로 대별했다.
  - 물류를 유통활동의 중요한 구성요소로 인식하는 계기가 되었다.
- 1922년 클라크(F. E. Clark)는 『마케팅 원리』에서 물류기능의 중요성 주장.
  - 마케팅기능을 교환기능, 물적 공급기능, 보조기능의 셋으로 구분했다.
  - "물류를 교환기능에 상대되는 유통의 기본적 기능"이라 정의(물류용어 기원).
- 산업혁명이후 1920년대까지는 외부로부터의 이민과 서부개척의 역사였다.
  - 경제, 사회 환경으로 인하여 시장이 빠르게 확장되는 시기였다.
  - 이동, 기술, 전문 인력, 풍부한 천연자원, 좋은 투자소선, 정부지원 등.
- 기업은 소비자들의 제화나 서비스욕구가 높아짐에 따라 관심부문에 집중했다
  - 시장수요에 맞추기 위해 대량생산체제를 갖추는 등 공업과 제조업부문 집중.
- 1920년대부터 세계대전 종선과 공급과잉현상으로 적정성장과 경쟁력에 관심.
  - 기업은 잉여생산물판매에 관심기지며 적정 성장과 경쟁력에 집중했다.
- 19세기는 철도와 증기선 등장으로 이동비용을 싸게 하고 이동고속화에 기여.
  - 항만개량과 도크와 창고건설, 신속한 화물취급을 위한 새로운 기계 도입.
  - 해상운송은 새로운 상선등장과 대륙별 운하개통으로 스피드화가 진행.
- 전신제도 등 새로운 기술과 과학의 발달은 세계무역의 성장에서 새로운 변화.
  - 세계 상품시장은 전산도입과 이용으로 국가 간에 정보 확산과 이익실현.
  - 각기 고유한 언어와 민족, 문화 교류, 교역, 전쟁 및 종속화로 발전.

② 제2차 세계대전은 새로운 로지스틱스(logistics)개념으로 발전되는 계기

- 제2차 대전(1941 ~ 1945년)중 미군 병참보급에서 로지스틱스 연구되기 시작.
- 생산, 보관, 수송과정을 효율적인 관리하여 물류비절감과 적기공급체제 달성.
  - 1945년 일부기업이 물류활동을 시작했으나, 경영에 곧바로 도입되지 못했다.
  - 1950년대 이전기업들은 생산·판매 치중, 물류인식이 보편화되지 못한 시기.
- 세계 제2차 대전경험으로 전시대비, 1946년 긴급전략물자 저장계획법 제정.
- 1950년경에 경영에 응용되면서 비즈니스 로지스틱스로 발전하게 되었다.
  - 이 시대에 물류(Physical Distribution)용어가 성행되고 물류연구가 되었다.
- 제2차 세계대전이후(1950년 ~ 1960년) 물류발전 현상
  - 1950년대 중반 기업들은 마케팅과 생산에서 비용을 축소하는 분야에 관심.
- 1960년대는 기업조직 내에 물류부와 자재부가 등장하여 기업물류관심 집중.
  - 마케팅, 산업, 사업, 경영분야에서 로지스틱스 또는 로크레매틱스 용어 사용.
  - 현재는 물류와 로지스틱스 또는 비즈니스 로지스틱스라는 용어가 사용된다.
  - 1960년대, 1970년대는 기능적 관리단계로 시스템의 부문별최적화에 초점.
- 1980년대는 기업내부 통합·조정의 통합로지스틱스[5] 등장.
  - 1980년대 초기, LTL[6]는 철도와 연계한 복합운송서비스 제공
  - 1985년은 미국물류관리협회[7]가 미국로지스틱스관리협회[8]로 명칭이 변경됨.
  - 물류에서 로지스틱스에로 보다 광역한 시스템을 대상으로 하게 되었다.
- 1990년대는 공급경로관리의 도입과 활용시기로 고객서비스 증대에 목적.
  - 1990년 중반 UPS, Fedex가 LTL로 철도·도로간 복합운송서비스 제공

③ Philip Kotler(2000)는 마케팅 영역에서 물류활동의 중요성을 강조

- 미국의 거시적인 물류비는 약 9억 달러 정도. 원화로는 약 1조원에 해당.
  - 미국의 물류비는 미국 전체 GDP 대비 8.7%에 해당(우리나라보다 낮다).
  - 미국 물류비 항목 중 가장 큰 비중을 차지하는 부분은 운송비(63.4%)다.
  - 재고관리 및 창고관리비용이 낮아지는 반면, 운송비용 감소율은 매우 낮다.
- 세계 최대의 물적 생산력을 자랑하는 미국은 세계 제1의 소비시장이다.
  - 다양한 계층과 인종이 공존하는 세계무역시장에서 제1위의 지위를 차지한다.
- 미국은 500년가량의 역사에서도 중요 전쟁승리로 물류발전을 이룩하였다.
  - 세계 1차대전, 세계 2차대전, 걸프전쟁, 이라크전쟁으로 막대한 경제적 이익.
  - 세계 최고 강대국에 오르면서 소련과의 냉전승리로 막대한 파워나라로 성장.

---

5) (integrated logistics)

6) (Less than track load)

7) (NCPDM)

8) (NCLM)

### (2) 일본의 물류 발전과정

① 물류의 탄생

- 일본 물류탄생은 서구열강들의 압력 중에서 1854년 미국 페리에 의한 개항.
- 아시아 최초 개방으로 여러 나라와 교역하면서 급격한 발전과 성장추세 지속.

② 근대적 발전과정

- 1955년 10월 하순부터 11월 말까지 일본생산성본부가 미국에 전문가 파견.
  - 유통기술전문시찰단이 '물류'의 내용을 처음으로 일본에 소개하였다.
  - "귀국보고서"에서 P.D라는 용어를 처음 사용하면서 물류의 어원이 탄생.
- 1959년 생산성본부는 유통기술국내시찰단을 조직하여 유통기술의 연구 발전.
- 1960년 10월~11월에 일본능률협회가 유통기술협회를 전국 규모로 주체했다.
  - 민간기업 내부서도 유통기술(P.D:Physical Distribution)이 인식되기 시작.
- 1961년~1963년 전반 유통기술이 Physical Distribution의 P.D로 기술되었다.
- 1963년 후반에는 학자들이 PD를 '물리적 유통' 혹은 '물적 유통'이라 병용함.
  - '물적 유통' 인쇄는 1964년 6월호 일통종합연구소 "수송전달"이 최초이다.
- 물류통합화 단계(1965~1969년) : 제 3의 이윤, 암흑대륙 등 중요성 표현.
  - 1965년대에는 물류에 관한 문헌도 많아지는 시기이다.
  - 1965년(물류원년)에 공표된 「중기경제계획」에서 물류를 검토하기 시작.
  - 일본 산업구조심의회(통산성 자문기관) 『물적 유통의 기본정책』 1965년.
- 물류 근대화 단계(1970~1972년) : 물류가 본격적으로 시작된 시기.
  - 일본물적유통협회와 일본물류관리협회가 설립, 관민산학시대를 맞이했다.
  - 일본 경제심의회 유통연구위원회 유통조성활동, 상류활동과 물류활동 구분.
- 물류합리화단계(1973~1980년) : 주로 비용측면 평가에 중점이 주어진 시기.
  - 제 1차, 제 2차 오일쇼크로 물류업계·제조업이 물류비 절감에 관심고조.
- 물류 다양화 단계(1981~1984년) : 물류의 구조적 변화가 일기 시작한 시기.
  - 다품종·소량·다빈도 물류, JIT(Just in time) 확산, 소비자물류 급증.
- 물류효율화 단계(1985년 이후) : 규제 완화 등 토털물류시스템이 급속 신행.
  - 1985년을 기점으로 통신의 자유화, 공기업의 민영화, 뉴미디어의 등장
  - 물류시스템의 영역에서도 물자 유통에서 정보 유통까지 범위가 확산.

③ 현대적 발전과정

- 1995년 학자와 관련 사업자들이 '운수부문의 IC카드 활용위원회'를 구성.
  - IC카드를 이용한 철도컨테이너추적관리(집배관리업무)시스템의 실증실험.
  - 물류효율화를 위해 물류용 바코드와 정보EDI를 연동시킨 '물류EDI' 이용.
- 1996년 "경제구조의 변혁과 창조를 위한 프로그램", 제3자 물류개념 제안.

- 물류업자가 화주에게 물류혁신 제안과 포괄물류를 위탁받은 업무라 정의.
- 2001년 이후, IC카드전자화폐분야에서 JR 동일본 "수박"의 서비스 제공.
  - 개찰구를 나오지 않아도 쇼핑을 즐길 수 있는 역내 나카 비지네스 전개.
- 2003년도 물류키워드를 중심으로 각종 개념이 변화되는 시기.
  - 평가의 지표 변화 : 「코스트(cost)」에서 「이익(profit)」중심으로 전환.
  - 하주자산 투자개념 변화 : 투자자산에서 현금이동(Cash Flow)가치 중시
  - 정보시스템 조기투자가 물류효율 및 기업 지속성장 스피트 향상에 공헌
- 2006년 국제경쟁력 강화를 위해 민관합동 '국제물류경쟁력 파트너십' 구축.
  - ASEAN을 중심으로 하는 아시아권역 단일 물류기반의 정비가 목적임.
  - '90년대 이후 동아시아지역에 일본계기업 대거 진출로 물류인프라 확대.
  - 육로인프라가 정비되지 않아, 비용과 시간을 요하는 해상운송이 중심.
- 2006년 RFID 실증실험과 소비자활용 성과를 국제표준단체에 반영방침.
  - 실증사업에 필요한 경비의 일부를 조성할 방침을 정하고, 6개 과제 채택.
  - 2007년 소매기업중심 컨테이너와 팔레트, 단품관리 RF태그 활용 등 제안.
  - 2007년 1월 홍콩~상해~일본~미국에서 액티브RF태그 컨테이너에 부착.
- 2015년까지 ASEAN을 중심으로 하는 아시아지역에서 사업을 전개할 예정.
  - 아시아는 EU나 북미보다 물류비용이 2배로 비용과 수송시간의 단축계획.

### (3) 중국

① 제 1단계 발전과정

- 계획경제 하에서의 물류정책(건국초기~80년대 초)
  - 건국이후부터 사회주의건국을 목표로 '계획경제'에 의한 경제운영시기.
  - 생산원자재 및 주요 소비품 등 생산, 배송, 공급은 국가의 계획·지도하에 있던 관계로 현대화된 물류의 개념이 도입되지 않은 시대이었다.
  - 유통업, 운수업, 창고업 등의 개별적 산업으로 물류산업이 존재했었다.
  - 중앙정부는 각 수송수단의 종합발전과 보관배송센터 및 창고건립.
  - 물자의 합리적 흐름관리 등 생산·배분·공급에 입각하여 수립·실시하였다.
- 1963년 정부 유통·배송거점화를 근간으로 관리체제를 수립·적용.
  - 유통활동이 물자보관·운수회사와 상업보관·운수회사의 이원구도로 변화.
  - 물류의 경제적 효율성보다 자원생산과 판매과정에 행정기관 주도시기.
  - 물류효율성은 전혀 고려대상이 되지 않은 개념 없는 시기였다.

② 제 2단계 발전과정

- 계획적 상품경제 하에서의 물류정책( 80년대 초~90년대 초)
  - 이 시기는 중국에 '물류에 대한 이론적 개념'이 소개된 시기이다.

- 1979년 일본 제3회 세계물류회의 중국물자경제학회 대표단 물류개념 도입
- 중국은 1980년대 말에야 진정한 의미의 물류업 개념이 도입되었다.
- 1987년 물류기본이론이 정립되면서 물류산업 발전을 위한 기초가 마련.

• 1979년부터 시작된 개혁·개방정책
- 계획경제에서 시장경제로 변화, 시장경쟁이 심화되자 기업은 자각하게 됨.
- 현대개념의 물류필요성 인식한 시기, 유통과 생산부문 물류문제가 이슈화.

• 국영 물류기업의 등장과 개인 물류기업의 발전
- 지역경계 소멸로 전문화가 시작되었지만 현대물류기업의 등장은 어려웠다.
- 이 시기는 중국의 대외개방정책이 적극 추진되었던 시기로 물자배분체계, 상품 유통체계, 교통운수체계 등도 큰 변화를 겪게 되었다.

• 정부주관의 생산, 물자조달, 가격관리부문개방이 추진
- 생산기업은 자주적인 원자재 조달, 상품의 생산·판매에 자주권을 가졌다.

• 유통업체들은 유통체계의 변화와 공급방식을 개편하기 위한 물류센터를 설립
- 수송업체들은 물류산업이 지니는 경제적 효율성도 중시되기 시작하였다.
- Door to Door로 서비스영역을 확대시키는 통합물류서비스 제고전략이다.
- 물류서비스 영역확대는 단순한 보관업무나 운송서비스에서 탈피되었다.
- 운송· 보관·포장·하역·유통가공에 이르는 물류기능의 효율성이 전제되었다.

③ 제 3단계 발전과정

• 사회주의 시장경제체제 하에서의 물류정책('90년대 중기 이후).
- 1993년, '사회주의 시장경제'를 표방되면서 물류부문에 변화를 찾아 왔다.
- 노후화된 창고와 낙후된 운송기업에 대한 개혁 및 구조조정 작업이 심화.

• 기업들은 1990년대 이후 본격적으로 물류산업의 중요성을 인식하기 시작함. 신개념 물류서비스체제와 시장경제 발전수요에 부응하는 물류기업도 등장.
- 외국기업 철도화물운수업 투자관련 심의/비준 및 관리임시규칙(2000. 8. 29)

• 물류업체의 4가지 유형.
- 구조조정으로 거친 유통·보관·운수기업이 창고시설을 배송센터 개조형태.
- 운송업체 및 포워딩업체가 서비스범위 확대, Door to Door서비스제공.
- 제조회사가 물류전담 부서를 설치, 원재료와 완제품의 조달/배송선남 형태.
- 소수 전문물류기업이 불특정다수 화주를 대상으로 물류서비스 제공형태.
- 이 시기는 배송 대행업체, 항공 특송업체, 전문 특송업체 등도 출현했다.

④ 제 4단계 발전과정

• 정부와 기업중심의 혼합시장경제 물류정책(2001년 이후)
- 2001년 WTO 가입에 따른 물류시장개방과 규제완화
- 선진물류기업들의 중국진출이 급격히 증가.

- 이 시기는 물류의 개혁·개방단계라고도 할 수 있다.

• 2001년 중국의 WTO 가입에 따른 물류시장 개방과 규제완화.
  - 현대 물류발전 가속화 관련 의견통지(2001. 3. 1).
  - 선진 물류기업들의 중국 진출이 급격히 증가하면서 물류의 개혁·개방단계.
  - 중국이 세계의 공장이 되면서 중국물류비용은 세계소비자물가에 큰 영향.
  - 중국 물류산업의 시장성이 점차로 커지면서 진입범위가 확대되고 있다.

• 2001년 3월 2일, 국가경제무역위원회 등 중국의 5개 중앙부서가 발표.
  - '중국 현대물류발전 가속화를 위한 의견'은 정책적, 지도적 문건.
  - 중국 물류산업이 발전하고 있음을 대외적으로 표방하는 의미가 있다.

• 2001년 10·5(2001년~2005년)계획기간 중 물류산업을 핵심개발산업으로 선정
  - On-Line(IT)물류서비스 도입과 물류 및 서비스표준체제 및 물류부문 개발.
  - 해외투자자 참여촉진 등 다양한 물류산업 촉진을 위한 정책들을 제시.
  - 외상투자 도로운수업 관리규정(2001. 11. 29).
  - 국제해운조례 (2001. 12. 5).

• 과거 몇 년간의 발전을 토대로 물류기초 시설 및 장비부문이 크게 발전하였다.
  - 전국적으로 교통운수, 창고시설, 정보통신, 화물포장 및 운반 등
  - 물류의 발전은 배송센터와 배송 대행제도, 제3자 물류로 발전이 되고 있다.
  - 국제화물운송대리업 및 외상투자국제화물운수대리기업 관리규정('02.01.01).
  - 외상투자 민용 항공업 규정('02. 6. 21) 등 물류관련제도, 법규제정, 개정.

〈표 2-20〉 중국정부의 물류부문 육성정책 발표

| 년 도 | 발표내용 |
|---|---|
| 2001년 3월 | - 현대 물류발전 가속화 관련 정부 발표 |
| 2001년 11월 | - WTO가입에 따른 물류부문 대외 개방 |
| 2002년 6월 | - 외상투자기업 시험설립업무 추진 관련 정부 발표 |
| 2002년 7월 | - 주요 지역 물류개발 계획 발표(3개성, 4개시 물류단지 육성 계획 발표) |

• 중국에서의 물류비용은 세계 소비자 물가에 큰 영향을 주고 있다.
  - 중국 물류산업의 시장성은 점차 커지고 진입범위까지도 확대되고 있다.

〈표 2-21〉 중국의 WTO 가입에 따른 주요 물류산업의 대외개방

| 구 분 | 2001년 | 향 후 |
|---|---|---|
| Freight Forwarding | 현재 75% 조인트 벤처 (Joint Venture) 허용 | 4년 이내 100% 외국기업 지분 허용 |
| 도로운송 | 2년 이내 75% 이상 지분 허용 | 3년 이내 100% 지분 허용 |
| 철도운송 | 6년 이내 100% 지분 허용 | - |
| 창고 및 보관 | 3년 이내 100% 지분 허용 | - |

⑤ 제 5단계 발전과정

- 교통물류분야의 에너지 절약과 환경보호와 대기오염의 감소 등의 노력.
  - 정책법규로 교통운수부주도 '도로·수로교통 에너지전략 중장기계획' 제정.
  - '에너지절약법'과 '에너지절약사업 강화에 관한 국무원 결정', '에너지절약 중장기 전문계획', '현대교통업의 발전 가속화 관련 약간 의견' 등의 노력.
- 2009년 3월 '물류산업 조정과 진흥계획'과 2010년 중점사업 내용 발표.
  - '2.5(十二五)계획'기간 중 물류분야의 정책개발방향 포함 등 조화발전 강조.
- 2009년 3월 중국사회과학원의 중국 지속가능 발전 전략보고서[9] 발표.
- 2020년까지 단위 GDP당 이산화탄소 배출량을 50% 감소전략 목표 제시.
  - 기후변화 대응기구의 저탄소경제 발전에 대한 지도의견 초안 작성.
  - 중국 국무원 상무회의에서 「환경영향평가조례(초안)」심의, 원칙 통과.
  - 전국인민대표회의 상무위원회는 「기후변화 대응결의안」 통과.
- 국가발전개혁위원회와 국무원 발전연구센터는 2050년 중국의 에너지 및 이산화탄소 배출량 보고서 발표.

## (4) 우리나라

① 물류의 전근대기(1970년 이전) . 1970년까지 물류인식이 거의 없는 상태.

- 해방이후 15년간은 경제 무질서시기, 정치·경제·사회 등 부문 혼란상황.
  - 단순 운송 수송, 운수의 시대를 배경으로 화주로부터 의뢰 받은 화물운송
- 물류인식과 유통구조 미비, 유통산업의 전근대성을 면할 수 없는 시기.

9) 2009 中国可持续发展战略报告-探索中国特色的低碳道路

- 1960년대 박정희정부의 제 1차, 제 2차 경제개발 5개년계획 추진.
  - 정부의 주도하에 제 1차, 제 2차 경제개발 5개년계획 추진이 바탕이었다.
  - 공급측면에서 물량확대와 수요측면에서 소비구조 향상을 유도하는 과정.
  - 기본 유통질서의 개선을 위한 검토가 점차적으로 이루어지기 시작하였다.

② 경부 고속도로 개통시기

- 한국물류산업의 새로운 기적인 경부고속도로가 개통되었다.
  - 이 시기는 물류의 자생적이고 주도적인 발전의 여지는 없었다.
  - 유통산업에 대한 기반마저도 정립되지 못해 거의 발전이 없는 실정이었다.
- 2년 5개월(1968년 2월~1970년 7월 7일)간 서울과 부산 간 전장 428km 건설현장에 1백 65만개의 장비와 연인원 8백 93만명이 동원된 국책사업.
- 당시 1인당 국민소득 148달러(북한 270달러 수준)에서, 국가예산(1967년)의 23.6%인 429억 7,300만원이 투입되어 77명 순직자와 최단기간 완성 기록.
- 자본, 기술, 장비, 경험 없는 상황에서 산업화를 20~30년 앞당기는 계기.
  - 경제개발계획에서 한강의 기적으로 인하여 세계적인 성공사례로 기록.
- 농업국가(생선, 김, 생사 등)에서 공업국가(제철, 조선, 자동차)로 산업변화.
  - 사회간접시설 구축으로 자본과 자원이 보완된 수출중심국가의 위상정립.
- 1968년과 1969년을 기점으로 수퍼마켓이 등장하기 시작하였다.

1970년 경부고속도로 개통식에 참석한 이한림 건설부장관, 박정희대통령 부부, 정주영 현대건설 사장(왼쪽부터). [중앙포토]

③ 물류의 근대기(1970년대) : 우리나라 경제가 고도성장을 이룩한 기간.

- 물류의 맹아기(萌芽期)로 우리나라 경제가 고도성장을 이룩한 기간.
  - 1970년 경부고속도, 1971년 영동고속도로, 1973년 호남·남해고속도로, 1979년 동해고속도로와 구마고속도로 등 사회간접자본 확충으로 운수교통 크게 발전.
  - 수출중심의 경제개발, 중공업중심의 제 3차, 제 4차 정부주도 경제개발시기.
  - 국내의 유통시설 및 유통경제에 대한 정책을 시도하기 시작한 시기이다.
- 물류비용이 표면으로 부상, '싸게, 빨리, 정확하게'라는 품질이 요구되던 시기
  - 수출중심 경제개발, 중공업중심 제 3차, 제 4차 경제개발 정부주도 수행.
- 유통근대화 5개년 계획 수립과 고속도로와 철도 등 사회간접투자의 지원.
  - 생산중심사고에서 소비부문의 관심이 높아지면서 유통에 대한 관심을 표명
  - 유통시설 및 유통정책을 위한 5개년계획 수립하여 유통경제에 관심 표명.
  - 경제개발의 성공으로 생산부문에서 소비부문의 슈퍼마켓개설로 정책지원.
  - 유통조성, 사업기구의 신설이나 상류를 중심으로 한 백화점과 연쇄점의 발달
- 1971년 최초로 고속도로변에 농산물집하장(충북 옥산)을 설치.
  - 물류와 상류를 통합하는 체계적이고 효율적인 유통개선에 기여하게 되었다.
  - 1975년 화물운송에 컨테이너화 촉진방안으로 트럭터미널을 개장하였다.
  - 1975년에 농협의 농산물가격정보 제공이 이루어지기 시작하였다.
  - 1979년 수협의 수산물 유통정보센터가 설치되었다.

④ 물류의 개화기(1980년대) : 물류중요성을 본격적으로 인식하기 시작한 시기

- 유통에 관한 기본법규 정비계획으로 컴퓨터 정보처리체계를 도입하던 시기.

- 유통근대화촉진법, 소비자보호법, 독점규제와 공정거래에 관한 법 제정, 보완
- 운송, 하역, 포장, 보관시설 등 상물확충과 제도적, 환경적 배경 조성시기.
  - 유통에 관한 기본법규 정비 등 관련법의 포괄적·전반적으로 제정, 보완.
- 물류의 필요성을 갖게 된 주요원인
  - 컴퓨터를 이용한 막대한 정보자료처리단계에 이르자 양적으로 해결되었다.
  - 제품원가분석결과 50%가 상적유통비와 물적 유통비라는 것을 인식하였다.
- 국제적 경쟁에 있어서 물류비 절감이 중요하다는 사실을 인식한다.
  - 인건비상승과 노동력부족이 운송비, 기타비용 상승으로 생산원가에 영향
- 인건비 상승과 노동인구 부족 등 제품원가 중 유통물류비용 중요성 인식.
  - 중부고속도로 신설, 부산항 3단계 신선대 부두의 준공, 군산항 건설 등.
  - 물류연구기관 : 물류실태조사, 물류정보, 기업물류 현상과 개선책 제시.

⑤ 물류의 개화기(1980년대)

- 비능률적인 유통구조를 개선하고 사회적·경제적 유통기능을 보다 능률화시킴.
  - 물류시설을 확충하고 종래 거래방식과 제도를 바꾸는 유통근대화를 실현함.
- 1980년대의 주요 물류시설에 대한 투자
  - 중부고속도로의 신설, 부산항 3단계 신선대부두의 준공, 군산항 건설이다.
- 각종 물류관련 연구기관에서 물류에 관한 실태조사와 연구가 이루어 졌다.
  - 많은 물류정보를 제공하고 기업물류관리의 현상과 개선책을 제시하였다.
- 기업물류비계산준칙의 제정·공포는 물류회계관리와 정보관리에 도움을 줬다.
  - 기업의 물류합리화 추진과정에서 다양화·고급화되는 유통패턴과 물류개화기.
  - 상류와 물류를 연결하는 운송, 하역, 포장, 보관 등 제반시설을 확충한 시기.
  - 부족한 유통여건을 개선하도록 제도적, 환경적 배경을 조성해 준 시기이다.

| 시대별 개요 | 관리 특징 |
|---|---|
| **1970년대 :전통적인 물류체계**<br>-운송, 환적, 저장(제한된 기능의 최적화) | **물류 관리(Physical Distribution Management )**<br>• 물류비용 절감의 중요성 인식<br>• 수송, 보관 및 재고관리 등 기능별 물류관리에 초점 |
| **1980년대 : 횡단 기능적 물류**<br>-고객개념 등장(기능초월 과정 최적화)<br>**1990년대 : 기능통합 시대**<br>-프로세스 체인, 기업가치창조체인 통합기능 물류 | **로지스틱스 관리(Logistics Management)**<br>• 전사적 물류효율화를 위한 통합 물류관리에 초점 |
| **2000년 이후 : 글로벌 네트워크**<br>-기능으로서의 가치창조 물류 | **공급사슬 관리(Supply Chain Management)**<br>• 공급사슬(경로) 전체의 최적화에 초점<br>• 참여기업간 조정과 협업강조 |

[그림 2-9] 시대별 물류발전 단계

⑥ 물류의 도약기(1990년대) : 독립적이고 종합적인 물류정책 수립.

- 물류에 대한 정부정책의지 강화와 기업자체 노력이 활성화되던 시기다.
- 물류는 정보화와 국제물류의 필요성 등에 따라 급진적인 발전시기로 전망.
  - 발전과정을 기초로 제 3의 이익확보 내지 이익의 증대를 목표로 했다.
- 화물운송에서 물류산업시스템으로 전환, 1994년 화물유통기본계획 수립.
- 국제물류대회가 개최(1994년)되고, 제도적으로 「화물유통촉진법」이 제정.
  - 대단위 집배송 단지와 복합화물터미널 등이 건립되었다.
- 물류관리사제도 도입으로 전 국가적으로 물류관심이 확산되기 시작하였다.
- 정부의 관심 강화로 정보기술에 대한 투자의 활성화, 물류정보시스템 개발

⑦ 물류의 성장기(2000년대 전반기) : 제3의 이익확보를 목표.

- 1990년 이후의 물류정보화와 국제물류 필요성에 부응, 급진적 발전 추이.
- 2000년 이후는 물류기업들이 글로벌경쟁위해 종합물류업자인증제도 도입.
- 화물유통촉진법과 유통단지개발촉진법의 개정, 물류종합조정기능 일원화.
- 물류시설개발 종합계획수립제도 도입, 물류표준화 추진계획 수립·시행.
- 물류분야 연구개발 계획수립 등 물류산업 국제경쟁력 기반을 조성시기.

⑧ 물류의 확산기(2000년대 후반기) : 동북아 물류중심지화 정책 수립

- 이익과 비용만을 추구하는 것이 아니라 비즈니스전략차원의 공격적 기능
  - 인사대책, 이익확 보를 위한 조직변경, 또는 자가 관리를 위한 대책 등
- 국가물류기본계획, 도시물류기본계획, 유통단지 종합계획을 수립.
  - 기업혁신의 일환이란 전략지향이 반드시 비즈니스만을 의미하지는 않는다.
- 국가관심과 인쇄매체, 전파매체, 통신매체가 물류정보망 구축에 전력투구.

⑨ 2008년 부처별 주요 물류정책 방향

- 동북아 물류허브 구축(기획재정부). 2~3개 경제자유지역 추가(국토해양부)
- 글로벌 물류기업 육성, 제조 및 물류산업의 동반성장을 강화(지식경제부)
- 중국횡단 TCR·시베리아 횡단 TCR 연결추진(건설교통부 물류정책팀)

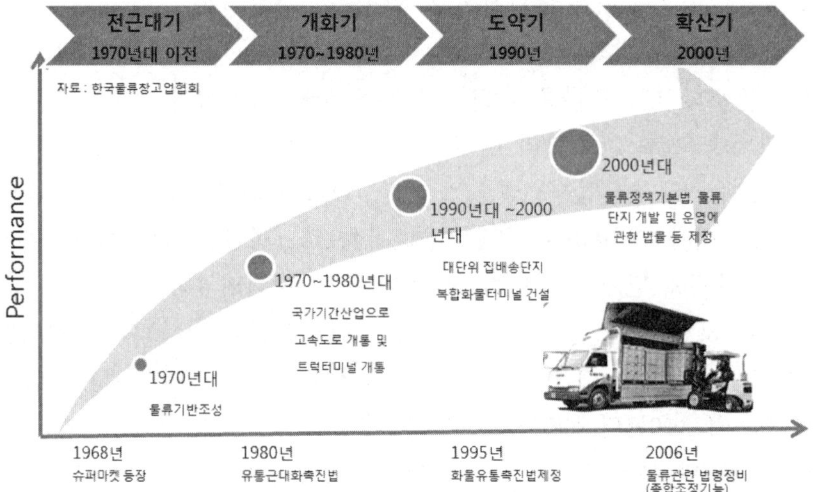


[그림 2-10] 우리나라 물류산업 발전과정

# 03 물류관리와 물류서비스

## 1 물류관리

### 1) 개 요

#### (1) 물적 유통관리

① 물류관리(PDM : Physical Distribution Management)의 정의

- 물적 유통관리(物的 流通管理)를 말한다. 즉, 제조업체로부터 최종 소비자까지 제품과 서비스흐름을 체계적이고 효율적으로 관리하는 것이다.
- 특정 재화의 흐름에서 운송, 보관, 하역, 포장, 정보, 가공 등의 제반 활동을 유기적으로 통합하여 하나의 독립된 조정시스템으로 관리하는 것이다.
- 경제재의 효용을 극대화시키기 위하여 제품의 도착과 검수, 재고 및 로스관리, 수·발주 지원 및 통제시스템 설계 등을 통합관리하기 위한 관리활동이다.
- 생산과 소비간의 장소적 기능(보관), 시간적 격리기능(배송) 및 형태적 조절기능(가공) 등으로 효용을 창조하는 제반 기능을 말한다.
- 핵심적인 활동에는 운송관리, 재고관리, 서비스 관리, 주문처리, 정보관리, 입지설정 등이 있다.
- 보조적인 활동으로는 물류센터 관리, 자재관리, 포장 관리, 제품 관리 등이 있다.

② 미국 마케팅협회의 정의

- 생산단계로부터 소비 또는 이용단계에 이르기까지의 재화의 이용 및 취급을 관리하는 것이다.

- 1922년 클라크가 「물적 유통(Physical Distribution)」를 처음으로 사용함.
- 물류관리의 기본목표는 비용절감과 재화의 시간적·장소적 효용가치를 창조하여 시장능력을 강화하는 것이다.

③ 목적

- 물류비용을 절감하여 생산효율성과 서비스 향상을 목표로 하는 활동이다.
- 기본 목적은 기업은 "원가절감"이며, 정부는 "물가상승억제"에 있다.
- 기업은 " 최소 비용으로 고객서비스를 극대화"하여 품질향상을 도모한다.
  - 물류 합리화와 물류 생산성 효율화를 극대화하여 물류 이익을 높인다.
- 물류기능의 경쟁우위를 확보하여 고객 만족을 이루는 것이 중요하다.

④ 기본 과제

- 효율적인 물자흐름체계의 개발과 운용.
- 생산자는 생산라인으로부터 고객에게 이전시키는 포괄적인 관리.
- 중간상인은 자신의 점포로부터 도소매상까지의 효율적으로 관리체계.

### (2) 필요성

① 비용 절감 측면

- 유통기업의 목표는 저비용경영을 통하여 매일 저가판매를 실현하는 것이다.
- 기업의 비용은 제조 원가와 영업비(판매비, 물류비, 일반 관리비)로 구성된다.
- 기업의 원가절감은 기계화와 원가관리로 1차 달성되었으나, 판매비용이 증가되고 일반관리비절감이 어렵기 때문에 결국 물류비분야에서 도모하여야 한다.

② 판매 촉진의 실현 측면

- 기업판촉활동은 진척되었으나, 물류활동은 부수활동으로 간주하여 왔다.
- 기업물류비용 증가와 소비자주문의 신속한 처리와 물류활동의 중요성 인식.

③ 글로벌경제 환경측면

- 세계정제의 블록화 : 자국경제 보호, 경제블록화로 물류비의 감소노력 필요.
- 국제시장의 수평적 분업화 : 고객이 원하는 상품을 제공으로 경쟁우위 확보.
- 자원의 세계화 : 자본의 자유화, 글로벌기업의 경쟁우위전략의 중요성 대두.
- 제품차별화 한계 : 제품수명이 단축되어 차별적인 상품생산의 한계가 진행.
- 생산부문 합리화의 한계 : 합리화속도가 둔화되어 비용절감영역이 좁아짐.
- 다품종 소량생산시대 : 단위당 비용증가로 총비용의 증가를 초래하게 된다.

→ 기업의 효율적인 물류관리는 새로운 비용절감수단으로 등장하게 되었다.

④ 글로벌기업 경영측면

- 생산부문 : 주문납기와 품질의 서비스수준이 부족하면 기업이윤이 감소된다.
- 물류부문 : 물적 흐름이 원활하지 못하면 기업발전을 이루기가 힘들다.

• 판매부문 : 제품판매기능이 약하면 판매량이 감소되어 생산차질이 온다.

〈표 3-1〉 시대별 물류관리의 범위[1]

| 구분 | Physical Distribution | Logistics | SCM(공급사슬관리) |
|---|---|---|---|
| 시기 | 1970년대 | 1980년대 | 1990년대 이후 |
| 목적 | 물류부문별 효율화 | 기업내 물류 효율화 | 공급사슬, 전체 효율화 |
| 대상 | 수송, 보관, 하역, 포장 등 | 생산, 물류, 판매 | 공급자, 제조업자, 도소매업, 고객 |
| 수단 | 물류부문내 시스템 기계화 및 자동화 | 기업내 정보시스템, POS, VAN, EDI | 파트너십, ERP, SCM, 기업간 정보시스템 |
| 주체 | 효율화(전문화, 분업화) | 물류비용과 서비스대행, 다품종소량, JIT, MRP | ECR, ERP, 3PL, QR, 재고감소, 4PL, 융합 |
| 구호 | 무인으로의 비전 | 토탈 물류 | 총합업무시스템 |

### (3) 등장 배경

① 역사

• 제2차 세계대전 중 적시에 원하는 장소로 필요한 군수물자를 공급하기 위한 병참관리(logistics management)에서 초기 개념의 응용 시작.

② 등장 배경

• 에너지비용의 급속한 상승과 수송에 사용될 연료부족으로 비용의 상승.

• 물적 유통부분이 생산 및 여타 산업대비하여 효율개선여지가 많은 부문. '경제의 암흑대륙(Drucker)', '원가절감의 마지막 전선(Donald D. Paker)'

• 제품계열 확장에 따른 품목다양화는 재고통제방법과 수송 등 문제 가중.

③ 물적 유통의 본질

• 기업에게는 적절한 이윤을 보장, 소비자에게는 서비스 욕구의 충족

• 원산지에서 최종소비자까지 물자와 상품의 상적흐름의 최적화 활동.

④ 20세기 후반에는 새로운 물류관리기법의 개념, 물류정보망과 기반기술의 등장

• 글로벌 Sourcing통합 작업 : IT발전과 함께 e-Sourcing 기술의 확산.

• 공급체인망관리(SCI : Supply Chain Integration)

• 유연성과 속도 : 주문과 수요, 공급변화 대응전략의 향상.

• 협업 가치사슬의 각광 : 가시성과 물류원가가 직접 연동관계 작용.

• 협업물류 : 핵심사 선정, 나머지 공급사들을 관리형태.

• 회수물류 : 홈쇼핑, 전자상거래의 활성화로 재활용이나 폐품회수물류로 확대.

1) 물류관리론, 장성기, 두남, 1014.8. P21

- 신기술 : RFID상용화를 위한 정부와 업체들의 노력.
- 재고최적화 기술 : 재고비용의 감소노력.
- 아웃소싱: 제3자 물류(3PL), 제4자 물류(4PL) 서비스의 확산
- 관·산·학(연) 삼위일체시스템 강화 : 정부, 기업, 대학이 삼위일체 네트워크.

## 2) 물류관리 원칙

### (1) 대상과 목표

① 대상
- 적절한 상품 : 거래서의 필요와 합치되는 상품이다.
- 적절한 품질 : 상품의 품질과 수송도중에도 고객이 원하는 품질 수준을 유지.
- 적절한 시기 : 거래처가 필요로 한 때에 거래처에서 상품이 전달되는 것.
- 적절한 가격 : 시장기능에 의한 적절한 가격으로 상품을 전달하는 것.
- 적절한 장소 : 거래처가 지정한 장소에 상품을 전달하는 것을 말한다.

② 물류관리 목표(인간중심 목표)
- 국민 경제적 관점 : 원가 절감으로 물가상승 억제.(합리화와 생산성 증대)
- 개별 경제적 관점 : 최소 비용으로 고객 서비스를 극대화하는 것.
- 물리적 흐름의 관점 : 성력화(사람의 노동력을 배제시키는 무인화, 자동화)
  → 서비스향상과 물류비용 절감, 인간을 노동에서 해방, 인간생활수준 향상.

③ 전략 목표(기업중심 목표)
- 개선목표(비용절감, 판매경쟁력, 체계적 관리, 정보서비스)의 달성
- 지역별 중소 도매업의 몰락(지역대리점의 위축으로 공급채널 차단)
- 유통단계의 축소 및 통합정보관리시스템 구축(자동화, 성역화 등)
- 농산물 물류체계의 혁신(산지구매, 포장, 보관, 배송, 로스, 결품)

### (2) 원칙과 운영목표

① 기본 원칙
- 물류관리는 물류와 마케팅과 연계된 유통경로 활동과 연계되어야 한다.
  - 수송, 보관 등에 경쟁우위를 확보하여 경쟁력 강화의 전략적도구로 활용한다.
- 비용효율화에서 신속한 배송, 안전한 배달 등 다양한 고객욕구를 만족시킨다.
  - 서비스 방향을 설정하고 새로운 차원에서 목표전환과 물류활동을 관리한다.
- 정보화환경에서 온라인서비스와 최소비용으로 새로운 차원에서 관리한다.
  - 경쟁우위를 확보하여 차별적인 마케팅활동을 위한 전략적 도구로 활용한다.
- 물류관리 원칙은 물자수급 계획과 생산, 유통, 소비하는 과정에서 적용된다.

- 기업의 마케팅 및 유통경로 활동과의 전체적인 맥락 속에서 고려해야 한다.

② 물류관리 원칙 : 물자수급계획 수립, 물자의 생산, 유통, 소비과정에서 적용.
- 집중지원 원칙 : 물자요구에 물량, 장소, 시기의 우선순위별로 집중 제공.
- 신뢰성 원칙 : 필요 물자를 원하는 시기, 장소에 공급·사용의 보장원칙.
- 추진지원 원칙 : 기본임무는 중앙이 지방에 지원, 후방은 일선지원원칙.
- 균형성 원칙 : 필요물자의 수요·공급 균형유지, 조달·분배의 상호 균형유지.
- 단순성 원칙 : 불필요한 유통과정을 제거, 물자지원체제를 단순화하는 것.
- 적시성 원칙 : 물자공급에는 필요 수량을 필요시기에 공급한다는 원칙.
- 경제성 원칙 : 최소 자원으로 최대 물자 공급효과를 얻는다는 원칙.
- 권한의 원칙 : 효율적인 물자공급을 위해 통제 및 권한의 위임원칙.
- 보호의 원칙 : 물자저장, 수송, 운반 상 도난, 망실, 화재, 파손의 보호원칙.

### (2) 물류관리의 기본원칙

① 기업의 이익원과 물류의 중요성
- 제1의 이익원 : 원가절감을 통한 이익창출(생산관리 중심)
- 제2의 이익원 : 매출액 증가을 통한 이익창출(마케팅 중심)
- 제3의 이익원 : 물류비절감을 통한 이익창출(물류관리 중심)
  - 제3의 이익원이란 물류의 관리를 통한 매출액 증대, 제조원가의 절감이다.
  - 단순 기계화·생력화에서 경영관리의 대상으로 바뀌었다는 것을 의미한다.
- 제4의 이익원 : ㉠~㉠항요소를 종합 추진하여 이익창출(복합 이익원)

② 개별기업의 관리목표
- 관리목표는 물적 활동들의 비용 극소화, 소비자 서비스 극대화에 있다.
  - 고객가치 개발, 고객서비스 향상, 물류코스트 절감, 정보 피드백 신속화 등.
- 다양한 채널에서 효율적, 합목적 시스템, 관리기준, 관리기술 등 총괄관리.
- 물류비예산제도, 스케줄관리, 스페이스, 차량 등이 효율적인 관리체계 구축.

③ 트레이드 오프(Trade Off)
- "코스트다운"과 "서비스 향상" 중, 어느 쪽에 더 중점을 두느냐는 것이다.
  - 원가가 절감되면 서비스가 축소, 서비스가 향상되면 원가가 증가된다.
- 물류관리는 물류기능의 경쟁우위를 확보하여 고객만족을 달성하는 것이다.

④ 기본 전제 원칙
- 총비용접근(total cost approach) : 이전활동들의 비용 전제.
- 부문적 최적화(suboptimization) 회피 : 각 기능별 연계와 조정의 중요성.
- 비용의 호환적 관계(cost tradeoffs) : 비용절감과 비용 상승의 반비례.

### (3) 기업의 물류관리 방향

① 물류관리의 기능

- 물류업무의 통합관리와 상호 연관성을 이해하고 올바른 방향으로 정립한다.
- 업무기능과 사업방향을 제대로 정립하여 물류조직과 운영체계를 준비한다.
- 물류관리의 개념과 통제 조정기능의 운영방향 등 통합관리체계를 준비한다.
- 관리업무를 지원·관리·통제하고 수요·공급을 입체적으로 유지·분류한다.

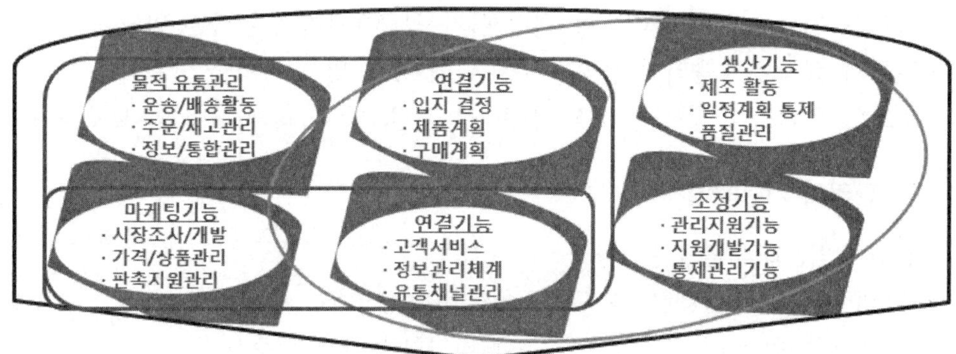


[그림 3-1] 물류관리와 인접관리 기능

② 물적 유통관리의 유용성

- 동질적인 제품의 경우, 고객서비스가 차별적 우위를 결정짓는 중요수단.
- 비용감소 : 재고 조절과 불필요한 보관시설 제거, 수송방법의 선택 등.
- 고객만족과 매출 신장 : 가격인하, 결품 방지, 주문기간 단축 등.
- 가격안정화 : 장소효용(수송), 시간효용(보관), 가치 증대, 공급량 조절.
- 마케팅믹스의 다른 요소들에 대하여 효율성 개선의 기회를 제공.
  - 신속히, 싸게, 안전하게, 확실히, 적절한 상품을 적절한 품질과 적절한 시기에 적절한 장소로 적절한 인상 아래, 적절한 가격으로 고객에게 전달하는 것이다.
  - 고객이 요구하는 물류서비스 제공과 비용최소화를 실현하는 것이다.

③ 물자관리(物資管理)

- 공장과 창고의 조달품목 관리, 생산공정 중의 생산요소관리, 완성도, 상품 관리 등 광범위한 부분을 말한다.
- 개별 기업들은 제품별, 업종별, 기업특수성과 물류전문화 수준에 따라 각기 다른 유형의 물류조직을 가지고 있다.
- 물자관리의 주요 관심은 이동 거리의 단축, 병목의 제거, 적정 재고수준의 결정,

로스의 예방 등으로 집약된다.

- 효율적인 물자관리를 위해서는 전반적인 문제점 도출 및 개선목표 달성, 물류예산 편성 및 통제, 물류비용 정보제공 등이 원만하게 이루어져야 한다.

## 2 기업경영과 물류서비스

### 1) 기업경영에 대한 이해

#### (1) 기업(企業)과 경영(經營)

① 국경 없는 세계경제(The Borderless World Economy)

- 국가간의 자원이동 장벽이 점차 낮아지고, 상호의존도가 높아지는 현상.
- 산업혁명이래로 산업화, 정보화, 지적노동자를 바탕으로 권력이동이 진행.

② 글로벌경영이란 자유무역체제 확산으로 세계시장이 확대되는 개념.

- 기업의 국제경쟁력은 운영비용 절감으로 경쟁업체와의 차별적 가격전략.
- 글로벌경영이란 자사이익을 위해 시장영역을 지구촌으로 확대하는 것.
- 시장개척은 상품개발과 자본, 기술, 설비, 채널관리, 마케팅, 제휴 등 필요.
- 향후 10년간의 변화의 폭과 속도는 어느 시기보다도 빠를 것으로 전망.[2)]

③ 기업경영 목표

- 특정 수준의 대 고객 유통서비스를 최소의 비용으로 제공.
  - 자원을 경영프로세스 넣어 최적화로 최대 아웃풋(재화, 제품, 서비스).
- 좋은 상품을 적절한 시기, 적절한 장소에, 최소비용으로 갖다 놓는 것,
  경제활동은 생산·유통·소비이며, 유통은 생산·소비를 연결시키는 파이프.
- 고객서비스의 극대화와 물적 유통비용의 극소화를 동시에 달성하는 것.
  - 이익(경영성과) 도출. 고객서비스, 물류코스트 절감, 정보피드백 신속화.
- 고객에게 특정상품과 품질, 시기와 장소에, 싼 가격으로 물류서비스 제공.

④ 유통경영목표

- 고객중심사고와 인간생활 중요요소를 담당한다는 소명감이 우선되어야 한다.
  - 고객의 만족을 지원하는 서비스개발과 업태 창조 노력이 필요.
- 조직의 구성원으로서 매출과 이익창출로 조직에 기여한다는 소속감 필요.
  - 동전의 양면(저비용경영과 매일 저가판매전략)을 달성하는 경영전략 실천

2) 2015 산업발전 비전과 전략, 산업자원부·전국경제인연합회·AT커니. 2006. p.61.

- 진열면적의 확대(체인스토어), 생산자와 소비자를 연결하는 관계고리의 확대.
- 저비용경영 : 구매비용, 운영비용, 출점비용, 물류비용, 금융비용의 절감 등.③ ⑤ 서비스경영 목표
- 고객서비스 목표 : 적정재고 유지로 기업과 소비자에게 동시 만족 부여.
  - 재고이용 가능성(inventory availability)의 향상.
  - 적정재고량 유지로 언제든지 고객요구 충족할 수 있어야 한다.
- 서비스 제공능력(service capability)의 향상
  - 주문처리 업무의 속도, 일관성, 유연성의 향상
  - 주문주기의 효율적 관리로 서비스의 속도와 주문주기의 일관성 등.

### (2) 고객서비스의 변화

① 개념의 변화

- 고객서비스
  - 고객요구를 만족시키는 행위이며, 고객만족을 측정하는 관리지표로 중요하다.
  - 고객서비스수준은 기업의 시장점유율과 물류원가, 이익관리에 영향을 미친다.
- 과거
  - 좋은 품질의 제품과 호의적인 브랜드이미지만으로 경쟁우위의 확보 가능.
    = 오프라인 유통라인중심으로 수동적인 판매중심의 고객관리체계의 유지기능.
  - 생산자가 가격을 결정하는 생산자중심으로 소비를 주도하는 유통구조 유지.
- 현재
  - 유형적인 제품뿐 아니라, 서비스에 대한 고객욕구가 점점 증가하고 있다.
  - 기업들은 고객서비스라는 부가가치를 추가함으로써 차별적 우위를 창출.
  - 정보통신의 발전으로 온오프라인에서 고객중심 감동지원을 요구하는 시대.
  - 시간·장소효용의 기업활동으로 정시배송, 애프터서비스 등 변수들 포함.

② 시간 단축

- 시장에서의 경쟁이 더욱 치열해지고 제품수명주기가 갈수록 짧아짐.
  - 제조업체 및 도·소매상들은 공급자들에게 정시(JIT)배송을 요구.
  - 최종소비자가 원하는 시간과 장소에서 원하는 상품을 구매하기를 원함.
- 기업은 공급업체로부터 최종고객에 이르는 파이프라인 길이를 짧게 함.
  - 유통과정에서 과잉재고와 배송시간단축을 위해 정시배송 및 제조를 도입.

③ 고객서비스의 중요성

- 구매자들은 고객서비스 가운데 물류요소를 매우 중요한 것으로 여기고 있다.
- 물류서비스 요소인 제품가격, 서비스품질, 마케팅, 재정이 중요하게 되었다.
- 오하이오대학교는 마케팅과 물류에서 가장 중요비중은 고객서비스라고 지적.

- 최근 기술혁신으로 품질과 가격평준화상태에서 고객서비스비중이 매우 높다.

④ 시장의 글로벌화

- 기업의 시장 및 경쟁범위가 글로벌화로 글로벌소싱과 시장개척 확대.
  - 전 세계로부터 자재와 부품을 조달하고 세계시장을 상대로 상품을 판매.
- 글로벌 파이프라인을 최적화할 수 있는 생산 및 물류전략의 개발확대.
  - 기업의 경쟁우위 확보와 기업의 생존여부를 결정하는 평가분야로 부상.

### (3) 정보기술의 발전

① 물류부문

- 인터넷 모바일, RFID 등 e-비즈니스의 확산으로 새로운 물류서비스 등장.
- BPR과 ERP, CRM, SCM 등 물류정보화가 급속하게 진행되고 있다.
- 제2자 물류에서 제3자 물류(Third Party Logistics : TPL)로 발전

② 유통부문

- 개별적인 물류기능이 유기적으로 연결되면서 물류관리시스템이 구축되고 있다.
- 상품발주, 원재료 조달, 상품생산, 점포운반, 보관 등을 종합시스템으로 인식.
- 공급체계 및 단품관리 혁신을 위하여 제조업을 중심으로 도입 확산
- 제품수명의 단축과 유통단계 축소 등 네트워크 수송으로 중개기능이 위축
- 가상기업의 형성과 디지털제품중심의 가상쇼핑몰 등장과 택배업의 급성장

③ 기업의 물류관리

- 예측된 수효량이 출발점. 유통기업은 예측된 수효 상품을 매장에 공급,
- 제조업은 조달, 생산, 수·배송, 재고 등 유통업 수효예측을 지표로 계획.
- 기업경영상 유통과정상 자재, 포장, 수송, 하역, 보관, 통신(정보처리)활동.
- 기업 물류활동은 조달물류(원재료 확보), 판매물류(고객에 출하인도까지),
- 사내물류(고객판매가 최종 확정), 반품물류(제품 반품) 등이 있다.

### (4) 최적의 물류서비스

① 고객서비스의 목표

- 물류서비스의 목표 : 서비스의 향상과 물류비 절감을 통한 기업경영혁신
- 고객서비스의 목표 : 고객만족 마인드에서 출발하여 고객감동의 실현

② 최적 물류서비스수준 결정

- 물류활동에서 최적 서비스란 물류활동으로 인한 수익을 극대화 하는 것이다.
- 고객서비스가 높아질수록 물류관련 물류비용과 매출액은 증가한다.
- 매출액과 물류비를 감한 물류수익은 고객서비스가 유지했을 때 최대가 된다.
- 물류서비스는 매출액증가와 물류비증가를 고려하여 최대이익수준을 결정한다.

- 최적의 물류서비스는 고객호의로 인해 손실 잃지 않게 신중하게 결정한다.

③ 물류관리목표로서의 고객 서비스

- 물류관점에서 고객서비스는 소비자를 위한 제반 물류활동에 의해 정해진다.
- 물류시스템의 설계방향과 구축방식에 의해 고객서비스의 수준이 결정된다.
- 기업 이익수준은 고객의 구매활동 자극과 제반 시스템 운영비용과 관련된다.
- 기업의 이익목표를 달성하기 위해서는 대 고객서비스수준이 결정되어야 한다.
- 물류서비스는 고객니즈에 맞는 시간과 장소에 제품이용기회를 제공해야 한다.
- 물류가 마케팅영역에 진입되려는 물류관리에 마케팅개념이 적용되어야 한다.

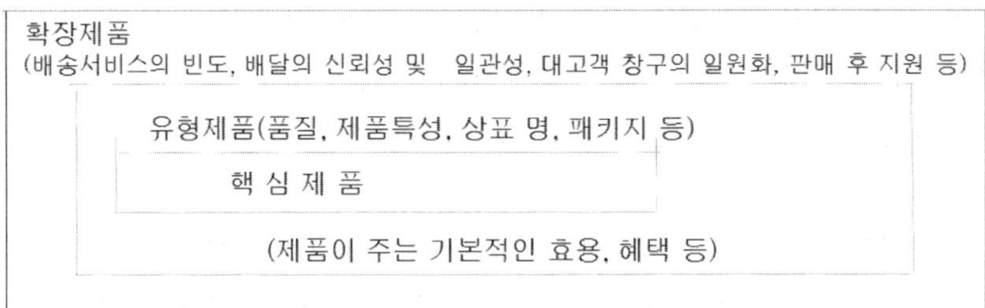


**[그림 3-2] 유형제품과 다양한 고객서비스가 추가된 확장제품**

④ 고객서비스의 수준을 향상시키기 위한 절차 및 전략구축기법

- 고객의 필요에 대한 철저한 조사
- 실질적인 이익과 비용의 트레이드 오프를 반영한 서비스수준의 설정
- 주문처리시스템의 최근 기술성과 응용
- 개별 유통 성과에 대한 측정 및 평가를 통하여 고객서비스의 개선

### (5) 마케팅 믹스(4Ps)

① 마케팅(Marketing)

- 상품·서비스·아이디어 창출과 시장개척 및 가치개발, 가격결정, 정보제공, 개인 및 경영목표 만족, 교환을 성립하는 등 제반 활동이다.
- 상품·서비스를 생산자로부터 최종 수요자에게 전달과정에서 필요한 매매, 교환, 유통서비스를 유기적으로 결합한 고객 및 사회지향적인 활동이다.
- 개인과 조직의 목적을 충족시키는 교환을 창조하기 위하여 아이디어, 재화, 서비스 개발, 가격결정, 판매촉진 및 유통을 계획하고 수행하는 것

② 고객서비스의 요소(기업관점)

- 고객서비스는 마케팅전략에 필수적 요소이다.
  - 마케팅은 생산, 가격, 판매촉진, 입지 혼합이며, 입지는 물류와 관련이 깊다.

- 물류서비스는 시간, 신뢰성, 정보교환, 편의성이지만 고객서비스가 중요하다.

• 물류서비스 운용에는 주문 주기시과 제품재고가용성이 있다.
  - 주문주기시간(Order cycle time)
    * 고객주문시점과 주문품이 고객인도가 되는 시점사이에 경과시간을 말한다.
    * 주문주기는 고객이 주문한 제품을 받기까지 걸리는 총시간과 사건이다.

• 재고(제품)가용성이란 제품이 사용 가능한 상태를 말한다.

③ 마케팅믹스 : 제품(Product), 가격(Price), 유통경로(Place), 촉진(Promotion)
  • 제품·서비스믹스 : 브랜드·가격·서비스·제품라인·스타일·색상·디자인 등.
  • 유통믹스 : 수송·보관·하역·재고·소매상·도매상 등.
  • 커뮤니케이션믹스 : 광고·인적판매·판촉·진열·공중관리·MD·카탈로그 등.

가격계획
상품가격의 수준 및 범위,
가격 결정 기법, 판매조건의 결정.

제품계획
제품, 제품의 구색,
이미지,상표,포장
등에 관한 의사 결정.

마케팅 믹스란
표적 시장에서
마케팅목표를 달성하기
위해 기업이 활용하는
마케팅도구들의 집합.

촉진계획
광고, 인적 판매, PR,
판매촉진 등을 고객에
게 전달하는 의사결정.

유통계획
유통경로의 설계, 물류 및
재고관리, 도매상 및 소매상 관리
를 위한 계획 세움.

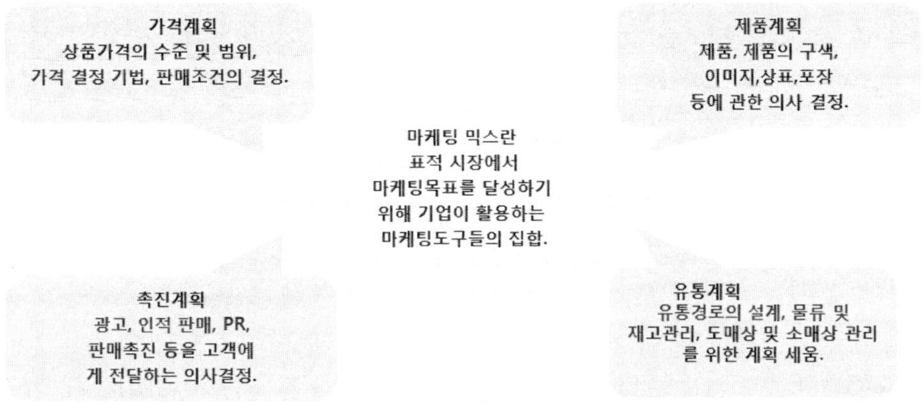

[그림 3-3] 마케팅 믹스

④ 마케팅 참여자
  • 회사(기업), 소비자, 유통경로구성원, 경쟁사

⑤ 마케팅 믹스 : 상품(Product)
  • 개념의 변화
    - 과거개념 : 공학이나 수학 등 이론분야에 기반을 둔 상품기획과 생산과정 중심이 개념
    - 현재개념 : 소비자만족 상품기획, 구매, 사용 및 욕구충족까지 모든 포괄적인 상품개념
  • 상품에는 상품이외 디자인, 포장, 서비스 등과 같은 요소들도 포함되어 있다.
  • 기업은 표적시장의 욕구를 지속적으로 충족시키는 제품을 만들어야 한다.
  • 자사제품이 경쟁제품보다 우수한 편익제공으로 차별되게 인식되어야 한다.

- 제품의 기능, 품질, 편익과 가격, 포장, 디자인, 이미지, 서비스 등 포함.

• 광의의 상품개념
  - 상품이란 인간의 필요와 욕구를 충족시켜 줄 수 있는 제공물이다.

• 협의의 상품개념
  - 소비자와 기업이 상품과 서비스를 사고 파는 개념이다.

• 정보의 피드백(Feedback)
  - 정보행위의 원천이 되는 것에 되돌려서 적정상태가 되도록 수정을 가하는 일

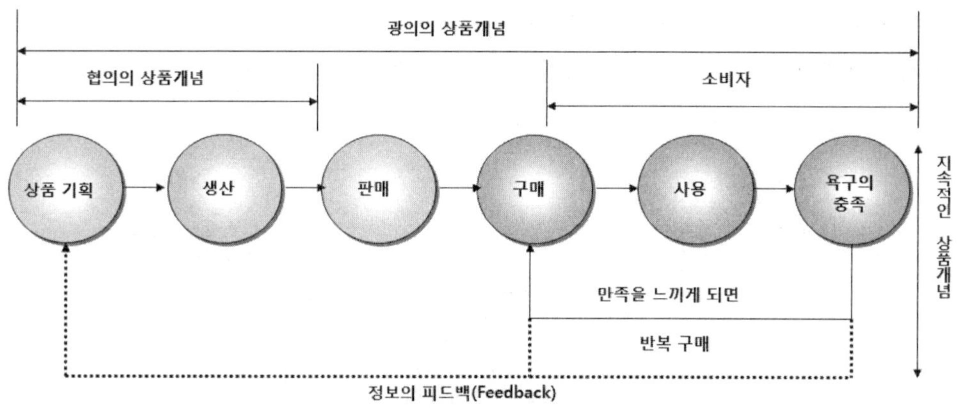


〈표 3-2〉 가격정책

| 구 분 | 개별가격정책에 따른 기대효과 | 최근의 가격정책 추세 |
|---|---|---|
| 고가정책<br>(High Price) | - 이미지 제고<br>- 이익률 제고<br>- 차별화 마케팅능력<br>- 풀 마케팅(Pull Marketing)<br>- 거래업자를 제한하여 선정 | - 기업은 가격 그 자체의 결정보다 그 가격으로 어떻게 유통경로를 통제할 것인가에 더 신경을 씀.<br>- 유통업자의 입장에서는 마진에 대폭적인 변화가 초래되기 때문에 큰 관심을 표시하지 않을 수 없음<br>- 최근 소매기업의 힘이 매우 커지고 있어 생산자의 일방적인 가격정책은 급속하게 쇠퇴하고 있음. |
| 中價정책<br>(Moderate Price) | - 대중시장을 표적으로 함<br>- 시장점유율 확대<br>- 거래업자로부터의 신뢰 | |
| 할인가정책<br>(Discount Price) | - 시장점유율 확대<br>- 거래업자의 확대<br>- 경쟁기업의 거래처 취득<br>- 경쟁기업의 경영 악화 조장 | |

⑥ 마케팅 믹스 : 가격(Price)

• 가격은 기업수익을 직접 규정하는 요소로 수요와 공급의 접점에서 결정된다.
  - 상품과 소비자의 필요한 욕구를 매치시켜 교환을 실현시키는 매개체 역할

- 가격전략은 마케팅믹스에서 종합적으로 판단한 일관된 정책이 필요하다.
  - 가격 전략은 목표, 원가, 수요, 경쟁환경, 소비자 등에 따라 다르게 세운다.
- 경쟁자와의 가격경쟁에서는 기본적으로 원가우위전략이 필요하다.
  - 경쟁제품과의 가격경쟁에서 유리한 위치를 잡으려는 데 그 목적이 있다.

⑦ 마케팅 믹스 : 경로(Channel, Place)

- 상품생산에서 소비까지 생산자, 도매상, 소매상, 소비자 조직과 관련활동
- 유통은 필요한 시기와 장소에 제품을 공급하는 것이다.
  - 적절한 유통경로, 제품수요에 맞는 판매처 선정, 계획적 제품공급이 중요.
- 유통경로가 한 번 결정되면 다시 바꾸는데 많은 시간과 비용이 든다.
  - 유통경로에는 개방적 유통경로와 배타적 유통경로 등이 있다.

⑧ 마케팅 믹스 : 촉진(Promotion)

- 판매활동을 보다 원활하게 하고 매출액을 증가시키기 위한 제반 활동.
- 촉진은 고객에게 제품정보 제공, 구매의욕증진으로 구매를 유도하는 것이다.
- 촉진활동은 광고, 홍보, 판매촉진, 인적 판매 등을 통해 수행한다.
- 촉진전략은 광고, 홍보 등 풀(Pull)전략과 인적판매 푸시(Push)전략으로 구분.

〈표 3-3〉 촉진정책

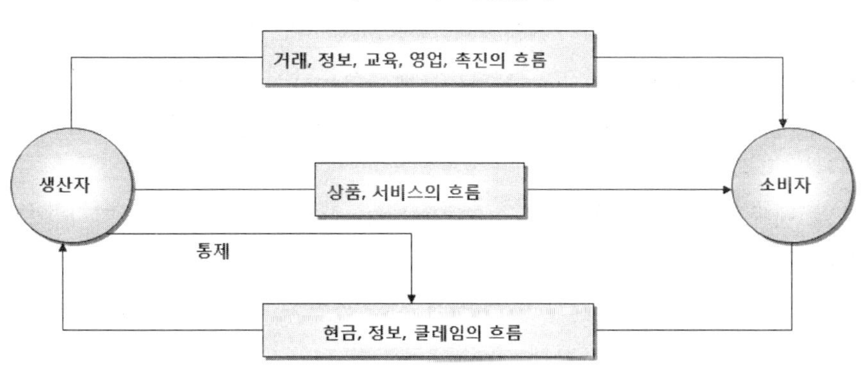


## (6) 유통경로 설계 및 관리

① 기업전략의 결정 단계

- 기업목표 설정과 소비자 분석과 경쟁분석, 기업능력분석, 사업환경분석 등
- 기업전략에 영향을 미치는 요인들을 분석하여 기업전략을 수립하는 단계.

② 유통전략의 결정 단계

- 대내외 경영환경과 계약조건 등을 고려하여 유통전략을 결정한다.
- 유통경로의 목표설정, 목표달성을 위한 경로 범위, 통제수준 등 전략을 결정.

③ 유통경로의 선정 단계

• 유통경로의 대안들을 선정하고 평가하여 최종경로를 선정하게 되는 단계.
• 자사 및 채널망상의 역량과 비능률적인 요소를 분석하여 최적의 선택단계.

④ 경로구성원의 선정 단계

• 유통경로가 결정되면 유통경로 파트너인 경로구성원을 선정하는 단계
• 최적의 효율성과 최소의 시장개입을 전제로 자사특성을 고려하여 선정한다.

⑤ 유통관리

• 기업경영의 경쟁우위를 갖기 위해 유통경로를 효과적으로 관리하는 것이다.
• 총괄적인 지원, 조정, 체크시스템을 위한 공급체인망관리체계를 구축한다.

### (7) 기업경영의 새로운 시각

① 물류산업의 추세

• 기업들은 정보통신기술 발전으로 물류기계화와 자동화, 물류전산화에 노력.
• 물류산업은 고객만족서비스에 의한 시간과 비용감소로 기업목표 반영 강조.
• 기업유연성 증가와 고정비용감소를 위해 물류전문기업 아웃소싱에 의존한다.
  - 중요도가 낮은 물류부문은 전문가에게 위탁하여 원가절감과 서비스를 향상.
  - 자사물류업무를 아웃소싱 전문기업 증가, 초우량 물류기업 국내진출이 활발.
• 물류·배송문제는 개별기업차원에서 글로벌 기술기반을 두고 노력하고 있다.
• 산업구조가 지식집약산업으로 개편되어 매일저가판매, 저비용경영으로 변화.
• 물류서비스는 원가절감과 고객만족이 경쟁력강화의 핵심수단이 되고 있다.

② 국민경제의 체질강화

• 글로벌 네트워킹 : 물류합리화로 수출입상품 원가절감, 서비스질의 제고.
• 경쟁력강화 : 관련기업의 번영, 국민경제 안정적 발전과 물가안정.
• 위기관리 강화 : 환위험관리, 원가절감, 수출다변화, 고기술, 고부가가치화.
• 소비자요구에 신속한 반응사례
  - FedEx사 : 사람(people) → 서비스(service) → 이익(profit)
  - FedEx : "신뢰를 파는 회사"로 아웃소싱 없이 모든 부문을 직영 운영.
  - 배송직원부터 배송트럭, 비행기, 사무직원, 세관업무까지도 정규직화.
  - 대단위 허브터미널, 항공기, 배송차량·인력, 네트워크시스템에 직접투자.
  - 사람중심의 기업문화로 고객신뢰와 중소기업중심의 효율적인 공급망관리.

③ 기업의 유연성

• 시장변화에 탄력적 대응사례
  - 대한항공은 A380을 비롯, 차세대 항공기를 대거 도입하고 신시장 개척.
  - 2014년에서 2018년까지 A380기 10대, B747-8I, B787 등 지속 도입 목표.

- 130~150석 규모의 친환경 항공기 CS300를 도입, 단거리 노선에 투입.
- 중앙아시아, 유럽, 아프리카 등의 노선발굴, 2019년까지 140개 도시 확대.
- 전사적자원관리(ERP) 통합시스템 등 예약·발권·운송 IT 시스템 개선
- 제품에 대한 수요보다 공급이 많은 경우
  - 수익성 저하 : 해당 상품의 할인과 제품의 할인은 수익성 저하로 연결.
  - 현금흐름의 악화 : 재고증가로 현금흐름에 장애요인이 발생.
  - 직원의 사기 악화 : 잉여인력의 발생으로 직원의 해고와 생산력 감소.
- 제품에 대한 수요가 공급보다 많은 경우
  - 고객서비스 저하 : 제품을 적기에 공급하지 못하여 고객의 신뢰도 추락.
  - 비용의 증가 : 판매기회 손실로 기회비용 발생과 생산 및 배송비용 증가.
  - 품질의 저하 : 잔업의 증가로 작업스트레스 증가와 제품품질의 저하현상.

④ 제품수요에 따른 공급활동상의 문제점

- 시간간격 : 제품의 수요계획에 변동이 발생하면 공급과 수요의 균형문제.
- 불확실성 : 제품수요를 정확하게 예측하기 위한 공급량 및 소요시간문제.
- 제품종류 증가 : 다품종·소량생산에 맞는 제품별 공급물량 불균형문제.
- 돌발문제 발생 : 주문변경, 원자재 공급중단 등 공급수요의 불균형 문제.

## (8) 경영의 혁신과제와 전략

① 대량 개별화(MASS Customization)

- 다수 고객 각각에게 개별화된 제품이나 서비스를 제공한다는 의미이다.
- 기업운영방식은 소품종대량생산과 다품종소량생산, 변종·변량으로 구분.
  - 소품종대량생산 : 제품원가 낮추고 가격경쟁력을 경쟁도구로 삼는 방식.
  - 다품종소량생산 : 고객욕구를 충족시키는 것을 경쟁도구로 삼는 방식.
- 대규모 고객을 대상으로 고객개인별 특성과 기호에 맞춘 맞춤시비스이나.
- 소품종대량생산과 다품종소량생산은 전통적인 시각에서는 모순되는 개념.
  - 정보통신기술의 빌딩과 업무과정의 개선으로 기업들이 선호하는 기법.
  - 대량 개별화의 대상이 된 고객은 공급자를 쉽사리 바꾸지 못하게 된다

② 장소경영의 존재이유

- 인간욕구의 충족과 동기와 행위를 유발(誘發)시키는 인간본질의 이해.
  - 기존 경영기법과 새로운 동종·이종기술의 결합을 통한 경영혁명 주도.
- 기업경쟁력 강화를 목적으로 고객의 충성도강화를 위한 제반 경영활동.
  - 인간조직의 조정 활동체로서 실무적인 조직관리시스템의 가능성 제시.
- 경영목적 달성을 위해 경영능력과 전문기능인 의사결정측면이 중요성.
  - 인간감성의 자극과 새로운 욕구충족을 위한 다양한 판촉기술의 개발.

• 기업의 국제화경영을 위한 부문별 활동에 관한 전문지식이 필요성.
- 소매점은 상품, 시설, 디자인, 설치, 배경음악, 정보서비스 등의 결합체.
• 규모의 경영을 지원하는 계량적 평가 및 사업성검토와 시뮬레이션 지원.
- 자사의 장점을 육성하고 단점을 보강하기 위하여 아웃소싱체계의 확보.
• 사회적 책임(대정부관계·노사관계·소비자봉사, 종업원복지 등)의 중요성.
- 대중소기업의 상생협력과 경영자·종업원·소비자·지역사회에 이해확대.
• 미래 시장변화에 대응
- 화석에너지(석유, 석탄, 가스)와 자원관리변화, 고효율, 친환경, 그린쉽 대응
- 세계 환경변화(안전규제, 기후, 자원 관련법규)에 따른 고부가가치 창출방안
- IT기술 및 첨단장비의 보급, 해외교역환경의 변화에 따른 대응 및 수용전략.

③ 유통경영의 물류혁신 과제
• 고객이 필요로 하는 상품을, 필요한 시기에, 필요한 양만큼, 저비용 경영.
• 물류효율을 높이는 것이며, 이를 위해 정보시스템을 통한 전략구조 구축.
• 유통경로의 마진과 광고, 시장조사 등 판매코스트(비물적 유통코스트)절감.
• 효율적 관리를 통한 물적 유통 코스트(physical distribution cost)의 인하.
• 소매점은 구매, 하수, 검수, 저장, 출하, 배송, 진열 등의 원가절감이 중요.

## 2) 물류서비스

### (1) 물류사업

① 사업자 개요
• 육상, 해상, 공중에서 화물운송, 시설운영, 서비스업, 등이 있다.
• 물자(원재료, 부품)나 제품 주문처리, 보관(창고), 재고관리, 운송, 하역, 포장, 유통가공, 위치선정, 정보제공 등과 관련된 사업이다.

② 사업의 목표
• 특정 수준의 대 고객 유통서비스를 최소의 비용으로 제공하는 것이다.
• 기업목표는 최저 비용으로 고객가치를 높여 최고 수익을 창출하는 것이다.

③ 주요 담당자
• 운송업 : 운송기관이 담당하는 업무. 산업이 발전함에 따라 교통수단을 이용한 육로 운송, 수로 운송, 항공 운송이 발달하였다.
운송로에 따라 운송을 담당하는 주체를 운송 기관이라 하고, 운송 기관이 담당하는 업무를 운송업이라 한다.
• 창고업 : 보관시설인 창고를 소유하고 상품을 보관하는 업무. 고객 서비스를 시행

하는 최전선이 되기 때문에 재고에 대한 관리가 중요한 포인트가 된다. 물론 생산라인에 투입될 원자재의 보관도 중요한 일이다.

재화를 소비 시기까지 보관할 목적으로 보관 시설인 창고를 소유하고 상품을 보관하는 업무를 창고업이라 한다.

〈표 3-4〉 물류사업의 범위

| 대분류 | 세분류 | 세세분류 |
|---|---|---|
| 화물 운송업 | 육상화물운송업 | 화물자동차운송사업, 화물자동차운송가맹사업, 철도사업 |
| | 해상화물운송업 | 외항정기화물운송사업, 외항부정기화물운송사업, 내항화물운송사업 |
| | 항공화물운송업 | 정기항공운송사업, 부정기항공운송사업, 상업서류송달업 |
| | 파이프라인운송업 | 파이프라인운송업 |
| 물류시설 운영업 | 창고업(공동집배송센터 운영업 포함) | 일반창고업, 냉장 및 냉동 창고업, 농·수산물 창고업, 위험물품보관업, 그 밖의 창고업 |
| | 물류터미널 운영업 | 복합물류터미널, 일반물류터미널, 해상터미널, 공항화물터미널, 화물차전용터미널, 컨테이너화물조작장(CFS), 컨테이너장치장(CY), 물류단지, 집배송단지 등 물류시설의 운영업 |
| 물류 서비스업 | 화물취급업(하역업 포함) | 화물의 하역, 포장, 가공, 조립, 상표부착, 프로그램 설치, 품질검사 등 부가적인 물류업 |
| | 화물주선업 | 국제물류주선업, 화물자동차운송주선사업 |
| | 물류장비임대업 | 운송장비임대업, 산업용 기계·장비 임대업, 운반용기 임대업, 화물자동차임대업, 화물선박임대업, 화물항공기임대업, 운반·적치·하역장비 임대업, 컨테이너·파렛트 등 포장용기 임대업, 선박대여업 |
| | 물류정보처리업 | 물류정보 데이터베이스 구축, 물류지원 소프트웨어 개발·운영, 물류 관련 전자문서 처리업 |
| | 물류컨설팅업 | 물류 관련 업무프로세스 개선 관련 컨설팅,자동창고, 물류자동화 설비 등 도입 관련 컨설팅, 물류 관련 정보시스템 도입 관련 컨설팅 |
| | 해운부대사업 | 해운대리점업, 해운중개업, 선박관리업 |
| | 항만운송관련업 | 항만용역업, 물품공급업, 선박급유업, 컨테이너 수리업, 예선업 |
| | 항만운송사업 | 만하역사업, 검수사업, 감정사업, 검량사업 |

④ 물류사업의 개념 및 종류

- 물류사업이란 화주수요에 의해 유상의 물류활동을 영위하는 업자를 말함.
- 물류사업은 크게 화물운송업, 물류시설운영업, 물류서비스업으로 구분.[3)]

3) 물류정책기본법 시행령[별표 1]

### (2) 물류서비스

① 정의

- 물류서비스란 물류와 관련되어 고객에게 제공하는 서비스이다.
  - 고객서비스란 고객요구를 만족시키는 것이다.
  - 잠재고객을 충성고객화하면 판매를 증대시킬 수 있는 주요 수단이다.
- 물류서비스의 최종목표는 고객만족마인드에서 출발하여 고객감동실현이다.
  - 결품율의 최소화와 수중리더타임 준수, 서비스품질의 유지가 전제된다.[4)]
- 물류서비스에서 중요한 3가지 요소는 정보기술, 비용통제, 고객서비스이다.
  - 물류서비스 상태를 측정하고 관리를 위한 지표로서 중요하다.

② 물류서비스의 3대 본질

- 고객의 Need(욕구)에 대응하는 상품과 서비스의 공급
- 고객이 요구하는 상품을 적시에 최종 도착지에 인도
- 고객만족에 의한 반복구매로 질이 높은 충성고객 양성

③ 물류서비스의 중요성

- 기업경영의 전략요소로 대두
  - 제품의 시간 및 장소 효용을 창출하는 물류시스템의 유효성 측정수단
  - 기존고객과 잠재고객이 충성고객이 되어 이익증대에 기여하는 중요수단
  - 시장점유율, 총 물류비 절감, 궁극적 기업전체 수익성에 직접적인 영향
- 서비스의 차별화로 분명한 경쟁우위를 제공해 줄 수 있다는 인식시작
  - 고객서비스 정도는 고객의 새로운 신용을 얻는 중요한 요소
  - 고객서비스수준은 매출액과 이익을 증가, 촉진시키는 요소
  - 고객서비스는 물류전체의 목표결정과 경합을 극복하는 요소
  - 고객서비스는 또 다른 부가가치와 차별화를 측정하는 관리지표

④ 물류서비스를 위한 네 가지 단계별 전략요소

- 목표고객 및 목표시장의 선정.
- 목표고객의 니즈에 부합하는 차별적인 물류서비스 개발
- 물류서비스 개념을 실행하는 효율적인 운영전략체계 수립.
- 차별적인 물류서비스 제공을 위한 네트워크지원시스템 구축.

---

4) 핵심물류관리론, 박정섭외 2인, 두남, 2007, p.54.

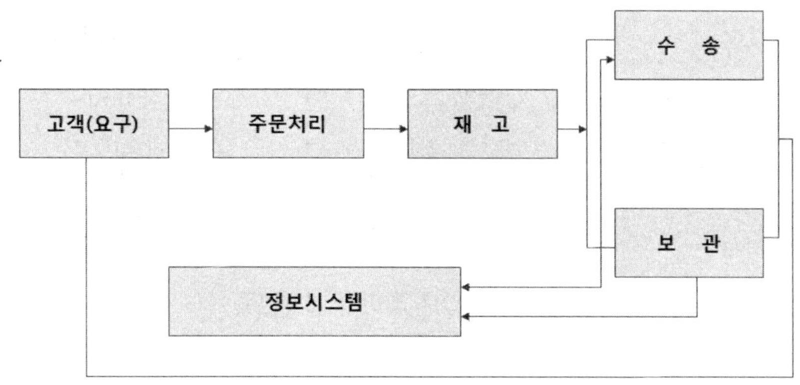


**[그림 3-4] 물류서비스의 주요 업무단계**

### (3) 물류서비스의 특징

① 물류서비스 네 가지 요소

- 고객 목표시장의 선정
- 목표고객의 니즈에 부합하는 물류서비스 개발
- 물류서비스 개념을 실행하는 효율적인 운영전략 수립
- 차별적인 물류서비스 제공시스템 구축

② 물류서비스의 3대 본질

- 고객의 Need(욕구)에 대응한 상품공급
- 고객이 요구한 상품을 적시에 인도
- 고객만족에 의한 반복구매이다.

③ 물류서비스 품질측정의 구성요소

- 유형성·확신성·신속/적시성·커뮤니케이션·반응성,·효용성이다.
- 물류서비스 수준 결정은 매출액과 그에 따른 물류비용, 고객의 서비스 수준을 비교하여 기업의 이윤이 최대화 되는 점에서 선택된다.

④ 물류서비스와 고객만족도의 관계

- 고객만족도는 상류 및 물류일체와 관련된 부수 서비스에 대한 만족이 정도. 소비자가 기업으로부터 제공받는 상품 기능과 가격, 납품시간, A/S 등
- 물류서비스는 고객만족과 충성도를 높여 줄 수 있는 중요한 경영수단의 하나

### (4) 고객만족과 물류서비스

① 고객만족도

- 고객이 기업으로부터 제공받는 상품기능과 가격, 납품시간, A/S 등.
- 상류 및 물류활동 일체와 관련된 부수적인 서비스에 대한 만족 정도.

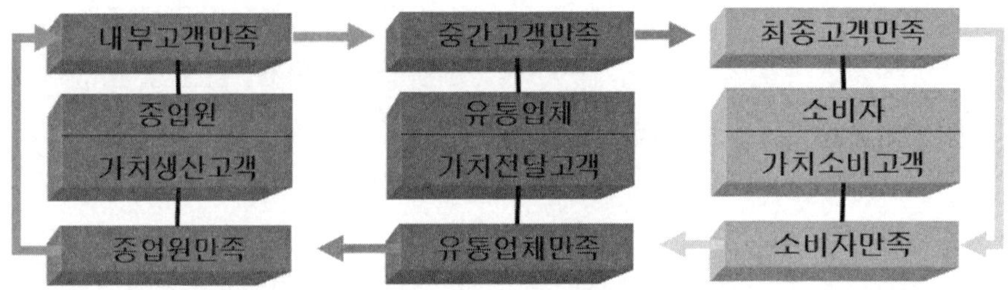


[그림 3-5] 넓은 의미의 고객만족

② 고객만족의 효과

- 재구매 고객창출 :고객충성심(customer loyalty) 창출 및 관계마케팅구축
- 비용의 절감 : 방어적 마케팅(defensive marketing) 가능
- 최대의 광고효과 : 호의적인 구전효과발생(WOM: word of mouth)

③ 물류측면의 고객만족

- 기업물류의 최종목표는 물류를 통한 고객의 욕구를 만족시키는 것이다.
  - 따라서 물류시스템의 구축과 운영이 요구된다.
- 고객의 요구는 제품에 관한 것과 제품의 입수와 관련된 것이다.
  - 이를 위해서는 제품계획수립과 물류와 생산 또는 철수에 대응하는 것이다
- 소비자요구의 다양성과 불투명성으로 시장니즈에 대한 대응능력이 저하.
  - 다품종소량생산 상품관리와 재고관리의 증가에 따라 불량재고가 증가현상.

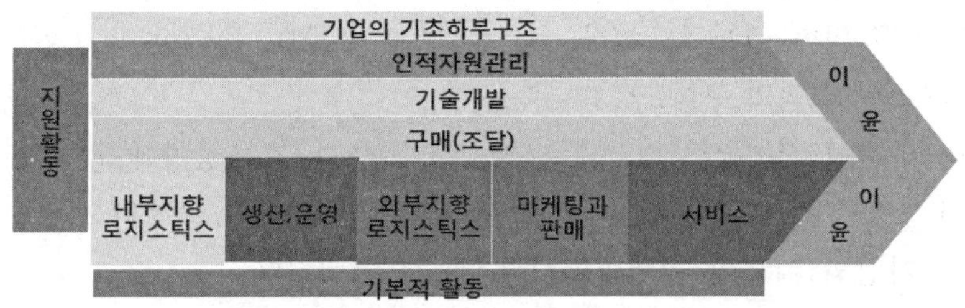


[그림 3-6] 고객서비스의 가치사슬(Value Chain)

④ 기업에서 물류가 미치는 영향

- 기업 경영에서 물류의 비중이 점차적으로 넓어지고 있다.
  - 기업물류부문은 중요도, 설비투자액, 경영자 물류관심도에서 커다란 차이.
  - 물류에서 기업 간의 차이는 기업이 가지고 있는 물류에 대한 관심의 차이.
  - 물류를 능숙한 기업과 겨우 이용하는 기업과의 사이는 커다란 격차 발생.

- 기업 간의 물류에 대한 관심의 차이가 발생되는 이유
  - 기업경영에서 물류의 역할을 수행에 대한 인식의 차이에서 발생.
  - 단순물류개념 즉, 생산반입, 보관, 고객주문에 의한 반출의미의 활동차원. 따라서 생산·반입·판매의 후속처리활동에 지나지 않는 차원의 개념.
  - 물류를 기업경영측면에서 매출확대와 이익증대에 공헌차원으로 인식차원.
  - 물류합리화로 물류코스트의 절감을 통한 이익증대에 공헌개념으로 인식.
- 기업별 물류서비스 능력의 차이
  - 최근 기업경영에 크게 공헌하는 것은 물류의 「서비스能力」이다.
  - 물류서비스는 고객요구의 만족측면에서 커다란 기업경영과제로 부각.
  - 물류에 존재하는 불합리성을 배제하고 합리적인 물류시스템을 구축.
  - 생산과 반입 혹은 판매조직을 보다 합리적으로 구축하여 기업경영에 공헌.

⑤ 물류경영의 혁신전략

- 고객서비스 제고를 통한 가치우위와 비용절감을 통한 비용우위를 확보.
  - 기업경쟁우위를 확보해야 하는 기업경영목표를 달성하기 위한 전략.
- 기업경영 물류환경변화에 부응하기 위한 종합적인 계획과 목표를 설정.
  - 기업경영에서 물류기능의 중심역할을 실행하는 구체적 물류기법 종합체.

⑥ 통합물류와 연계된 기업의 경영전략

- 신속한 대응체계 : Quick Response(QR)
- 효율적 고객대응 : Efficient Customer Response(ECR)
- 전사적 자원 관리 : Enterprise Resource Pl(ERP)
- 업무절차의 혁신 : Business Process Reengineering(BPR)

⑦ 고객 서비스 개선 방법

- 고객의 필요에 대한 철저한 조사
- 실질적인 이익과 비용의 상충 관계를 반영한 서비스 수준 설정
- 주문 처리 시스템에 최근의 기술성과 응용
- 개별 유통성과에 대한 측정 및 평가를 통하여 고객 서비스 개선

[그림 3-7] 고객서비스의 내용

### (5) 기업의 물류체계 도입

① 현대 기업의 물류합리화 도입 배경

- 생산비용·제조원가 및 관리비 절감을 통한 판매이익실현의 한계점이 노출됨.
- 물류비용의 지속적인 증가추세로 유연한 물류정보시스템 구축의 필요 대두.
- 고객요구가 점차 다양화, 전문화, 고도화되면서 고객서비스의 중요성 대두.
- 글로벌 기업경쟁에서 승리하기 위해 물류측면에서 우위성 확보전략의 강요.
- 물류기술의 발전과 정보발전이 가속화되면서 물류가 핵심서비스로 부각.

② 스튜워트(W. M. Stewart) 이론.

- 재고비용절감을 위해서 주문회수를 증대시켜서 처리할 시스템도입 필요.
- 소비자의 다양한 요구와 상품수의 증대로 재고 유지, 재고불균형문제 해결.
- 소비자 상품의 저가요구에 능률적이며, 간접적인 유통경로의 등장을 강요.
- 가격결정의 신축성을 위해 개별시장에 소요되는 실제 분배비용 산출 필요.
- 물류비 절감으로 서비스개선과 새로운 충성고객 만들기로 고객수요를 창출.

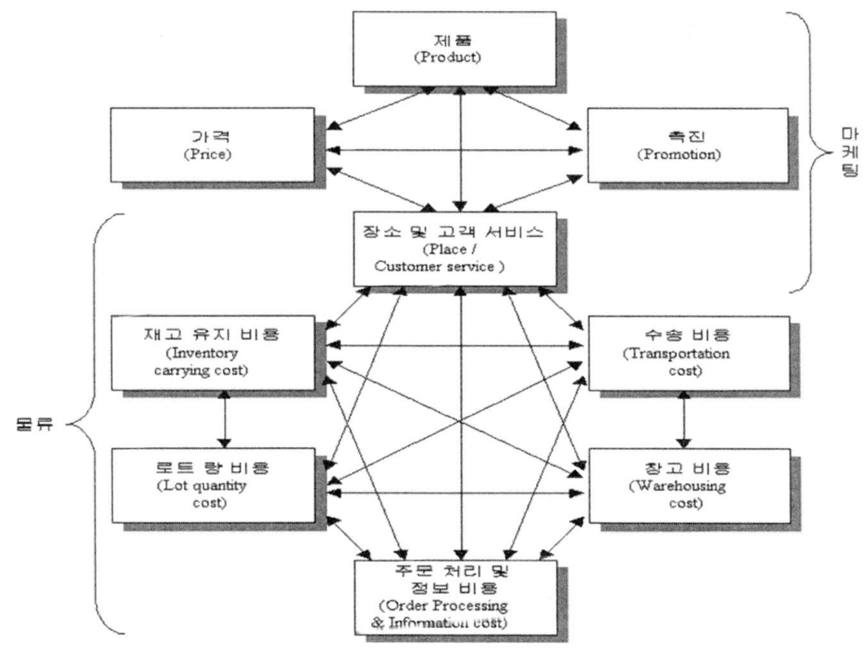


[그림 3-8] 물류활동간의 비용 상쇄관계

③ 기업의 이익원과 물류의 중요성

- 제1의 이익원 : 원가절감을 통한 이익창출(생산관리 중심)
- 제2의 이익원 : 매출액 증가을 통한 이익창출(마케팅 중심)
- 제3의 이익원 : 물류비절감을 통한 이익창출(물류관리 중심)
  - 제3의 이익원이란 물류의 관리를 통한 매출액 증대, 제조원가의 절감이다.
  - 단순 기계화·생력화에서 경영관리의 대상으로 바뀌었다는 것을 의미한다.
- 제4의 이익원 : 제1 ~ 제2요소를 종합 추진하여 이익창출(복합 이익원)

## 3) 물류혁신기법

### (1) 6 시그마(Six Sigma)

① 개요

- 고도의 통계 기법을 사용하여 기업 내의 모든 기능, 업무처리 프로세스, 추진체제 등을 종합적으로 개혁함으로써 제품과 서비스의 불량을 100만개 당 3, 4개 이하로 줄여 성과를 획기적으로 개선하고자 하는 경영 기법
- 21세기 기업생존을 위하여 모든 프로세스에서 무결점을 지향하는 과학적 경영혁신 전략. 이 정의에서 사용되는 프로세스의 의미는 '제조, 사무, 서비스 등의 모든

업무에서 일정한 투입물(Input)이 들어가서 요구되는 결과물(Output)로, 변화하는 활동(Activity)을 수행하는 하나의 시스템을 말한다.

• 제조단계에서의 가열공정, 압축공정도 프로세스이고, 구매행위, 영업판촉활동, 우편물처리, 병원에서의 수술 등도 프로세스이다.

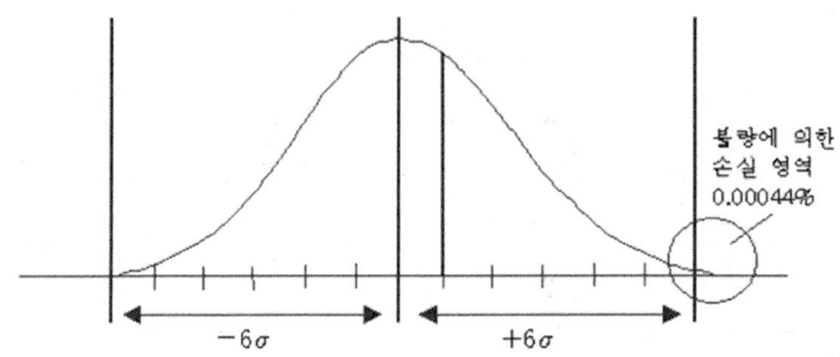


[그림 3-9] 6시그마의 개념도

② 핵심적인 본질

• 기업경영의 새로운 패러다임이다.
• 프로세스를 평가, 개선하는 과학적 통계적 방법이다.
• 고객만족 품질문화를 조성하기 위한 경영철학이며 기업전략이다.
• 인력정예화를 위한 리더십 배양 프로그램이다.

③ 경영혁신 방법론의 변화

• 종래에 품질관리에서 주로 사용되는 품질혁신의 4단계는 데빙 박사의 PDCA (Plan, Do, Check, Action)로 지금도 널리 애용되고 있다.
• 6시그마에서 가장 널리 애용되는 품질혁신은 모두 5단계로 그 흐름도와 주용 내용은 다음과 같다.
  - 1단계(정의) : 기업에서 향후의 비즈니스 기회를 분석하고, 고객이 요구하는 내용이 무엇인지 고객의 소리를 조사한다. 다음으로 프로젝트의 테마를 선정하고, 이를 수행하기 위한 범위, 일정, 팀원을 선정 후 등록한다.
  - 2단계(측정) : 주요 제품 특성치(종속변수)들을 선택하고, 필요한 측정을 실시하여 품질수준을 조사한다. 그 결과를 프로세스 관리 카드에 기록하고, 단기 또는 장기 공정능력을 추정한다.
  - 3단계(분석) : 주요 제품의 특성치에 관한 통계분석을 통하여 정보를 얻는다. 이를 최고수준의 타 회사 특성치와 벤치마킹 한다. 차이 분석을 통하여 최고수준의 제품이 성공적인 성능을 내기 위한 요인이 무엇인가를 조사하고 목표를 설정

한다.

- 4단계(개선) : 설정된 목표를 달성하기 위하여 개선되어야 할 성능 특성치를 먼저 선택한다. 그리고 이 특성치에 대한 변동의 주요 요인을 진단한다. 다음으로 실험계획법, 회귀분석 등의 통계적 방법을 통하여 주요 공정변수를 찾고, 이들의 최적조건을 구한다. 또한 각 공정변수가 특성수치에 주는 영향관계를 알아내고, 각 공정변수에 대한 운전규격을 정하는 개선활동.
- 5단계(관리) : 새로운 공정조건을 표준화, 통계적 공정관리 방법을 통하여 그 변화를 탐지. 새 표준으로 프로세스가 안정되면 공정능력을 재평가. 이러한 사후분석 결과에 따라 필요하면 앞의 2, 3 또는 4단계로 돌아간다.

⑤ 변화관리

• 6시그마 추진에서 가장 어려운 부분이 변화를 관리하는 것이다.
• GE는 CAP을 통해 6시그마를 가족화하였기 때문에 큰 성공.
• 잭 웰치는 200만 달러를 들여서 변화관리를 연구한 결과, 다음의 변화관리프로세스를 만들었다.[5)]
- 변화 주도 : 변화를 개인적으로 후원하고, 지지하고, 변화를 본인의 리더십 의제로서 포함, 변화에 상당한 시간을 할애하는 챔피언을 만든다.
- 공유된 필요성 창출 : 변화의 필요성이 변화에 대항 저항을 초월하고 변화가 필요한 이유를 확실히 하는 것이다.
- 비전의 구체화 : 희망하는 변화의 결과가 명확하고, 적합하고 포괄적으로 이해되고 공유되는 것으로 비전을 구체화한다.
- 의지 결집 : 강력한 네트워크로부터의 변화 실현을 위한 확고한 의지, 변화에 투자를 할 의향이 있는 적합한 인력에게 경영진들의 관심을 유도.
- 변화 위한 지렛대 사용 : 팀 관행이나 태도가 변화를 완성·강화.
- 진척상황 모니터 : 진정한 성과가 있도록 하고, 벤치마크가 설정되고 현실화되도록 하며, 성과를 보장하기 위해 올바른 측성지표가 설정.
- 영구적으로 만드는 것 : 일단 변화가 시작되면 오래 지속될 수 있도록 하며 적합한 계획이 수립되고 지켜시며 그리고 습득한 내용이 공유.

### (2) 기업 경영 혁신(BPR : Business Process Reengineering)

① 개요

• 정보기술(IT)을 창의적으로 활용하여 기존의 업무프로세스를 혁신적으로 설계함으로써 고객만족을 창출하고 내부효율성을 극대화하여 기업 경쟁력을 비약적으로

5) 21세기 지식사회에서의 6시그마혁신전략,:박성현,이명주,정목용,네모북스

증진시키는 경영혁신기법

• BPR는 실시간으로 다른 부서의 진도를 체크, 동시에 추진함으로써 업무소요시간을 획기적으로 줄일 수 있다.
• ERP(Enterprise Resource Planning)는 기업 내 모든 자원의 흐름을 한순간에 정확히 추출해 자원의 효율적 배치를 평가하는 것이 궁극적인 목적이라는 점에서 BPR와 구별된다.

② BPR 추진 배경 및 수행 기업.

• 조직자원 활용의 비효율성, 중복업무 증가, 고객만족도 저하 및 E2E 프로세서 지원 미비.
• 시장 다변화에 대응하기 위한 기업, 수익성 저조 기업, 경쟁력 강화기업.

③ 기대효과 및 고려 사항.

• 중복적 비효율적 업무제거, 서비스 처리속도 향상, 성과관리에 연결된 인센티브.
• 고객의 적극 참여가 없으면, 현실적으로 수행 불가능(인력 감소로 인한 분규 발생).
• 기업의 특성, 장점을 고려하여, 목표 설정 및 구현.
• 전사 차원의 프로세서 혁신, 과학적 평가, 지속적 관리 및 통제.

### (3) 리스트럭처링(Restructuring)

① 개념

• 발전 가능성이 있는 방향으로 사업구조를 바꾸거나 비교우위에 있는 사업에 투자재원을 집중적으로 투입하는 경영전략.
• 기업은 지속적인 이익의 창출을 위하여 새로운 가치 창출하여야 존재하고 그 성장을 거듭할 수 있다.
• 기업은 새로운 경영자원을 동원하고 동원된 자원을 유기적으로 결합하여 새로운 가치 창출에 활용해야 한다.

② 효과

• 사양사업에서 고부가가치 유망사업으로 조직구조를 전환하므로 불경기 극복에 효과적이다.
• 채산성이 낮은 사업은 과감히 철수 매각해 광범위해진 사업영역을 축소시키므로 재무상태도 호전시킬 수 있다.

### (4) 벤치마킹(Bench Marking)

① 정의

• 업계 최고경쟁사 제품과 서비스, 프로세스, 제도 등의 비교경영기법
• 경쟁자나 널리 알려진 산업 표준의 장점을 특정 기업이나 조직 혹은 개인이 가진

현재 상황과 비교하는 것을 시작으로 자신의 비효율적인 부분을 찾아내고 개선점을 만들어가는 계획과 효율적인 단계들을 찾아내는 전략.

- 경쟁기업이나 업계 선두기업의 수준 혹은 타 기업의 수준 등 성공회사의 사례를 기초로 자사의 혁신을 유도해 나가는 경영혁신 활동의 일환, 경영 효율성 제고 및 자원 활용도, 고객 만족도의 향상을 위한 것임.
- 산업 표준이나 최고 위치의 경쟁자 등 업무단계, 비용, 업무방법, 상품이나 특정 업무 품질, 업무소요시간, 생산성 등을 특정 기업과 비교하는 전체적인 프로세스와 시스템.

② 목적

- 업무의 비용을 낮추고, 품질을 개선
- 시간을 절약하는 방법 등을 찾아내고
- 비효율성을 제거하여서 경쟁력 강화.

〈표 3-5〉 벤치마킹과 경쟁사 분석의 차이점

| 구 분 | 벤치마킹 | 경쟁사 분석 |
|---|---|---|
| 목 적 | 혁신의 수단 | 성과 향상 |
| 비교 내용 | 프로세스 | 서비스/제품 |
| 비교 대상 | 기업내, 동종업종, 이종업종 | 직접 경쟁자 |

③ 벤치마킹의 필요성

- 높은 제품·서비스의 품질 수준 확보
- 앞선 기술 보유
- 낮은 비용으로 제품·서비스 제공

### (5) 대량 개별화(Mass Customization)

① 개요

- 대량생산(Mass Production)과 고객맞춤화(Customization)를 합친 말
  - 대량생산이 장점인 저렴한 가격과 차별화 전략의 장점을 합친 전략
- 디지털 전략이 중요한 핵심사항으로써 다수의 고객을 대상으로 그 각각에게 개별화된 제품이나 서비스를 제공한다는 의미이다.
- 공급자측면에서는 소품종대량생산에 의한 기존 생산성의 유지, 소비자측면에서는 다품종소량생산에 의한 다양한 니즈를 충족을 원한다.
- 현재의 저 원가에 의한 생산성을 유지하면서도 다양한 고객의 욕구(니즈)를 정확히 충족시키는 제품 및 서비스 생산이 필요하다.

② 고려 요소.

- 고객측면 : 제품과 관련된 고객 욕구의 세분화.
  - 고객간의 커뮤니케이션 강화를 위한 공간 제공 등
  - 고객 DB, 고객 특성별 지속적인 그룹핑 작업, 고객트렌드 분석, 커뮤니티 등
- 기업측면 : 맞춤 생산을 위한 옵션의 모듈화
  - 전체 요건은 협력업체들과의 원활하고 지속적인 관계유지, 판매수익과 옵션화 진행비용 분석 등 비용분석.
- 고객인지도를 높이기 위하여 브랜딩 사이트를 통해 적극적으로 알리기
  - 전제 요건은 브랜드 사이트 구축, 정확한 브랜드 Identity 분석, 타 매체와의 통합적 커뮤니케이션 구축 등

### (6) 코피티션(Co-petition)

① 개념

- "협력(Cooperation)"과 "경쟁(Competition)"의 합성어
  - 상호 장점을 결합시킨 전략적 비즈니스를 의미한다.
- 네가 죽어야 내가 산다는 식의 윈-로스(win-lose) 경쟁이 아니다.
  - 공정한 경쟁과 협력을 조화시키는 것이다.
- 파이를 나누는 데는 공정하게 경쟁하는 윈-윈(win-win)의 경쟁을 의미.
  - 산업의 파이를 키우는 데는 너나없이 협력해야 한다는 의미.

② 유례

- 1996년 예일대 베리 네일버프교수, 하버드대 아담 브랜던버거교수 처음 사용.
- 정보통신 혁명이 도래함에 따라 글로벌 경쟁에서 새로운 패러다임의 필요성.
  - 당시 초기단계였던 인터넷 등의 신생 업종의 시장 규모를 키우기 위해서는 우선 경쟁 기업 간의 협력이 필요하다고 주장.
- 원래는 비즈니스 성공 전략을 일컫는 경영학 용어였다.
  - 최근에는 여러 분야에서 널리 통용된다.
  - 기업 간의 승자와 패자가 구분되는 것이 아닌 모두가 승자가 될 수 있다는 윈-윈 전략에 기초한다.

③ 목적

- 기업 간의 극단적 경쟁에서 비롯되는 위험 요소들을 피하고 자원 공용화, 공동 R&D 등의 상호 협력을 통해 시장의 발전을 꾀하는데 있다.
- 시장의 크기가 3인 것을 독점하는 것보다 10인 것을 양분하는 것이 낫다는 원리다.
- 향후 디지털 컨버전스 시대에 등장할 여러 비즈니스 영역에서 꼭 필요한 개념으로 인식되고 있다.

④ 사례

- 통신시장의 맞수인 KT와 SK그룹의 적과의 동침.
  - 사소한 사례지만, SK측과 KT측이 공동 상품을 출시함.
  - KTF가 경쟁사인 SK텔레콤 관계사 SK(주)와 제휴, 전국 3700여개 SK주유소, 스피드 메이트, OK마트 등에서 사용할 수 있는 'SK-K머스 상품권' 개발.
- 경쟁상황하에서는 트레이드오프(Trade-off)와 트레이드온(Trade-on)전략
  - GM은 자사에 충성고객에게 할인 혜택을 주고 포드 등 경쟁사에 충성고객에게는 할인 폭만큼의 가격을 높게 책정함으로써 경쟁자의 가격 경쟁을 회피

⑤ 전략

- 새로운 고객, 공급자, 보완자, 경쟁자 등 기존 게임에 참가하고 있지 않는 새로운 참가자를 영입함으로써 기존 게임의 구조를 변화시키는 것이다
- 자신의 각 참가자가 게임에 참여함으로써 게임에 기여할 수 있도록 게임의 관계를 변화시키는 것이 필요하다.
- 게임의 규칙을 사신에게 유리하게 변화시키는 것이 필요하다. 게임에서 독점적인 지위를 갖고 있는 참가자는 다른 참가자의 부가가치를 제약함으로써 자신의 부가가치를 증가시킬 수 있다.
- 게임에 대한 참가자들의 인식을 파악하고, 이들을 자신에게 이롭게 변화시킬 수 있도록 대응 전술을 구사하는 것이 필요하다.

## 4) 물류서비업의 종류

### (1) 벤더(Vender)

① 개념

- 메이커로부터 상품을 대량 구입, 직접 판매하는 판매형 도매물류사업이다.
  - 본래 의미는 매도인, 소매업측에서 본 모든 매입신의 총칭을 말한다
  - 영국의 법률용어는 메도인이며, 미국은 물류기능을 수행하는 상품납품업자.
- 전산화 물류체계를 갖추고 특화된 상품들을 공급하는 다품종 소량도매업이다.
  - 슈퍼·편의점에 소량상품을 공급해주는 소규모 물류도매기능을 수행하는 업사.
- 넓은 의미는 도매업사, 좁은 의미는 규모가 큰 공급회사(메이커)이다.

② 우리나라 현황

- 선진국은 오래 전부터 정착된 유통형태지만, 우리나라는 1990년에 처음 도입됨.
- 제조업체로부터 상품을 일괄로 납품받아 이를 소량으로 공급하는 형태이다.
  - 체인스토어가 확대되고, 교통체증으로 인한 물류체계가 복잡해지고 비용증대 현

상으로 유통업체들이 직접관리하기 힘들게 되자 전문적인 업체가 등장됨.

- 품목별로 전문성과 상품 특성별로 차별적인 전문 영역으로 발전되고 있다.
  - 판매시점정보관리(POS), 자동주문시스템, 전문수송차량, 창고시스템, 설비 구축.
  - 편의점과 슈퍼마켓 등에게 특화상품들을 하루 또는 이틀 간격으로 공급한다.
- 기존 가공공장·창고업·운수업·도매업의 기능을 대체하면서 변화하고 있다.
  - 편의점과 체인스토아를 중심으로 취급품목 및 거래건수를 확대하고 있다.

③ 전망

- 규모화, 체인화, 도심교통난, 상품개발(PB, PL), 물류시스템 등 유망한 사업이다.
- 메이커의 물류비용 절감, 무자료거래나 덤핑배제로 건전한 유통거래질서 형성.
- 냉장·냉동·잡화이외 랜(LAN)·멀티·노트북·통신기기·소프트웨어·전산화로 세분화.
  - 한국의 유통시장에 뿌리를 내렸고, 앞으로도 그 추세가 계속 확산될 것이다.
- 벤더업 발전에는 시설투자, 포장의 규격화, 상품개발, 콜드체인시스템 등 필요.

### (2) 트렁크 룸

① 개념

- 회사원들의 전근이나 해외취업 등 장기간 집을 비워야 할 경우, 가재도구 등의 보관문제를 해결하는 창고임대업을 말한다.

② 외국 사례

- 미국서 행해지던 가재보관서비스를 1931년 일본에서 도입하여 고리짝과 차를 담는 나무상자 등에 보관하는 사업으로 '트렁크 룸'이라는 일본식영어가 시작됨.
- 현재는 취급품목이 미술품, 문서, 모피 등 고급의류, 서적 등 다양하며, 지진 등 천재지변에도 견디는 보관실과 24시간 경비체제, 공기조절시스템까지 있다.
- 서비스규모가 커지면서 일본 운수성은 "표율 트렁크 룸서비스"를 제정하여 약관에서는 적용범위를 '특정물품의 보관을 향상하는 사업'으로 정하고 있다.

③ 우리나라 현황

- 국내는 1992년 2월 "한국공간관리시스템"이 도입되어 고객으로부터 의뢰받은 물품을 포장-운송하여 충북 음성에 보관창고에 밀본상태로 보관되고 있다.
- 비용은 '전세금'형태로 보관기간에 따라 일정금액이 예치된다.

### (3) 택배업

① 개념

- 하주들의 소화물운송을 의뢰받아 송화주 문전에서 수화주의 문전(Door To Door)으로 집화, 포장, 운송, 배달까지 자기가 책임지고 운송하는 서비스업이다.
- 배당원이 발송지역으로부터 착송지역까지 신속·정확하게 일체업무를 담당한다.

② 특징

- 불특정다수에게 각종 물품을 수거·포장·배달 전 과정을 신속 처리하는 사업.
- 소화물을 1개 단위로 취급, 지역별 요금체계 구성, 이용하기 편리하게 하였다.
- 일반 정기화물과 다른 점은 취급하는 물건이 30kg이하의 소량화물로 제한되고 시내범위에는 1시간이내 배달하는 원칙 등 비교적 빠르게 업무를 수행한다.

③ 일본에서 발전

- 1955년 우체국소포서비스에 대응, 일통(日通)에서 컨테이너를 이용하여 백화점 등에 소형화물을 배달하면서 연말이나 명절에는 수요가 급격하게 증가되었다.
- 트럭업자가 일반소비자들을 대상으로 문전서비스를 하기에는 채산이 맞지 않고 일손이 많이 가는 사업으로 인식되어 폐지되었다.
- 1976년 야마토운수가 다시 성공이후, 많은 회사들의 참여로 40개회사들이 경쟁. 그러나 상위 10개사가 전체 95%이상을 차지하고 있다.
- 1975년에 우체국 소포량이 1억 8,000만개에서 1983년에는 1억 3,000만개, 국철의 수화물이 3,000만개에서 2,000만개로 대폭 감소한 반년에, 택배편이 3,000만개였던 것에 비해 2억 8,000만개로써, 100배로 급격하게 증가했다.
- 급격한 성장배경에는 화물취급지점이 늘어나고 배송속도가 빨라진 반면에 배송가격이 저렴하고 취급화물이 다양해지면서 고객만족이 실현되었기 때문이다.

④ 향후 사업방향

- 서비스향상과 온라인영업소운영으로 원가절감과 화물의 파손방지, 배달지연 등 업계공동의 피해보상 약관제정 등 소비자책임을 제도적으로 강화하는 것이다.

## 5) 물류서비스 지원체계

### (1) 물류서비스의 목표

① 서비스 질(service quality)의 향상

- 물류고객서비스는 치열한 글로벌 경쟁으로 물류의 중요성이 증대되고 있다.
  - 고객서비스 경쟁우위 제공과 서비스수준에 대한 고객차별화 인식의 증대.
  - 고객들에 대한 새로운 유통물류 부가서비스에 대한 관심이 증가.

② 물류비용의 최소화

- 주문관련 작업들을 오류 없이 수행할 수 있는 능력 비용최소화 목표
- 총 물류비용 : 수송비용과 재고관련 비용을 합한 총 물류비용의 최소화
- 재고이용 향상, 재고부족율·재고이용율·주문충족율·주문완전이행율 측정

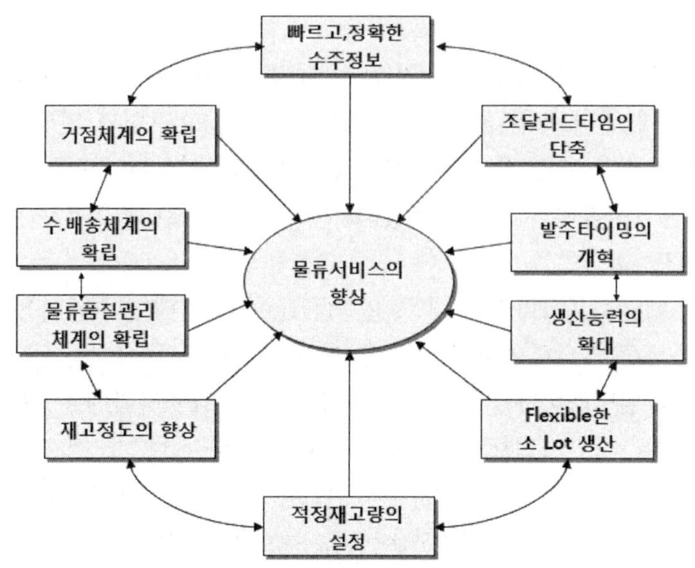


[그림 3-10] 물류서비스의 최종 목표

③ 서비스 제공능력의 향상

- 주문처리 업무의 속도, 일관성, 유연성의 향상
- 주문주기의 효율적 관리로 고객서비스의 유연성을 향상시키는 노력 요구.

④ 협업경영체계 구축

- 제조, 유통 및 물류 등 공급체인망 파트너들과의 긴밀한 협업 경영이 필요.
- 제조와 유통, 물류 파트너들 간에 긴밀한 협업 경영이 필요성 대두.
- 미래형 공급망 관리 3대 요소로 첨단장비, 기업간 네트워크, 인공지능.
- 정보표준화로 실시간 예측 가능한 가격, 서비스, 탄소배출량 등 시스템 구축.

⑤ 서비스품질 개선을 위한 인사프로그램

- 개인의 발전, 인적자원 계획, 성과표준, 경력개발, 공정대우, 이익 공유 구성.
- 결품의 최소화, 수주리드타임의 준수, 물류서비스의 품질유지 등이 필요하다.

## (2) 물류 서비스수준의 결정

① 서비스수준의 결정 원칙 : 매출과 서비스의 상관관계 이해

- 보다 낮은 물류비용으로 물류 서비스의 혁신을 우선 추진한다.
- 물류비 예산은 동결, 물류 서비스수준을 높이도록 한다.
- 물류서비스 수준은 그대로 하고 물류비를 절감하도록 한다.

② 서비스수준의 결정 과정

- 물류 서비스 수준을 결정하는 중요한 요인 결정

- 고객이 원하는 물류서비스 수준을 조사
- 경쟁력 있는 물류서비스 설계
- 물류서비스의 판촉 프로그램 개발
- 개발된 물류서비스를 시장에서 실제로 시험

③ 물류서비스 수준의 결정을 위한 고려사항

- 물류서비스 수준을 결정하는 중요한 요인을 정한다.
- 고객이 원하는 물류 서비스 수준을 조사한다.
- 경쟁력 있는 물류서비스를 설계한다.
- 물류 서비스를 알릴 수 있는 판촉계획을 개발한다.
- 개발된 물류서비스를 시장에서 실제로 시험한다.
- 서비스를 평가하기 위한 기준을 설정한다.

### (3) 기본체계

① 구성요소

- 납입 및 시간서비스, 품질 및 재고서비스, 애프터 및 시스템 서비스 등

② 물류 서비스 신뢰성 향상 방안

- 빠르고 정확한 수주 정보
- 조달 리드타임의 단축
- 발주 타이밍의 개혁
- 생산능력의 확대
- 유연한 소 로트(Lot) 생산
- 적정재고량의 설정
- 재고정도의 향상

③ 물류서비스 품질의 중요성 대두

- 물류서비스 품질이란 고객(화주)의 관점에서 물류활동의 전 과정을 포함하여 고객의 기대수준에 대한 실제 실행된 물류서비스 수준과의 지각된 차이이다.
- 물류서비스의 수준결정은 매출액대비 물류비용과 고객서비스수준을 비교하여 기업이윤이 최대가 되는 지점에서 선택한다.
- 물류서비스 만족도조사의 주요내용은 제품서비스, 영업, A/S, 기업이미지, MOT(고객접점) 평가 등이다.
- 물류서비스 품질측정의 구성요소는 유형성·확신성·신속/적시성·커뮤니케이션·반응성·효용성 등이다.

# 04 물류합리화 관리

## 1 물류의 합리화

### 1) 개 요

#### (1) 일반적 이해

① 정의

- 물류시스템의 구축과 이에 필요한 물류관리를 위한 일련의 경제행위이다.
  - 다양한 상품·서비스를 보다 저비용·고효율로 생산하여 적절한 시기와 장소에서 값싸게 판매하여 소비자 니즈를 만족시키는 것이다.
- 기업이익을 위한 물류기능 능률향상으로 우영비용 절감, 공정원활하에 기여.
  - 생산의 합리화, 생산비용 절감, 고객만족을 위한 원가를 합리하하는 것이다.
  - 효율적인 물류시스템 구축은 질 좋은 서비스, 물류비용 및 외부경제 최소화다.
- 화주·물류기업이 상생협력을 위한 성공조건은 지속가능한 경제성장의 기여.
  - 통합화와 규모화를 위한 물류솔루션과 균형적인 산업기반을 구축하는 것이다.

② 개념

- 다양한 상품·서비스를 보다 저비용과 고효율로 생산하여 효율적으로 관리함.
  - 적절한 시기에, 적절한 상품과 서비스를 적절한 장소에서 값싸게 판매한다.
  - 소비자니즈에 만족하는 물류시스템 구축으로 물류관리를 지원하는 경제행위.
- 보다 효율적인 물류시스템 관리의 전제조건.
  - 보다 질 좋은 서비스 제공

- 물류비용 및 외부 경제의 최소화
- 물류합리화의 각 기능별 트레이드 오프(Trade-off)
  - 트레이드 오프는 물류기능과 타 기능 간의 공동 영역에서 발생한다.
  - 트레이드 오프관계는 기업 내외부 조직에서도 존재한다.
  - 트레이드 오프는 제조업자와 운송업자 및 창고업자사이도 발생한다.

③ 도입 배경

- 생산비용 및 제조원가 절감을 통한 매출 이익실현의 한계점 노출.
- 물류비용의 지속적인 증가추세로 유연한 물류정보시스템의 구축 필요 대두.
- 고객요구가 점차 다양화, 전문화, 고도화되면서 고객서비스의 중요성 대두.
- 글로벌화와 기업경쟁의 승리를 위해 물류측면에서 우위성 확보전략의 강요.
- 기술발전과 정보발전 속도가 높아지면서 물류가 기업의 핵심요소로 부각.

④ 의의

- 기업입장에서 새로운 이윤보고의 창출을 위하여 물류합리화를 추구.
- 비용절감과 생력화, 이율배반적인 「트레이드오프」개념에서 추구한다.
- 기업물류활동은 합리화와 비용절감, 고객만족서비스를 제공하는 활동이다.
- 물류합리화는 비용감소와 마케팅측면에서 고객서비스로 인하여 판매 증가.
- 기업물류는 원료조달에서부터 생산/판매까지 과학적·합리적으로 관리한다.

### (2) 물류합리화의 3가지 유형

① 효율형(效率型) : 인력의 절감을 목적으로 하는 유형. 인력의 기계화 목적

- 단순한 기능형을 시스템화 함으로써 종합적으로 유효한 시스템실현을 가능.
- 시스템화함으로써 종합적으로 유효한 시스템의 실현을 가능하게 한다.

② 비용 절감형 : 효율성 중심의 저비용경영(직접 및 간접비용 절감 목적)

- 물류 전반뿐만 아니라, 전사적 수준에서의 합리화에 기반을 두고 있다.
- 생력형과 기본 차이점은 비용 절감형이 보다 광범위한 의미를 지니고 있다.

③ 생지능형(省知能型) : 인공지능형(기계중심에서 완전한 탈피가 목적)

- 단순인력단계에서 기계대체단계, 인간의 지적판단결정단계로 이행하는 것.
- 기계중심보다 고도의 지식기능을 갖춤으로써 물류전반에 걸쳐 자동화 가능.
- 생지능형은 생력형보다 더욱 시스템화 되어 고도화된 형이 많다.
- 컴퓨터와 기계가 결합하여 지능형 자동기계가 계속 개발되면서 점차 확산.

### (3) 목적과 3S1L 원칙

① 목적

- 생산능력을 합리적으로 증대시키기 위한 시장능력강화와 고객서비스 향상

- 물류부서간의 Trade-off 조절, 재화의 효용가치의 창조, 기업의 이익기여이다.
- 코스트 절감형 : 직접적 코스트 절감+간접적 코스트 절감
- 경영구조 혁신형 : 연구개발, 생산, 판매 + 물류(제 4 지주)

• 지능형인간의 판단기능을 일부 대체 : 첨단통합정보형 기계인간
• 적용분야 : 포장분야, 수송분야, 하역분야, 보관분야, 정보분야 등

② 3S1L 원칙

• 고객만족을 위한 물류활동의 기본원칙
  - 필요 물품을, 필요 장소에, 필요한 때에, 적정 가격으로 전달한다.
• 유통·물류 종합경영 활용 원칙
  - Speedy(신속하게), Surely(확실하게), Safely(안전하게), Low(싸게) 원칙.
  - 공급자, 제조업자, 물류업자, 유통업자 간의 물자, 자금, 정보의 최적 통합개념

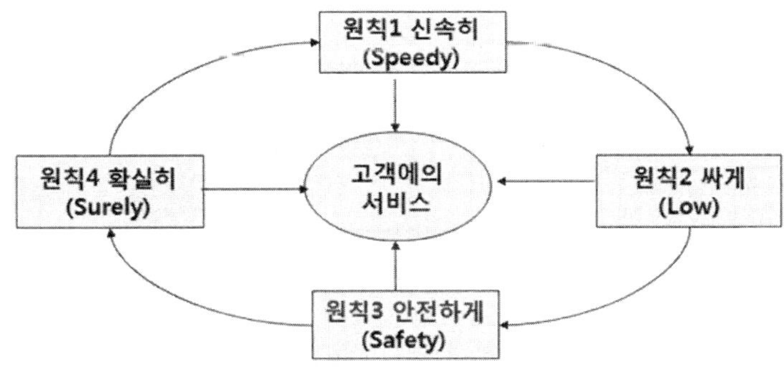


[그림 4-1] 3S 1L의 원칙

③ 7R 원칙

• 미국 미시간대학의 스마이키(FW. Smykey) 교수가 제창한 원칙이다.
  - 물류와 관련된 모든 기능은 시스템으로 통합 관리되어야 한다.
  - 물류기능은 하역, 배송, 포장, 보관, 수송, 정보, 유통가공 등이다.
  - 기업물류 계획, 통계, 평가, 교육 등 각 분야별 업무수행 전문지식 필요
• 기업은 물류목적을 달성하기 위해 고객서비스 제공이 중요하다는 점을 강조.
  - Right Commodity : 적절한 상품(고객이 요구하는 상품)
  - Right Quality : 적절한 품질(고객이 요구하는 상품의 품질)
  - Right Quantity : 적량(고객이 원하는 수량)
  - Right Time : 적시(고객이 요구하는 시기)
  - Right Place : 적절한 장소(고객이 요구하는 장소)
  - Right Impression : 좋은 인상(고객이 만족하는 접객서비스)

- Right Price : 적정한 가격(품질대비 저렴한 가격)

• 물류관리사의 개념
  - 생산제품이 소비자에게 이동되도록 관리하면서 새로운 부가가치를 창출하는 전문가이다.
  - 물류의 표준화·규격화·정보화를 위하여 계획, 진단, 평가, 자문, 전략수립 등과 새로운 시장개척과 경영합리화(이익창출과 저비용 경영) 및 고객만족서비스를 제안하면서 국제경쟁력을 지원하는 전문 인력이다.

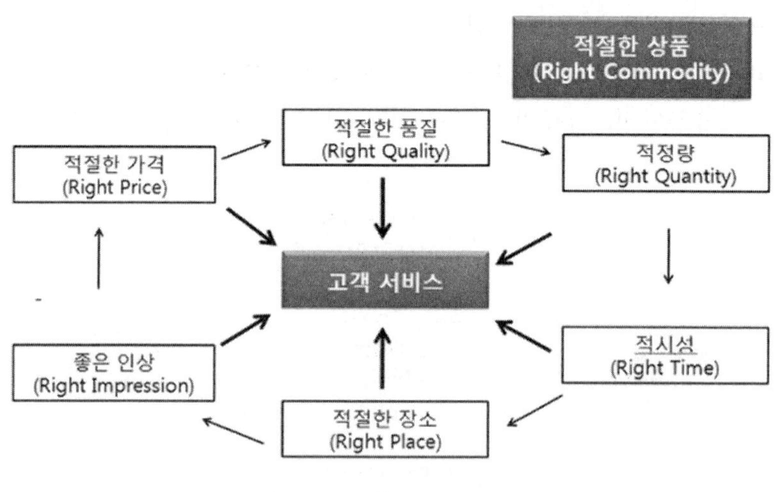


[그림 4-2] 7R의 원칙

### (4) 물류 합리화 방안

물류 합리화 방안은 물류관리전략의 수립단계에서 단계별로 찾아야 한다.

① 제 1단계(물류환경 분석)
  • 관련 산업물류 환경, 업계 물류환경, 경쟁사 물류환경, 하드웨어환경, 소프트웨어환경, 기술환경, 법규환경 등을 중심으로 제반 환경과 요인을 분석한다.

② 제 2단계(물류목표 설정)
  • 고객서비스수준의 향상, 비용절감, 생산성 향상, 리드타임의 단축, 재고 삭감 등을 중심으로 전략을 설정한다.
  • 이 가운데 고객서비스수준의 향상과 비용절감이라는 두 가지의 트레이드오프(Trade-off)를 어떻게 조정하느냐가 핵심문제이다.

③ 제 3단계(물류 전략 수립)
  • 제 1단계와 2단계의 성과를 토대로 물류전략을 수립하고 동시에 전략수립에 필요한 제반자원을 검토한다.

• 제 3단계에서는 물류 거점통합, 납기관리, 운송관리, 재고관리, 상/물품관리, 정보관리, 포장의 모듈화 등에 초점을 맞추어 전략을 수립한다.

## 2) 상(商)·물(物) 분리

### (1) 개요

① 정의

• 물류합리화의 관점에서 상류경로와 물류경로를 분리하여 운영하는 것.
• 물류합리화의 하나. 상류경로와 물류경로를 분리하여 운영하는 것을 말한다.
 - 상품판매력 강화와 물류관리 효율화를 위하여 기능적인 전문화를 중요시 함.
 - 상물분리란 물류전문조직이 전담하고 판매활동은 영업부서가 전담하는 것이다.
• 거래의 흐름과 물건의 흐름은 동일하지 않다.
 - 조직체계도 영업과 물류를 분리하여 각각의 업무에 전념하는 기업도 증가함.

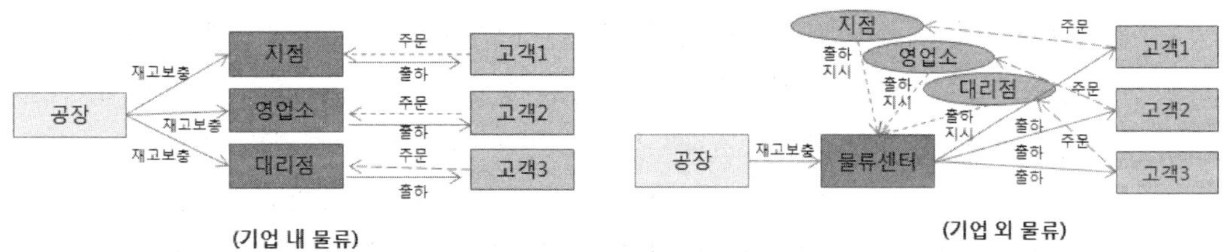


[그림 4-3] 유통과 물류의 차이

② 분리이유

• 유통합리화를 통한 효율성 증대 및 비용의 감소
 - 상류와 물류관계는 「동전의 양면」과도 같다.
 - 상류와 물류는 표리일체의 관계이므로 종래에는 동일경로에서 흐르는 경향.
 - 종래 동일경로 흐름에서 로트(lot)화 화물을 최단경로로 수송하는 물류특성상 복합한 유통경로는 유통물류 합리화에 장애요인으로 작용되어서 분리되었다.
• 고객서비스 향상과 총 물류비용 절감.
 - 대량 수송과 수·배송시간 단축, 재고집약화를 통해 최소 재고목표 달성.
• 상물분리의 경제적 효과
 - 수송거리의 단축과 지점 및 영업소의 수주통합,
 - 트럭 적재물량 향상과 재고관리 및 과부족 해소,
 - 도소매업의 물류활동 감축과 제조업자의 전사적인 물류관리 가능.

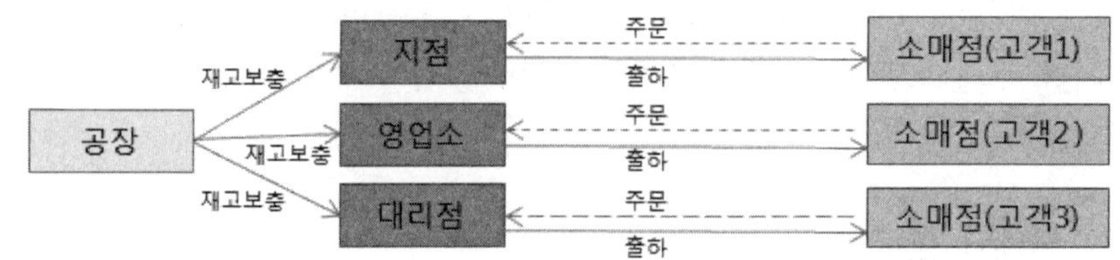


[그림 4-4] 상물분리 실시전의 출하 형태

### (2) 상(商)·물(物) 분리(화)의 원칙

① 상물분리의 형태

- 유통의 양면을 이루는 상적유통(상류)와 물적유통(물류)은 필수적인 요소이다.
  - 상류와 물류는 상호 유기적인 관련을 맺으면서 마케팅의 양면을 이룬다.
- 상류측면에서 유통네트워크 확대는 판매의 확대로 연결된다.
  - 매출액 증대(과거는 매출액 신장에만 주력)
  - 물류 Cost 증대(현대는 매출액 증가율보다 물류비 증가율이 더 높다)
- 물류측면에서 매출증대에 따라 물류비용의 증대현상으로 이어지게 된다.
  - 기업의 고민은 매출액 증가율보다도 물류비 증가율이 더 높은 수치이다.
  - 수송거리의 연장(수송비 증가)과 창고(보관)시설의 확충(보관비 증가)
  - 재고증가 초래(재고비 증가) 등 상품단위당 물류 Cost 증가되고 있다.
- 매출확대는 시장지배력이 향상되지만, 상품단위당 물류비용이 증가된다.
  - 기업의 이익문제를 극복하기 위해 상·물류분리를 분업적으로 시행한다.
- 상품흐름과 거래흐름이 일치하지 않음으로 인해 발생하는 비효율성을 제거
  - 상류경로와 물류경로를 분리 운영하여 이익률 저하방지(물류관리의 중요성)

② 상물분리방법

- 기업경영의 활성화를 위해서는 상류와 물류흐름을 분리시켜야 한다.
  - 상품판매력 강화와 물류관리의 효율화를 위하여 상(商)·물(物) 분리가 중요.
- 대량 수송 및 수·배송 시간의 단축화와 재고의 집약화로 최소 재고화를 달성
  - 고객 서비스를 향상시키고, 총 물류비용을 절감할 목적으로 수행한다.
- 지점과 영업소의 물류활동을 배송센터와 공장 직·배송으로 하는 것이 효과적.
- 양자의 횡적인 연계성은 물류정보시스템 구축으로 충분한 의사소통이 중요.
  - 상류와 물류의 상반된 trade-off현상을 상물분리로 효율성을 제고시킨다.
  - 상(商)·물(物)이 분리되어도 지역별로 영업소의 물류기능을 통합하여, 물류는 물류부서에서 전담하고 상류는 영업부서에서 담당하게 한다.

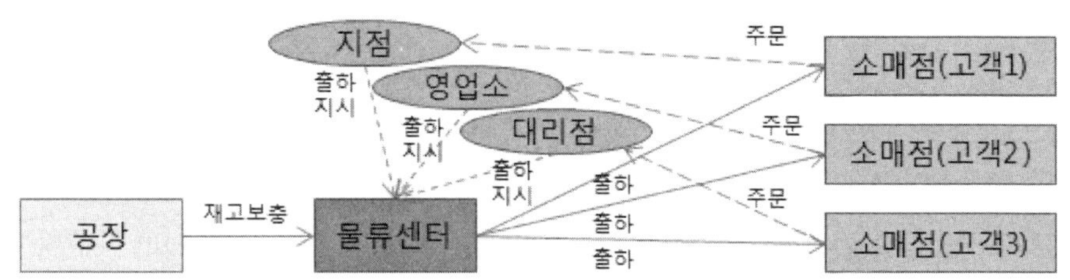


**[그림 4-5] 상물분리이후의 상물통합 시 출하 형태**

③ 상물분리의 경제적 효과

- 수송 경로의 단축(수송비용의 절감)
  - 지점과 영업소를 경유하는 단계통합과 대형차량 이용으로 운임할인 실현.
- 지점, 영업소의 수주 통합(효율적 물류관리와 Lead－Time이 단축)
  - 배송차량의 적재율 향상과 유효기한 이용이 가능.
- 트럭적재율 향상(배송차량의 효율적 운행이 가능)
  - 물류거점의 재고의 편재 및 과부족 해소(Cash&Carry, 재고 관리의 효율화)
- 사무 처리의 경감(전산화 추진이 용이함)
  - 물류거점(물류센터)에서 하역의 기계화, 창고자동화 추진(물류 Cost의 절약)
  - 지점, 영업소의 수주 통합으로 효율적 재고관리(재고 편재 및 과부족 해소)
  - 물류거점의 재고관리단계에서는 재고집약과 재고관리의 철거 등.
- 물류거점에서는 하역의 단축 및 기계화, 창고 자동화(물류Cost 절약)
  - 물류활동을 편리하게 수행할 수 있는 규모를 갖추고 물류합리화 추진.
- 도·소매업의 물류 활동 경감(영업부는 판매 활동에만 전념함)
- 제조업자는 유통경로에서 물류효율화 실현(유통지배와 물류전문화 가능)

④ 불류합리화의 추세

- 과거 : 운송, 보관, 하역, 포장, 유통가공, 정보 등 기능별 물류합리화 관리.
- 향후 : 제반 물류기능을 통합화하여 전체 "물의 흐름"으로 물류합리화 도모.
- 과제 : 제반 물류기능을 합리화한 후 통합물류시스템으로 물류합리화 달성.

### (3) 물류 합리화와 트레이드오프(Trade-Off)

① 개요

- 기업의 물류 합리화는 트레이드오프의 사고방식이 기본이 된다.
  - 트레이드 오프관계는 사실상 기업 활동의 전반에 나타나는 중요한 문제이다.
- 트레이드오프란 "양립이 되지 않는다"와 "일치되지 않는 관계"라는 의미이다.
  - 그러나 물류는 판매부문에 있어서 여러 가지 조건을 전제로 한다.
- 기업경영활동에서 트레이드오프 관계는 물류의 구성요소 등 어디서나 존재한다.
  - 각 기능 간, 내부물류 기능과 타기능간, 기업조직과 기업외부조직 간에 존재.

② 특징

- 물류코스트와 물류서비스 사이에는 엄연히 트레이드오프관계가 있다.
  - trade off란 상품개념과 조건을 결정하므로 상품개발의 기본사고방식이다.
- 상품의 제반 특징에서 한 가지를 중시하고 다른 것을 포기하는 방법이다.
  - 소매업에서는 사용하는 고객입장에서 상품개념과 조건을 결정하는 것이다.
- 트레이드오프는 사외와 사내 등 다양한 요소가 적용된다.
  - 사외요소 : 수요창출(마케팅), 고객만족(기술개발, 제품개발), 이미지(신뢰성), 서비스(적기 적소 A/S), 제품기능 극대화, 제품 회수, 이미지관리.
  - 사내요소 : 경영자 물류마인드, 물류의 위상 정립, 물류교육, 관계사 비용요구.
- Trade off의 해결방안은 기업의 전사적 입장에서 total cost에 접근해야 한다.

③ 물류센터코스트와 배송코스트의 트레이드-오프 관계

- 물류비와 고객서비스와의 trade off
- 주문배송(Order & Delivery)과 Cash & Carry에 관한 트레이드-오프
- 운송비와 재고관리비의 상관관계에 관한 트레이드-오프
- 품질과 비용, 서비스에 관한 트레이드-오프
- 기능별 물류비 사이의 trade off
- 영역별 물류비 사이의 trade off
- 물류기능과 타 기능간의 trade off
- 기업조직과 외부조직간의 trade off
- 기업 내에서 물류기능과 타 기능 간에 트레이드-오프 등이 있다.

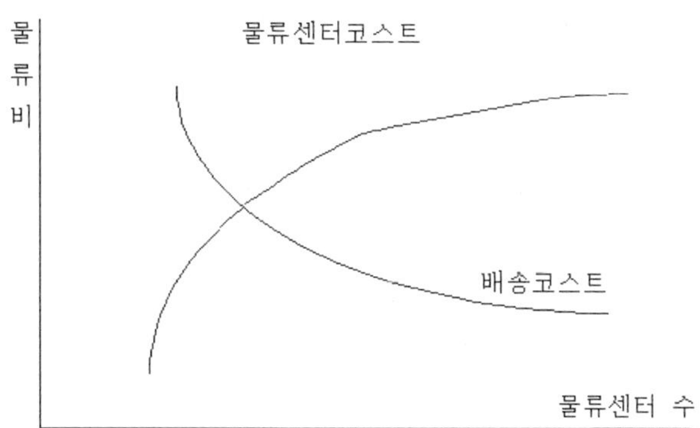


**[그림 4-6] 물류센터코스트와 배송코스트의 트레이드-오프 관계**

## 3) 물류기능별 합리화 목표

### (1) 운송부분

① 배송 시스템의 개념

- 판매자 물류센터에서 영업점까지 단순 배달에서, 최종 소비자에게 제품을 직접 인도, 설치 및 사용법 교육 등을 수행하는 종합 물류서비스의 일부.

**〈표 4-1〉 배송 시스템의 기능**

| 구 분 | 주요 내용 |
|---|---|
| 주문 등록 | 재고 구분, 배달제품 정보, 구입자 정보, 배달요구 일시 수급대행 정보 등을 등록 |
| 출고 처리 | 물류시점 재고, 영업점의 한도 및 미수를 확인하여 자동 출고처리되고, 거래명세를 자동 발행 |
| 택배 관리 | 집수, 출발, 완료시간을 관리하여 진행상태의 파악 용이 |
| 사후 관리 | 협력업체 지급 택배 비용 및 영업점 부담 택배 요금 정보와 택배 사용률, 총매출 대비 점유율 등의 분석정보 제공 |

② 목표

- 수송비용의 절감 : 수송 수단의 선택, 시스템화, 효율화
  - 생산에서 소비에 이르기까지 물류경비절감을 위한 공동화, 표준화
  - 체계적인 운송계획 : 수송시간의 최소화, 주행거리단축 등
- 고객의 서비스 향상 기능
  - 기업측면 : 일정 시간에 상품전달과 생산계획을 목적으로 판매와 생산 조정.

- 경제적 측면 : 지역 간 물품교환, 가격안정과 평준화, 지역적 분업화
- 사회적 측면 : 문명발달의 촉진, 지역 간 및 국가 간 유대 긴밀화

③ 물류환경

- 고객가치 확산으로 유통배송단계의 축소와 고객맞춤형 서비스 강조
- 정보사회의 진전(물류EDI, 추적정보 등)과 시간의 가치 증대
- 소량다품종생산과 재고의 축소와 화주의 운송품질 고도화 요구
- 전자상거래 증가와 운송시장의 경쟁심화
- 글로벌아웃소싱 증가와 물류관리의 아웃소싱 증가
- 보안 및 환경규제(자사상품·고객정보 보안문제, 차량 매연·소음 등) 규제강화

④ 배송시스템의 유형

- 생산자 집약형
  - 하나의 택배 회사가 여러 군데의 생산업체를 거래처로 배송하는 시스템
- 프랜차이즈형
  - 브랜드로 여러 매장에 대한 공동 마케팅의 자체적인 유통망 구축
- 벤더(Vender)형
  - 메이커로부터 상품을 대량 구입하여 판매하는 판매형 도매물류사업.
  - 전산화된 물류체계로 특정한 소매네트워크에 특정상품을 공급하는 회사.
- 택배 전문형
  - 소화물을 송화주의 문전에서 수화주의 문전으로 일관운송을 담당.

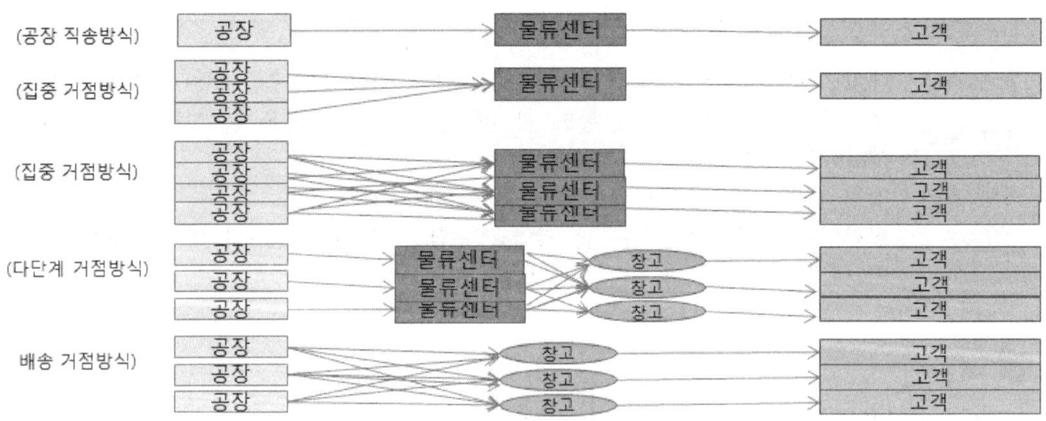


**[그림 4-7] 수·배송 경로의 사례**

⑤ 우리나라 운송시스템의 합리화

- 수송체계의 다변화 및 야간 차량운행의 활성화

- 물류개선을 위한 특수차 개발 및 공로운송 업종의 통합
- 연안운송을 위한 전용부두의 건설 및 복합운송 체계의 지향
- 남북철도의 개통을 통한 철도인입선 및 전용선의 연장
- 컨테이너 전용 정기직행 열차(Block Train)의 도입
- 복합운송체계의 다양성 확보를 위한 글로벌 인프라 구축.

⑥ 배송시스템의 기술사례

- LMR (Land Mobile Radio)
  - 이동차량과 기지국을 안테나를 통하여 중계하는 사설 무선통신시스템
- MCA (Multiple Channel Access)
  - 다수의 이용자가 복수의 통신채널을 공동으로 사용하는 통신방식
- AVM(Automatic Vehicle Monitoring System)
  - 이동통신과 정보처리 기술을 결합한 위치파악으로 고효율의 통신이 가능
  - 이동중계차와 각 지역의 신호송신국, 무선기지국, 배차지령실이 차량파악.

## (2) 하역

① 효율화(능률화)

- 기계화와 자동화로 하역 작업에서 이동거리를 최소화
- 제품의 운반과 움직임을 편리하게 하는 활성화
- 인력에 의한 작업을 기계로 대체하는 기계화
- 사람 손을 거치지 않고 공정과 공정간의 인터페이스 원활화
- 종합적 관점에서 시너지 효과를 극대화하려는 시스템화 등이다.

② 표준화

- 운반도구나 하역도구 등이 제품의 포장단위와 맞아 떨어지게 하는 것.
- 표준화를 위해서는 제품을 일정 단위로 취합하는 것(unitize)이 필요하다.
- 일정 단위로 만들어 제품의 손상, 감모, 분실감소, 수량 확인이 용이하고, 팔레트화(palletization)로 하역작업이 능률적이고 효율적이게 하는 활동.

③ 하역 합리화의 원칙

- 하역경제성의 원칙 : 불필요한 작업을 줄이고 경제적인 하역 횟수로 하역.
- 시간최소화의 원칙 : 하역작업이 이동거리를 최소화 하는 기본적인 원칙.
- 활성화의 원칙 : 관련 작업과 조합하여 전체적으로 활성화를 기하는 원칙.
- 단위화의 원칙 : 화물의 유닛화. 화물손상, 감모, 분실축소, 수량 확인용이.
- 기계화의 원칙 : 인력의 기계화·자동화로 작업의 효율성과 경제성 증가.
- 중력이용의 원칙 : 위에서 아래로 움직이는 것이 용이한 경제적인 원칙.
- 시스템화의 원칙 : 개개의 하역활동을 유기체적인 활동으로 간주한 원칙.

• 인터페이스의 원칙 : 하역작업의 공정 간의 접점을 원활이 소통하는 원칙.

〈표 4-2〉 하역의 종류와 분류

| 구 분 | | 내 용 |
|---|---|---|
| 시설 (장소) | 자가용시설 | 공장, 자가용 창고, 배송센터 등 화물 출하시설, 장소에서 하역 |
| | 사업용시설 | 복합(트럭)터미널, 항만, 공장, 역, 보세창고 |
| 운송수단 | | 트럭 하역, 화차 하역, 선박 하역, 항공기 하역 |
| 화물 형태 | 개별 화물 | 상자, 비닐 등 포장단위별 명칭하역 또는 대형화물 등의 하역 |
| | 유닛로드 | 팔레트 컨테이너 등 유닛화 위한 사용명칭, 집합포장 등의 하역 |
| | 비포장화물 | 분립, 액체 등 운송수단, 화물탑재, 저장설비 직접적재, 입출고 |
| 하역 기기 | 연속운반방식 | 컨테이너 등 |
| | 일괄운송방식 | 지게차 등 |
| | 보조적 기기 | 겹사다리 등 |
| | 시스템화 기기 | 자동분류기 등 |
| | 차량시설 기기 | 도크 레벨러(Dock leveler), 돌리(Doliy) 등 |
| 작업주체 | | 인력하역, 기계하역, 자동하역 |

④ 하역의 기계화

• 하역기계의 필요성
- 인력으로 작업하기 곤란한 중량화물
- 많은 인적 노력이 필요한 화물
- 인력으로 취급하기 곤란한 화물(액체 및 분립체)의 이동
- 인력으로 시간을 맞추기 어려운 화물의 이동
- 시간이 많이 걸리는 장거리 운송화물
- 인적접근이 곤란하거나, 수동화하기 어려운 화물의 이동
- 사람에게 유해하거나 위험한 화물의 이동

• 하역기계화화의 효과
- 인력하역과 팔레트하역을 비교한 결과, 50~80%정도 인력단축의 효과.

트레일러 리프트로드 트랜스포머

[그림 4-8] 공항에서의 선적, 하역 및 환적작업용 장비

⑤ 하역의 보조원칙

- 표준화 원칙 : 표준작업으로 작업수준 향상. 유닛로드화 원칙에 대응.
- 단순화 원칙 : 시설과 관리체계의 단순화로 작업이해를 높이고 효율향상.
- 흐름유지 원칙 : 운반(기계와 설비)의 흐름이 연속적으로 유지되는 원칙.
- 균형흐름 원칙 : 균형적 작업배분과 평준화로 작업부하와 병목현상 방지.
- 설비계획 원칙 : 적절한 레이아웃(기계, 설비, 통로)설계로 하역의 합리화.
- 안전의 원칙 : 하역능률을 향상하여 하역환경의 안전성을 증대하는 원칙.
- 흐름의 원칙 : 작업진행이 병목현상이 없이 연속적 물류흐름 유지원칙.
- 수평직선 원칙 : 직선으로 작업하여 동선낭비와 혼잡운반의 축소원칙.
- 탄력성 원칙 : 하역기기 설비를 다양한 용도로 탄력적인 운영의 원칙.
- 운반속도 원칙 : 불필요한 중량, 용적발생 없는 대포장, 내용물낭비 제거.
- 최소취급 원칙 : 하역작업에 불필요한 물품의 취급을 최소화하는 원칙.
- 공간 활용원칙 : 하역장소의 평면적인 공간이용과 입체적인 공간의 활용.
- 사중체감 원칙 : 有賃하중에 대한 死重비율을 줄여서 운임효율을 향상.
- 예방정비 원칙 : 작업도중 고장 방지하는 물류설비·운반하역기기 정비.
- 폐기 원칙 : 물류설비와 운반하역기기를 내용년수 별로 폐기하는 원칙.

## 2 물류 표준화(Physical Distribution Standard)

### 1) 개 요

#### (1) 기본개념

① 정의

- 이익목표 실정과 물류기능과 실비와 기기 등을 규격화하는 물류합리화 작업.
  - 단계별 취급단위·제품규격·기기·용기·서비스·무게·가격·설비 등이 해당된다.
- 물류기능과 취급단위를 통일시켜 호환성과 연계성을 확보하는 조직 활동.
  - 포장치수, 운반, 하역설비, 기기의 규격·재질·강도 등 구조, 관계 서류형식
- 특정업무 능률향상과 효율극대화 위해 자재 등 종류, 규격제한, 통일하는 것.
  - 공통작업도구와 절차로 최고성과의 달성방법을 일련의 공정을 만드는 것.
- 우리나라는 기계화, 자동화, 일관수송 위한 물류시설과 장비표준화가 미미.
  - 일괄수송용 팔레트중심 유닛로드시스템(unit road system)이 시급한 과제.

② 물류표준화의 3원칙

- 단순화(simplification) : 복잡한 부분을 생략하고 단순형상으로 정리하는 것
- 표준화(standardization) : 형상, 치수 등의 표준으로 호환성을 높이는 것
- 규격화(standardization) : 산업제품의 품질치수를 규격에 맞추어 통일.

③ 필요성

- 물류의 일관성과 경제성을 확보
  - 유가·인건비 상승 및 교통체증의 심화로 물류시설과 장비의 이용효율 요구
  - 새로운 기술·소재, 공장자동화, 하역·보관의 기계화·자동화, 수·배송 합리화.
- 물류활동의 효율성 제고와 물류비용의 절감노력
  - 기계화·자동화로 운송장비 회전율, 운행시간 증대, 보관시설 적채효율 향상
  - 물류 흐름속도 증가, 하역작업 기계화로 일손부족 해결.
  - 물류장비, 시설 공동이용 등 물류생산성 획기적 향상(호환성 확보)
- 국제환경에 대등하는 국제표준화(ISO)에 연계
  - 국가에 의한 표준화규격의 설정(물류표준화)과 기업규격의 선도적인 역할
  - 수송에서 일정 로트(lot)로 묶어 단위화·규격화로 기계·하역·수송·보관방식.

④ 물류표준화의 목적

- 물류표준화는 물류시스템화를 통해 물류활동에 공통의 기준을 부여한다.
  - 단순화(Simplification), 규격화(Standardiza- tion), 전문화(Specialization)
- 물류단계별 기기, 용기, 설비의 호환성과 연계성으로 전체 효율성을 제고함.
  - 공통언어 설정과 인터페이스의 정합성 또는 호환성.
  - 다양성과 조정능력, 품질의 명확화로 소비자이익의 보호기준을 제시.
- 고도 산업사회에 대응하는 선진 물류체계 구축으로 국가경쟁기반을 강화함.
  - 물류활동의 효율화와 화물유통의 원활화
  - 수급의 합리화와 물류비용의 저렴화

### (2) 정부의 물류표준화 사업

① 사업배경

- 물류산업은 생산판매활동의 다양화·고도화가 빠르게 진행되고 있다.
  - 소량화, 다빈도, 단기 납품화 등이 요구되면서 물류비용이 상승되고 있다.
- 정부대책은 물류효율화 대책의 하나로 표준화의 중요성을 강조하고 있다.
  - 1993년부터 물류효율화원활화를 위해 산업표준화 제도가 마련되었다.
  - 기존의 KS를 포함하여 '산업표준화제도' '산업표준화법'이 제정되었다.
  - 대상범위는 제품/서비스 등 용어, 기호, 품질, 성능, 안정성, 평가방법 등.

② 물류 표준화 구성내용

- 물류체계 하드웨어와 소프트웨어 등 서브시스템의 일관표준화를 의미한다.
- 기기간과 정보시스템접속에 필요한 표준화, 자동화 등 개별규격 제정이 필요.
- 기기간의 접속 : 자동창고, 자동분류기, 컨베이어 등의 일관방식과 공통방식.
- 정보시스템 접속 : 통일전표, 공통 상품코드 등의 통합형대의 업무표준화.
- 개별규격 제정 및 재검토 : 수송, 보관단위, 팔레트, 랙의 표준화방식 제정.

③ 목적

- 물류의 일관성과 경제성 확보 및 물류비용의 절감
- 신기술과 신소재 도입 및 공장자동화
- 하역보관의 기계화·자동화
- 수배송의 효율화 및 물류활동의 효율성 제고

④ 물류 표준화의 의의

- 사용기기와 용기, 설비의 규격화로 호환성, 연계성(Unit Coad System) 구축
  - 설비 규격 치수제원 등과 주요 대상은 포장용기, 랙, 트럭적재함 등.
- 물류기능 및 단계별 물동량의 취급단위 표준화와 규격화, 통일시키는 것
  - 포장, 하역, 보관 수송 및 정보와 기기, 용기, 설비 등의 강도나 재질 등.
- 물류표준화가 팔레트 풀 시스템(Pallet Pool System)[1] 활성화에 크게 기여함.
  - 운송, 보관, 하역, 포장 정보 등 물동량 취급단위 표준화, 규격화기준 정함.

⑤ 물류표준화의 효과

- 물류비용 절감, 국가경쟁력 강화, 공동화 추구, 일관물류체계 가능
- 기기의 표준화, 자원과 에너지 절약, 소비자 서비스 향상.
- 작업기계화·자동화·표준화를 통한 물류채산성 향상과 자원 및 에너지절약.
- 호환성 증대, 물류전문업체 및 공동화로 물류공동화 및 일관물류체계 실현
- 공정이 단순화, 물류비절감, 제품파손방지 등 효율성 향상으로 경쟁력 강화.
- 소량물품, 벌크화물, 유닛로드화물 등 물품유통난위와로 물류서비스의 향상.

### (3) 추진 방향

① 방향

- 물류표준화는 일관팔레트를 위한 유닛로드시스템(Unit Load System)이 시급
  - 유가·인건비 상승과 시설·장비의 효율성 향상과 호환성확보가 중요한 과제.
- 단일화물(Unit-Load)화하여 처리되도록 시설·장비 표준화하는 System 구축
  - 표준팔레트치수(가로1,100㎜×세로1,100㎜)를 Unit Load치수로 정한다.

---

1) 팰리타이제이션의 문제점인 공팰릿의 회수난을 해결하기 위한 시스템으로서, 팰릿을 공용재로 하고 도착지에서 공팰릿을 다른 하주업자가 이용하는 방법이다.

- 물류시설·장비 규격에는 동 치수의 배수화가 되도록 물류모듈을 설정한다.
- 제품의 포장규격에는 동일한 치수가 되도록 포장모듈을 설정, 정합성을 확보.
- 자동화도입에서 무엇보다도 제품과 부품종류의 축소와 단순화가 필요하다.
  - 기계의 취급이 단순화되어야 자동화를 위한 표준화작업이 용이하다.
- 표준화효과의 향상을 위해서는 전체의 최적화와 일관성, 전체성이 요구된다.
  - 연관성 없이 개발이 진행된 각 분야의 연결접점을 조화롭게 결합시킨다.
  - 한 번 정착된 시스템변경은 대단히 곤란하므로 향후 상황을 고려해야 한다.

**단위적재시스템(單位積載-, Unit Load System)**

- 수송능률의 향상과 수익성 증대를 위한 일괄수송방식으로, 배송효율의 혁신방법이다.
  - 컨테이너나 팔레트를 사용, 화물형태가 변형되지 않는 효율적인 방법의 수송체계다.
- 화물은 표준단위에 미리 정해 두고 기계화로 하역 수송해서 운반하는 시스템을 말한다.
  - 화물유닛화, 하역기계화, 화물기지 정비, 타 수송기관과 협동하는 일괄수송이 필요.
- 하물유통활동에서 팔레트나 컨테이너표준단위를 정하고 기계화된 수송·보관시스템이다.
  - 일정 표준규격(중량, 부피), 단위(꾸러미, 유닛)로 묶어 기계적인 일괄수송·보관방법.
- 일관시스템 확립을 위해서 수송·보관·통신네트워크가 종합시스템으로 작용하여야 한다.
  - 파손방지위한 유닛규모 적정화, 유닛만들기와 해체의 원활화, 협동수송체제 시스템구축.
- 체인스토어는 트레이러리제이션, 콘테이너리제이션, 로울박스 팔레트시스템체계가 있다.
  - 도시물류는 소형 컨테이너가 점포백룸대신 슈퍼마켓 그로서리나 잡화배송에 활용된다.
  - 화물 단위화, 하역 기계화, 화물기지 정비, 타 수송기관 협동으로 비용절감이 가능하다.
  - 수송의 안전성 향상, 고객신뢰 증진, 유닛로드시스템에 알맞은 제품개발이 달성된다.

② 대상

- 물류표준화는 물류활동에서 효율성을 증가시키고 있다.
- 물류표준화의 대상은 물류활동 전체라고 할 수 있다.
- 스마트시대로 진화되면서 기업들은 급격한 환경변화와 불확실성에 직면했다.
- IT기술과 무선통신기기를 이용한 웹기반 응용프로그램과 RFID 응용기술 개발.
  - 우편, 택배, 운송, 보안 등에 GPS기능이 내장된 무선기기를 활용한 사업지원.
  - 항만-물류거점-배후도시 간 고도의 물류기술과 전문 정보기술 인력들이 지원.
- 농산물 물류표준화, 하역기계화는 경쟁력 강화와 유통비용 절감하는 노력이다.
- 소비자 욕구변화에 따라 다빈도 소량배송 등 소비패턴이 변화되고 있다.
  - 화물의 수·배송, 보관, 포장, 하역, 정보, 기반시설 등 전반적인 표준화 달성.

〈표 4-3〉 물류표준화 대상

| 분 야 | | 표준화 대상 |
|---|---|---|
| 수·배송 | 화물트럭, 기차, 선박, 항공기 | - 트럭 적재함 너비 및 길이, 높이, 팔레트, 컨테이너,<br>- 화차문, 운전 조직(스위치, 등의 위치와 조작방법) |
| 보 관 | 창고, 물류센터 | - 보관랙, 팔레트, 하역 시설 |
| 포 장 | 수송용 외포장 | - 포장 치수, 중량, 라벨 표시, 플라스틱 포장재 검토 등 |
| 하 역 | 물류기기 및 용기 | - 팔레트, 컨테이너, 화차, 지게차, 컨베이어, 크레인, 팔레타이저, 무인반송차의 주요 재원 및 강도·치수 표시 등 |
| 정 보 | 물류정보 시스템 | - EDI, 바코드, POS 정보기기, 코드체계(바코드, 소스마킹) |
| 기반시설 | 도로, 철도, 항만, 공항터미널, 트럭터미널, 기차화물역 | - 하역설비 및 장비 |
| 기 타 | | - 물류양식, 물류용어, 물동량 거래단위 등 |

③ 전제조건

- 국제 표준화기구(ISO)의 표준화 원리
  - 단순화의 원리 : 복잡화 예방
  - 관련자 합의의 원리 : 상호 협력
  - 다수 이익의 원리 : 소수의 희생 감수
  - 고정의 원리 : 일정기간 계속성
  - 진보의 원리 : 개정(일정 간격)
  - 객관성의 원리 : 제품 시험방법
  - 보편타당성의 원리 : 법률, 정세, 문화 등
- 물류표준규격의 보급과 확대
  - 필레드, 각 컨테이너류, 유닛로드 치수 등의 KS화에 의한 효율적인 일관수송
  - 운반기계기구 보관설비 등의 KS화에 의한 물류표준화 안전성 확보
- 국가물류표준 종합시스템 개발
  - 정보시스템을 이용하여 물류활동을 유기적으로 제휴시킨 종합물류시스템 도입
  - 일관수송중심의 물류표준체계 확립 및 국가물류절감을 위한 표준화 모델 구축

## (4) 농산물 물류 표준화사업

① 개요

- 유통단계에 지게차, 광폭차량, 컨테이너 등 농산물유통 표준화와 물류기계화
- 팔레트, 플라스틱상자, 컨테이너 등 물류기기 이용, 규격화 및 하역기계화.

- 물류센터, 가공센터, 창고시설, 화물적재함 등 관련시설과 장비간 적합성 확보
- 팔레트 화물 적재기준 등 물류표준화를 위한 관련 규격의 정비

② 중점분야

- ULS 구축 : 산지유통센터(포장센터)는 규격, 포장화, 대량출하, 하역기계화.
- 물류시설, 장비표준화 : 단일화물화로 처리되도록 시설· 장비를 표준화.
- Unit Load 구축 : 물류 정합화, 표준화, 기계화, 집단화, 공동화, 첨단화 추진
- 물류정보시스템 표준화 : 일관물류체제 구축과정을 표준화, 투명한 공개체계.

〈표 4-4〉 물류 표준화 추진대상

| 대 상 | 구체적 내용 |
|---|---|
| 물류일반 | 유니트 로드 시스템 |
| 팔레트 | 강도, 치수 |
| 컨테이너 | 운반상자 |
| 물류정보시스템 | 일관물류체제 구축과정을 표준화, 투명한 공개체계 |

- Palletization : 상품을 Pallet부대에 적재, 기계로 하역·수송·보관하는 방법.
- Containerization : 각종 Container에 상품적재, 하역·수송·보관하는 방법.

## 2) 물류표준화의 대상

### (1) 물류모듈(Physical Distribution Module)화

① 정의

- 물류시스템을 구성하는 각종요소 규격과 치수에 관한 기준척도와 대칭계열[2)]
  - 물류설비(시설, 장비) 규격·치수가 일정배수나 분할관계로 조합된 집합체이다.
- 단위적재별 트럭, 철도화차, 컨테이너, 선적을 위한 운송장비, 시설, 물류설비, 규격, 보관용기, 시설 등 치수 및 사양에 관한 일정 배수나 분할관계의 집합체.

② 물류모듈의 적용

- 물류모듈화는 뉴닛로드에서 시작하고 시스템의 근간은 물류모듈이다.
  - 기본단위 : Plan view Unit load size(1,140X1,140 : 최대 허용오차는 -40)
- ISO표준팔레트규격
  - 유럽(1,200 × 800)
  - 미국(1,200 × 1,000, 48' × 40')

2) 네이버, 물류관리론, 작성자 박용제, 2006.

- 일본(1,140 × 1,140)
- 우리나라 : 1,100 × 1, 100 × 144
- 배수계열 : 컨테이너내부치수, 화물트럭적재함, 랙규격, 천정높이, 기둥간격.
- 컨테이너내부치수2,330mm : 20'20매(2열 × 5매 × 2단), 40'40매(2열 × 10매 × 2단)
- 화물트럭적재함 : 8톤 2,340 × 7,300, 11톤 2,340 × 9,100
  → 8톤 12매(2열 × 6매), 11톤 16매(2열 × 8매)
- 분할포장 묘듈 : 일관수송용 팔레트규격(1,100X1,100)을 정수로 분할한 수치

③ 물류모듈화의 추진단계 : 포장모듈화 → 운송모듈화, 보관모듈화, 하역모듈화
- 포장모듈화 : 포장치수의 모듈화(개장치수, 외장치수 → 포장모듈화치수)
- 운송모듈화 : 운송단위의 모듈화(트럭, 화차, 컨테이너)
- 보관모듈화 : 보관단위의 모듈화(창고, 물류센터)
- 하역모듈화 : 하역설비의 모듈화(하역시설, 장비, 기기, 용기)

### (2) 필레트(palletization)화

① 팔레트 정의
- 일정 단위의 화물운송용 받침대
  - 화물 하역, 운송, 보관, 대차운송, 상품 입고, 저장, 취급, 배송 효율화를 위함.
  - 컨테이너와 더불어 단위적재시스템의 핵심기구이다.
  - 지게차, 크레인 등 운송이 용이하게 할 목적으로 포크(fork)부분이 있다.
- 팔레트 운송(pallet transportation)
  - 물품이 팔레트위에 적재된 상태로 운송되는 것을 말한다.
  - 물적 유통의 합리화와 운송효과를 획기적으로 기대할 수 있는 운송방법.
- 목적
  - 물류관리의 효율성 및 물류정보시스템 구축의 강화
  - 포장 간소화, 포장비·보험료 절감, 작업·운송시간 단축, 능률향상, 손상 감소 등

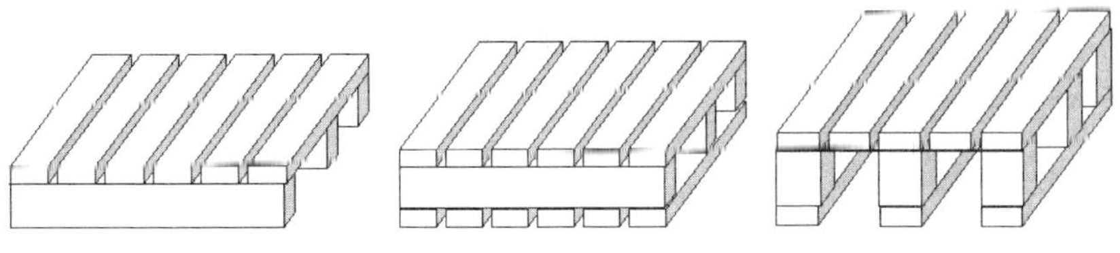


[그림 4-9] 팔레트의 종류

② 팔레트를 사용할 때의 이점

- 하역 노력을 줄이고 시간을 단축할 수 있다.
- 높이 쌓을 수 있어 적재효율을 높이고 기계화가 가능하다.
- 이동, 정리정돈, 시스템화, 보관 및 장소관리가 쉽다.
- 표준화 및 규격화, 제품의 검수가 쉽다.
- 다품종·대량 취급이 쉽다.
- 파손, 오손, 분실, 혼합을 방지하는 등 물품보호가 쉽다.

③ 팔레트의 종류(평 팔레트, 박스 팔레트, 포스트 팔레트 등).

㉠ 평 팔레트 : 한쪽 면을 사용하는 것과 양쪽 면을 사용. 가장 많이 사용한다.

㉡ 박스 팔레트 : 평 팔레트 위에 상자를 올려놓은 형태. 세트상품, 결합상품 등.

- 공장부품의 이송, 배송센터에서 소매점까지 트럭의 수송용 등.
- 박스주위를 철망으로 엮거나, 동관, 고정식, 구부린 형태 등.
- 가격이 비싸고 무겁고 적재량이 많지 않는 단점이 노출됨.

㉢ 포스트팔레트 : 팔레트 4개 모서리에 기둥 부착, 위에서 힘을 가해도 지탱함.

- 포스트는 고정되어 있는 것, 구부릴 수 있는 것 등이 있음.

㉣ 팔레트 종류와 크기 결정시 고려사항

- 적재품목의 크기와 무게
- 사용할 팔레트의 회수여부
- 빈 팔레트의 적재시의 공간
- 수송 장비의 크기 등

④ 특징

㉠ 표준 팔레트(standard pallet)

- KS 표시규격 팔레트 중 1973년 정부가 지정한 1,100×1,100mm(T-11)와 포장규격의 일관운송용 평 팔레트(KS 2155-1973)를 말한다.
- 재질 : 플라스틱(Plastic).
- 사이즈 : 1,100㎜(W) * 1100㎜(L) * 150㎜(H).
- 단위 보관 하중 : 1,000kg / 개(Pallet 중량 포함)로 표기.

㉡ ISO(국제표준화기구)의 국제 팔레트 규격

- 1200×800㎜ : 유럽 18개국이 공동으로 운영하는 EURO규격.
  - 유럽 각국이 ISO규격으로 채택, 해상용 컨테이너에는 사용이 불가능한 규격.
- 1200×1,000㎜ : 독일과 네덜란드가 사용하던 규격.
  현재는 이들 국가도 1200×800㎜ 규격의 EURO 팔레트로 전환.
- 1140×1140㎜(1100×1100㎜) : 해상용 컨테이너를 많이 사용하는 국가규격.
  - 유럽 국가들의 반대로 1989년에야 채택된 규격.

- 일본이나 한국은 1100×1100㎜의 규격을 국가 표준팔레트로 채택.
- 대형 트럭의 적재함에도 적합한 규격이다.

• 48〃×40〃 : 1995년도에 미국의 주장으로 삽입된 미국국가의 규격.

- 1,200×1,000mm와 비슷하지만 미국이외는 사용하지 않는다.

⑤ 사용분야

㉠ 대형마트 : 앤드(End)진열시 랙 곤돌라 팔레트, 재고비용과 인건비 절감, 대량진열로 저렴한 가격효과와 풍성한 점포 이미지관리 효과.

㉡ 물류센터 : 편면 사용형 EPT TRUCK(전동 팔레트트럭)의 TIP FORK. 팔레트밑면 구멍 뚫린 부분 구름바퀴 지지한 팔레트 운반타입.

### (3) 컨테이너(containerization)화

① 개요

• 화물을 능률적이고 경제적으로 수송하기 위해 사용하는 상자형태 용기.
• 수송도중에서 짐을 갈아 싣는 일없이 용이하게 운송할 수 있게 특별히 설계
• 상품취급을 쉽게할 수 있는 장치와 제품 입출고가 쉽도록 설계
• 국제표준화기구(ISO)는 프레이트 컨테이너(freight container),
  - 미국규격협회(ANSI)는 카고 컨테이너(cargo container)라고 사용.

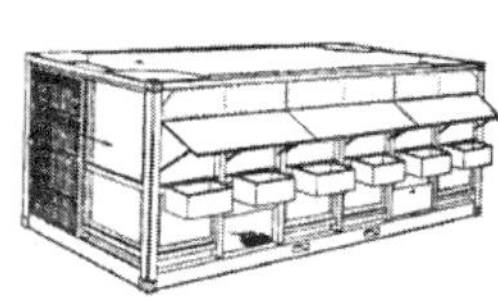
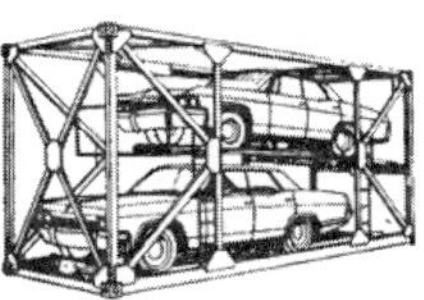

[그림 4-10] 컨테이너 종류

② 컨테이너 종류

• 소형은 주로 국내용, 중형과 대형은 해상컨테이너로 이용

㉠ 소형 : 내용적이 1m2미만 또는 전체 중량이 1톤이상 5톤 미만인 것

㉡ 중형 : 내용적이 1m2이상 또는 전체 중량이 1톤이상 5톤 미만인 것

㉢ 대형 : 전체 중량이 5톤이상

③ 우리나라 역사

㉠ 개요

• 컨테이너 수송이 오래 전부터 시작되었으나, 주로 자동차 수송에 의존.
• 철도는 1969년부터 소형 컨테이너수송이 부분 시작되었지만 비체계 형태.
• 1972년 9월 18일 해상 컨테이너 취급규칙 마련, 컨테이너 수송시대 개막.

• 1982년 5개 왕복 컨테이너 전용열차를 운행, 국내외간 수송체제를 갖춤.

ⓛ 현황

• 한국에 출입하는 컨테이너수의 10% 정도만 철도로 수송

• 해상 컨테이너는 선박으로 국제간 운송하는 선박회사소유 대형 수송용구

• 한국의 해상 컨테이너는 ISO 규격에 의해 그 종류 및 제원(諸元)이 정해짐

④ 특징

• 내구성과 반복이용에 매우 적합한 강도를 지니고 있다.

• 사용 재료 : 목재·합판·강철·알루미늄·경합금·섬유강화플라스틱(FRP) 등.

• 취급화물 종류 : 일반용·액체용·자동차용 ·냉동용·보온용 등 다양하다.

• 크기 : 수송차량이나 용도에 따라 다양하다.

⑤ 장점

• 일반잡화, 특수화물을 외부포장 없이 용이하게 수송하여 시간·비용 절감.

• 화물파손·분실·도난 등 수송 중의 사고방지.

• 화차·자동차·선박 등 적하가 인력노동대신에 기계화되어 하역작업도 단축된다.

⑥ 의의

• 자동차·선박·철도·항공기 등 취급, 자동차와 철도, 선박은 특수운송.

- 컨테이너리제이션(containerization) : 육·해·공 컨테이너일관 수송체계.

• 화물을 문에서 문까지, 형태의 변경 없이 운송할 수 있다는 데 큰 의의.

- 목적달성을 위하여 컨테이너 터미널의 특정한 장소적설비가 필요하다.

• 장소는 상이한 수송기관과의 접속위해 신속하고 효율적인 조건이 전제.

- 컨테이너 터미널은 육상과 해상연계수송과 연계된 항구 앞에 위치함.

- 하역작업과 각종 장비관리보관에 필요충분 시설과 조직이 있어야 한다.

• 육상수송과 해상수송의 균형유지를 위한 신속한 컨테이너 처리기능 능력.

⑦ 운송방식

• 도로에 의한 컨테이너 운송방식

- 세미트레일러방식(Semi-Trailer Combination)

* 1대의 세미트렉트에 1대의 세미트렉트를 연결한 형태.

* 트랙터에 트레일러 차체의 밑면 앞부분에 킹판을 결합시키는 방식.

* 트레일러에 컨테이너를 적재·양륙사이 트랙터는 다른 컨테이너 운송.

- 풀 트레일러방식(Full Trailer Combination)

* 트랙터와 화차가 붙은 Full Tractor와 바퀴가 달린 Full Trailer를 연결형태.

* 목적지가 다른 화물을 트랙터와 트레일러에 분할적재하고 도중 분리가능.

(좌)세미트레일러방식(Semi-Trailer Combination)과 (우)풀 트레일러방식(Full Trailer Combination)

- 포올 트레일러방식(Pole Trailer Combination)
  * 장척화물 운송을 위해 화물앞뒤 끝부분을 트랙터와 폴 트레일러하대에 지탱시키는 방식.
- 다중결합방식(Double/Triple Botton Trailer Combination)
  * 1대의 트랙터에 2이상의 트레일러를 연결한 형태.
  * 미국이나 유럽의 고속도로에서 도시간에 컨테이너로 운행되는 형태.
  * Double : 2대의 트레일러 연결, Triple : 3대의 트레일러 연결.

Pole Trailer Combination) Double Bottom Trailer Combination Triple Bottom Trailer Combination

• 철도에 의한 컨테이너 운송방식
- 레일카 서비스(Rail Car Service) : Box Car, Hopper Car, Gondola Car.
  * 각종 철도차량을 전기 또는 디젤기관차에 직접 연결하여 화물운송방식.
- 피기식 방식(Piggy back Service)
  * 트레일러나 컨테이너를 철도무게화차(flat car)위에 적재하는 운송방식.
  * 화차적재를 돼지의 등에 적재한 것에 비유한 용어 : TOFC, COFC.

(상)레일카 서비스(Rail Car Service) (하)피기식 방식(Piggy back Service)

- 이단적열차(DST:Double Stack Train) : COFC방식에서만 가능
  * 철도화차위에 컨테이너를 2단 적재, 운송량을 배가시킨 혁신적 운송방식.
- 철도/도로겸용시스템(Bimodal System)
  * 철도차륜 및 도로주행용 타이어겸비차량을 이용하는 철도/도로겸용시스템.
  * 철도에서는 화차로, 도로에서는 트레일러로 전환하여 사용할 수 있다.
  * Road railer사가 개발했다.

이단적열차(DST : Double Stack Train)와 철도/도로겸용시스템(Bimodal System : Roadrailer)

• 컨테이너선박 운송방식

- 선형

  * 혼재선 : 재래선 갑판이나 선창에 컨테이너와 일반잡화를 혼재하는 선박.
  * 분재선 : 재래선선창 중앙부분 또는 갑판에 컨테이너적재 전용장치 선박.
  * 전용선 : 갑판 및 선창이 컨테이너만을 전용으로 적재한 설계 선박.
  * 바지운반선 : 컨테이너나 일반화물적재 무동력선을 예선하여 바지자체를 본선 적재 또는 양륙하도록 바지하역용 크레인장비를 갖춘 선박.

- 하역장비

  * 크레인 장착형 : 본선갑판자체 컨테이너하역용 갠트리 크레인 장착선박.
  * 크레인 미장착형 : 본선상 자체컨테이너하역용 갠트리 크레인 없는 선박.

- 하역방식

  * LO/LO선(Lift on/Lift off Ship) : 본선이나 육상 갠트리 크레인으로 컨테이너를 수직으로 들어 올려 적재하거나 수직으로 올려 양륙하는 방식.
  * RO/RO선(Roll on/Roll off Ship) : 선수, 선미(선측) 경사판을 통하여 트랙터나 지게차 등에 의하여 굴러서 적재 또는 양륙하는 방식.
  * FO/FO선(Float on/Float off; LASH) : 컨테이너나 일반화물이 적재된 무동력선을 본선상의 크레인으로 바지 자체를 적재 또는 양륙하는 방식

⑧ 컨테이너 터미널의 분류

• 항만 터미널

- 부두에 위치한 터미널.
  * 해상과 육상운송이 접속되어 일관수송에 편리한 장소이어야 한다.
- 컨터이너선의 안전한 항해, 착안, 본선하역, 하역준비 등이 수행되는 곳이다.
  * 하역작업상 대량컨테이너화물을 효율적으로 신속하게 취급할 수 있어야 한다.

• 내륙컨테이너기지 (Inland Clearance/Container Depot : ICD)

- 내륙에 미 통관으로 설치된 컨테이너 통관기지(내륙데포, Inland Dry Port).

* 공적기구의 지위, 공정설비를 갖춘 항공 혹은 공항이 아닌 공용내륙시설.
- 항만 또는 공항이 아닌 내륙시설로서 고정설비를 갖춘 시설.
* 여러 내륙운송수단에 의해 미 통관상태에서 이송된 여러 종류 일시저장방식.
* 세관통제로 취급에 대한 서비스 제공, 수출 및 연계운송을 위함이다.
* 일시 장치, 보관, 상륙, 제수출 등을 담당하는 대리인이 있는 지역이다.

(주요 기능)
- 규모의 경제에 의한 운송비 절감
* 화물의 출발지와 목적지가 다른 소량화물을 혼재하여 만재화물로 운송한다.

(주요 기능)
- 화물분배의 경제성제고
* 공업지역과 상업지역에 있어 화물처리와 통관이 화주의 항만인근에서 수행.

(주요 기능)
- 교통량유발의 감소 및 운송경비의 절감
* 내륙운송거점에 일시로 장치되었다가 다른 수출화주의 문전으로 운송됨.
* 교통량유발 감소와 운송경비 절감을 도모.

• 내륙데포(內陸-, Inland Depot)
- 내륙보세장지장과 같은 부두지구이외 설치된 Container Freight Station이다.
* 화물을 분류하여 컨테이너에 적입시키고 컨테이너터미널까지 통합 운송한다.
- 컨테이너화물이 능률적인 수송을 위한 CFS를 포함한 내륙컨테이너집적장소.
* 수송, 통관, 집배, 인수, 인도, 공 컨테이너 회수, 일시보관, 점검, 수리 행함.

• 공공 터미널(Public Terminal)
- 본선화물 선적과 양륙기간에만 안벽, 크레인, 일정한 보관처를 임대한 터미널.
- 공공터미널은 정박시간이 짧은 선사의 컨테이너선이 있는 항구에서 많이 이용.
* 터미널요금방식은 항만시설과 기기를 항만관리자가 항만효율에 따라 부과한다.
- 양륙한 컨테이너는 수일 이내에 일괄하여 내륙에 있는 자신의 CY에 반입한다.
* 선적할 컨테이너는 본선입항 수일 전에 CY로부터 보관처에 반입하여 대기함.

• 전용 임대 터미널(Exclusive Terminal)

- 선박회사, 항만하역회사가 국가 또는 항만관리자로부터 안벽과 인접하는 위치.
  * 일정기간(10년에서 30년) 차용하여 개인 컨테이너터미널(CY)을 설치한다.
- 세계적인 터미널은 거의 전용임대터미널방식을 도입하고 있다.
  * 전용임대터미널의 경우, 선박회사는 자유로이 안벽사용의 우선권을 얻는다.
- 자기의 전체 시스템에서 가장 적합한 시스템을 선정하여 터미널을 운영한다.
  * 운항효율성 향상과 터미널운영시스템, 화물정보시스템, 화물수도의 점검방법 등

### (4) 팔레트 풀 시스템(Pallet Pool System)

① 정의

• 팔레트 규격과 척도를 표준화하여 이를 상호 교환 사용하여 합리화 지원.
• 표준화된 팔레트로 여러 화주 물류업자들이 공동팔레트를 이용하는 제도.
• 화물의 이송, 보관, 관리에 대한 시스템적 운영으로 선진 물류시스템 달성.
• 팔레트 규격·치수 표준화로 팔레트 풀 조직이 납품, 회수관리, 수리를 담당.

② 역사

• 기원 : 1940년경 미국에서 처음으로 개발, 세계 각국에 보급되기 시작.
• 초기는 공장 등의 사업소 구내에서 운반합리화의 수단으로 발전.
• 포크리프트 개발, 발송에서 도착까지 일관수송 일관 팔레트 도입.
• 하나단위로 하여 문전에서 문전(door to door)으로 일관 팔레트화.

③ 도입의 필요성

• 물류일관요소의 표준화 촉진 및 일관 팔레트화의 실현
• 전제적인 팔레트 수량이 줄어들어 사회자본이 줄어든다.

④ 도입의 선결 조건

• 전국적인 팔레트 집배망 배치
• 팔레트 규격의 표준화 및 통일화를 통한 대량보유와 대여체계
• 표준 팔레트에 대한 전문적인 회수체계 구축
• 화물의 붕괴 방지대책 및 지역적, 계절적 팔레트 수요 조성

⑤ 장·단점

• 장점

- 공 팔레트의 보관·처리 등 관리문제 해결(팔레트회수에 대한 노력의 불필요)
- 팔레트 수요와 공급에 따라 수급파동의 조정으로 수요의 탄력성.
- 포장의 표준화에 의해 포장비의 절약.
- 수송수단의 대기시간의 단축 및 검품작업의 간편화.
- 하역 단순화에 의한 시간과 노력의 절감.

- 화물파손의 감소 등 물리적, 경제적 양면에서 효과.
- 단점
  - 컨테이너 팔레트비용의 추가 부담.
  - 팔레트자체의 부피로 인한 적재효율의 감소.
  - 신규 하역기계의 추가 및 지게차운전을 위한 넓은 야적장이 필요
  - 유통의 다단계와 물류시설의 미비
  - 상품규격과 팔레트 규격의 불일치
  - 유통의 폐쇄성과 공공성 결여

⑥ 운영방식

- 즉시교환방식 : 유럽의 실행방식.
  - 송하인이 국철로 화물송달경우, 동일 팔레트 수의 공 팔레트 반납제도.
  - 사후대손결제, 교환팔레트 치수와 품질차이, 교환팔레트 보유문제.
- 리스방식 : 호주에서 처음 사용한 렌탈방식.
  - 미국, 케나다, 일본, 우리나라 사용.
  - 송하인은 팔레트를 보유하지 않고 수시 대여하여 반납.
  - 교환방식에 비하여 필요한 팔레트 수를 줄이게 된다.
- 교환리스병용방식 : 렌탈과 교환방식을 함께 사용하는 방식.
  - 영국에서 개발되었으나, 실제 사용하지 않음.

## 3 국내 물류표준화(物流標準化) 방향

### 1) 개 요

#### (1) 현 황

① 산업표준화법(産業標準化法, 1993년) 제정

- 광·공입품 또는 가공기술공곡에 적용한다.
  - 거래의 단순·공정화와 소비합리화로 산업경쟁력 향상, 국민경제발전이 목적.
- 적정하고 합리적인 표준제정으로 서비스 향상, 생산효율 향상, 생산기술 혁신.
- 산업표준화법 의해 공업진흥청장 산업표준제정(한국공업규격)
  - 결정과 규격에 맞는 표시허가 받아 제품용기, 선전용 인쇄물에 [KS]마크 표시.

② 물류표준화 장기 계획

- 산업자원부 기술표준원 “산업표준화 추진 장기계획” 책정하여 추진.
- 중점 분야
  - 팔레트, 각 컨테이너류, 유니트로드 치수 등 KS화 효율적 일관수송 추진.
  - 운반기계·기구, 보관설비 등 KS화에 의한 물류효율화·안전성 확보.
  - 각종 용기·포장 및 시험방법의 KS화에 의한 포장 적정화 등 물류합리화.
  - 무인반동차, 자동피킹기계 등 물류자동화 기기 개발 및 보급
  - 개별적인 물류활동을 유기적으로 결합한 선진 정보시스템 도입 촉진.

③ 물류표준화 추진방향

- 물류의 기계화, 자동화, 골동화
- 물류시설이나 장비 등의 표준화
- 표준화된 물류정보시스템의 구축
- 유닛로드시스템(Unit Load System)의 구축

### (2) 추진방향

① 향후 표준화 추진 방향

- 기기간의 접속
  - 자동창고, AGV, 자동분류기, 자동 팔레타이저, 컨베이어 등
  - 각종 자동화기기 접속, 복수메이커 부품 조립하여 시스템 구성.
- 기기간의 호환성
  - 본사와 지사, 동종 업종 또는 이종 업종간의 시스템 연결
  - 상이한 기종 간 자료 및 정보 호환.
- 정보시스템의 표준화
  - 표준화된 정보시스템에 의한 수·발주시스템의 정보 접속
  - 통일전표, 공동 상품코드를 수·발주 코드로서 사용하는 통일코드 이용.
- 자동화를 고려한 표준화
  - 규격의 제정 및 검토에 있어, 자동화 기기로의 적용 고려한 제품 규격.
  - (유닛로드시스템) 국제규격 = 국가규격 = 사내규격

② 추진체계

- 글로벌 물류산업은 생산·판매활동 다양화·고도화 요구로 다품종 소량화.
  - 다빈도·단기 납품화 등 요구로 인해, 물류 코스트 상승문제 대두.
- 정부대책 표준화 중요성 강조
  - 물류경쟁력 강화 위해, ‘일관 팔레트화’ 등 “유니트로드화” 추진.

③ 주요 과제

- 물류인프라, 철도·항만·배후단지 및 국제물류, 해운물류, RFID 등
- 표준화, 포장, 기타 세션이 동시에 진행된다.
  - 한국 도로공사의 Hi-Pass 도입과 의료기기 위탁재고관리 혁신 사례.
  - FTA시대 물류대응전략, 물류혁신사례, 포장표준화 성공사례 등 서비스 개선.

## 2) 유닛로드 시스템(Unit Load System)

### (1) 개 요

① 정의

- 화물의 운송시, 컨테이너 또는 팔레트를 사용하는 수송·보관체계를 말한다.
  - 표준단위에 미리 정리해 두고 화물형태가 변형되지 않게 기계화된 방법이다.
- 하물의 유통활동에 있어서 하역·수송·보관의 일관적인 합리화를 도모한다.
  - 수송효율의 향상과 전체적인 비용절감을 위하는 수송·보관시스템이다.
- 출발지에서 도착지까지 중간 하역작업 없이 기계식으로 일괄 처리한다.
  - 물자(원재료, 제품)를 표준규격(중량, 부피)과 단위(꾸러미, 유닛)로 묶는다.

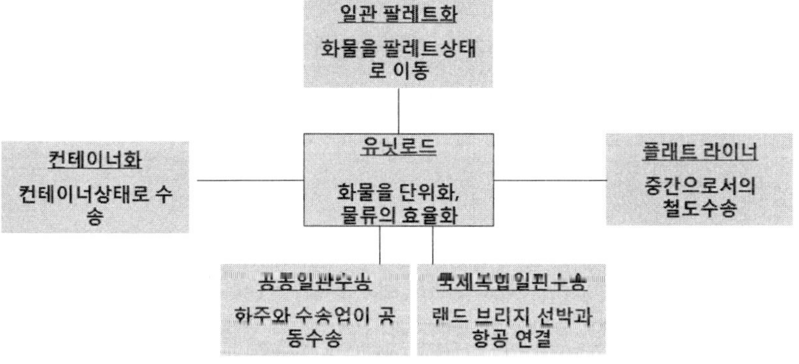


② 특징

- 1960년대부터 급속히 유통채널 활동의 모든 영역에서 효율화가 추구됨.
- 유닛로드시스템은 수송·보관·통신네트워크 등의 종합 시스템으로 작용.
  - 일관 팔레트화 컨테이너, 플래트라이너 국제복합일관수송, 공동일관수송 등.
- 미국은 소형 컨테이너 점포 백룸대신 슈퍼마켓 그로서리, 잡화 배송을 활용.

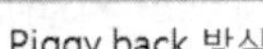
Piggy back 방식

TOFC(Trailer on Flat Car) 방식

COFC(Container on Flat Car) 방식

### (2) 효과

① 비용절감

- 효율적인 하역·수송·보관으로 전체적인 비용절감이 가능하다.
  - 단위화, 하역기계화, 화물기지 정비, 타 수송기관 협동으로 일괄수송 실현.
- 수송안전성 향상과 고객신뢰 증진, 유닛로드시스템에 알맞은 제품의 개발.
  - 하역과 수송에 따른 하물손상의 감소(하역시의 파손, 오손, 분실 등을 방지)
  - 운송수단(트럭, 기차, 항공기, 선박 등)의 운용효율 향상
  - 장비의 이용 및 하역의 기계화로 물동량 흐름의 개선과 작업생산성 향상
  - 작업의 표준화 및 포장이 간단하여 인건비 및 포장비 절감
  - 적재를 높게 할 수 있어 적재공간의 효율성 향상
  - 자동화설비 및 장비의 이용이 가능하여 시스템화가 용이
  - 하주의 문전에서 문전까지 일관운송 가능(고객 서비스 향상)
  - 재고량 평가 간소화 및 회전율 향상으로 금융비 절감과 자본회전율 증대

② 성공요건

- 참가 구성원의 높은 열의
- 취급 물량의 확대
- 공동화 사업자의 적정한 물류센터 용량 및 정보서비스 능력
- 매뉴얼 및 체크리스트 등 공동 규칙의 제정과 준수

③ 시스템도입의 선결 과제

- 수송·보관·통신네트워크 등이 종합시스템으로 작용하여야 한다.
  - 하역비 절감, 대형 화물의 운송 포장비용의 절감
  - 화물의 파손방지 효과를 위한 유닛규모 적정화
  - 유닛 만들기와 유닛 해체 원활화, 협동수송체제 확립을 위한 시스템구축.
- 주요 대상
  - 거래단위의 표준화
  - 창고보관시설의 표준화
  - 팔레트의 표준화
  - 포장단위치수의 표준화
  - 수송 장비적재함 규격의 표준화
  - 운반 하역장비 표준화

### (3) 크로스도킹(Cross Docking)

① 개요

• 센터에서 수령제품을 재고로 보관하지 않고 즉시배송을 준비하는 물류체계.
- 유통센터에 통과형 물류센터 또는 분류센터라는 기능을 가지는 전략이다.
- 유통센터의 입하도크에 수령된 상품을 보관과 피킹작업 등이 제거된다.
- 물류비용의 절감과 입·출고를 위한 모든 작업의 긴밀한 동기화를 필요로 한다.
- 판매시점장소와 포장형태를 고려하여 공급자는 소매업자에게 상품을 보낸다.

• 보관 및 Picking 작업 등을 제거하여 물류비용을 절감할 수 있다.
- 물류센터에서의 크로스도킹은 중간단계가 매우 짧다는 것이 특징이다.
- 입고 및 출고를 위한 모든 배송작업의 긴밀한 동시화가 결정적으로 중요하다.
- 공급자는 판매시점의 장소와 포장형태를 고려하여 소매점에게 상품을 보낸다.

• 물류센터도착즉시 점포별로 분류하여 컨베이어로 출하도크에서 출하된다.
- 출하도크로 옮긴 팔레트는 표준바코드로 분류되고 트럭에 적재되어 출하된다.
- 이 과정은 제품을 직접 체크할 필요 없으며, 소요시간도 불과 몇 분이다.

• 센터도착 즉시 점포별 적하팔레트는 판독과정을 거쳐 분류되고 재 적재된다.
- 이 과정은 제품을 직접 체크 할 필요가 없으며 소요 시간도 불과 몇 분이다.
- 중간 저장단계가 거의 없거나 전혀 없이 배송지점으로 배송하는 것을 말한다.

• 유통센터에 "통과형 물류센터" 또는 "분류센터"라는 기능을 가진 전략이다.
- 분류된 수령상품을 출하도크까지 운반, 각 점포별 배송트럭에 실어 출하한다.

• 비축, 저장, 선택활동을 줄임으로서 유통비용을 상당히 감축시킬 수 있다.
- 입출하선적의 동시성이 요구되는데 3가지 수준에서 구현될 수 있다.

• 물류센터에서 수령한 제품을 보관하지 않고 즉시 출하하는 물류시스템이다.

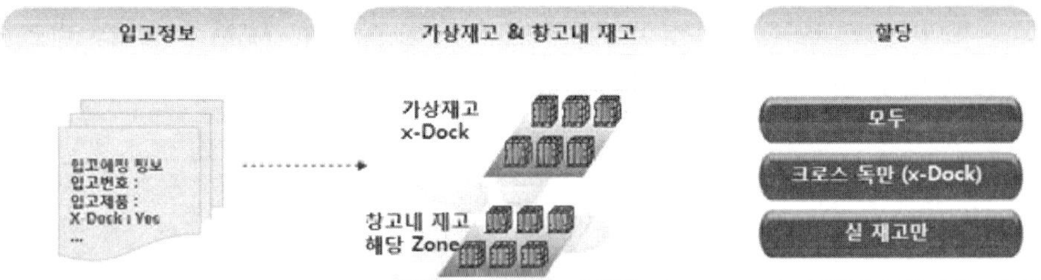


② 목적

• 감소효과
- 물류센터에서 발생될 수 있는 비생산적인 재고를 제거하여 물류비용 감소
- 상품을 창고로케이션으로 입고와 출고되는 소요시간과 비용을 제거

- 물류센터가 상품유통의 경유지로만 사용되므로 센터의 물리적인 공간 감소
- 유통업체의 재고수준 및 결품의 감소
- 공급체인 전체의 저장로케이션 수 감소

• 증대효과
- 물류센터에서의 평방미터 당 회전율 증가
- 상품의 진열생명(shelf-life) 연장
- 상품의 공급용이성 증대

• 원활화 효과
- 상품흐름의 원활화

• 기타 개선효과
- 상품데이터에 대한 엑세스 개선
- 각 소매점으로부터 별도 주문서를 수령하는 대신 통합주문서를 수령한다.

③ 효과

• 물류센터(유통센터)의 물리적 공간 감소
• 물류센터가 상품의 유통을 위한 경유지로 사용되면서 재고수준의 감소
• 공급사슬 전체내의 상품비축, 저장, 선택활동을 축소하여 유통비용을 축소.
• 상품공급의 용이성 증대 및 물류센터의 회전율 증가

〈표 4-5〉 크로스도킹의 효과

| 감소 효과 | 증대 효과 | 원활화 효과 |
|---|---|---|
| • 재고수준 감소<br>• 물류비 감소<br>• 물류센터의 물리적 공간 감소<br>• 유통업체의 결품 감소<br>• 공급사슬전체의 저장공간 감소<br>• 물류센터 상품유통경유지 사용 | • 물류센터 회전율 증가<br>• 센터 평방미터당 회전율 증가<br>• 상품진열생명 연장<br>• 상품 공급용이성 증대<br>• 상품데이터 개선<br>• 소매점별 통합주문서 수령 | • 상품흐름의 원활화<br>• 상품 확보의 용이성 증대<br>• 최소비용의 창고운영효율 개선<br>• 점포로 직접배송 빈도 감소 |

④ 형태

• 입·출하 선적의 동시성의 구현방식.
• 완전형 : 단순형태로 대량물품 대상. 단일제품의 전 팔레트의 수납과 선적.
• 케이스형 : 주문전표로 재고유지·조정개상. 미 사용된 팔레트는 다음날 사용.
• 사전형 : 각 점포별 수요파악. 제조업체는 추가경비, 소매업체는 비용 절감.

⑤ 두 가지 유형.

• 기존 포장형 : 다른 제조업체의 패키지[3)]와 함께 배송도크로 이동시키는 것.

유통업체 점포주문, 제조업체 팔레트, 케이스 등 패키지 수령

- 중간 처리형 : 다른 패키지도 함께 배송도크로 이동하여 새 패키지로 배송. 팔레트, 케이스 등 패키지 수령, 물류센터 소분, 다시 라벨부착.

⑥ 기본요소

- 경영진의 참여 : 공동의 물류전략에 합의하여야
- ABC(Activity Based Costing) 분석 : 상품카테고리, 점포활동 등의 적합여부.
- 정보기술 투자 : 데이터 수집, 상품흐름 추적 등 신속·정확한 관련정보 교환.
- 조직 재정비 : 상품흐름 통제, 상품수송 최적화, 상품수송, 수령, 물류·영업팀.
- UCC/EAN 표준 : 물류센터용 국제표준바코드[4] 보급.
- EDI : 전자데이터교환체계와 POS, 스캐너 자동발주시스템 연계 시너지효과[5].

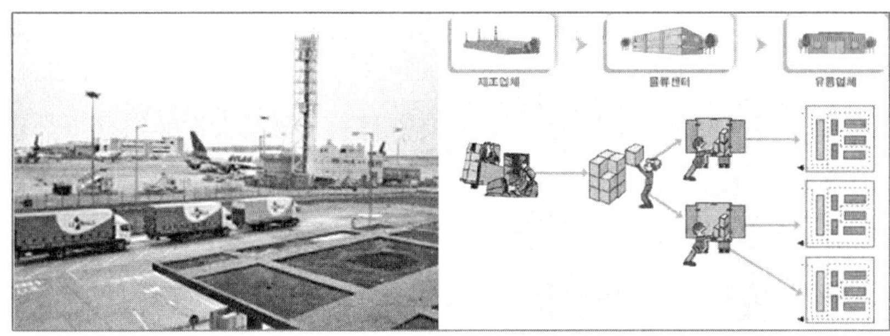


[그림 4-11] 크로스도킹(Cross Docking) 개요.

## 3) 친환경 물류 표준지표

### (1) 개 요

① 정의

- 재활용이 가능한 운수용품[6]을 단위적재용기[7]를 기본단위로 한 통합물류시스템(i-ULS[8])이다.[9]

---

3) '패키지'는 물류단위나 거래단위를 지칭한다.

4) (EAN-14, UCC/EAN-128), 소매용 국제표준 바코드(EAN-13)와는 다르다.

5) 월마트의 크로스도킹시스템에 만족하지 않고 정보시스템활용을 통하여 샘스클럽이 프라이스클럽을 압도한 경쟁우위전략

6) (RTI : Returnable Transport Item)어떤 방법으로 재활용이 가능한 운수용품(팔레트와 같은 롤케이지 튜브, 플라스틱 화물 케이스, 운반 케이스와 보조재료 케이스)

7) 단위적재용기(ULD : Unit Load Device) : 화물이나 수하물을 대량으로 탑재하고 승하기시의 기동성을 제고하기 위하여 화물, 컨테이너, 항공기 컨테이너, 그물 또는 이글루그물이 있는 항공기 물품 적재 금속 용기.

② 친환경물류 체계의 1차원적 정의

- 물류대상이 되는 제품이나 물류서비스 전 과정에서 수송, 보관, 하역, 포장, 정보 등 물류활동이 환경에 미치는 영향을 최소화하기 위한 스마트 시스템이다.
- 물류단계의 모든 과정에서 친환경물류 기능을 도출하고 이를 친환경적으로 수행할 수 있는 시스템을 의미한다.
- 지금까지의 친환경물류 표준
  - 주로 물류활동의 기능적·경제적 관점에서 그 기준을 언급했지만, 향후에는 이 기준에 스마트 개념을 가미한 것이라고 볼 수 있다([그림 4-12] 참조).

③ 친환경물류 표준지표의 일반적인 정의.

- 친환경적이고 효율적인 물류시스템을 구축·운영하기 위한 각 물류활동별 및 물류활동 간 연계효율성(Sustainability, Efficiency)
- 수송수단 간 연계 등 물류수송 체계상 일관된 물류흐름 즉, 막힘없는 물류 흐름성(Seamless mutual connectivity)
- 제품의 위치와 상태 등 수송 중 다양한 정보를 추적·관리할 수 있는 실시간 가시성(Realtime visibility)
- 물류흐름 전반에 발생하는 기기, 설비, 제품 등의 효율적 정보 관리와 보안성(Safety&Security)

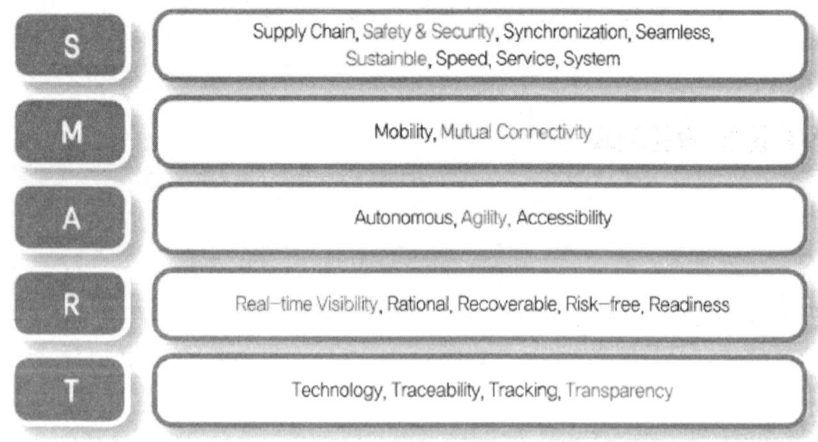


(그림제공 : 지식경제부 기술표준원, 국가표준코디네이터. 2013 10대 표준화 전략트렌드 중에서 재구성, 물류신문)

**[그림 4-12] 친환경물류 표준지표**

---

8) (Intelligent Unified Logistics System)지능형적인 의사결정과 통합된 물류시스템이 하나의 인텔리전트한 통합된 물류시스템을 구축해 나간다는 의미로 해석할 수 있다.

9) 지식경제부 기술표준원, 물류신문

④ 환경 변화

- 국가물류비는 과거부터 국가경쟁력을 결정짓는 주요 인자로 인식되었으며, 물류 전략의 중심도 시대에 따라 변해왔다.
  - 1970년대는 비용(Cost), 1980년대는 품질(Quality), 1990년대는 속도(Speed), 2000년대는 민첩성(Agility)이었다.
  - 2010년대에는 지속가능성(Sustainability)과 스마트(Smart)로 표현되는 친환경물류로 그 무게 중심이 옮겨지고 있다.
- 세계는 전기·전자, 뉴미디어, 통신 및 물류 등에서 대전이 전개되고 있다.
  - 각국은 국제 표준화(ISO) 규격에서 주도권을 선점하려는 노력이 전개됨.
  - 새로운 친환경물류 표준지표는 독립적·기능적이 아닌 상호 간 연결(Unified)되어 있으므로 통합적·융합된 물류표준기술 개발이 요구된다.

### (2) 정부의 물류표준화 기술

① DPS(Digital Picking System)

- 표시장치와 응답을 일체화시킨 궁극의 맨 머신시스템이다.
  - 창고, 배송센터, 물류센터, 가공센터 등의 현장에서 작업지원시스템으로 활용.
- 제한된 수의 이상적인 값을 갖는 변수의 정보로 제반 계산하는 수행시스템.
- 점포발주를 센터 상품 랙에 부착한 표시기에 피킹 수량을 표시하는 시스템.
- 다품종소량, 다빈도 분배·배송업무를 도입, 작업합리화와 생산성극대화 지원.
  - 시즌에 따라 아이템의 증가와 변경 및 작업자의 교체 등은 피킹작업에 혼란.
- 기대효과는 피킹 오류의 감소, 생산성의 감소, 시간의 단축, 인원 감소이다.

② 벤더 재고관리(VMI : Vendor Management Inventory)

- 벤더에서 보유·관리하고 있는 재고물품, 공급자 재고관리시스템이라고 한다.
  - 제조업체에서 완제품이나 원재료를 특정 물류업체에 업무를 위탁한기.
  - 전문물류업체는 창고관리시스템으로 고객사 재고관리를 대신 수행해 준다.
  - 고객이 원하는 시점에, 원하는 장소까지, 원하는 수량을 수·배송하여 준다.
- 해당 품목을 관장하는 기업(고객)이 대상 품목별로 식별번호(ID)를 부여한다.
  - 저장위치를 지정해 관련비용을 추정하여 1회 주문량을 설정할 때 반영한다.
  - 데이터창고의 저장정보로, 해당품목의 수요를 예측하여 안전재고를 설정한다.
  - 상품보충시스템이 실행되면 POS판매·재고정보가 제조업체로 직접 전송된다.
  - 센터가 제조업체에 판매·재고정보를 제공하면 점포는 발주업무가 생략된다.
  - 제조업체는 데이터분석과 수요예측반응, 적정 납품수량결정, 품절율 낮아진다.

③ 순환물류포장시스템(RTPS : Retutnable Transport Packaging System)

- 수송포장용기를 표준화하여 회수와 반복 사용이 가능하도록 한다.

- 공급망의 물자와 정보를 유기적·체계적으로 관리·통제하는 수송포장체계 의미.
- 수송포장용기 및 관련 물류기기의 표준화가 선행되어야 한다.

• 상품의 효율적인 운반과 보관, 디자인과 색상을 획기적으로 개선한다.
- 시선집중을 통한 소비자 소비욕구를 일으킬 수 있는 마케팅기능도 수행한다.
- 포장용기의 식별과 상품정보를 RFID나 QR코드, 네트워크로 자동 획득·전달.
- 포장용기의 회수·관리뿐만 아니라, 상품의 추적 및 이력관리도 가능하다.

• 표준화는 신선식품과 농수산물 유통에서는 항온·항습의 유지가 중요하다.
- 보관, 진열 및 회수에 편리한 Retail-Ready Packaging(RRP)개념 도입목적.
- 플라스틱을 이용한 포장용기 표준화가 적극 필요한 시점.

• 기술표준원의 스마트물류 국가표준코디네이터는 RTPS 표준화 필요성을 신규 워킹그룹을 만들기로 합의했다.
- 신규 작업항목으로 플라스틱 순환용기의 사양과 시험방법 및 성능기준을 제안하고 향후에는 RTPS 운영 가이드라인으로 확대할 계획이다.

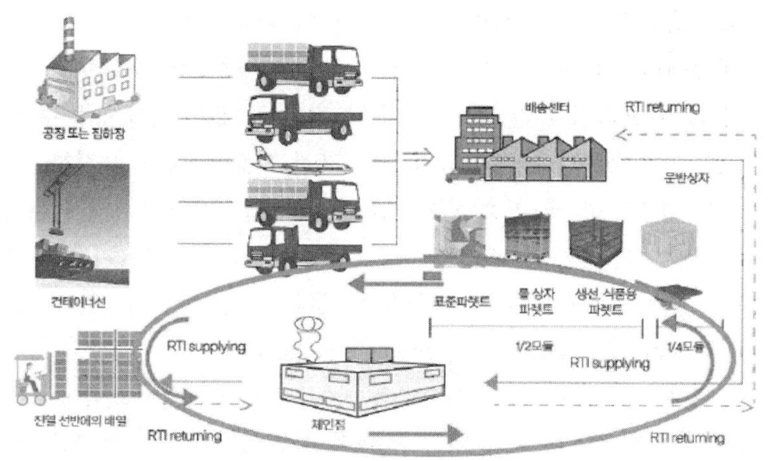


△일관수송을 위한 순환수송포장시스템

(그림제공 : 지식경제부 기술표준원, 국가표준코디네이터. 2013 10대 표준화 전략트렌드 중에서 재구성, 물류신문)

④ 스마트 컨테이너

• 내부에 불법조작 신호를 감지할 수 있는 무선 칩과 센서를 설치한다.
- 상기 기능은 부정한 개봉과 위치정보, 온도 등을 검출해서 통보해준다.
- 기자재 가격, 고가의 통신비, 표준규격, 상표운용성의 정비가 불충분하다.
- 사업자의 인프라정비가 부족한 상황으로 다수 제품의 등장과 보급을 추진 중.

- 통합솔루션은 하드웨어, 통신, 세관수속, 데이터분석 등 복수협력이 필요하다.
  - 수송용 컨테이너는 추적시스템의 보완과 정비가 중요시된다.
- 향후 스마트컨테이너의 보급은 통합솔루션의 개발능력에 달려 있다.
  - 군사적 성공으로 풍부한 자본과 인재가 밀집된 타깃시장에서 점차 확대전망.

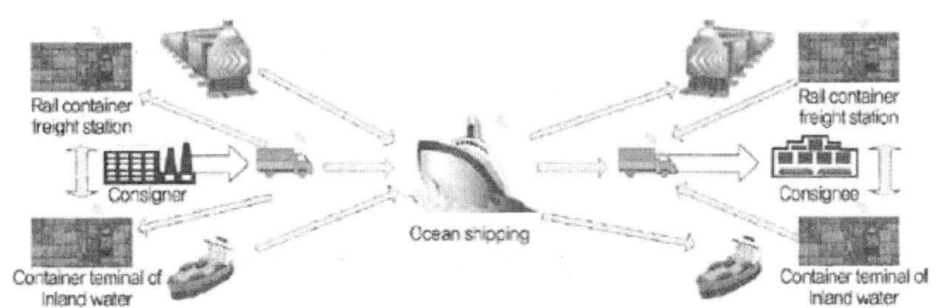


(그림제공 : 지식경제부 기술표준원, 국가표준코디네이터. 2013 10대 표준화 전략트렌드 중에서 재구성, 물류신문)

**[그림 4-13] 컨테이너 추적과 모니터링 체계의 예**

⑤ 해상용 컨테이너 모니터링 시스템(CTMS)

- 국제해사기구(IMO)는 2001년 9·11사태이후 ISPS Code(선박 및 항만시설의 보안규칙)를 발효시켰다.
  - 미국은 2006년 자국에 수출되는 모든 운송화물의 상세정보제공 책임과 컨테이너 운송도중 개폐여부를 요구하는 항만보안법(SAFE Port Act) 통과, 2012년부터 의무화하였다.
  - 추가기능으로 화물컨테이너 내부에 장착되어 컨테이너화물 분실, 도난, 컨테이너 위치추적 및 컨테이너 침입탐지기능이 있다.
- 국제 표준화와는 달리, 미국 GE사를 중심으로 산업체생산품으로 등장했다.
  - 미국 세관 및 국경보호기관(CBP) 권고로 Container Security Device에서 Conveyance Security Device로 개념이 바뀌어 물류보안 목적으로 개발되었다.
  - 제조공장에서 선적항과 수화주공장까지 물류전반의 Traceability를 확보.
  - ISO TC104에서는 ISO 18185 e-Seal과 중복된다는 이유로 보류되었다.
- 모든 기술이 기업·단체·국가에 종속되지 않는 개방형 기술을 표방.
  - 침입탐지, 환경 센스기능(온도, 습격, 충격, 진동)은 장치운영자재량에 따름.
  - 다양한 기술(RFID, GPS, 위성 및 이동통신기술) 중 기술 간 융합을 허용.
  - 상호 운용성을 보장하기위해 RFID통신 애플리케이션에 작업되어야 한다.
  - 이동통신(모바일) 응용프로그램은 이동통신표준화기구 표준사용이 원칙이다.

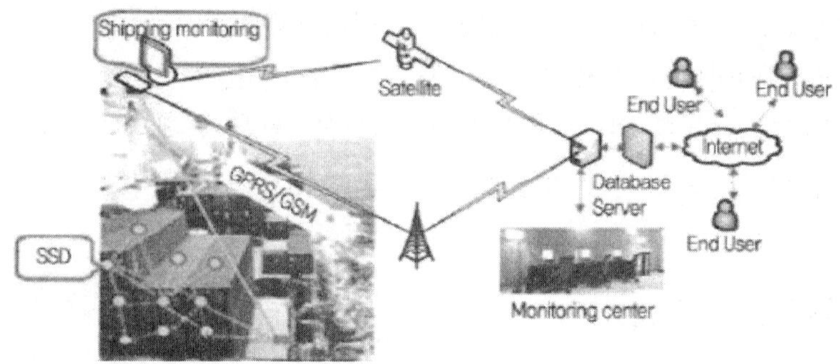


(그림제공 : 지식경제부 기술표준원, 국가표준코디네이터. 2013 10대 표준화 전략트렌드 중에서 재구성, 물류신문)

**[그림 4-14] 컨테이너 추적과 모니터링 체계의 예**

⑥ 글로벌 팔레트 표준모듈

• 물자의 흐름에 있어서 팔레트의 사용은 물류비절감의 필수 불가결한 요소.
  - 기계화 및 자동화를 위하여 가능한 한 종류로 통일하는 것이 추세.

• 세계 각 경제블록 간의 물류체계가 상이함에 따라 불필요한 비용이 증가.
  - 글로벌 무역 활성화를 지연시키는 걸림돌로 일정부분 작용하고 있다.
  - 물류표준화의 핵심요소인 팔레트 표준화는 3개 팔레트 규격으로 고착되었다.
  - 오랜 논의를 거쳐 EU, 미주, 동북아의 3개 경제권을 대표한다.

• 국가별 팔레트 표준 모듈
  - EU는 1,200×800mm 규격 팔레트로 통합화가 잘 이루어져 있다.
  - 동북아는 한국, 일본을 중심으로, 100×1,100mm 규격을 표준으로 한다.
  - 미국은 자국의 표준인 48'×40'(1,219×1,016mm) 규격을 별개로 한다.
  - 유사규격인 1,200×1,000mm규격을 전 세계적으로 사용하도록 압박한다.
  - ISO TC122(Packaging) 의장국인 일본은 개정안을 제출하였다.
    * 2008년 ISO 3676(표준 팔레트규격)과 ISO 3394(표준 포장모듈)에 삽입.
  - 각각 1,100×1,100mm 규격 팔레트와 550×366mm 포장모듈 계열치수 삽입.

• 우리나라 팔레트 표준모듈
  - 우리나라 물류표준화의 핵심요소로 표준 팔레트적재효율을 높이는 것이다.
  - 일관수송체계(Unit Load System)에 맞는 국가표준 팔레트로 T11형 팔레트(1,100 × 1,100 mm)를 채택하고 각 기업이 이 규격을 사용하도록 적극 권장.
  - 업체가 자발적으로 표준 팔레트를 채택하도록 하기 위해서는 기존 생산제품의 겉포장 규격을 합리적으로 조정하여야 한다.

**물류표준화를 위해서는 포장표준화가 전제 조건**

- 1,200×1,000mm와 1,200×800mm는 600×400mm라는 포장 모듈치수에 각각 100%의 적재효율을 보이는 완벽한 호환성을 확보할 수 있으나 1,100×1,100mm는 79.3%의 적재효율로서 호환성이 없음.
- (그림설명) 600×500mm 포장모듈은 1,100×1,100mm 규격과 1,200×1,000mm 규격 파렛트에 각각 99.2%와 100% 적재효율을 보이고 있다.
  - 한국은 2009년 ISO TC122총회에서 600×500mm 계열 포장모듈을 ISO 3394에 포함시킬 것을 제안하였으며 2011년 12월에 미국 워싱턴회의에서 DIS단계[10]의 추인을 얻고, 2012년 5월 서울회의에서 국제표준 최종안(FDIS)단계[11]를 거쳐 최종 확정되었다.
  - KS T 1002에 규정된 69종의 포장 표준치수를 600×500mm 계열을 포함하여 29종으로 대폭 단순화한 개정안을 발의하였다.[12]
  - 미래 먹을거리가 될 산업에서 국제표준을 통한 시장 선점이나 새로운 시장을 창출하고 기술·기기 간 융합과 호환성을 확보해 시장을 선점하기 위한 것이다.

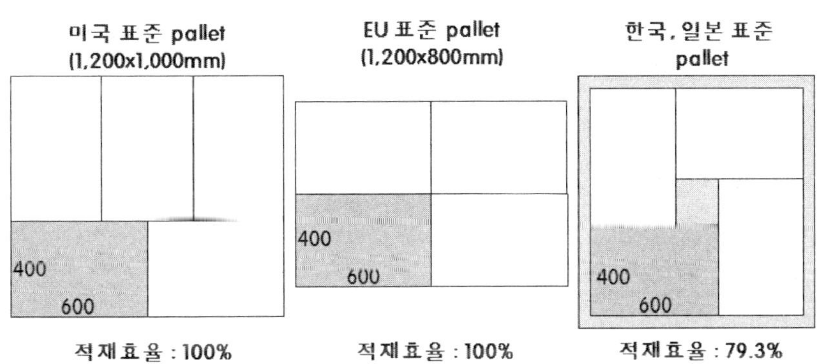


[그림 4-15] 주요 3개 팔레트에 대한 600x400mm 포장 모듈치수 적재효율 비교

10) 초안검토 단계 * DIS(Draft International Standard) : 초안이 ISO 중앙사무국에 등록, 각국 위원들에게 배포되어 찬반의견 수렴

11) FDIS(Final Draft International Standard) : 모든 ISO 위원들에게 초안을 배포하고 투표결과가 2/3이상 찬성일 경우, 최종 국제규격 초안(FDIS)이 된다.

12) 출처 : 지식경제부 기술표준원, 국가표준코디네이터

⑦ 스마트물류 포장용기

- 새로운 변화를 담은 물류를 'Smart Green Logistics'라고 명명한다.
  - 물류기술측면에서 주요관심사는 신기술 융합을 대변하는 'SMART'와 지구자원 사용억제·온실가스 절감을 위한 정책변화를 대변하는 'GREEN'이다.
- 스마트물류 포장용기관련 기술개발 특성
  - 첫째, 포괄적 이해와 계획에 기반을 둔 개발이다.
    개발은 대상화물의 물리적·화학적 특성, 수단, 운영, 법·제도 등을 포괄적으로 이해하는 데서 출발되어야 한다.
  - 둘째, 화물 흐름에서 발생되는 다양한 행위를 하나의 유기적 시스템으로 판단하고 관련기술을 개발해야 한다.
    개발은 포장, 상하역, 운송, 보관창고, 정보 등의 기능적·기술적 정합성을 이해해야 하고 이들을 하나의 시스템으로 판단할 수 있어야 한다.
  - 셋째, 신기술 개발과 응용지원이 이루어지는 개발이어야 한다.
    개발기술이 인접학문에 기초한 기술이라면 이를 이해하고 물류에 올바르게 응용될 수 있도록 지원해야 한다.13)

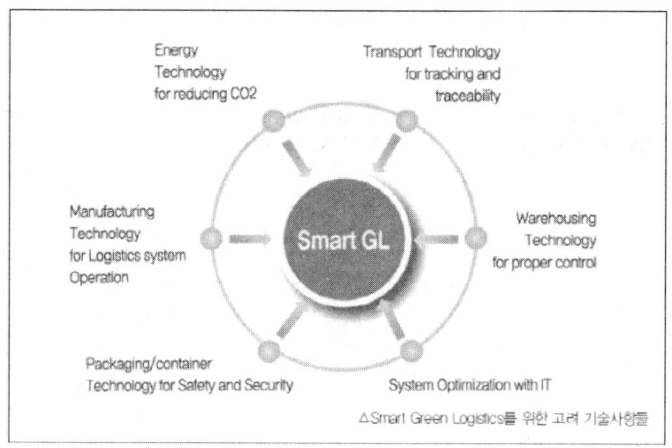


(그림제공 : 지식경제부 기술표준원, 국가표준코디네이터. 2013 10대 표준화 전략트렌드 중에서 재구성, 물류신문)

**[그림 4-16] Smart Green Logistics를 위한 고려 기술사항들**

- 무선인식 기반의 농산물 포장용기 개발 내용.
  - 중간 유통과정의 환적과 재포장을 줄이고 생산지 이용, 운송, 저장, 상품 진열까지 일관사용 포장용기로 운영하는 기술 개발이 필요하다.

13) 지식경제부 기술표준원, 국가표준코디네이터. 2013 10대 표준화 전략트렌드 중에서 구성

[그림 4-17] 자동인식기반 농산물 포장용기와 일반 바구니 및 대형 진열 형태

- 기존 농산물 유통과정에서 사용되고 있는 플라스틱 용기보다 적입량·박스 적재 수량이 개선되고, 신선도 유지와 세척이 용이하며 빈 상자 보관 시에도 공간효율성이 증대되는 농산물 일관사용 단위포장용기의 개발이 요구되고 있다.

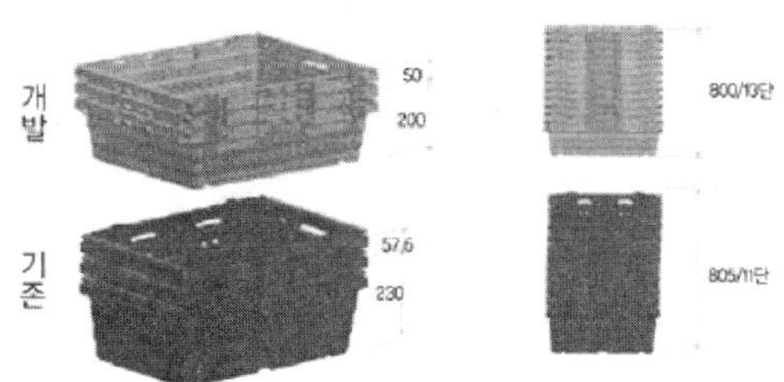


(그림제공 : 지식경제부 기술표준원, 국가표준코디네이터. 2013 10대 표준화 전략트렌드 중에서 재구성, 물류신문)

[그림 4-18] 빈상자 보관 시 공간 효율 향상

- 향후 농산물의 수출입 증대에 따라 T11형과 T12형 팔레트 모두에 99%이상의 적재율을 높일 수 있는 포장용기가 꼭 필요할 것으로 예상된다.

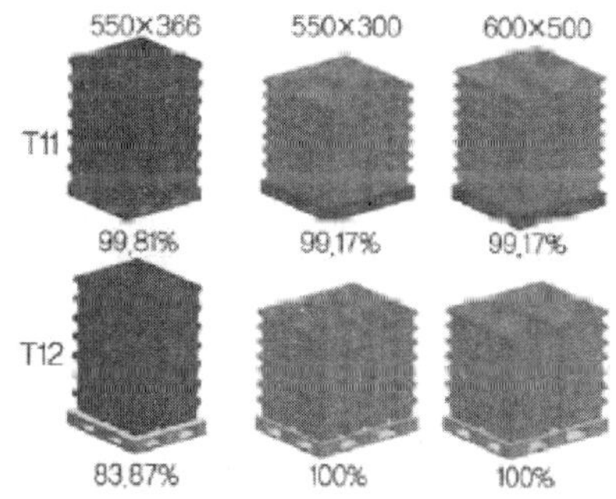


(그림제공 : 지식경제부 기술표준원, 국가표준코디네이터. 2013 10대 표준화 전략트렌드 중에서 재구성, 물류신문)

[그림 4-19] 99% 이상의 적재효율

- 자동인식기반의 공동물류를 위해 농산물포장용기전용 RFID 임베디드 태그의 부착과 태그인식 최적화를 위한 거점별 RFID 리더활용·적용기술이 복합되어야 궁극적으로 농산물유통전반에 걸친 물류비용절감과 물류효율화를 기대할 수 있다.

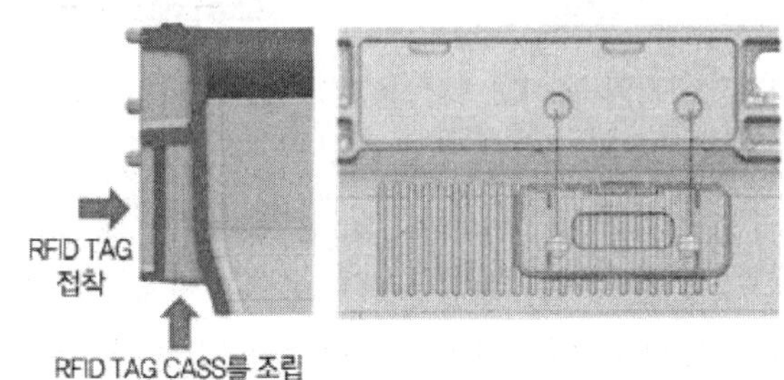


(그림제공 : 지식경제부 기술표준원, 국가표준코디네이터. 2013 10대 표준화 전략트렌드 중에서 재구성, 물류신문)

**[그림 4-20] 농산물 포장용기 RFID Tag**

- 지금까지 일관수송용 팔레트표준에 T12형 팔레트를 추가하려는 수많은 표준화 노력이 있어왔다.
  - 농산물 수송과 회수효율을 증대하기 위해서도 일관수송용 팔레트표준에 T11형과 함께 T12형 팔레트를 사용하는 듀얼 표준화가 필요한 시점이다.[14)]

## 4 물류공동화(physical distribution cooperation)

### 1) 개 요

#### (1) 개념

① 정의

- 물류시스템의 일환으로서 동일지역과 동일업종을 중심으로 하는 것이 원칙[15)]
  - 물류합리화를 목적으로 노동력, 수송수단, 보관설비, 정보시스템 등과 도로, 항만, 공항 등 물류인프라를 공유하고 이용·관리하여 이익극대화를 실현한다.
- 수·배송 효율을 높이고 비용절감을 위해 2인 이상 공동의 물류활동이다.

---

14) *지식경제부 기술표준원, 국가표준코디네이터. 2013 10대 표준화 전략트렌드 중에서 재구성, 물류신문*
15) [네이버 지식백과]물류공동화 [物流共同化] (NEW 경제용어사전, 2006.4.7, 미래와경영)

- 인력, 물자, 경비, 시간을 최대 활용하여 코스트다운과 고객서비스향상에 기여.

② 의의

- 물류에 관한 기업 활동에서 다음측면을 타 기업과 공동으로 실시하는 것이다.
  - 상품구입처나 수입업자가 동일지역에 분산되어 있으면 공동 집하센터 설치.
  - 양자 간에 상당한 거리가 있는 경우는 수입입자근치에 공동배송센터를 한다.
  - 백화점, 양판점, 할인업태에의 공동납품 등이 그 대표적인 사례이다.
- 자사물류시스템과 타사물류시스템이 동일지역과 동일업종에서 공유되는 것.
  - 제품수주에서 판매되기까지의 주문, 제품수집, 운송, 집하, 배송기능 분류한다.
- 자사물류시스템을 타사물류시스템과 연계시켜 하나의 시스템으로 운영한다.
  - 수배송의 효율화와 비용절감을 위해 2인 이상 공동설치하고 이용, 관리한다.
  - 일정지역 내 복수기업의 이해 일치, 조건의 유사성과 지도업체가 필요하다.

### (2) 목적 및 효과

① 목적

- 단독기업의 한계를 극복하고 처리물량을 증대하여 대형화하려는 유효시책이다.
- 상대기업과의 물류서비스수준의 유지와 향상으로 평균화와 효율화를 도모한다.
- 물류효율화와 물류코스트 절감의 효과적 요인은 대량화로 규모의 경영이다.

② 효과

- 대량보관, 대량수송, 대량처리는 단위당 물류코스트의 대폭 절감이 가능하다.
- 물류자원의 효율적인 활용으로 물류비의 절감과 물류서비스의 안정적인 공급.
- 대기오염, 소음, 교통체증 등 사회적인 비용의 최소화 등을 들 수 있다.

| 물류공동화 | 물류비용의 획기적인 절감<br>고객만족 서비스의 향상 | 고객에게 보다 저렴한 가격으로<br>신속·정확하게 물품공급 가능 |
|---|---|---|

[그림 4-21] 물류공동화의 도입효과

### (3) 특징

① 물류공동화의 기본과제

- 기업경영에서 운영비용의 절감은 영원한 과제이다.
- 동종업체들이 전국(지역) 공동물류시설 설치, 이용·관리하는 물류합리화 방법.
  - 물류비용의 절감과 물류서비스의 안정적인 공급과 서비스수준 유지 및 향상.
- 물류경영자원의 절약

• 친환경물류의 구현
• 물류 대량화 가능 등.

② 대상 업무
• 제품·판매품의 배송, 동업종의 공동보관·물류시스템화에 가장 강한 영향.
• 석유공동기지, 시멘트 공동서비스센터, 농산물종합물류센터, 중소공동도매물류센터, 종이·건축자재·섬유(메이커·대리점·도매상)의 물류센터 등 대표적.
• 수·배송의 공동화형태는 간선 수송차량 및 화물공동화, 공동배송센터가 필요치 않은 공동 배송형태(순회 혼재공동배송, 지정 도매상 공동 배송), 공동배송센터에 의한 공동 수·배송(공동 집화, 공동 배송, 공동 집배형태)이 있다.
• 기타 : 보관의 공동화형태, 유통가공의 공동화형태, 정보처리의 공동화형태 등.

### (4) 장점

① 화주 측면
• 물류 코스트의 절감(사무처리 합리화, 인원의 축소, 작업의 간소화)
• 물류서비스의 안정적 공급(입·출하작업 시스템화 및 운임요금체제의 명확화)
• 중복교차 방지(운송업체와 복잡한 거래 감소) 및 소량 부정기 화물수송 배제

② 운수업자 측면
• 물류 서비스수준의 유지 및 향상(품질유지와 합리적인 배송과 수송이 가능)
• 수·배송 효율의 향상(배송의 계획화, 적재효율, 회전율 향상, 배송물량 증대)
• 물류작업생산성 향상(규모의 경제, 파손 및 도난방지, 차량·기사 효율적 관리)
• 정보망구축(수송시간, 네트워크, 교통 혼잡, 환경오염방지)으로 효율성향상.

### (5) 단점

① 화주 측면
• 영업기밀 누출에 대한 우려 및 영영부문의 반대
• 서비스차별화의 한계 및 서비스수준의 저하 우려
• 수·배송 화물주와 커뮤니케이션 부족 및 상품특성별 마케팅 제약

② 운수업자 측면
• 외부 경쟁운송업체의 가격덤핑 및 물량파악의 어려움
• 배송순서 조절 및 출하시간 집중의 어려움
• 메이커 산재문제 및 종업원교육, 훈련시간 및 경비 소요

## 2) 물류 공동화의 유형

### (1) 주요 분류

① 경쟁관계 메이커 공동화, 제조기업 계열적 공동화.
② 소매기업에 의한 계열적 공동화, 수평적 물류 공동화.
③ 하주와 물류기업 파트너 십, 물류기업 동업자 공동화.

### (2) 주체별 유형

① 하주중심형 : 하주가 중심이 되어 이루어지는 물류공동화.
② 전문업자중심형 : 물류전문업자(회사)가 중심이 되어 이루어지는 물류공동화.

### (3) 기능별 유형

① 수·배송 공동화 : 지정된 도매상이 개별 점포에 공동 배송을 통해 납품하는 형태, 공동 집하형태, 공동 배송형태, 공동 집배형태 등이 있다.
② 보관의 공동화 : 창고와 물류센터(배송센터)처럼 보관기능만 공동화하는 형태.
③ 유통·가공의 공동화 : 공동 보관과 배송센터로 유통가공의 공동화 실시형태.
④ 정보처리의 공동화 : VAN회사의 차량, 화물정보시스템 등 알선정보시스템형태.

### (4) 물류관리 단계

① 공동 물류 관리단계
- 경쟁은 매장에서 수·배송은 공동으로 물류관련 제휴 활발.
- 전문 물류업체의 서비스가 큰 비중 차지
- 수송차량은 대형차위주이 왕복물류 실현
- 종합물류기지 구축 및 사업 영역 국제화

② 계획 물류단계
- 제조, 유통, 물류업체가 상호 유기적으로 연계
- 복합운송업체와 무선박 운송업체의 복합상품 집단배송 및 왕복물류 실현
- 전략적 제휴의 활성화 및 체인간의 경쟁 가속화

### 3) 물류공동화의 성공 요소

#### (1) 우리나라 공동화 현황

① 물류산업비중

- 중소·중견기업의 전체비중이 99%, 고용은 66% 차지하지만 매출은 32조원으로 전체 29% 수준이다.[16]
- 국내의 물류서비스 시장규모는 커지고 있는 반면, 서비스경쟁은 더욱 치열해지고 있다.
- 배송시기를 대형 화주기업들이 임의로 조정하기 때문에 비효율·비용상승요인으로 작용.

② 물류공동화 및 공동물류시스템에 대한 인식도 저조

- 업체 간 공동 수·배송, 공동보관, 공동구매, 공동회수 등 공동물류시스템을 구축하여 운영 중인 업체는 2~4% 불과한 것으로 조사되었다.[17]
- 물류공동화 검토 중인 업체는 3.4%, 필요성을 느끼고 있는 업체는 23.2%였다.

③ 공동브랜드와 물류공동화 능력제고

- 브랜드인지도와 교섭력 부족 및 단기계약으로 인한 경영안정성 저하 초래
- 물류기업들의 영세성과 신뢰부족, 대형 화주기업들의 자회사 일감몰아주기로 재하청구조의 악순환으로 규모화의 저해요인으로 작용.

④ 물류서비스 분야의 선택과 집중으로 세분화, 특화, 전문화 요구

- 청조해운항공(몽골지역), 에코비스(러시아 및 CIS지역) 등
- 고려택배(의약품), 엑소후레쉬물류(신선식품), 스마트물류(의류) 등

⑤ 경쟁력 강화를 위한 세금감면 등 정부의 지원 확대

- 일본 등 선진 외국의 성공사례를 벤처마킹하여 한국적인 모델개발이 필요.
- 이종 및 동종업종별 컨소시엄 구성을 위한 재정적 지원 및 조정기능의 강화
- 물류공동화율 제고와 녹색물류 실현과 효율성제고를 위한 연구개발 노력 강화.

#### (2) 공동 배송(cooperative & Joint Distribution center)센터

① 개념

- 하나의 수송 수단에 다른 소유자의 상품을 같이 싣고 운반하는 방법이다.
- 제조업체, 상사, 물류업자 등이 공동 출자하여 설립한 물류거점의 하나이다.

16) 2011년 대한상공회의소 기준

17) 한국무역협회 850개사 대상의 2011년 조사.

- 사업목표는 배송효율성 제고, 물류비 절감, 운전자부족대책, 고객서비스 향상.
  - 관련기업들이 투자된 시설기관이 도로의 정체와 폭주, 교착, 중복 수송에 의한 배송비의 상승, 적재율의 저하, 노동력의 부족 등에 대처하기 위함이다.
- 유통업자(생산자, 창고, 도매상, 도매점포)들이 공동 사용하여 차량적재율을 향상시키고 다이어그램(시간표) 배송과 공동 분류작업 등을 행한다.

② 공동 수·배송의 유형

- 배송 공동형 : 배송은 공동, 실질 보관은 공동화, 특정 터미널 집약 전제.
- 집·배송 공동형 : 보관 공동화, 집하 집약화 전제, 집하와 출하 공동유형.
- 공동수주·공동 배송형 : 운송회사가 협동조합 설립, 수주, 조합원 지시.
- 노선집하 공동형 : 노선업자가 집하한 상품을 공동 집하하여 각지 발송.
- 납품 대행형 : 노선업자가 납입처 대신 납품유형 화물집하, 유통가공 구분.

③ 효과

- 화물의 효율적인 집하와 대량 수송과 일원화 된 수송시스템을 구축.
  - 규모의 경제로 작업수준의 향상과 정보시스템 도입으로 물류서비스 향상.
- 수·배송 차량의 감소와 대형화로 수·배송의 효율 향상을 기대할 수 있다.
- 공동배송센터에서 생산성 향상과 자동화 투자채산성도 향상시킬 수 있다.
  - 입고에서 출고까지 센터 내 일괄물류시스템의 최적화와 작업 능력의 향상.

〈표 4-6〉 공동 수·배송의 효과

| 주 체 | 이 점 |
|---|---|
| 화 주 | • 운임 부담 • 소량화물 집배송 • 일관검수 가능 • 물류공간 활용<br>• 사무처리 간소화 • 물류인원 감축 • 교통혼잡 완화 • 환경오염 방지 등 |
| 운송업자 | • 운전효율 상승 • 수·배송 효율 상승 • 물류비 절감 • 과대경쟁 방지<br>• 서비스 개선 • 물류인원 감축 • 교통혼잡 완화 • 환경오염 방지 등 |
| 사 회 | • 교통량 감축 • 환경오염 방지 • 에너지 절감 • 물가억세 기여<br>• 인적자원 전환 |

### (3) 공동구매(Joint Purchasing)

① 개요

- 동일 목적 공동 집단 또는 소비자가 유통기능 일부 담당하는 집단구매 활동.
- 대량구매 장점을 실현 위해 복수의 소매업자가 모여서 공동 구매하는 것.

② 대표적 형태는 볼런터리 체인(Voluntary Chain)이다.

- 기본 형태는 협동조합 정신으로 공동 출자에 의해 공동구매가 시작되었다.
- 소비자의식 발전으로 개인 공동구매차원에서 소비자단체 등 지역별 협동조합형태

로 생활품품의 공동투자와 공동구매 활동이 증가.(소비자협동조합).

③ 효과

- 대량발주 원가인하(수량할인 등) 및 계획적 발주, 배송 유통 경비의 절감.
- 전문 구매 담당 자에 의한 엄밀한 상품선정 및 공동 제품개발 등.

### (4) 중소유통 공동도매 물류센터

① 사업목적

- 중소유통업체가 조직화·공동화·협업화 및 공동구매와 공동물류로 상품 조달가격을 낮추고 필요한 상품을 원활히 공급받을 수 있도록 건립을 지원.
- 동네슈퍼도 전통적인 수송과 보관, 하역 등 물류개념에서 탈피하여 고객중심 보관과 가공 및 조리기능, 포장기능 등 고객가치 창조를 위한 사고전환이 요구.
  - RFID시스템에서 칩의 단가가 하락하면 새로운 물류체계가 구축될 것이다.[18)]

② 사업배경 및 지원조건

- 1992년 우루과이라운드(UR)와 1996년 유통개방으로 중소유통의 위기사태.
- 1997년 IMF외환위기로 중소유통 및 자영업자의 대부분이 폐점사태에 직면.
- 2001년 한국수퍼마켓협동조합(회장 김경배, 전무이사 임실근) 설립지원요청.
  - 산업자원부 유통 물류과(과장 정진대)와 협의, 중소공동도매물류센터 제안.
- 2001년 설립지원서가 국회를 통과함에 따라서 2002년 대통령령으로 지원.
- 지원 비율(당시 기준) : 매칭펀드 국비 40%, 지방비 30%, 민간 부담 30%.
- '10년 6월 현재 제주, 수원, 대전 등 21개 건립지원, 17개 운영, 4개 건축 중.

③ 지원 내용 및 지원조건의 변경(2013년 12월 기준)

- 매칭 펀드 : 국비 60%, 지방비 30%, 민간 10%으로 변경되었다.

④ 신청자격

- 종합소매업 또는 도매 및 상품 중개업을 영위하는 50명 이상 소매업자
- 10명 이상 도매업자

⑤ 지원근거 : 유통산업발전법 제17조의2(중소유통공동도매물류센터에 대한 지원)

⑥ 지원 대상 : 50명이상 중소종합소매업자(공동), 10명이상 중소도매업자(공동)

⑦ 사업내용

- 상품의 보관·배송·포장 등 공동물류사업(공급과 수요의 완충기능)
- 상품의 전시 및 유통·물류정보시스템을 이용한 정보의 수집·가공·제공
- 중소유통기업의 서비스능력 향상을 위한 교육 및 연수(유통전문가 양성)
- 운영의 고도화를 위해 적기납품 및 효율적인 배송기지 역할과 유통가공 기능

18) 유통창조의 길, 임실근, 두남출판사, 2007, P282.

⑧ 신청·접수

- 단체는 전문가의 컨설팅을 거쳐 사업계획서를 작성하여 지자체에 신청
- 당해년도 2월말까지 소재지 또는 시·군에 신청하면 차년도 예산반영 검토
- 도·시·군, 특별시 및 광역시는 경제정책과 등에 제출하고 예산지원을 요청

# 05

# 국제물류와 물류체계의 변화

## 1 국제물류(international physical distribution)

### 1) 국제물류의 이해

#### (1) 기본개념의 이해

① 정의

- 생산과 소비가 2개국 이상에서 이루어지는 경우, 생산과 소비의 시간적, 공간적 극복 위한 유형, 무형 재화에 대한 물리적인 글로벌 경제활동이다.
- 국내물류보다 확대된 영역으로 원료조달, 생산가공, 제조판매활동 등이 생산지와 소비자가 동일국내가 아닌 국경을 초월하여 이루어진다.
  - 국가별 법률과 관습, 운송영역 넓고 대량화물 운송, 국내 물류보다 복잡하다.
  - 물품의 이동과 관련하여 수출입 수속 및 통관절차, 운송방법 등이 다양하다.
  - 운송영역이 넓고 대량화물을 운송하기 때문에 환경적 제약을 많이 받는다.
- 국제물류는 지구촌의 글로벌화와 급속한 E-Biz 확대로 고부가가치로 전환.
  - 신속성과 부가가치서비스를 중요시하는 복합운송체계로 빠르게 전환되었다.
- 글로벌기업의 글로벌네트워크체계로 물류시스템의 다차원화, 고도화, 다양화.
  - 신속대응(Quick Response)과 공급체인망관리(SCM)서비스수요의 급증이다.

② 미국 물류관리회의

- 완성 제품을 생산완료에서부터 외국 소비자에게 효율적으로 이전시키기 위하여 직·간접으로 관련된 활동이다.

③ 일본 산업구조심의회

• 재화가 공급자에서 외국 소비자에게 이르는 물리적 흐름으로, 운송, 보관, 하역, 포장, 유통가공(전처리, 반조리, 반가공, 소포장 등), 정보활동이다.

〈표 5-1〉 물류의 내용과 영역

| 물류의 내용 | | | 물류의 영역 | |
|---|---|---|---|---|
| 조달물류 | 생산물류 | 판매물류 | 국내 | 해외 |
| • 원부자재조달<br>• 조달센터공급<br>• 재고정책 | • 공장입지선정<br>• 해외공장확장, 근대화<br>• 공장내 운반<br>• 해외공장 종합화<br>• 공장내 하역<br>• 포장, 규격 | • 재고정책<br>• 입지선정<br>• 수송, 배달<br>• 공동 시스템<br>• 하역, 운반<br>• 수주처리<br>• 물류 배송센터 | • 국내물류<br>• 지역사회간물류<br>• 산업(간)물류<br>• 기업간 물류<br>• 기업내 물류 | • 국제 물류<br>• 다국간 물류<br>- 지역형<br>- 초지역형 (국제형)<br>• 2국간 물류<br>- 지역형<br>- 초지역형 |

## (2) 중요성

① 국제간 물품의 생산, 소비 연결 및 생산력 증대 기여

• 운송시간 단축, 조기인도, 적기 인도 → 해외고객에 대한 서비스 활동 향상

- 국제간의 물류의 흐름의 합리화를 통하여 경제재의 효용가치를 극대화.
- 글로벌 금융, 정보, 무역, 교통, 문화예술 등 각 분야의 중심역할 수행 중요.

② 물류체계가 국제경쟁력의 주요 변수로 등장

• 과거 단순가격, 품질경쟁에서 이제 물류가 부가가치창출의 주요수단으로 대두

- 상품 품질과 가격평준화로 물류에 성공하는 기업이 국제무역의 강자로 부상.

• 능률적인 물류관리 능력이 국제경쟁력 강화에 중요한 요소가 되었다.

- 수출입 물품의 물류비용 절감과 제품단가의 인하로 국제경쟁력에 기여

③ 물류관리를 통한 비용절감이 제3의 이윤원 역할로 중요하게 되었다.

• 국제간에 생산 및 소비가 조화되도록 하여 국민경제의 계속적인 발전.

- 유통비용 절감과 서비스 향상, 판매 증대로 기업 발전, 기업과 국가 부흥 확립

• 국제물류 합리화를 통하여 유통비 절감과 서비스 향상으로 판매증진을 도모.

**국제물류와 국내물류**

국제물류와 국내물류의 접점은 수입과 수출이다. 수입에 대해서 간단히 생각해보면, 상사가 개재하고 있는 A국에서 철광석을 F0B(Free0n Board : 본선인도가격)조건으로 수입하고자 할 경우, A국 항구에 있는 선박에 철광석을 쌓아 두기까지가 A국의 물류비용이며, CIF(Cost Insurance Freight : 운임보험료 포함가격)의 경우는 B국 항구에 도착할 때까지가 A국의 물류비용이 된다.

### (3) 환경의 변화

① 생산 및 유통의 글로벌화와 제 3자 물류의 확산
- 생산과 소비를 연결하는 원스톱 서비스(One Stop Service) 물류정보망 구축
- 미국 월마트, 전 세계 6,700여 개 점포에서 세계 5,800여 개 업체 상품 구매.
- 미국 GM, 전 세계 3,200여 개 사에서 연간 860억불어치의 부품 조달
- 삼성전사, LG전자 등 우리나라 기업의 해외매출의존도가 80%를 상회
- 미국 유럽 등 선진국 제조업체의 3자 물류의 활용비율은 80 ~ 90% 수준

② 세계경제 블록화, FTA 확산 및 기업의 글로벌화 급진전
- 중국, 인도, 베트남, 인도네시아 등 아시아가 '세계의 공장'으로 부상
  - 다자간 협상 주춤, 양자간 FTA 협상 급진전(250여건 진행 / WTO 추정)
- 한미 FTA 체결, 한.EU/중국 FTA 체결 등 글로벌 경제체계에 진입함.

③ 소량 다품종, 신속납기, 송금방식 대금결제 등 무역거래방식의 변화
- 컴퓨터와 정보통신기술 발전은 기업경쟁방식, 국제무역거래나 관행에 변화.
  - 전자무역 시스템은 사이버공간에서 표준전자문서로 무역거래방식에 근본변화.
  - 거래당사자의 확대, 거래서류 전자화, 결제방식의 변화, 주문방식의 변화 등.

④ 북한, 아시아, 중국의 항만, 도로, 철도 등 인프라 구축의 필요성 제기.
- 해양과 내륙을 잇는 권역 운송이 광역화되어 복합운송의 발전 촉진.
- 외국운송업체 참여, 내륙복합화물터미널, 통신망 등 국내 업체의 경쟁력.
- 시베리아철도 연계한 대륙철도 활용, 남북경협활동 강화와 전문물류 육성.

### (4) 국제물류의 효과측면

① 가치창조면
- 비용절감이익 및 수출의 증가
  - 국제간 재화의 생산과 소비를 연결하여 국민경제 발전
  - 비용절감과 서비스향상으로 브랜드가치의 지속발전을 지원
- 수출증대는 간접적인 수출증대효과 창출

- 1조억달러 수출하면 수출이익은 300억 달러이나, 물류비는 1,500억 달러이다.
- 물류비용 1,500억 달러의 10%절감은 150억원으로 5,000억 달러 수출 효과.

② 기업경영면

• 환경의 변화
- 저성장 성숙시기 : 생산과 소비의 둔화, 유류비용절감으로 성장 동력 회복
- 생산코스트절감의 한계와 물류코스트의 상승 등 저비용 경영의 중요성 대두.
- 제품의 다양화, 제품수명주기의 단축 등 물류의 신속성과 유연성이 요구.
- 완성품 및 중간재, 부품 등의 신속하고 정확한 글로벌공급체계 구축의 필요성.
- 포장, 하역, 보관, 수송 및 정보통신기술의 발전으로 물류서비스 경쟁력 요구.

• 세계 물류시장을 선점하기 위해서 글로벌 물류기업들이 총성 없는 전쟁.
- 세계 물류시장 규모는 2010년 3조7000억 달러에서 2020년 8조 달러 예상.
- 국제간의 물류의 흐름의 합리화를 통하여 경제재의 효용가치를 극대화.
- 글로벌 금융, 정보, 무역, 교통, 문화예술 등 각 분야의 중심역할 수행 중요.

• 제3의 이윤원천 역할과 제품단가의 인하를 통한 국제경쟁력 기여.
- 운송시간 단축, 조기인도, 적기 인도로 해외 고객서비스에 대한 지원 향상.
- 유통비용 절감과 서비스 향상과 판매증대로 기업 발전과 기업부흥을 확립.

• 일본 IBM현지 법인
- 세계 각 지역 수입업체를 5~6개 지역으로 집약하여 항공과 복합 운송한다.
- 항시 창고 재고수준을 3분의 1로 축소하고 물류비용을 40% 이상 절감한다.

## 2) 국제물류의 특징

### (1) 관리적인 특성

① 서류의 복잡성 : B/L, L/C, 통관서류

• 완전한 서류작성과 원활한 업무진행을 위해서 전문기술과 지식이 필요하다.
- 국제물류는 선하증권, 신용장, 내륙운송 및 통관서류 등을 구비해야 한다.

• 언어, 적용법규, 국제관습 등에 대한 분쟁이 발생할 가능성이 높다.

② 중개자의 존재 : 수출상, 운송주선인

• 화주를 대신하여 물품서류 취급, 운송업자선정업무 수행하는 중개자가 있다.

• 화주와 운송업자 사이에 존재하는 대표적인 중개자로서 운송인을 들 수 있다.

③ 주문절차의 복잡성 : 해외 자회사와 대리인에 의한 주문, 대량주문

• 수출주문은 보통 해외자회사나 대리인에게 위임되므로 어려움이 존재.
- 본사의 생산 공정과 주문절차 및 처리가 복잡하고, 평균 주문규모도 크다.

• 유통채널의 상이성 : 유통단계, 유통구조, 채널별 특징, 주도적 역할이 다르다.

### (3) 특징

① 물자의 국경이동이 복잡 다양해, 긴 리더타임으로 시간·공간적 효용창조 중요.
- 복합일관운송시스템에 신용장, 선하증권 등 수출입관련 서류 많고 작성 복잡
- 운송, 보관, 하역, 포장 등에서 컨테이너와 팔레트가 중요한 역할

② 항만, 공상, 내륙터미널에서 시간과 비용을 절감하는 효율적인 창조노력 중요
- 항구에서 항구까지 Port to port의 해상 운송과 항공운송의 합리화.
- 문전에서 문전까지 Door to Door 복합일관 운송시스템 주도적 수행.

③ 요소별 기능상의 차이
- 운송 : 선박, 항공기, 복합일관운송
- 하역 : 보관 복합화물 터미널, 항만, 공항
- 포장 : 포장단위, 컨테이너, 팔레트 활용
- 정보 : 국내화주나 해외고객에 이르는 과정이 일목요연하게 파악

### (4) 주요 기능

① 계획기능(Planning Functions)
- 전략적인 목표로 전체적인 스케줄 수립.
- 어떤 시설 설치, 다양한 수송수단 루트 비교, 수송수단의 이용가능성 조화,

② 운송기능(Planning Functions)
- 장소적, 시간적, 공간적 효용을 창조할 수 있는 기능의 이해
- 운송수단의 선택과 운송중개인 선정, 운송루트 채택 등.

③ 하역기능(Cargo handing function)
- 하역설비 등을 이용하여 수송화물을 저·양히 하며, 설비기능이 중요.
- 물류활동에 필요한 설비 및 고정자산 관리를 포함.

④ 포장기능(Packaging function)
- 국제물류에서 존재하는 복잡성이나 제약성 극복
- 무역환경과 기업환경의 이해
- 혼재 및 분신, 재포장 등으로 내용물 보호, 취급용이, 판매촉진

⑤ 보관기능(Storage Function)
- 화물수령과 재고관리, 재선적하는 창고기능, 문전에서 이동하는 화물 체크,
- 야드 내에서 이동차와 지게차관리, 적재장소 관리기능.

⑥ 행정 및 정보기능(administration and information functions)
- 선박의 예약과 주문관리, 제고 및 화물이동추적, 선적관련 서류작성,

• 국제세관 정보 및 송장작성, 특히 상황활동보고 및 관리보고서 작성.

### 3) 국제 복합운송(International Combined (Multimodal) Transport)

#### (1) 개요

① 정의

• 한 국가의 범위를 벗어나 다른 국가 간에 단일 복합운송업체가 계약에 의거 국제간에 2개 이상의 복수의 운송수단을 조합해서 일관하여 운송하는 것이다.
• 화물을 어떤 국가의 일정지점에서부터 다른 국가의 인도지점까지 해상 내륙, 수운, 항공, 철도, 도로, 운송 등 두가지이상의 운송방식으로 화물을 운송한다.
• 국가 간 적합한 운송경로를 선택하고, 효율적인 이종의 운송수단을 결합하여 신속하고 정확한 화물운송으로 총비용을 절감할 수 있는 운송방식이다.
• 화물의 수출시 선사와 항공사의 해상·항공운송서비스 구간(Port to Port)부터 최종도착지까지 전 물류구간을 한 사람에게 맡겨 커버하는 운송방식이다.
• 국내에서 협동 일관수송과 마찬가지로 다른 수송기관이 컨테이너화에 의해 국제간을 일관해서 수송되며, Multimodal(Combined Transport)라고 불린다.

② 의의

• 항로를 중심으로 한 해상운송경로에다 일부 대륙횡단 경류를 추가함으로써 거리, 시간, 비용을 절약하여 효율성을 높이는 글로벌 운송시스템이다

③ 운송방식

• 단일운송 : 운송수단으로 한국가의 출발지에서 다른 국가의 목적지까지 운송.
• 복합운송 : 이종복수의 운송수단으로 특정국가에서 다른 국가로 화물을 운송.

#### (2) 주요 특징

① 운송방식

• 복합운송업무(FORWARDING)
  - 해상운송기관과 육상운송기관
  - 해상운송기관과 항공운송기관
  - 육상운송기관과 항공운송기관
• 국제복합운송의 요건
  - 하나의 책임주체와 단일운임(통운임)
  - 운송수단의 다양성
  - 복합운송증권의 발행(Multimodal Transport Document).

• 수송루트
- 한국 → 미국 서해안 → 미국 중동부지역
- 한국 → 캐나다 서해안미국 서해안 → 유럽(또는 아프리카)
- 한국 → 블라디보스톡 → 러시아유럽
- 한국 → 동남아시아(홍콩싱가폴방콕) → 유럽
- 한국 → 황해-실크로드 익스프레스 → 유럽

② 복합운송인(복합운송증권 발행자)
• 화물의 수령부터 인도까지 전체를 자기의 이름으로 운송을 이행한다.
• 그 운송조약관련 규정의 책임을 부담하는 복합운송증권에 지정된 자이다.
• 정당하게 배서된 증권소지인에게 화물인도책임을 위해 모든 조치를 하는 자

③ 복합운송증권
• 책임분기점 : 최초의 운송인
• 매도인 : 운송계약과 보험계약을 체결하고 운임과 보험료 지급
• 매수인 : 물품이 최초 운송인에게 인도된 때부터 발생위험과 비용을 부담
• 주요 내용
- 모든 운송에 사용(CIF 조건을 모든 운송에 사용할 수 있도록 변형)
- 컨테이너보험은 기간보험계약으로 담보기간은 통상 1년 단위로 한다.
- 컨테이너보험의 부보대상인 컨테이너는 국제표준화기구(IOS)규격이어야 한다.
- 보험계약금액이 거액인 운송 특성상 보험회사는 보상한도액을 설정한다.
- 소손해면책율 또는 초과공제면책율 등의 소손해 면책특약을 규정하고 있다.
- CPT조건[1]에 비해 매도인이 운송보험을 체결해야 하는 의무가 추가된 것
- CIP은 매수인부담 운송에서 물품멸실· 손상위험은 매도인이 보험을 수배한다.

④ 업무 특징
• 수단의 복합 : 하나의 운송회사가 많은 운송수단들을 전부 다 운송하지 않음
- 실제 운송업자 말단에서 운송을 직접 하는 당사자
- 운송업자들에게 운송서비스를 제공한다.
• 운송책임주체의 단일성 : 단일 운송증권의 발행
복합운송업사는 복합운송증권을 발행, 하나의 서류를 발행해 준다.
- 자신은 여러 운송서류를 내부적으로 받게 된다.

1) 운송비포함조건(Carriage Paid To)이다. CPT조건은 수출업자가 목적지까지 화물을 인도하면서 운송비의 책임을 부담하는 조건이다. 매도인이 물품을 최초의 운송인에게 인도한 때까지 위험을 매도인이 부담하며, 비용부담은 약정지역 또는 최종목적지까지의 운임을 매도인이 부담한다.

### (3) 종류

① 피기백(Piggy-back)방식

- 철도의 신속성과 트럭의 기동성을 결합한 복합운송방식이다.
- 육상운송수단을 결합한 것이다.

② 피쉬백(Fish-back)방식

- 컨테이너 운송시 트럭운송과 해상운송수단을 결합한 복합운송 방식이다.
- 운송비를 절감하고, 운송시간을 단축할 수 있는 효과를 얻을 수 있다.

③ 버디백(Birdy-back)방식

- 도로운송과 항공운송수단을 결합한 방식이다.

④ Sea & Air방식

- 해상운송의 저렴성과 항공운송의 신속성을 결합한 운송방식이다.

⑤ 스카이레일(Sky-rail)방식

- 철도와 항공을 결합한 방식이다.

⑥ 열차 페리(Rail Ferry)

- 해상운송의 저비용 가격과 철도운송의 대량성과 저비용가격을 접목했다.

⑦ 기타 방식

- 철도와 수운을 결합한 방식과 선박과 부선을 결합하는 방식 등이 있다.

### (4) 해륙(Sea-Land)복합운송의 의의

① Door to Door 서비스

- 국제복합운송은 최초로 1960년대로부터 주로 해상컨테이너 발전에 따라 해·육(sea & land) 복합운송서비스인 선박과 철도 및 자동차의 조합에 의해 시작.

② 선사가 주도하는 제휴형태 구분

- Zone Tariff에 의한 내륙운송요금 설정에 따른 해상경로중심의 형태.
- 랜드 브릿지(land bridge)방식에 의한 대륙횡단철도중심의 제휴형태.

③ Land Bridge 개념의 변화

- 컨테이너화와 복합운송의 진전에 따른 새로운 물류사업을 위한 현상이다.
  - 19세기후반 뉴욕~일본 간 교역(파나마운하개통이전)에 북미대륙횡단철도 이용.
- Land Bridge 개념은 오랫동안 잊혀 졌으나 1960년대 후반부터 북미대륙횡단철도를 이용하는 해륙 복합운송시스템이 새로운 운송방법으로 각광을 받기 시작.
- 1960년대 시베리아횡단철도를 이용한 해륙복합운송서비스도 개발되어 과거 아시아와 유럽 간의 주요 교역의 통로였던 실크로드(silk road)를 재현되었다.

④ 랜드 브릿지(land bridge) 의미

- 해·륙 복합일관수송이 실현됨에 따라 해상-육로-해상으로 이어지는 운송구간 중 중간구간인 육로(land)운송구간을 말한다.
- 대륙횡단을 위한 철도 및 육로운송방식을 이용하여 매개운송을 구간화했다.
  - 육상과 해상을 잇는 해륙복합운송을 위한 교량(bridge)의 역할을 하고 있다.
- 랜드 브릿지는 2국간 랜드 브릿지와 3국간 랜드 브릿지의 두 가지가 있다.

⑤ 랜드 브릿지의 전형적인 경로

- 극동 - 북미태평양안-(철도)-북미대서양안-유럽(ALB) 경로.
  - 극동에서 유럽지역까지 운송 시에 파나마와 수에즈운하를 경유하지 않는다.
- 극동 - 나호드카(러시아)-(철도)-유럽제항(SLB) 경로.

⑥ Land Bridge 목적

- 해·륙 복합일관수송을 통하여 운송비용 절감과 전체 운송시간 감소를 위한 것
- 해상운송업자들은 규모의 경제를 실현하기 위해서 주요 내륙운송체계 구축.
  - 뛰어난 배후접근성을 가진 소수 항만에 화물량을 집중시켰다.2)

▶ 3 SPAN 랜드 브릿지 형태

아시아 -------→ 북미 서해안 -------→ 북미 동해안 -------→ 유럽
(해로) (육로) (해로)

▶ 2 SPAN 랜드 브릿지 형태

아시아 -------→ 북미 서해안 -------→ 북미 동해안
(해로) (육로)

북미 서해안 -------→ 북미 동해안 -------→ 유럽(육로)
(육로) (해로)

## (5) 해륙복합운송의 종류

① 시베리아 랜드 브리지(SLB : 동아시아-보스토니치-러시아 노시-유럽)

- 극동지역과 유럽지역간의 운송이며, 1971년 3월부터 개시되었다.
- 해상운송수단보다 거리측면에서 짧기 때문에 시간과 경비에서 경제적이다.
- 시베리아대륙을 횡단하며, 소요시간이 일정하지 않고, 하물지체가 발생한다.
- 화주는 자기의 화물이 현재 어디쯤 있는가를 알지 못하는 등의 결점이 있다.
  - 극동항구에서 러시아항구까지 해상 운송, 이후는 철도, 트럭으로 배송한다.

② 아메리카 랜드 브리지(ALB)

- 동아시아, 미국 서해안, 대륙, 동해안 : 유럽 해상운송수단이다.
- 북미태평양선로와 북미대서양 선로를 미국대륙을 횡단하는 철도로 연결하여 수송

2) 네이버, 해륙(Sea-Land)복합운송의 의의|작성자jworld_simon

하는 극동~구주간의 복합일관수송 루트를 의미한다.

- 1972년 미국의 Sea Train사가 처음 개설했다.
  - 극동과 유럽 간의 화물운송에서 미국대륙의 횡단철도로 중계하여 극동-구주간의 화물을 컨테이너로 일관 운송하는 형태이다.
- ALB는 극동-유럽간 화물수송에 대한 미대륙을 육교(land bridge)로 하는 복합운송이라 할 수 있다.

| 일본 고베 ↔ 미국 서부의 시애틀 ↔ 미국동부 Halifax ↔ 네덜란드 Rotterdam |
|---|
| (해상운송) (육상운송) (해상운송) |

③ Land Bridge System & 북미대륙

- 극동지역 부산항에서 미국, 캐나다의 서해 연안항까지 해상운송을 한 뒤 미국, 캐나다의 철도에 의해 미국 동부 연안 또는 멕시코만 일대의 각 지점 항만까지 수송하는 해륙복합운송이며, Rail Bridge의 일종이다.
- 극동－미서안항까지 해상 운송 한 다음 그곳에서 철도 또는 철도－ 도로 운송으로 미국 동안까지 내륙 운송함으로써 파나마 운하를 경유하는 해상운송보다 수송시간을 단축할 수 있다.
- 경로의 특징은 파나마 경유 뉴욕 및 걸프 경로인 All Water 서비스의 대체 경로로서 선사에서 협동 일관 운송증권(Intermodal B/L)을 발행하고 선사는 통운임 가운데 철도운송비를 하청 철도회사에 지불한다는 점이다.
- 만약 이후 유럽 대서양항구까지 이어지는 복합운송서비스로 이어진다면 이 운송체계를 ALB로 부르게 된다.

④ TSR(Trans Siberian Railway)

- 시베리아 대륙횡단철도를 이용하여 극동지역의 한국, 일본 등에서 유럽이나 중동까지 화물을 운송하는 방식
- 1891년 알렉산더 3세에 의해 개발이 시작되었고 극동의 군사적 영향력을 강화하기 위해 착공
- TSR의 단점
  - 철도설비 등 인프라의 노후화 및 컨테이너 수량 부족
  - 극동지역과 유럽지역 간의 무역불균형으로 인한 공컨테이너 회수문제
  - 화차의 부족과 예측 불가능한 운행제도 즉, 운송시간의 정시성 미확보
  - 통일된 화물운송협정의 부재로 인한 복잡한 운송절차
  - 수송 실시간 컨테이너 추적정보 부재

| 2001년 4월부터 철도시설 현대화, 철도산업의 경쟁 구도 창출 등과 같은 TSR의 현대화 프로그램 추진, 운송절차의 간소화, 철도운임을 낮추는 등 제도적 미비점 보완 |
|---|

⑤ 중국횡단철도(TCR)

- 중국의 연운항, 서안, 난주, 우름치, 알라산쿠를 잇는 총연장 4,018km의 철도.
- 시베리아횡단철도(TransSiberianRailroad ; TSR)와 연결되어 극동~유럽을 잇는 철도망을 형성하고 있는 중국대륙관통철도.
- 남북한 철도연결사업이 성공적으로 완료되면 일본-한국-중국-유럽을 잇는 철의 실크로드가 열리게 된다.[3)]
- TCR의 장점
  - TSR에 비해 운행거리가 약 1,000km의 노선이 크게 단축된다.
  - TSR을 이용할 때보다 운행시간 단축 및 운행비용의 절감될 수 있다.
  - TCR은 한국과 중앙아시아와의 화물운송에서 TSR에 비해 최적의 노선이다.
  - TCR은 TSR이나 해상운송에 비해 시간이 단축되고 운임은 절감될 것이다.
  - TSR은 시베리아지역을 통과함으로 동절기는 결빙화물의 파손이 심각하지만 TCR은 결빙에 의한 파손을 크게 줄일 수 있다.
- TCR의 단점
  - TCR노선은 중국, 카자흐스탄, 러시아, 유럽이기 때문에 구간별 운임이 높다.
  - TCR이 수송거리와 시간에서 TSR보다 우위지만 가격에서 경쟁력이 떨어진다.
  - TCR은 카자흐스탄과 러시아는 궤간이 1,520mm로 광궤이지만 중국 및 유럽은 모두 표준궤를 사용하여 궤간이 바뀔 때 TSR에 비해 환적이 1회 더 발생한다.
  - 중국과 카자흐스탄과의 통관 및 검역업무의 비효율성과 컨테이너 환적능력 및 창고시설 등 제반여건도 국제 화물수송에 적합하지 않는 문제가 있다.
  - TCR의 일부 구간에서 용량한계로 인한 병목현상이 해결도 선행되어야 한다.

〈표 5-2〉 한반도 종난철도의 노선연장 및 시설 현황 (단위 : Km)

| 노선명 | 한국내 구간 | 미연결 구간 | 북한내 구간 | 총연장 |
|---|---|---|---|---|
| TKR1 | 491<br>(부산~서울~문산) | 20<br>(문산~개성) | 434<br>(개성~평양~신의주) | 945 |
| TKR2 | 533<br>(부산~서울~신탄리) | 31<br>(신탄리~평강) | 749<br>(평강~청천~두만강) | 1,313 |
| TKR3 | 533<br>(부산~서울~신탄리) | 31<br>(신탄리~평강) | 790<br>(평강~청천~회령~남양) | 1,354 |

자료 : 안병빈 외, 2000, 한반도 종단철도가 시베리아 횡단철도(TCR)활성화에 미치는 파급효과

3) [네이버 지식백과]TCR (매일경제, 매경닷컴)

⑥ TKR(Trans Korea Railway)

- 한반도와 중앙아시아 및 유럽의 연결을 목표로 추진하는 철도 노선
- 1992년 남북한이 경의선 철도 연결에 대해 합의하여 경의선 철도와 문산~개성 사이의 육로를 연결하는 남북철도연결 사업에 큰 진전을 기대하고 있다.
- 2000년 6월 남북정상회담에서 경의선 철도 복원에 전격 합의함에 따라 TKR과 TSR/TCR의 연결이 보다 가시화되고 있다.

### (6) 복합운송조약의 역사

① 주요 흐름

- 1929년 바르샤바조약
  - 이 조약에서 처음으로 등장 하여 연속운송의 개념으로 운송계약이 체결됨
- 1949년 ICC(국제상업회의소)의 국제복합운송조약의 예비 초안 실제
  - 복합운송이 이루어지는 내용에 따라 복합운송이란 용어가 처음 사용 됨
- 1960년 컨테이너 등장
  - 복합운송이 부각되고 오늘날에는 국제간 화물운송체계에서 널리 보편화

② 해상운송

- 1924년의 "선하증권 통일조약(Hague Rules)"
- 1968년의 "개정 선하증권조약(Hague-Visby Rules)"
- 1978년의 "UN 해상화물 운송조약(Hamburg Rules)"

③ 육상운송

- 1985년의 "개정 국제철도화물운송조약(CIM, 유럽에서 적용)"
- 1975년의 "국제도로화물운송조약(CMR, 유럽에서 적용)"

④ 항공운송

- 1929년의 "국제항공운송에 관한 통일조약(Warsaw Convention)"
- 1955년의 "개정 국제항공운송조약(Hague Protocol)"이 있다.4)

### (7) 국제복합운송관련 규정

① 국제물품복합운송조약(TCM:Transport International Combine de Marchndises)

- 복합운송은 운송인으로부터 발급 받은 복합운송서류가 은행에서 유효하게 수리되기 위해서는 국제상업회의소가 제정한 신용장 통일규칙에 부합되어야 한다.
- 신용장통일규칙(UCP600) 제 19조에서 복합운송서류부분을 규정하고 있다.

② UN 복합운송 조약(국제물품복합운송에 관한 UN협약 구성)

- 국제물품복합운송이란 복합운송인이 물건을 인수한 어느 한 나라의 지점에서 다

4) [출처 네이버, ]복합운송 |작성자동녘하늘

른 나라에 위치하고 있는 인도가 예정된 지점까지 복합운송계약에 의거한 적어도 두 가지 이상의 운송수단에 의한 물건운송이다.

- 총칙 등8개장, 40개조문 부속서의 5개조항, 국제복합운송체제 확장에 따른 복합운송인과 송하인 간의 책임한계 규정

③ Hague Rules (선하증권 관한 법규 통일위한 국제협약)

- 16개 조항, 해상운송인 면책·책임제한의 약관을 선하증권에 삽입을 금지한 협약 준거법 역할
- 헤이그룰 제정이후 사회·경제적 배경 변화 반영하여 국제협약의 개정

④ Hague-Visby Rules (선하증권관한 법규 통일 위한 국제협약의 개정의정서)

- 10개조항, 헤이그룰 제정이후 사회·경제적 배경 변화 반영하여 개정

⑤ Hamburg rules (해상화물운송에 관한 UN협약)

- 7개장 34개조항, 운송인 송화인 간의 책임문세 관련해 위험, 권리·의무 배분에 있어서 형평성 유지를 위한 헤이그, 헤이그비스비룰을 보완한 규칙[5]

⑥ C M I Uniform rules (해상화물운송장에 관한 CMI 통일규칙)

- 운송산업 현대화, 컴퓨터 통신기술 발달을 반영한 운송서류에 관한 통일 규칙

⑦ ICC 통일규칙 (복합운송증권에 관한 ICC통일규칙)

- 10개항목 19개 조항, 헤이그룰 및 TCM조약내용 기초로 작성,
- 복합운송인 책임, 당사자 권리·의무, 멸실·손상 책임, 지연 책임 등이 규정

⑧ UNCTAD/ICC(복합운송증권에 관한 통일규칙)

- 13개 조항, UN복합운송조약 미발효, UNCTAD 사무국과 ICC의 협조 제정

⑨ Warsaw Convention(국제항공운송엑 관한 규칙통일 위한 조약)

- 제5장 41개조항, 항공운송인, 여객 및 송하인간의 사법적 법률관계에 관한 각국 법체계를 통일한 협약

⑩ Montreal Convention(국제항공운송에 관한 일부규칙 통일에 관한 협약)

- 7장 55개 조항, 바르샤바협약과 1996년 국제항공운송협회 항공사간 협정 통합으로 운송인의 무한책임 위험 부담

⑪ CMR, CIM 조양(국제도로물건운송조약)

- 유럽지역 국가의 육상운송 적용 가능한 규칙, 각 운송구간마다 단일운송에 의한 국제운송을 전제로 하여 정립[6]

---

5) [다음, 일등하우스] http://cafe.daum.net/111hhh

6) [네이버] 제 1절 무역의 개념과 국제 매매계약 무역실무 1/1. 무역실무의 기초 2014/09/17 07:14

### (8) 해상보험

① MIA (영국의 해상보험법)

- 91개조와 제1부칙 및 보험증권 해석에 관한 규칙, 판례의한 거래 관습법을 성문화해 해상보험 법률을 법전화함

② ICC (협회적하약관 A, B, C)

- 8개 그룹 19개 조항, 런던보험자협회 담보범위에 따라 A, B, C를 제정

③ YAR (요크-앤트워프규칙)

- 제2장 21개 조항, 공동해손을 구성하는 손해 및 비용에 관한 통일규칙으로 관련자들의 공동해송정산에 중요함

④ UN국제전자협약 (국제계약에 있어 전자적 의사표시 이용에 관한 국제연합 협약)

- 제4장 25개 조항, 전자적 국제상거래 통용 규범제정. 명확성, 예측성 보장

⑤ UNCITRAL전자상거래 모델법 (유엔국제무역법위원회 중재규칙)

- 17개 조항, 전자상거래적용법이 아닌 각 국내법 모델로 사용목적으로 제정

⑥ UNCITRAL의 전자서명 모델법 (유엔국제무역법위원회 전자서명 모델법)

- 12개 조항, 서면거래서명기능을 수행하는 전자서명이 효력보장 있는 법적 근거위해 제정

### (9) 상사중재

① New York 협약 (외국중재판정의 승인과 집행에 관한 UN협약)

- 16개조, 분쟁해결방법으로 중재판정이 외국에서 승인되고 집행력 보장되도록 만든 국제협약

② UNCITRAL 중재규칙 (유엔국제무역법위원회 중재규칙)

- 제 4장 41개 조항, 유엔에 설치된 국제상사중재에 관한 규칙

③ UNCITRAL 상사중재 모델법 (유엔국제무역법위원회의 상사중재 모델법)

- 제8장 36개 조항, 국제적 성격과 적용상 통일필요, 비엔나에서 정식 채택

④ ICC중제규칙 (국제상업회의소 중재 상사 규칙)

- 제 1장 제 11개 조항, 제 2장 26개조항, 부록 1,2,3, 국제상사중재업무가 급증하고 복잡하게 전개됨에 따라 해석기준으로 제정한 규칙[7)]

---

7) 다음, 일등하우스 http://cafe.daum.net/111hhh

# 2 글로벌 물류사업 환경

## 1) 세계 유통물류사업의 변화흐름

### (1) 물류사업 환경의 변화

① 세계 동향

- 세계경제질서는 과거와는 다르게 변모하면서 빠르고 깊은 폭으로 진행
  - 우리나라는 정보 통신의 발달과 급격한 물류환경의 급속한 변화 추세
  - 기업의 공통 목표인 생산성향상과 이익증진을 위하여 효율적인 물류관리 수행
- 세계 유통산업을 둘러싼 대내외 환경도 질과 양적으로 다른 양상 전개
  - 수출국가의 목표의 달성을 위해 수출업계와 물류업계는 동반성장 전략이 필요
  - 세계 교역증가, 기업 활동의 글로벌화로 국제적 물류수요는 크게 증가
  - 생산차질방지와 생산비용 축소를 위해 노동집약적 제조업의 해외이전의 증가

② 글로벌화 및 공급사슬화로 물류영역이 통합되는 종합물류서비스 수요증대.

- 포장, 보관, 하역, 통관, 수송 등 해상, 항공, 도로, 철도의 통합운송 필요.
- 화주는 과거 항만에서 항만까지의 수송기능만 요구하였다.
  - 현재 재고비용절감을 위해 신속하고 정확한 수송(JIT Just in time)을 요구.
- 향후 많은 기업들이 SCM체제를 도입으로 통합을 요구하게 될 것이다.
  - 화주니즈는 포장, 보관, 하역, 통관, 수송(해운, 항공, 도로, 철도) 등이다.
  - 해상운송과 복합운송물류도 물류관리시스템의 일부로 편입될 것이다.

③ 물류니즈의 고도화로 인해 철도, 선박, 항공기의 기능도 변하게 될 것으로 예상.

- 전문 물류기업들은 철도, 선박, 항공기의 고속화·대형화를 지속적으로 추진.
  - 지금까지 화주들의 수송원가 절감요구에 부응하기 위하여 노력해 왔다.
- 화주의 경영패턴 변화에 따른 통합물류수요 증가로, 물류센터 역할 수행.
  - 철도, 선박, 항공기의 역할도 수송수단에 그치지 않고 물류센터역할까지 수행.
  - 보관, 단순조입, 분류 및 재포장 등 다기능화 되며, 거점별 배송센터역할 수행.

④ 물류전문기업별 경영전략에 큰 변화가 있을 것으로 전망된다.

- 물류산업은 생산비절감 분야로써, 향후 성장가능성이 큰 산업분야이다.
  - 세계경기 둔화에도 불구하고 세계 물류시장은 연평균 6%이상 높은 성장
  - 무역의존도가 높은 나라는 물류효율성을 높여 비용절감이 매우 중요하다
- 기업의 생존을 위해서는 대형화와 물류비절감을 통한 규모의 경제를 실현
  - 글로벌물류기업들은 M&A를 통해 규모의 경제를 달성과 시장지배력 강화

- 수익상승효과 중시 : 물류비절감은 매출증가보다 수익성에 많은 영향 미침
- 과거 철도기업과 선사, 항공사 등은 단순한 운송업자로만 존재하였다.
  - 육상과 해상 등 일괄수송수요의 증가로 인해 복합운송업자로 발전하여 왔다.
- 향후 국제복합운송체계 발전과 공급체인사슬관리(SCM) 구축으로 공급자·생산자·소비자의 물류수요를 통합시키는 글로벌 종합물류업체로 발전되고 있다.

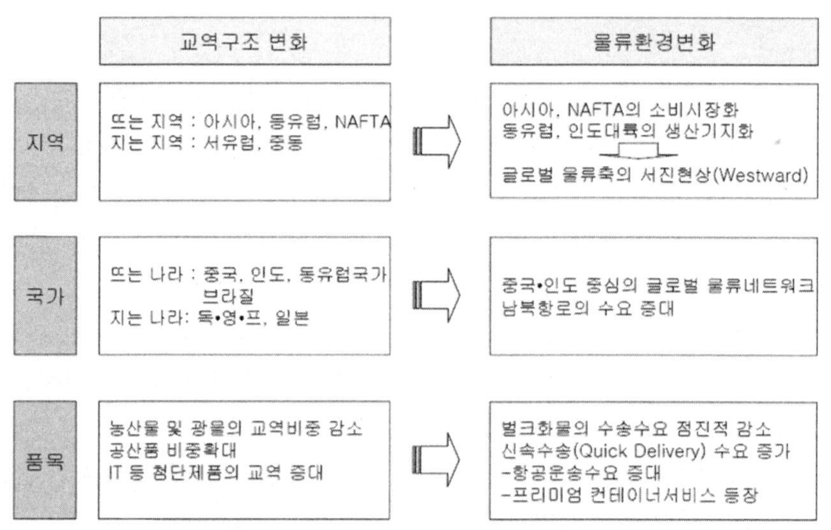


자료 : 한국해양수산개발원(KMI)

**[그림 5-1] 세계 교역구조의 변화가 물류환경에 미치는 영향**

## (2) 주체의 변화

① 글로벌 물류변화는 규범과 질서영역 및 참여주체에 있어 변화이다.
- 글로벌 물류환경은 양자(쌍무)협정, 지역협정, 글로벌협정에서 공통 현상이다.
  - 과거 : 이해당사국을 중심으로 하는 양자협정(해운, 항공, 관세 등).
  - 현재 : 지역주의가 대두되면서 지역협정 체결이 급격히 증가되는 상황.

② 국가주의의 위축, 지역주의 팽창, 세계주의 정착화.
- 항공분야, 유라시아철도협력사업, 국제내륙운송로 개발 등 국가협력 증대.
- 물류운송사슬의 보안, 안전 및 환경분야는 더욱 강력한 규제조치의 도입.

③ 글로벌무역 국가들은 관련기업들에게 최적의 경영활동여건을 지원할 것이다.
- 글로벌경쟁은 생산본거지를 해외로 이전시키면서 중국은 세계교역중심시장의 위상이 확립되었으며 인도, 러시아, 브라질 등도 신흥시장으로 부상함.
- 미국, 일본, EU를 중심으로 운영되던 기존의 글로벌 물류질서들이 근본적으로 바뀌어 지면서 각국들은 신속하고 효과적으로 환경변화를 수용되고 있다.

- 우리나라의 동북아 물류중심전략의 성공은 세계여건의 활용에 달려있다.
- 글로벌 경쟁우위전략의 성공은 창조적인 실천과 상대적평가로 비교된다.

#### (3) 세계 주요 항만과 공항들은 종합물류 거점화하는 전략을 구사

① 물류거점배후에서 처리화물이 가공, 조립, 전시, 판매되는 자유무역지역 설치.
- 단순 수출입화물처리기능에서 국제전시장, 국제무역센터, 하역, 보관, 전시, 유통 등의 종합적인 물류서비스를 제공할 수 있는 공간으로 육성

② 물류산업 성장을 위해 도로, 항만, 공항 등 관련 인프라를 지속적으로 확충
- 물류산업에 대한 정부의 지원을 강화와 물류기업들의 경쟁력의 제고 노력

③ 항만 및 국제공항 배후단지의 조기 확충, 글로벌기업의 경영환경 조성.
- 기업유치, 내륙연계수송 강화, 종합물류서비스를 지원하는 제반 산업 육성.
- 연관 산업 및 국가 지원 등 수요자중심의 항만배후물류단지 개발 및 운영.

### 2) 글로벌 물류환경

#### (1) 대외 환경

① 21세기 지식정보사회, 지구촌은 국가운명을 좌우하는 무한경쟁시대 진행.
- 국가 생존을 위해서 경쟁력 강화 필수, 선진국형 고부가가치 육성 요구.
- 글로벌 경쟁, 품질, 디자인, 물류효율성, 스피드 경쟁우위 좌우하는 핵심.
- 동북아지역의 교역규모는 중국의 WTO 가입으로 개방의 가속화, 투명성 확보, 예측가능성의 개선 등으로 시장개방이 더욱 빠르게 진행될 것으로 예상.

② 국가물류 효율성이 개별기업의 경쟁력에 큰 영향을 미치고 있다.
- 물류산업 경쟁력은 국가 성장동력의 주요부문 인식, 사업위상 정립.
- 국가별 제품의 대내외 경쟁력 영향과 외국기업 국내투자 활성화 유도.
- 고용 창출과 글로벌 경쟁능력, 제반 부가가치를 높이는 효과.

③ 국제물류 관련 국가별 정책의 변화
- 미국과 EU 등은 9.11 테러사태 이후 안전과 보안중심의 새로운 질서 변화.
  - 세계기구의 지원을 받으며 세계 규범이 되면서 물류정책이 변화되었다.
  - 미국의 컨테이너 보안협정(CSI)이 대표적이며, 양자협정으로 출발했다.
  - 세계관세기구(WCO)[8]에서 유사제도를 도입하고, 유럽연합이 동참했다.
- 교토의정서에서 미국, EU, 일본은 CO2배출량 삭감을 물류정책에 포함했다.
  - 교토의정서에서 합의된 '2012년까지 온실가스 배출량은 6% 삭감'이었다.

---

8) 국제관세기구(WCO: World Customs Organization, 이하 WCO)

- 이후 운송수단, 항만, 공항 등 물류시설에 적용되어 국제 규제대상이 되었다.
- 아시아, 유럽, 중앙아시아국가들은 유라시아 대륙철도망의 중요성을 인식했다.
  - 중국은 뉴랜드브릿지 정책으로 유럽을 잇는 대륙철도 개발을 서두르고 있다.
  - EU는 유럽순환운송네트워크(TEN-T)로 유럽, 중앙아시아철도를 개발했다.
  - 인도는 중앙아시아연계철도와 러시아 중앙아시아연계철도를 추진하고 있다.
- 향후 아시아, 인도, 중앙아시아, 유럽을 잇는 대륙철도가 완성될 것이다.
  - 유라시아대륙의 새로운 물류네트워크로 부각되어 물류환경이 변화될 것이다.
- 세계 주요 국가들은 정보화를 자국 물류정책의 핵심정책으로 인식하고 있다.
  - 미국, 유럽, 일본 등이 WCO권고안[9]은 '싱글윈도우' 개발을 서두르고 있다.
  - 향후 국제교역 및 물류는 동일 물류정보시스템을 사용할 가능성도 있다.

### (2) 대내 환경

① 현상

- 중국중심으로 하는 다국적 기업들의 생산거점 및 글로벌 물류네트워크 강화.
- 컨테이너 양의 급격한 증가 및 중화권 협력 및 국제물류 거점전략 추진.
- 정부도 동북아 허브를 목표로 글로벌 물류기업육성정책을 적극 펼쳐 왔다.
- '2012년 세계 10대 물류전문업체 탄생'의 목표아래 정부의 각종 지원제도.
- 현재 국내 물류기업이 글로벌 물류시장에서 차지하는 비중은 2% 수준.
- 우리나라 물동량이 세계시장에서 차지하는 비중은 9%수준에 미달한다.

② 우리나라는 동북아시아물류중심허브국가의 위상정립을 위한 제반 노력

- 수출입 물품의 최적 유통과 물류비절감을 통한 경제발전과 물가안정 없음.
- 국제간에 생산 및 소비가 조화되도록 하여 국민경제의 계속적인 발전.

③ 우리나라는 중국 및 일본과 지정학적과 산업 구조적으로 중간에 위치

- 동북아 중심의 FTA 등 경제협력체계 구축을 통한 경제 활성화 추진
- 한·중·일중심의 아시아국가간의 역내무역과 경제권중심 국제물류체계 변화.
- 동북아 경제권 중심부, 동북아의 국제 물류 거점화 전략 국가경쟁력 위상.

④ 우리나라 국제물류 발전, 글로벌 기업 국내 유치와 국가경제 성장 핵심과제

- 북한, 아시아, 중국의 항만, 도로, 철도 등 인프라 구축과 일본과 미국 등 해양과 대륙을 잇는 권역운송이 초 광역화되어 복합운송의 발전을 촉진.
- 외국운송업체 참여, 내륙복합화물터미널, 통신망 등 국내 업체의 경쟁력.
- 시베리아철도 연계한 대륙철도 활용, 남북경협활동 강화와 전문물류 육성.
- 항만서비스 다원화, 해운서비스, 육상교통망 정비, 내륙물류단지 건설노력.

---

9) WCO가 제출한 권고안에는 △무역원활화의 지속적 추진 △개발도상국 능력배양 지원 △국제기구의 무역증진을 위한 모니터링 및 모범사례 발굴 장려 등이다.

• 생산과 소비를 연결하는 원스톱서비스, 물류정보망 구축과 전문 인력 양성.

### (3) 국제물류의 거시적 변화에 대응 시사점

① 국제물류의 거시적 변화의 1차적인 특징
- 글로벌 기업들의 생산 공장 BRICs(중국, 인도, 러시아, 동유럽, 브라질) 집중.
  - 중국생산·선진국소비에 비해 BRICs생산·선진국소비는 다양한 물류경로 필요.
  - 현재까지는 극동·북미와 극동·유럽이 물류네트워크를 형성하고 있었다.
  - 향후는 북미·극동·인도·유럽경로와 남미·북미·유럽·아시아경로 물류네트 구성.
- 특기할만한 또 다른 경로는 유라시아 내륙 철도 및 고속도로이다.
  - 중국, 인도, 러시아, 동유럽경제가 발달하면 중요 물류네트워크로 활용될 것.

② 우리나라 물류산업의 경쟁력
- 세계 20위권에 불과하고, 매출액대비 물류비용의 비중도 아직 높은 수준
- 화주의 자가 물류 선호로 인한 수익성 악화가 물류시장 경쟁력을 약화
- 3자 물류시장의 성장정체와 물류기업 간의 과당경쟁으로 경쟁력의 약화
- 물류기업들의 글로벌 네트워크 부족과 종합물류서비스 제공역량의 부족

2011년 항만생산성 종합평가에서 현대부산신항만(주)이 `올해의 터미널 상`을 수상했다. 사진은 부산신항만 및 현대부산신항만㈜의 모습. 연합뉴스

③ 현재까지 유지되어온 우리나라 환적화물의 유치 전략에도 수정이 불가피하다.
- 한국은 중국·일본 수출입화물대상으로 소형선박·대형선박 환적화물 유치.
- 향후는 BRICs 4국과 선진국간에 다양한 기간항로가 형성될 것이다.
  - 소형선과 대형선의 환적이외도 대형선·대형선 환적화물유치도 모색해야 한다.

④ 물류프로세스, 규정, 솔루션 등 각종 글로벌 물류기준의 중심국이 되는 조건.
- 물류관리는 e-비즈니스, 통합물류, 관리시스템국제공조 등 새로운 흐름형성.
- 새로운 흐름에서 가장 중요한 대응포인트는 국제물류표준을 선점하는 것이다.
- 물류지능화, 자동화, 무인화, 대형화, 고속화, 통합화에 가장 효율적 대응이다.
- 항만과 공항중심의 단순전략에서 정보기술·지식중심 물류전략도 바람직하다.
- 물류기지, 시스템, 물류정책, 비즈니스, 물류인력중심으로 전환하는 것이다.

⑤ 화주니즈 신조류는 물류수요 광역화·거대화와 공급사슬단위 통합관리수요이다.
- 새로운 물류가치의 흐름은 화주별 맞춤물류수요를 크게 증대시키고 있다.
- 새로운 맞춤수요증가는 부가가치가 높고, 대량이며, 장기간 고정되는 것이다.

• 국가물류전략차원에서 대형화주들의 글로벌 물류시스템 구축방안이 필요하다.

⑥ 우리나라는 화주공장이 해외이전추세에 맞추어 해외진출을 모색해야 한다.

• 세계적 네트워크를 갖춘 해운회사·항공회사는 종합물류업체를 지향해야 한다.

• 해외진출과 물류산업 발전은 화주의 맞춤물류수요를 기반으로 추진해야 한다.

### 3) 글로벌물류사업 환경의 변화

#### (1) 글로벌 제휴와 M&A를 통한 경영체제의 변화

① 정기 선사들의 글로벌 제휴와 경영의 글로벌화로 세계경영이 가능

• 미 해운법 제정에 따른 해운시장의 경쟁격화와 대고객 서비스의 강화

• 해운분야는 1996년 이후, 5개 글로벌 제휴그룹 및 초거대선사체제로 정착.

• 최근 지역항로 서비스를 추가로 개설하거나 지역선사와의 협력체제 구축.

• 글로벌 해운서비스망을 기간항로에서 지역항로 및 피더서비스까지 확대.

• 해운분야의 글로벌 제휴그룹 및 초거대선사의 시장지배력이 더욱 확대.

② 글로벌 초거대 선사들의 인수합병(M&A) 및 전략적 제휴 이유

• 공급측면에서 규모의 경제를 통한 선박운항 효율성을 제고하여 비용절감.

• 정보통신의 발달, 선박의 대형화, 하역장비 현대화로 수송관련 기술발전.

• 수요측면에서 고객의 물류서비스 요구가 고도화되어 이를 충족하기 위함.

• 경영의 효율성 추구, 자본집중을 통한 규모의 경제 추구, 대형선박의 투입, 항만에 대한 교섭력 강화 등을 통해 글로벌시장에서 지배력이 강화됨.

③ 세계 정기 선사들의 글로벌 경영전략 4가지.

• 전략적 제휴로 공동운항체제의 구축 및 장비와 시설의 공동이용 등 추진.

- 선박의 효율적 활용의 도모와 서비스범위 확대 및 생산성 향상을 실현.
- 물류비용의 절감과 서비스의 질적 수준을 글로벌수준으로 높이게 됨.

• 해외 전용터미널, 내륙 컨테이너 장치장 등 해외물류기지의 확보 및 운영.

- 해외전용시설 운영은 물류비용 절감과 해외운송시장 점유율 확대에 기여.

• 화주들의 범세계적 물류서비스 욕구충족을 위하여 일관수송체제를 구축.

- 물류서비스의 범위가 확대되면 지리적으로 글로벌 서비스 네트워크 확대.

• 모선은 선택된 항만에만 기항하는 피더서비스로 hub-and-spoke체제 구축.

- 중소규모지역 항만간의 역내 피더서비스로 연계수송하는 전략을 구축.

### (2) 글로벌 물류 이슈

① 안전, 보안, 문제, 향후 세계 규범으로 정착

- 9.11 테러사태이후 제기된 안전·보안을 중심으로 하는 물류정책은 미국과 EU 등 주요 국가와 관련세계기구의 지원을 받으며 세계로 확산되고 있다.
- 향후 안전, 보안문제는 세계 물류규범으로 확립될 가능성이 있다.

② 교토의정서의 채택이후 환경문제, 물류산업의 신 장벽으로 작용할 가능

- 미국, EU, 일본 등 국가들은 $CO_2$배출량 삭감을 자국 물류정책에 포함.
- '2012년까지 온실가스배출량 6%삭감'조항은 국제규제에 대상이 되었다.
  - 현재 운송수단, 항만, 공항 등 물류시설 등에도 적용되고 있다.

③ 유라시아 대륙철도망의 완성

- 아시아·유럽·중앙아시아는 유라시아 대륙철도망개발을 중요정책으로 채택.
- 중국은 뉴랜드 브릿지정책으로 중국과 유럽을 연결하는 대륙철도 개발.
- 유럽연합(EU)은 유럽순환운송네트워크(TEN-T)계획을 착수했다.
  - 유럽과 동유럽, 중앙아시아를 연결하여 우리나라에 도달하는 철도망개발이다.
- 인도의 중앙아시아연계 철도개발, 러시아 중앙아시아연계사업 확장사업 추진.
  - 향후 유라시아 내륙철도가 완성되어 대륙철도망의 비단길이 구축될 것이다.
- 대륙철도망이 글로벌 물류네트워크로 부각되어 국제 물류체계의 변화를 초래.

④ 세계경제는 BRICs가 경제중심으로 부상이 주목되면서 신흥물류시장의 부상

- 중국이 급속한 경제성장을 거듭하면서 국제물류시장에서 중요한 위치를 차지.
  - 향후 인도, 브라질, 러시아 등의 국가들이 뒤를 이을 것으로 예상.
- 인도는 언어, 고급인력, 풍부한 자원, 저임금 등을 통해 급속한 성장세.
  - 향후 인도양중심의 국제 해양물류시장의 중요 변화요인이 될 것이다.

⑤ 물류정보화의 진전

- 세계 중요국가들은 정보화를 자국물류정책의 핵심정책으로 인식하고 있다.
- 관세, 물류정보화분야에서는 '싱글윈도우시스템'[10] 개발을 서두르고 있다.
  - 미국, 유럽, 일본 등이 세계세관기구(WCO)의 권고안에 따라 일괄 처리한다.
- 향후 국제교역 및 물류는 수입관련 통관단일창구시스템을 사용할 것이다.
  - 무역업체는 통관단일창구에서 수입신고 검사, 검역 등을 일괄 처리한다.

10) [네이버 지식백과] 싱글윈도우 시스템(single window system])이란 무역업체가 수입관련 제반 요구사항을 단일창구를 통하여 일괄 제출할 수 있도록 하는 통관단일창구시스템을 말한다. 무역업체는 통관단일창구를 통하여 수입신고는 물론 검사, 검역 등 각종 요건확인자료를 일괄 처리한다.

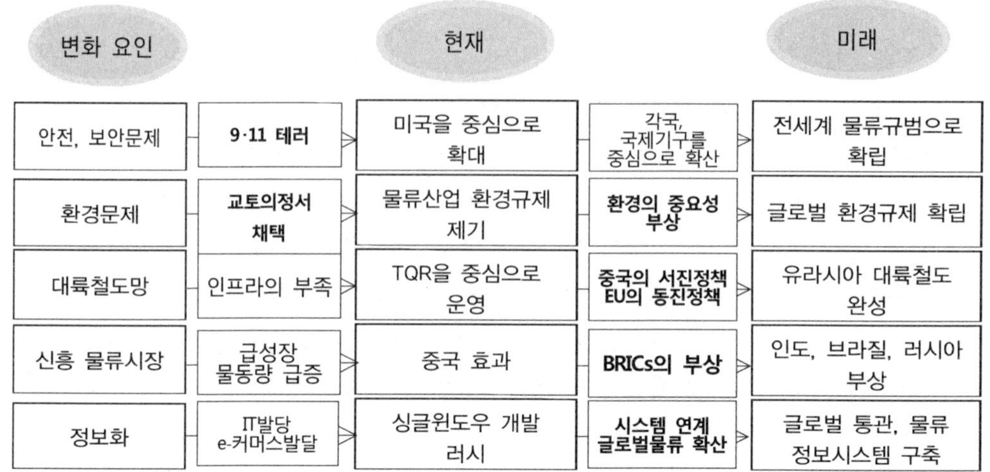


참조 : 한국해양수산개발원(KMI : Korea Maritime Institute)

**[그림 5-2] 주요 국가의 물류정책 변화에 따른 향후 물류정책 전망**

### (3) 국제물류산업 환경변화 요인과 전망

① 국제적 환경 변화 : WTO 체제, 경제 글로벌화 진전

- 무한경쟁시대의 도래 : 지구촌, 글로벌화, 적자생존시대
- 선사들이 규모의 경제를 추구하면서 선박의 대형화가 급속히 진전되고 있다.
  - 선사들의 집하경쟁과 Hub&Spoke체제[11])로 운항스케줄이 변화될 것이다.
- 중국과 인도의 부상으로 글로벌 해상중심의 네트워크관리가 강화될 것이다.
- 미국 외항해운개혁법(OSRA)[12])과 운임동맹(Liner Conference)[13])폐지 흐름.
  - 정기선시장의 경쟁촉진정책으로 선사 간 전략적 제휴 및 인수합병 활성화.
  - 소수 메가 캐리어들의 시장지배력이 더욱 강화되는 결과가 될 전망이다.
- 정기선 동맹의 행동규범에 관한 UN협약[14])이 1974년 4월, 성립되었다.
  - 개발도상국의 주도로 기존 해운동맹의 질서변경을 목표로 한 UN협약이다.
- EU는 2001년부터 Marco Polo 프로그램[15]) 실시.
  - 도로운송을 해운 및 철도로 전환하는 Modal Shift정책을 추진하고 있다.
  - 유럽에서는 향후 도로운송의 수송분담률은 지속적으로 떨어질 전망이다.

---

11) 중심과 주변. '허브(Hub·중심축)'와 '스포크(Spoke·바퀴살)'
12) (OSRA 1998) : 미국의 신해운법(NEW SHIPPING ACT) 개정안
13) 특정 정기항로에 배선을 하고 있는 선박회사들이 상호간의 과당경쟁을 방지할 목적으로 국제카르텔(cartel)을 형성하여 운송에 관한 여러 가지 협정, 즉 운임 및 영업조건(기항지, 취항항로, 적하량 등)의 협정을 맺고 있는 것이다.
14) U.N. Convention on a Code of conduct for Liner Conferences
15) 1992년 연계수송(Combined Transport)사업의 일환으로 실시하고 있다.

• 선진국의 Modal Shift정책과는 달리, 개도국들은 도로운송수요가 증가될 전망.
  - 아시아지역은 1992년부터 역내 도로운송망구축사업이 중점적으로 전개되었다.
  - UN아시아태평양경제사회위원회[16]가 아시아육상교통인프라사업[17]을 추진한다.

② 사회적 환경변화 : 교통정체, 도로혼잡, 지가상승으로 적정 토지 확보 곤란

• 기업경영변화 : 물류효율화의 필요성 고조/기업의 물류비용 삭감 노력필요
  - 유통업체 성장 : 유통산업이 21세기 미래 성장을 주도 / 할인업태 성장
• 화주기업전략의 변화 : 글로벌 네트워크 확산, 보편화되어 무역이 크게 증대.
  - 최근 신용장거래의 이용이 줄어든 것은 기업내 무역이 증가하였다.
  - 과거는 일부 다국적기업들이 주로 이전가격 조정을 위해 기업내부거래 이용.
  - 현재는 글로벌경영의 보편화로 시간과 비용절감을 위해 기업내 무역 활성화.
  - 향후는 정보통신기술 발달로 중진기업들도 기업내 국제거래를 활성화가 예상.
• 국제물류업계는 전략적 제휴나 인수합병을 통한 통합화가 급속히 진행되었다.
  - 글로벌기업의 물류수요변화에 대응하기 위해 권력이동현상이 발생하고 있다.
  - 종래는 업종별 구분[18], 독립시장에서 동일서비스 제공, 동종업체 간 경쟁형태.
• 운송 및 물류사슬 상에서 시장참여자들 간에 업종 간 경계가 무너져 버렸다.
  - 통합물류수요의 확대로 동일 업종별경쟁에서 이종업간 경쟁으로 전환되었다.
  - 물류기업들은 기업규모와 시장점유율 확대에서 새로운 사업모델에 노력한다.
• 제공업자가 고객에게 통합물류서비스를 제공하는 새로운 비즈니스모델 개발.
• 선사의 경우, 수펴과 수직의 통합, 공급사슬 전반에 대한 통제력강화에 주력.
  - 수평적 통합 : 해운시장 지배력을 강화.
  - 수직적 통합 : 내륙운송업체 인수 등 병행.
  - 선사는 종합물류기업으로 변신하여 화주의 원스탑 서비스수요에 부응한다.

③ 정보기술의 발전 : 전자상거래 확산 및 경제활동 변화(화물량 증대)

• 단순 배달서비스, 조달물류, 생산물류, 유통물류시내, IT기반의 서비스 제공.
• 물류관리 프로세스를 통합하는 공급사슬관리(SCM)시스템으로 발전하고 있다.
  - 생산에 필요한 원자재조달부터 공급, 판매서비스이후 피드백관리까지.
• 고객을 적극적으로 관리하고 유도하여 고객가치 증진과 극대화전략의 확대
  - 신규고객 획득, 우수고객 유지, 잠재고객 활성화, 평생고객 만들기 등
  - 고객 전화상담(콜센터 업무), 판매자료 추적 및 관리, 거래 지원 등을 한다.

---

16) 국제연합(UN) 경제사회이사회 아시아·태평양 경제사회위원회(ESCAP)는 아시아와 태평양 지역을 포괄하는 유일한 정부간기구로서 경제와 사회를 개발하고 협력을 위한 중심적 역할을 수행한다.

17) (ALTID) 아시아고속도로와 철도 현대화를 위해 추진중이며, 아시아철도망(Trans-Asia Railway) 사업과 함께 추진 중인 아시아고속도로(Trans-Asia Highway)사업의 1번 도로가 부산에서 출발하는 것이다.

18) 운송업, 특송업, 국제포워딩업, 전문물류업 등

• 온라인에 접목한 웹 사이트, 콜 센터 및 기타 채널을 통한 고객관리시대.
- 고객정보 수집관리와 고객구매과정 개인화와 주문 상품구축에 초점을 둔다.
- 중소유통기업이 물류시스템구축으로 경쟁력을 확보하기 위한 도구이다.
- 전사적 관리체계 구축으로 고객관계 개선과 공급체인망관리가 필요하다.

④ 판매환경 및 소비자행동 변화 : 상품구입방법의 다양화(소비자욕구 다양화)

• 물류환경변화 : 다빈도·소량주문, 다품종·소량생산/규제완화
• 채널파워의 이동 : 제조업체에서 유통업체로 시장주도권의 이동
• 원재료 부품, 반도체 등의 수출체계 : 현지 또는 역내조달, 생산, 판매체계 전환 (일부 부품은 수출국으로 재수입) 등 국제물류체계의 고도화 단계로 진입

### (4) 운송수단의 변화요인과 향후 전망

① 항공부문

• 항공산업에 대한 규제완화에 따라 저가항공사들이 본격적으로 시장에 진입
- 기존업체들과의 가격 및 서비스의 경쟁심화로 귀결될 것이다.
• 항공자유화협정으로 서비스 확대를 추구하는 항공사간 전략적 제휴 강화.
- 소수 글로벌 항공사가 시장을 주도하는 항공산업 과점화가 진전될 전망이다.
• 9.11 항공기 테러사건으로 인해, 세계적으로 항공안전 및 보안이 강화되었다.
- 항공사들의 보안관련 강화조치에 따라 추가적인 비용부담이 가중될 전망이다.

② 철도부문

• 아메리카랜드브리지(ALB)와 시베리아랜드브리지(SLB)의 대륙간 연계수송망.
• 미국은 TEA-21[19] 후속인 SAFETA[20] 제정, 화물연계교통체계강화 프로그램[21].
- 대륙간 연계수송망을 중심으로 복합운송 강화정책을 추진하고 있다.
• 유라시아대륙은 러시아 TSR, 중국 TCR 한국 TKR의 연계를 추진하고 있다.
- 향후 유라시아 랜드브리지(ELB)가 구축되면 유럽과 아시아 간 철도물류시장은 물론, 해상운송사업에도 일대 변화가 불가피할 것이다.[22]

③ 도로부문(각 대륙별 특징적인 발전)

• 미국시장은 규모의 경제, 복합운송의 확대, 인수합병[23]으로 업체대형화가 전망.
• 유럽은 동유럽의 EU가입으로 유럽전역으로 대규모 트럭업체들이 부상할 전망.

19) 1998년 제정한 (Transportation Efficiency Act for the 21th Century)
20) (Safe, Accountable, Flexible and Efficient Transportation Equity Act)
21) (Freight Gateways Program)
22) 네이버, Global Logistics Macro Trend와 시사점 |작성자 곰탱이
23) 물류회사와 트럭운송업체들 간

④ 항만운영업체

- 선사의 시장지배력 강화에 대응하기 위해 글로벌 항만네트워크전략을 추진.
- 허치슨사의 중국진출사례에서 내륙운송사업에까지 사업영역을 확대하고 있다.

## 3 국제통상 및 물류체계의 변화

### 1) 기본 환경의 변화

#### (1) 국제 통상환경의 변화

① 세계무역기구와 국제 교역의 확대

- 세계무역기구(WTO, World Trade Organization의 출범
  - 1995년 세계무역기구의 출범으로 급속하게 진전.
  - 무역/비 무역장벽의 점진적 철폐는 국제적 교역활동을 지속적으로 추진.
- 세계생산, 교역, 해외직접투자(1992~2005년)현상
  - 1975년 250억 달러에서 2007년 1조 8천억 달러로 급속하게 팽창.
  - 2005년 평균관세율 4% 이하, 해외 직접투자 5배 증가.
  - 1970년과 비교하여 2005년 세계 총생산 8배 증가(세계 생산 40% 증가).
  - 1970년과 비교하여 2005년 상품교역 28배 증가(세계 교역 140% 증가).

② 무역패턴의 변화

- 우리나라는 매일 3조 달러의 외국환 거래와 매년 12조 달러의 제품교역.
  - 매년 2조 달러의 서비스 교역, 국내생산 해외공급 → 해외생산 해외공급
- 통합적 글로벌경제(Integrated Global Economy)시스템으로 발전.
  - 남북동시 교역 → 다극 다축 교역, 역간 교역 → 역간 역내 병합
  - 특정 지역 투자 → 인근지역 확산, 완제품 교역 → 부품, 반제품 교역
  - 상징적 제휴 → 실질적 제휴, 지역주의와 쌍무주의 → 다자주의

③ 해외 직접 투자의 추세(2005년 기준)[24)]

- 7만 9천개에 이르는 다국적기업의 등장과 31조 달러의 매출성장
- 15조 달러이상의 해외 직접투자 스톡 보유
- 전 세계적으로 약 79만개의 해외지사 운영
- 820만 명의 고용(세계 생산의 11% 창출)

---

24) 삼성경제연구소(SERI) 자료 참조.

④ 해외 직접투자가 증가한 이유

• 무역장벽의 지속적인 축소
• 상대적으로 높아진 비 무역장벽 및 장래 보호무역에 대한 우려
• 현지 직접진출에 대한 필요성 대두
• 민주화 시장경제로의 이행, 서비스산업의 발전, 세계화의 진전.

⑤ 지역 경제의 통합, 3대 경제권 역내 경제통합의 영향

• 3개 경제권이 세계교역에서 차지하는 비중은 세계경제의 85~90% 차지.[25)]
• 권역 내 소싱, 제조, 유통, 소비, 금융 및 서비스의 역할분담이 예상.
• 역외 국가들에게 배타성을 나타낼 가능성이 높음.

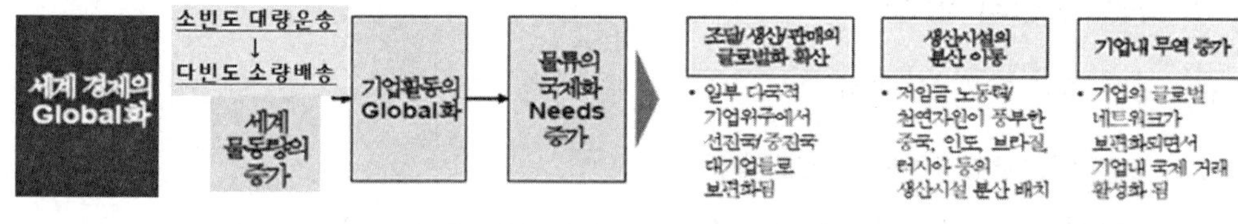


자료: World Containerport Outlook to 2015 (2003), ICAO (Outlook for Air Transport to the Year 2010), 한국 해양 수산개발원, 삼성경제연구소.

## (2) 기업의 국제화단계[26)]

① 수출지향 단계(해외지향 단계)

• 생산거점은 국내애 한정, 바이어의 주문에 따른 단순 수출수행과 현지 마케팅능력 부재로 도매상, 중개상들에게 현지판매를 의존하는 형태.
  - 생산·판매활동이 분리된 사업형태로 수출지판매활동에 관여하지 못함.
• 주요 전략은 국내 생산규모의 경제단위화와 생산원가 절감에 초점.
• 주요 사업 활동은 국내 본사를 중심으로 전개, 생산중심형사업을 전개.
  - 사업은 국가대 국가의 일대일 대응형태.
• 사업전개는 본국중심단계에서 현지법인과 판매거점 현지이전 초기형태.
  - 본국중심의 물류흐름으로 물류의 발생원은 본국으로 한정.

② 국제화단계(현지지향기업)

• 사업 활동이 단순 해외진출에서 벗어나 진출한 현지 지향적 사업수행.
  - 본사통제 하에 생산·판매활동 현지수행, 생산과 판매일체화 사업전개.
  - 현지생산에 의한 현지 시장 확보, 원가절감을 통한 제3국시장의 공략.
• 생산거점은 조립라인으로 knock down생산수행, 부품은 주로 본사조달.
  - 현지진출 목적이 생산원가 절감이나 시장확보 등 단일성.

---

25) WTO, International trade statistics. 2008.

26) 사업형태와 거점구축 방향에 따라 '점의 전개'와 '면의 전개'로 나누어 설명한 M. Porter의 구분

• 사업전개가 국가단위로 국가 대 국가의 일대일 대응형태 사업전개 성향.
 - 완제품과 부품의 국제적 이동으로 물류발생원이 본국에서 다원분포형태.

③ Globalization(범세계화)단계
 • 지역총괄본사에서 제품개발, 부품조달, 생산, 판매의 일괄적인 현지수행.
 - 세계를 지역별 구분 없이 4극 또는 3극체제로 생산과 판매의 보완관계.
 • 부품조달에서 완제품 생산까지 현지에서 전면 일괄생산 추진.

### (3) 국제물류의 패턴변화

① 물류환경의 변화
 • 고객서비스 요구의 폭발적인 증가
 - 기술적인 차이가 없이 부가가치 창출을 위한 차별적우위의 창출.
 - 사용가치의 향상, 핵심기술에 서비스라는 부가가치를 추가.
 • 시간의 압축
 - 물류 리더타임은 주문을 현금으로 전환시키는데 걸리는 시간
 • 사업의 글로벌화
 - 지역별 다양한 요구를 만족시키면서 표준화에 의한 원가우위를 달성
 • 조직적인 통합화
 - 시스템적 관점, 통합관리자, 네트워크의 통합화
 • 물류관련 기술의 발달
 - CRM(인간관계관리), ERP(전사적 자원관리), SCM(공급체인망관리) 진전

② 국제화에 따른 물류패턴의 변화
 • 국제화단계
 - 단순수출입중심, 생산 및 판매의 다면적 전개, 다국적 경영과 경영세계화.
 • 국제물류의 변화단계
 - 수출입 국내물류단계, 운송과 제반물류활동과 연계성 강화, 복합운송 및 물류전문기업 활성화단계, 아웃소싱·토털물류단계, 글로벌물류·SCM.
 • 제조기업의 물류전략의 변화
 - 현재 상·물 혼재, 소품종 대량물류, 재고과다, 저투자·노동집약, 생산과 판매에 종속, 시설분산, 독립·개별 수·배송, 국·내외 물류분리
 - 변화 방향은 상·물 분리, 다품종 소량물류, 재고 축소, 고투자·고기능, 생산·판매·물류독립, 거점집약, 공동통합형 수·배송, 국내외 물류통합.

③ 물류서비스의 국제화 진전
 • 화주기업의 글로벌 원료 소싱과 상품조달, 생산, 판매 등 경영의 국제화.
 - 물류서비스의 범위도 글로벌 전역으로 급속히 확대되고 있다.

- 기업들의 글로벌 경영전략이 확대되면서 물류산업은 급격하게 변화됨.
  - 전문 물류업체들이 각 경제권과 연계하여 국제 물류서비스 제공 심화.

④ 세계 물류환경의 구조 변화

- 정보기술(IT)의 발달과 무역장벽의 개방(FTA), 브릭스(BRKs) 중심의 새로운 거래 시장의 부상, 교통인프라 확충 등
- 정보기술의 발전은 제조업과 유통업, 유통산업과 물류산업의 간격 축소
  - 공급사슬관리(SCM) 전반의 변혁과 세계무역기구(WTO) 체제 정착
  - 자유무역협정(FTA), 지역간 무역협정(RTA)의 확산, EU의 확대 등
  - 중국의 세계적인 부상과 글로벌 생산시설의 재배치 및 교통시설과 글로벌 네트워크 확대로 국가간 지리적 간격이 축소되고 있다.

⑤ 유라시아 물류환경 변화

- 세계 물류는 세계 인구의 72%를 점유하는 유라시아 대륙에서 변화되고 있다.
  - 아시아, 인도, 유럽 등 3개 대륙, 88개국이 참여하는 세계 물류의 핵심권
  - EU, 동북아시아, BRKs 3개국이 위치한 아시아와 유럽에 걸친 세계 최대 대륙
- 유라시아는 세계 최대 시장으로 향후 활용가치가 매우 높은 시장이다.
  - EU의 확대전략으로 인한 "동진물류", 중국과 러시아의 "서진전략", 인도와 중동의 "북진전략"이 동시에 발생되는 급변하는 지역이다.
  - TKR 연결 등을 통해 시베리아 횡당철도가 보다 활성화 될 경우, 아시아와 유럽 간의 육·해·공을 잇는 국제물류체계는 새로운 국면 초래

## 2) 국제물류체제의 변화

### (1) 국제물류 규범질서 체제의 변화

① 국제 규범과 질서는 변화되고 있다.

- 전 세계 물류비용의 증가로 제품가격에서 물류부문에 차지하는 비용이 증가.
  - 국가별 물류비용이 증가되면서 물류중요성이 한층 증가되고 있다.
- 1990대는 다자기구(UN, APEC, OECD, IMO)를 중심으로 GATT협정.
  - 참여주체 쌍무협정으로 이해가 결합된 소수국가중심으로 규범과 질서 구축.
  - 다자간 규범은 미분화되어 구체제가 잔존되는 현상.
- 21세기 전 세계 물류비용이 약 2조억 달러로 중요 이슈와 성장전략으로 변화.
  - 선진국경우, 제품가격에서 물류비용 15%(운송 7~9%, 창고저장 1~2%, 재고관리 3~5%)로 진입되고 국가별 물류비용이 GDP의 9%에서 25%까지 육박.

② 협정체계의 변화

- 새로운 쌍무협정, 이해관계국가중심에서 경제공동체 간의 지역협정으로 대체.
  - 지역협정국가가 증가되고 글로벌협정이 GATT중심에서 WTO협정으로 진화.
- 참여주체측면에서 WTO규범이행과 지역협정체결이 일반화되면서 경제블록간의 주도권 다툼이 격화되면서 사회단체(NGO)의 참여가 적극적으로 변화되었다.
- 물류활동중심지역이 기존 미주지역과 유럽중심의 경제공동체(NAFTA, EEC)에서 아세안(ASEAN)과 중국 등 아시아국가로 이동되dTek.
- 미국은 EU의 중남미국가의 접근을 차단하기 위하여 나프타(NAFTA)확대 전략을 진행하고 있다.

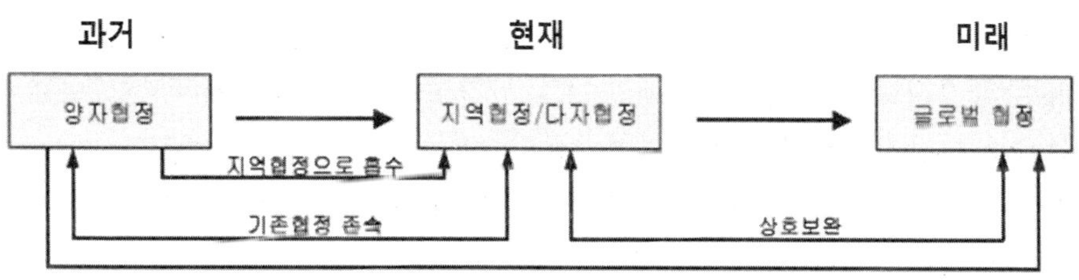


참고 : 세계 물류환경변화와 대응방안, 한국해양수산개발원, 월간 물류매거진.2005.10.09.

**[그림 5-3] 국제물류 규범질서 체제의 변화**

③ 세계물류환경변화의 주요 요인

- 세계화와 국제무역의 증대와 소비자의 가치민감도 날로 증가.
- 운송의 민영화 및 자유화와 환경보호 관심 증가.
- 전자상거래의 등장과 IT기술의 지속적 발전.
- 환경오염에 대한 관심 증가와 재고에 대한 새로운 견해 등장.

④ 현상

- 물류시장 환경의 변하
- 제조업중심의 생산자물류에서 고객중심의 소비자 물류로 전환
  - 과거 :대량생산체계에서 생산자중심으로 상품을 판매하는 Push market 환경.
  - 현새 :다품종 소량 다빈도 물류시대이 등장과 물류리엔지니어링 기법의 화산
  - ABC에 의한 물류리엔지니어링의 실현과 물류세로베이스 사고의 필요성 대두

## (2) 기업과 정부의 변화

① 현상 : 비용절감과 고객만족을 위한 글로벌 경쟁노력의 한계

- 기업의 4P전략과 MD전략은 마케팅믹스를 통하여 상당한 진전되었으나, 제품의

물적 흐름에는 기업경영의 보조나 지원수단으로 인식하여 왔다.

- 기업제조부문 고정자산 증대로 제조원가 절감노력은 한계점에 도달되어 있다.
- 물류는 상거래행위(상류) 연계, 거래이후에 상품이 실제로 이동하는 의미이며, 유형 상품의 거래가 있으면 물류는 반드시 발생한다.
- 물류의 원가절감은 규모화에 따른 기계화와 원가관리의 합리화 등을 요구.
- 물류는 제품의 운송, 보관, 포장, 정보, 가공, 재고통제 등 관리혁신으로 대폭적인 비용절감을 기대되는 분야이다.

② 노력 : 고객만족과 경쟁력 강화를 위한 전술과 전략의 도입.

- 글로벌 스피드경쟁(time based competition)시대, IT결합 물류비용 감소.
- 국가물류 경쟁력 확보와 기업물류혁신, 시장 생존과 성장의 필수조건 인식.
- 정부는 국민경제 발전 위한 물류 중요성 인식, 동북아 물류 허브정책 제시.
- 정부의 경쟁력 강화를 위한 정책 실현의지를 제도적 지원정책으로 발표.
- 업계에서도 정부정책에 찬성하여 이에 호응한 다양한 사업개발 추진시도.

③ 과제 : 효율화 및 생산성을 위하여 이익목표설정(원가통제 → 이익창출)

- 다양한 소비자들의 요구에 부응
  - 납품다변화와 비가격경쟁을 위한 판매 전략의 개발
  - 물류를 제조와 판매에 이은 제3의 부문으로 위상확립
  - 물류상품 유료화시대에서 원가통제형 관리에서 이익창출형 관리로의 전환
- 새로운 물류서비스가 대두.
  - 원가절감과 고객창출실현을 위한 종합물류관리시스템의 구축요망.
  - 국제물류의 시장수요 증가 및 새로운 수요 패턴의 등장을 초래.
  - 글로벌기업의 교역증가와 물류기능의 다양화와 신속화로 변화.
  - 물류의 효율적인 운영과 경쟁력 강화를 위한 네트워크 구축 등
  - 물류에서 로지스틱스로 전환과 토털 코스트에 의한 원가절감시대
  - 물류효율화 및 물류통합화 시대의 도래

### 3) 세계물류의 교역·규범과 경영전략의 변화

#### (1) 주체의 변화

① 규범과 질서영역에 대한 변화와 참여 주체에 대한 변화.

- 양자(쌍무)협정, 지역협정, 글로벌협정 등 모든 분야에서 나타나는 현상.

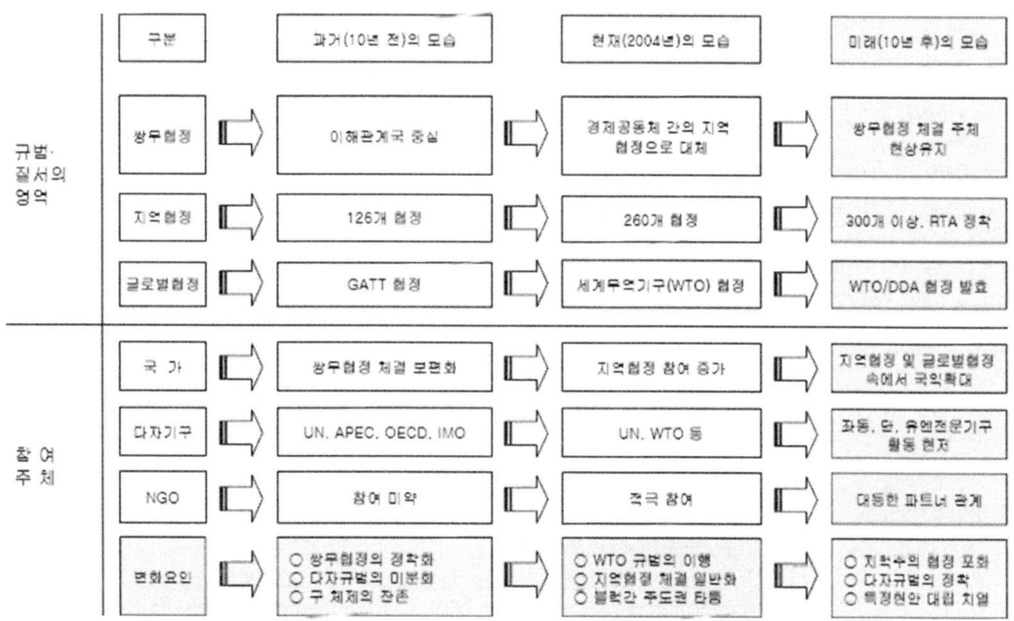


인용 : 세계 물류환경변화와 대응방안, 한국해양수산개발원, 월간 물류매거진. 2005.10.09.

**[그림 5-4] 국제 규범 및 질서주체의 변화**

② 글로벌 규범은 GATT체제가 WTO 협정으로 변경·대체

- 과거 규범 : 이해당사국을 중심으로 하는 양자협정(해운, 항공, 관세 등).
- 현대 규범 : 지역주의가 대두로 지역협정 체결 급격히 증가.
- 협정 가입국 : 1995년 76개국에서 2004년 10월 현재, 모두 148개국 증가.

③ 다자기구 사이의 연대 내지는 공동역할 분담도 새로운 현상으로 등장.

- 과거 : 국제기구가 설립목적에 따라 특정 개별사안에 따라 국제규범 제정.
- 현재 : 관련기구가 특별위원회를 구성하여 공동대응.

④ 관심사항

- 비정부간 기구(NGO) 등의 참여가 최근 늘어나면서 영향력이 점차 증가.
- 안전한 화물운송을 핵심으로 하는 양자 보안협정을 체결하는 사례 증가.

⑤ 변화요인 예측

- 현재 : 정치요인의 지역무역협체결 일반.
- 미래 : 다자규범 성과와 특정현안의 이해관계 대립격화 등이 변화원인.27)

## (2) 체제의 변화

세계 물류규범과 세계화진전에 따른 질서 체제의 격변

27) 세계 물류환경변화와 대응방안, 한국해양수산개발원, 월간 물류매거진.2005.10.09.

① 과거 : 미주·유럽 블록경제공동체(NAFTA, EEC) 쌍무협정체제가 주도.

② 현재 : 아세안과 중국 가세, 미국 나프타확대전략(EU의 중남미접근 차단)

- 2001년 9.11테러 이후, 미국 컨테이너보안협정(CSI), 세계관세기구(WCO) 유사제도 도입, 유럽연합 동참 등 세계 규범의 새로운 질서 변화로 인식.

③ 미래 : 지역주의, 세계주의 상호 견제·조화 모색.

- 미국, 유럽연합 등 강대경제 블록간 주도권 확보를 둘러싼 지역주의 확산.
- 협정 미 참여국가의 경제적 소외현상과 빈국과 부국사이의 갈등심화 과제.

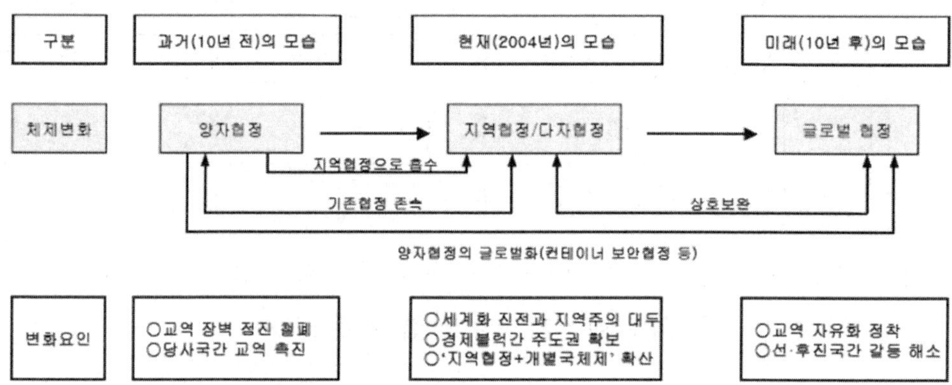


인용 : 세계 물류환경변화와 대응방안, 한국해양수산개발원, 월간 물류매거진. 2005.10.09.

**[그림 5-5] 세계물류 규범 질서체계의 변화**

### (3) 내용의 변화

① 개요

- 양자협정과 지역 및 글로벌협정에서 공통적인 현상.
- 국가 간 교역장벽 철폐 등 교역자유화와 특정 이슈에 대한 공동대처 요구.

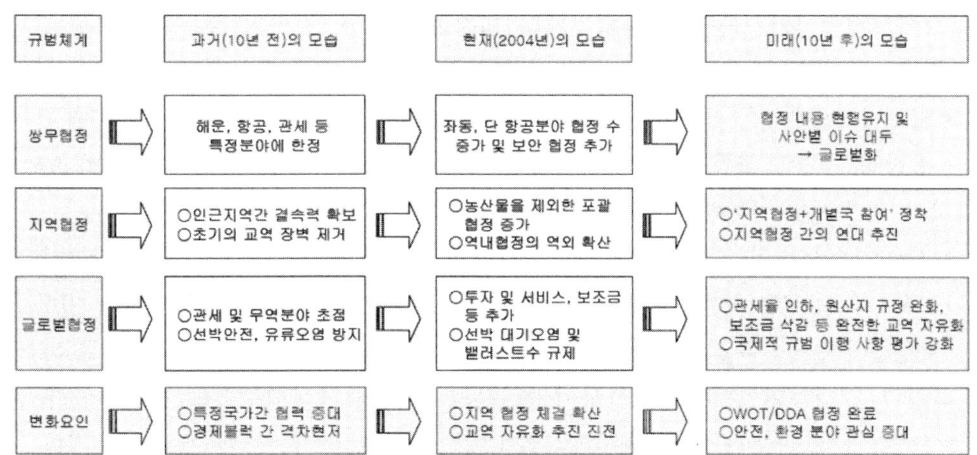


인용 : 세계 물류환경변화와 대응방안, 한국해양수산개발원, 월간 물류매거진.2005.10.09.

**[그림 5-6] 세계 물류규범 및 질서내용의 변화**

② 변화에 대한 대응

- 양자협정
  - 과거 : 해운, 항공, 관세, 이중과세방지협정 등 이해국 기본사항.
  - 현재 : 항공분야와 특정보안문제를 협정대상에 포함사례 증가.
- 지역협정
  - 과거 : 인근국가 사이의 경제적 결속력과 정치적 유대를 강화목적 체결.
  - 현재 : 해당국가와 쟁점사항인 농산물 등을 제외한 상품 등이 협정포함.
  - 향후 : '지역협정+개별국가'의 결합이 늘어나면서 추세는 지속될 전망.
- 글로벌 협정.
  - 과거 : GATT 체제의 경우 규율대상이 관세와 상품 교역이 주류였음.
  - 현재 : 1995년 이후 서비스, 투자, 지적재산권, 보조금, 농산물 등 확대.
  - 향후 : 2006년 이후 WTO/DDA 협상종료로 교역 자유화가 더욱 진전.
- 변화요인 : 다자기구의 규율업무가 점차 확대.
  - 국제해사기구(IMO) : 선박안전·유류오염규제에서 선박대기와 밸러스트 수 처리까지 업무 확대.
  - 경제협력개발기구(OECD) : 기준 미달선 운항에 불이익방안 검토 등 규범내용의 전문화와 다양화가 예측된다.

### (4) 국제물류의 발전추세

① 물류관련 IT 기술의 급격한 발전으로 물류서비스의 고도화가 이루어지고 있다.

- 인터넷, 모바일, RFID 등 물류정보화로 공급사슬관리(SCM)가 진행되고 있다.

- 개별적인 물류기능에서 공급전체의 최적화를 위해 유기적으로 연결, 통합됨.

② 국제 해운항만 및 항공운송분야에서 전략적 제휴와 M&A가 강화되었다.
- 글로벌경쟁우위를 위해서는 시장점유율 향상과 글로벌 네트워크 구축이 필요.
- 전략적 제휴관계를 통해 시장구도는 점차 협력과 경쟁, 복합체제로 재편된다.

③ 자사 경쟁력을 강화하는 Co-Opetition[28]전략이 주목을 받고 있다.
- 경쟁상대와도 적극 협력과 협력네트워크의 확대를 통해 생존능력의 강화인식.
- '규모의 경제'를 통한 통합 물류서비스를 제공하고 사업영역을 확장하고 있다.
  - 물류서비스의 품질 제고를 통한 경쟁력강화와 리스크 분산 등의 경영 전개.

④ 다양한 고객들의 요구에 부응하여 기업들은 지연생산체제구축을 추진하였다.
- 물류부문이 단순한 비용개념에서 부가가치 창출과 수익증가에 개념으로 전환.
- 새로운 경쟁력 제고수단으로 인식되면서 고부가가치 물류의 필요성이 강조.

⑤ 물류자원에 대한 최적의 이용을 위한 친환경물류와 보안기준의 강화가 대두.
- 물류선진국은 물류환경에 대한 악영향요소의 억제와 정화를 실현하려는 의지.
- 9.11 테러이후 공·항만 등과 국제물류전반의 위협요소차단을 위한 노력 전개.

⑥ FTA시대에 주목해야할 물류의 변화
- FTA체결로 인한 국제물동량의 변화
- FTA시장 자체변화에 따른 물동량 변화
- FTA환경으로 인한 유통+무역+물류 가치사슬통합의 새로운 패러다임 변화
- FTA시장의 유통망단축으로 인한 소량, 다품종, 소액, 신속물류 필요성
- 산업내 거래 증가로 인한 전문물류 발전 가능성
- 시장통합으로 인한 생산, 소비 퓨전현상에 대한 종합물류 확대
- 택배시장 등 FTA로 인한 시장개방
- 미국운수시장 등 FTA체결로 인한 시장 확대
- 국제적인 물류망 구축 움직임

### (5) 국제 특송시장의 서비스 전쟁

① 글로벌 빅4[29]기업들은 기존시장의 고수와 점유율확대를 위해 '전투'를 진행.
- 지구촌 곳곳에서 현지화·전문화·고객중심·세분화 등 서비스차별화의 확대.
- DHL과 TNT는 유럽에서, FedEx와 UPS는 미주지역에서 강점을 보여 왔다.
- 최근 아시아-태평양시장의 신규시장 개척과 시장점유율 확대를 위한 전략.
  - 급격한 경제성장으로 다양한 전략중심으로 네트워크 및 인프라강화·확대.

---

28) 경쟁(Competition)과 협력(Cooperation)의 합성어

29) 디에치엘(DHL), 페덱스(FedEx), 유피에스(UPS), 티엔티(TNT)와 우체국 특송서비스인 이엠에스(EMS)

- 빅4는 hub & spoke30)와 point-to-point시스템31)을 통합해 운영하고 있다.
  - 상황변화에 유연하고 탄력적인 대처와 안정적인 운영을 강화하기 위한 목적.
  - 경기 및 물동량상황에 따라 자체보유 항공기와 타 항공사항공기를 병행운영.
  - 빠른 서비스를 제공하기 위해서 통관서류를 사전 제출하여 업무절차 간소화.
  - 시간낭비 축소와 빠른 서비스를 위한 페이퍼리스(Paperless)시스템32) 구축.
- 문전배송(Door-To-Door)시스템 등 다양한 물류서비스를 구축하고 있다.
  - 화물의 빠른 배송과 물류, 창고, 통관 등 모든 분야에 총체적인 시스템 구축.
  - 빅4는 SCM 컨설팅 등 국제 특송업에서 종합물류기업으로 평가를 받고 있다.

② DHL은 고객이 비즈니스에 집중하도록 총체적인 해외배송업무전략을 실천

- 토탈 물류서비스를 위하여 포워딩업무서비스(DHL Global Forwarding) 구축.
  - 항공 및 해상 운송을 비롯한 물류 전 과정을 책임진다는 전략이다.
- 수출화물 및 수입화물 특급서비스, 픽업에서 통관, 배송까지 전 과정을 관리.
- IT솔루션 바탕의 회주별 특성에 맞는 DHL Exel Supply Chain서비스 제공.
  - 물류대행, 창고관리, 포장, 판촉, 금융서비스 등 토털물류서비스 제공·관리.
- 2009년 3월 독일 혁신센터 개점, 첨단기술과 천연연료, 하이브리드 차량개발.
- 지역별, 시간별 서비스 및 네트워크 강화를 확대 추진하고 있다.
- 기존 특송 사업과 함께 개인 고객을 위한 다양한 서비스를 제공하고 있다.
  - 유학서류의 경우 전 세계 어디라도 2만2000원의 단일요금으로 배송한다.
  - 주요 고객층인 전국 주요 20개 대학 내에 총 23개 DHL 접수처를 설치운영.
- 기업고객에게만 제공했던 서비스를 개인고객까지 확대한 서비스도 시행한다.
  - 개인 고객들도 해외 발송인으로부터 물품을 받은 뒤 한국결제방안을 마련.
  - 항공운송장 작성을 까다로워하는 개인 고객들을 위한 인터넷서비스33) 운영.
  - 고객이 보지 않는 사이에 배송된 개별 물품들을 점검하는 정확한 배송체크.

30) 'Hub(허브)'는 바퀴(자전거)의 축을 말하고, 'Spoke(스포크)'는 바퀴살을 뜻한다. 즉, 바퀴의 축에 해당하는 허브공항을 두고 스포크 모형의 노선을 통해, 각 지역의 공항을 연결하는 노선도를 형성하는 것이다.

31) 한지점의 출발지에서 다른 지점의 목적지까지 경유지 없이 항공기를 운영하는 것.

32) 미 국방부는 문서를 전자화하여 공간절약과 정보검색의 신속화를 지향하기 위해 온라인공유가 가능한 전자문서시스템구축이 페이퍼리스(paperless) 운동의 시작이다.

33) 편리하게 항공운송장을 작성하는 `스피드십 서비스'도 제공하고 있다.

③ Fed Ex의 Fed Ex Asia One과 Fed Ex Euro One서비스[34])도 토털물류이다.

- Fed Ex International Priority, Fed Ex International Priority Freight서비스.
  - 68kg이하, 68kg이상, 최고중량 997kg이상을 최단시간 내 배달하는 서비스.
  - 픽업에서부터 통관, 배달까지의 전 물류관리과정을 책임진다.
- Fed Ex는 International Priority Direct Distribution 서비스운영.
  - 동일 국가내 여러 수취인에게 수화물을 발송할 경우 적합한 물류서비스이다.
  - 다수 화물의 지역별 배송시, 단일화물로 처리하고 총괄 관리하는 서비스이다.
- Fed Ex는 인근에 향후 도입해야하는 IT기술을 테스트하는 센터를 운영한다.
  - 중소기업을 대상으로 한 차별화된 전략 등을 시행하고 있다.
- 긴급배송이 필요 없는 수화물을 최저가격 발송 등 실속서비스를 더욱 확대.
- IE[35])서비스는 16개 국가에서 전 세계 90개 이상 국가로 확대해 서비스제공.
  - 실속형 문전 배송(Door-to-Door)서비스는 긴급하지 않는 수화물 배송방식.
  - 저렴한 가격에 발송할 수 있는 방식으로 2008년 1월부터 시행되었다.
  - 68kg이상 화물대상 실속 IEF[36])서비스도 13개 국가에서 50개 국가로 확대.
  - 중량화물대상 서비스인 IPF[37])도 기존 국가에서 아태지역 27개국 추가했다.
- IPF서비스는 개별화물수송까지 도어-투-도어(Door-to-door)통합배송 제공.
  - 배송 요구에 맞는 긴급발송 중요 화물, 정시 배달프리미엄 특송서비스이다.
- 페덱스 IP(International Priority)서비스는 2010년 1월 777화물기의 도입.
  - 상하이, 소주, 쿤산 내 일부지역의 해외 배송물품접수시간이 2시간 연장됐다.
  - 보잉777화물기는 중국 상하이와 미국 테네시주 멤피스 허브간 직항 운영.

④ TNT의 Integrated Direct Express서비스는 직·배송을 전담하는 서비스이다.

- TNT의 네트워크를 이용, 화주의 물류 공급망을 합리적인 방향으로 개선한다.
- 생산과 보관에서 최종고객 문전까지 배송하여 시간과 비용의 감축을 지원.
- 부문별 특화된 SCM 솔루션을 제공과 기업의 물류프로세스 개선 컨설팅 지원.
  - Storapart & Distribution 서비스를 통한 기업의 재고관리 대행
  - 창고경영서비스로 일반·보세창고 운영, 원활한 수출입관리 지원하고 있다.
- 관련 팀은 인터넷기반 발송관리서비스, 인보이스, 모바일 연계기술 등 개발.
- 각 분야 특수화물의 관리와 포장, 운송 등 전 과정의 서비스[38])를 시행 중임.

---

34) 픽업에서 현지 배달까지 전 과정을 책임지는 서비스를 말한다.

35) (International Economy)

36) (International Economy Freight)

37) (International Priority Freight)

38) 클리니컬 익스프레스서비스로 특정 제품의 포장 솔루션, 통관, 보관, 재고와 온도 관리, 배송까지 통합시킨 물류시스템이다.

- 배송화물 회수와 보관, 중량 화물과 위험물, 고가품, 의료부문 등이다.
- 배송 서비스의 전문화와 세분화로 매년 100만 개 이상의 상품을 배송한다.
- 시간과 온도에 민감한 진단용 표본 및 바이오생명공학물품 전문배송서비스.
  - 백신·제대혈·골수·임상용 바이오 샘플 등 임상시험용 바이오샘플을 운반한다.
  - 세계 각국의 생명공학팀과 협조체계를 갖춘 글로벌 유일의 배송업체이다.
  - 자체 전담반운영과 물품특성별 물류관리를 전담하는 원스톱물류서비스 제공.
  - 포장 솔루션과 드라이아이스 공급, 전 운송과정의 온도 기록서비스 제공.
- 초저온의 온도(-150도 이상)상태로 운송되는 세포, 단백질, 제대혈의 경우.
  - 액화 질소 탱크(Dry Shipper)를 이용해 현지까지 안전하게 배송하고 있다.
  - 화주들은 개별화물의 특성별 운송과정의 온도 변화 등 모니터링도 가능하다.
- 생명과학물류센터에서 온도와 시간에 민감한 임상실험, 연구용샘플 운반.
  - 싱가포르, 도쿄, 제네바, 시드니, 요하네스버그, 중국, 미국, 인도 8개 운영.
- 아시아도 한국을 포함, 도쿄와 상하이 외 14개 국가 생명과학서비스팀 운영.
  - 국내는 혈액샘플, 제대혈, DNA, 줄기세포 등 의료관련샘플을 배송하고 있다.
  - 종합병원, 연구기관은 임상시험 샘플을 싱가포르, 벨기에, 호주 등으로 발송.

⑤ UPS는 화물서비스영역을 넓히고 포워딩서비스 강화로 일괄 고객서비스 제공.
- UPS Trade Direct서비스로 통관, 육상, 해상, 항공운송 등 물류과정 통합운영.
- UPS Paperless Invoice, UPS Broker of Choice, UPS FTZ Facilitator서비스.
  - 통관업무 간소화, 브로커 지정, 자유무역지구에서의 원활한 수출입업무 지원.
  - 공급체인 솔루션과 전문서비스 제공, 공급망과 유통, 운송망의 효율적 관리.
- UPS네트워크로 화물종류와 맞춤형 배송서비스와 시스템관리까지 과정을 관리.
- 관련 팀은 허브 운영기술, 무선인식기술, 친환경물류시스템 기술개발에 투자.
  - 포워딩기능의 강화와 원활한 무역활동을 지원하는 다양한 서비스의 지원.
- 철저히 현지화 서비스와 고객중심 서비스를 확대하여 고객 만족을 실현한다.
  - UPS 반송서비스를 통해 고객들은 수취물품에 대해 쉽고 간편하게 반송한다.
  - 고객들의 반송은 반송물과 라벨, 상업송장, 발송지침서를 인쇄해 발송한다.
  - 고객들의 시간 단축, 자금절감효과 등 고객충성도와 재 구매 신뢰도 향상.

• 업계 최초 전자송장 서비스개발에 서비스하고 있다.
 - 통관을 위한 상업용 송장데이터를 전자방식으로 제출할 수 있는 서비스이다.
 - 주문처리, 발송준비에서부터 상업용 송장데이터까지 하나로 통합하고 있다.
 - 전 세계 세관상대로 구축한 인프라로 국제간 통관 절차를 간소화하고 있다.

### 4) 교역구조의 변화와 물류시장

#### (1) 지역별 교역구조 변화 및 전망

① UR이후 지난 10여년(1992~2003년)간 세계 교역구조의 변화.
 • 아시아, NAFTA, 동유럽, 남미의 부상과 서유럽의 비중 감소로 요약된다.
 • 향후도 아시아와 NAFTA비중은 증가하며, 서유럽비중은 지속으로 감소.
 • 세계의 교역에서 아시아지역은 1992년 22.4%에서 2003년 25.5%로 증가.

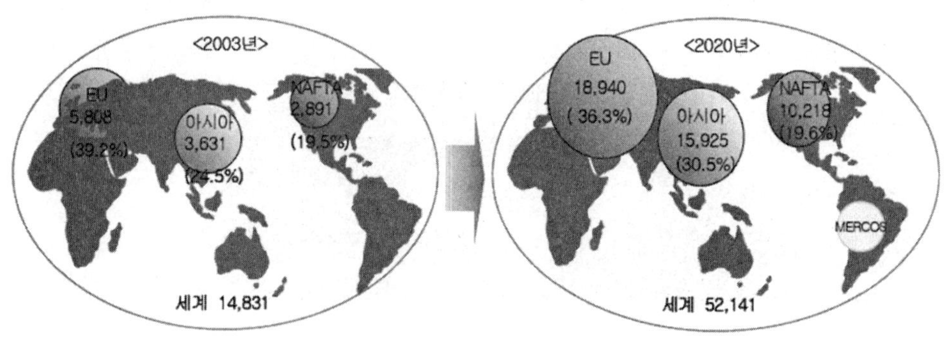


[그림 5-7] 지역별 교역량 및 비중 전망

② 지역별 교역량 및 비중
 • 세 개 권역이 세계교역비중은 2003년 84%, 2020년에는 87% 증가했다.
 • NAFTA의 교역비중은 2003년 19%에서 2020년 20%로 소폭 증가했다.
 • 서유럽은 1992년 44.1%에서 2003년 39.7%, 2020년 36.3%로 감소하였다.
 • 독립국가연합(CIS)은 현재 수준을 유지할 것으로 예상되고 있다.
 • 중동 및 북아프리카지역은 세계교역비중은 오히려 감소되고 있다.

③ 2000년대 세계 교역구조의 특징
 • EU의 세계교역비중 감소, 아시아와 NAFTA의 교역비중 증가
 • 아시아와 NAFTA의 세계 교역비중이 증가한 이유
 - 1990년 이후 중국, ASEAN중심 아시아지역으로 다국적기업들의 생산거점이전

- 역내 국가들 간의 교역량의 증가로 인해 NAFTA의 교역증가
- 아시아의 역내교역비중이 빠르게 증가

• 지역별 세계교역구조의 변화가 물류에 미칠 영향
- 3대 경제권중심 국가들이 세계무역 및 투자에서 차지하는 비중이 높은 상태.
- 역내 경제통합이 진전되면서 역내차원의 생산, 소비, 금융서비스 분업화 심화
- 중국과 아시아지역 부상으로 세계 무역 및 산업구조가 아시아중심으로 재편.
- 아시아지역이 국제물류중심지로 부상되면서 미주, 동유럽 등과의 교역확대

④ 세계경제의 추이

• 세계경제의 회복세는 악화될 전망
- 세계경제는 글로벌 금융위기 영향으로 2010년까지 마이너스성장을 기록했다.
- 경기회복이 느리지만, 공조정책과 경기부양책으로 회복기조는 유지되고 있다.
- 세계 국제금융시장 안정화로 신흥개도국중심으로 완만하게 성장하고 있다.

• 세계 경제성장의 주역은 중국을 중심으로 개도국이 주도하고 있다.
- 세계경제는 성장률이 높아져서 회복국면에 진입할 것이 예상되고 있다.
- 그 양태는 불균형적인 회복세(Imbalanced recovery)가 될 것이다.
- 세계경제의 회복이 지나치게 미국의 국내수요증가에 주로 의존하고 있다.
- 미국의 경상수지 적자폭이 GDP의 5%수준으로써 지속이 불가능한 특징.

⑤ 세계시장 전망

• 2015년 미국시장이 본격 회복 국면 속에 접어들 것으로 전망되고 있다.
• 중국과 일본, 유럽 등 주력시장의 경기회복세는 지연될 것으로 전망됐다.
• 2020년의 아시아지역은 중국, 인도 등을 중심으로 30.5% 급속 성장 예상.
• 동유럽지역은 세계교역비중이 오는 2020년에 4.2%로 늘어날 전망이다.
- 미국은 유가하락과 세일가스개발로 제조비용이 감소, 회복세가 지속되고 있음.
- 중국은 구조조정과 '중국판 뉴노멀'정책으로 경기둔화와 수출확대 애로 전망.
- 일본은 아베 노믹스, 엔화약세로 한국기업의 수출여건 회복이 어려울 전망.
- 유럽시장은 더딘 회복세, '건강제품, 절약소비, 사물인터넷' 3대 트렌드 주목.
- 러시아시장은 우크라이나 사태해결 지연, 루블화 폭락 등 위협 요인이 상존.
- 신흥시장은 구매력확대, 정정불안, 금융시장변동성, 경기침체 등 위협 걸림돌.
- 중남미는 미국금리인상 시 변동성이 우려, 2016 브라질하계올림픽 특수주목.
- 중동지역은 지정학적 리스크, 유가하락, 경기둔화로 대형프로젝트 감소전망.

### (2) 국가별 교역구조 변화 및 전망

① 아시아중심의 교역증가와 서유럽의 교역감소현상

• 지난 10년 동안 중국, 미국, 한국, 인도, 브라질 등의 비중이 증가.

• 서유럽의 독일, 영국, 프랑스, 일본과 러시아의 교역비중은 감소.

② 세계 교역의 변화 전망

• 증가국가 : 중국과 인도(특히, 중국비중은 2020년 현재의 두 배 이상 증가).
• 현상유지 국가 : 미국과 러시아, (브라질).
• 저하국가 : 독일, 영국, 프랑스, 일본, 한국, 브라질, 대만.

③ 세계 경제체제의 변화 전망

• 현재 : NAFTA, EU, 동북아라는 지역경제권 중심의 3극체제
• 향후 : 중국, NAFTA, EU를 중심으로 인도, 일본, 한국, ASEAN, 동유럽, 남미경제공동체(MERCOSUR) 등이 연계된 다극체제로 전환

〈표 5-3〉 지역별 국가별 세계교역비중 추이 및 전망 (단위 : 10억 달러)

| 구 분 | 1992년 | | 2003년 | | 2020년 | |
|---|---|---|---|---|---|---|
| | 금액 | 비중 | 금액 | 비중 | 금액 | 비중 |
| 전세계 | 7644.5 | 1.0 | 14800.5 | 1.0 | 7389.7 | 1.0 |
| NAFTA | 1347.4 | 0.18 | 2839.3 | 0.19 | 52141.4 | 0.20 |
| 미국 | 976.1 | 0.13 | 1973.8 | 0.13 | 6862.2 | 0.13 |
| 서유럽 | 3374.6 | 0.44 | 5874.5 | 0.40 | 10218.4 | 0.63 |
| 영국 | 402.9 | 0.05 | 691.2 | 0.05 | 2230.9 | 0.04 |
| 독일 | 864.2 | 0.11 | 1354.7 | 0.09 | 4452.4 | 0.09 |
| 프랑스 | 481.7 | 0.06 | 729.6 | 0.05 | 2607.1 | 0.05 |
| 신흥유럽 | 479.7 | 0.06 | 907.7 | 0.06 | 3327.0 | 0.06 |
| CIS | 185.6 | 0.02 | 268.8 | 0.02 | 1145.9 | 0.02 |
| 러시아 | 142 | 0.02 | 211.3 | 0.01 | 754.2 | 0.01 |
| 동유럽 | 274.1 | 0.04 | 620.9 | 0.04 | 2181.1 | 0.04 |
| 아시아 | 1172.1 | 0.15 | 2971.3 | 0.20 | 14094.8 | 0.27 |
| 일본 | 541.7 | 0.07 | 792.5 | 0.05 | 1829.8 | 0.04 |
| 중국 | 165.5 | 0.02 | 851.6 | 0.06 | 7054.6 | 0.14 |
| 한국 | 154.2 | 0.02 | 373.1 | 0.03 | 951.1 | 0.02 |
| 대만 | 153.5 | 0.02 | 271.5 | 0.02 | 813.1 | 0.02 |
| 인도 | 42.9 | 0.01 | 126.5 | 0.01 | 654.0 | 0.01 |
| ASEAN | 379.9 | 0.05 | 828.7 | 0.06 | 2906 | 0.06 |
| 남미 | 229.9 | 0.03 | 468.4 | 0.03 | 1396.0 | 0.03 |
| 브라질 | 56.4 | 0.01 | 121.4 | 0.01 | 314.7 | 0.01 |
| 중동 및 북아프리카 | 324.7 | 0.04 | 565.2 | 0.04 | 1231.8 | 0.02 |
| 남아프리카 | 109.4 | 0.01 | 191.1 | 0.01 | 603.6 | 0.01 |

자료 : Global Insight, World Overview, 2004를 토대로 재작성.[39)]

39) 자료 : 한국해양수산개발원(KMI)

### (2) 세계 교역량 현황

① 세계 교역량 추이

- 개도국중심의 수출입 급증으로 2008년 글로벌 금융위기 이전으로 회복.
- 상품교역량은 2009년 전년대비 13%감소, 2010년 전년대비 15.1% 증가.[40)]
- 2010년 지역별로는 아시아와 중남미 신흥경제국의 수출입이 크게 증가.
- 미국은 세계 평균수준, 유로존의 수출입은 매우 부진한 것으로 나타났다.

② 2011년 세계 교역량

- 2011년과 2012년 중 세계 교역량 증가는 전년대비 6%, 5%로 증가[41)]
- 만약, 미국과 중국무역 전쟁이 발발하면 더욱 하락할 것이나 미지수이다.
- 만약 미국경제가 더딘 회복을 보이고 실업자 수가 증가하면 긴장감 상승.
- 글로벌금융위기가 완화되면 무역불균형은 부유국의 수입증가로 다시 재발.

③ 2014년 세계교역량과 비교 평가 및 시사점[42)]

- 2000년(2005년 제외)이후 우리 수출물량은 매년 세계보다 높은 수준을 유지.
  - 2013년 수출은 물량증가로 (금액기준)전년대비 0.3%p 상승한 2.4% 달성.
  - 2014년 1~11월 중 세계 상위 10개국 수출금액 증가율(1.6%)보다 높았다.
  - 중국(5.7%), 독일(4.5%), 미국(2.9%), 이탈리아(2.6%)에 이어 5위를 차지했다.
- 품목별로는 2014년 중 세계경기 회복 부진, 유가하락, 중국과 경쟁심화.
  - 전년대비 석유제품, 석유화학, LCD의 수출단가가 하락했다.
  - 반도체와 철강제품, 무선통신기기, 정밀기계 큰 폭 확대, 수출금액 증가 견인.
  - 세계경기침체로 수출단가는 하락했으나, 금액 증가율은 물량증가로 선전했다.

### (3) 세계교역구조 변화와 전망

① 향후 세계교역구조를 권역별로는 아시아와 NAFRA의 교역비중은 증가 예상.

- 서유럽의 교역비중은 지속적으로 감소할 것으로 예상된다.
- 아시아지역의 교역비중은 2003년 20%에서 2020년은 31%에 도달할 것이다.
  - 아시아지역의 교역량증가, 서유럽과의 교역규모를 더욱 좁힐 것으로 예상.
- 세계 교역구조는 아시아 지역을 중심으로 급속히 재편될 전망이다.[43)]

---

40) 네덜란드연구기관 Burean for Economic Policy Analysis가 발표보고서.

41) Capital Economic Concultancy의 Jullan Jessop

42) 한국무역협회 보고서

43) 한국해양수산개발원(KMI)

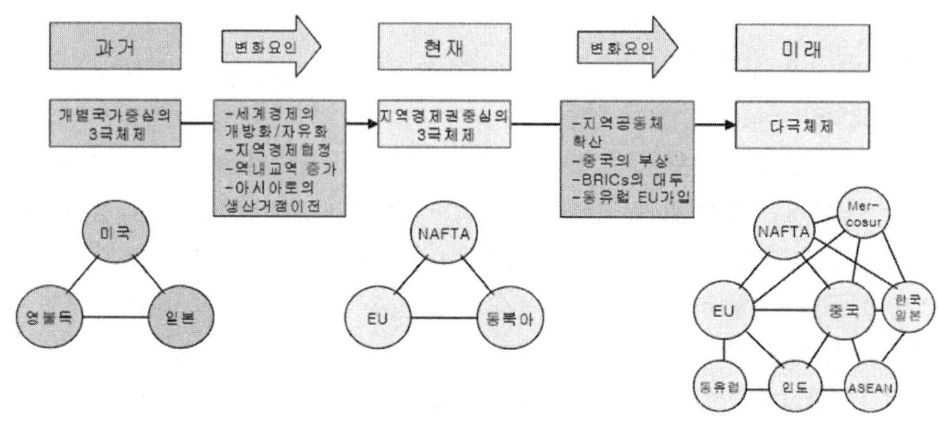


자료 : 한국해양수산개발원(KMI)

**[그림 5-8] 세계교역구조 변화 및 전망**

② 새로운 물결

- 과거 : 개별국가중심의 3극 체계(미국/영·불·독/일본)
  - 버블의 붕괴이후 환경변화와 금융버블 또는 부채버블의 붕괴에 따른 후유증.
    * 경제전반의 디레버리징(Deleveraging)44)으로 세계경제의 축소균형의 불가피.
  - 거대한 동조화(Great Syncronisation)는 세계교역흐름상의 새로운 패턴이다.
    * 세계 교역붕괴가 특정국가나 지역일이 아니라. 글로벌전반에 걸친 현상이다.
  - 변화요인 : 경제 개방화·자유화, 지역경제협정, 역내교역증가, 생산거점이전 등
- 현재 : 지역경제권중심의 3극 체계(NAFTA, EU, 동북아시아)
  - 경제블럭이란 자유무역협정(FTA; Free Trade Agreement)의 부산물이다.
    * 관세·비관세 등 모든 무역장벽제거, 회원국가간에 자유교역을 이루는 지대.
    * 자유로운 인력왕래와 통상무역정책도 일괄 수행하는 공동시장형태 경제통합.
  - 변화요인 : 지역공동체 확산, 중국의 부상, BRICs의 대두, 동유럽 EU가입
- 미래 : 다극 체계(NAFTA, EU, 중국, 인도, 한국, 일본, ASEAN 등)

44) 경제주체들이 빚을 줄이는 데만 집중한 나머지 수요기반이 무너져 경기회복의 발목을 잡는 현상

# 4 세계 물류사업의 변화

## 1) 물동량의 변화

### (1) 선박운송

① 선박공급부문의 급변, 그린경쟁 등 선박연료 유가상승으로 운항비 부담 급증
- 벌크선 시황변화는 평균 BDI(벌크선 운임지수)가 1,488포인트로 2003년 중국효과 발생이전 수준.
- 케이프 정기용선시장은 단기운임에서는 회복했지만, 3년 기간용 용선료는 소폭 반등, 신조선시장도 시황악화에 따라 발주가 부진했다.
- 단, 중고선시장은 시황악화에도 예년 수준을 유지했다.

② 2010년 선박공급량 우려에도 중국 철광석, 석탄 수입급증으로 회복세 유지.
- 2010년 이후 세계 해상물동량은 년평균 3.5%~3.8% 증가될 것으로 예상.

③ 2010년 총 해상물동량은 전년대비 한 81.3억 톤(3.3% 증가)수준
- 2억 DWT 선박완공 인도량이 계획되어 있다(기존선대의 15.5%)(Clarkson)[45)]

### (2) 컨테이너

① 글로벌 재정위기 영향으로 물동량 둔화 및 공급증가로 시황회복세 둔화.

② 2010년 원양 및 근해항로 운임은 2009년 하반기 이후의 회복세 지속 전망.
- 수요측면에서 세계교역량 증가와 아시아 역내 교역량 증가로 물동량 회복.
- 2010년 해상물동량은 전년대비 3.7%상승한 1억 2,700만 TEU오 예상함.
- 공급측면에서 2010년 전체 선박량은 전년대비 11.1%증가, 공급과잉 우려.

③ 아시아지역중심의 교역재편은 아시아지역의 컨테이너 물동량의 증가 유발.
- 2000년 세계 컨테이너 물동량은 2억 TEU를 웃도는 수치를 기록했다.
- 무역개발화의 흐름이 지속되어 2010년은 4억 TEU 이상의 물동량이 확보.
- 향후 NAFTA, EU와 더불어 세계 3대 경제권역인 아시아는 2010년 이후에 전 세계 물동량의 32%수준까지 증가할 것으로 예측되고 있다.

④ 향후 시장전망
- 2011년 세계 컨선규모는 전년대비 7.9% 증가한 1,530만 5,000TEU로 예측.
- 2012년에는 전년대비 9% 증가한 1,667만 9,000TEU로 전망.
- 계선량은 2011년 9월 40만 TEU에 근접하여 전체 선박대비 2.6%

45) 국토해양부 보도자료, 2009년 12월 28일.

• 용선시장은 2011년 하락세에 진입했으며, 운임시장 영향으로 어려운 회복세.
• 추가적 감속운항은 없는 상황, 여름 선박투입률 증가는 계속 유지 예상.
• 선박량 증가로 시황은 회복되고 있으나, 소폭 회복이 지속될 전망.

### (3) 유조선 시황

① 유조선운임은 2011년 지속하락 사상 최저수준이며, 운항채산성이 크게 악화.
  • 중고선가격도 하락, VLCU(초대형 유조선) 장기용선료도 하락, 불확실성 반영.
② 선주들의 심리적 저지선과 운항선박량 조절노력으로 시황은 안정화/회복세.
  • 물동량 증가에도 불구하고 공급과잉으로 수급불균형이 당분간 지속전망.
  • 대형유조선 저장시설 활용증대, 노후선 해체가속화, 단일선체유조선 퇴출강화.
   - 운항선박수량의 조절은 시황개선에 기여할 것으로 전망된다.
③ 향후 시장전망
  • 시황변동요인은 지속 발생하나, 공급과잉이 운임회복을 저지하는 실정.
  • 리비아 생산의 회복, 브라질, 비 OECD 원유생산 확대 등 긍정요인.
  • 경제회복 장기화, 신조 인도량 증가, 원유가격안정화로 저장수요 위축 요인.
④ 대응방안
  • 2010년 세계해운시장은 공급량이 매우 중요한 요인으로 작용할 것이다.
  • 개별 선사들의 현황과 접목한 향후 전략과 협력방안을 마련하여야 한다.
  • 늘어나는 화물물동량 대비, 체선과 체화현상에 대비하여 전용부두의 확보.
  • 관련 위험방지(해적 퇴치, 해양오염 등)를 위한 신속한 대응방제전략 추구.
  • 선박해체를 통한 공급조절과 운임회복 및 저운임체계로 중고선 가격 하락.

### (4) 해운의 신조류

① 중국의 급속한 경제성장으로 물동량이 크게 증가하면서 국제교역구로 재편
  • 중국 물류수요가 폭발적으로 증가로 해운분야를 중심으로 큰 영향력을 행사
② 글로벌 규범의 지배체제로 발전하면서 기간항로의 다양성 대두
  • 세계 주요 정기선사들은 해상노선변경으로 중국서비스를 지속적으로 확대.
  • 북중국, 중부중국(상해), 남중국 등을 기·종점으로 북미·유럽연결 항로개설.
  • 인도는 엄청난 구매력으로 해상운송 네트워크가 급속하게 영향을 미칠 것임.
  • 미국, EU, 일본, 중국, 인도, 브라질, 러시아 등 다극화되면 중심지역 연결.
  • 피더항로까지 고려하면, 항로구조가 상당히 복잡해질 가능성이 있다.
③ 화주의 물류니즈 고도화로 해상운송수요도 물류수요의 일부로 편입될 것임.
  • 해상운송의 독자성이 상당부분 약화될 것으로 예상된다.
  • 따라서 해상운송은 해운중심의 통합물류 서비스체제로 확대 발전 하거나

• 다른 운송수단이 중심역할을 수행하는 통합물류의 일부분으로 편입예상.

④ 선박의 고속화·대형화 지속 예정.

• 기능변화와 관련, 50노트급 초고속 및 12,000TEU급 초대형선박운항 예상.

• 통합물류수요에 부응하여 물류센터선박이나 물류항공모함까지도 기대됨.

⑤ 화주의 종합물류업체로 발전하려는 대변신 노력

• 화주의 통합물류서비스 요구와 선박이 물류기능까지 수행하고 있다.

• 해운, 항공, 도로, 철도, 보관, 포장, 포워딩 등 선사들도 종합물류업체로 발전.

• 각 물류주체들이 저마다 동합물류업체로의 변신을 지향하고 있다.

• 선사들의 종합물류업체로 변신 전망.

- 선사들은 선박을 핵심자산으로 활용하는 종합물류 업체로 발전.
- 수송수단중심의 통합물류(예: 항공운송중심)에서 해운부분 하청업자 전략.

〈표 5-4〉 운송 및 물류인프라 변화 요인과 향후 전망

| 구분 | 변화 요인 | 파급 효과 | 향후 전망 |
|---|---|---|---|
| 해운 | • 선박의 대형화<br>• 중국, 인도의 부상<br>• '96년 미 해운개혁법 (osra) 발효 | • 운항스케줄 변화<br>- 집하 경쟁 심화<br>• 글로벌 해상운송망 재편<br>• 전략적 제휴 및 M&A 가속화 | • 기항지 축소로 항만경쟁 심화<br>• 중국, 인도중심의 해상망 강화<br>• 메가 케리어 시장지배력 강화 |
| 항공 | • 규제 완화<br>• 항공자유화<br>• 9.11 미국 테러사건 | • 저가 항공사 등장<br>• 전략적 제휴 및 M&A 가속화<br>• 항공안전 및 보안 강화 | • 경쟁심화로 신규항로개설 증가<br>• 글로벌 얼라이언스 시장주도<br>- 항공산업의 과점화<br>• 항공사 비용부담 증가 |
| 철도 | • 미국 철도개발정책<br>• 복합운송 강화<br>• TSR, TCR, TKR 개발 | • SAFETA 제정<br>• Rail intermodal 정책<br>• 뉴 실크로드 정책, TEN T | • 아메리카 랜드 브리지 발전<br>• 복합 유송망<br>• 유라시아랜드 브리지 구축 |
| 도로 | • 지역공동체 결성<br>• 정체 및 대기오염<br>• 개도국 도로수요증대 | • 시상규모 증대<br>• Marco Polo 프로그램<br>• 아시아 ALTID사업 추진 | • 업체 대형화<br>• 해운 및 철도로 Modal Smift<br>• 역내 도로운송망 구축 |
| 항만 | • 선박의 대형화<br>• 수요자 니즈 변화<br>• 기업의 글로벌 성경<br>- 국제물류체계의 변화 | • 항만의 대형하<br>- 장비의 대형화 및 고속화<br>• 하역시스템의 고도화<br>- 항만의 정보화<br>• 항만기능의 다각화<br>- 배후물류단지의 역할 증대 | • 수심, 선석 길이, CY부지 확대<br>• 자동화 터미널의 진전<br>- 터미널 운영시스템의 전산화<br>• 지능형 종합 비즈니스 거점 |

| 구분 | 변화 요인 | 파급 효과 | 향후 전망 |
|---|---|---|---|
| 공항 | • 항공기의 대형화<br>- 항공화물의 증가<br>• 항공물류거점화 전략<br>• Sea & Air 화물 증가 | • 공항의 대형화, 장비의 현대화<br>• Hub & Spoke체계 보편화<br>• 공항과 항만의 연계체계 | • 허브공항간 경쟁 심화<br>• 항공사와 전략적 제휴 증대<br>- 물류단지 및 지원업체 수요증대<br>• 공항과 항만의 통합 운영<br>- Two Plot by One Authority |

자료 참조 : 한국해양수산개발원(KMI)

## 2) 미래 항만환경과 신조류

### (1) 미래 항만 물류환경 예측

① 개요

- 지금까지 항만은 선박과 화물의 입출항 및 하역기기 역할을 수행해 왔다.
- 향후는 부가가치를 창출하는 물류기지 역할을 수행할 것으로 예상된다.
  - 전통적으로 항만은 해상 운송과 육상운송의 연결점 역할을 수행하였다.
- 포장, 보관, 육상운송, 통관, 하역, 해상운송 등이 하나의 물류사슬로 통합
  - 항만 배후물류단지가 보편화되고 있기 때문에, 향후는 항만이 물류 기지역할을 수행할 것으로 예상된다.
- 항만이 부가가치 물류공급사슬에 편입되면 항만경쟁부문에서도 큰 변화가 초래될 수 있다.
  - 항만이 선박과 화물의 입·출항 및 하역까지 역할을 수행하는 상황에서는 항만자체의 경쟁력으로 다른 항만과 경쟁해야 했다.
  - 항만이 물류네트워크 망에 편입되면, 개별항만간 경쟁이 항만 네트워크 간 경쟁으로 전환될 수밖에 없다.

② 항만시설의 대형화·자동화 진행 예상.

- 입·출항선박의 증가, 선박의 대형화로 항만시설의 대형화·기계화가 모색됨.
- 향후 항만의 대형화·자동화가 모색되어 갈 것임.
  - 항만이 물류기지화 되면 대형화 ·자동화의 니즈가 강해질 것이다.
- 초대형/초고속 컨테이너선박의 물류체제.
  - 선박의 회전율을 높이기 위해 대형화·자동화를 요구하게 될 것이다.

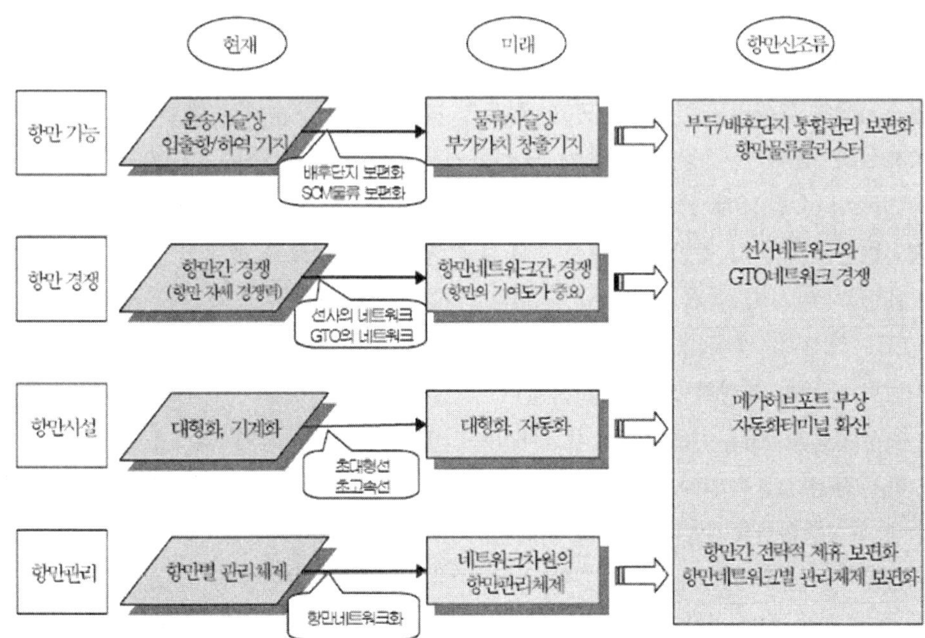


자료 : 한국해양수산개발원(KMI)

**[그림 5-9] 미래의 항만물류 환경의 관리측면**

③ 미래의 항만물류환경의 관리측면

- 항만이 배후단지와 함께 부가가치 기지로 변신하면 통합관리체계가 보편화
- 포장, 보관, 하역, 수송 등 모든 물류주체에 의해 항만 물류클러스터로 발전
- 항만 경쟁력은 관련 지원으로 구성된 항만물류클러스터 경쟁력에 의해 결정.
- 기업경영의 글로벌화 및 공급사슬관리(SCM) 등 통합관리시스템의 보편화
- 포장의 보관, 수송 부문 등을 통합 관리하는 수요가 늘어날 것으로 예상된다.
- 육상물류의 통합수요가 증대하면 육상일관운송[46]의 수요도 증가할 것이다.
- 철도터미널, 트럭터미널 등 시설과 장비의 역할변화
  - 육상통합물류수요 증가에 따라 단순하역 장소에서 물류기지로 전환되는 추세.
  - 인프라, 통신장비, 시설 등의 대형화, 고속화, 지능화가 크게 진전될 것이다
  - 정보통신·유송기술 발달로 철도, 도로, 화차트레일러, 철도터미널, 트럭터미널
- 위성통신, 무선인터넷, RFID 등 기술결합인공지능 관리시스템 발전할 것임.
  - 육상운송부문에 적용되면서 통합물류센터, 창고, 터미널, 도로, 철도, 차량 등

46) 도로운송과 철도운송을 통합 관리하는

### (2) 육상운송의 신조류

① 운송시장이 대륙단위로 광역화되고, 화주의 니즈가 통합운송으로 변화
- 시설과 장비가 지능화·대형화·고속화되는 등 새로운 변화 예측
  - 육상운송환경에 예상하기도 어려운 창의적인 지각변동이 나타날 것으로 예상.

② 지각변동은 예상치 못한 육상운송 신조류를 형성해갈 것으로 예상.
- 유럽과 아시아 존을 포괄하는 유라시아철도 및 도로운송라인이 형성이다.
- EU, 러시아, 중국, 인도 간에 철도 및 도로운송 협력이 증대되면서 가시화.

③ 지능화·자동화·대형화·고속화의 진행
- 육상운송과 물류인프라, 장비, 시설측면에서 크게 진전이 이룩될 것이다.
- 화물전용초고속열차, 초대형 철도차량[47], 지능형운송관제시스템[48] 출현 예상.

④ 거대 육상종합물류기업이 출현의 기대감.
- 시장 및 인프라·장비의 변화에다 화주니즈도 육상종합물류 수요가 증대.
  - 도로운송기업, 철도운송기업, 보관업체, 포장업체 등이 통합됨.
- 기업 간의 상호경쟁과 협력형태는 다양한 전개가 예상.
  - 트럭핵심자산 육상종합물류업체 등장, 철도핵심자산 종합물류업체 출현 예상.

⑤ 아시아지역이 글로벌 경제의 생산기지역할을 계속 수행함.
- 항공물류 시장의 성장을 주도해갈 것으로 예상.
- 특히, 중국의 항공물류시장이 빠르게 성장할 것으로 전망.

### (3) 공항과 항만의 연계체계 구축 : Sea & Air 거점화

① Sea & Air운송은 화주에게 직접 운송하는 복합운송체계로 발전.
- 공항은 국제항공운송과 해상운송을 연계하는 Sea & Air 거점으로 변모.
- 해상운송으로 해상운송거점까지 운송한 후, 동 경제권에서는 항공기 이용.
- 항공운송보다 비용측면에서 유리, 해상운송보다 운송시간측면에서 유리함.

② Sea & Air운송은 홍콩, 중동, 유럽중심으로 이용물동량이 증가하는 추세.
- 홍콩은 중국이 국제물류공항이 부족하다는 점을 이용하여 항공화물 유치.
- 내륙과 해상운송으로 중국전역에 운송하는 'Sea & Air 거점화'전략 추구.
- 홍콩은 활성화위해 항만·공항을 연계하는 수송거점에 첨단물류센터 개발.

---

47) 150~200량 규모

48) (Intelligent Transport System : ITS)

### (4) 철도·도로간 복합운송체계 확대

① 복합운송확대

- 국가와 기업의 물류비용의 감소와 국가경쟁력 제고.
  - 철도와 도로를 연계한 복합운송 확대가 결정적인 역할을 할 것이다.

② 철도물류를 이용한 효율적인 화물운송방안이 21세기 대세로 작용할 것임.

- 유럽이나 미국, 일본의 경우 복합운송이 환경문제와 도로 혼잡을 해소.
  - 글로벌 연계성을 확보하며 운송효율성을 증가하기 위한 방안으로 활용.
- 철도이용률이 유럽연합 ton·km당 25.8%, 일본 50%로, 철도비중 매우 높다.[49)]
- 우리나라는 도로수송비 의존도 96.4%로 매우 높다.
  - 단위수송비도 도로 545.1원/톤·km, 철도 54.4원/톤·km.
  - 도로가 철도보다 약 10배 높다.[50)]

### (5) 자유무역지역 제도의 경쟁적 도입

① 세계의 주요 국가들은 항만과 공항지역에 관세자유지역을 도입·운영.

- 자국공항의 경쟁력과 화물유치 확대, 자유롭고 편리한 물류환경조성 위함.
- 관세자유지역은 유럽 항만, 싱가포르, 홍콩 산업과 경제성장에 주요 역할.

② 싱가포르는 공항지역 1개, 항만지역 4개, 총 5개 자유무역지역 설치 운영.

- 창이공항은 항공운송과 항만과 연계하는 Sea & Air 운송체계를 갖춤.
- 세계화기업의 SCM 수요를 충족할 수 있는 맞춤형 서비스를 제공.
- 세계 글로벌기업들이 가장 선호하는 항공물류의 허브로 각광을 받고 있다.

③ 미국 Ohio주 Ricken backer공항은 외국무역지역(FTZ)제도를 도입

- 국제항공운송 전문업체를 유치함으로써 북미 지역의 항공운송허브로 성장.
- FedEx, UPS, Hellman Worldwide Logistics, Schenker International 등.

④ 아랍에미레이드는 중동지역 물류거점 위해 국제수준의 공항개발로 부삭.

- 두바이, 아부다비, 샤르쟈 등 3개 공항개발이후 자유무역지역 제도를 도입.
- 투자 및 물동량유치로 유럽, 중동, 아프리카, 아시아연계의 물류체계 구축.

⑤ 중국는 1990년부터 보세구역을 운영하여 1998년 13개소 약 850만평 규모.

- 상해 虹橋공항 35Km지점의 外高橋(Waigaoqiao) FTZ는 중국 최초 개장.
- 공항/항만이 연계된 종합무역 다기능을 갖춘 동북아 항공물류거점화 도모.
- 보세창고, 수출입무역, 중계무역, 관리센터, 수출가공지역 등 다기능 중시.
- 공항관세자유지역은 공항기능, 물류능력, 외자유치, 화물유치 등 종합전략.

---

49) 2005년 수송비 통계자료

50) 2005년 수송비 통계자료

### (6) 물류의 새로운 관심분야

① 환경과 물류
- 환경문제가 국제적 이슈로 등장 : 물류와 공급체인망에 영향을 끼침

② 물류가 환경에 끼치는 영향
- 지구의 온난화 - 대기오염 및 소음공해 - 오존층의 파괴
- 자원고갈 - 교통 혼잡 - 쓰레기 처리

③ 세계물류 질서의 판도변화
- 국가주의의 쇠퇴.
- 지역주의의 팽창.
- 세계주의의 정착화.

④ 지역무역협정(RTAs 또는 FTA) : 정치적 사례 주목.
- 미국(인근국가와 결속, 경제연대세력 구축)과 EU의 경쟁 등.
- 항공분야와 유라시아 철도협력사업(TSR, TCR, New Silk Road 등) 증가.
- 중국, 베트남, 인도 등 국제 내륙운송로 개발 등 국가적인 협력이 증가.
- 물류운송사슬의 보안과 안전·환경은 더욱 강력한 규제조치가 도입예상.

⑤ 향후 구도
- 세계물류관계 협력과 FTA 등 다자규범의 확산으로 역내 교역이 활성화.
- WTO/DDA 등 뉴라운드 협정으로 세계 교역의 자유화가 한층 더 진전.
- 글로벌체제에 따라 안전교역이 가능해져 신속한 물류의 흐름을 촉진.
- 세계화의 그늘 현상'이 심화면서 국제 NGO활동과 역할에 대한 기대감.

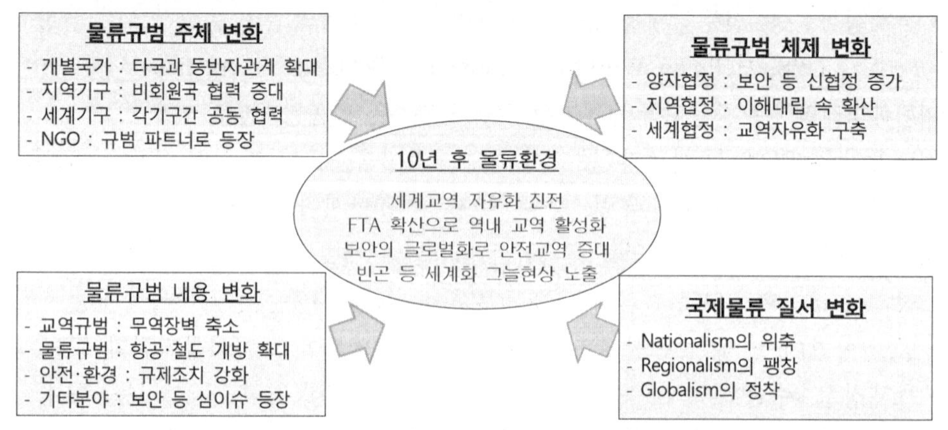


[그림 5-10] 향후 국제물류 질서·규범 변화 예상

## 3) 미래 항공환경과 신조류

### (1) 미래 항공물류 환경

① 미래의 항공물류 환경변화

- 시장, 공급자(항공사, 포워더), 물류시스템, 공항, 제도측면에서 많은 변화 예상.
- 아시아지역이 글로벌경제의 생산기지역할을 계속 수행할 것이다.
  - 아시아시장이 항공물류 시장의 성장을 주도해갈 것으로 예상된다.
  - 특히, 중국의 항공물류시장이 빠르게 성장할 것으로 전망된다.
- 항공물류는 UPS, FedEx, DHL 등 화물전문회사 영향력이 빠르게 강화.
  - 여객수송위주의 기존 항공사들도 항공화물사업을 강화해 갈 것이다.
- 물류서비스 공급부문에서는 포워더들의 변신이 두드러질 것으로 예상된다.
  - 포워더들의 제 3자 물류(3PL)화는 이미 상당한 진전을 이루었다.
  - 앞으로도 4PL의 영역으로 진출하는 포워더들도 증가할 것으로 예상된다.
- 정보통신 발달로 항공물류는 거래, 서류, 결제 등 전자화가 빠르게 진행될 것.
- 공항물류시설의 대형화, 종합화, 민영화, 상업화에서 큰 진전이 예상된다.
  - 항공시장의 자유화 및 개방화도 크게 촉진될 것으로 전망된다.

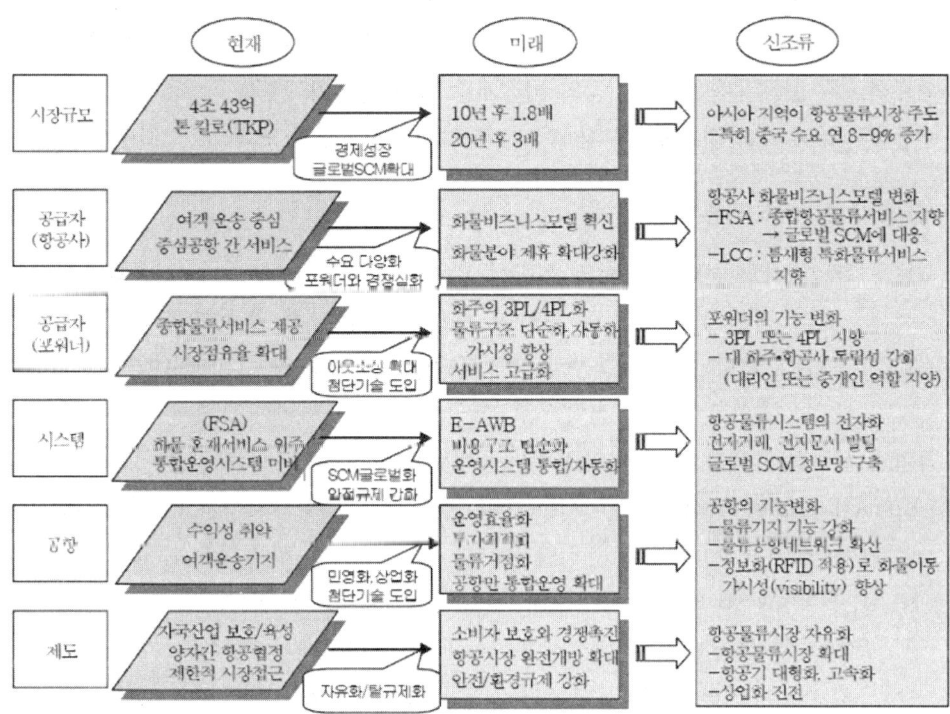


자료 : 한국해양수산개발원(KMI)

[그림 5-11] 미래 항공환경과 신조류

### (2) 항공물류의 신조류

① 미래의 환경변화

- 미국, EU중심의 항공물류시장이 중국중심의 시장으로 전한될 것으로 예상.
  - 항공물류시장에서 중국의 영향력이 확대될 것으로 전망된다.
  - 현재도 중국을 대상으로 하는 항공노선의 신설이 지속되고 있다.

② 항공종합물류사업과 특화된 물류사업의 지향

- 기존 여객수송회사인 풀서비스 항공그룹들의 변신이 기대된다.
  - 항공기를 핵심자산으로 활용하는 항공종합물류사업을 지향할 것이다.
- 저비용운반 그룹들은 틈새물류시장에서 특화된 물류사업의 지향이 예상.
- 포워더의 변신은 화주와 항공사로부터 독립성의 강화방향에서 모색될 것이다.
  - 단순한 대리인역할이나 중개인역할은 지양해 갈 것으로 예상된다.
- 변신모색을 통해 많은 포워더들이 3PL이나 4PL로 발전할 것으로 전망.

③ 항공물류시스템측면에서 e-비즈니스화로 SCM정보체제의 보편화.

- 기존 공항은 여객수송기지로 활용되었으나 향후는 물류기지역할이 강화.
- 공항과 공항 간 물류정보화로 국제물류네트워크 구축이 급진전될 것이다.
- RFID 등 물류신기술이 적용되면서 화물이동의 가시성이 크게 개선된다.
- 가시성의 향상은 안전문제의 해소로 인해 항공물류관리시스템의 혁신달성.

④ 패쇄적으로 운영된 항공물류시장의 시장개방 및 자유화가 진전.

- 항공물류의 상업화, 물류시장 확대, 화물기의 대형화·고속화가 전망된다.

### (3) 공항의 전략적 제휴 추진

① 새로운 경영전략의 하나로 공항의 전략적 제휴가 추진

- 국제공항의 경쟁이 가열되고 지역별 허브공항이 다수 출현함에 따라 변화.
- 최근 공항의 공항당국이 항공사, 타 경제권 공항 등과 전략적 제휴 추진.
- 지역 Hub공항으로의 성장전략으로 미국, 유럽, 아시아지역에서 크게 부각

② 공항의 전략적 제휴를 추진한 대표적인 공항은 쿠알라룸푸르 국제공항.

- Kuala Lumpur International Airport의 세계 허브공항으로 발전위한 노력.
- 말레이항공이 아시아지역에 진출하려는 항공사들과 제휴체제 구축을 주장.
- KLM, Northwest, Swiss Air 등이 결성한 Wings Alliance에 참여 노력.
- Air France와 Delta가 형성한 제휴그룹에 참여하도록 정책적인 지원 강화.
- 관련 항공사의 이용지역 거점공항과의 연계와 전략적 제휴를 체결할 계획.

### (4) 국제공항의 민영화 추세 확대

① 전 세계적으로 공항 운영측면에서 새로운 개념들이 도입되기 시작.
- 과거 공공서비스개념에서 인수합병, 마케팅전략, 민간자본, 비용절감 개념.
- 공항이 항공운송의 거점으로 부각되면서 상업적 측면에서 민영화가 진행.
- 민영화는 상업성 강화, 경쟁도입, 규제완화측면에서 기업경영전략화 차원.

② 공항 민영화는 1979년 영국공항공단이 영국공항회사로 전환이후 시작됨.
- 1985년 6월 공항정책백서와 1986년 공항법에 의해 가시적인 성공을 거둠.
  - 민영화는 재정제약을 상업측면활성화로 세계 공항운영변화에 기폭제역할.
  - 호텔업 성장, 외국공항에서의 적극 마케팅을 통한 소매활동 등 변화촉진.
- 1986년 영국공항공단, 히드로, 게트윅, 스텐스포드, 프레스트픽 소유·운영.
  - 1987년 주식상장으로 7개 공항을 자회사형태로 소유하는 공항회사 발족.
- 뉴질랜드가 1988년 4월 대형공항 3개를 중앙정부와 지방정부로 구성.
  - 컨소시엄으로 각 공항별 회사설립과 정부소유 지분 민간매각으로 민영화.
- 프랑스 ADP 파리공항공단은 파리지역 14개 공항소유·운영.
  - 프놈펜공항 60%, 카메룬공항 35%, 마다가스카르공항 34%지분 사업화.
- 프랑크푸르트공항공단은 Hahn화물공항 64.9%, Saarbruken공항 51% 소유.

## 4) 미래 물류환경과 신조류

### (1) 미래 물류환경

① 미래의 물류환경은 현재와는 판이한 상황을 연출.
- 시장의 변화, 시스템의 변화, 고객니즈의 변화, 물류수단의 역할차원.

② 글로벌 SCM에 상응하는 글로벌 통합물류관리 시스템이 발달
- 정보통신 발달, 물류신기술 개발, 솔루션개발 등
- 글로벌 경영의 세계화, 정보화, 공급체인사슬 등은 물류니즈를 물류영역의 성과기준에서 공급사슬 총 성과기준으로 진화될 것이다.
- 글로벌 물류시장, 물류서비스 관리, 다양한 물류니즈 등의 변하는 물류영역 별로 설정되어 있던 물류수단들의 기능에도 대변신을 요구하게 될 것이다.

③ 물류환경의 지각변동으로 영역별 비즈니스체계에서 물류사업도 대별된다.
- ‘종합형 대 특화형’으로 재편되며, ‘자산 의존형 대 지식 의존형’으로 대별.

### (2) 물류의 신조류

① 미래의 환경변화

- 생산시설의 지속적인 이전으로 글로벌 물류시장은 미국, 중국, EU, 일본, 인도, 러시아, 브라질 등으로 다극화되어 갈 것이다.
- 물류관리시스템의 대통합이 이루어지면서 운송수단과 물류기지의 대형화가 크게 진전될 것이다.

② 시스템 통합은 국제물류기지 네트워크화를 촉진시킬 것이다.

- 공급자·생산자·소비자의 교감을 촉진시키는 차원에서 물류관리측면의 새로운 기능이 요구될 것이다.
- 시장의 변화, 관리시스템의 변화, 고객니즈 변화는 운송수단과 물류기자의 역할 재정립을 초래한 것이며, 물류사업의 대변혁에 의한 유통물류와 관련 된 주체들의 이합집산을 가속화 시킬 것이다.[51)]

③ SCM의 기능이 확대되어 수행되면서 고객서비스의 영역의 지속적인 확대.

- 각 핵심요소의 상충관계를 고객가치를 창조의 창조차원에서 고객만족 실현.

### (3) 철도·도로간 복합운송체계 필요

① 우리나라는 수송수단 전환관련 제도미비 등 문제점 산재.

- 철도·도로간 복합운송은 도로 의존성이 높은 현행 수송체계의 개편.
- 복합운송체계 확립으로 운송비용의 감소를 통한 국가경쟁력 확보가 필요
  - 항만철도연계 수송시설과 컨테이너 수송용화차 등 수송수단 부족
  - 운송시간 및 비용과다, 영세 복합운송업체로 인한 물류서비스 한계
- 도로와 철도를 효율적으로 연계하여 새로운 운송시스템의 개발이 필요하다.
  - 환적비용 및 시간절감을 위한 신개념 환적시스템의 개발이 필요하다.

② 남북철도의 연결과 과제

- 남북경제추진위원회, 남북경공업과 지하자원개발협력사업과 연계하여 개발.
- 1990년 남북기본합의서 제19조
  - "남과 북을 끊어진 철도와 도로를 연결하고 해로항로를 개설한다"고 명시.
- 남북철도와 대륙철도연결사업, 남북간의 위기해소와 상상적 경제발전 도모.
- 한반도의 혈맥을 잇고 동북아 물류중심국가로서의 위상정립과 협력 강화.
- 남북철도공동조사, 자료공유, 대상노선, 재원조달 등 기반시설확충사업 논의.
- 북한철도는 TSR, TCR, TMR 노선 등 중국과 러시아 철도와 연계되어 있다.
  - 남북철도는 대륙철도연계, 동북아시아 간선철도(부산-신의주, 부산-나진) 기능.

---

51) 자료 : 한국해양수산개발원(KMI)

③ 일본의 ORS(Off Rail Station) 시스템.

- 화주들의 상품은 ORS에 효율적으로 집하, 정기 운행되는 트럭에 의해 철도역으로 운반되고 최종배송지역에 가까운 철도역으로 수송된다.
- ORS부터 도착역까지 철도운임을 적용하기 때문에 비용이 저렴하며, 상품 채류시간이 적기 때문에 시설이나 장비의 규모가 클 필요가 없다.
- ORS는 운송비용의 절감, 리드타임 단축, 인력과 철도역의 유지관리비용 절감, 교통체증방지, 트럭감소에 따른 이산화탄소 배출의 감소가 가능하다.
- 컨테이너화물 운송율이 계속 증가되면서 철도 활용방안이 대두되고 있다.

# 06 글로벌 국가별 물류동향과 전략

## 1 미국의 물류전략

### 1) 개요

#### (1) 현황

① 수로(水路)운송(연안해운 및 내륙수운) 화물수송량 비중.

- 세계의 경제계에서 차지하는 지위로 해서 해운의 발달은 눈부신 바 있다.
  - 제2차 세계대전이후, 상선보유량에서 파나마 이어 세계 제8위(약 1,491만t).
  - 내륙수로 발달로 중량 화물은 바지(barge) 거룻배나 외항선으로 운반된다.
  - 국내 해상교통도 대서양·멕시코만 연안 활발, 화물양륙량에서 세계 제2위.
- 국토구조상 오대호를 제외하면 동서해상운송의 활성화 필요성은 매우 적다.
  - 오대호는 내륙수상수송의 3분의 2를 차지, 세인트로렌스수로로 대서양 연결.
- 1980년 27.3%에서 2005년 13.0%로 하락하고 있다.
- 2001년부터 2005년까지 약 6,000억톤(전체대비 13~14%)에서 증감 반복.

② 도로 교통

- 전 세계 약 10억만 대의 차량 중에 약 4분의 1인 약 2억 5천만대 보유.
  - 넓은 국토에 취락·주거지가 점재하며, 자동차는 일상생활의 필수품이다.
  - 하이웨이의 발달, 자동차의 성능 향상 등으로 장거리 교통에도 애용된다.

출처 : 고객서비스 & 솔루션

**[그림 6-1] 미국 뉴욕항의 트럭들과 뉴욕항과 영국의 피터스버러에 있는 아마존의 창고.**

- 미국사회는 자동차 없이는 살 수 없는 사회적인 구조가 출현하게 되었다.
  - 국도, 주도, 지방도 등 민국 전역의 전국 도로 총연장도 세계 최고기록.
  - 1999년 미국의 자동차 보급률은 인구 1,000명당 767대이다.
  - 2009년 미국의 자동차 보급률은 인구 1,000명당 1,800대이다.
  - 도로 길이, 6,437,376km, 지구둘레 157바퀴, 지구에서 달까지 8번 왕복거리.
- 화물수송, 중·근거리에서 철도 압도, 컨테이너 수송발달과 활동범위 확대.
  - 철도뿐만 아니라 해운과도 경합을 벌이게 되었다.

③ 항공교통은 제1차 세계대전 때부터 시작, 제2차 세계대전 후에는 급격히 발달.

- 현재는 민간 항공기의 생산, 보유 항공기의 수에서 단연 세계 제1위이다. (2,453억 명·㎞의 여객과 80억 t·㎞의 화물을 운반).
  - 국외·국내 항공로의 발달이 현저하며, 거의 모든 도시근교에 비행장이 있다.
  - 미국은 국제 항공망의 연장과 경영에 있어서도 세계 제1위이다.
- 영토가 너무 넓기 때문에 도시 간 이동에는 항공기가 주요 교통수단이다.

④ 철도 교통

- 최고 철도강국, 러시아, 중국, 인도, 캐나다 순이며, 러시아보다 세배 차이.
  - 그 뒤를 독일, 호주, 아르헨티나, 프랑스, 브라질 등. 일본은 세계 11위이다.
  - 10위권까지 순위는 독일과 프랑스를 빼면 모두 영토가 넓은 나라들이 차지.[1)]
- 철도망은 동북부의 대서양 연안으로부터 오대호에 걸친 일대가 가장 조밀하다.
  - 로키산맥 동쪽기슭 중앙저지 발달, 서해안사이에 몇 개의 산맥횡단철도 있다.
  - 20세기 자동차 보급과 도로정비, 철도여객 격감, 경영내용이 극도로 악화됨.
  - 화물수송량에서는 주요 화물의 약 43%, 현재 경영합리화, 정리·통합 진행.
  - 동북부의 대서양연안 등 극히 일부에서 여객수송용의 고속철도 계획도 있다.

1) [출처] 혼비백산, 기차가 왔다 - '철도의 날' 맞이 기차 이야기들|작성자GE코리아

- 미국철도는 앰트랙(Amtrak)관장, 사업부분 관리는 DBA(Doing Business As)다.
  - 원래 회사명, 국립철도 주식회사(National Railroad Passenger Corporation).
  - 1970년까지 사기업들이 운영, DBA설립은 1971년 리처드 닉슨 대통령과 의회.
  - 연방정부가 주식을 전부소유, 정부·공무원들이 경영관리에 참여하지 않는다.
- 총연장 21,000마일(34,000킬로미터)의 앰트랙 열차노선
  - 캐나다 브리티시 컬럼비아(British Columbia), 온타리오(Ontario), 퀘벡(Quebec)주의 일부까지 운행된다.
  - 미국 내 사우스 다고타(South Dakota)와 와이오밍(Wyoming)주는 노선 없다.
- 앰트랙(Amtrak) 노선은 크게 4곳으로 분류가 되어 있다.
  - 서해안 노선(West Coast), 중서부 노선(Mid West), 남동부 노선(East/South East), 북동부 노선(North East)이다.
  - 4개의 노선에 각기 하부노선들이 있으며 각기 다른 명칭으로 불린다.

⑤ 전체 수송수단별 수송 비중.

- 2000년대에 들어와 크게 변화하지 않고, 정체.
  - 도로운송의 비중은 1980년 18.5%에서 2005년에 28.5%로 증가.
  - 철도운송의 비중도 27.3%에서 38.2%로 증가.
- 수송수단 간 분담률을 변화시킬 특별정책수단을 강구하지 않았기 때문.

| 국기 | 국가명 | 철도총연장 (기준연도) | 국기 | 국가명 | 철도총연장 (기준연도) |
|---|---|---|---|---|---|
| | 미국 | 228,218Km<br>2011 | | 러시아 | 84,249Km<br>2012 |
| | 중국 | 66,298Km<br>2012 | | 인도 | 64,460Km<br>2011 |
| | 캐나다 | 52,002Km<br>2011 | | 남아공 | 40,311Km<br>2011 |
| | 프랑스 | 34,621Km<br>2011 | | 독일 | 33,446Km<br>2013 |
| | 브라질 | 29,817Km<br>201 | | 멕시코 | 26,704Km<br>2011 |

*출처 - 철도산업정보센터

⑥ 해상고속도로 프로그램(America' Marine Highway Program)제도 도입.

- 미국정부는 오대호 및 내륙수로로 연결지역에서의 도로운송 비중을 축소.
- 장거리 내륙철도운송 비중증가를 위해 연안화물선 연료유 보조금 지급.[2)]

---

2) 저탄소 녹색성장을 위한 국가수송체계 개편방안 연구, 전형진외 3인, 해양수산개발원, 2010. p.92.

⑦ 경기부양 및 온실가스 배출절감 목표

- 정부는 철도개량 및 고속철도(High Speed Railway : HSR)사업의 추진.
- 미국내 도로운송 비중을 줄이고 수로운송 및 철도운송의 비중증가 목표.
- 온실가스배출량 및 유류사용 원단위를 낮추어 기후변화대응에 주도 역할.

### (2) 미국의 물류관련 주요정책 및 제도

① 미국 정부는 9.11 테러 이후 국제안전체제를 구축하여 보안을 강화.

- 미국으로 출입국하는 승객들과 수출·입 화물에 대한 제반정보를 사전에 입수하여 우범승객 및 위험화물을 사전에 통제·관리시스템 구축.

② CSI(Container Security Initiative) 협정에 근거, 2004년 3월 5일부터 적용.

- 미국 세관당국은 수출입화물에 대해서 출발지부터 해상화물은 선적하기 24시간 전에 AMS(Automated Manifest System) 신고를 하게 되어 있다.
- 항공화물은 TSA(Transportation Security Administration: 운송안전부)는 항공기로 운송되는 승객 및 소지 휴대품, 우편물, 화물 등에 대한 검색 및 안전(Security)을 강화하기 위한 Security Plan 마련했다.

③ Security Plan은 적용 대상에 따라 AOSSP, MSP, LACSSP, DSIP 등이 있다.[3)]

- AOSSP (Aircraft Operator Standard Security Program) : 미국 국내 또는 해외지역에서 운항하는 미국 국적의 항공기에 적용.
- MSP (Model Security Program) : 미국 공항에서 출발하는 외국 국적의 항공기에 적용.
- IACSSP (Indirect Air Carrier Standard Security Program) : 미국 내의 항공포워더가 항공사에 화물의뢰 시 적용.
- DSIP (Domestic Security Integration Program) : 보안 프로그램을 자발적으로 수용하는 미국 국적의 항공사에 적용.

### (3) 물류발전 배경

① 세계 여러 나라를 볼 때 미국의 물류시스템은 상당히 잘 갖추어져 있다.

- 초기 이주민들은 부지런함으로 사치와 낭비를 배척했고, 실질을 추구했다.
- 미국은 성공과 진보가치로 변화추구와 낡은 양식에 적은 가치를 부여한다.

② 미국인들의 기존 정신이 물류의 특성과 맞물려 발전할 수 있게 되었다.

- 효율성, 시간엄수, 실용성 등의 정신무장으로 노동자, 개인주의, 자유선택 및 제도의 추종 등의 특성이 재고 및 생산비 절감 등을 가능하게 했다.

---

3) 출처: 아젠다넷 www.agendanet.co.kr

③ 미국은 주요 교통수단이 자동차이므로 도로가 아주 잘 발달되어 있다.
- 도로표지상식과 지도만 있으면 어느 지역으로 찾아갈 수 있는 시스템이다.

## 2) 물류시스템 현황

### (1) 미국의 도로 시스템

① Interstate highway
- 현재 미국 고속도로시스템의 대동맥은 주와 주를 연결하는 고속도로이다.
- 종래부터 있던 US highway(우리나라의 국도에 해당)를 대신하는 것이다.
- 모두 입체 교차로로 되어 있어서 정지신호 없이 미국 전역을 갈 수 있다.
- 차선은 보통 편도가 4차선 이상이며, 편도 8차선, 즉 16차선 도로도 있다.
- 미국 전역 주간고속도로는 총 연장 4만 2천 500마일(6만 8천km)이다.
- 도로번호는 남북노선은 홀수번호, 동서노선은 짝수번호가 붙어 있다. 그 밑에 북쪽 또는 서쪽과 같은 진행방향도 씌어 있다.

② US Route
- Interstate Highway이전에 자동차 붐과 함께 생성된 도로 시스템이다.
- 편도 2차선인 곳이 많으며 입체교차가 없고 신호가 있는 곳도 있다.
- 시가지에서는 최고속도 시속 25마일로 제한은 받기도 한다.
- 사인은 흰색 바탕에 검정색으로 숫자가 표시되어 있다.
- 역시 남북의 도로는 홀수, 동서로 달리는 도로는 짝수로 표시된다.

③ State Highway
- U.S. Highway 바로 아래 단계의 도로로서 주 정부에서 관리한다.

④ Local Road
- 미국 내 대부분의 지방도로를 일컫는 말이다.
- Boulevard, Avenue, Road, Street, Lane 등의 이름으로 불린다.

### (2) 미국의 정보체계

① 기본전략 : Supply Chain Management, Cycle Time Compression.

- 유통체인점들은 온라인과 오프라인의 장점을 적절히 사용하여 소비자들의 편의를 제공함과 동시에 판매 증진에 많은 효과를 거두고 있다.
- 대형유통체인점들은 제품 환매를 위해 많은 시간을 가게에서 보내기 싫어하는 소비자들을 위해 쇼핑과 제품구매를 온라인에서 한 후, 구매상품을 직접 가게에서 찾아가게 하거나 배달을 실시하여 구매자들로부터 호평을 받고 있다.

② 현재 미국의 기본 물류전략은 크게 공급관리와 사이클 타임의 단축이다.

- 공급관리는 최근 10년 동안 많은 미국 기업이 도입해 활용하고 있다.
- 공급체인 통제력으로 자사의 효율성과 이점을 극대화하려는 의도였다.
- 기존벤더, 수송업자들을 감축하고, 불필요한 고객들까지 축소하려고 했다.
- 구매회사들은 벤더들이 이익을 제공하는 고객이 되면서 대형화가 되었다.
- 벤더들도 대형화되고 구매자들에게는 더없이 중요 한 존재로 부각됐다.

③ 기업 관계자들은 주문 사이클 타임의 중요성을 오래 전부터 인식해 왔다.

- 사이클 타임이란 소비자주문시점에서 인도받는 시점까지 시간을 의미한다.
- 사이클 타임 단축은 제품을 생산해 신속하게 고객에게 배달할 수 있으며, 원자재가 재고 상태로 남아있는 시간을 단축해 재고 회전을 증가시킨다.
- 정보체계가 성공되기 위해서는 체인 내의 상호 신뢰가 구축되어야 한다.

### (3) 정보화 추진현황

- Port of Authority of NY/NJ는 뉴욕항만지역에서 수출입 화물의 흐름을 원활하게 하기 위해 FIRST와 SEA LINK라는 2개의 정보체계를 구축하고 있다.

〈표 6-1〉 FIRST(First Information Real - Time System for Transport)

| | |
|---|---|
| 기 능 | 화물에 대한 정보를 이용자에게 실시간으로 제공하여 One Stop Shopping을 지원하는 Web 기반 시스템 |
| 이용자 그룹 | 수출입업체, 선사, 포워더, 관세사, 터미널운영자, 트럭운송업자, 내륙운송업체, 항만당국 |
| 주요 서비스 | 화물처리상태 정보, 선박의 입출항 정보, 항만시설(선석) 사용에 대한 온라인 신청, 항만지역 내(On-Port) 교통상황 정보, 터미널 게이트 차량 대기시간 정보, 교통도로 정보 및 사고 정보 제공 |

〈표 6-2〉 SEA LINK

| | |
|---|---|
| 기 능 | - SEA LINK에 가입된 터미널에 자유로운 출입 및 안전을 확보하기 위해 트럭운전자에게 출입증( SEA LINK ID Card) 을 발급해 주는 시스템 |
| DB 구성 | - 운송회사 정보, 운전자 정보, 운송회사와 운전자간 관련 정보 |
| 기대효과 | - 터미널 게이트에서의 전자적인(Paperless) 업무 처리가 가능<br>- 화물의 운송 및 흐름 원활화<br>- 운전자가 터미널 게이트 도착 전 회사 및 운전자 정보를 사전에 조회할 수 있는 등 대 고객지향 서비스 가능 |

### (4) 미국의 물류보안사업

① 2001년 미국에서 일어난 9·11 항공기 테러 이후 보안조치를 마련되었다.
- 9.11테러, 자연재해 등의 복구 작업에는 물류의 역할이 매우 중요하다.
- 미국 등 국제사회는 사회의 안전을 위해 물류보안사업이 쓰이고 있다.
- 미국은 테러의 위험이 많기 때문에 물류에 대한 국가의존도가 더 높다.

② 미국 주요 물류보안정책
- 현재 운영 중인 C-TPAT, CSI 등 2가지가 있다.
- C-TPAT : 미국정부가 인정한 등급기업에게 통관혜택을 주는 것이다.
- CSI : 미국과 보안협정을 체결한 세계 50개 항만선적화물에게 혜택제도.

③ 시사점
- 뉴욕 항만국(Port Of Authority)이 운영하는 FIRST &SEA LINK 시스템.
  - 관련업체 자발적 참여기반으로 운영한계, 실질 이용효과는 미비한 것 조사.
- 국내, 관련업체의 자발적인 참여만으로 활성화되기가 어려울 것으로 예상.
- 물류업무의 효율화 위해 시스템을 반드시 이용하는 프로세스 정립이 요구.
- 운송지역별 최적 운송루트인 PIDN[4]시스템, 현장에 적극 고려할만 하다.[5]

4) PIND는 운송 지역별 최적 운송 루트(Optimized Transportation Route)를 정립하는 것이다.

5) 출처: 아젠다넷 www.agendanet.co.kr

- 컨테이너 운송비용 절감 및 경제적 효과를 창출하기 위해 노력하는 부분이다.

### 3) 수송체계 개편을 위한 추진정책

#### (1) 해상고속도로 프로그램

① '해상고속도로 프로그램' 을 도입

- 미국은 2008년 10월에 Interim Final Rule을 공표.
- 2009년 12월 말에 Final Rule(regulation, 시행령)이 마련.
- 2010년부터 본격 추진.
- 내륙교통 혼잡 등의 완화목적으로 내륙수로 및 연안해운 활성화를 추진.
- 육상운송화물을 수로운송으로 대체와 연계항로 개발하여 Modal Shift지원.
- 교통부 해사청은 2020년 미국 내 해상운송물동량이 현재(6억) 2배 예상.[6]
- 현재 미국의 해상교통시스템(Marine Transportation System)은 점점 쇠락.
- 막대한 수송량 증가분을 감당할 능력이 없는 것으로 진단하고 있다.[7]

② 참고사항

- 미국은 수로운송 분담률 제고목표를 설정하여 정책을 추진하지 않는 상황.
- 해상고속도로 프로그램(AMHP)정책의 수송분담률 목표는 설정하지 않음.
- 목표달성을 위해 무리한 정책추진보다 해당정책 추진(민간지원 수반)에서 보다 정확하고 지속적인 정책 집행(예산집행)에 무게를 두고 있기 때문.[8]

#### (2) 추진정책

① 해상고속도로 프로그램의 도입 목적

- 미국연안과 내륙수로를 국가교통시스템으로 통합하기 위한 프로그램이다.

6) Michael Hokana, "omestic Trade" Presentation Material, Maritime Administration, October 2009.
7) 저탄소 녹색성장을 위한 국가수송체계 개편방안 연구, 전형진외 3인, 해양수산개발원, 2010. p.93.
8) 저탄소 녹색성장을 위한 국가수송체계 개편방안 연구, 전형진외 3인, 해양수산개발원, 2010. p.93.

• 교통의 혼잡 해소, 대기의 질 개선 및 기타 공공의 이익 증진을 목적이다.

② 해상고속도로 프로그램의 수립 근거

• 2007년 12월 승인된 'nergy Independence and Security Act of 2007' 기반.

• 예산은 2009년 2월 오바마대통령 'merican Recovery and Reinvestment Act of 2009'에 근거한 15억 달러(Tiger Discretionary Grants) 지원.

③ 해상고속도로 프로그램의 예산 집행.

• 미국 경제회복을 위한 교통부문 투자에 집중, 2011년 9월 30일까지 유효.

• 교통부 해사청, 자문위원회 Marine Highway Advisory Board 구성·운영.

- 가용예산 범위 내에서 환경 및 교통측면의 관련연구를 수행할 수 있었다.

• 의회는 교통부장관에게 내륙교통의 혼잡을 완화시킬 수 있는 빙인 연구.

- Short Sea Transportation (혹은 Marine Highway) 프로그램 설립을 요청.

- 교통부장관은 'merican Recovery and Reinvestment Act of 2009'계획.

- AMHP를 포함, 효율적 교통시스템 인프라구축을 위한 자본투자비용(CI).

- (capital investments) 충당을 위해 15억 달러 예산 확보를 요구하였다.[9)]

④ 추진 현황

• 미국 정부의 해상고속도로 정책발표

- 2008년 10월 Interim Final Rule21)을 발표하였다.

- 2010년 8월 11일, 18개 해상 코리도, 8개 프로젝트, 6개 선도개발안 발표.

• 현상

- 현재 25개 이상의 해상고속도로 화물운송서비스가 존재하고 있다.

- 20개 이상의 주(State)에서 트럭/차 및 화객선 연계 서비스를 실시.

• 미국 정부의 표준과 평가방법에 대한 방안을 마련.[10)]

- 2009년 12월 Final Rule완성하여 의회보고, Marine Highway Projects선정.

- 해상고속도로 프로그램의 4대 구성요소.

* Marine Highway Corridor(MHC),

* Marine Highway Projects(MHP),

* Impediments, Incentive and Solutions(IIS),

* Reserch.

### (3) 화물철도 정책

① 미국의 화물철도 현황

• 전국이 사업권역인 연방여객철도공사(Amtrak)와 14개 지하철사업자, 25개 경량철

9) 저탄소 녹색성장을 위한 국가수송체계 개편방안 연구, 전형진외 3인, 해양수산개발원, 2010. p.95.

10) 연방관보(Federal Register), "ules and Regulations" Vol. 73, No. 197, October 9, 2008, p.59532.

도사업자, 19개 통근철도사업자가 여객수송서비스를 제공하고 있다.

- 화물철도경우, 8개 1급 화물철도회사 등 570여 화물철도사업자가 서비스 제공하며, 42% 이상의 화물수송 분담률(Ton, kg기준)을 차지하고 있다.
- 미국의 화물철도사업은 트럭, 수운 등과 경쟁이외에도 내부적으로도 화물 철도사업자 간에 치열한 경쟁을 벌이고 있다.
- 현재 미국 화물철도는 톤 키로 기준 42%의 분담률을 차지하고 있다.
- 수송품목은 목재·야채·석탄·오렌지 주스·곡물·철강스크랩 등 다양.

② 연방교통부 육상교통위원회(Surface Transportation Board : STB) 구분.

- 미국의 화물철조는 1급 화물철도, 2급 화물철도, 3급 화물철도로 구분.
- 철도의 등급구분은 연간 영업수입에 따라 분류(2001년도 기준).
  - 1급 화물철도 : 영업수입이 2억 6,670만 달러 이상.
  - 2급 화물철도 : 영업수입이 2,130만~2억6,670만 달러 미만.
  - 3급 화물철도 : 영업수입이 2,130만 달러 미만.
- STB에 보고 의무
  - 재무상황 및 수송통계를 STB에 보고할 의무가 부여.
  - 2~3급 화물철도는 STB에 보고할 의무가 없다.

③ 미국철도협회(AAR:(Association of American Railroads) 경영상황 발표.

- 1급 화물철도회사이외의 화물철도사업자를 수입규모와 영업거리기준.
  - 지역철도(Regional Railroads)와 로컬철도(Local Railroads)로 재구분하다.
- AAR의 구분기준
  - 지역철도 : 최저 350마일 이상 영업노선을 갖고 본선화물수송 화물철도. 연간 영업수입이 4,000만~2억 6,670만 달러 미만 화물철도.
  - 로컬철도 : 입환철도, 터미널철도포함. 지역기준이하 본선화물수송철도.

자료 : http://www.marad.dot.gov/ships shipping landing page/mhi home/mhi home.htm

[그림 6-2] AMHP 노선도

④ 미국 화물철도의 생산성측면

- 화물철도노선, 철도인프라, 철도화물수송량, 철도화물운송에서 세계 최고.
- 미국정부와 민간시장의 균형적인 감각이 경쟁력향상의 바탕이라고 평가됨.
- 경쟁력기초로 미국 화물운임요율이 세계 주요국가와 비교하여도 최저수준.
- 미국 철도는 1980년부터 2008년까지 생산성 향상 수준.
  - 철도종사자 439%, 기관차기준 126%, 트랙마일 기준 생산성은 226%.
- 1980년 철도산업규제완화를 위한 Staggers Act시행이래, 생산성향상 확대.
  - 1980년부터 2008년까지 철도이용 요율이 49%까지 떨어졌다.
  - 철도산업의 경영성과는 철도를 이용하는 고객에게 혜택으로 돌아갔다.
  - 철도화물운송 기업들의 경쟁력강화는 미국의 글로벌 경쟁력확보에 공헌.
- 미국 철도수송수요 증가로 친환경적 장점을 바탕으로 효과적으로 대처.
  - 생산성 증가 노력을 기술 및 제도개선 차원에서 추진하고 있다.

⑤ 미국 화물철도의 에너지 절감은 매년 크게 개선되고 있다.

- 2009년 화물1톤 운송에서 1갤런으로 평균 480마일(2008년, 457마일) 운행.
  - 이러한 개선효과는 1980년과 비교하면 에너지 효율성이 104% 증가.
- 미국의 철도는 트럭보다 4배 이상의 에너지 효율성을 가지고 있다.
  - 트럭운송 장거리화물의 10%를 철도로 대체하면 1년에 10만 갤런이 절약.
- 에너지효율화물차, 기술혁신, 에너지절감교육 등 에너지효율 향상 추구.
  - 화물철도 수송량은 크게 증가반면, 에너지 소모량은 상대적으로 감소함.

⑥ 화물철도의 친환경성

- 에너지 소비량은 온실가스 발생과 직접적인 관계를 가지고 있다.
  - 철도는 트럭보다 4배 이상의 에너지 효율성을 가지고 있다.
    트럭대신에 철도로 화물을 운송할 경우 온실가스를 75%까지 감축된다.
- 장거리 트럭화물 10%를 철도운송하면 온실가스발생량 매년 12만톤 감축.
  - 화물철도는 매년 에너지 효율성향상으로 자체 온실가스 발생량을 감축함.
  - 화물철도는 전체물류 40% 차지, 국가전체 온실가스배출량은 0.6%.
- 핵심기술 개발을 통해 차세대 첨단도시 철도시스템 기술개발
  - 국가는 기술경쟁력, 운영기관은 운영유지비 절감, 승객은 최첨단 친환경철도.
  - 새로운 도시철도시스템을 개발하는데 편리하게 이용할 수 있는 데 연구목적.
  - 기존대비 수송능력 10%, 유지보수성 20%, 승객서비스 30%, 차량신뢰성 20%, 에너지절감 20%, 친환경성 10% 등이 향상될 것으로 전망된다.
- 2015년 실용화경우, 철도안전법 충돌안전규정 적용차량으로 안전성이 확보.
  - 승객편의성 증대, 무선인터넷 환경제공 양방향 정보교류가 확대될 수 있다.

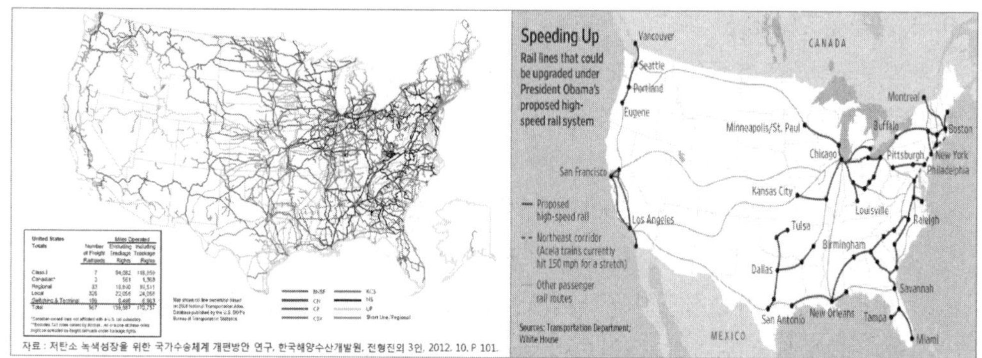


자료 : 저탄소 녹색성장을 위한 국가수송체계 개편방안 연구, 한국해양수산개발원, 전형진외 3인, 2012. 10. P 101.

[그림 6-3] 미국 철도망과 미국 첫 고속철도망 구축

- 도시철도 운영기관 전력 및 유지보수비 절감을 통해 경제적 기대효과.
  - 25년간 약 1조4300억원 경영수지 개선. 연간 21만8857t 온실가스 감축효과.
  - (연간 464억원 절감, 7,879만 식재), (100억 달러)세계시장, 녹색일자리 창출.

### (5) 고속철도(High Speed Railway : HSR)정책

① 고속철도 추진 현황

- 미국의 오마바 대통령은 국가의 교통체계에 대한 개편방향을 제안.
  - 광대한 미국대륙을 서로 연결하는 새롭고 효율적인 고속철도망 계획.

② 연방정부와 주정부가 합의한 주요 내용

- 대도시간 여객철도망을 발전, 기존 철도인프라 개편, 국가교통시스템 개혁.
- 1991년 ISTEA의 법률화로 5개의 고속철도 건설노선계획을 지정하였다.
- 1992년 중서부, 플로리다, 캘리포니아, 동남부권 및 북서부권 노선을 지정.
- 1998년 TEA -21 법률화 및 추가 6개 노선포함, 11개 노선건설계획 발표.

③ ISTEA를 통한 고속철도 계획 및 투자계획

- 대도시간 고속철도와 안정성향상 등 투자위해 자금모금특별프로젝트 추진.
- 오바마대통령의 추진계획 발표 이후, 1차로 2010년 80억 달러 보조금지원.
- 2차분은 24억 달러로 1, 2차분을 합하면 총 104억 달러에 달한다.
- 연방철도청은 총 1,020억 달러 보조금 예비신청 278건과 132건 추가 접수.
- 건설계획은 2015년부터, 2030년까지 단계적으로 개발될 계획.

자료 우 : 저탄소 녹색성장을 위한 국가수송체계 개편방안 연구, 해양수산개발원, p.97.

### (6) 수송체계의 개편 효과

① 미국정부의 해상고속도로 프로그램(AMHP)을 추진에 따른 기대효과.

- 교통 혼잡의 완화, 대기의 질 개선, 에너지 소비의 감소, 인프라 건설 및 관리비용의 절감, 안전 향상, 장기적 경제성 확보 등을 기대하고 있다.
- 2010년부터 Modal Shift를 지원정책으로 해상고속도로 프로그램 추진.
  - 미국 내 무역에서 도로운송화물을 수로운송 대체 또는 연계항로를 개발.
- 미국 교통부 소속 해사청(Maritime Administration) 해상고속도로프로그램.
  - 2020년 미국 내 해상운송 물동량이 현재(약 6억)의 약 2배 달할 것 예상.

② 고속철도건설프로젝트가 본격화될 경우 미국경기부양에 즉각적인 효과.

- 미국 정부는 장기적으로는 석유의존도 감소에 큰 기여를 할 것으로 판단.
- 연간 60억 파운드 이산화탄소 배출이 절감되는 친환경적 수반효과 분석.
  - 이는 중서부지역에서 약 100만 대의 자동차가 사라지는 효과가 있다.

③ 정부의 화물철도육성정책이 에너지절감과 온실가스 발생량감축에 기여.

- 2009년 화물철도기준 화물 1톤 운송경우, 1갤런으로 평균 480마일 이동.
  - 이는 1980년과 비교할 때 에너지 효율성이 104% 증가한 것이다.
- 트럭운송 장거리화물 10%를 철도운송 전환시, 연간 10만갤런 연료유 절감.
  - 온실가스 발생량을 매년 12만 톤 감축할 수 있는 것으로 추정하였다.

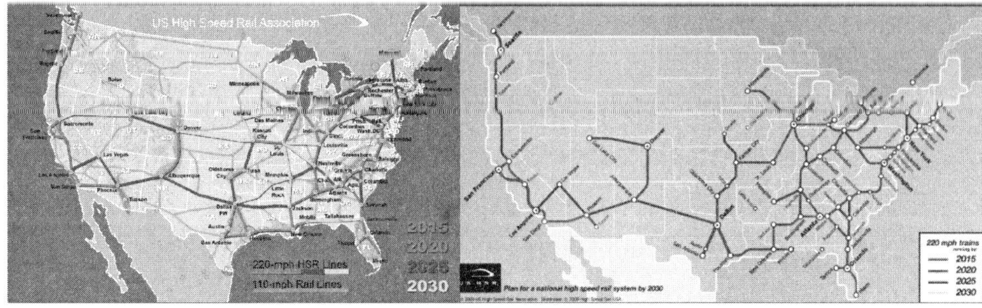


자료 좌 : 저탄소 녹색성장을 위한 국가수송체계 개편방안 연구, 해양수산개발원, 2010년. p.99.
자료 우 : 미국 고속철도 계획 구간 및 고속철도 투자계획

# 2 일본의 물류정책

## 1) 개요

### (1) 물류의 위상강화 과정

① 일본 물류의 변천과정
- 지리적으로 전국토가 해안에 인접해 있어 항만을 중심으로 창고가 발달
- 중국에게 문명을 모방, 흡수하면서 자신들의 독자적인 문화를 창조하였다.
- 아시아 여러 나라 가운데 제일 먼저 급격히 발전하는 높은 성장을 보였다.
- 일본은 개방되면서 다양한 교역이 되면서 서구문명을 받아들이게 되었다.

② 1980년 말부터 물류관련 문제점이 심각하게 제기되기 시작.
- 제조업체와 유통업체들은 물류활동을 전개하는데 큰 어려움을 겪었다.
  - 적기생산(JIT), 소량 다빈도 배송체계 등 고객요구의 고도화 및 다양화.
  - 물류서비스가 보편화되어 물류활동 자체가 매우 복잡하게 전개되고 있다.
- JIT서비스체계가 폭넓게 확산되어 구멍가게 등 높은 물류서비스 요구시대.
  - 다양한 고객들이 JIT 배송을 기대수준까지 확산되면서 어려움에 직면했다.
  - 다빈도 소량배송체계는 화물차량의 운송효율을 크게 감소시키고 있다.
  - 배송센터에서 주문량처리활동이 매우 번잡하여 노동력의 추가확보가 필요.

③ 일본 기업들은 경영활동에서 물류전략의 중요성을 심각하게 인식.
- 제조업체들은 자사매출을 신장시키기 위해 생산 제품을 다양화하고 있다.
  - 제조업체들과 유통업체 및 소형 상점도 재고보관공간을 확장하는 상황이다.
- '80년대 말 경제 붐으로 인력난과 지가 폭등으로 물류비가 크게 증가했다.
  - 도로운송 사고위험, 장거리운전, 저임금 등 3D업종의 트럭기사 부족문제.
- 기업들의 공통점은 정보시스템을 도입, 복잡한 유통경로를 대폭 개선했다.
  - 보관 작업 등 극도로 복잡하게 전개되는 물류활동의 효율성제고가 필요함.

④ 항만산업은 1990년대까지 아시아 맹주, 2000년대 들어 국제경쟁력 완전 상실.
- 1980년~1990년대 초까지 세계 4~5위 컨테이너항이던 고베항 30위권 밀려남.
  - 도쿄·오사카·나고야·요코하마항 등 대표 항만도 동북아 지역항으로 전락했다.
- 전국 1천80여개 항만, 컨테이너항 65개 중 40여개는 접안선박이 없어 적자.
  - 항만시설 및 배후부지 임대료와 하역료 비싸, 외국행 환적화물은 부산항 의존.

### (2) 물류강국으로 올라서다

① 고도의 물류시스템이 구축된 분야는 유통업이다.
- 편의점사업은 급속히 성장해 기존 유통경로의 재조정에 커다란 영향미침.
- 다양한 제품을 점포까지 원활히 공급하기 위해 새로운 물류기법을 추구.
- 대형창고의 경우, 전문경영을 하는 대표이사를 두고 여러 개별사업자들이 공동으로 투자하여 창고집단을 조성하여 운영.

② 일본 물류기업들은 1980년대에 동남아시아 중심으로 해외진출을 시작했다.
- 현지의 정치, 문화, 각종규제와 법률을 이해하지 못해 실패기업들이 속출.
- 일본 물류기업들은 1990년대부터 다시 해외로 눈을 돌리기 시작했다.

③ 세계 10대 물류기업을 중심으로 아시아시장과 인도러시아 등 거점이 확대.
- 3개 업체의 이름은 NYK 로지스틱스·니폰 익스프레스·미쓰이라인이다.
- 1991년 천안문사건이후 중국시장에 진출하면서 물류기업도 동빈 상륙했다.
  - 처음에는 중국의 연안의 상해, 청도, 대련, 심천 등을 주요거점으로 삼았다.
  - 이후 베트남·태국·인도네시아에서 인도와 러시아로 거점을 늘리고 있다.

④ 신칸센(新幹線)은 세계 최초 일본 고속철도 노선 및 열차와 철도운영시스템.
- 최초는 1964년 10월 1일 일본 일본 국유철도회사가 개통한 도카이도 노선.
  - 1964년 도쿄 올림픽, (도쿄~오사카行)은 세계 최초로 개통된 고속철도이다.
  - 한국보다 40년(2004년), 세계 두 번째인 프랑스 TGV보다 17년이나 앞선다.
  - (한국 서울~인천해당)도쿄~요코하마 구간에 영국자본에 의해 철도가 개통.
  - 현재는 민영화되어 JR그룹 200개사가 일본 전체지역을 대상으로 운영한다.
  - 최초는 1872년이며, 현재 일본 철도의 총연장은 한국의 약 9배에 달한다.
- 일본 전국신간선철도정비법 제2조.
  - 신간선의 주 구역을 시속 200Km이상 속도로 주행할 수 있는 건선철도 정의.
- 신간선관련 비용은 국가 및 철도가 지나가는 사사체가 밭고 JR이 운영 이유
  - 막대한 자금이 필요하며, 담당할 곳은 기존 국철담당부서인 JR그룹뿐이다.
  - 기존 국철을 운영해 오던 경험과 운영노하우를 알고 있는 인원이 JR뿐이다.
- 신칸센은 성확성, 빠르고, 안전성, 쾌적함, 정확성, 종합력이 세계 최고다.
  - 신칸센의 평균 지연시간 36초는 태풍이나 폭설 등의 영향이 포함되어 있다.
  - 약 20년 기간 설비투자액 4배를 자연재해 대책, 폭우 등 운행제한 대폭 축소.
  - 운행은 초단위로 관리, 내진(耐震)보강, 세계 최초로 '탈선 방지 장치'의 도입.
- 신칸센은 노조미는 급행, 히카리는 준급행, 고다마는 보통열차이다.
  - 노조미는 대도시만 정차, 히카리는 중-대도시, 코다마는 작은 도시 모두 정차.
  - 평균 연착시간은 천재지변을 제외하고 연착이 거의 없는 것으로 알려졌다.

⑤ 도쿄~나고야 구간, 286㎞를 40분에 주파하는 '리니어 신칸센' 사업 착공.

- 'JR 도카이'는 일본이 독자 개발한 초전도 리니어기술을 고속철도에 도입.
  - 2027년 도쿄~나고야 구간을 먼저 개통한 후, 2045년 오사카까지 연장 계획.
  - 현재 도쿄~나고야구간이 88분, 오사카가 138분에서 40분, 67분으로 단축.
- 리니어 신칸센은 10㎝가량 떠서 운행하며 최고시속 500㎞이상 주행할 수 있다.
  - 초전도현상으로 발생한 강력한 자력을 이용하기 때문에 열차가 부상하게 된다.
  - 일본은 41년 전 국가계획으로 결정했지만 인구감소 등으로 재검토지적이 제기.
  - 신칸센은 현재 최고시속 320km이지만, 향후 6년 내에 400km를 상용화 목표.

### (3) 물류정책 변화

① 개요

- 1997년에 일본 최초의 종합 물류정책비전인 '총합물류시책대강'을 발표.
  - 1995년 이후 각 지자체별로 지역균형개발전략과 항만과잉현상을 타개할 목적.

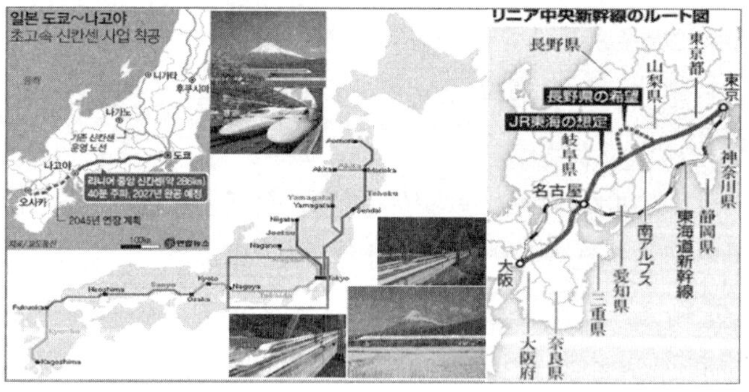


- 21세기형 경제사회에 맞는 새로운 물류시스템의 형성을 위한 전략수정.
  - 2005년까지 국제적인 경쟁력을 갖춘 물류시장을 구축하는 것이 목표였다.
- 주요 내용
  - 아시아 태평양지역에서 가장 편리하고 매력적인 물류서비스 갖춘 항구 개발.
  - 외국 선적화물을 가장 빠르고 저렴한 수준의 비용으로 제공한다는 것이다.

② 일본의 물류대강의 4가지 목표 제시
- 세계화의 진전에 대응한 국제경쟁력의 강화
- 환경문제의 심각화, 순환형사회의 구축 등 사회적과제의 대응
- 정보통신기술의 비약적 발전에의 대응
- 국민요구에의 대응과 국민생활과의 조화.

③ 전략의 주요 내용은
- 중앙정부, 지방정부, 민간의 적절한 역할분담
- 물류산업에 대한 규제완화 및 공정한 시장 형성
- 물류인프라의 중점적이고 효율적인 정비 등이었다.

④ 분과별 주요업무
- 물류자재 등 분과회 : 효율적인 활용을 위한 환경정비 추진.
  - 팔레트, 포장상자, 지게차 등 물류자재·물류기기가 주요 대상.
  - 전자태그(RFID)에 관한 각국의 관련제도 개선 및 전문가지도 등을 실시.
- 인재육성 분과회 : 현장작업자 등 물류업무 종사자 인재육성 및 교육실시.
- 수출입 통관수속 분과회 : 통일화사업 등 관련행정의 개선 도모.
  - 각국의 수출입 통관수속 절차의 전자화·표준화, 처리에 관한 사항.
- 광역물류망 분과회 : 물류망구축시의 문제점과 해결책을 검토.
  - 기업의 물류수요를 파악하고 정리하는 업무.

## 2) 물류전략 체계

### (1) 일본정부의 물류·유통정책 목표

① 최신 IT기술을 활용한 유통·물류효율화를 위한 시책
- 전자태그의 국제표준 확립 및 실증실험 실시
  - 일본 물류운송의 30%는 육상물류업계에 의해 수행되고 있다.
- 유통·물류시스템의 위치정보화 네트워크 구축과 표준화
  - 인터넷 EDI의 표준화, 상품정보공유시스템 구축.
  - 물류업계는 트럭운송에서 빈차에 물건을 채우기 위한 위치정보구축.

② 환경부담 저감형 물류효율화를 위한 시책
- 유통업무종합효율화법
- 하주와 물류사업자간 물류 효율화 사업(그린물류 파트너십회의)
- 환경조화형 물류효율화 매뉴얼 작성

③ 아시아를 하나로 연결하는 '아시아 와이드 심리스 물류권'의 실현 시책.
- 물류인프라의 국제표준화

• 항만물류정보 플랫폼.
• 통관절차의 전자화.

### (2) 일본의 슈퍼중추항만 선정

① 개요

• 2002년 11월 국토교통성의 교통정책심의회에서 새로운 항만정책비전을 제시.
- 최근 항만경쟁력 확보 위해 2～3개 대형항만을 하나의 항으로 묶는 전략 시도.
- 일본 물류기업들조차 항만·물류비용이 비싼 자국 항만보다 부산항 선호 타개.
• 아시아 주요항만을 능가하는 경쟁력 확보를 위해 3개 슈퍼중추항만 선정.
- 시설 풍부, 역량 분산, 물동량 부족, 생산성·투자효율성 저조, 경쟁력 약화.

② 물류전략

• 정부는 슈퍼중추항만 사업예산을 2004년에 비해 1.6배 많게 할당했다.
- 무이자대출제도 도입과 상환기간 연장, 시설정비보조금지원 등 프로젝트 추진.
- 지방항만 128개 제외한 888개 통·폐합, 5년후 100개 항만으로 줄이기로 했다.
- 23개 항만을 뺀 105개항을 고도이용 추진항, 이용촉진중점항으로 이원화투자.
• 국토교통성은 슈퍼중추항만 예산 전년대비 18% 증액, 지방항만은 20% 축소.
- 항만행정일원화 위해 행정개편과 항만국 항만경제과 신설, 항만경쟁력 제고.
• 게이힌항 도쿄항은 초대형 선박접안, 차세대 고규격 터미널로 변화 계획.
- 성격이 다양한 부두운영회사들의 선석·야드 통합운영 또는 공동 운영.
- 배후부지 확충, 부두운영, 하역시스템 첨단화 등 구축.
- 오오이컨테이너터미널과 아오우미터미널을 물동량 처리능력이 크게 향상
• 요코하마항은 대형 고규격 터미널을 가동할 예정이다.
- 부두를 공동 운영하는 메가터미널 회사를 신설
- 혼모쿠지구 정비사업을 실시해 길이 1천m, 너비 500m, 수심 15m 이상
• 한신항·이세만도 기존 터미널 확충과 매립
- 수심 16m 확보와 하역장비 자동화 등 기능강화
- 부두공사 민영화 등 항만개혁이 추진
• 정부가 공공정보망구축을 담당하고 공동이용이 가능한 정보망 구축.
- 대기업은 인터라넷, 중소기업은 협회, 조합을 통하여 구축
• 공차운행율 최소화로 비효율성 근절 및 높은 서비스수준 구현이 목표.
- 화물자동차주선시스템, 화물추적시스템, 수화물검품시스템을 활용.
- 항만비용을 부산항과 대만 기슝항과 비슷한 30% 수준의 절감 노력.
- 터미널내 선박체류시간 1일 단축(현재 3～4일)으로 주요항만보다 경쟁력 강화

③ 슈퍼중추항만 육성

- 2002년 항만산업의 부흥과 한국·중국과의 경쟁 위해 항만정책을 일대 전환.
  - 선택과 집중에 기반을 두고 대형 허브항을 육성하는 슈퍼중추항만 계획 발표.
- 3개 지역을 슈퍼중추항만으로 최종 선정 법제화, 향후 3~5년간 집중 육성.
  - 한신항(고베항, 오사카항 연합)
  - 테이힌항(도쿄항, 요코하마항연합)
  - 이세만(나고야항, 요카치이항 연합)
- 최첨단 대규모 터미널 운영방식, 서비스를 원스톱으로 항만비용을 30% 절감
  - 항만물류서비스를 원스톱화해 부산항·대만 가오슝항과 같은 수준으로 낮춘다.
  - 현재 3~4일 가량 걸리는 화물처리시간을 싱가포르항과 같은 1일로 단축한다.
  - 부산항환적 일본화물을 회수 위해 주요 항만서비스 개선과 국제경쟁력 강화.

④ 영향

- 중앙정부, 항만통합 절감되는 항민예산을 슈퍼중추항만 지원사업비로 선환.
  - 항만예산 운영의 효율화와 합리화로 쇠퇴한 지방항만을 정부가 직접 관리.
  - 전국의 무분별한 항만개발로 실패한 정책을 국가입장에서 타당성조사해 결정.
- 육성전략중심이 서비스와 비용인하로 경쟁력확보에서 한국 항만전략과 상충.
- 고베대지진(1995년)이후 물동량을 부산항에 내주었던 고베항의 재건의지 분명.
  - 향후 부산항과 고베항의 한·일간 물동량 쟁탈전이 더욱 심화될 전망이다.

## (3) 일본물류의 장점과 단점

① 강점

- 막대한 자본을 보유한 기술국가, 지난 10년간 불황의 터널에서 도약준비.
- 각 수송 간의 높은 연계효율성으로 각 수송의 전환에서 잘 구성되어 있다.
  - 운송 스케줄은 시간의 효율을 높여주어 복합운송이 효과적으로 실행된다.
- 정시성 : 스케줄이 시행시간 내에 있어 오차범위가 작아 물류효율이 높다.
  - 화물터미널 수가 1천5백71개소가 운영(우리나라 21개소)되고 있다.
  - 수송 차량의 적재율은 한국 51.4%, 일본 68.0%로 큰 차이를 보이고 있다.
  - 공차율은 우리나라 45.0%, 일본은 32.0%로 운영효율성이 높은 수준이다.
- 우리나라 업체영세성과 높은 인력의존에 비해 전문화, 기계화수준이 높다.
- 도로운송보다는 철도운송구간이 잘 연계되어서 시간과 요율이 저렴하다.
- 일본 다이와종합연구소 보고서, 공동배송과 복합운송 제반 문제 해결 전망.
  - 탄소배출 감소, 제반 운영비 감소, 고령화에 따른 트럭운전자 부족문제 등.

② 약점

- 주요 항만(도쿄, 요코하마, 고베 등)이 동안(東岸)에 치우쳐 있다.

- 최종 소비지까지의 내륙운송비용이 과다해 기업경쟁력에 큰 부담이 된다.
- 장거리내륙수송으로 인해 $CO_2$배출문제 대두와 운송 및 보관비용의 증가.
  - 2012년 기준, 일본의 CO2배출량(화물)은 철도가 25(g-CO2/톤킬로미터).
  - 선박은 41인 반면, 자가용 화물차는 854, 상업용 화물차는 205에 달했다.
- 지속적인 물류체계개선 노력에도 불구, 구조적인 문제로 물류비 지속 증가.
  - 다각적인 수입경로, 주요 항에 물량집중으로 보관 및 운송비용이 지속상승.
  - 지금까지 동경과 오사카중심의 전국 내륙운송화물체제는 물류비용이 높다.
  - 내륙운송 시, 트럭은 시간당 90km이하이므로 내륙운송비용이 계속 증가.
  - 풍부한 물류시설과 물류합리화 노력하나, 물류비용이 비싸 경쟁력에 문제.
- 대표적 식품업체 6사가 배송난에 대응하기 위해 공동배송 시스템을 구축.
  - 각사 제품을 공용 물류센터에 모아 슈퍼마켓, 편의점에 공동 배송하는 방식.
  - 저출산 고령화로 배송트럭운전기사 확보가 갈수록 어려워지고 있기 때문.
  - 젊은 인력들이 장시간 노동에 비해 임금수준이 높지 않아 인력난이 심화됨.
  - 산업계 전체취업자 평균연령 42세, 대형트럭운전사 평균연령 46세 고령화.
- 2023년에는 50억개를 돌파해 배송망이 '폭발'하는 사태가 벌어질 수 있다.
  - 국내 물류중심인 트럭운전자가 14만 명 가량 부족할 수 있다는 전망이다.
  - 2013년 현재 일본 내 택배 물량은 20년 전보다 3배 늘어난 36억개를 기록.
  - 운수업계, 소비패턴 변화로 폭증하는 택배 물량과 심화하는 인력난이 심화.
  - 수익성 자하지역의 배송의뢰 거부 및 운송인력 확보위한 근무시간 단축 등.

### (4) 일본 물류정책의 변화

① 정보화

- 최고수준의 정보통신국가를 목표로 하고 있다.
  - 2001년 'e-Japan전략'을 발표, 2003년에는 'e-Japan전략2'를 발표.
- 물류분야에서는 물류정보화에 대규모의 투자를 실시.
  - 전자태그기술의 활용, 물류 EDI의 국제표준화, 싱글윈도우 개발 등이 포함.

② 규제완화

- 물류산업의 활성화와 환경변화에 대한 대응력강화.
  - 시장원리를 지키고 규제를 완화하는 정책을 추진할 계획이다.
- 일본은 수급규제, 요금규제를 점진적으로 철폐할 계획이다.

③ 환경문제에 적극 대응

- 일본정부는 교토의정서 내용을 충실하게 이행
  - 2012년까지 1990년대비 온실가스배출량을 6% 삭감할 계획.

• 운수부문의 $CO_2$ 배출량 절감을 위해 다양한 정책을 마련.
  - 저공해차량의 개발보급, 자동차교통대책, 모달쉬프트(Modal Shift) 등임

〈표 6-3〉 세계 주요 공항 국제선 이용자 수 현황(2014년 기준)

| 주요 공항 | 이용객 수 | 주요 항공사 |
|---|---|---|
| 영국 히드로 공항 | 6,800만명 | 브리티시 항공 |
| 프랑스 사롤드골 공항 | 5,800만명 | 에어프랑스 항공 |
| 네델란드 스키폴 공항 | 5,500만명 | KLM 항공 |
| 독일 프랑코푸르트 공항 | 5,200만명 | 루프트한자 항공 |
| 터카 아타튀르크 공항 | 3,600만명 | 터키 항공 |
| A.E 연합 아부다비 공항 | 2,000만명 | 에티하드 항공 |
| 카타르 도하 공항 | 2,500만명 | 카타르 항공 |
| A.E 연합 두바이 공항 | 7,000만명 | 에미레이트 항공 |
| 대한민국 인천공항 | 4,300만명 | 대한 항공 |
| 일본 나리타 공항 | 3,000만명 | 일본 항공 |
| 싱가포르 창이 공항 | 4,300만명 | 싱가포르 항공 |
| 중국 푸동 국제 공항 | 4,500만명 | 國際航空, 東方航空, 南方航空 |
| 홍콩 국제 공항 | 6,000만명 | 홍콩 항공사 |
| 북경 수도 국제공항 | 8,500만명 | 國際航空, 東方航空, 南方航空 |

④ 국제공항의 정비
  • 국가 물류정책의 방향을 국제공항 중심으로 전환.
    - 나리타, 하네다, 간사이국제공항의 확장사업을 진행
    - 중부권에 새로운 국제공항을 2005년에 개장할 계획.
  • 공항의 운영과 관리측면
    - 현재의 중앙정부 중심에서 지방화, 민영화가 가속화될 전망.

⑤ 신 항만정책을 통한 항만경쟁력의 제고 : 6가지 전략을 제시
  • 물류의 효율화
  • 국제적인 항만 간 경쟁에의 대응
  • 지역경제의 활성화
  • 환경문제에 대한 적극적인 대응
  • 방재와 안전의 확보
  • 항만도시의 정비

〈표 6-4〉 신 종합물류시책대강의 주요 시책

| 목 표 | | 세부 내용 |
|---|---|---|
| 선진적인 물류시스템의 구축 | 고도화되고 효율적인 물류시스템 구축 | - 민간부문의 공동화, 정보화 촉진, 규제개혁, 행정수속의 간소화 및 효율화, 기술개발 추진<br>- BYWNSVKFFPXM에 의한 유니트 로드화 추진<br>- 각 운송모드의 적절한 역할을 분담한 교통체계 구축<br>- 도시내 교통수요의 분산·조정 |
| | 국제물류거점의 기능강화 | - 국제항만 등 국제물류거점과의 연계망, 해상고속도로, 간선도로네트워크 등의 중점적 정비<br>- 항만의 24시간 운영, 수출입 및 항만수속의 전자화·원스톱화 등을 통해 국제항만물류의 효율성 개선 |
| 사회적 과제에 대응한 물류시스템의 구축 | 지구온난화 문제에의 대응 | - 교토의정서의 이산화탄소 배출삭감목표 달성을 위한 배출억제<br>- 트럭 등 수송기관의 연비향상, 차량대형화, 공동화 등에 의한 트럭수송의 효율화 및 철도, 내항해운을 활용한 모달쉬프트의 추진 |
| | 대기오염 등의 환경문제 대응 | - 배출가스규제의 강화, 저공해차의 개발 및 보급, 환상형 도로정비 등 교통용량의 확충, TDM 등에 의한 도시내교통의 원활화<br>- 환상형 도로주변 등에 물류거점의 입지를 촉진<br>- 도시내 트럭 통과교통스요를 선박, 철돗송으로 전환 |
| | 사고방지 등 환경문제 대응 | - 트럭속도 억제장치 장착의 의무화, 혼합해역에서의 동항방식 재검토 등 사고방지대책의 강화, 안전기준의 적절한 개정 |
| 국민생활을 지탱하는 물류시스템의 구축 | | - 물류산업의 규제완화 이후에도 안정된 물류서비스 확보와 소비자 보호<br>- 도시계획과 물류의 연계 |

⑥ 亞 물류효율화에 RFID 활용 추진

- 각종 물류자재와 RFID가 도입효과
  - 물류효율화는 물론 물류자재의 효율적 활용이 가능해 질 것으로 기대.
- 아시아 역내 해상 컨테이너에 액티브형 RF태그를 부착 구상.
  - 컨테이너 양륙과 반출, 입고 시 실시간 컨테이너위치정보 파악시스템구축.
- 인재육성과 기술과제
  - 국가차원 대응, 통관수속 간소화, 테러, 위험상황 보안강화 등 안전과 효율성.

### (5) 물류업계의 M&A 시장

① 물류업계는 시대적 환경변화에 따라 M&A 유형과 목적이 변화되고 있다.[11)]

- 1990년대 이후 일본에서 진행된 물류업계 6가지 목적의 M&A 유형.

11) 물류신문 [창간 17주년 특집Ⅱ] Part 4. 일본 물류기업의 M&A 동향 및 특징, 2014년 10월 27일

- Low Cost Operation 지향형
- 3PL 지향형
- 경영다각화 지향형
- 시장 점유율 확대 지향형
- Global Biz 지향형
- 이업종진입 지향형

• 1990년에는 버블경제 붕괴에 따른 일본 국내 경기 침체기.
  - Low Cost Operation 지향형 M&A가 주축을 이뤘다.

• 2000년부터 2005년까지, 일본기업의 해외진출 가속화 및 국제경쟁 심화기.
  - 3PL 지향형 M&A와 경영다각화 지향형 M&A가 대세를 이루었다.

• 2006년부터 2010년대에는 글로벌 금융위기의 영향으로 시장점유율 확대 지향형 M&A와 Global Biz 지향형 M&A가 다수 등장하였다.

• 2010년 이후에는 일본 내수경기 침체의 장기화 및 국제경쟁이 격화됨에 따라 이업종진입 지향형 M&A가 출현하였다.

■ 일본의 시대적 환경변환에 따른 물류업계의 M&A 유형

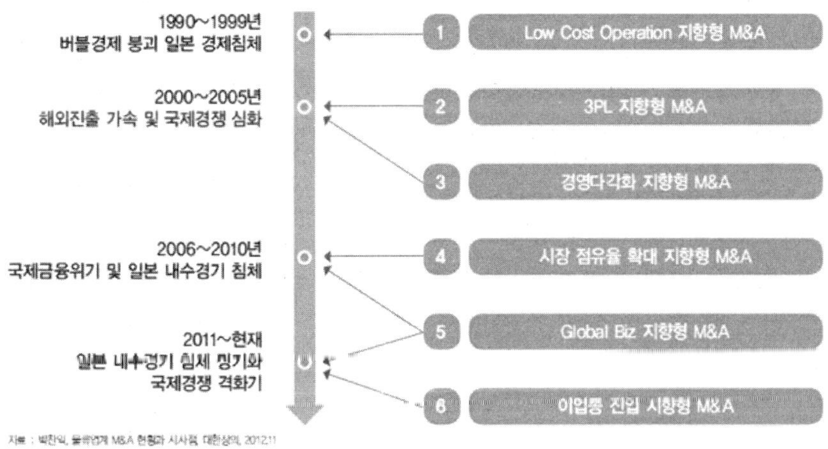


자료 : 박찬익, 물류업계 M&A 현황과 시사점, 대한상의, 2012.11

② 일본 물류자회사의 M&A 동향

• 일본 물류업계는 물류자회사 매각 및 사업청산이 속출하고 있다는 점이다.
  - 물류자회사는 경제성장기에 안정적인 물류서비스 확보를 위해 설립되었다.
  - 경제의 성숙으로 기업 개혁, 효율성 추진과정에서 물류자회사 매각사례 증가.

• 물류자회사 왕국에서 물류자회사의 매각 및 해산이 속출한 배경.
  - 장기간의 경기침체로 경영악화기업들이 대규모 구조조정을 실시했기 때문임.
  - 물류자회사 산요전기로지스틱스는 홍콩계펀드인 Longreach Group에 매각됨.
  - 물류자회사 후지물류는 2010년 미츠비시창고에 매각되었다.

- 물류자회사를 청산하고 아웃소싱으로 전환하는 기업들이 증가하고 있다.
- 향후 물류자회사의 매각 및 해산 건수는 더욱 증가할 것으로 전망된다.

## 3 중국의 물류시장

### 1) 중국 경제 및 물류 인프라 현황

#### (1) 경제구조와 주요 흐름

① 중국은 막강한 돈의 힘을 무기로 경제패권국인 미국에 도전장을 내밀고 있다.
- 값싼 제품을 수출대가로 저렴한 가격에 소비하고, 달러를 지급하는 구조.
  - 중국은 미국국채를 사고 미국은 이를 바탕으로 소비가 돌고 경제가 성장한다.
- 2014년 9월말 기준, 외환보유고는 3조8877억 달러로 일본보다 3배나 많다.
  - 중국의 막대한 자본력(원인)은 외환보유고가 대폭 확대된 데 따른 것이다.
  - 자본경제 도입과 위안화 평가절하, 값싼 노동력의 비교우위로 수출이 증가됨.
  - 대규모 경상수지흑자 기록과 외국기업 중국투자가 자본수지유입으로 이어짐.

② 중국은 유럽에서 물류산업의 중심국가로 떠오르고 있다.
- 2009년 재정위기를 겪은 그리스는 중국국영회원사인 코스코를 4조원에 인수.
  - 향후 35년간 아테네항 화물부두 중 두 곳의 운영권을 넘겼다.
  - 아테네항으로 운반된 상품은 유럽은 물론 중동, 아프리카 곳곳에 팔려나간다.
- 그리스는 코스코에 8000억원을 받고 체코 프라하행 화물열차운영권을 넘겼다.
  - 중국은 해상운송보다 시간적, 경제적 비용을 대폭 줄일 수 있게 되었다.
- 그리스정부는 아테네공항이 들어섰던 부지를 중국자본에 팔아넘기기도 했다.
  - 이곳은 2004년 아테네 올림픽당시 경기장을 지어 사용했던 장소이기도 하다.
  - 향후 경기장을 철거한 후 호텔, 수족관, 쇼핑센터를 갖춘 단지조성 예정이다.

③ 중국이 세계 M&A시장에서 큰 손으로 등장하고 있다.
- 톰슨로이터가 유럽 기업을 대상으로 한 M&A 실적을 조사한 결과이다.
  - 일본 기업은 35개. 중국은 22개, 우리나라는 6개의 유럽 기업을 인수했다.
  - 2012년부터 2014년까지도 한국은 25건, 일본(80건), 중국(88건) 3분의 1도 수준.
  - 거래액은 일본 306억5600만달러, 중국 359억700만달러, 한국(35억9700만 달러).
- 중국의 기업들이 해외기업을 대상으로 M&A사업을 확대하고 있다.
  - 초기 중국 기업들은 에너지, 물류 등 기간산업위주로 유럽 기업을 사들였다.

- 최근 M&A분야는 IT, 금융, 식품 등으로 분야를 확장하고 있다.
- 10억 달러미만의 해외M&A에 승인심사를 생략, 소규모 인수도 더욱 늘어났다.
- 일본 역시 내수 부진의 타개책으로 해외기업 M&A를 택하고 있다.

• 중국기업이 한국기업 M&A(인수·합병) 사례에 한국기업은 못 미치고 있다.
- 2014년 6억6111만 달러(5건)로 2013년 2364만 달러(3건)보다 30배나 많아졌다.
- 한국의 중국M&A는 '14년 252만 달러(3건), '13년은 1억5416만 달러(2건)였다.

• 중국의 M&A 성향이 달라진 것도 주목해야한다.
- 과거는 정부주도로 자원중심산업의 인수합병에 집중했다.
- 현재는 기업이 IT, 자동차, 전기전자 등 한국이 강점을 지닌 부분에 투자한다.
- 북미, 유럽 등 안정된 시장의 기업인수, 선진 기술, 현지유통망 확보전략이다.

### (2) 중국 물류구매연합회(中國物流與采購聯合會)의 물류산업 4가지 특징.

① GDP 증가율을 상회하는 물류수요의 급속한 성장('91년부터 2012년끼지)

• 2012년 중국 물류산업의 총 물동량은 177조 3,000억 위안으로 집계되었다.
- 2012년 물류산업의 총 물동량은 2011년 대비 9.8% 증가하였다.
- 2012년 물류산업부가가치는 2011년 대비 9.1% 증가한 3조 5,000억 위안이었다.
- 물류산업의 총 물동량은 서비스산업 총 부가가치의 15.3%, GDP의 6.8%였다.

• 물류총액은 '91년 3조 위안에서 '02년 23조 3,000억 위안으로 6.7배 증가했다.
- 중국 물류산업은 연평균 20.4% 성장, 연 평균 GDP 성장율 15.4%보다 높다.

• 중국 물류산업 규모는 2000~2010년 연평균 22.1% 급성장했다.
- 2003년은 29조 6,000억 위안, 2004년 38억4000만 위안으로 매년 성장을 했다.
- 2011년 물류산업이 서비스산업에서 차지하는 비중은 16% 수준이다.
- 2012년에는 177조3000억 위안에 달함.(사회물류총액통계는 중간상품도 포함)

• 2012년 물류산업부가가치는 3조5000억 위안으로 전년 동기대비 9.1% 증가

• 2012년 물류산업은 GDP에서 6.8%의 비중을 차지하며, 공산품이 주요 동력.
- 2012년 공산품 물류 총액이 전년 동기대비 10% 성장한 162조 위안이었다.
- 공산품 물류 총액이 전체 물류 총액의 91.4%의 비중을 차지하였다.

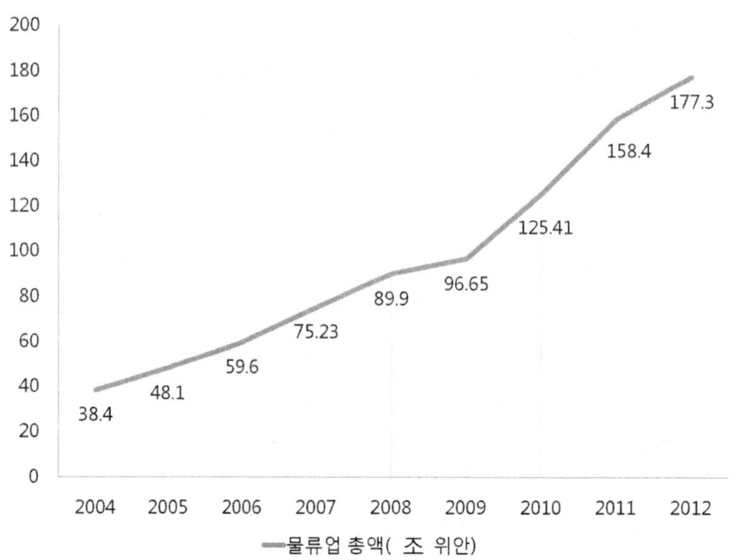


자료원: 中国报告网

② 물류비는 매년 증가하며, GDP에서 차지하는 비중이 높다.('91년부터 '11년까지)

- 전사회물류총액은 2003년 29.5조 위안에서 2006년 59조 위안으로 증가.
  - 1991년부터 2002년까지 5,182억 위안에서 2조 2,000억 위안으로 3.2배 증가함.
  - 2006년에는 3조 8천억 위안을 기록하며 GDP 대비 18.3%의 비중을 나타냈다.
  - 2012년 물류비는 9조 4,000위안(한화 1,630조원)으로 전년대비 11.4% 증가함.
  - 물류비 증가 속도는 지난 10년은 연평균 14%수준에서 점차 감소하는 추세.
  - 물류비용의 연평균 성장률은 11%로 GDP 연평균 성장률보다 1포인트 높다.
  - 물류비용이 국내총생산(GDP)의 18%로 선진국의 2배 수준으로 나타났다.
- '12년 전체 물류비 중에서 제조업 물동량이 91.1%로 대부분을 차지한다.
  - '11년 물류비 구성은 운송비 52.6%, 보관비 31.8%, 관리비 15.6% 순이다
  - '12년 물류비 구성은 운송비 52.1%, 보관비 35.1%, 관리비 12.8% 순이다
- GDP에서 물류비비중 경제발전 수준, 종합국력을 나타내는 중요 지표이다.
  - 운송비용이 '01년 대비 15.5% 증가한 1조9천억위안(한화 310여조원)을 기록.
  - 물류비용 상승의 주범인 운송비 급등원인은 유가와 인건비상승 때문이었다.
  - '11년 상반기 보관비용은 1조3천억위안(한화 212조원), 전년대비 22.7% 증가.
  - 이 중 이자 비용은 5천312억위안(한화 86조6천억원)으로 24% 증가했다.
- 공업화와 도시화가 가속화됨에 따라 물류수요가 높은 수준을 유지하고 있다.
  - 물류비 상승원인은 운송비, 원자재, 원료, 인건비, 대출금리, 자본효율 순이다.
- GDP 중 물류비 비중이 선진국(8 ~ 10%)보다 상당히 높아 경쟁력이 취약하다.
  - 1991년 24%, 2002년 21.5%, 2003년 21.4%, 2010년 17.8%, 2011년 18% 순.

- 2013년 국내총생산(GDP)대비 18% 수준에서 2020년에는 18%로 목표를 설정.

③ 중국 물류산업은 GDP 성장률보다 높은 부가가치 증가율을 나타내고 있다.

- 물류산업부가가치는 매년 2배 이상 증가, 연평균 성장률은 13%에 달한다.
  - 1991년 2,257억 위안, 2002년 7,133억 위안, 2012년 3조 5,000억 위안.
- 2001년 물류산업의 부가가치는 6,926억 위안으로 전년대비 13.5% 증가함.
  - GDP에서 차지하는 물류산업의 부가가치비중이 7.2%로 서비스산업의 15.9%.
  - 2002년 전체 부가가치에서 차지하는 비중은 15.8%에서 2006년 17.1%로 증가.
- 2012년 물류산업의 부가가치는 3조 5,000억 위안으로 전년대비 9.1% 증가함.
  - 물류산업은 서비스산업 총 부가가치의 15.3%, GDP에서의 비중은 6.8%이다.
- 2013년 물류업계가 수송한 총 화물가치는 197.8만 억 위안이었다.
  - 전년 대비 9.5% 증가한데 이어 2014년에도 약 9% 증가 할 것으로 예상된다.
- 물류산업의 부가가치 성장률은 2020년까지 연평균 8%를 달성할 계획이다.
  - 물류산업의 집단화·전문화수준 향상으로 3자 물류도 동시에 발전 중에 있다.

④ 적은 규모의 고정자산투자로 물류수요를 따르지 못하고 있다.

- 2001년 고정자산 투자규모는 50조205억 위안으로 실질 성장률이 15.1%이다.
  - 2001년 물류산업의 고정자산 투자금액은 4,455억 위안. 전년대비 17.6% 증가.
- 적은 투자와 낮은 고정자산 투자증가율로 물류수요를 따르지 못하고 있다.
  2013년 11월 고정자산 투자금액은 3조 9,614억 위안. 전년대비 28.6% 증가.
- 고정자산투자의 강한 성장세에서 2014년부터 투자속도는 느려지고 있다.
  - 국유 및 국유주식 투자가 16조1629억 위안으로 13% 성장.
  - 민간투자가 32조1576억 위안으로 18.1% 증가, 전체 투자의 64.1%를 점유.
  - 동부지역 전년대비 14.6%, 중부지역 17.2%, 서부지역 17.5%가 각각 증가했다.
- 매 1만 달러 생산대비 운송량은 미국 870톤 마일이며, 중국 4,823톤 마일.
  - 물류투입시간이 중국은 전체 생산과정의 90% 차지, 선진국은 약 40% 차지.

### (3) 중국의 물류산업 현황

① 중국 글로벌리더의 비상은 상하이 자유무역시험구가 발판이 되었다.
- 1990년 보세구역, 수출가공구, 보세물류원구, 보세항구, 자유무역항으로 확대.
- 2013년 9월 상하이 푸동신구에 28.78㎢규모 '상하이 자유무역 시험구' 출범.
  - 금융, 물류, 상업·무역, 전문서비스·법률사무소 중외합작, 문화, 서비스 자유화.
  - 투자분야는 금융, 운송, 상업·무역, 전문, 문화, 사회서비스영역 대외개방 확대.
  - 무역분야는 통관절차간소화, 해운금융, 국제선박운수·관리 등 해운산업 육성.

② 규모의 발전에서 품질 효율성으로 전환하여 세계시장에서 리더역할 수행.
- 2012년 물류산업의 총 물동량은 177조 3,000억 위안으로 집계되었다.
- 물류산업은 사회물류총액을 기준으로 실질 GDP 성장률의 2배를 상회한다.
  - 운수·창고·통신업은 전체 GDP의 5.7%를 차지하는 것으로 나타났다.
- 국가중심에서 기업 간 상호 이익증진을 위한 협력을 확대하고 있다.
  - 물류서비스에서 공급서비스로 전환, 기업의 독립체제에서 협력체제로 변환 등.

③ 높은 경제성장, 긍정적인 시장전망
- 경제성장과 소득증가로 소비패턴이 변화해 높은 가치의 물류요구를 확대시킴.
  - 중국 경제의 고성장으로 인해 주요 항만의 처리 물동량도 매년 25%이상 증가.
  - 상하이 양산심수항, 2006년 2,171만 TEU처리, 세계1위 컨테이너항으로 급부상.
- 2012년 기준, 사회물류 총액은 177조3000억 위안, 부가가치는 3조5000억 위안.
  - 물류산업 부가가치 GDP비중은 6.8%, 서비스업 비중은 15.3%로 나타났다.
- 중공업중심에서 에너지, 원자재 등 대규모 운송방식과 물류수요 높을 전망
  - 정부의 강력한 물류산업 지원정책으로 향후 중장기 고속 성장을 유지할 전망.
  - 3PL은 연간 20% 이상의 성장이 가능할 것으로 예상된다.

④ 택배시장 전면 개방
- 중국의 택배시장은 전 세계 2위 규모이다.
  - 2020년에는 약 66조 원 이상으로 성장할 것으로 예상된다.
- 2014년 9월 24일 리커창(李克强) 총리 주재로 열린 중국 상무회의.
  - 중국의 택배시장을 전면 개방하기로 결정했다.
  - 국내·외 기업에 공정한 경쟁환경을 조성.
  - 종전까지 제한적이었던 외자기업에 적극적인 진입 기회를 제공,

### (4) 중국의 고속철도

① 베이징 - 텐진 고속철도 : 시속 350Km/h, 2008. 8월 1일 개통

② 우한 - 광저우 고속철도 : 시속 394Km/h, 2009. 12월 29일 개통

③ 정저우 - 시안 고속철도 : 시속 350Km/h, 2010. 1월 개통
④ 상하이 - 난징 고속철도 : 시속 350Km/h, 2010. 7월 개통
⑤ 상하이 - 항저우 고속철도 : 시속 350Km/h, 2010. 10월 개통
⑥ 베이징 - 상하이 고속철도 : 시속 350Km/h, 2011. 6월 30일 개통
⑦ 베이징 - 우한 고속철도 : 시속 350Km/h, 2012. 2월 17일 개통
⑧ 상하이 자기부상열차 SMT : 시속 430Km/h, 2004. 1월 개통
• 상하이 푸둥공항 - 상하이 롱양루역 32Km구간

⑨ 베이징 ~ 난징 ~ 상하이 ~ 항저우 고속철도 : 시속350Km/h, 2011.6.30 최종개통
⑩ 베이징 ~ 정저우 ~ 우한 ~ 광저우 고속철도 : 시속350Km/h, 2012.2.17 최종개통
⑪ 정저우 ~ 시안 고속철도 : 시속 350Km/h, 2010. 1월 최종개통
⑫ 난징 ~ 상하이 ~ 항저우 고속철도 : 시속 350Km/h, 2010. 10. 26 전 구간 개통
⑬ 시안 ~ 정저우 고속철도 : 시속 350Km/h, 2010. 02. 06 개통운행
⑭ 베이징 ~ 상하이 고속철도 : 시속 350Km/h , 2011. 06 개통운행
⑮ 칭다오-지난, 칭다오-베이징 고속철 : 시속 200/시속 250Km/h, 2007.4월 개통
⑯ 허페이-난징, 허페이-우한 고속철 : 시속 250Km/h, 2008. 4월/2009. 4월 개통
⑰ 스좌장 - 타이웬 고속철 : 시속 250Km/h, 2009. 4월 개통
⑱ 원저우 - 푸저우 고속철 : 시속 250Km/h, 2009. 9월 개통(융 타이 원 철도)
⑲ 닝보 - 원저우 고속철 : 시속 200Km/h, 2009. 9월 개통(융 타이 원 철도)
⑳ 푸저우 - 샤먼 고속철 : 시속 250Km/h, 2010. 4월(융 타이 원 철도)
㉑ 청두 - 두창옌 고속철 : 시속 200Km/h, 2010. 5월
㉒ 정저우 - 지우쟝 고속철 : 시속 250Km/h, 2010. 9월
㉓ 창춘 - 지린 고속철 : 시속 250Km/h, 2010. 12월
㉔ 하이커우 - 산야 고속철 : 시속 250Km/h, 2010. 12월(하이난 철도)
㉕ 항저우 ~ 닝보 ~ 푸저우 고속철도 : 시속 300km/h, 2013년 7월 개통

• 상하이-항저우-이우-진화-상라오-장핑-룽옌-룽촨-선천, 상하이-선천을 약 6시간.

㉖ 톈진-친황다오 고속철도 : 시속 350km/h, 2014. 1. 개통

### (5) 신규 고속철도망

① 지난 ~ 칭다오 고속철도 : 시속 350km/h, 2017년 내 개통 예정

• 칭다오-지난 철도는 칭다오-쟈오저우-가오미-웨이팡-쯔보-쩌우핑-지난 간 307km.

• 칭다오-지난이 1시간 거리로 좁혀진다. 지난-옌타이까지는 2시간 소요 예정.

• 칭다오-지난 고속철도는 칭다오-옌타이-웨이하이 도시철도가 개통됨.

- 산동성 내 물류에 혁명적 변화를 가져다 줄 것으로 기대되고 있다.

② 우한 ~ 허페이 ~ 난징 고속철도 : 시속 350km/h, 2012년 9월 1차 연계 개통

• 정저우-우한구간 개통, 시안-우한-허페이를 거쳐 기존 베이징-상하이-난징 가능

③ 베이징 ~ 선양 고속철도 : 시속 350km/h, 2019년 개통 예정

• 베이징-허베이성 청더-랴오닝성-푸신-진저우(錦州)-선양역, 총연장은 709㎞

• 현재 빠른 열차로 5시간이 소요되는 베이징-선양 구간을 2시간 30분에 주파

- 하얼빈-다롄 고속철도에서 선양-단둥 ~ 다롄 고속철과 연결, '1일 생활권' 묶는다.

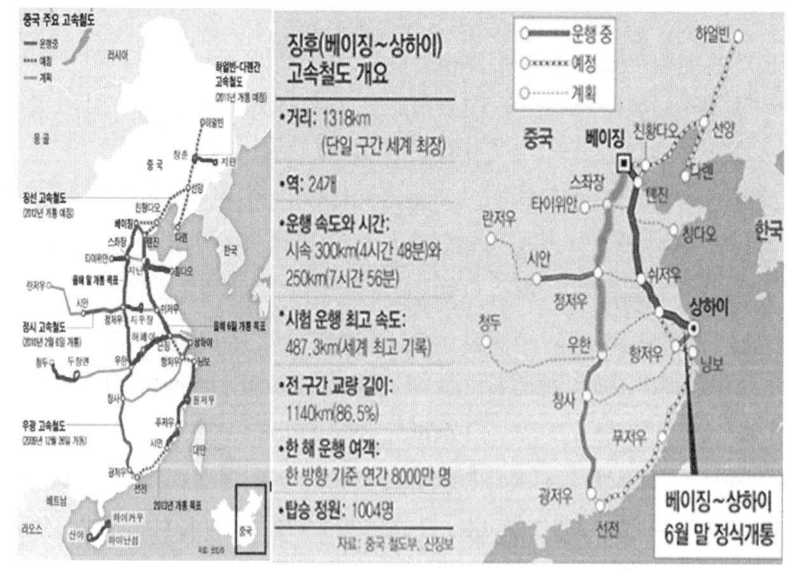


자료 : 네이버

**[그림 6-4] 중국이 2020년까지 건설계획 중인 고속 철도망(현재 노선 포함)**

④ 중국은 철로를 주변국가와 연결하는 대규모 국제철도 건설에 들어가기로 했다.

• 시짱(西藏)자치구와 신장(新疆)위구르자치구, 헤이룽장(黑龍江)성, 윈난(雲南)성

- 현재 러시아와 몽골, 베트남을 잇는 5개의 국제철도가 가설된 상태다.

- 대규모 국제철도가 건설되면 물류망구축으로 주변국에 영향력도 강화될 것임.

• 중국은 우선 윈난성에서 미얀마로 연결되는 철도를 건설하였다.
  - 윈난~미얀마 간 철도건설은 동남아국가를 거미줄처럼 연결하는 역할이다.

• 인도의 칭짱철로 연장과 동남아를 잇는 윈난~미얀마 간 국제철도 건설이다.
  - 시짱자치구에 건설된 칭짱(青藏)철로를 네팔·부탄·인도까지 연장계획을 추진.
  - 동북지역에서 지린성 훈춘과 헤이룽장성둥닝 간 철로를 건설해 러시아와 연결.
  - 서북부의 신장과 러시아를 연결하는 새로운 철도도 만들기로 했다.

⑤ 중국 고속철도망의 미래

• 중국은 기존 10,000km에 달하는 세계 최장의 고속 철도망을 구축하고 있다.
  - 2020년까지 전국을 동-서, 남-북 연결하는 '4종(縱) 4횡(横)' 고속철도망 건설.
  - 현재 1만여㎞로 세계 최장인 중국 고속철도 총연장은 1만8천㎞로 늘어난다.

• 2015년 19,000km까지 두 배로 연장할 것이며, 2020년 25,000km 계획이다.
  - 중국 해안에서 대만까지 해저터널[12]과 중국서부 사막까지 구축[13]할 계획이다.

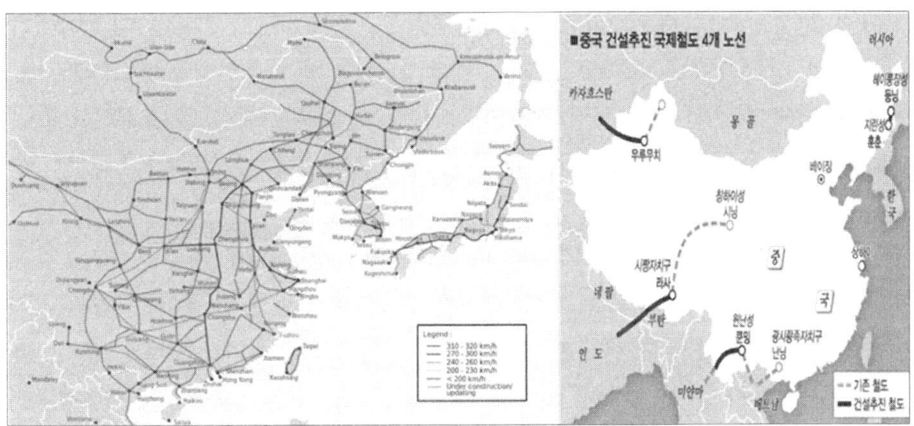


자료 : 네이버

• 최근 중국에서 러시아와 북아메리카를 연결하는 총 연장 13,000km를 구상.
  - 이 프로젝트에는 200km의 베링해협을 지나는 지하 터널이 포함되어 있다.
  - 중국은 이미 123km 길이의 해저터널에 320억 달러가 지출될 것으로 추정.
  - 중국-러시아-캐나다-미국 노선의 건설비용은 2,000억 달러가 소요될 예상.

---

12) 프랑스와 영국간의 해저터널 길이의 두 배가 된다.

13) 중국 서부의 고립된 지역인 사막까지 고속철도망 구축거리는 1,776km이다.

- 중국과 한국을 연결하는 철도가 한화로 약 13.5조억원을 투입하여 착공된다.
  - 2015년 9월 착공하여 2017년 12월(1차, 2차), 2018년 3월 완공(3 ~ 4차)이 목표.
  - 이 고속철도는 중국 운남성 쿤밍-태국 농카이-맙타풋을 잇는 총 연장 800km.

### (6) 세계 10대 항구 중 8개가 중국에 있다

① 2009년 물동량 기준 상하이 1위, 닝보-저우산항 2위

- 홍콩항은 물동량이 2008년 대비 6.3% 하락해 10위로 턱걸이
- 중국 교통운수부가 발표한 '2009 중국 항운발전보고'
  - 2009년도 물동량기준 세계 10대 항구 중 중국소재 항구 8개 포함.
- 해외 항구 중 포함된 곳은 싱가포르항과 네덜란드의 로테르담항 2곳뿐임.
- 미국 루이지애나항과 우리나라 부산항은 2008년 10위권 밖으로 밀려나서
  - 2007년까지 10위권에 포함됐으나, 2009년에도 10위권에 진입하지 못했다.

② 2004년 이후부터 중국의 각 항구는 세계에서 가장 빠른 속도록 성장했다.

- 이전 물동량기준 세계 10위 이내 항구는 상하이, 닝보, 광저우 3곳이었다.
- 2005년 상하이항이 싱가포르항을 넘어 물동량 세계 1위항구로 도약.
- 최근 닝보-저우산항도 싱가포르항을 넘어 세계 1, 2위 항구 모두 석권.
- 2009년 싱가포르항은 4억 7100만 톤, 닝보-저우산항 물동량과 1억 톤 격차.
- 10위권 내 항구 중 2009년 성장세를 보인 항구는 모두 중국 항구이다.
- 2009년 물동량기준 세계 10대 항구 전년대비 성장추세.
  - 6개 항구는 플러스 성장, 4개 항구는 마이너스 성장을 보이고 있다.
- 상하이항 물동량은 전년대비 1.8%로 성장세 유지, 증가속도는 낮은 추세.
- 닝보-저우산항은 전년대비 10.8% 성장세로 상위 항구 중 빠른 증가속도.
- 톈진항 7.1%, 광저우항 4.9%, 칭다오항 5.1%, 다롄항 10.6% 순 증가.
- 중국소재 항구 중 감소세는 9위 친황다오항(-1.1%)와 홍콩항(-6.3%)이다.
- 싱가포르항과 로테르담항의 물동량 추이.
  - 각각 8.6%, 8.5% 감소, 2010년는 톈진항이 로테르담항의 물동량을 추월.

③ 홍콩항의 물동량 감소

- 1999년 이래 홍콩항은 처음으로 전년대비 하락세를 보임.
  - 주요화물인 석유와 석유관련제품, 건설자재 등의 물동량은 여전히 증가세.
  - 1999년 이후 기계, 철강의 물동량이 큰 폭의 하락세를 보이고 있다.
  - 2009년 홍콩으로 들어온 화물은 1억3900만 톤으로 4.6% 감소했다.
  - 2009년 홍콩에서 나간 화물은 1억400만 톤으로 전년 대비 8.6% 감소했다.
- 경제위기로 인한 컨테이너 물동량도 크게 감소.
  - 2009년 홍콩항의 컨테이너물동량은 2104만 TEU로 전년대비 14.1% 감소.

④ 컨테이너 물동량 기준 10위권 내 6개 항구

- 물동량기준으로 상위 10개 항구 중 중국항구의 비중은 소폭 낮아졌다.
- 싱가포르항의 컨테이너 물동량은 세계 1위이며 상하이항이 2위이다.
- 상위 10개 항구에 상하이, 홍콩, 선전, 광저우, 닝보, 저우산, 칭다오 등 6개.

〈표 6-5〉 물동량 기준 세계 10대 항구

| 순 위 | 항구명 | 화물 물동량(억 톤) | 전년대비 증가율(%) |
|---|---|---|---|
| 1 | 상하이 | 5.92 | 1.8 |
| 2 | 닝보-저우산 | 5.77 | 10.8 |
| 3 | 싱가포르 | 4.71 | -8.6 |
| 4 | 로테르담 | 3.86 | -8.5 |
| 5 | 톈진 | 3.81 | 7.1 |
| 6 | 광저우 | 3.64 | 4.9 |
| 7 | 칭다오 | 3.15 | 5.1 |
| 8 | 다롄 | 2.72 | 10.6 |
| 9 | 친황다오 | 2.49 | -1.1 |
| 10 | 홍콩 | 2.43 | -6.3 |

자료원 : 국제상보(2009년 기준)

## 2) 중국의 물류정책

### (1) 중국정부의 물류개방화 정책

① 중국은 WTO 가입을 전후하여 개방정책을 추진하여 왔다.

- 철도와 트럭 및 항공을 이용한 화물운송과 화물운송대리업 등이 주요 대상.
- 2001년 3월에 공동 「현대 물류 발전 가속화 관련 의견」통지.
  - 국가경제무역위원회, 철도부, 교통부, 대외무역경제합작부, 민용항공총국 등

• 중국 물류의 현대화·표준화 등과 지속적으로 대외개방을 추진.
  - 선진 물류기업의 경험을 활용한다는 것이 골격이다.

② 10·5계획(2001년~2005년)기간의 중국정부의 물류산업 발전 목표.
  • 2001년 외국인투자관련, 외자기업법을 개정하여 교통 및 운수업 등의 제한.
    - 국가안전과 공공이익에 반대될 경우에만 외자기업 설립을 제한하도록 개선함.
  • GDP에서 차지하는 물류비의 점유율을 2% 삭감
  • 3PL을 발전시켜 외주, 대리점 배송을 확대
  • 물류 인프라를 정비하고 물류서비스 및 물류관리수준을 향상
  • 기업의 합병추진에 의해 전통적인 물류기업을 현대물류기업으로 전환

〈표 6-6〉 중국 내 주요 물류부문별 개방화 정책 (2000년 이후)

| 구 분 | 주요 내용 |
|---|---|
| 철도수송 | - 2000년 "철도화물운송업에 대한 외국투자 허가심사와 관리 잠정 시행법" 제정<br>- 외국기업이 중국기업과 합영(합자·합작)방식으로 철도화물운송시장에 참여 가능<br>- 일정기간 중국기업의 투자지분을 51% 이상 확보 가능<br>- 등록자본금 2,500만 달러 이상 |
| 트럭운송 | - "외상투자 도로운수업 관리규정" 개정<br>- 컨테이너화물, 국내특송화물, 물류배송에 참가하는 경우와 서부지역의 화물운송에 참여하는 경우에는 외자 비율 확대 가능 외항해운<br>- 2002년 "국제해운조례"를 제정<br>- NVOCC를 제도화 |
| 국제복합운송 | - 2002년 "외상투자 국제화물운송대리기업 관리규정" 제정<br>- 외자기업인 국제화물운송대리기업도 복합운송증권(Combined Transport B/L) 발행 가능 |

③ 2001년 11월 중국의 WTO 가입에 따라 서비스분야도 단계적 시장개방 시행.
  • 13억 인구와 연평균 7% 전후의 GDP 성장률로 물류시장 매력도가 높다.
    - 중국내 소비시장을 겨냥한 외국기업의 투자는 증가할 것으로 전망된다.
    - 중국 내 판매수행에 있어서 물류에 대한 대응은 피할 수 없는 과제이다.
  • 개혁·개방이전 : 중앙정부가 물류업자의 생산·공급을 통일적으로 관리.
    - 물류관련 법규 및 제도와 물류라는 개념이 희박하였다.
  • 개혁·개방이후 : '90년대 공급측면과 수요측면을 연결하는 물류개념이 등장.
    - 선진물류기술 도입으로 완벽한 물류네트워크를 구축한다면 규모 확대 전망.

④ 국무원 외상 투자항목핵준잠행관리방법(外商 投者項目核准暫行管理方法) 공표.
  • 외국인 투자안건에 대한 '심사허가제'를 '인가제'로 전환했다.
    - 외국기업의 중국내 투자(합자·합작·독자), 기업 인수 등 모든 투자에 적용.

- 이러한 조치는 중국정부의 간섭을 줄이고 불편함을 감소시키는 목적이었다.

〈표 6-7〉주요 프로젝트에 따른 인가기관

| 투자규모 및 업종 | 인가기관 | 비 고 |
|---|---|---|
| - 총 투자액 1억 달러 이상인 장려 및 허가업종<br>- 총 투자액 5천만 달러 이상인 제한업종 | 국가발전개혁위원회 | |
| - 총 투자액 5억 달러 이상인 장려 및 허가업종<br>- 총 투자약 1억 달러 이상인 허가업종 | 국가발전개혁위원회 심사, 확인 후 국무원에서 인가 | |
| - 총 투자액 1억 달러 이상인 장려 및 허가업종<br>- 총 투자액 5천만 달러 이상인 제한업종 | 지방정부 | - 제한업종은 성급 기관에서 인가 |

### (2) WTO 가입 이후의 변화

① 2004년 7월 1일 대외무역법 개정안
- 무역촉진을 위한 규제완화 및 지원규정이 다수 포함.
- 아세안, 한국, 일본, 카자흐스탄 등과 FTA체결 노력.
- 자원보유국 러시아, 인도, 호주, 브라질 등과 경제협력을 강화.

② 기업은 물류업무의 전문화를 추구하게 되었다.
- 제3자 물류 도입이 확대, 경쟁력 없는 물류분야는 아웃소싱형태가 증가.
- 창고, 포장, 재고관리 종합서비스 물류기업이 새로운 산업으로 등장했다.
- 상품이동차원에서 창고관리, 제품포장, 재고관리도 중요한 물류요소로 인식.
- 물류기업 성장과 정보시스템 도입, 유통채널 실시간 추적, 고객서비스 제공.

③ 외국 물류기업의 진입으로 선진 물류시스템 도입.
- 외국기업은 중국기업과 합작으로 윈윈전략 추진, 물류시장발전에 크게 기여.
- 2002년 월마트는 홍콩 글로벌구매센터 선전(深)으로 이전했다.
  - 일본의 마쯔시타는 중국 내에서 구매과정을 총괄할 물류업무를 강화했다.

④ 중국정부는 물류표준화를 위하여 '물류표준화 체계표'를 완성.
- 약 400여개의 항목별 물류표준 제시 및 물류기업분류의 기업자질 평가표준.
  - 상하이, 저장, 광동지역에 시범으로 실시.

⑤ 물류전문인력교육과 이론연구가 활발해졌다.
- 2004년 말 중국의 물류, 구매, 공급 등에 관한 연구기관은 약30여 개다.
  - 물류와 관련하여 각종 학술대회에서 수상한 논문은 2백여 편에 달하고 있다.
- 전문대학 내에 물류관리, 물류기술과 관련된 약 97개의 학과가 개설되었다.
  - 약 6,000명 이상의 학생이 교육을 받고 있다.

### (3) 중국물류산업의 특징

① 지리환경, 인구 및 토지

• 인구가 많고 1인당 경지면적이 작으며, 인구 분포가 불균형하다.
- 도시화 수준도 비교적 낮아서 지역 및 계층적 성향도 차이가 매우 크다.
- 인구의 90%와 경제력이 동부지역에 집중되어 경제와 물류발전 불균형의 원인.

② 정치 및 법률 환경

• 정부가 주도하는 시장경제중심 국가이기에 정부가 산업발전에 큰 역할 담당.
- 정부가 물류산업 촉진정책을 추진하지만 계획경제에서 속도가 느린 편이다.
- 다양한 지역 또는 운송모드를 활용하는 복합물류 서비스가 어려운 실정이다.

③ 고속성장의 경제 환경

• 지속적인 고도성장 및 국제교역활성화가 물류산업발전에 좋은 환경 제공했다.
- 물류산업 발전을 위해 외국 물류기업의 중국 진입으로 성장을 가속화시켰다.
- 급속한 경제성장으로 인한 인프라의 중복투자방지와 질적 수준향상에 노력함.
- 서비스 시장에서의 저가경쟁을 방지하고 일체화 물류서비스 기능을 강화했다.

④ 전통과 개혁이 공존하는 사회문화

• 전통문화와 관습이 상업문화가 공존하는 사회문화적 특징이다.
- 중국 물류기업의 규모화 진전 및 관련업무 융합의 걸림돌이 되고 있다.
- 약 2억 명의 네티즌과 6억여 명의 농민들이 전자상거래 물류시장의 고객이다.
- 최근, 물류배송이 따라가지 못할 정도로 전자상거래시장이 급성장하고 있다.
- 부의 축적은 새로운 시장개척과 잠재적인 농촌 배송물류시장발전의 기회이다.

⑤ 쾌속 성장하는 기술 환경

• 물류기술 환경은 취약하며, 기술수준도 시장수요에 미치지 못하고 있다.
- 정부의 물류인프라 건설과 기업물류 정보화 구축에 상당한 진전이 있다.
- 기술 환경의 급속히 발전과정에서 문제점이 있으나, 단기간 변화가 기대된다.
- 데이터수집, 데이터이용률, 정보교류 및 공유, 기술적용 및 융합능력 등이다.

⑥ 종합 진단

• 한 국가의 거시적 환경이 국가와 기업의 발전을 결정하는 배경이며, 기회이다.
- 기업들은 환경의 특징을 깊이 이해해야 특정 환경에서 많은 수확을 얻는다.
- 중국은 기회의 나라이자, 잘못하면 모든 것을 주고 나와야 하는 나라이다.
- 기업성장의 기회는 최고경영자의 결단이며, 성공은 참모의 노력에서 나온다.
- 한국과 중국은 상호 보완적인 관계로 발전해야 보다 큰 파이를 만들 수 있다.

### (4) 외자물류기업의 중국시장 선점방식

① 풍족한 자금과 다양한 정보노하우를 바탕으로 선점.
- 중국이 WTO에 가입한 후, 외국기업의 중국투자가 갈수록 늘어나고 있다.
- 가공 수출, 저렴한 원가를 제공하는 세계 공장의 역할을 넘어 서고 있다.
  - 넓은 대지와 엄청난 인구가 부가 축적되면서 내수시장이 급부상하고 있다.
- 다국적 기업들은 중국에서 생산과 판매 전략을 실행하기 이전의 경영전략.
  - 컨설팅회사와 물류기업을 포섭하여 중국에서 외자기업 물류외주를 하고 있다.
- 외자기업이 물류시스템을 결정하는 방식은 가능한 특징을 고려한다.
  - 기반이 튼튼하고 신속하며 업무 유통과 시스템의 동시설계가 가능해야 한다.

② 외자기업이 물류시스템방식을 선택할 때 몇 가지 직면상황.
- 일반적으로 본사인 외국기업이 추천하는 시스템으로 최종 결정하게 된다.
- 자국에서 사용하던 시스템을 사용히여 기업시스템을 완벽하게 갖춘다.
  - 예를 들면, 일본 합자기업은 일본 물류공급업체의 시스템으로 채택한다.
  - 타이완 합자기업은 타이완에서 유명한 물류방식을 선택하는 것이다.
- 외자기업은 핵심 업무를 볼 때 자체적으로 시스템을 개발하지 않는다.
  - 관련 시스템 인터페이스와 기술서비스 지지에 대한 요구가 상당히 높다.
- 현지 물류방식을 선택할 때, 공급업체의 브랜드와 전문경험을 중요시 한다.
  - 국제적으로 유명한 물류시스템 공급업체를 우선적으로 입찰하게 된다.
- 외자기업시스템은 물자, 상업, 자본, 정보 4가지 요건의 일체화를 추구한다.
  - 국제시장에서 원자재의 구매와 완제품수출로 공급체인물류의 기능수요 강조.

### (5) 물류산업 발전을 위한 중장기 규획(2014 ~ 2020年) 주요 내용

① 중국 국무원 2014년 10월 4일(토) 물류업 발전 중장기 규획(2014 ~ 2020年) 발표
- 국무원은 '물류업 발전 중장기 규획(2014 ~ 2020년)'을 발표했다.
- 2020년까지 선진화된 기술을 도입해 고효율·친환경·안전을 지향한다.
- 물류서비스 체계구축과 물류기업 세금우대정책, 대형물류기업 육성계획 발표.
  - 저임금을 활용해 서쪽지역 경제발전으로 본토의 물류활성화를 유도계획 발표.
  - 서부해안중심의 경제의 축을 전역으로 분산시켜 물류효율성을 배가시킬 방침.

② 교통 환경의 최적화
- 종전 고속도로, 국도의 높은 통행료가 국민소득수준에 비해 과도하다 지적.
- 고속도로는 총 10만4000㎞, 이 중 약 90%이상이 통행료를 징수하고 있다.
- 통행료에 징수에 대한 이용자의 부담이 크다는 고충여론이 큰 상태였다.
  - 고속도로 통행비 징수제도화, 무분별한 고속도로 통행비 및 벌금 징수 근절

- 불필요한 요금소 축소, 주요고속도로 통행비 전자지불시스템 등 추진할 계획.
- 기업의 물류비 인하를 저해하는 관련 규정과 조치를 모두 폐지하기로 결정함.

③ 물류서비스 능력제고

- 제3자 물류[14)]발전을 추진하고, 서비스 능력을 제고할 계획.
  - 창고업·운송업·국제화물 운송택배기업에 현대적 관리방법, 기술, 설비 도입
- 글로벌 물류허브와 네트워크 구축을 통한 새로운 부가가치 창출기술의 개발.
  - 정보통신과 IT를 이용하여 국가와 군사, 물류, 기업경영, 상류 등 분야별 연계.

④ 물류산업 관련 정보관리 강화

- 관련 종사자에 대한 관리감독 강화를 위해 물류관련 시스템의 기록과 관리.
  - 물류관련 종사자 신용기록, 물류정보 관리강화, 고객정보판매금지 등 추진
- 전자상거래를 통한 신선물류체계를 구축하기 위하여 기본 인프라 구축.
  - 생물시장의 규모는 2010년 4억 2,000만 위안에서 2013년 120억 위안으로 증가.

⑤ 친환경 물류를 발전시킴.

- 물류비를 1% 낮추면 기업은 4천억위안(한화 65조2천3백억원) 절감효과 있다.
  - 2020년까지 물류비지출비율을 전체 GDP의 16%까지 낮추는 목표 설정.
  - 철로와 수로운송 비중을 늘려 에너지 절약 및 온실가스 감축을 꾀함.
  - 저에너지 소모, 저탄소배출운반기구와 에너지절약형 녹색저장설비 사용 장려.
  - 위험품목 수운관리를 강화하고, 안전사고를 최소화시킴.
- 세계 50대 컨테이너항만, 물류요충지인 톈진항만확장공사, 항만역량 확대.
  - 본토 전체의 수송균형을 확보하는 한편 물류비 감축을 유도한다는 계획이다.
  - 톈진 항만의 전체 부두 길이는 현재의 2배인 148km로 확장될 예정이다.
  - 외국 수입화물을 위한 항만전용면적은 현재 3배인 1590㎢까지 확대될 전망.

⑥ 시사점

- 중국정부의 이중정책(개방과 정책적 혜택)으로 인한 경쟁 심화
  - 중국기업 정책지원, 외국자본 시장개방으로 경쟁심화, 서비스 질 향상노림.
- 현재 중국은 FEDEX, TNT, UPS, Maersk 등 유명 다국적 물류기업이 진출.
  - 이러한 대규모 기업은 주요 도시에 환적센터를 설립해 경쟁력을 갖추고 있음.
  - 향후 진출기업은 이러한 물류네트워크 선점 및 구축이 중요할 것으로 전망됨.
- 물류 키워드도 친환경
  - 물류활동으로 인한 오염물질 최소화, 물류포장의 녹색화, 에너지 절약이 중요.
  - 환경변화에 적응하면서 지속 가능한 물류전략 수립이 중요할 것으로 전망됨.

---

14) (물류관련 비용을 절감하기 위해 생산자가 제품 생산을 제외한 물류 전반을 특정 물류전문업체에 위탁하는 방식)

### 3) 중국 물류 인프라의 문제점 및 개선방향

#### (1) 중국 물류산업의 문제점

① 급격한 경제성장에서 오는 제반 현상
- GDP 증가율을 상회하는 물류수요의 급속한 성장
- 물류비는 감소하고 있지만, GDP 비중은 여전히 높음
- GDP 성장률보다 높은 물류산업의 부가가치 증가율
- 물류산업 고정자산투자 증가세는 낮아 수요와 비교해서 부족
- 물류시장 경쟁구도가 산만하고 과도하여 서비스품질의 저하

② 구미 선진국대비 낙후한 점
- 중국은 미국과 비교할 때 자동차도로의 길이가 미국의 50%에 불과하다.
  국토면적은 차이가 없으나, 철노연장과 화물차수량이 미국의 60%, 11% 수준.
- 물류 인프라나 물류기업들의 설비시설 낙후는 물류효율화를 저해하고 있다.
  - 국토면적/인구수대비 도로망밀도는
- 중국은 1344.5㎞/만㎢, 10.4㎞/만명
- 미국은 6869.3m/만㎢, 253.64㎞/만명
- 독일은 14680.4m/만㎢, 65.9㎞/만명
- 인도는 5403.9m/만㎢, 21.6㎞/만명
- 브라질은 1885.8m/만㎢, 118.4m/만명
  - 중국의 도로 인프라망의 발전수준은 구미국가들과는 많은 차이가 있다.
- 발전도상국인 인도나 브라질에 비해서도 매우 떨어지는 수준이다.
- 중국의 교통수송의 중추가 되는 유통센터나 물류센터는 정비되지 않았다.
- 교통부는 전국 도로 네드워크 형성을 위한 상기계획을 수립하고 있지만, 실제로 건설에 착수한 것은 상해(上海)와 심천(深圳)과 같은 대도시이다.

③ 제반 운영효율성 및 구조적인 문제
- 기업의 물류아웃소싱 수준이 낮고, 물류서비스 기업내부화가 매우 뚜렷하다.
- 물류기업 산업집중도가 낮고 전문서비스 능력과 수준은 수요에 미치지 못함.
- 기업물류원가가 높고, 원가 상승추세의 전환이 어려워 생존경쟁이 치열하다.
- 여러 운송방식의 발전이 불균형적이고 상호 연계가 미비한 문제가 존재함.
- 물류 인프라시설 건설에 필요한 물류용지 획득의 어려움.
- 물류부처가 많아 상호협력 힘들고 정책제정에 시간소요, 정책이행이 어렵다.
- 중국서 가장 보편적인 물류 아웃소싱서비스는 직접운송과 해관서비스이다.
  - 높은 원가와 서비스신뢰성 부족이 중국 물류산업의 주요 문제점임을 지적.

• 물류산업 효율화를 위한 복합일관수송의 중계기지역할을 하는 시설부족.
- 대형종합물류센터나 도시내부의 물류거점 등 물류시설은 아직 부족한 상태.

### (2) 중국 물류산업의 5대 이슈[15)]

① 중국 철도총공사 설립

• 2013년 중국인민대표대회의 국무원기구 개혁 및 직책·기능 전환방안 통과.[16)]
- 중국 철도부가 64년의 역사와 2.6조 위안의 부채를 끝으로 폐지됐다.
- 중국 철도총공사 설립, 기존 18개의 국과 3개 전문회사는 공사로 편입됐다.

• 철도운송 시장화를 위한 화물운송조직 4대 개혁 방향을 제시했다.
- 화물운송 접수, 운송조직, 투명하고 규범화된 운임, 철도 Door to Door서비스.
- 철도운송의 만연한 부채 해결방안으로 향후 철도운임의 인상이 예상된다.

• 국무원은 철도 투융자체계 개혁으로 철도건설 가속화추진에 관한 의견 발표.
- 철도운임의 개혁방안과 철도운임 및 철도화물운임 인상에 대한 검토가 진행.

② 알리바바 그룹 주도, '중국 스마트물류 네트워크(CSN)' 가동.(2013년 5월 28일)

• 중국 전자상거래그룹인 알리바바와 택배기업들은 유한공사를 공동 설립했다.
- 스마트물류 네트워크(CSN: China Smart Logistic Network)프로젝트 가동함.
- 광동 선전, 션통·웬통·중통·윈다·순펑과 차이냐오네트워크 과기유한공사 설립.

• 차이냐오왕 프로젝트는 향후 3000억 위안 투자해 전역에 24시간 배송망 구축.
- 중국 물류문제를 해결하여 전자상거래 발전을 지원한다는 것이 목표이다.
- 향후 5~8년에 걸쳐 중국전역 물류인프라 구축에 1000억 위안을 투자 계획.

• 긍정론 : 물류문제 해결을 위한 물류의 집약화, 전문화를 위한 컨소시엄 구축.

• 부정론 : 택배시장질서 혼란 및 그룹중심으로 택배기업간의 담합이 우려된다.

• 2013년 11월 11일(중국 싱글데이)당일 중국에서 약 1.8억 건의 택배물량 발생.
- 차이냐오왕은 알리바바 Tmall 물량(11.52억 건)중심으로 6000만 여건 처리함.

③ 교통운수업 '증치세 개혁' 전면 확대 실시(2012년 8월 1일)

• 교통운수업과 부분서비스업 '영업세→증치세 전환'시범실시가 전면 확대·실시.
- 증치세는 상품서비스 유통단계에서 발생하는 부가가치액을 징수근거로 한다.
- 영업세로 인한 단계별 중복납세 해소[17)]로 기업세수부담축소와 사회촉진 취지.

• 중국은 증치세개혁을 2012년 1월 상하이에서부터 지역범위를 확대해 왔다.
- 134만 개 기업 중 약 95%이상 세수절감 효과(약 900억 이상)이라 발표했다.[18)]

---

15) 한국해양수산개발원(KMI) 중국연구센터에서는 2013년 한 해 발생한 크고 작은 사건 중에서 향후 중국 물류산업 및 우리 기업들에게 영향과 시사점을 줄 수 있는 2013년 중국 물류산업 5대 이슈를 선정했다.

16) 3월 14일

17) (매입세액 공제)

• 물류업계는 증치세 개혁으로 물류업계의 세수부담이 오히려 증가했다는 지적.
- 포워딩기업은 매입공제와 행정수수료도 공제항목에 포함되지 않아 세수증가.
- 중국물류구매협회 등을 중심으로 중국정부에 조정을 건의하고 있는 실정이다.
• 2012년 12월 13일 정부는 증치세 개혁통지 및 관련 첨부 문건 4개를 발표.
- 2013년 1월 1일부터 철도운수업과 우정서비스업도 증치세 개혁범위에 포함됨.

④ 상하이 자유무역시험구 설립(2013년 9월 29일)
• 4개의 세관 특수감독관리구역 27.78㎢를 통합한 상하이자유무역시험구 설립.
- 기존 상하이 와이까오차오보세구, 와이까오차오 보세물류원구, 양산보세항구, 푸동공항 종합보세구 등
- 금융·해운·무역·문화·전문서비스·사회서비스 등 6대 서비스영역 18개 항목.
• 그중 해운분야에서 상하이의 국제해운중심 건설의 의지를 엿볼 수 있다.
- 중국선사소유 비중국적선의 수출입 컨테이너의 상하이 환적 허용,
- 현재 시행 중인 화물선적항(Loading port) 수출세 환급 정책 확대 실시,
- 중외합자·합작 국제선박운수기업의 외국측 지분제한 철폐,
- 외상독자 국제선박관리기업 설립 허용 등을 포함시켰다.
• 상하이항 물동량증가, 물류업무(항만물류·콘솔리데이션·보세물류 등)발전 예상.
- 상하이세관, '선진입·후통관' 제도를 시범실시하는 등 통관효율 제고도 기대.
• 12월 28일 자유무역시험구내 국제 전자상거래 사이트 콰징통이 운영 개시.
- 중국의 해외온라인쇼핑 발전과 항공운송시장에도 활력을 가져올 것으로 예상.
- 상하이를 시발점으로 톈진, 선전, 칭다오 등도 유사자유무역구 설립 준비 중.

⑤ 실크로드 경제벨트 전략 추진, 중국 서부물류 발전 전망(2013년 11월 12일)
• 3중전회(중국공산당 18대 중앙위 제3차 전체회의), 내륙·변경개방 확대 강조.
- 내륙도시들이 국제 화물노선 신설과 복합연계운송을 발전시킨다
- 동~중~서를 관통하고 남북을 연결하는 대외경제루트를 구축한다
- 실크로드 경제벨트 건설을 추진한다는 내용이 포함됐다.
• 중앙경제공작회의는 경제정책 6대 중점임무 중 하나로 대외개방 확대를 선정.
• 실크로드경제벨트건설계획의 신속한 제정 및 인프라건설강화 강조.(12월 13일)
- 중국을 시발점으로 중앙아시아 유럽을 연결하는 경제벨트건설을 골자이다.
- 중국~중앙아시아 유럽 간의 원활한 운송루트 구축으로 서부지역 발전이 기대.
• 샨시성 시안은 중앙 및 지방정부지원으로 실크로드 중심도시로 부상할 전망.
- 시안은 TCR 경유 거점으로 중앙아시아 유럽과의 연계가 용이하다.
- 11월 28일, 시안~유럽(총 길이 9850km)간 국제화물정기열차인 창안호가 개통.

18) 2013년 6월까지(1년 6개월간)

- 시안은 삼성전자 등 60여 개의 한국기업이 진출한 중국내륙 최대거점 부상.

### (3) 물류산업 발전 방향

① 기본 방향

• 물류인프라시설의 발전은 물류산업의 발전에서 필수 불가결한 요소이다.
  - 교통운수측면에서 철도, 도로, 내항수로, 항공, 파이프라인 5가지 수송모드.
  - 종합 네트워크, 역, 항만, 공항, 트럭터미널 및 차량과 물류설비가 크게 발전.
• 운수, 창고, 저장설비, 정보통신, 하역기능에 집중되어 있는 각종 부대시설.
  - 국유창고나 물류센터, 항만, 공항, 역 등의 부설 저장시설이외 시설의 정비.
• 창고와 저장시설도 급속하게 정비되면서 투자규모가 빠르게 확대되고 있다.
• 하역시설측면에서 기계화기술과 자동화기술을 해외에서 도입하였다.
  - 하역에 있어서 종래의 인해전술적인 방식은 일정 부분 개선되고 있다.
  - 자국 내의 개발포장설비와 운반기기, 하역기기 매출규모가 급격히 증가됨.
• 중국정부의 물류전략 추진 배경 및 목표
  - 광범위한 영토로 낙후된 물류인프라 확충을 위해 대규모 개발사업 진행.
  - 철도인프라 부족, 높은 도로운송비로 경제성이 높은 연안·수로운송 발달.
  - 중국정부는 철도시설, 항공시설, 도로시설 등 대규모 물류인프라구축 노력.
  - 저탄소 녹색성장을 위한 다양한 정책과 구체적 실천방안을 제정하여 추진.

② 중국 물류소프트웨어 개발기업의 새로운 추세

• 소프트웨어와 컨설팅기업들이 500여개이며, 일정 규모기업은 많지 않다.
  - 주로 제품판매와 2차 개발기업으로 시스템요구에 대응하는 기업이 한정.
• 물류기업도 이론에서 실천까지 정보화핵심은 응용+서비스라고 인식했다.
  - 점차 소프트웨어 제품개발에서 전문 컨설팅서비스기업으로 능력의 제고.
• 대형물류 소프트웨어기업의 각 기업별 서로 다른 소프트웨어개발에서 탈피.
  - 효율적인 경영측면에서는 장기적인 IT 합작 파트너를 찾는 것이다.
  - 시스템공급업체 간의 서로 다른 소프트웨어에의 단순제품경쟁에서 탈피함.
• 브랜드품질과 서비스 등의 전반적인 서비스품질경쟁이 이루어지고 있다.
  - 모든 물류전문기술 컨설팅기업들이 새로운 경쟁력의 강화에 주력하고 있다.
• 풍부한 고객자원과 성숙한 관리방식에 정보네트워크의 강화까지 겸비했다.
• 기본 전략의 변화
  - GDP에서 차지하는 물류비용의 점유율을 2% 이상 삭감
  - 제 3자 물류(3PL)를 발전시켜 외주, 대리점 배송을 확대
  - 물류 인프라를 정비하고 물류서비스 및 물류관리수준을 향상
  - 기업의 합병추진에 의해 전통적인 물류기업을 현대물류기업으로 전환

- 중국의 3PL 단위기업 당 영업수익
  - 평균 0.5억~2억元(기업이 물류아웃소싱을 위해 투자하는 비용의 약 2%)
  - 중국3PL 시장에서 시장지배력을 가진 선도적인 자국기업은 아직도 없다.
  - 물류산업 개념의 인식변화
- 수송, 보관 + 조직 재편성 + 물류 최적화 업무
- 다국적 3PL 사업자는 중국 내 네트워크형성으로 고객유인 노력을 경주함.

③ 중국정부의 정책변화로 중심축이 이동되었다.

- 성장일변도[19]에서 포용성성장[20]으로, 수출장려에서 내수소비확대로 변화됨.
  - 12.5계획 기간동안 내수 소비성장률이 GDP 성장률의 2배가 될 것으로 예상.
  - 소비증가와 도시화로 인한 3자물류, CPG물류 등 선진국형 물류업 출현 예상.
  - 도시화와 전자상거래 급성장으로 택배물류시장, 콜드체인물류사업 진출 주목.
- 서부대개발 2단계 우선실시, 집중지원으로 분배실현과 지역간 균형발전 추구.
  - 중경-성도-서안 지역이 중국의 신 경제성장점으로 부각되고 있다.
  - 동부 경제발전 핵심지역은 전략형 신흥사업으로 구조조정을 시도할 계획.
  - 동부에 집중된 산업들이 중서부이동에 따라 발생할 동-서부간 물동량 주목.
- 육로운송보다 철도운송, 수로운송 등 복합운송체계 구축도 좋을 것이다.
- '중국의 아시아 비즈니스 중심' 전략 수립과 중국 물류환경 변화
  - 안정적 성장을 기반으로 균형적 발전을 유도하면서 세계 2위 경제대국 부상
  - 해운, 항만, 내륙물류, 항공 및 3PL부문, 에너지 물류부문 급속 성장을 거듭.
  - 물류동력의 축이 연안지역에서 대륙으로 이동, 아시아와 유럽국가로 확대.
- 물류분야 인프라 구축 및 운영효율성 강화정책을 적극 추진하고 있다.
  - 적극적인 외국인 투자유치로 다국적기업 및 해운물류기업의 투자확대 도모.
  - 항만개발이 원활히 추진될 수 있도록 법과 제도를 수요자입장에 최대한 부응.
  - 상충되는 법·제도의 개성과 과감한 규제완화 등 항만개발에 사활을 걸었다.
  - 상해항, "장강구 항로계획"과 "양산 대수심 컨테이너터미널 개발계획" 관철.
  - 컨테이너 물동량 급등으로 터미널 시설능력 부족과 얕은 수심문제 해결.
  - 2008년까지 3단계로 수심 12.5m까지 확보하는 "장강구 증심항로계획"
- 2001년 1단계 준설공사 완료(수심 8.5m)에서 2002년 2단계 준설공사에 착수.
- 2005년 수심 10m를 확보, 2008년까지 3단계 수심 12.5m를 확보계획 달성.
  - 중국은 상해항 동쪽 30㎞ 해상 "양산대수심 컨테이너터미널 개발계획" 추진.
- "장강구 증심항로계획"을 달성해도 조수차 2.5m 이용해야 대형선박 입항가능.
- 15m를 확보해야 컨테이너선 대형화추세에 대처할 수 있기 때문에 추가사업.

19) (양적성장, 잘사는 나라, 國富)
20) (질적성장, 잘 사는 국민, 民富)

- 수심 15m를 상회하는 대양산과 소양산의 두 섬을 연결하여야 하는 사업이다.
  - 향후 20년간 50개 이상의 선석을 건설하는 최대의 항만공사프로젝트이다.

④ 서비스산업의 진흥 촉진

- 서비스산업은 침체, 낮은 수준, 부조리한 구조 등의 문제로 개선과 발전필요.
  - 과학기술은 뛰어난 성과, 반면 서비스산업은 침체, 시장주체의 성장 불균형.
  - 낮은 전문화 수준, 고급서비스산업 부족 등이 서비스산업 발전에 장애요인.
  - 중국의 물류산업은 소규모 기업 간의 치열한 가격경쟁으로 대변된다.
  - 사회물류총액 중 60%이상을 점유하고 있는 육로운송과 창고상황은 심각하다.
  - 육로운송기업 수는 1,000여만 개이며, 1 ~ 7대 차량보유 소규모업체가 대부분임.
  - 수요대비 초과공급 상태로, 저가경쟁과 외국의 협력사로 원가구조가 불리함.
- 중국 서비스산업 발전의 3가지 중요 시점
  - 2007년, 서비스산업 부가가치가 공업 부가가치를 초과함.
  - 2011년, 서비스산업, 취업자가 가장 많은 업종으로 등극
  - 2013년, 서비스산업 부가가치 생산총액 비중이 2차 산업 비중을 초과함.
- 서비스산업 정책 발표
  - 2014년 8월, 서비스산업 발전 및 산업구조 향상 촉진에 관한 지도의견 발표.
  - 서비스산업 시장개방, 외자기업이 연구개발센터, 운영기지 등의 설립 허가.
  - 건축설계, 회계감사, 무역물류, 전자상거래 등 서비스산업 진입제한을 완화.
- 서비스의 특화는 가격경쟁 극복하는 대안이 될 수 있다.
  - 현지 하드웨어를 갖춘다면 글로벌물류회사를 선호하는 운송과 보관업이 유리.
  - 물류기업이 운송업에 진출한다면, 냉장·냉동차량 등 특수서비스가 유리하다.
  - 보관업도 Packing & Reparing, 유통가공VAL(Value Added Logistics)가 유리.

### (4) 「2009년 중국 지속가능 발전전략보고서」 4가지 저탄소경제 발전전략

① 이산화탄소 배출 감축

- 2050년 배출규모는 623억톤 규모이며 연평균 증가율은 5.6% 수준 예상.
- 중국은 이미 11.5 계획에서부터 11.5기간에 이산화탄소 감소에 노력.
- 최근 보고서들은 2030년을 이산화탄소 배출 감소의 해가 될 것으로 전망.
  - 2050년 중국 에너지 및 이산화탄소 배출량보고서, 2020년부터 감소 예측.
  - 중국저탄소발전전망 및 기술로드맵, 2030년 이산화탄소 감소 목표해 설정.

② 에너지 절약

- 중국의 에너지 효율성은 매우 낮아 세계 평균의 절반 정도에 불과한 실정.
  - 일본과 비교했을 경우 일본 에너지 이용효율의 6분의 1에 불과하다.
- 중국은 이미 11.5 계획에서 10대 에너지 절약중점 프로젝트를 제시.[21]

• 에너지절약법, 건축 에너지절감 관리조례, 도시녹색조명 등 관련법규 실천.

③ 신에너지산업 성장

• 신에너지산업에서 태양에너지와 풍력에너지 등은 크게 성장할 것 예상.

• 수력, 풍력, 태양광 등의 에너지에 향후 3조위안의 자금을 투자할 계획.

④ 저탄소 성장을 위한 기술우위 확보

• CDM(Clean Development Mechanism, 청정개발체제) 발전 위한 노력.

• 배출권거래의 개념

- 국가·기업별 설정된 온실가스배출허용치 과부족을 매매하는 것이다.
- 목표이상의 삭감을 실현한 주체와 허용치를 넘은 주체가 되는 것이다.

• 세계시장은 2004년 10억 달러에서 2007년 640억 달러로 4년간 64배 성장.

• 교역량도 2004년 1000만 톤에서 2007년 30억 톤으로 급속하게 증가함.

### (5) 중국은 미얀마 등 메콩강 5개 국가에 대한 자원외교 투자 확대

① 미안마 항구도시 짜욱퓨가 인도양 - 중국·동남아 잇는 제2 싱가포르 건설

• 인도양과 중국, 동남아시아를 이을 수 있는 지리적 이점을 활용한 정책.

- 미얀마(시트웨지역 짜욱퓨항) ~ 중국(윈난성 쿤밍) 간 에너지 수송로 완공.
- 총 2,380㎞에 이르는 원유송유관을 건설하여 말라카해협 원유수송로 탈피.
- 수심 25m의 천연항구로써, 민간항운용 부두확충과 국제공항발전소 건설.

▲ 말리가해협은 말레이반도와 인도네시이 수마트라 섬 사이에 깔때기 보양으로 된 해협이다. 말리가해협은 폭이 가장 좁은 곳은 2.4㎞밖에 안 되지만, 예부터 극동과 유럽을 잇는 중요한 해상 교통로다.

• 위치적으로 동쪽 남중국해에서 서쪽 안다만해를 연결하는 곳이다.

- 중동에서 기름을 실은 배는 이곳을 지나 중국 일본 한국으로 간다.

---

21) 에너지절약과 석유대체 프로젝트, 석탄공업보일러 개조 프로젝트, 에너지 시스템 최적화 프로젝트, 건축에너지 절약 프로젝트, 녹색조명 프로젝트, 정부기관 에너지절약 프로젝트, 지역 열전기 연합생산 프로젝트, 시멘트 저온여열이용 프로젝트, 에너지 절약 모니터링 및 기술서비스 체계 건설 프로젝트가 10대 에너지 절약중점 프로젝트임.

- 중국 원유수요량 중 80%와 전 세계 원유수송량 중 절반이 이곳을 통과한다.
- 만약 이 원유 수송로를 막으면 중국 목줄을 쥘 수가 있다는 것이 정평이었다.- 만약 말라카해협이 막히면 인도네시아 자바섬으로 우회하여 닷새가 추가된다.
- 말라카해협, 엄청난 정치·군사·경제적가치 있는 아시아패권전쟁의 숨은 코드.

② 미얀마 차우크퓨 주변 등 메콩강 5개 국가중심의 천연자원 개발에 참여.
- 중국은 미얀마를 텃밭으로 대형 국유에너지기업을 앞세운 광산개발 참여.
- 석유·천연가스개발회사 중국석유집단(CNPC)이 20억달러(약 2조억원) 투자
  - 중국은 1,100㎞의 송유관을 이용해 원유와 가스를 대규모로 운송할 계획.
  - 시트웨 천연가스(연간 120억㎥)와 중동산 석유(연간 2200만톤) 육로 공급.
- 중국은 쿤밍과 차우크퓨를 잇는 길이 1,215km의 고속도로 건설을 진행함.
- 고속도로가 개통되면 그동안 말라카해협을 경유하던 무역경로 크게 단축.

③ 미얀마～중국 프로젝트로 일자리 25만개 달성과 경제개발의 비전 제시.
- 중국기업이 미얀마근로자를 교육시켜 고용하기보다 중국인들을 우선 고용.
  - 미얀마 내 CNPC 근로자 1,800명중 400명이 현지인, 나머지는 중국인임.
  - 미얀마～중국 간 수송로 건설에 낮은 인건비 등의 불만의 목소리 고조됨.
  - 중국정부는 이례적으로 자국기업에게 사회적 책임들을 강하게 요구했다.
- 중국은 미국·일본의 적극적인 미얀마구애에 대해 새로운 '유화책' 제시.
- 중국의 도움으로 경제 특구로 지정해 해외 자본 유치에도 적극 나선다.

### (6) 향후 전망

① 중국의 물류제도 개선목적과 효과
- 2001년 11월 중국의 WTO 가입에 따라 물류관련 법규 및 제도도 개정함.
- 합리적인 분업관계로 도로수송과 내항수운 간 과도한 경쟁구도가 해결됨.
- 중국 내 물류설비 표준화로 물류산업의 시스템/합리화로 기본목표 달성.
  - 각 수송설비의 표준화, 물류기기의 표준화, 물류포장의 기준과 물류설비.

② 13억 인구와 연평균 7% 전후의 GDP 성장률의 달성과 세계 2위 경제대국
- 중국내 소비시장을 겨냥한 외국기업의 투자의 지속적인 증가를 전망한다.
- 향후 중국의 물류산업이 선진 물류기술 도입에 의해 시장규모의 확대전망.

③ 제3자 물류 시장 재편성
- 가장 전문화된 제3자 물류기업의 정보화수준은 GPS와 RFID 등 기초단계
- 다른 선진국은 제3자 물류가 30% 이상, 중국은 그 비중이 10% 수준이다.
- 시장규모는 600～700억 위안으로 초기단계로, 시장점유율이 2%수준이다.
- 향후 제3자 물류 기업간 대규모의 인수합병을 통한 업계 재편성이 예측됨

④ 최신 기술을 도입해 스마트 지능형물류로 발전

- 현대 물류시스템은 정보데이터화, 네트워크화, 통합지능화, 자동화 등 특징
- 적외선, 레이저, 무선, 바코드, 자동식별, 감응신호장치, RFID, GPS 도입
- 차세대기술을 융합, 모든 물류과정이 일체화, 지능화된 물류시스템 구축.
  - 향후 클라우딩 컴퓨터, 사물간인터넷(The Internet of things), 삼망융합 등
  - 운송, 보관, 포장, 하역 등 모든 물류기능이 향후 대세가 될 전망이다.

⑤ 친환경 그린 물류

- 고 에너지투입산업에 속하는 물류업의 발전방향은 친환경 그린물류가 될 것
- 항공분야도 운행거리 단축, 선진설비 도입 등 탄소 및 연료 감축방법 연구
- 해운운송도 소형선박을 대형선박으로 교체, 운항속도 절감 등 방법을 시험
- 도로운송도 차량연료소비량 기준의 제한과 신에너지 및 청정에너지의 보급
- 중복운송, 차량 공실률, 무효운송 등 불필요한 낭비제거, 운송효율을 극대화

⑥ 중국 내 항구 간 경쟁 치열

- 중국항구가 물동량 세계상위에 포진, 중국내 항구 간의 경쟁이 치열할 것임.
  - 물동량 경쟁이 치열해지면서, 항구규모 확대 등을 위한 투자가 계속되었다.
- 다롄항만은 2010년 이후, 광물전용부두 개조작업을 시공하고 있다.
  - 30만 톤급 원유부두의 시운행 등 다양한 투자와 확대 작업이 계속되고 있다.
- 세계무역에서 중국비중 증가와 중국 항구들 간의 물동량 확보를 위한 경쟁.
  - 경제발전과 물류인프라 구축노력으로 물동량 증가세는 계속될 전망이다.

## 4 인도의 물류시장

### 1) 인도 세계 물류허브 꿈꾸다

#### (1) 세계은행 LPI(물류효율성지수), 155개국 대상 조사

① 2010년 인도, 5점 만점에 3.12로 세계 47위 기록

- 1위 독일, 2위 싱가포르, 3위 스웨덴, 4위 화란, 5위 룩셈부르크, 6위 스위스, 7위 일본, 8위 영국, 9위 벨기에, 10위 노르웨이 순
- 한국과 가까운 홍콩 13위, 대만 20위, 한국 23위, 중국 27위.
- 베트남53위, 우간다 55위, 러시아 94위, 최하위 소말리아 155위

② 고소득 국가들이 대부분 상위권, 저 소득국가들이 가장 하위권 포진
- 인도는 2등급에 포함, 터키, 브라질, 필리핀과 유사수준
- 터키(39), 브라질(41), 필리핀(44) 등과 함께 2등급에 해당함.
- 중저소득 국가 중 중국, 태국, 필리핀에 이어 4위

③ 인도성적은 소득수준을 고려할 때 기대치 넘어서는 실적
- 개인당 소득수준을 반영한 세계은행의 국가별 기대치를 넘어서는 실적 보임
- 인도는 경쟁국에 비해 통관, 인프라분야가 가장 취약하다.
  - 적시성 분야에서는 비교적 양호한 것으로 나타났다.

④ 세계은행의 2015년 세계 경제동향 평가
- 세계 경제성장률을 3.0%로 전망. 인도가 6.3%를 기록했다.
  - 세계 GDP 10위권에 올라 높은 성장 잠재력을 입증하고 있다.
  - 2년 후인 2017년에는 중국을 따라잡을 것으로 예상하고 있다.
- 인도는 인구 12억 명, 세계 2위로 소위 'Next China'이다.
  - 2014년 국내총생산(GDP) 글로벌 톱10에 진입했다.
- 인도정부는 제조업 육성정책 'Make in India'를 본격 추진하고 있다.
  - 인도정부는 현재 GDP의 15%가량인 제조업비중을 25%까지 늘리는 방안이다.
  - 제조업 가운데 철강산업은 자국 내 생산량이 소비량을 따라가지 못하고 있다.
  - 철강수요의 지속적인 증가에 따라 수입량도 함께 늘어나는 상황이다.

⑤ 인도 자동차산업의 중심지 역할, 서부 마하라슈트라
- 인도의 빠른 경제성장을 견인해온 대표 산업은 자동차산업이다.
  - 미국 자동차 시장조사기관인 IHS오토모티브에 의하면,
    * 인도는 2020년 미국과 중국에 이어 세계 3대 자동차시장으로 성장기대나라.
- 세계경제침체와 고금리정책에도 12억 내수시장은 자동차시장을 크게 만든다.
  - 폭스바겐·제너럴모터스(GM) 등이 현지 자동차 연구개발(R&D)센터 운영한다.
  - 뭄바이·델리·첸나이 등 대도시를 중심으로 인도에 공격적으로 진출하고 있다.
  - 세계 유수의 자동차기업들이 인도를 매력적인 수출 거점기지로 평가한다.
  - 인도는 2013년 자동차 생산량 세계 6위를 기록했다.

### (2) 인도 물류산업 현황

① 개요
- 인도는 약 7571㎞의 긴 해안선을 낀 반도 국가이다.
  - 해안선을 따라 13개 주요항만과 176개의 중소형 항만이 있다.
- 인도의 4대 항만은 뭄바이, 첸나이, 코친, 캘커타항이다.
- 주요 항만 : 캘커타, 파라디프, 바사카파트남, 엔노어, 첸나이, 투티코란, 칸들라,

뭄바이, 자와할랄 네루, 모르우고아, 뉴망갈로어, 코친, 할디아 13개 항임.

② 인도는 지리적 위치상 해상운송에서 주요거점지역에 위치

- 현재 인도의 항만시스템은 재래식방식으로 운영되는 곳이 많다.
  - 향후 전산화된 시스템을 도입해 선진화된 항만을 구축하고자 한다.
- 인도가 8 ~ 10%대의 경제성장을 지속하기 위해선 내륙교통 인프라 확충 시급.
  - 아시아개발은행은 향후 5년간 총 3,200억달러를 투자해야 할 것으로 분석했다.
- 정부의 집중적인 항만개발 투자로 동 산업분야의 성장 잠재력이 매우 크다.
  - 인도 화물수송량은 오는 2012년까지 현재보다 약 51% 증가한 11억톤.
  - 여객수송량은 35% 증가한 84억 명에 이를 것으로 기대되고 있다.
- 수년간 고도성장을 바탕으로 물류시장에 대한 물류업체들의 관심이 높음.
  - 물류산업은 2020년까지 향후 8년간 8 ~ 9%에 이르는 성장률 전망하고 있다.

③ 인도 내륙 운송은 전체 물류시장의 60 ~ 65%를 차지한다.

- 혼잡한 교통, 운행속도 50km 이하로 비능률적인 구조이다.
- 인도의 고속도로를 통한 물류 업체들의 운송은 40%를 차지한다.
  - 빈약한 시설로 고속도로는 전체 국도 네트워크의 2%만 차지
- 정부의 투자계획에 따르면 2014년까지 대부분의 투자는 일반국도로 한정됨.
  - 정부의 사회간접자본시설의 투자로 내륙 운송 인프라 개선 전망
- 항만개발정책과 경제성장을 위한 내륙철도망 개편작업이 추진되고 있다.
  - 인도국영철도(IR)는 총 40억달러 수익으로 전기에 비해 약 70% 성장 기록.
  - IR은 인구 약 40% 빈민층에게 최저운임의 값싼 교통수단을 제공하고 있다.
  - IR의 화물수송 연간 약 4 ~ 4.5%, 여객수송 약 2 ~ 2.5%, 성장률 가속화되고 있다.

④ 7,172개 기차역과 115,000 km 철로, 세계에서 가장 큰 철도망을 갖추고 있다.

- 철도, 시설낙후와 급증하는 물류수요에 운송능력 부족, 경제성장 장애요인.
  - 육상 화물수송의 40%, 여객수송의 20% 남낭, 수송량 및 비중 하향 추세인.
  - 신호체계 노후화, 낡은 시설로 인해 연 매출 230억 달러의 94%이상 개보수.
  - 100년이 넘은 노후교량이 25%, 고속도로 및 항공의 수송경쟁에 밀리는 상황.
- 내륙인프라 확충을 위한 초고속열차(HST, High Speed Train)프로젝트 추진.
- 1단계사업은 5년 이내 완성계획, 총 2,700km에 2개 노선건설이 핵심 사업임.
  - 델리-뭄바이 노선은 컨테이너화물 수송에 중점을 둘 예정이다.
  - 인도 내륙 컨테이너물동량이 연간 25%이상 급증, 철도분담률은 20%에 불과.
  - 루디아나/델리 ~ 손나갈 노선은 석탄, 철광석, 철강재 등 원자재위주 화물수송.
- 인도 철도부 장관인 Sadananda Gowda의 새 예산안 발표.
  - 뭄바이-델리-콜카타-첸나이를 잇는 초고속열차 프로젝트 추진을 밝혔다.
  - 스마트시티 건설과 함께 2014년 취임한 나렌드라 모디 총리의 주요 선거공약.

- 해당 사업은 열차당 약 6000억 루피 비용이 드는 대규모 사업이다.
- 최대 320km의 초고속열차 제조, 전용철도 건설 및 부대시설 설치 포함함.
- 현재 뭄바이-아메다바드를 잇는 첫 번째 고속철도 건설 사업 추진이 임박함.
- 델리-아그라, 델리-찬디가르, 마이소르-방갈로르-첸나이, 뭄바이-고아, 하이데라바드-네쿤데라바드 지역도 초고속열차 시스템을 건설할 예정임.

⑤ 3면이 바다로 둘러싸였음에도 운송시설 공급 부족으로 해상운송의 애로점

- 인도는 항만 운송시설은 100%를 넘어 과도하게 운용 중임.
  - 항만 운송시설 최적의 운용률은 벤치마킹된 80% 정도임.
  - 한편 항만 운송의 성장 전망이 밝음을 뜻함.
- 2011년부터 2012년까지 NMDP아래 계획된 프로젝트와 투자문제.
  - 실행 착수가 원활하지 못해 오히려 역효과를 낳으며 무역에 악영향 초래.
  - 인도정부는 선박부문신장을 위해 10년 계획을 기획하며 NMDP를 대체할 것임

⑥ 인도는 13개 주요 항이 전체 항만 물동량의 75% 이상을 처리

- 국제 교역량이 증가함에 따라 항만의 중요성이 더욱 커질 전망이다.
- 항만 수송은 인도 전체 수송량의 95%를 담당한다.
- 동아시아 무역협정에 따라 세계 여러 국가와의 국제 교역 물동량이 증가.
  - 인도의 제조업 육성에 따른 수출 증대추세로 중요성은 점점 커져가고 있다.

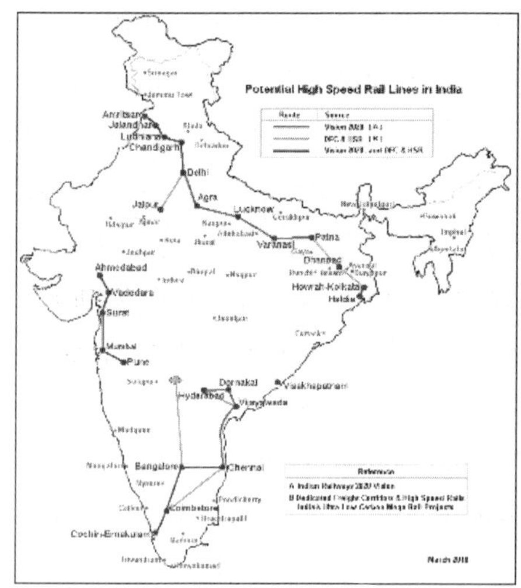


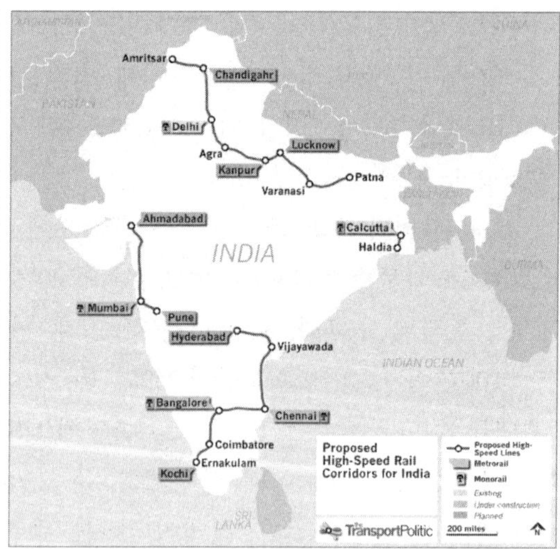


자료원: Indian Railways 2020 Vision, DFC HSR 및The Economic Times

**[그림 6-5] 인도 초고속열차 예상 노선 및 초고속열차 예상 모습**

⑦ 비능률적인 물류산업 구조와 교통수단 열악한 인프라 시설의 문제점

- 인도 물류산업은 155개국 중 46위 기록, GDP 성장 방해 요소로 작용함.

- 싱가포르 1위, 홍콩 2위, 핀란드 3위, 일본 9위, 미국 10위, 한국 22위 기록
- 비능률적인 물류유통과 비용문제를 원인으로 약 2%의 GDP 성장을 저해함.
- 미국의 손실비용은 물류비용의 25%를 차지, 인도는 55% 이상을 차지함.

• 세계에서 7번째 넓은 지리적 요건으로 유통비용의 증가는 불가피하다.
- 미흡한 도로시설과 주별 높은 세금으로 인해 양질의 서비스도 어려운 실정.
- 화물운송은 발송지와 거리가 멀고 낙후된 교통수단과 시설접근성이 어렵다.
- 물류네트워크 악화요인은 복잡한 교통수단과 각기 분산된 중·소 업체들이다.

## 2) 물류정착

### (1) 모디 정부, 인도 최초의 초고속열차 건설 사업추진

① 인도 모디 총리, 첫 번째 초고속열차 프로젝트 추진에 박차

• 정부, 델리-뭄바이-첸나이-켈커타를 고속철도로 잇는 프로젝트의 시범구간.
- 인도 중심부, 서부고속도로와 철도연결, Diamond Quadrilateral프로젝트 발표
- 2017년 말 운행을 목표로 해당사업 준비를 위해 10억 루피의 예산을 배정함.
- 총 543km에 달하는 해당구간의 철도 건설비용은 총 7000억 루피로 추정됨.
- 마하라슈트라주와 구자라트주가 민관협력사업의 주주참여가 예상된다.

• 모디 정부, 산업단지와 항구를 잇는 생산 및 수출 허브로 구축할 계획수립
- 인도는 철도개선정책에 5년간 1030억 달러 투자가 필요할 것이라 평가함.
- 인도내각, 재원마련 위해 국영철도사업 FDI(외국인직접투자)지분한 100% 확대

② 중국은 인도의 초고속열차 프로젝트 등에 참여할 준비가 되었다고 밝힘

• 시진핑 중국주석, 나렌드라 모디 인도총리, 구자라트와 뉴델리정상회담개최.
- 2014년 9월 17일, 18일 회담에서 중국과 인도는 철도 프로젝트 MOU를 체결.
- 중국은 철도프로젝트 등 인도 인프라개발에 200억 달러를 투자하기로 결정함.
- 중국은 인도 초고속열차 프로젝트에 민간부문으로 투자할 것이라고 밝혔다.
- 인도 통상부장관인 Nirmala Sitharaman은 중국투자 및 전문기술이전.
- 기존의 철도 및 기차역 개선 사업 추진을 희망한다고 밝혔다.

• 현지 기업과의 파트너십 노리는 중국
- 중국은 전 세계에서 가장 큰 규모의 초고속열차 네트워크를 보유한 국가이다.
- 중국제품은 비용이 낮아 인도기업들이 중국기업과 파트너십에 관심을 보임.
- Tata Projects는 고급기술을 가진 중국기업과 프로젝트 공동참여를 상의중임.
- 중국 주요 철도기업인 CSR Corp 및 CNR Corp가 프로젝트에 참여의사 밝힘.

③ 일본-인도 정상회담 때 두 총리는 인도 초고속열차 프로젝트가 주요 안건임.

- 일본 아베총리, 모디총리, 고속열차인프라확충을 위해 350억 달러 지원 협약.
  - 아베총리는 인도의 초고속열차 프로젝트에 재정·기술·운영적 지원을 약속함.
  - 일본은 인도 인프라사업에 약 500억 엔에 달하는 엔화 차관제공을 약속함.
- 모디총리는 일본의 투자절차를 간소화하기 위한 별도의 팀 구성을 밝힘.
  - 일본 정부, 인도 고속열차 건설에 재정적, 기술적 지원을 제공하기로 협약.
  - 뭄바이-아메다바드 구간에 일본 고속열차인 신칸센 시스템 도입 지원 결정.
  - 일본은 신칸센철도 네트워크의 인도 시장 진출을 계획 중인 것으로 알려짐.

#### (2) 인도 정부, 개방정책을 통한 항만 인프라시설에 투자가 적극적이다.

① 불안정한 상황에도 개방을 통한 물류산업 성장세에 탄력을 받고 있다.

- 2020년까지 인도 물류산업은 1900억~2000억 달러 순이익 창출 가능성 있음.
- 인도정부는 제11차 5년 인프라개발계획의 2배인 9000억 달러 투자 결정. 상당을 제12차 5년 인프라개발계획에 투자하기로 함.

② 인도 정부의 개방화정책노선이후에 다국적 기업들의 투자가 꾸준한 증가 추세

- 투자기업들의 가장 큰 애로사항은 대부분 열악한 인프라시설을 지적한다.
- 특히 항만과 도로, 철도와 같은 운송 시스템에 대한 부족한 상황들이다.
- 항만의 문제점은 부족한 정박지와 철도, 도로와 항만연결 부족, 낮은 수용량.
- 제11차 5개년 목표는 주요항만 수용량을 345MT에서 485MT로 증설계획.

③ 제11차 5개년 계획(2009/10년)

- 인도정부는 인프라시설에 매년 GDP의 6%를 투자해 왔다.
  - 2010년까지 대략 182억 달러를 투자해왔다.
  - 인도정부의 적극적인 사회간접자본 및 물류인프라에 투자 확대
- 인프라시설 민간투자협력사업(PPP) 투자비율, 항구·공항부문 60%이상 차지.
  - 2020년 인도, 세계 항만물류 거점지로 도약 준비

### 3) 주요 프로젝트

#### (1) 항만 시스템

① 도입되는 첨단 항만시스템

- Vessel Traffic Management System (VTMS) : 선박교통관리시스템.
- Information Technology in Operational and non-operational areas
  - 지역간의 시스템 격차를 줄이기 위한 정보통신기술

• Surveillance System and Safety &Security System
• 감시시스템과 안전 및 보안시스템, 컨테이너 스케닝시스템을 소개위해 제안
  - 테러위협으로 인해 CCTV와 같은 자동화 감시 시스템의 도입임.
  - 테러의 위협 때문에 항구에서 감시와 보안은 최우선시 되어 왔다.
  - 항구 내의 접근지점에서 보증된 RFID/스마트카드 및 생체인식 확인 필요.

② 국가해안개발프로그램(National Maritime Development Program)을 추진
• 민간 투자유치를 통해 자본확충에 나서며 이미 BOT방식의 투자유치 권장.
• BOT(Build-Own-Transfer) 방식
  - 사회기반시설의 준공이후 일정기간 사업시행자에게 당해시설 소유권 인정.
  - 기간의 만료 시는 시설소유권이 국가 또는 지방자치단체에 귀속되는 방식
• 민간투자유치관련 프로그램으로는 수로확상공사, 부두 및 방파제 선설 등
  - 총 267개의 민간투자협력사업 Public-Private Partnership(PPP)이 해당한다.
• 현재 항만과 절도/도로를 연결하는 프로젝트 중 착수된 건은 20건이다.
  - 추가 건설되는 규모는 1.00MTPA(million tonnes per annum)급.
  - 비용은 약 6억5000달러 규모이다.
• 자금 조달은 IR, GBS, EBR & Others에서 각각 약 2억2000달러, 약 5400만 달러, 3억7000달러를 조달함.
• 인도중앙정부 해양부관계자 K. Mohadas.
  - 2020년 인도 물동량은 25억 톤으로 예상되며, 대규모 투자를 선행해야 한다.
  - 현재 주요항만과 중소형항만들은 현재 대략 8억5000톤 화물 취급하는 실정.

## (2) 추진 중인 주요 항만 프로젝트

① 코친에 항만 허브 건설 중
• 뭄바이항을 뛰어 넘는 컨테이너 허브가 될 것으로 예상된다

② 케랄라주의 항만개발프로젝트 중의 하나. 케랄라주 코치해안에서 떨어진 곳.
• Vallarpadam지역에 Vallarpadam 국제컨테이너운송터미널(ICTT) 건설 진행.
• Vallarpadam 터미널은 인도에서 가장 큰Single-operator container terminal.
• 코친항International Container Transhipment Terminal (ICTT).
  - 건설비용은 약 4억7000달러 규모이며, 수용량은 36.00MTPA급.
• Vallarpadam에 위치 할 국제 컨테이너 운송 터미널(ICTT).

③ 코친항은 전략적으로 국제적으로 중요한 해상무역 루트에 있다.
• 이 항만은 연간 200만 톤의 수용량을 시작으로 수용력의 증가될 예정이다.
  - 국제컨테이너 수송터미널 개방과 항구의 선박출입빈도가 증가할 것이다.
• 케랄라정부는 항구연료창고에서의 선박유류세를 0.5 ~ 12%로 낮췄다.

- 2009/10 회계연도동안의 선박출입량은 작년 1082대에서 1278로 늘어났다.
- 코친항International Container Transshipment Terminal(ICTT) 비용.
  - 약 4억7000달러이며 수용량은 36.00 MTPA 급이다.
- 코친항 LNG R-gasification Terminal에서 비용.
  - 7억 달러수준, 수용량은 2.50 MTPA 급이다.
- 프로젝트에 참가할 최종 선발 후보기업
  - Bharat Petroleum Corporation Ltd, Indian Oil Tanking Infrastructure,
  - Adani Group, Punj Lloyd Ltd와 Gammoin India Ltd.

④ 포스코가 180만 톤 규모의 냉연공장을 준공, 'Make in India' 본격 추진
- 인도를 고급 자동차강판 생산기지로 삼아 글로벌 시장에서 경쟁력을 강화
  - 마하라슈트라주 빌레바가드산업단지에 냉연재 생산·판매·물류 일관체제 구축.
  - 인도 성장의 중심지에 포스코, 인도 거점지역에 가공법인 3개사 설립했다.
  - 2015년 1월 22일 용융아연도금강판공장(CGL), 소둔코팅라인(ACL)까지 준공.
- 인도서부의 마하라슈트라주는 인도 자동차산업의 중심지라 할 수 있다.
  - 폭스바겐, GM, 타타, 마힌드라앤마힌드라, 바자즈 등 자동차사, 부품사 있다.
  - 인도에서 가장 도로연결망 등 인프라와 인력수준이 우수지역으로 평가한다.
- 빌레바가드 산업단지는 마하라슈트라주의 주도(州都)이며, 상업이 편리하다.
  - 인도 최대상업중심지 중 하나인 뭄바이에서 약 120㎞ 떨어져 있다.
  - 포스코는 2000년대 초반부터 인도시장 잠재력에 주목, 순차적으로 투자했다.
  - 인도는 인구가 많고 경제적으로 급성장하는 세계 최대 자동차 생산국가이다.

### (3) 시사점

① 인도는 경제성장을 바탕으로 물류시장에 대한 업체진출이 증가되는 국가이다.

② 인도의 6개 연방지역과 28개 주의 법규와 정책이해, 자료의 확보는 필수이다.

③ 낙후된 도로시설, 부족한 항만시설 등 부실한 인프라로 초기 투자비용 필요함.
- 넓은 지리적 요건으로 유통비용 증가와 제반 난국은 성장 방해요소로 작용함.

④ 인도정부는 꾸준한 수출입량의 증가로 항만발전의 가능성이 매우 높을 것이다.
- 제12차 5개년 경제개발계획에 이전계획의 2배 규모의 인프라시설 투자예정임.

⑤ 인도정부는 잇따른 수요로 승수효과를 나타낼 것으로 기대하고 있다.
- 정부의 항만인프라시설 확대, 항만과 연결철도, 도로공사 등 수요증가 예상됨.
  - 인도 물류산업에 진출기업은 부족한 정보를 자세히 수집, 전략수립이 필요함.

## 5 러시아의 물류시장

### 1) 개요

#### (1) 환경변화

① 러시아가 주목을 받는 이유

- 러시아는 1998년 외환위기를 겪으면서 마이너스 3%대의 경제성장률을 기록
  - 2000년대 이후부터 연 8 ~ 9%의 고도성장, 현재 자원수출 둔화, 루블화 폭락.
- 러시아의 고도성장 지속 이유
  - 세계적인 경제호황과 함께 에너지가격 상승에 힘입은 바가 큰 것으로 분석.
- 계획경제에서 시장경제로 전환하면서 나타났던 인플레이션도 개선.
  - 1999년의 70%에서 11%대로 낮아지는 등 경제여건도 지속적으로 개선.
- 석유 수출 등으로 벌어들이는 오일 머니를 인프라 개발에 집중 투자.
  - 제반 물류인프라 구축 및 극동지역 투자확대로 물류여건 개선에 적극 노력.

② 러시아의 지정학적 중요성이 다시 평가되고 있다.

- 유라시아대륙의 중앙에 자리 잡고 북극과 유럽, 아시아를 잇는 다리 역할.
  - 향후 3대륙과 3대양을 잇는 발전이 매우 높은 지리적인 여건도 부각된다.
- 풍부하게 매장되어 있는 석유와 천연가스 등 에너지 자원.
  - 러시아와 중앙아시아에 설치된 파이프라인은 새로운 에너지물류를 예고한다.
- 물류선진화 위하여 내륙인프라 확대, 발트해·흑해, 극동러시아항만 집중 개발.
  - 항만·내륙연계시스템 구축, 유라시아대륙철도망 구축, 자국물류인프라 개선.

③ 러시아 물류환경 변화

- 정부는 2001년에 "2002년~2010년 러시아수송 인프라 현대화 계획" 도입.
- 낙후된 운송 및 물류시설 확충을 위해 복합운송 활성화 프로그램이 진행
- 아시안 하이웨이 협약과 아시안 횡단철도 등 유럽과 아시아 연결노력 진행
- 에너지 수송수요가 크게 증가하면서 유조선 해운시장의 성장이 주목.
  - 해운부문 성장력은 10위권, 천연가스매장량 1위, 석유매장량 3위 등
- 항만 물동량 증가율이 30% 수준으로 세계 최대 시장으로 부상.
  - 내륙물류 극동개발사업과 극동 항만사업과 연계되면서 경제개발 촉진.
  - 유류와 천연가스중심의 파이프라인과 벌크화물과 공산품 60%이상 철도운항.
- 항공·3PL부문은 낙후상태, 에너지 물류는 새로운 물류인프라 구축과 투자.
  - 에너지물류는 중앙아시아국가 원유수출관련, 새로운 물류체계 구축되고 있다.

### (2) 러시아정부의 극동지역에 대한 투자확대

① 극동지역은 러시아에게 있어 지정학적, 경제적 이점이 풍부한 보물창고다.
- 현재 전 세계 석유 생산량의 20% 가량인 749배럴(매장량 세계 7위)이 매장.
  - 천연가스 매장량도 44.4조 세제곱미터(세계 1위), 전 세계 매장량 25% 차지.
  - 중동산 및 미국산 석유시장 독점을 꺼리는 중국, 일본 등 주요 수요자 지목.
  - 전 세계 다이아몬드 산출량의 40% 러시아산 대부분이 사하공화국에서 산출.
  - 금의 연간 채굴량도 40톤 및 수많은 희귀 광물들이 다량 매장되어 있다.
  - 오호츠크해 청어, 명태, 대구, 게 등의 한류성 수산물의 양도 엄청나다.
- 극동지부는 전 국토의 36%를 차지, 총 9개의 연방주들로 구성되어 있다.
  - 넓은 영토를 통치하기 위해 전국 8개 지부마다 대통령의 전권대사 파견관리.
  - 하바롭스크, 사할린, 아무르, 연해, 마가단, 캄차카, 추코트카자치, 사하공화국.
  - 전체면적 616만 9,300만㎢(한반도의 28배)이며, 세계 인구밀도가 가장 낮다.
  - 러시아 인구 1억 4200만 명 중 644만 명 수준으로 4.5%에 불과한 지역이다.
- 러시아정부, 2007년 극동지구 경제-사회개발국가위원회를 하바롭스크시에 설립.
  - 푸틴 전권대사인 빅토르 이사예프의 정책, 한화 약 26조 원 규모 개발추진.
  - 우랄산맥 서쪽에 집중된 지역개발투자를 극동지방 지역경제개발에 집중한다.

② 러시아의 극동 항구도시 블라디보스토크에서 APEC[22] 정상회의가 개최
- 무역자유화 및 경제통합을 추진하면서 아태지역 국가 간의 다자협력강화
  - 협력범위를 러시아·벨라루스·카자흐스탄 등 자국주도 범유라시아차원 통합.
  - 다양한 공급루트 확보, 지능형 공급망 구축, 기술 강화, 재난리스크 관리 등.
- 식량안보에 대한 대응, 지속가능한 농업성장을 위한 많은 합의를 달성했다.
  - 농업생산성 증대, 농산물무역의 개방성·예측가능성 증대, 민간참여 확대 등.
- 블라디보스토크를 아태 경제협력중심으로 육성하기 위해 대대적인 건설노력.
  - 지난 4년간 약 6,800억 루블 투자, 연륙교 건설 등 아태지역 경제연합 노력.
  - 교통 및 도시환경 인프라, 발전시설 등 유라시아경제협력관계 기반확대 조처.
  - 아태지역경제협력을 자국의 새로운 성장동력으로 활용하는 정책고수 전망.

③ 극동지역을 유럽과 아태지역을 연결하는 교통·물류중심지로 육성하는 노력.
- 항만 및 철도 인프라 현대화, 북극항로 상용화 등을 추진하고 있다.
  - 자국의 석유·가스를 아태지역에 안정적으로 공급하는 에너지 운송망 구축.
  - 과도한 에너지자원편중구조에서 탈피하기 위해 APEC국가와 R&D투자 확대.
  - 넓은 토지와 풍부한 수자원으로 농업을 유망산업 육성, 신흥 농업강국 부상.

---

22) (아시아태평양경제협력체)

• '2013 극동·자바이칼 사회경제개발 연방 특별 프로그램'으로 장기부흥계획.
 - 철도, 에너지, 도로, 항만 등 사회간접자본 재정비와 확충, 223억 달러 투자.
 - 푸틴대통령 취임으로 '극동개발부'까지 신설, '신(新)동진(東進)' 정책의 추진.
 - '푸틴의 강한 러시아'가 추구하는 국가발전 대전략 등 원대한 대외적 목표.
 - 극동개발을 통한 자원 확보와 아태지역의 세계 지리적 중심부의 역할 인식.
 - 극동지역에 인구감소와 중국 불법 이주민문제 등 국가 안보차원의 인식이다.

[그림 6-6] 대외정책연구원 연구자료에서 발췌

④ 주변 인구가 급격하게 상승되는 지역환경

• 인구도 799만명(1991년)에서 644만명(2006)으로 약 150만 명 정도가 줄었다.
 - 인접한 중국 동북3성(랴오닝성, 헤이룽장성, 지린성)인구가 1억 명으로 급증
 - 극동지역에서의 중국 인구유입과 자본심두가 활발해지면서 안보의식 위기.
 - 극동지방의 태평양중심 경제협력강화와 동아시아국가와 우호관계 증대 관심.

• 유럽과 아시아-태평양지역 물류중심지로 육성위해 물류인프라 현대화 추진
 - 세계 물동량의 1/3인 아태지역물류를 유치위해 TSR과 북극항로 활용계획.
 - 2030년까지 아시아-유럽 간 총 물류량의 20%를 TSR적극 로 유치할 계획.
 - 이 경우 러시아 내륙 물류 수익만 연간 2억 달러에 달할 것으로 예상.

• TSR의 낙후된 인프라와 복잡한 통관절차 등 개선, 동북아 국가철도망 연계.
 - 우리나라, 극동중심 철도, 항만, 항공 네트워크 구축 및 강화사업 투자 확대.
 - 장기적으로 러시아 교통, 물류시장을 선점할 필요성이 대두되고 있다.
 - 말라카해협과 수에즈항로대비 운송거리 40% 단축되는 북극항로 상용화 추진.
 - 우리나라, 유럽지역과의 물류시스템의 효율성을 대폭 창출할 것으로 기대된다.

## 2) 주요 현상

### (1) 물류시장 특징

① 러시아의 물류는 다른 나라와 마찬가지로 육상, 해상, 항공운송으로 나눈다.
- 육상운송이 차지하는 비율이 약 95%정도로 물류시장을 장악하고 있다.
- 아시아에서 유럽행 화물컨테이너가 연간 약 450만개.
  - (중국 200만개, 한국, 일본 250만개), 이중 1% TSR 이용, 나머지 해상운송.
- 해상운송의 비율은 전체 물류비율의 약 2% 정도 차지하고 있다.

② 육상운송은 크게 철도물류와 파이프라인으로 나눌 수 있다.
- 철도물류는 러시아 전체화물의 80%이며, TSR, 시베리아 횡단철도 영향.
- 파이프라인은 원유수송에 이용되며, 주변 인접국가로의 석유수송에 사용.

③ 러시아는 물류시스템 현대화를 통해 연간 2억달러 수익의 수익을 예상.
- 아시아와 유럽지역 전체 거래물량의 20%만 TSR로 유치 전제.
  - 러시아 국내 단순물류 통해 취득되는 수익이다(2007년 수익금액 6백만 달러).

④ 프로그램 세부 추진목표
- 화물운송 시간 및 비용 절감
- 효율적인 물류, 운송시스템 구축
- 물류시스템 인정 및 화물 안정 보장
- 국제수준의 물류인프라 구축으로 외국인 투자유치 활성화
- 러시아의 지리적인 이점활용 및 물류경쟁력 제고를 통한 국제화물 흡수

⑤ 물류인프라 현대화 프로젝트 중점분야
- 철도 물류 인프라 개선
- 도로 물류 인프라 개선
- 해상 물류 인프라 개선
- 내륙 해운 물류 인프라 개선
- 항공 물류 인프라 개선
- 물류 네트워크 현대화를 통한 통합물류 인프라 구축

### (2) 시베리아횡단철도(TSR)와 극동 러시아 물류가 변화.

① 러시아정부는 철도물류개선을 위하여 TSR의 경쟁력제고작업 추진.
- 러시아정부는 중앙정부주도, 2010년~2015년 기간 중 1단계사업 추진.
  - 장기 국가프로젝트, 2030년까지 국가 물류시스템 현대화전략을 확정
- 러시아화물의 80%를 수송하는 러시아철도공사는 현대화 추진전략을 발표.

• 러시아철도공사는 현대화추진전략을 추진.
  - 2010년까지 열차운행속도를 하루 372km, 화물정시인도 비율도 95%로 항상.
  - 유라시아 컨테이너 화물수송점유율도 현재 2%에서 10%까지 제고전략.

② 현재 물류시스템에 비효율적인 부분에 대한 개선이 필요한 시점이다.
• 러시아가 수입하는 아시아화물도 시베리아, 극동지역으로 이동하는 문제.
  - 약 90%가 해상 통해 유럽 또는 빼쩨르 부르그 등지로 수입되어 역으로 감.
  - TSR은 운송거리가 2배 이상 짧은데 운송비는 해상운송보다 30% 높게 산정.
• TSR 이용 시, 낙후된 물류인프라, 통관절차 등으로 운송시간이 길어진다.
• 제품의 안전성문제 해결 등 물류인프라의 경쟁력 강화.
  - 비효율적 부분을 해소하고 국제화물유치로 경쟁력 확보한다는 계획이다.

③ 극동러시아의 해운회사인 FESCO와 러시아철도공사가 50 : 50으로 투자.
• 설립한 물류회사 '러시아 트로이카'가 본격적인 영업활동에 들어갔다.
• 트로이카는 TSR 경쟁력제고, 정확하고 안전한 door-to-door서비스제공 기대.
  - 러시아는 트로이카가 러시아항구와 철도를 이용하는 물동량 증가 예상.
  - 중국에서 40피트 컨테이너 4만개를 구입, 2010년까지 현장에 투입할 계획.

④ 일본기업들의 러시아 수송시장 선점 포석작업도 주목할 점이다.
• 히타치, 고마츠 등 일본 기업들은 러시아 수송인프라 현대화계획 지원의사.
  - 기업투자를 통하여 철도중심의 수송시장을 선점하려는 의미이다.

### (3) 러시아 해운 물류

① 러시아의 선박보유량은 1,525만 8,000DWT로 전 세계에서 13위.
• 선박량기준 전 세계 선박량의 1.8%, 척수기준 5.6%를 차지, 전 세계 5위.
• 러시아는 주요 해운국들에 비해 소형선 중심의 해유구조를 취하고 있다.
• 선박의 평균선령 22.5년, 13위권 국가가운데 선대가 가장 노후화되어 있다.
• 노후화된 선박들을 대체하는 장기계획을 수립, 신박현대화 작업 추진방침.
  - 발틱해와 카스피해지역의 원유생산을 증가하여 수송할 선대의 확충차원.
  - 러시아는 2010년까지 3억 3,000만 톤의 원유화물의 수송수요가 발생전망.

② 해운서비스 개선
• 해운운송에서 선사들의 서비스개선 노력도 가시화되고 있다.
  - 철도시스템 개선이 해운시장을 자극, 선사들의 해운서비스 개선노력.
• FESCO는 항만 컨테이너서비스 관련비용을 일괄운임에 포함 방침.
  - FESCO는 블라디보스토크지역에 진출한 4대 선사 중 가장 큰 선사이다.
  - 서비스비용을 전부 운임에 포함, 화물관련 서류절차 단순화, 운송료 투명성.
  - 향후 화물인도와 관련한 서류절차를 단순화시키고, 운송료 투명성을 확보.

- 중간 운송인들의 초과지출 가능성을 감소시켜 나간다는 방침이다.
- 블라디보스토크 사무실 개선한 Magistral Container Lines(MCL).
  - 보스토치니와 상하이간 서비스를 주2회로 증설했다.
- Kamchatka Lines, 연안화물운송위해 블라디보스토크 마가단항간 항로 개설.
  - 7월부터 격주 서비스를 진행, 보스토치니항 등 극동항만 물동량 증가.

### (4) 육·해·공 연계통신네트워크 구축작업 개시

① 모든 항구를 하나로 묶는 네트워크 건설 프로젝트를 착수.

- Russian Railways사 100% 투자기업인 트랜스텔레콤과 마린익스프레스.
  - 러시아의 모든 Seaport를 하나로 묶는 네트워크 건설 프로젝트를 착수.
- 러시아 연방정부의 '2002 ~ 2010 러시아운송시스템 현대화' 프로그램.
  - 2005년 말까지 6개 항구를 싱글네트워크로 묶는 사업이다.
- 극동러시아에 네트워크 통신허브가 마련되어 시스템을 사용.
  - 보스토치니, 블라디보스토크 상업항, 나호드카항 등.

② 물동량 추이

- 극동 러시아 항만의 물동량은 꾸준한 증가세를 보이고 있다.
  - 1,100만톤의 물동량의 보스토치니항은 컨테이너화물 물동량의 급증세.[23)]
  - 나호드카 상업항은 전년 동기대비 33% 늘어난 430만톤의 화물을 처리.[24)]
- 물동량 증가원인은 서시베리아지역으로부터의 수출용 철강제품이 증가됨.
- 블라디보스토크항은 2004년 상반기 중 물동량.
  - 전년대비 382만 톤(8.5% 증가)이었으며, 이중 컨테이너는 4만5,563TEU.

③ 항만물동량 증가의 배경

- 극동항만의 물동량 증가는 TSR 이용화물의 부진으로 인한 반사적 이익.
- TSR을 이용해 컨테이너화물을 유럽으로 수출하려 해도 어려움이 많다.
  - 컨테이너 플랫폼 이용에 대한 러시아 철도시스템 제약으로 TSR 이용한다.
- TSR은 2003년 운송물량은 보스토치니항에서 처리한 것 보다 적었다.
  - 보스토치니, 우크라이나, 발트해지역, 핀란드연계 컨테이너전용열차 개설.

④ 노보시비르스크 물류시스템 현대화추진 현황

- 러시아정부에서 구상하는 물류인프라기본 축.
  - 시베리아횡단철도(TSR)로 TSR기반으로 한 전국규모 물류망이 구축.
  - TSR의 주요허부인 노보시비르스크의 물류중심지로 위치는 지속 확대될 전망.

---

23) 2004년 7월까지
24) 2004년 7월까지

- 노보시비르스크시, 러시아 11개 복합물류 및 12개 교통, 물류허브 중 한 곳.
  - 노보시비르스크 Tolmachevo 국제공항, 전국 9개 국제항공물류허브 중 하나.

노보시비르스크 서부 물류산업단지 조감도　　노보시비르스크 동부지역 물류단지 조감도

- 노보시비르스크 물류인프라 현대화계획.
  - 현재 시 외곽에 동부, 서부, 남부 등 3개의 물류산업단지가 개발되고 있다.

## (5) 시사점

### ① 러시아정부의 물류인프라 현대화

- 시베리아횡단철도(TSR)기반, 러시아 전 지역 물류인프라, 시스템현대화 추진.
- 해상운송에 집중되어 있는 아시아와 유럽 간 물류 기간이 획기적으로 단축.
  - 제반 물류비용도 절감할 수 있을 것으로 전망된다.

### ② 기업들의 투자확대

- 노보시비르스크지역은 TSR 중간 거점지역으로서 핵심 허브지역으로 부상.
  - 철도, 항공 등 러시아의 물류인프라 현대화를 위한 프로젝트 계획 추진.
  - 많은 기업들이 노보시비르스크지역에 물류창고 등 투자를 확대하고 있다.
- 기존 러시아의 수출기업과 신규 기업들이 진출.
  - 향후 러시아의 물류 환경변화의 추이와 장기 물류거점 확보위한 투자 검토.

노보시비르스크 Tolmachevo 국제공항 전경　　Megalogics-Novosibir나 동부지역 물류창고 정경

# 6 유럽의 물류시장

## 1) 독일의 물류시장

### (1) 독일 물류시장 현황

① 유럽 최대 물류시장, 독일
- 2012년기준 유럽 물류시장규모는 약 9300억 유로, 총 물동량은 180억 톤임.
  - 2010년 대비 유럽 물류시장 규모 총액은 소폭 상승함.
    - * 이 중 운송비용의 비중은 약 2% 상승한 반면, 창고보관 비용은 약 2% 감소
    - * 이는 신속한 물류 프로세스로 인한, 화물 창고보관 기간의 단축으로 분석됨.
  - 물동량 도로수송 감소, 내륙운하, 해운, 해상, 파이프라인, 항공운송 소폭 증가.
    - * 도로이용 운송비중이 약 138억톤, 해운운송이 약 14억톤, 철도가 약 12억톤.
- 2012년 독일의 물류산업의 규모
  - 독일의 물류산업규모는 약 2280억 유로이며, 총 물동량은 약 34억2700만 톤임.
  - 물류산업 규모는 GDP 대비 8.6%이며, EU 30개국의 평균치인 6.7%보다 높음.
  - EU 30개국의 평균 물동량(5억9700만 톤)의 5.7배 수준임.
  - 2009년 독일 물류시장 규모는 2000억 유로 이상에 270만 명이 종사함.
  - 전체 매출액은 ‘03년 1,450억 유로에서 ‘09년 2,000억 유로로 38% 성장함.
- 물류 중심지가 된 주요 이유
  - 우선 지정학적 통합 EU의 중심지, 세계 수출 1위, 수입 2위 물류인프라 구축

② 독일 정부의 아낌없는 물류사업 지원
- 2010년 효율적인 화물 교통 및 물류진흥 실천계획을 발표함.
- 물류인프라 최적화, 노동조건의 개선 및 수송교육 지원이 주요한 내용임.
  - 선로 및 철도차량 소음감소 기술지원, 화물수송 $CO_2$배출감소 및 표준화산정

③ 물류 성과지수(LPI) 1위 기록, 매력적인 물류의 나라 독일
- 최근 온라인 리테일러 아마존.
  - 11만㎡ 규모 새로운 물류시설 2곳 독일 남부지역에 지을 예정이라고 발표함.
- 수 많은 글로벌 기업들이 독일을 European Headquarter로 지정.
  - 독일은 DHL, UPS, IKEA 등 유럽물류 허브자리를 더욱 강화하는 기회.
- 세계은행이 2년마다 평가하는 물류 성과지수에서 독일이 1위를 기록.
  - 유럽 물류의 강대국으로서 세계 물류 시장에서도 그 입지를 재입증함.

• 독일은 전체 스코어 4.11점으로 1위를 차지
  - 한국은 전체 스코어 3.64점과 최고 성과의 84.7%로 23위를 차지함.

〈표 6-8〉 유럽과 독일 물류 시장의 규모 및 물동량 비교

| 분 류 | 시장규모 | 물동량 |
|---|---|---|
| 독 일 | 2289억 유로<br>(GDP 대비 8.6%) | 34억2700만 톤 |
| EU30 개국 평균 | 7011억 유로<br>(GDP 대비 6.7%) | 5억9700만 톤 |

주 : 동 통계는 현재 집계 기준 최신 수치임
자료원 : 프라운호퍼 서플라이체인 시스템(Fraunhofer SCS) 연구소

④ 독일의 프랑크푸르트 남서쪽에 위치한 국제공항.

• 독일의 두 번째 대도시인 프랑크푸르트의 관문 역할을 하는 공항.
  - 시내에서 남서쪽으로 12km 떨어진 곳에 있으며, 열차와 도로로 접근한다.
  - 1936년 8월 나치정권의 라인-마인(Rhein-Mein)공항 및 비행기지로 건립.
  - 1955년부터 루프트한자항공 운항시작, 1958년에 주요 국제공항으로 변모했다.
  - 미군 비행기지는 2005년에 문을 닫고 프랑크푸르트 공항에 이양되었다.
  - 현재 2개의 여객 터미널이 있는데, 화물 터미널은 2개가 운영되고 있다.

• 제1터미널은 1972년, 제2터미널은 1994년에 새로 개장했다.
  - 항공기 75대 정거와 제3터미널과 A380기종 이착륙 새 활주로 건설이 추진.
  - 2010년 기준 세계에서 9번째로 여행객이 많은 공항에 기록됐다.
  - 화물 운송도 역시 9번째로 많은 공항. 택시로 시내까지 약 15분이 소요된다.
• 항공물류 물동량 비교
  - 라이프치히/할레공항, 쾰른/본공항·함부르크·브레머하펜·빌헬름스하펜항구 대표.
  - 프랑크푸르트공항 206만톤, 라이프치히/할레공항 84만톤, 쾰른/본공항 73만톤.
• 해운운송 물동량 비교
  - 함부르크항 1억1436만톤, 브레머하펜항 5,585만톤, 빌헬름스하펜항 2,438만톤.

〈표 6-9〉 독일 물류 시장의 주요 허브 및 물동량 비교

| 항 공 | 2012년(톤) | 해 상 | 2011년(천 톤) |
|---|---|---|---|
| 프랑크푸르트 공항 | 2,065,457 | 함부르크 항구 | 114,368 |
| 라이프치히/할레 공항 | 845,908 | 브레머하펜 항구 | 55,855 |
| 쾰른/본 공항 | 730,129 | 빌헬름스하펜 항구 | 24,388 |

주 : 이 통계는 현재 집계 기준 최신 수치임.
자료원 : 프라운호퍼 서플라이체인 시스템(Fraunhofer SCS) 연구소

### (2) 국내 물류기업들의 해외진출 현황과 과제

① 국내 물류기업의 해외진출 현황

- 최근 국내 물류기업 300개사를 조사한 결과.
  - 80% 이상 해외시장진출이 필요하다 인식하나 단지 22.3%만이 해외시장 진출
- 중소기업이 대기업에 비해 해외시장 진출에 더 많은 애로사항이 있다 조사.
- 해외사장 진출의 애로사항 주요 원인
  - 첫째, 물량확보 불확실성(38.6%),
  - 둘째, 자금 동원력 부족(22.4%),
  - 셋째, 현지 지역정보 부족(15.6%)으로 나타남.
- 물량 확보 불확실성의 주요 원인
  - 대형 제조기업의 자회사 밀어주기가 주요 요인으로 작용함.

② 전망 및 시사점

- 독일의 물류 시장규모 및 물동량은 유럽 최고 수준.
  - 독일은 한국 물류업계에 좋은 사업의 기회를 제공
- 독일의 통행료 없는 고속도로는 동, 서, 남, 북유럽을 이어주는 유럽의 혈관.
  - 물류 이동경로를 활용한 특화된 사업 개발도 유망할 것임.
- 폴란드, 헝가리 외 8개 국가의 추가 EU 가입 등 동유럽시장 확대
- 서유럽국가의 동유럽생산기지건설로 향후 지속적인 물동량 증가 예상됨.
- 독일운하를 통한 저렴한 운송비용을 활용한 물류 사업도 유망한 것으로 예상됨
  - 네덜란드, 프랑스, 벨기에, 러시아, 체코까지 운하운송비용은 도로 20 ~ 30%수준.
- 현지 진출 한국기업 지상사 및 교민기업과의 사업 가능성
  - 독일의 물류 인프라 및 시스템 이용, 현지 및 동유럽기업과 물류사업 고려.

### (3) 전망 및 시사점

① 정부는 해외시장 진출 시 화주기업 매칭과 해외지사구축에 필요자금지원 필요

② 중소 물류기업도 현지 물류기업과의 파트너십 통해 해외네트워크 강화 필요

③ 물류전문인력 양성과정 도입, 전문 인력배양 및 양성위한 투자 필요시점.

## 2) 네덜란드의 물류시장

### (1) 네덜란드가 물류중심국가로 주목받는 이유

① 물류거점후보 1순위 네덜란드

- 16세기 말부터 네덜란드는 유럽의 물류 관문으로 정평이 나 있었다.
  - 하드웨어 측면의 거점 인프라뿐 아니라 제반 강점이 있다.
  - 양질의 물류인력, 물류 경험과 지식을 갖춘 사회적 시스템, 유연한 세제 등.
  - 육해공 연계 복합운송체계가 잘 구축돼 있어 이상적인 물류허브이다.
  - 베네룩스시장, 독일·프랑스·영국·스위스, 러시아와 동유럽, 스페인지역도 커버.
- 우리나라 국토의 5분의 2, 인구는 1,600만 명에 불과한 물류 선진국이다.
  - 스키폴공항과 로테르담(Rotterdam)항 등 물류인프라가 선진국으로 견인한다.
- 네덜란드정부도 우수한 글로벌기업여건을 조성하기 위해 불확실성 해소노력.
  - 기업 통관절차 간소화, 국제조세네트워크 제공, 세무 불확실성 등 축소노력

② FTA에 따른 관세철폐 효과가 높은 자동차와 석유화학류에 대해 우리나라 기업들이 네덜란드의 물류관문 입지를 잘 활용하고 있기 때문이다.

- 일례로 지난해 말부터 현대자동차 물류법인, 국내 정유사 및 석유화학회사 일부가 마케팅 법인을 암스테르담 또는 로테르담에 설립했다.

③ 네덜란드의 외국인 및 외국기업에 대한 개방적인 태도다.

- 네덜란드 회사 3개 중 하나는 외국계 회사이고 암스테르담 거주민의 약 45%가 외국인이며 국민의 85% 이상이 영어 소통이 가능할 정도로 국제화돼 있다.
- 네덜란드에 살다 보면 외국인에 대한 차별이 거의 느껴지지 않는다.

### (2) 유럽의 허브공항 '스키폴공항'의 위상

① 스키폴공항은 유럽의 허브공항이며, 무역과 유통의 중심으로 급성장.

- 1916년 공군기지, 1920년대 민간공항 변신, 1968년 공항청사가 신축.
  - 암스테르담인근의 스키폴공항도 유럽에서 3번째로 많은 항공물량을 취급한다.

② 90여개 항공사가 전 세계 100 여 개국에 걸쳐 250개 도시가 연결됨.

- 유럽지역 유통판매 유통거점 및 비즈니스센터로 부상하면서 공항주변에 입주업체가 지속적으로 늘어나는 등 매년 안정적인 성장세를 지속.

③ 유럽 전 지역으로 철도와 도로가 원활히 연결돼 있으며, 항공화물의 60% 가 도로운송을 통한 막강한 유럽네트워크의 한 복판에 위치하고 있다.

• 로테르담항과 스히폴공항 전방에는 무역 및 물류인프라로 도로, 내륙운하, 철도, 파이프라인 등이 서유럽 각 지역으로 거미줄처럼 연결돼 있다.

④ 2012년까지 추가적으로 5억 유로를 투자해 수화물 7000만개를 처리.

• 5개 활주로에서 3분에 한대씩 비행기 이착륙하는 유럽 물류허브의 위상.

• 여객과 화물의 60%이상은 네덜란드외부로 향하면서 공항의 역할이 크다.

외부(좌)와 내부(우) 정경

**[그림 6-7] 네덜란드의 '스키폴공항'은 유럽의 허브 공항이자 무역과 유통의 중심지다.**

⑤ 스키폴공항의 강점

• 승객들은 공항 내 고속도로와 철도 등을 통해 유럽 곳곳으로 이동된다.

• 환승객은 지하 철도 등을 이용하여 최단시간 내에 손쉽게 환승이 가능하다.
  - 환승대기시간동안 식사와 사업상담, 쇼핑, 피로회복 등 다양한 부대시설.

• 화물처리는 도로와 철도로 통산 2~3일, 최대 6일 이내 배송시스템 구축.
  - 유럽 최장거리까지 안정적으로 전달 될 수 있는 시스템을 갖추고 있다.

### (3) 환적화물의 집합소 '로테르담항'의 위상

① 유럽 최대 컨테이너항이자 관문항으로써, 물류왕국의 중요한 중심축이다.

• 로테르담항은 500여척 정기화물선이 기항하고 있다.
  - 선박은 유럽 130개항 포함, 전 세계 1천여개 항구대상으로 연간 3만회 운항.

② 로테르담항은 최고 인프라로 인해 4억6800만톤[25]의 화물을 처리한다.

• 로테르담항은 중국 상하이와 싱가포르에 이어 세계 화물취급량 3위 차지.
  - 경쟁력은 북해연안, 대형선박 접근 용이, 유럽 최고 환적화물처리 능력이다.

• 로테르담항은 규모로 인한 경제성효과로 양적·질적 측면에서 위상 강화.

③ 로테르담항만의 환적화물 처리 능력

• 2014년 상반기에 620만 TEU를 취급해 북유럽의 물량의 35%를 처리했다.
  - 2위인 함부르크보다 약 8% 많은 수치로 유럽의 Gateway라는 말이 있다.

• 보틀렉, 엠하벤, 마스플락트 등 3개 물류단지(Distriparks)가 있어 가능하다.

25) 2007년 기준

- 물류단지는 보다 낮은 가격에 정시(Just-in-Time) 서비스 제공위해 건설.
  - 화물터미널, 환적위한 복합운송시설에 가까이 위치, 정보커뮤니케이션 발달.
- 다양한 부가가치서비스도 제공하며 경쟁력을 높이고 있다.
  - 보관, 환적, 컨테이너 적입출외 포장, 재포장, 라벨링, 조립, 분류, 서류작업.
- 물류단지내 세관업무를 제공해 원스톤 현장통관서비스도 제공.
  - 수출입화물의 통관절차를 간소화시킨 것도 중요한 경쟁요소다.

④ 로테르담항의 강점

- 자동화된 설비로 컨테이너를 처리하며, 배후수송체계로의 연계가 원활하다.
  - 유럽으로 들어오는 물량의 60%, 나가는 물량의 30%를 처리하고 있다.
  - 항만과 해운산업 전반에 관한 미래발전연구 프로젝트 'Projection 2020' 추진.
- 유럽 각지로의 국가간 철도망, 내륙수로망, 도로망이 거미줄처럼 얽혀 있다.
  - 운송체계도 단일국가와 같이 통일된 체제를 갖추고 있다.
- 내륙수로 연장길이 총 5200km, 30개 노선 내륙컨테이너 정기선서비스 제공.
  - 2013년 항만의 부가가치액이 245억달러로 부산항(34억달러)의 8배에 이른다.
- 철도수송은 유럽철도망와 완전 연계망을 구축해 주 200회 정시셔틀 서비스.
  - 유럽의 주요 지역까지 연결된다.
- 도로수송은 서유럽의 대부분 지역에 24시간 이내 운송 가능
  - 매일 1만2500대의 트럭이 유럽각지로 연결돼 있다.
- 피더수송은 유럽지역내 200개의 항구와 동유럽·북아프리카지역까지 연결.
  - 완벽에 가까운 배후소송체제를 갖춘 셈이다.

⑤ 로테르담항의 물동량 감소와 우리나라 기업의 항만이용 실태

- 유럽을 강타한 세계금융위기로 인하여 물류에 직접 영향을 미치고 있다.
- 로테르담항의 물동량 감소는 네덜란드 실물경제가 악화되는 실정.
  - 경제악화는 물론, 항구를 통해 내륙 각국으로 운송되는 물동량 감소로 진행.
- 2015년 연간 처리능력 249만TEU를 확장계획, 세계 주요 기업들과 논의
  - 세계 글로벌 15개 선사 및 터미널 운영사들과 항만 이용에 대한 논의 시작.
- 현대상선은 2014년 7월 로테르담항 총 7개 선석 터미널 사업권을 획득.
  - 수심 20m, 길이 1900m규모 컨테이너전용터미널, 550m길이 터미널시설.
  - 2015년 1월, 중국·유럽을 연결 '남중국 서비스'에 8600TEU 컨테이너선 투입.
  - 연간 수송능력 2배 증가계획.
  - 2014년 7월 설립한 이탈리아 법인, 지중해 및 남유럽지역 틈새시장 공략.
- 한진해운, CKYH 얼라이언스[26]와 네덜란드 유로막스 전용터미널확보 추진 중.

26) (코스콘·케이라인·양밍라인·한진해운)

- KYH 공동으로 벨기에 앤트워프항에 컨테이너 전용터미널을 설립하여 운영.
- 구주지역본부에서 2013년 160만TEU 처리, 유로게이트에서 80만TEU 도달.
- 향후 지중해, 흑해 등 틈새시장과 신흥시장을 적극 공략할 것으로 예상된다.

**[그림 6-8] 유럽 최대 컨테이너항이자 관문항인 로테르담항. 사진은 현대상선, 한진해운의 컨테이너선이 접안하고 있다.**

### (4) 특기 사항

① 아시아 -유럽 간 물류감소가 현저하게 보임

- 로테르담항만청이 아시아포함 세계 무역항으로부터의 수입물량 변동 분석.
  - 물량감소세가 계속 지속될 것으로 예상하고 있다.
- 구간별로는 아시아
  - 유럽 간 컨테이너 물동량 감소 속도가 현저하다.
  - 특히 소비재관련 물품 컨테이너의 감소량이 큼.
- 주요 컨테이너 운송업체, Neptune Orient Line 실태.
  - 금융위기의 여파로 물동량 감소에 따른 위기감 표출, 사업대책을 마련 중.

② 자체조직 없는 회사는 부가세신고납부의무 대행하는 Fiscal Representation제도.

- (통상 물류회사가 수행) 유럽 수출입 물류 공급망을 지원하는 것도 가능하다.
  - 새로운 조직구축의 부담 없이 해외에 자사제품의 재고를 유지할 수 있다.
- 부가세 납부도 차기 부가세 환급 시까지 연기, 실제 부가세납부 유예효과.
  - 상품가격의 21% 수입부가세 납부를 유예, 현금흐름상 혜택과 이자비용 절약.
  - 국가차원의 외국 기업 대상으로 유치 노력과 지혜를 엿볼 수 있는 제도이다.

③ 유럽의 여러 관문 중 네덜란드는 물류거점 후보지로서의 다양한 강점이 있다.

- 유럽시장은 한국기업에 중요한 목표시장이므로 적각적인 고객대응이 필요함.
  - 고객필요에 즉각 대응하는 유럽거점을 활용하는 물류전략 확대되는 추세.

# 7 북극의 물류시장

## 1) 북극 항로

### (1) 현실로 다가 온 북극개발

① 지구온난화가 예상보다 빨리 진행되어 북극의 해빙이 가속화.
- 북극이 영구동토지역이 녹기 시작하면서 이산화 배출량이 대폭 늘어나서 지구온난화가 빠르게 진행되고 북극해빙도 가속화되어 빙하면적이 감소.
- 2012년 9월 북극 빙하 넓이는 관측 사상 최저치인 341만㎢로 떨어졌다.
- 북극의 동토가 녹으며 각국이 천연자원 보고이자 신항로를 주목하기 시작.

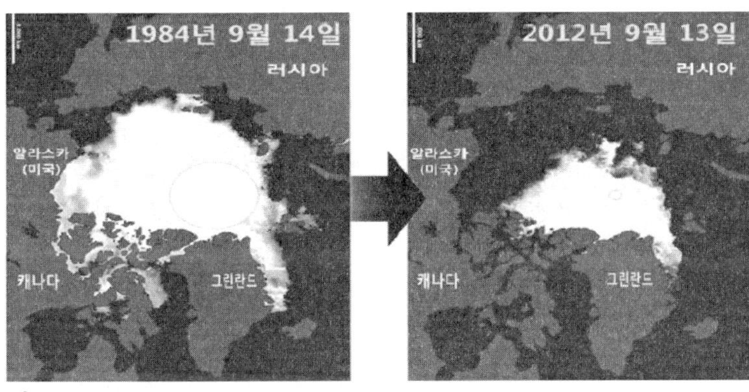


자료: NASA Earth Observatory

② 1991년 핀란드주도의 북극환경보호전략(AEPS) 탄생.
- 북극권의 환경보호를 목표로 북극권 국가인 캐나다, 덴마크, 핀란드, 아이슬란드, 노르웨이, 스웨덴, 소련, 미국이 참여한 기구였다.
- 1996년 캐나다 오타와선언, 정부 간 고위급포럼인 북극위원회(AC) 출범.
  - 열강들이 북극의 엄청난 해저자원에 눈독을 들여, 새로운 협의기구 필요.

③ 북극 연안국과 글로벌 기업들의 북극개발 각축선이 본격화.
- 미국, 캐나다, 러시아, 노르웨이, 덴마크 등 북극해연안 국가중심 개발추진.
- 야말반도에 석유·가스전 개발과 노릴스크에 구리·니켈광산 대도시 개발.

### (2) 북극이사회 개요

① 북극이사회 개요
- 회원국 : (비연안국 3개국) 스웨덴, 핀란드, 아이슬란드.

(연안국 5개국) 러시아, 미국, 캐나다, 노르웨이, 덴마크(그린란드).

- 의장국 : 회원국이 2년마다 맡는다(캐나다 → 미국 →핀란드 → 아이슬란드 → 러시아 → 노르웨이 → 덴마크 → 現 스웨덴 →캐나다 順).
- 공동사무국 : 노르웨이 트롬쇠, 2014년부터 북극위원회의 상시사무국 운영.
- 정식 옵서버 국가 : 영국, 프랑스, 독일, 네델란드, 폴란드, 스페인
- 추가 옵서버 국가 : 우리나라, 중국, 이탈리아, EU, 일본, 인도, 싱가포르.
- 국제기구 옵서버 : 유엔 환경·개발 계획, 북대서양해양포유류위원회, 국제자연보호연맹, 세계자연보호기금, 국제적십자연맹, 유엔환경계획 등 9개 국제기구.
- 영구 참가자그룹 : 애서배스칸, 알류트, 구친, 이누이트, 러시아북부토착민, 사미 등의 북극주변 6개 소수민족

북극 연안국별 자원개발 지역

자료: CIA. The World Factbook.

② 북극이사회 운영

- 2년마다 최고의사결정기구인 장관회의를 개최해 의사를 결정.
- 실무회의인 고위관리회의(SAO)는 1년에 2회 이상 개최.
- 정식옵서버는 이사회 의사결정권한은 없고 각종 회의, 워킹그룹참여 가능.

③ 북극을 둘러싼 '빙하냉전' (Ice-cold war)의 서막

- '07년 8월 러시아 북극원정대가 대형 핵추진쇄빙선[27] 끌고 북극점 도달.
  - 심해잠수정은 수심 4302m 지점에 티타늄 국기를 꽂고 러시아영토 선언.
  - 러시아 '08년 2020 북극계획 수립, 미국, 덴마크 등 북극전략 수립 발표.
- 북극의 미래비전과 전략을 수립하고 해역주권을 강화위해 군사 활동 강화.
  - 러시아는 2개 여단 창설, 미국은 핵잠수함포함 대규모 군사훈련 실시 등.

④ 일루리샷 선언문('08. 5)을 통해 타국 선박의 출입을 규제하고 있음

- 참여 : 5개 연안국(미국, 캐나다, 러시아, 노르웨이, 덴마크(그린란드)
- 북극에서의 새로운 국제법 체제 반대, 유엔 해양법협약지지

27) 얼음을 깨고 항로를 여는 배

• 200해리 EEZ 및 그 이원지역에 대한 대륙붕 권리 주장
  - 북극 해양환경보호(5개국 간 협력 및 이해당사자와 협력)
  - 북극해인접 국가 간 권리 강화에 치중, 북극해 비연안국에 배타적 시도.
  - 유엔해양법을 통해 북극권 대륙붕 최대 확보 의도
• 캐나다·덴마크 간 한스섬 영유권 분쟁, 캐나다·미국 간 북서항로 갈등.
• 러시아, 캐나다 등은 북동·북서항로의 주요해협을 내수(또는 영해)로 주장.
• 러시아는 북극해저에 자국국기를 설치, 영토선언 등 국익확보 위해 경쟁.

⑤ (비북극권) EU 국가들과 일본, 중국도 자국이익을 확보하는 방안모색 중
• 일본은 '90년대부터 북극항로 개발위해 러시아, 노르웨이와 공동프로젝트.
• 중국은 2000년대 들어 4차례나 대규모 탐사대를 파견.

## 2) 북극항로의 개발

### (1) 우리나라의 북극이사회 참여 노력

① 북극위원회 정식 옵서버국 결정
• 북극이사회 제8차 각료회의(스웨덴 키루나)에서, 정식옵서버 지위를 획득.
• 북극위원회 설립정신은 북극 환경보호와 토착민들의 삶의 터전 보호이다.

② 우리나라의 참여 노력
• '08년 옵서버 가입지원서를 제출한 이후 지속적으로 가입을 위해 노력.
• '09년과 '11년 각료회의는 옵서버지위획득 심사가 유보되어 이루지 못함.
• 2012년 10월 스발바르조약[28]에 가입하여, 북극개발 경쟁에 본격 진입경쟁.
• 2013년 세 번째 도전에서 정식 옵서버 지위 획득이라는 쾌거를 이뤄냈다.

③ 연구 인프라를 구축하고 다양한 국제공동 연구 활동.
• 2002년 노르웨이 스발바르군도 니알슨에 북극다산과학기지 개설.
• 쇄빙연구선 아라온호 건조('09년), 북극해탐사 국제공동연구 수행('12.8~9)
• '09년 AMAP(북극모니터링 평가 프로그램) 작업반회의 참석(극지연).
• '12년 Ecosystem Based Management(EBM) 전문가작업반회의(극지연)
• 제19차 북극과학최고회의의 성공적 개최('11.3/서울).
• 남극에서 아라온호의 러시아 어선 구조('11.12) 등 극지관련 국제 활동.

28) 제1차 세계대전 직후인 1920년 전승국들은 노르웨이에 그린란드 동북쪽 스발바르제도의 주권을 넘기는 대신 지역의 자원 등을 자유롭게 이용할 수 있도록 조약을 맺었다. 한국은 이 조약에 묶여 노르웨이 북단과 그린란드에 걸친 북극 지역의 연구 및 이용에 제한을 받아왔다. 스발바르조약엔 40여 개국이 가입해 있다.

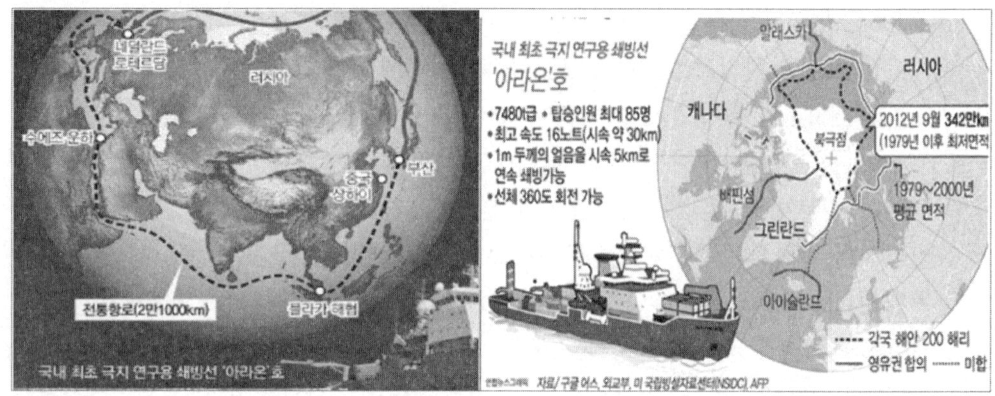


참조 : 동아일보 한국 '북극 쟁탈전' 합류 참조 및 연합통신자료 합성처리

④ 한국은 비회원국으로서 최대 권한행사가 가능한 영구 업저버자격 획득.
- "북극항로 개척, 북극해 연안국에 부존된 가스, 석유 등 미개척 자원개발.
- 다양한 수산자원보유지역에 수산업 진출 등 북극해관련 활동에 탄력 기대.
- 자원, 플랜트, 해상운송, 조선 등 관련 산업에 상당한 파급효과를 기대함.

⑤ 정부차원의 북극정책 마스터플랜, 종합적·체계적인 북극해 정책 수립.
- 남극활동 및 환경보호에 관한 법률(해수부, 외교부, 환경부 공동법률)근거.
- 극지관련 총괄법률은 없는 상황, 극지기본계획 수립, 극지정책위원회 설립, 극지 연구의 진흥을 위한 인프라 구축 등 극지 활동 진흥법(안) 제정 계획.

세계 최초의 극지용 쇄빙유조선(좌)과 드릴십(우)

주 : 삼성중공업이 생산하여 각각 러시아 소브콤플로트와 스웨덴 스테나에 판매(자료: 삼성중공업 H·P)

### (2) 북극항로 개발과 각국의 이해관계

① (연안국 5개국) 러시아, 미국, 캐나다, 노르웨이, 덴마크.
- 경제적 이익과 관련된 문제는 북극이사회 회원국 중 5개 연안국이 주도.

② 북극은 천문학적인 지하자원으로 세계 각국의 신(新) 골드러시 예고.
- 미국 지질연구소, 전 세계 미개발 석유와 천연가스 25% 북극해부존 추정.
- 메탄가스·니켈·우라늄·아연·철광석·다이아몬드 등 고부가가치자원이 매장.

- 원유 900억 배럴(우리나라 한해 수입원유 8~9억 배럴),
- 천연가스 1669조 입방미터(m3), 액화천연가스(LNG) 440억 배럴 등 매장
- 러시아가 영유권주장 로모노소프 해령인근, 석유·가스 1,000억톤 추정.
- 향후 자원개발 시는 해양플랜트 및 조선산업의 새로운 성장발판이 될 것.
- 미국이 2009년 1월 '북극지역 정책방향'을 발표, 북극탐사 예산 40% 증액..

③ 북극항로가 개발되면 운행거리가 크게 단축되면서 물류혁명이 예상.

- 경제성이 높은 북극항로의 물동량이 최근 2년간 2배 이상 급증
  - 거리 30%, 시간 6일 이상 단축되며, 해적위협이 없어 보험료부담도 감소.

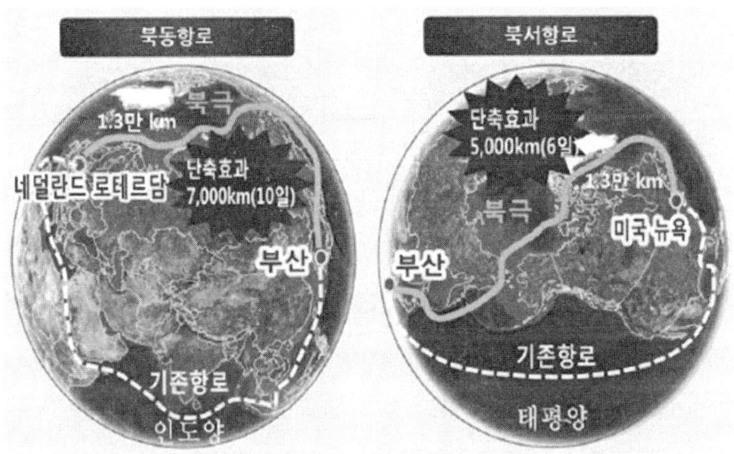

인용자료 : 북극개발의 기회와 대응, 삼성경제연구소, 이대식외 3인, 2013. 4. 17.(제 892호)

[그림 6-9] 기존 항로와 북극항로(북동 및 북서항로) 비교

- 현재 부산항에서 수에즈운하를 거쳐 유럽으로 향하는 항로는 약 2만㎞.
  - 북극해로 가면 1만3000㎞, 운항거리는 최대 40%, 운항일수는 10일 단축, 화물 운송비용은 25% 절감되면서 물동량이 비약적으로 증가 예상.

| 구 분 | 기존 항로 | | 북극항로 | | 단축효과 | |
|---|---|---|---|---|---|---|
| | 경로 | 거리 | 경로 | 거리 | 거리 | 시간 |
| 부산-로테르담 | 수에즈운하 | 20,000km | 북동항로 | 13,000km | 7,000km | 10일 |
| 부산-뉴욕 | 파나마운하 | 18,000km | 북서항로 | 13,000km | 5,000km | 6일 |

자료: 최치국 (2011). "환동해 경제권 중심도시 부산의 역할". 부산발전연구원.

- 2010년 시험운행, 2011년 러시아쇄빙선이용료인하정책, 북동항로이용 급증.
- 2011년 6월 이후, 통행료가 1톤당 4~5달러로 인하되면서 북동항로의 이용 화물은 2010년 11만 톤에서 2012년 109만 톤으로 9배 증가.
- 북극항로를 이용하는 동아시아국가의 교역량이 지속적으로 증가할 예정.

〈표 6-10〉 북동항로 통과 물량 현황

| 연도 | 연간 화물 운송 횟수 | 화물 종류별 운송 물량(톤) | | | |
|---|---|---|---|---|---|
| | | 합 계 | 액체화물 | 고체화물 | 기타 |
| 2012 | 35 | 1,022,577 | 752,049 | 262,263 | 8,265 |
| 2011 | 26 | 834,931 | 686,516 | 109,950 | 38,465 |
| 2010 | 2 | 111,000 | 70,000 | 41,000 | 0 |

자료: Gunnarsson, B. (2012). NSR Transit Voyages in 2011 and 2012(YTD). Center for High North Logistics.

- 2030년에 6개국[29]의 컨테이너 물동량 6억 3,900만TEU[30] 중 7%인 4,844TEU가 북동항로를 이용할 것으로 예상.
- 한국, 중국, 일본은 러시아 및 북유럽국가들과 LNG, 원유, 철광석 등의 수입계약을 체결하여 북동항로를 통하여 자원을 도입.
  - 2012년 한국은 가스콘덴세이트를 37만톤, 중국은 철광석 26만톤, 일본은 LNG 13만$m^3$를 수입.

**러시아, 자원개발 파트너로 한국을 지목**

▷ 2013년 4월 3일 전경련 주최 '한-러기술자원협력세미나'에서 러시아는 한국기업에게 자원개발에 필요한 기술협력을 요청

자료 : 삼성경제연구소

"러시아의 자원 및 인프라 개발을 위해 한국기업들이 적극적으로 참여하고, 투자 확대와 기술협력에 힘써줄 것이다" (벨리아코프, 러시아 경제개발부 차관)

④ 한국은 동북아 해상물류의 중심국가로 성장할 최적의 조건을 구비

- 부산항은 북극항로경로에서 유리한 입지로 최대 수혜자가 될 것으로 전망.
- 삼성경제연구소, "부산항은 뛰어난 입지·정시성·가격 경쟁력을 보유했으며, 북극항로의 아시아측 길목에 위치해 북극항로 최대 수혜자가 될 것" 전망.
  - 러시아와 북유럽에서 생산된 제품에 대한 아시아지역에 수출과 동아시아 지역에서 생산된 석유화학제품의 유럽수출을 위한 최적의 경로상에 위치.
- 부산항, 울산항, 여수항은 해상물류에 필요한 최적의 운항지원서비스 구비.
  - 부산항은 중국과 일본 주요 항구들의 중간거리에 위치한 세계 2위의 허브항구(2012년)로서 뛰어난 입지·정시성·가격경쟁력을 유지하고 있다.
  - 2012년 기준으로 컨테이너 물량 세계 5위와 북극항로의 아시아길목 위치.

29) 한국, 중국, 일본, 대만, 필리핀, 홍콩

30) Twenty-foot Eguivalent Unit의 약자로 일반적인 20피트 컨테이너 한 량을 의미한다.

# 07 국제물류 기술

## 1 국제물류 기술의 발전

### 1) 국제물류 기술현황

#### (1) 개 요

① 정보사회의 진전

- 인터넷 모바일, RFID 등 IT기술이 발전되면서, 물류정보화가 급속하게 진행.
  - 과학기술, 설계, 제작기술의 발달로 빠르게 진전, 물류분야에 큰 영향.
  - 개별적인 물류기능이 유기적으로 연결되고 응용되면서 통합시스템이 구축.
- 유통기업은 고객입장에서 고객만족을 위한 통합적인 정보관리체계가 필요.
  - 점포의 상품발주를 기본으로, 효율적인 물류기능(신속, 안전, 정확 등) 요구.
  - 원재료조달에서 상품의 생산, 점포의 운반과 보관 등의 모든 과정을 관리.
  - 코스트를 관리하는 하나의 종합시스템인 물류관리시스템이 구축되고 있다.

② 물류경영환경의 변화

- 인터넷을 경영의 주요한 도구로 활용
  - 인터넷 확산은 사회, 문화, 경제 등 각 분야도 급격한 변화와 발전을 보임.
  - 기업경영은 기능별, 조직 전체 규모로 양적, 질적 변화와 혁신을 추구한다.
  - 세계 각국은 정보화정책의 입안, 초고속정보통신망 정비, 표준화 등을 지원.
- 기업에서 인터넷 기술을 활용하는 범주는 다양한 분야로 확대되고 있다.
  - 전자화폐, 물류·유통서비스, 마케팅과 고객관리, 경영자원관리 등 다양하다.

- 전자카탈로그, 전자자금이체, 사이버뱅킹, 암호화·보안, 광고, 감사, 회계.
- 인터넷을 경영의 주요한 도구로 활용할 수 있는 여지가 매우 넓다.

③ 물류기술환경의 흐름

- 기술의 발전으로 변화주기의 단축
  - 고객의 요구에 즉각적으로 대응하여 고객, 시장의 만족을 극대화함.
  - 고객의 요구수준 또한 급격히 향상되고 기간은 점점 더 짧아지고 있다.
  - 변화의 주요방향, 상세 항목의 변화주기, 어떻게 대응할 것인지가 중요.
- 기술의 발전으로 정보시스템의 활용도 증가
  - 고객정보의 산출, 의사결정 지원, 경쟁우위 확보를 위한 핵심수단으로 발전.
  - 기업은 하부구조의 활용도를 높이는 정보기술의 발전방안은 영원한 숙제임.
- 기술의 발전으로 기회 선점의 중요성
  - 기회가 찾아오면 구성원과 조직의 능력을 발휘하여 성과를 높여야 한다.
  - 경쟁우위를 확보하는 것은 상대방보다 차별화, 효율화, 선점화가 중요하다.
- 인터넷의 창조적 활동으로 비용최소화의 실현
  - 기업경영에서 e-Business의 가치를 무시하면 선진기업이 될 수가 없다.
  - 경영환경의 변화요인과 내용을 파악해서 신시장과 고객창출을 달성한다.

④ 정보기술발전의 영향

- 물류와 관련기술은 과학기술, 설계 및 제작기술 발달에 힘입어 빠르게 진전.
  - 배송, 하역, 보관, 정보, 포장 등 물류 전 분야에 큰 영향을 미치고 있다.
  - 생산과정 유연성, 시간 절약, 생산원가 및 생산성 향상, 기업 재무성과 향상.
  - 다양성, 신뢰성, 기술혁신, 리드타임, 재고수준, 디자인 등의 비재무치 평가.
- 수송수단과 인프라는 대형화, 자동화추세를 보이고 있다.
  - 수송수단은 해운, 항공, 철도 등은 초대형화, 초고속화와 자동화추세이다.
  - 인프라부문은 운송물동량 급증, 물류부가가치, 고객만족서비스 수요의 증가.
  - 수송수단 대형화, 장비 현대화, 운영시스템 지능화, 자동화가 빠르게 진행.
- 화물처리는 첨단기술을 활용한 지능형 프로세스와 장비개발이 주류를 이룸.
  - 정보기술, 인공지능 기술의 접목을 통한 프로세스의 자동화추세가 강하다.

### (2) 물류 운송수단의 변화

① 기본추세 : 대형화, 종합물류센터, 자동화, 무인화, 안전 및 보안기술의 발달 등

- 생산의 본거지를 외국으로 옮겨가는 글로벌 재배치가 가속화되어 왔다.
  - 중국은 세계교역의 중심역할 담당과 인도, 브라질, 러시아 등 신흥시장 부상.
- 세계 물류환경이 변화되면서 물류정보시스템이 국가정책의 핵심으로 인식됨.
  - 미국의 9.11 테러사태(안전, 보안), 교토의정서(온실가스), 대륙철도망 등.

② 화물처리 분야 : 첨단기술을 활용한 지능형 프로세스와 장비 개발이 주류

- door-to-door 복합운송 시스템(해상육상 화물자동차 복합운송)시대.
  - 수출입화물을 탑재한 채로 해상운송한 후 최종 목적지까지 직접 운송방식.
  - 카페리운송(RoRo 방식)처럼 수출입화물을 운송트레일러에 옮길 필요가 없다.
  - 하역시간 단축과 신속성 확보, 항만처리비용 절감, 화물파손위험 감소 효과.
- 지능형 교통 시스템(ITS : Intelligent Transportation Systems)시대.
  - 차량위치와 상태 모니터링 등 신속, 안전, 쾌적한 교통체계를 구현하는 것임.
  - 교통정보감지시스템을 설치, 실시간 교통상황 분석, 지체감소, 사고의 최소화.

③ 수송수단 : 해운, 항공, 철도 등 분야별 초대형화, 초고속화, 자동화 추세

- 운송물동량의 급증, 부가가치 물류서비스 수요증가 등 대형화 추세
  - 송유관 수송, 해상 수송, 철도 수송, 탱크트럭 수송 등 다양한 분야에서 발전.
- 우리나라 최대 농산물 도매시장인 가락동 서울농수산식품유통공사의 변화.
  - 2018년 지능화·자동화된 물류시스템도입으로 친환경·최첨단시장으로 탈바꿈.
  - 장비 현대화, 운영시스템 지능화, 자동화가 빠르게 진행, 물류효율 개선효과.
  - IT지능화 및 물류추적체계, 콜드체인시스템, U-Market건설 등 첨단기술 도입.

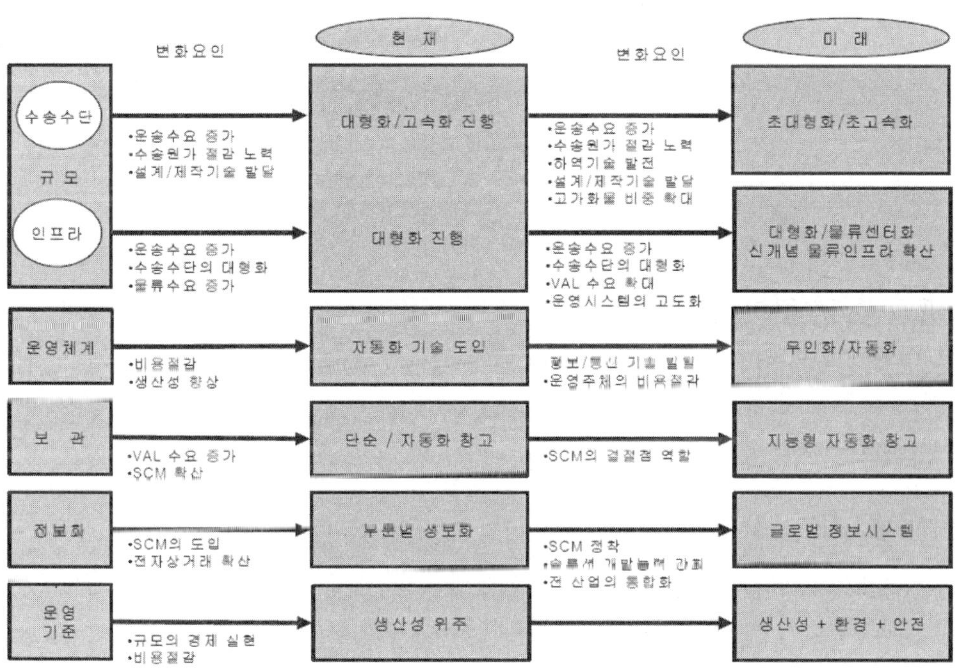


인용 : 건설교통부

[그림 7-1] 물류기술의 변화

④ 화물처리 분야 : 정보기술, 인공지능기술 접목으로 프로세스의 자동화추세

• RFS(Road Feeder Service)사업의 서비스경쟁력 강화.
- 포워딩(Forwarding)은 해상·항공·복합운송·벌크 등 운송관련 대신 처리업무.
- 운송과정을 간소화한 육상·항공연계 복합물류서비스, 정시성·안정성 요구됨.
- 글로벌네트워크 확대로 '하역-보관-통관-운송'연계 원스톱 포워딩서비스 확대.
- 축적된 노하우와 장비가 없으면 불가능해 업체의 역량이 드러나는 분야이다.

• 모바일, 인터넷을 이용한 온라인 B2C사업과 e-커머스가 활성화되고 있다
- 소셜 커머스들도 상품구매와 고객주문에 즉시 대응하기 위해 물류센터 구축.
- 당일 즉시배송, 시간제 지정배송, Cash&Carry 등 차별적인 배송서비스 개발.

**〈표 7-1〉 운송모드의 대형화/고속화 추이**

| 구 분 | 대 형 화 | 고 속 화 | 비 고 |
|---|---|---|---|
| 선 박 | • 8,000TEU급 선박의 보편화<br>• 12,000TEU급 선박 발주 예상 | • 50노트급 선박 개발 완료<br>• 70노트급 선박 개발 중 | |
| 항공기 | • 초대형 항공기(800석 규모) 도입(화물기도 동시 도입) | • 마하 0.95(현재 최고 마하 0.8) 까지 향상 | 대형화는 Air Bus<br>고속화는 Boeing |
| 철 도 | • 150~200량 규모 열차 도입 준비<br>• 이단적열차 확대 | • 고속화물철도 도입추진 | 환경·경제성의 무제로 제2의 철도르네상승 예상 |
| 도 로 | - | • GPS, 차량관리시스템 도입, 물류전용도로 개발 등을 통해 지속적인 개선 중 | |

## 2) 물류공급부문의 변화

### (1) 운송부문의 변화

① 도로운송의 변화

• 미국
- 전 세계 최대 시장으로 규모의 경제, 복합운송영역 확장.
- 틈새시장 공략, 물류회사와 트럭운송업체들 간의 인수합병도 촉진.
- 2025년까지 대형 물류회사들이 합병으로 운송용 트럭을 직접 소유.
- 해운 및 항공과 연계된 문전운송(door to door)서비스를 실시가 예상.
- 2025년까지 미국, 캐나다, 멕시코를 포함한 북미는 국경을 개방할 전망.
- 9.11테러이후 국가간 보안검색 강화로 트럭운송의 국경통과시간이 증가.
- 보안강화는 항공, 해운, 철도 등 기타 운송수단들에도 강화될 전망.

- EU
  - 2002년 PACT프로그램 종료, 연계수송시범사업으로 Marco Polo 실시.
  - 단거리 해운수송구간에 해운과 도로의 연계수송개념을 도입하여 추진.
  - 도로운송의 자유화에 따라 치열한 운송서비스의 경쟁을 초래하고 있다.
  - 단일시장구축으로 중소트럭업체보다 대규모트럭업체에게 유리하게 작용.
  - 트럭업계는 인수합병 등 대규모 트럭업체와 중소트럭업체로 양극화 전망.
- 아시아 운송시장
  - 1992년부터 UN 아시아·태평양경제사회위원회(ESCAP)가 추진 사업.
  - 2단계 사업(2002～2006년) 아시아 육상 교통 인프라사업(ALTID)의 돌입.
  - 2001년 서울에서 개최된 제58회 UNESAP 총회 중 인프라관련 장관회의.
  - 아시아 도로망의 공식화를 위한 역내 정부간 협정서를 제결하기로 합의.
  - 인프라를 기반으로 화물이동의 향상을 위한 국가협력은 더욱 증가 예상.
  - 철도, 도로 등 인프라개발촉진을 기반으로 복합운송체계의 큰 발전 전망.

② 철도운송의 변화

- 복합운송이 활성화로 대륙과 연계한 2가지 랜드브리지(Land Bridge) 이용.
- 아메리카 랜드브리지(America land bridge : ALB)
  - 1972년에 미국의 Sea Train사가 처음으로 개설.
  - 극동과 유럽 간의 화물운송에서 미국대륙의 횡단철도로 중계하여 극동～구주간의 화물을 컨테이너를 이용해서 일관 운송하는 것이다.
- 시베리아 랜드브리지(Siberia land bridge : SLB) 국제복합일관운송
  - 한국·일본 → 러시아 나호드카·블라디보스톡(컨테이너선으로 해상운송) → 시베리아 철도(육상 운송) → 유럽·중동(운송기관 연결) → 목적지 운송.
- 내륙간 복합운송체계는 미국·유라시아망에 따라 전 세계 운송망 형성.[1]
  - 국제철도연합(IUR)은 북미동안/러시아/유럽/중앙아시아간 복합운송 검토.
- 미국은 1998년 제정한 TEA
  - 21(RRIF프로그램)의거, 교통부문개발 추진.
  - 주정부, 지방정부, 기업, 철도회사, 공동벤처 등 철도개선사업 재정지원.
  - 최근 SAFETA 제정, 화물연계교통체계 프로그램 등 복합운송 강화정책.
- 향후 유라시아대륙은 러시아, 중국, 유럽간 물류 뉴프런티어 역할을 기대.
  - 러시아철도는 한반도, 서남아 인도, 중동, 유럽 흑해 등 노선확장 추진.
  - 중국은 뉴-유라시아 랜드브리지전략, 서부 중앙아시아 뉴-실크로드 형성.

---

1) 세계 물류환경변화와 대응방안. N.E.W Corridor, Rail International, 2003. 3

• EU는 7만8천km 철도건설, TEN
  - T 투자액 50%이상 철도프로젝트 투자.
  - 동유럽 10개국 가입에 따라 역내시장의 확대 및 통합이 공고해질 전망.

③ 해상운송의 변화

• 선사들이 규모의 경제를 추구함에 따라 선박의 대형화가 급속이 진전.
  - 선사들 간 집하경쟁 및 Hub & Spoke체제라는 운항스케줄의 변화가 예상됨
• 중국과 인도의 부상으로 향후 이들 양국중심의 글로벌해상네트워크가 강화.
• 1998년 발효된 미국 외항해운개혁법(OSRA)과 운임동맹(Liner Conference)폐지 움직임 등 정기선시장의 경쟁촉진정책으로 인해 선사 간 전략적 제휴 및 인수 합병이 활성화되면서 소수 대형 기업들의 시장지배력이 더욱 강화될 전망이다.

### (2) 항만시설의 변화

① 항만의 변화

• 최근 항만이 빠르게 변화하고 있다.
  - 기업의 글로벌 경영전략과 국제물류 관리체계의 변화에 따라 항만이 글로벌 차원의 물류·상류 및 비즈니스 거점으로 부각되고 있다.
• 항만의 기능이 산업공간이며, 물류부가가치창출의 종합물류거점으로 확대.
  - 수송, 보관, 하역중심의 단순 국제운송연계에서 공급연쇄중심 연결고리.
• 항만의 범위와 규모, 운영체계도 빠르게 변화하고 있다.
  - 정보기술의 발달, e-business의 확산, 초대형선의 등장, 장비의 대형화, 서비스기능의 고도화 등에 기인함.
  - 항만의 변화추이는 대형화, 고도화·다각화, Green Port화로 구분된다.
  - 선박의 대형화·고속화, 자동화, 무인화, 안전 및 보안 강화 추세.

② 항만의 대형화

• 항만의 대형화 원인.
  - 항만 물동량의 지속적 증가, 선박의 대형화, 국제물류관리체계의 변화 등.
• 항만환경의 변화에 따른 추세
  - 항만의 수용능력과 역할을 수행하기 위해 시설과 장비, 관리체계 선진화.
  - 항만시설의 대형화, 항만장비의 대형화·고속화, 항만물류시설의 대형화.

**항만의 대형화 프로세스**

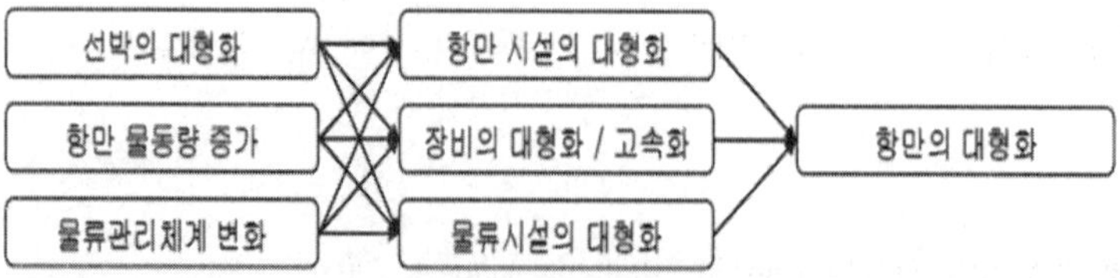

선박의 대형화
항만 물동량 증가
물류관리체계 변화
항만 시설의 대형화
장비의 대형화 / 고속화
물류시설의 대형화
항만의 대형화

- 항만의 대형화를 촉진하는 요인
  - 물동량의 지속 증가, 선박의 대형화, 부가가치 물류서비스 기능 확대.
- 컨테이너 터미널
  - 적정 규모 : 항로수심 23~25m, 선회장 650m이상, 전면수심 17m이상, 안벽길이 380m 이상 등으로 확대.
  - 하역장비, 터미널 이송장비, 컨테이너 야드 장비의 대형화, 고속화추세.

③ 항만시설의 대형화

- 선박의 대형화, 항만 물동량의 증가에 따라 항만처리능력의 확보성 요구.
  - 항만 부두시설, 장비의 대형화, 부두와 배후물류단지까지 충분한 확장.
- 항만수심이 13~14m 수준에서 신규 개발항만은 16m 이상으로 설계추세.
  - 컨테이너선의 대형화로 컨테이너선박의 안정적인 입출항을 위해 요구.
- 최근 세계 주요 항만들은 수심확보를 위해 대규모 준설을 실시.
  - 홍공항은 8,000TEU이상 컨테이너선 기항위해 수심 16m이상 유지권고.
  - 미국은 새로 개발되는 항만의 수심을 16m 이상으로 설계하도록 권고.
  - 2002년 개장된 LA/LB항 컨테이너터미널의 수심은 16.5~18m이다.
  - 유럽, 중국 컨테이너터미널들도 평균수심을 16m 이상으로 설계하였다.
  - 독일 빌헤름즈하벤항 항로수심 18.5m로 유지위해 대규모 준설사업 진행.

**[그림 7-2] 암스텔담의 인덴티드 항만 건설장면 및 건설 후 조감도**

④ 선박의 대형화

- 초대형 컨테이너선이 시장에 투입되면서 선박 대형화에 따른 시장변화 관심.
  - 경제성과 에너지효율성, 친환경성을 모두 충족시킨 초대형 컨테이너선 운행.
- 선박의 대형화는 부두의 선석길이를 확대시키고 있다.
  - 세계 주요 컨테이너 터미널의 안벽길이는 300~350m 수준이다.
- 미국 서안 항만들의 항만체선은 3가지 원인에 의해 가속화되고 있다.
  - 노사 분쟁, 최신장비투입 실패로 항만생산성 저하, 소규모 컨테이너 터미널.

• 선박의 입항 및 출항 등에 관한 법률 통과
- 운항선박의 대형화 및 수상레저 증가 등 환경변화에 따른 신규수요 반영.
- 항만관제 및 선박통제 강화하여 선박 안전운항 확보 및 안보위해요소 제거.
- 위험물 운송선박의 부두 이·접안 시 효율과 안전한 입항 및 출항을 도모함.

• 향후 선석의 길이는 최소 400m이상으로 확장될 전망이다.
- 향후 Suezmax급이 12,000TEU급으로 확대되면서 선박길이가 400m수준.
- 향후 선석의 길이도 최소 450~500m 수준까지 확대될 것으로 예상.

〈표 7-2〉 선형별 규모

| 구분 | Panamax | Suezmax | Malaccamax | 비 고 |
|---|---|---|---|---|
| 적재능력(TEU) | 3,000 | 12,000 | 18,000 | |
| 선박길이(m) | 294 | 400 | 400 | |
| 선박폭(m) | 32 | 50 | 60 | |
| 흘수(m) | 13.5 | 17.04 | 21 | |

주 : 한국해양수산개발원, 초대형 컨테이너선 운항에 대비한 차세대 항만 하역시스템 기술 개발전략 연구에서 재인용
자료 : Container Shipping Network Economy, Malaca-max(2), 2000

⑤ 컨테이너선 시장 변화

• 2013년 세계 컨테이너선 수급 변화
- 물동량 증가율 5.8%, 선복량 증가율은 7.1%, 공급은 전년대비 소폭 축소.
- 물동량 증가율은 '0년 이후 하락세를 보였으나 '3년에는 소폭 상승 전망
- 선복량 증가율은 '5년 이후 '0년을 제외하고는 물동량 증가율을 상회

• 2013년 세계 컨테이너선 인도량 변화
- '2년 1.3백만TEU로 선복량대비 7.7%였으나 '3년 6월 기준 0.8%로 소폭 감소
- 연도별 인도량(백만TEU) : 1.2('1년) → 1.3('2년) → 0.8('3년 6월말 기준)

• 연도별 컨테이너선 변화 추세
- 1960년대 초까지 주력선이 1,000TEU급.
- 1990년대 초에는 4,000TEU급 선박이 최대 선형.
- 2000년대 8,000TEU급 이상 초대형선이 시장에 본격 투입.
- 2010년대 1만2천TEU급 선박의 발주되고 있다.

• 고속화도 빠르게 진행(일본과 미국)
- 2000년대 시속 50노트의 초고속선 개발하여 시장 투입.
- 2010년대 시속 70노트수준의 초고속선 개발에 박차.

⑥ 터미널부지 확대.

- 대규모 컨테이너선의 물량을 일시에 처리하여 보관하는 충분한 공간 필요.
  - 세계 경제대국들이 아시아·태평양지역에서 글로벌 경쟁력을 키우고 있다.
  - 동북아 물류중심국가 달성을 위한 국가적인 제2, 제3의 관문공항 조성노력.
  - 전 세계적으로 넓은 부지에 많은 물량의 처리능력을 갖춘 터미널 개발.
  - 운송, 배후단지 운영 등 개발 촉진으로 국제물류기업의 산업클러스트 형성
  - 권역별 물류시설 확충, 글로벌 전문인력 양성 등 국제물류네트워크 구축

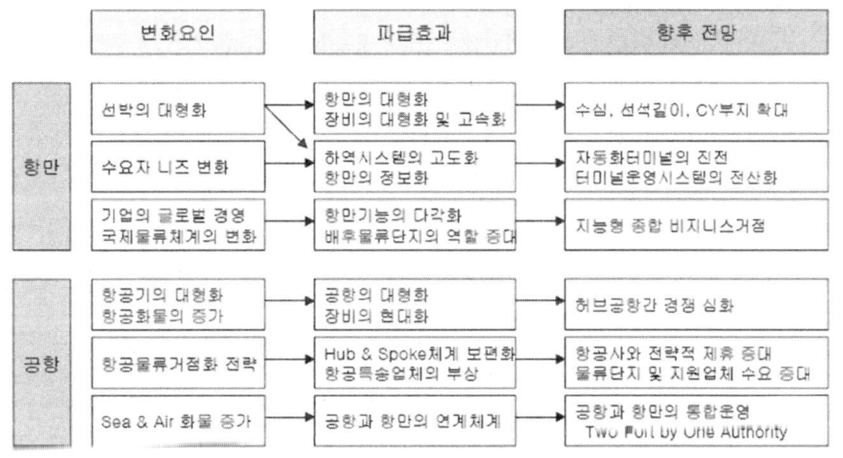


인용 : 세계 물류환경변화와 대응방안, 한국해양수산개발원, 월간 물류매거진. 2005.10.09.

**[그림 7-3] 항만 및 공항의 변화요인과 향후 전망**

- 1980년대까지 터미널공간은 선석 당 평균7.5ha수준이었다.
  - 포스트 파나막스급 컨테이너선이 출현한 1980년대 중반이후 12.3ha 수준.
- 1990년대 후반에는 17.5ha 규모로 확대되었다.
  - 이러한 추세는 선박의 대형화에 따라 향후 선석당 20ha까지 확대될 전망.
- 부산시 영도구 동삼혁신도시소재 부산항 크루즈부두 시설이 확충된다.
  - 크루즈선박이 대형화함에 따라 현재 8만t급 접안능력을 22만t급으로 증설.
  - 440억원 투입, 360m인 크루즈부두 길이 40m 연장, 수심을 늘리는 설계.

⑦ 컨테이너 크레인의 종류(항만하역장비의 대형화, 현대화)

- 듀얼 호이스트 컨테이너크레인(Dual Hoist Container Crane)
  - 크레인 1대에 트롤리와 운전실이 2개로서 2명의 운전원이 하역작업을 한다.
  - 작업효율은 약 30% 향상이 가능하나 운전자가 동시에 2명이 투입되어야 한다.
  - 미국 버지니아항, 벨기에 안티워프, 두바이항 등에서 설치사용 하고 있다.
- 듀얼 트롤리 컨테이너크레인(Dual Trolley Container Crane)
  - 붐과 거더에 2대 트롤리를 설치, 각기 작업분담으로 하역효율을 향상방식.
  - 작업방식은 듀얼 호이스트 컨테이너크레인과 유사하다.
- 트윈투웬티 컨테이너크레인(Twin-Twenty Container Crane)
  - 20‘풀(Full)컨테이너 2개 스프레다를 장착하여 하역효율을 높이는 방식이다.
  - 전 세계에서 널리 사용. 단, 기존부두는 바퀴하중을 견디는 토목구조 설치.
- 붐, 거더의 상하이동식 컨테이너크레인
  - 크레인 전체 높이를 와이어로프 구동장치 이용, 상하로 올리고 내리는 구조.
  - 선박높이에 따라 인양높이 조절, 사이클타임 최소화로 하역효율 향상방식.
- 트윈 리프트 컨테이너크레인(Twin-Lift Container Crane)
  - 탄뎀 또는 더블 40‘ 컨테이너크레인. 스프레다를 장착하여 하역효율을 높임.
  - 40‘풀 컨테이너 2개 또는 20’공 컨테이너 4개 동시 취급하는 크레인이다.
  - 두바이, 상해, 옌타이 항에 설치되어 사용하고 있다.
  - 부산신항(1-2 PNC, 2-1 한진해운, 2-2 현대상선 터미널)에 설치되어 있다.
  - 기존 부두는 장비중량과 휠 하중때문에 바퀴하중을 견디는 토목구조 설치.

<듀얼 호이스트 컨테이너크레인> <트윈 투웬티 컨테이너크레인> <트윈 리프트 컨테이너크레인>

- 샤시 가이드 설치(하역 보조 장치)
  - 하역시 지상의 컨테이너를 쉽게 적재할 수 있기 위한 하역 보조 장치이다.
- 특기사항
  - 초대형 컨테이너선 기항으로 컨테이너 하역장비, 육상장비 대형화, 현대화.
  - 갠트리 크레인은 그 능력이 점진적으로 증강되어 왔다.
    * 파나막스 크레인은 13열처리가 가능했던 40m 길이(out-reach)의 제2세대.
    * 16열처리가 가능한 45m의 제3세대 포스트 파나막스 크레인으로 발전.
    * 19열처리도 가능한 50m의 제4세대 수퍼 포스트 파나막스 크레인으로 발전.

〈표 7-3〉 갠트리 크레인의 발전추이

| 구분 | out reach(m) | 하역가능 열(row)수 |
|---|---|---|
| 소형 | 36 이하 | 14열 이하 |
| 표준 파나막스 | 36~44 | 14~16 |
| 포스트 파나막스 | 44~48 | 16~18 |
| 수퍼·포스트·파나막스 | 50~52 | 18~20 |
| 울트라 포스트 파나막스 | 54~56 | 20~22 |

자료 : Cargo System, "Opportunities for Container Ports", 1998. p.92.

⑧ 세계적인 항만의 경영전략

- 대형 육상장비 도입.
  - 아웃리치(Outreach) 60m 이상 수퍼 컨테이너크레인 도입.
  - 트랜스퍼 크레인(Transfer Cranc), 스트래들 케리어(Straddle Carrier) 도입.
- 본선하역과 이송, 보관, 반·출입, 게이트 반출입 등 작업의 자동화 실현.
  - 생산성 향상, 작업신뢰도 제고, 산업재해 경감, 인건비, 운영비 절감.
- 터미널 혁신과 자동시스템의 신개념 터미널. 스피드 포트(Speed port).
  - 스파이더(Spider)장치 : 하역, 이송, 보관 등 전 프로세스를 수행.
  - Indented Terminal : 터미널을 'ㄷ자'로 배치하여 양현하역이 가능.
  - Floating Terminal : 해상에 부유물 설치, 여러 면에서 동시 하역설계.

### (3) 공항의 변화

① 대형화, 자동화, 무인화, 안전 및 보안 강화 추세 등.

- 항공 수송수요의 증가, 항공기 기종의 초대형화 등.
- 2면 이상 대형 활주로, 40개 이상 접안시설(탑승구), 대규모 화물터미널 등.
- 초대형 항공기 취항, 활주로 유도로, 강노, 회전반경 확대 등 시설개선 예상.

② 공항물류센터 건설추세는 물류시설 확대, 산업 및 비즈니스센터 확대.

- 미국, 유럽, 아시아 등 주요 경제권의 대형 공항주변을 자유무역지역 지정.
- 대규모의 산업·물류 및 비즈니스와 연계된 글로벌 종합센터 육성정책 추진.
- 긴급화물 및 고가화물의 증가, 항공기 대형화 추세로 향후 더욱 강화 예상.

자료 : 機械システム 振興協會. 「次世代 輸送 システムの 開發構想に 關する 調査硏究報告書」, 2003. 3月.

[그림 7-4] 수직이륙기 및 단거리 이착륙기

③ 공항의 운영 및 물류시스템도 정보통신기술의 발달에 따라 빠른 변화.

- 공항의 관제 및 운영시스템과 물류시스템의 자동화가 빠르게 진행 예상.
- RFID와의 연계를 통해 공항간, 공항내, 공항과 각 물류거점과의 연계 등.
- 인천국제공항 1단계사업
  - 제1여객터미널과 연계, 통일성·기능성·안정성·편의성을 확보하는 것에 주안점.
  - 항공수요와 다양한 여객의 동선체계, 특수한 기능분석을 바탕으로 평면구성.
  - 여객동선의 단순화와 편의성 확보를 위해 다양한 운송설비를 계획하였다.
  - 자동여객수송시스템, 복합자동물류처리체계인 수하물처리시스템 최초 도입.2)

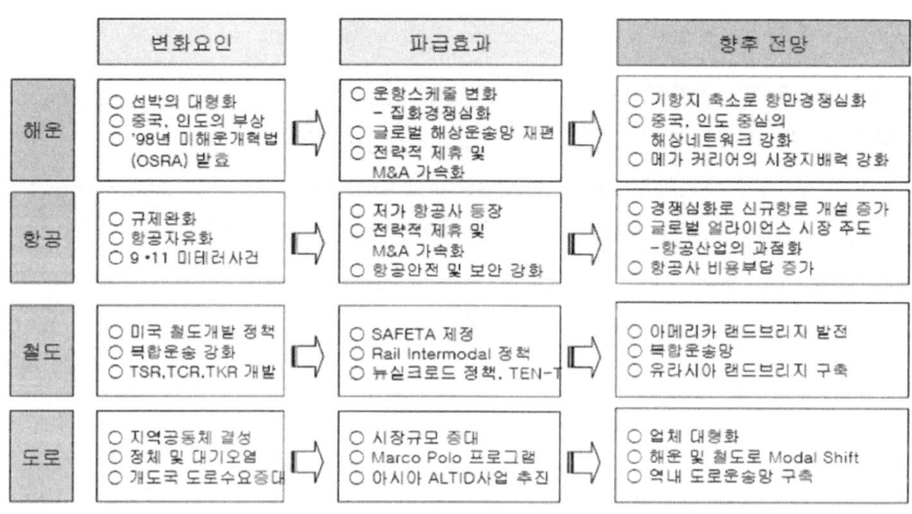


인용 : 세계 물류환경변화와 대응방안, 한국해양수산개발원, 월간 물류매거진.2005.10.09.

[그림 7-5] 운송부문의 변화요인과 향후 방향

2) [출처]Keun Jeong Architects&Engineers|작성자윤문

④ 항공운송의 변화추세

- 항공시장 자유화로 항공사 간의 치열한 경쟁극복을 위해 전략적 제휴 확대.
  - 세계 항공물류시장은 성숙기에 접어들어 물동량과 수익률이 점차 감소추세.
  - 네트워크 확대, 규모의 대형화, 시장지배력 강화, 비용절감·경영합리화 목표.
- Air Bus : A-380 Super Jumbo개발(Boeing 747보다 100석 큰 600석 규모)
  - 향후 800석 규모 초대형 항공기 개발 등 대형 항공기개발.
- Boeing사 : 대형화보다 고속의 비행시간이 긴 항공기수요 증가 예상.
  - 최대속도 마하 0.8에서 0.95까지 향상시킨 B-747X기 개발.
- 해외직구의 성장으로 해외 특송량은 전년대비 25.3%, 5년새 2.3배 이상 증가.
  - 역대 최대치인 1,772만 건이며 전자상거래물량이 전체 특송량의 62.9% 점유.
  - 해외 직구로 국내 물류기업들의 국제운송부분 물동량과 매출액도 증가추세.
- 대항항공 : A-380
  - 861비행기를 인도받아 총 10대의 A-380 비행기를 운항함.
  - 2011년 6월 2일~2014년 7월 29일까지(3년 1개월)이며, 미주, 유럽노선 투입.
  - 항공예약발권업체인 아마데우스와 TOPAS Sellconnet 도입 계약을 체결했다.
  - 보잉787드림라이너기 10기+옵션 10기 도입, 남아프리카, 남미노선까지 투입.
  - 보잉787기는 탑승인원 300명 이하지만, 기체의 50%가 탄소복합소재로 제작.
  - 항속거리 20% 이상 증가, 연료 20% 절감, 엔진소음 60% 감소, 고도조절장치.

## (4) 철도의 변화

① 철도역의 대형화, 자동화. 기계화중심의 인프라 및 운영체계 혁신

- 복잡한 철도를 더 이상 과거의 방식으로 운영하는 데에는 한계가 있었다.
  - 과거 철도사업은 새로운 철도노선 건설, 인진한 기관자와 객차공급이 핵심.
  - 현재 철도사업은 고속철과 지하철, 트램(Tram)[3] 등 교통수단의 다양, 복잡화.
- 안전하고 효율적인 신호체계와 운영여량을 확보하는 것이 매우 중요하게 됨.
  - 과거에는 새롭게 철도를 건설하는 비중이 높았다(유럽 등 선진지역의 경우)
  - 현재에는 철도차량을 현대화하고 유지·보수를 강화하는 것이 더욱 중요하다.

3) 일반 도로에 깔린 레일 위를 달리는 노면 전차

• 철도와 도로운송을 연결하는 환승역 역할에서 환적체계 비효율성을 개선.
- 유럽, 미국중심으로 철도역을 고부가가치 물류센터로의 개선추세가 강함.
- 대형 화물수송과 장거리 수송설비를 대폭 확장하여 대량화와 고속화를 실현.

TOFC 운송기술 / 이단적 열차(200량 견인) / Bimoda운송방식(Roadrailer) / 열차페리 운송방식

**[그림 7-6] 주요 철도운송관련 기술의 변화**

② 국가별 동향.
• 미국은 민영화기업을 중심으로 ACS-64 70량을 약 5천억원에 도입계약 체결.
- 인구밀집지역을 고속철도로 연결과 제한속도를 240km에서 350km로 증속함.
- 선로·선형개량작업을 위한 투자재원 확보를 위해 연방정부·민간투자 참여.
- 독일 지멘스로부터 도입된 ACS-64신형기관차는 2013년 엠트랙에 인도되었다.
• 중국의 고속철도 투자는 2008년 금융위기 해법과 경기활성화에 절묘한 해법.
- 중국 고속철도망은 2010년 8,358km, 2011년 13,000km로 증가되어 세계 최고.
- 중국은 베이징중심으로 전국 모든 성도를 8시간 내에 도달하는 계획 추진.
- 12·5계획(제12차5개년계획·2011년 ~ 2015년)이후는 1만 6,000km로 증설예상.
- 4조 위안이 투입된 고속철도 건설은 물류활성화와 내수경기를 살린 정책임.
- 중국횡단철도(TCR)는 지역 개발, 주변 국가관계를 유지하는 견인차 역할.
• 미국, 유럽, 러시아 : 대형화, 고속화 위한 새로운 철도운송시스템 개발.

**〈표 7-4〉 철도운송의 기술변화**

| 항 목 | 현 재 | 미 래 |
|---|---|---|
| 철도 단일운송 시스템 | 복합일관수송 | 복합일관수송 확산<br>(도로-철도이어 철도- 해상 등) |
| 철도 운송 속도 | 70km/h 등 느린 철도운송 | 150km/h로 철송 속도의<br>고속화 추진 |
| 철도운송의 완결성측면 | 자기 완결력 부족<br>(도로 등의 지원필요) | Roadraller 등 Bimodal형<br>철송 시스템 확산 |
| 철도운송의 양적측면 | 철도운송의 대량적 제약 | 열차당 200량이상의 대형열차 등장 |

〈표 7-5〉 인프라관련 기술변화추이 및 전망

| 구 분 | 규 모 | 운영시스템 |
|---|---|---|
| 항만 | • 항만의 대형화(안벽, 수심, 장비)<br>• 신개념 항만 도입(Speed Port, Floating 터미널, Indented 터미널 등)<br>• 장비의 대형화 / 배후단지의 확대<br>• 고층형 자동물류창고시스템 도입 | • 유비쿼터스 항만<br>• 산업+물류+비즈니스+정보거점<br>• 자동화/무인화(항만 및 물류센터)<br>• 환경, 보안 관련 기술 및 장비의 발달 |
| 공항 | • 공항의 대형화(활주로, 물류센터 확대)<br>• 배후물류센터 확대(물류+비즈니스 기능 확대) | • 유비쿼터스 공항<br>• 자동화/무인화(공항 및 창고)<br>• 환경, 보안 관련 기술 및 장비의 발달 |
| 철도기지 | • Fast Handling System, Mega Hub System 등 신개념 시스템의 도입 | • 유비쿼터스 물류센터<br>• Fast Handling, Mega Hub 시스템<br>• 환경, 보안 관련 기술 및 장비의 발달 |

인용 : 세계 물류환경변화와 대응방안, 한국해양수산개발원, 월간 물류매거진. 2005.10.09.

③ 기능적 측면

- 하역이송작업일관화 및 화물조립, 가공, 포장, 유통 등 부가가치서비스 제공.
  - 대표 사례 : Fast Handling System과 Mega Hub System 등.
- 혁신 기술 : Fast Handling System
  - 철도레일 위에 자동 하역장치를 설치하여 열차에 실린 컨테이너화물을 자동하역하고 보관장치로 이송시키는 시스템
  - 철도역사공간을 최대한 이용, 신속한 상·하차작업을 진행할 수 있는 장점
- 혁신 기술 : Mega Hub System
  - 철도레일 위에 Pallet Wagon이라는 일종의 트랜스퍼 그레인을 설치.
  - 신속정확하게 상·하차 및 환적작업을 수행하는 시스템이다.
  - 철도운송은 단순 운송수단 아닌, 고부가가치물류서비스 운송수단이 될 전망

### (5) 컨테이너운송과 국제협약

① CCC협약(컨테이너통관협약) : Customs Convention on Container.

- 수출입에 관한 관세법상의 특례를 설정한 협약.

② TIR(Transport International Routiere)협약 : 도로운송에 관한 통관협약.

- 컨테이너에 내장된 화물이 도로운송차량에 의하여 특정 국가를 통해 목적지까지 운송함에 따른 관세법상의 특례를 설정한 협약.

③ ITI협약(국제통과화물에 관한 통관협약) : 관세협력이사회.

- 컨테이너에 내장된 화물이 육·해·공의 모든 운송수단에 의하여 특정 국가를 통해 목적지까지 운송함에 따른 관세법상의 특례를 설정한 협약.

④ CSC협약(컨테이너안전협약) : UN과 국제해사기구(IMCO).

- 컨테이너를 모체로 하는 화물운송 업무에 종사하는 작업원의 인명 안전을 확보하기 위하여 안전한 컨테이너의 기준을 국제적으로 협정하는 것임.

## 2 화물처리 기술의 변화

### 1) 도로운송관련 기술의 변화

#### (1) 도로 운송기술 현황 및 전망

① 자동차 운송

- 국내수송에서 가장 큰 비중(85%) 점유, 물자의 유통활동에도 중요역할 담당.
  - 에너지절약대책과 공해문제, 환경문제 등 제반 제약조건에 꾸준한 비중확대.
  - 현재까지 개발된 트럭은 보통형 트럭, 트레일러, 특수트럭 등으로 구성됨.
  - 수요가 다양하여 0.2톤 소형차부터 20톤 이상의 대형차까지 종류가 많다.
  - 도로운송부분에는 인프라, 특히 도로시설 공급이 필요하고 많은 비용이 지출.
  - 도로운송건설부문 개선을 위해서 도로체증과 문제해결에 다양한 개선책 모색.
- 2014년 화물자동차운송시장은 '화물자동차 운수사업법'이 주요 이슈였다.
  - 고속버스 소화물운송관련 여객자동차운수사업법 시행령 및 시행규칙 개정안.
  - 10월 초부터 12월 3일까지 적발 건수는 98건, 의심사례 3,585건에 달했다.
  - 국토부는 전체 협의차량들이 연간 9억 8,000여만 원 유가보조금 불법 수급.
  - 브로커가 운수업체, 지자체·협회 관계자와 모의해 서류 위조하는 수법 동원
  - 보조금은 전부 환수, 차량에 대한 등록말소 등 사법처리가 진행될 예정이다.

② 운송관리시스템(TMS : Transportation Management System)

- 배차계획 및 운송오더의 할당, 차량할당 등의 차량 운행을 지시하는 시스템.
  - 다양한 화주, 다양한 운송명령, 다양한 운송서비스 등 오더의 유형을 분류.
  - 화물운송의 대부분은 차량에 의해 이루어지는 경우가 많다.
  - 차량운행계획, 배차계획, 수송경로, 차량위치파악 등이 중요 요소로 부각함.
- 최근에는 SCE[4]에서 Web 기반에서 구현 가능한 솔루션을 구축하여 관리.
  - 차량배차, 운송지시, 화물차량 관제를 결합한 TMS를 하나의 Sub-과정 분리.

4) (Supply Chain Execution)

③ 미래의 도로운송 기술전망

• 선진국에서는 도시도로 내에 지하공간의 활용(튜브수송)과 중요성 주목.
 - 일본은 도심지하공간의 화물운송 지하물류시스템 등 전용물류망 구상.
 - 도시물량을 일시에 삭감하며, 물류교통관련 환경부하를 혁신하는 의미.
 - 대규모 화물의 창출지역과 도심지하부분이나 共同溝등에 특별 매설시설.
 - 소규모 단위로 운송하는 것이 물류시스템 개선에 엄청난 도움이 예상됨.
 - 일본은 육상지하부분이외, 해저튜브시설을 설치하도록 특별 방안을 모색.
 - 해저튜브운송방식이 실현되면 용지문제 해소와 인근나라까지 운송 확대.

• 2단형 고속도로 건설과 일반고속도로와 물류 고속도로를 분리 시도.
 - 물류 고속도로는 항만 지구 등 물류 터미널과의 접속을 고려해 건설.
 - 물류전용 고속도로는 무인 트레일러 방식을 주로 적용할 예정.

• 도로운송의 편의와 효율증대 위해 도로변에 물류지역(logistics area) 설치.
 - 컨테이너 상하차, 트레일러 교환(상행과 하행), 트랙터와 트레일러 연결.
 - 진입로와 진출로에 ETC 비디오 카메라 설치, 시설사용료가 자동 계산.
 - 항만-공항간의 연계성을 위해 설치되며, 무인자동 트레일러를 투입계획.

• 일본은 고속도로 트레일러운송이 도입되면 내륙운송의 일대 변혁이 예상.
 - 여러 대의 트레일러를 하나로 연결, 대량 공동운송시스템 도입 예정.[5)]
 - 특수 제작된 전기견인차량이 다수의 트레일러를 한대로 묶어 견인예정.
 - 시스템정착을 위해 물류전용차선과 바닥은 안전운행보조기능을 설치.
 - 무인운전방식 채용과 운행 중 연료보급이 필요 없어 운행근무환경 변화.

주요 선진 운송방식의 개요

지하운송시스템

2층 고속도로(저층은 물류고속도로)

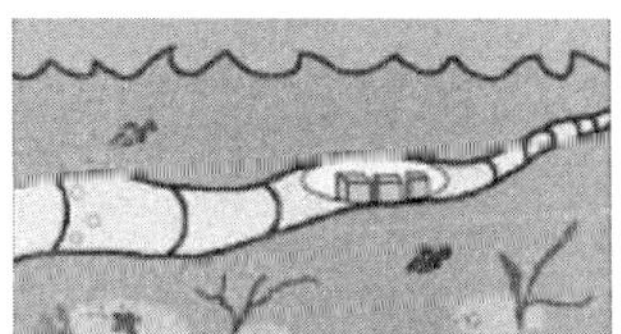
해저 튜브 운송

④ 철도운송 기술전망

• 철도물류의 국세석 변화는 철도페리에서 찾을 수 있다.
 - 복합일관운송, 물류거점 통합 등 도로·철도 수송수단간 연계성 가속화.
 - 수송수단간 연계가 철도-해상, 철도-공항에 까지 이어지고 있다.

• 화물유통량의 급속한 증대로 철도 수송수단 이전(modal shift)현상 본격화.
 - 대기환경오염, 교통혼잡, 물류비용, 도로화물수송 분담율 등의 지속 노력.

5) 종열트레일러 시스템

- EU국가들은 역내 철송분담율(내륙수로포함) 20%수준 높이는 노력 진행.
• 열차운영의 장대화·대량화를 통한 대량운송체제가 확산되고 있다.
- 열차의 장대화로 열차당 150량~200량 견인, 단위당 운송능력 확충노력.
• 미국 이단적열차는 가벼워 경제성 극대화와 높이를 낮춰 철도레일 근접.
- 2량 사이에 차륜을 연결하고 5대가 한 세트를 이루는 연접구조형태 특징.
- 40ft 컨테이너 10개가 1량(한세트:5개 플랫폼)을 구성, 15량~20차량 운행.
• 전문 물류업체 활용추세 확산(S/W)으로 철도물류의 전문화 필요성 대두.
- 전문물류업체의 중요성·기여도 부각되어 전문물류업체 필요성 강화됨.
- 우리나라 철도청도 과감하고 대대적인 전문물류업체로의 전환이 시급.
• 선진국은 국내화물의 컨테이너화로 물류비절감과 도로화물 철송전환 효과.
- 복합일관운송체제의 구축을 통한 물류 표준화를 유도하는 정책이 시급.
- 일본은 주로 12피트(ft)형 소형 컨테이너를 통해 장비의 표준성을 유지.
• 일본이 12피트형 컨테이너 표준규격의 유지 이유.
- 컨테이너제작에서 먼저 고려요인은 일관운송용 팔레트와의 조화여부였다.
- 일관수송체제 구축은 표준팔레트 확대와 컨테이너용기와 결합·사용이다.
• 미국은 도로 및 철도운송겸용 Bi-modal형 화차개발 및 운용이 전개.
- Bi-modal형은 철송의 탄력성 미비의 단점을 극복한 새로운 운송방식.
- 철도에서 선로위로 달리고 도로에서 바퀴로 달리는 양용방식(Roadrailer).
- 트레일러에 도로용 2개 차축과 1축 철도차륜 2종류 주행장치 별도 장착.
- 표준형은 45ft×8ft, 48ft×8ft6in, 대형은 53ft×9ft2in의 대형장비 동시 운영.
- 한개 열차에 75량 연결(2,000톤)할 수 있으며, 최고 운전속도는 96km/h.
• 철도운송의 대량운송측면뿐 아니라, 운행의 신속성 증진 노력과 기술개발.
- 유럽은 고속화물철도운송 검토, 시속 150km/h의 속도는 내륙물류의 변수.
- 도로운송보다 운송속도, 신속성, 유연성이 확보되면 물류시장의 지각변동.
• 독일의 DB Cargo사는 Cargo Sprinter라는 신형화차, 기관차 개발 현실화.
- 기관차에 의해 견인되는 차량이 아니라, 화차 자체에 엔진을 탑재한 것.
- 화차 5량이 1개 기본 열차단위(90.36m), 8개 단위(40화차)까지 운송한다.
- 1개 화차는 2TEU 적재, 최대 160TEU까지 운송, 최고 속도는 120km/h.

〈표 7-6〉 일본 JR화물의 국내운송용 컨테이너 현황

| 구 분 | 15피트 국내용 컨테이너 | 수송수단 적재모습 |
|---|---|---|
| 트럭 | | |
| 철도 적재 | | |
| 비고 | - 15피트 컨테이너에는 T-QQ형 팔레트 2열×4매＝총 8매를 적재할 수 있음.<br>- 도로운송(트럭)시 15피트 컨테이너 2개를 적재함<br>- 철송시 15피트 컨테이너 4개를 적재함 | |

자료 : (주) JR화물 홈페이지

⑤ 철도운송기술의 중요성과 파급효과

- 21세기에 돌입하면서 철도기능의 중요성이 도로, 해상운송보다 더욱 강조.
  - 21세기는 다시 철도의 시대로 회귀하는 “철도 르네상스” 전망이 대두.
  - 국제경쟁력 강화에는 효율적 철도물류체계의 구축이 관건이 되고 있다.
- 지역간의 물류거점의 전진기지로 여건변화에 따라 기능의 탄력대응 요구.
  - 철송기술 개발, 화물전용시설 확충, 정보체계 구축 등 물류 효율성 증대.
- 도로체증과 비효율, 각종 문제점에서 철도운송이 편리성과 효율선의 대두.
  - 수송 효율만 놓고 보면 철도운송이 도로보다 우월한 장점을 지니고 있다.
  - 철도수송은 투자금액당 수송인원·화물톤수, 1km노선 건설시 토지효율성(단위시간당 10,000명 수송시), 환경적응측면에서 타 운송수단을 압도.
- 철도수송은 사전 상당한 노력과 준비, 기술개발 및 투자를 서둘러야 한다.
  - 여객수송보다 많은 준비와 철송의 자기완결부족의 단점도 극복될 전망.
  - 21세기는 대량운송, 자동화, 신속성, 환경친화형 기술개발과 대응력 요구.

### (2) 운송시스템의 진화

① IT를 통한 물류합리화의 진보가 가장 빠르게 전개

- IT기술은 정보기술은 도로운송 등의 합리화를 위한 키워드의 하나로 인식.
  - IT기술은 교통체증을 해결하여 운송의 정확성을 수배이상 높이고 있다.
  - 교통정보를 모든 차량이 공유, 보이지 않던 물류가 보이는 물류로 변화.
  - 도로에서 허비하는 시간비용과 연료비, 차량 마모도 크게 줄어들게 됨.

② 일본의 ITS(Intelligent transport system : 지능형 교통시스템)

- 차량의 사고가능성까지 원천 제거하는 진보된 기술이며, 차세대 교통체계.

- 기존의 교통체계에 전자, 정보, 통신, 제어 등의 지능형 기술을 접목시킨 것.
- 일본내 주요국도 및 고속도로의 정보를 수집하여 편집하고 FM방송 등 주요 통신매체를 이용하여 주행중인 차량에도 교통정보를 제공한다.

• 일본의 AHS(Advanced Cruise-Assist Highway System)
- 돌발적으로 발생하는 재해상황자체를 원천적으로 제거하는 교통시스템이다.
- 교통상황, 날씨정보 등 기존 전광판시스템과 달리, 전방긴급 상황을 사건발생 2-3초 안에 후속차량의 단말기에 송신하는 시스템이다.
- 교통여건이 좋은 운송환경과 나쁜 환경이 물류에 미칠 영향은 엄청나다.
- 도로교통의 안전여건에 따라 물류의 속도도 영향을 받기 때문이다.

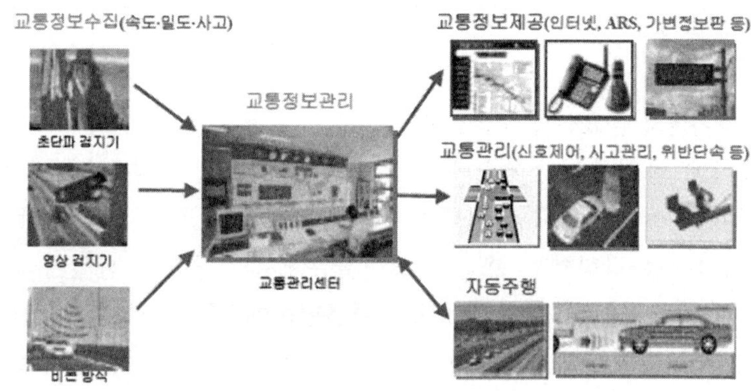


자료 : 건설교통부 내부자료

**[그림 7–7] ITS의 개념도**

• ITS의 목적
- 도로상황 및 차량운행상태를 즉시 파악, 정리하여 차량운행자에게 제공한다.

• 기대효과(도로운송업자)
- 모든 화물관련 행정의 전산화가 가능하여 도로교통의 개선효과.
- 도로교통 상황파악과 안전운전, 자동요금수수시스템의 도입, 화물추적관리, 화물차량 운행관리, 위험물운송, 화물전자 통관 등 다양한 분야에서 활용.
- 최적 경로의 선택, 차량관리, 배차 모니터링 등 수준 높은 운영이 가능하다.
- 내비게이션시스템의 정밀도가 높아져 주행차량 편리성 및 안전성증진 강화.

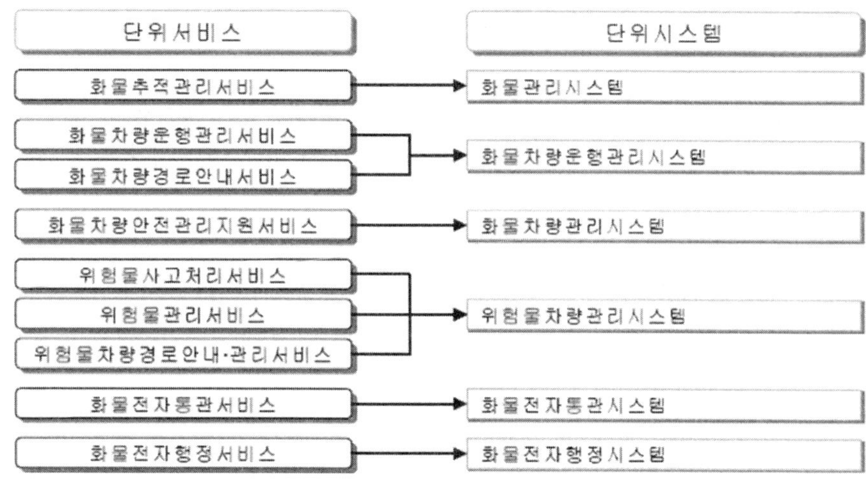


자료 : 건설교통부

[그림 7-8] ITS의 구성요소

③ 네덜란드 콤비로드 운송체제

- 콤비로드란 일정속도로 전기에 의해 주행되는 도로운송용 트랙터시스템이다.
  - 컨테이너 통합운영체계 구축과 화물전용 첨단운송시스템이다.
  - 컨테이너는 도로 위를 무인·전기에 의해 자동주행방식이다.
  - 시속 50km 속도연속주행 후, 환승시점에서 트랙터 연계, 주행안전성 높다.
  - 전기에 의해 주행되는 특성상으로 공해억제의 효과도 높다.
- 부산, 광양항, 인천항 등 교통체증이 극심한 상황에서의 적용과 응용이 주목.

④ 독일 Fast Handlig System의 탐지기 장치.

- 화차 및 ITU(Intermodal Transport Unit)의 위치를 검색하는 장비.
  - 열차가 정차하지 않고 서행하면서 자동으로 화물환적이 가능하도록 지원.
  - 고집적 모듈하시설로써, 신속 환적과 열차·트럭정차시간이 짧은 시스템.
  - 복잡한 시스템과 고가의 개발비, 대형 터미널용이라는 점은 한계로 지적.

Fast Handling System 조감도

자료 : 철도기술연구원

Mega hub 개념도

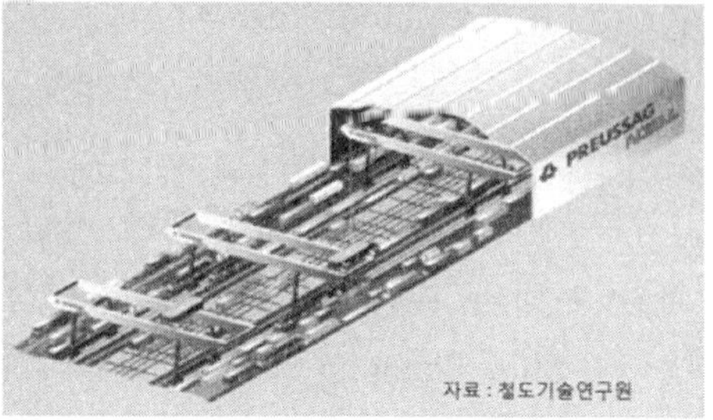


자료 : 철도기술연구원

- Mega hub시스템은 독일 Preussag Noell사가 개발, 개념·방식은
  - 철도 터미널내의 하역장비를 장거리운송과 단거리운송에 따라 달리 사용.
  - 단거리 구간은 크레인을 이용, 장거리 운송시에는 Pallet Wagon을 사용.
  - 화물이동은 Linear Motor Technology 이용, Pallet Wagon을 자동 이동.

## 2) 관련 기술의 변화

### (1) 환적시스템 기술의 변화

① 세계 주요 항만 컨테이너 하역시스템의 고도화

- 컨테이너선 대형화에 따라서 항만처리능력, 속도 등 생산성향상이 필수적.
- 세계 주요 항만들은 항만의 생산성을 향상을 위해 다각적 전략을 추진.
  - 일시에 대량의 컨테이너를 하역 보관할 수 있는 시스템을 갖추어야 한다.
  - CY운영에서 컨테이너 장치위치, 장비간 정보교환 등 장치효율성 극대화.
  - 자동화 게이트를 통한 컨테이너 인수도 작업도 신속히 이루어져야 한다.
- 터미널은 생산성 향상, 작업신뢰도 제고, 산업재해 경감, 운영비절감 도모.
  - 본선 하역작업과 이송작업, 보관작업, 반출입작업, 게이트작업 등 자동화.
- 항만 자동화 시스템을 도입하고 있는 세계 주요 터미널 현황.
  - 네덜란드의 ECT와 Euromax,
  - 독일 함부르크의 CTA,
  - 벨기에 엔트워프의 Hessenatie,
  - 영국의 Thames Port,
  - 싱가포르의 PPT, 홍콩의 HIT 등이다.
  - 이송시스템·장치보관시스템 자동화를 위해 이송·야드장비 무인화 추세.

② 항만의 정보화 : 터미널 운영시스템의 전산화

- 컨테이너물량의 증가로 터미널운영시스템이 질적으로 향상되고 있다.
  - 터미널은 일시적으로 증가하는 많은 컨테이너를 신속히 처리해야 한다.
  - 이동장비 신속성, 장치위치, 하역장비간의 정보송수신 등 고속화·고도화.
- 운영의 원활한 수행을 위하여 고도화와 신속한 정보시스템 설치·활용.
  - 입출항정보 EDI화, 인터넷화, 터미널 정보송수신이 IT기술로 처리된다.
  - 정보화로 항만 운영체계 자동화, CY 운영체계 개선, 게이트자동화 실현..
- 운영의 효율성과 생산성을 향상을 위한 자동화(Planning System) 구분.
  - Ship Planning : 화물적하계획을 신속·정확히 최고로 수립하는 시스템.
  - Yard Planning : 최대 야드공간 활용을 위한 화물적재계획 수립시스템.

- Resource Planning : 터미널에서 장비·인력계획을 수립하는 시스템.
- Operation Management System은 상황을 모니터링하여 작업통제, 관리.
  - Data입출력, 수정·조회목적으로 각종 데이터를 전송하는 EDI&IP서비스.
  - 컨테이너수리와 터미널하역장비를 관리·운영(PMS&Inventory System),
  - 터미널 자료의 통계 및 분석, 경영의사결정에 반영하는 DSS 등 구성.
- 게이트의 장동화가 정보기술의 발전에 따라 빠르게 진행되고 있다.
  - 뉴욕·뉴저지항은 ID카드 발급, 게이트통과시 스캐너 판독시스템을 활용.
  - 로테르담항은 Smart Card System, 싱가포르항은 숫자인식시스템[6] 도입.
  - 홍콩항은 Tractor Identity Card제도, 영국 펠릭스토우항은 ID카드 도입.
- 운영자동화·정보화는 터미널계획, 운영, 경영에 필요한 모든 과정 전산화.
  - 터미널운영의 생산성과 선박 양·적하계획을 차질 없고 경제적 지원역할.
  - 향후 기업 e-SCM체계와 유기적인 연계, 통합물류체계로 발전기반 예상.

③ 세계 주요 항만의 물류인프라 고도화

- 환석시스템 개선위해 전용터미널과 새로운 피더부두의 일체화터미널 개발.
  - 로테르담항 'Port Vision 2020'의 'Maasvlakte 2' 터미널이 전형적 사례.
  - 터미널의 생산성과 환적시스템을 고려, 각 부두의 기능을 분리·운영.
  - 하역전문 부두, 트럭·바지연계 부두, 트럭·바지·철도연계부두 등 구분.

네덜란드 ETC(Europe Combined Termunal)

로테르담 "Maasvlakte2" 신 터미널 조감도

주 : ETC(Europe Combined Termunal) 중 DMU는 반 자동화 터미널이며, DSL과 DDE터미널은 완전 자동화 터미널임.

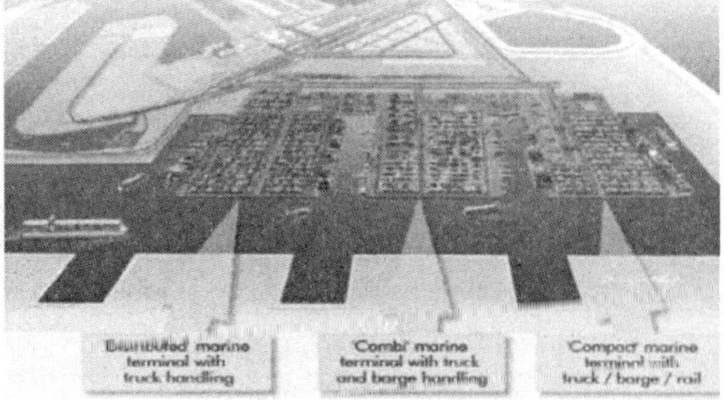

자료 : Port of Rotterdam

- 하역전문부두는 내륙운송모드가 트럭으로만 연결되어 신속한 하역이 목적.
  - 트럭·바지연계부두는 본선과 바지선을 동시접안, 신속한 환적작업 설계
  - 트럭·바지·철도연계부두는 유럽내륙으로 향하는 수입화물을 처리계획.
  - 터미널 내에 철도물류기지, 트럭터미널 등을 건설할 계획이다.

6) CNRS : Container Number Recognition System

### (2) 창고관리시스템의 기술변화

① 발전과정

- 1985년 이전, 1986년~1995년 그리고 1996년 이후 3단계로 구분할 수 있다.
  - 1980년부터 도요타 자동차 간판방식과 MRP가 도입되면서 물류중요성 대두.
- 간판방식과 MRP도입이후에 로지스틱스(Logistics)라는 용어가 사용되었다.
  - 생산, 판매, 물류를 중심으로 하는 정보화가 진전되면서 개념이 바뀌었다.
  - 창고내의 상품관리도 전표에서 오피스컴퓨터 이용, 로케이션관리로 변화.
- 1990년부터 창고관리시스템(WMS)도입, 전산재고관리, 정산관리가 활성화됨.
  - 로케이션관리는 인건비 절감 및 피킹 효율성, 보관효율 향상 등 영향 미침.
- 1995년 이후 OS의 세계표준화와 더불어 컴퓨터 및 인터넷의 보급의 확대.
  - 조달물류에서 최종소비자에 이르기까지 가능한 재고를 Zero상태로 유지함.
  - 통합관리 목적으로 개발된 SCM(Supply Chain Management)까지 발전함.
  - 기존의 창고 기능도 보관형태(DC형)에서 통과형태(TC형)으로 전환되었다.

〈표 7-7〉 창고관리시스템의 변화과정

| 구 분 | 1975년 ~ 1985년 | 1986년 ~ 1995년 | 1996년 ~ |
|---|---|---|---|
| 개 념 | 물류 | 로지스틱스(Logistics) | 공급체인사슬관리(SCM) |
| 창고관리 | 창고관리 | 로케이션관리 | WMC(Worldship Management Center) |
| 상류와 물류관계 | 상물일체형 | 상물 일체, 분리의 혼합형 | 상물 분리가 선행 |
| 창고운영 방법 | 창고전표, 상품정리, 전표에 의한 피킹 | 입·출고관리, 로케이션관리, 피킹에 의한 리스트 | 입·출력관리, 무선단말기, DPS디지털 방향시스템 |
| 정보체계 | 범용컴퓨터 | 오피스 컴퓨터, 독자OC | 오피스 컴퓨터, 독자OC |

② 보관 창고기술의 변화

- 창고와 보관, 배송 등의 물류개념이 변화.
- 다품종소량생산시대에 적합한 물류체제에 대응하는 새로운 유통방식 도입.
  - 보관·창고 설비운영 용량거대화, 입출고 스피드화, 보관작업 자동화 추진.
- 보관·하역 등 생산기술 및 포장·수송수단 기술혁신으로 물류전반 큰 영향.
  - 창고내부 입고에서 출고까지의 업무주기를 단축시켜 작업생산성을 향상.
  - 인건비 등 보관·창고와 관련된 제반물류비용을 절감시키고 있다.
  - WMS(Warehouse Management System) 등 보관관리기법의 도입.
    * 오·배송율 감소로 고객 요구사항에 신속하게 대응하면서 고객서비스 향상.

〈표 7-8〉 물류 PLAYER의 변화요인과 향후 전망

| 구 분 | 과 거 | 현 재 | 비 고 |
|---|---|---|---|
| 가격조정기능 | 시세 조정을 위한 대량 상품보관 | 재고관리를 위한 최소상품 보관 | 물류비용 절감 |
| 시간기능 | 상품 및 화물의 단순 보관/저장기능 | 물류관리의 발주로서 재고관리의 진화기능 | 재고관리 |
| 연결기능 | 운송과 보관의 단순 연결기능 | 물류합리화를 위한 운송 및 보관의 조정기능 | 물류합리화 |
| 부가기능 | 단순 보관저장기능 | 고부가가치 상품기능 | 보관, 분류, 검사, 유통 |

- 보관·창고의 기술 변화는 자동화, 신선화, 인공지능화 창고로 발전.
  - IT기술 등 첨단 기술로 유통단계에서 활용해 지능형 콜드체인물류 실현.
- 자동제어 및 컴퓨터통합제조(Computer Integrated Manufacturing)기술발달.
  - 생산자동화는 수치제어 공작기계와 자동 프로그래밍으로 1950년내에 탄생.
- 창고는 새로운 부가가치를 창출하는 종합물류센터로 변모.
  - 항만, 공항배후지역 위치한 창고는 수출입 화물 보관, 분류, 검사기능.
  - 포장, 유통, 가공, 분류 등 고부가가치 물류서비스 제공으로 위상 강화.
- 국토해양부지정 컨테이너 수평환적시스템(Horizontal Transfer System, HTS)
  - 철도물류 환적 화물 중 해상용 표준컨테이너를 수평이송장치를 이용해 트레일러와 화차간 환적하는 방식이 적용된 트레일러 구동형시스템기술이다.
  - 도로와 철도간 자체환적과 트레일러의 장비배치 수량조절을 통해 환적비용을 절감할 수 있는 기술이다.

③ E-Logistics

- 개요
  - 다양한 부가가치 물류서비스를 온라인상에서 구현하여 제공하는 활동.
  - IT 기술을 기반으로 보관, 재고관리, 운송관련 솔루션 제공 등
- 도입효과
  - 수요예측을 통한 재고절감, 자동화를 통한 주문주기 단축, 조달구매주기 감소
  - 정보구성원단합 및 만족 증대, 구성원 통제 및 업무 프로세스 효율화
  - 거래대상 및 판매시장 다변화, 중개 및 아웃소싱 기회 확대 등

④ AS/RS

- 입체적인 형태이므로 입체자동창고
  - 생산 공정이나 물적 유통 중에서 일시적으로 부품이나 제품, 상품보관 목적.
  - 화물의 취급단위인 팔레트나 버켓 등 입고, 보관, 관리 등 자동창고를 말함.

- 입체적으로 배치된 팔레트 랙(Rack)을 자동적으로 입·출고하는 기능을 함.
  - 수십에서 수만 개의 팔레트단위 상품들을 스태커크레인에 의해 하역된다.

〈표 7-9〉 현재 개발 중인 대표적인 환적시스템 개요

| 기술명 | 주 요 내 용 | 형 태 |
|---|---|---|
| 리니어 모터카 (Linear Motor) | - 독일 Noell사에서 개발<br>- 현재 함부르크항만 Eurokai 터미널에서 운전 중<br>- 운영비용이 저렴하고 보수유지가 간편함. | |
| FCT(Floating Container Terminal) | - 현재 로테르담항만에서 운영 중임<br>- 길이 94m, 폭 22.8m에 350TEU 적재 가능함<br>- 소량의 컨테이너를 한 번에 선적하역하며, 타 운송수단으로 환적이 가능하다 | |
| Train Loader | - 열차가 본선에 진입하면 본선크레인으로 옮겨 싣는 방식<br>- 단거리 해상운송에 적합, 항만에서의 체류시간 절감 가능<br>- Ro/Ro시스템과 자동하역시스템을 통합한 환적기술 | |
| Megahub | - 독일 Noell사에서 개발했으나, 구체적인 운영방식은 미발표<br>- 열차간이나 열차와 트럭간 환적작업을 수행<br>- 6대의 열차를 동시에 처리가 가능 | |

자료 : 안동대학교, 국내 냉동공조 신기술의 추진현황, 2004.

⑤ 초고층 지능형 컨테이너 자동창고 적재시스템(UCW)[7]

- 컨테이너를 3단에서 7단까지 120cm의 30단까지 적재하는 첨단기술이다.
- 기존 기술보다 부지효율 4.8배, 처리속도는 2.7배, 인건비는 80%이상 절감.
- 국내외 주요항만 컨테이너 야적장(보관)시설 부족사태를 해결하는 기술이다.
- 현재 모든 컨테이너 항만의 적재한계를 개선시켜 동일부지에 12 TEU 보관.
  - 기존 약 45평부지에 약 10 TEU의 평면식 컨테이너 야적장의 일대 개선대책.
- 기존의 항만시스템과 연계가 가능하여, 초고층 컨테이너 물류를 보관한다.
  - 선박이 항만에 입항하기 전에 컨테이너정보를 사전에 받아서 사전 준비함.
  - 창고 내에 적재가 가능, 레일위에 컨테이너 올려주면 바로 입고창고 적재.
  - 충고 때도 전자동으로 선적되며 트럭으로도 적재가 가능하다.
  - CWMS[8]를 이용하여 일련의 작업과정을 자동화해 물류비용을 대폭 절감.
  - 부두하역과 컨베이어 이동, 창고 입고, 적재, 출고 등 효율적으로 관리함.

---

7) Ultra-Hihg Container Warehouse system
8) (Container Warehouse Management System)

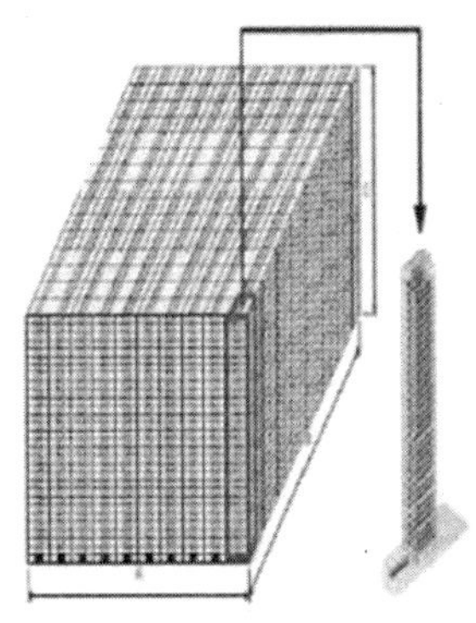

■ Unit Size
폭　: 10,480 mm
길이 : 16,300 mm
높이 : 1330,000mm (31층)

■ 구동장치
승강구동 : 초고층용 다단 유압 실린더
횡행구동 : 유압실린더
모터출력 : 유압모터 220kw / 3상 / 220v
　　　　　횡행모터　15kw / 3상 / 220v
적재총량 : 120 TEU (40ft 컨테이너 60개)
장치제어 : Computer / P.L.C
안전장치 : 5단계 추락&사고 예방시스템 적용
평균입출시간 : 30분 30초 / 회

자료 : (주) 이지인더스 홈페이지 (www.ezindus.com)

**[그림 7-9] UCW시스템의 기본 개요**

**〈표 7-10〉 UCW와 평면식 컨테이너 야적장과의 비교**

| 비교항목 | UCW Ststem | 기존 평면식 컨테이너 야적장 |
|---|---|---|
| 적재방법 | - 지상 120m 정도의 초고층 적재<br>- 약 53평의 부지에 12TEU이상 적재가능 | - 지상에 평균 4-6단으로 다단 적재<br>- 약 53평 부지에 15TEU이하 적재 |
| 적재장비 | - 별도의 크레인 장비 필요 없음<br>- 컨테이너 창고 승강장비로 적재 | - 취급 컨테이너 수량에 따라 다수의 트랜스퍼 크레인, 스태커 등의 이동장비 필요 |
| 안전성 | - 철골조 건물 내 파렛트에 적재되므로 태풍이나 지진에도 안전<br>- 5단계 첨단 안전시스템 적용으로 추락, 사고 위험 절대 없음 | - 5단 이상 적재 시 태풍이나 강풍에 의해 적재열이 무너지는 경우가 빈번하여 파손 및 안전재해가 자주 발생 |
| 경제성 | - 시설비가 저렴하며 완전자동화로 물류비용이 획시적으로 절감됨 | - 물류관리비 과다 지출, 작업능률의 비효율성으로 비경제적임 |
| 작업환경 | - 유압구동식으로 작동감이 조용하고 안정적이며 먼지 발생이 없음 | - 트랜스퍼 크레인, 스태커 등 엔진소음이 심하며 먼지 발생도 많음 |
| 작업관리 | - 부구하역>컨베이어이동>창고>입고>적재>출고 등 일련의 과정이 완전자동화되므로 물류비용이 대폭 절감됨 | - 야적장 다단 적재 방법으로 완전자동화가 불가능한 실정이므로 인력 의존물류관리로 시간과 비용의 손실이 많음 |

자료 : (주) 이지인더스 홈페이지(www.ezindus.com)

### (3) 포장기술의 변화

① 물류의 제반과정에서 대량생산, 대량소비, 대량유통이 확대.

- 물류표준화 정책과 맞물려 물류혁신을 주도하는 데 중요한 역할 수행.
- 정보전달 및 판매촉진, 공익성과 환경친화성, 물류합리화를 추구하면서 변화.

② 포장기술은 상품기획부터 포장설계, 생산(제조), 물류, 소비까지 혁신.
- 상품에 적합한 포장형태, 포장재료, 포장기기 등이 물류지용의 절감을 전제.
- 상품출하, 수송, 보관, 하역, 판매 등 제반요소가 상호 유기적으로 연계설계.

③ RFID 적용 등 정보기술 결합으로 지능형 물류를 실현하는 최소 주체 부상.
- 화물재고의 실시간 파악, 효율적인 유통기간관리, 도난방지, 재고보충 등.
- 유통측면은 물론 통관, 하역, 운송, 보관 등에서 비용절감을 위한 노력 강화.
- 국제물류도 자동화, 전산화를 주도하면서 물류변화를 주도할 것으로 예상.

④ 새로운 포장장비 개발은 새로운 물류환경과 기업에게 시장개척 기회 제공.
- 수송의 적재효율과 보관·하역의 효율성 제고에 중요 역할을 할 것으로 예상.
  - 과거 : 컨테이너, 팔레트 개발.
  - 최근 : 수퍼 랙 컨테이너(Super Rack Container) 도입.
- 향후 포장기술 발전은 인건비 및 운송비 등의 제반 물류비용 절감을 주도.
- 선적, 하역시간 단축 및 화물파손율 감소 등 고객물류서비스 품질향상 기여.

### (4) 미래 보관·창고기술 전망

① 제반 선진 기술의 일반화 예상.
- WMS의 도입에 있어 창고내부 업무에 적합하고 유사한 시스템을 도입한다.
  - 자동화창고 도입과 같이 화물의 종류와 업종에 따라 달라 질 수 있다.
- 높은 수준의 고기능·고속의 첨단자동창고시스템으로 양분될 전망이다.
  - 건물내부에 설치되는 일반 유닛 랙 시스템과 다른 시스템과 연계를 통합.
- 다품종소량생산과 글로벌경쟁에 대응하는 물류비용 절감과 고객서비스 향상.

② 보관·창고의 생산성과 효율성의 극대화를 위한 하드웨어와 소프트웨어 기술.
- UCW(Ultra-high Container Warehouse) 기술 등의 극대화·고도화작업 진행.
- 보관·창고기술도 고객요구에 신속하게 대응하여 효율성 제고에 역점.
  - 물품보관 셀(Cell)들이 기존 자동창고 유연성향상과 저장 공간효율성의 제고.
  - 단일크기가 아닌 이형 랙을 가진 자동창고들이 설치·보급되는 것에 역점.
- 자동화창고설계 시 관련된 제조업체들은 제반 사항 검토와 대안이 필요함.
  - 필요기능을 정확히 파악하고 수요자가 제공하는 자료를 정확히 검토한다.
  - 핵심부분의 랙과 스티커 크레인의 성능과 가격, 안전한 최적설계 대안 제시.

③ 해외 선진업체들은 보관설비 및 장비의 기술개발에 노력.
- 핵심설비인 스티커 크레인 (Stacker Crane)의 연구·개발에 역점을 둔다.
  - 화물 입·출고 속도의 고속화, 고기능화를 위한 제반 조치.
- 화물 자동인식기술 : 3D 바코드, Tag, RFID 등 화물 자동분류(Sorting).
- 첨단 전자, 기계기술 : 자동 컨베이어, 자동센서 등 자동 피킹(Picking).

• 향후 창고는 자동설비를 갖춘 자동 랙(Rack) 시스템으로 전환될 예정.
• 고속·고층, 고기능 스태커 크레인(Stacker Crane) 보급도 증가될 예정.

④ 제조공장과 물류시설에 자동화 장비 이용이 늘어날 전망.
• Q-스태커(Quick Stacker), AGV, 모노레일, 고속 자동컨베이어 등.
• 보관설비나 장비통제담당시스템과 창고관리시스템(WMS)의 연계노력.
• 통합 창고관리시스템 연구 및 개발 등이 지속적으로 이루어질 전망.

⑤ 바코드, RFID와 연결된 제조·유통정보망을 창고보관관리 기법으로 발전.
• 자동화기술과 정보기술(IT, Information Technology) 등의 보급이 확대.
• 수·배송, 재고관리, 생산관리, 판매관리 등을 통합 관리하는 기술개발.
• FMS형 자동창고, 자동·인공지능창고, 무인자동창고, 맞춤형자동창고.

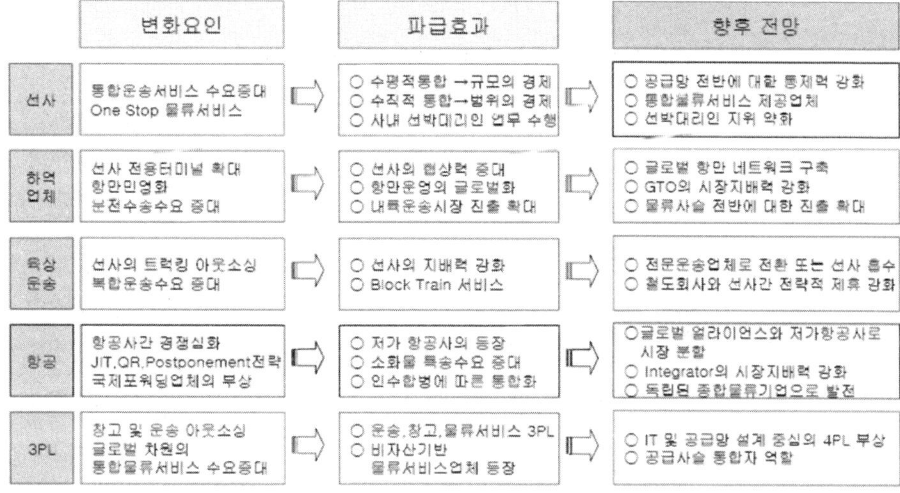


인용 : 세계 물류환경변화와 대응방안, 한국해양수산개발원, 월간 물류매거진.2005.10.09.

## 3 농산물 처리기술의 발번

### 1) 농산물 냉장·냉동 기술

#### (1) 저온유통시스템과 농산물유통 선진화

① 콜드체인시스템 개요
• 제품의 전 유통과정을 선도유지와 출하조절, 안전성을 위한 온도관리체계.
• 농산물 저온유통시스템은 선진 외국처럼 풀(라인)콜드체인구축은 어렵다.

- 산지 예냉과 수송 등 효과측정과 균형유지 등 저비용, 고효율화가 필요.

② **콜드체인시스템 도입효과**

- 농산물의 부패원인을 억제하여 수확당시처럼 품질의 신선도를 유지.
- 농산물 호흡, 에틸렌 발생속도, 갈변반응, 증산작용 및 미생물생육 억제.
- 농산물의 생화학 반응은 10℃ 온도 차이에 따라 2배~4배 차이가 있다.
- 여름철에 30℃에서 0℃로 온도를 내리면 6배~10배 유통기한이 연장된다.
- 판매시기를 조절하여 안정적인 유통체계로 산지체계를 강화시킬 수 있다.
- 우리나라 여름철 과잉생산물을 예냉과 저온저장고 보관으로 문제 해결.
- 6월중순 노지 봄배추를 예냉하여 2개월까지 저온저장으로 가격폭등 방지.
- 채소류는 당일 미판매분을 저온창고에 보관하고 다음날 동일가격에 판매.

**〈표 7-11〉 저온유통에 의한 선도유지 효과**

| 항목 | 품목 | 상온유통 | 예냉·저온유통 |
|---|---|---|---|
| 유통기한 | 양상추 | 15℃에서 3일간 | 예냉 후 1℃보관 35일 |
| 영양성분 | 시금치 | 30℃/3일 후 비타민C 85% 손실 | 예냉 후 10℃/21일 후 비타민C 20% 손실 |
| 중량감소 | 체 리 | 10℃/3일 후 4.4% 감모 | 0.6℃예냉/3일 후 1.9% 감모 |
| 변 색 | 시금치 | 30℃/3일 후 클로로필 55% 손실 | 예냉 후 10℃/3일 후 클로로필 2% 손실 |
| 수송 중 손상 | 딸 기 | 10㎏/3단/상온 65% 손상과 발생 | 예냉 후 1㎏ 단위포장 5% 미만 |

자료 : 김병삼 한국식품연구원 책임연구원

### (2) 냉장·냉동관련 기술변화에 따른 물류파급효과

① 냉장·냉동기술은 생활수준, 기후 및 생산제품의 종류와 밀접한 관계가 있다.

- 인공적인 온도, 습도, 기류, 청정도를 가장 적합상태로 유지하기 위한 공기조화, 냉동, 위생, 건축, 플랜트 등 각종 기계류의 설계, 제조, 시공, 관리 기술.
- 물류를 비롯해서 기계, 전자, 전기, 화학, 화공, 섬유, 선축설비, 식품, 제약 등 모든 산업분야의 응용, 환경기술로서 생산이나 물류 등에서 필수적으로 적용됨.
- 특히 냉동식품, 제약 등 각종제품의 저장, 유통, 전시 등의 상업용 및 냉장고, 에어컨 등 가정용으로 이용되고 있는 현대문명 산업분야 중 하나이다.

〈표 7-12〉 보관·창고기술 변화에 따른 물류파급 효과

| 구 분 | 주요 내용 |
|---|---|
| 개발·연구 분야 | - 고속 · 다기능의 보관 · 설비 장비<br>- 맞춤형 자동화 창고<br>- 신개념의 보관관리기법 |
| 파급 효과 | - 업무 사이클의 단축과 생산성 향상에 따른 물류비 및 인건비 등 제반비용 절감<br>- 오배송의 감소로 고객주문 신속 대응<br>- 클레임율 감소로 고객만족도의 향상<br>- 물류합리화 및 효율화 지원 |

② 냉장·냉동기술은 높은 부가가치로 독자적인 영역이 확보되고 있다.

- 냉장·냉동기술은 타 산업분야인 전자 및 반도체산업, 건설 및 플랜트, 식품 및 농수산업, 의료산업, 항공우주산업, 물류산업, 정밀기계산업 등 중요성 부각됨.

③ 변화된 근본 원인

- 신선도 유지가 필수적인 품목들의 세계적인 유통의 확대로 인하여 유통과정 중 미생물 오염도의 축소와 억제를 위한 방안으로서 관련 기술들이 연구·개발됨.
- 생활수준 향상으로 소비성향이 고급화되고 상품의 신선도와 청결함을 요구하고 기업의 상품차별화를 통한 확대전략으로 냉장·냉동기술이 급속도로 전개됨.

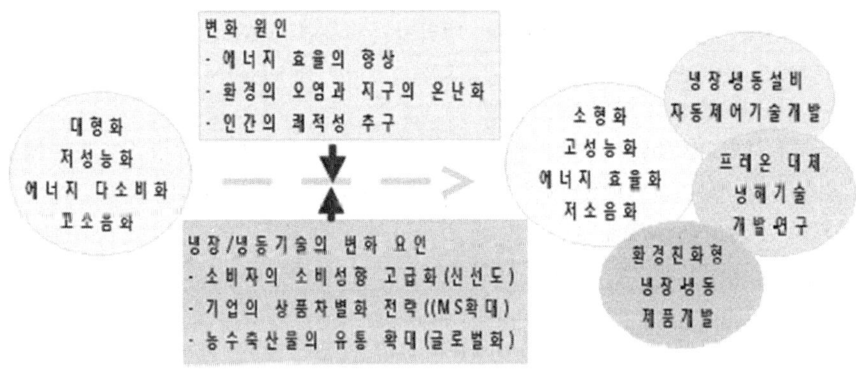


[그림 7-10] 현재 냉장/냉동기술의 변화

## (3) 현재 냉장·냉동기술 동향

① 친환경적인 대체냉매 개발과 냉장·냉동설비의 고율화에 대한 관심이 증가.

- 냉장·냉동기술은 최근 화석에너지원의 유한성으로 대두되는 지구환경문제로 기존 방식과는 다른 새로운 냉장·냉동시스템 개발에 관심도 증가하고 있다.

• 우리나라는 냉장·냉동시스템과 관련하여 단독설비위주로 진행되고 있다.
- 예냉·저온창고 등 생산 및 유통단계별로 적용되는 관련기술은 단계별 호환성(규격, 품온 등)이 결여되어 이송·배송단계의 효율이 떨어지고 있다.
- 국내 농산물유통의 특성과 맞지 않는 설비와 장비의 파행적 운영으로 인하여, 과다한 운영비가 지출되면서 시스템의 가동중단 사태 등이 빈번한 실정이다.
- 저온물류서비스를 제공하는 업체입장에서 저온유통체계(Cold Chain Aystem)를 위한 설비가격과 운영비부담으로 물류시스템의 구축을 회피하는 실정이다.
- 21세기 냉장·냉동기술의 가장 큰 관심과 숙제는 에너지와 환경문제와 연관된 지구온난화 및 대기오존층 파괴, 화석연료의 감소 등에 대비한 기술개발이다.

• 냉동공조시장 과제는 소음·재활용성, 에너지 성능향상, 새로운 냉매 전환임.
- 유럽은 기후변화 대처위한 정책으로 F가스 사용규제 법안을 이미 시행 중이다.
- 상업용 및 산업용 기기의 압축기 제조업체에 심각한 영향을 미칠 것으로 예상.
- 2030년까지 f가스 배출량을 2/3 축소위해 2006년, 2012년과 2031년 법률 통과.

• 전 세계적인 녹색산업이 지속적으로 확대되면서 'Green'산업이 발전되고 있다.
- 국내 냉동공조산업의 가장 블루오션으로 저탄소 녹색 시장을 꼽고 있다.
- 녹색성장 저변 확산에 따른 기업투자 및 냉동공조산업 비중이 확대되고 있음.

〈표 7-13〉 냉각장치(냉각팀) 기술의 변화

| 구 분 | 주요 내용 |
|---|---|
| 19C 초 | 냉각 연못 → 분수연못 → 대기식 냉각탑 → 자연 통풍시 냉각탑 |
| 1898년 | 독일에서 미국으로 이민 온 조지스토커(George Stocker)에 의해 최초로 충진격차를 탑재한 기계통풍식 냉각장치 개발 |
| 1907년 | 영국의 로빈슨(Robinson)에 의해 자연 통풍식 냉각장치에 대한 설계이론을 정립 |
| 1911년 | 미국의 캐리어(Carrier)에 의해 습공기선도(Psychrometric Chart) 작성 |
| 1925년 | 독일의 머켈(Merkel)에 냉각장치의 열전달이론 정립 |
| 1956년 | 독일의 지바이(Zivi)에 의해 직교류냉각장치의 설계이론 정립 |

참조 : 한국해양수산개발원(KMI : Korea Maritime Institute)

② 서울농수산식품공사(가락시장)의 리뉴얼공사

• 가락동 농산물도매시장(일명)이 개장한지 26년 경과, 새로운 기능이 필요함.
- 대형차량의 경매장진입이 어렵고 설계당시 계획물량인 일평균 4,680톤 초과.
- 교통 및 물류 혼잡도가 높아 불필요한 유통비용이 많이 발생하고 있다.
- 집·배송 시설, 저온창고, 포장·가공시설 등 물류시설이 매우 부족한 실정이다.

• 현대화사업으로 유통의 효율성과 체계적인 시장관리 기반을 마련한다는 방침.
- IT지능화, 물류추적시스템, 콜드체인시스템, U-Market 등 최첨단 기술 도입.

- 유비쿼터스 u-Market 실현되면 농촌과 도매시장간 EDI 출하예약시스템 구축.
- 생산자는 출하시기와 시장선택, 도매시장은 물량조절로 급격한 가격등락 방지.
- 출하예약 운송차량 작업계획과 입·출차관리시스템에 의해 하역도크가 배정.

• 시장내 저온·냉장창고시설과 지게차·전동차 등 운반기계는 RFID 태그 부착.
- 시장안의 차량과 물량의 현황과 이동동선 파악으로, 원활한 물류흐름을 조절.

③ 선진 외국의 냉장·냉동기술 방향.

• 농산물의 냉장·냉동유통구조 개선을 위하여 저온유통전문회사를 적극 육성.
- 관련협의체의 주도하에 기술개발, 표준화작업을 지속으로 수행한다.

• 미국은 1910년경부터 1989년 기준, 자국생산물 저온유통체계가 정비되었다.
- 산지포장센터 예냉, 수송, 저온창고, 배송 등 저온유통시스템이 운용된다.

• 유럽의 국가들은 도매시장 냉장·냉동관련 창고를 중심으로 발전.
- 생산자와 소비자를 연결하는 냉장·냉동유통시스템을 효과적으로 운영하다

• 일본은 1975년부터 산지중심으로 장기간 냉장·냉농물류시스템 구축 확립.
- 도매시상의 냉장·냉동설비 미비로 전체적인 일관물류체계 구축에 장애요인.
- 정부는 각종 냉장·냉동물류설비를 확대하고 있는 실정이다.

• 중국의 콜드체인 물류산업이 급속한 속도로 성장하고 있는 것으로 확인됐다.
- 콜드체인 물류산업 규모가 전년대비 20% 성장한 것으로 나타났다.
- 전문가들은 5년간 약 3000만톤 규모의 신선식품창고가 신규 구축될 것 예측.
- 중국 콜드체인산업은 연 평균 25% 성장, 2017년 4700억 위안 규모전망.
- 중국 도시화수준과 주민생활수준이 높아지면서 식품소비구조도 변화된 것.
- 중국 내 전자상거래 기업의 콜드체인 진출도 본격화되는 양상이다.
- 증가수요에 비해 신선식품 보관창고가 부족해 운송비가 상승하는 문제 발생.
- 2014년 신선식품 보관창고 구축에 160억 달러 투입, 등 네트워 구축에 노력.
- 선진국대비 콜드체인 노하우가 부족해 효율성과 서비스의 품질이 낮은 단계.

**〈표 7-14〉 주요 냉장·냉동기술 연구 및 개발 현황**

| 항 목 | 기술 개발 |
|---|---|
| 유니트 쿨러 | 고효율, 저소음 송풍기 및 고효율 냉각코일, 제상장치 개발 |
| 콘덴싱 유니트 | 유분리기, 고효율 냉매펌프, 압력조절 밸브 및 증발식 응축기 개발 |
| 쇼케이스 | 고성능 에어커튼, 냉매 균등 배분시스템, 공기유동 제어기술 개발 |
| 수송기기용 냉장·냉동 유니트 | 냉매 균등 배분 시스템, 공기유동 제어기술 개발 |
| 냉장고 | CFC(ChloroFluomoCarbom, 프레온가스)의 대체냉매 적용기술, 신단열기술, 고효율 증발기 개발 |

자료 : 박문수, 국내 냉동공조기술의 현황과 과제, 한국생산기술연구원, 2002

④ 미래 냉장·냉동기술 현황 및 전망

- 미국, 유럽, 일본은 가격이 싼 심야시간대 전기를 저장에너지로 변화, 활용하는 축냉식 냉장·냉동시스템을 수·배송에 적용하는 연구·개발이 진행되고 있다.
- 지구 환경문제로 오존층보호와 자국 온난화문제가 압축식 냉장·냉동시스템의 핵심 매체인 프레온 냉매사용을 규제하면서 업계와 관련기관들은 새로운 대체 냉매와 윤활유 개발에 대한 연구가 한창 진행 중에 있다.
- 냉매는 기존의 프로온 냉매 및 응용기술을 대체하는 냉장·냉동기술들이 일부 개발되어 있으나, 전체 효율성이 기존의 기술보다 좋지 않은 것이 현실이다.
- 물류센터내부의 온도유지·냉기유출 차단 위한 설비 도입
  - 냉장냉동체계에는 온도를 관리하는 센터와 차량을 구비해야 한다.
    * 저온센터는 내부온도가 유지단열재와 냉방시스템설비를 갖춰야 한다.
    * 내부냉기 유출과 외부온기 차단에어커튼 등 많은 설비를 갖춰야 한다.
- 제품 상하차에서 냉기유출을 막기 위해 「도크 씰」 및 「도크 쉘터」를 도입.

〈표 7-15〉 물류관련 주요 냉장/냉동기술

| 주요기술 | 세부기술 |
|---|---|
| 예냉기술 | • 공기예냉(강제통풍, 차압통풍), 진공예냉, 수예냉, 쇄빙예냉 |
| 저장, 보관 | • 온도제어저장(저온저장, 빙온저장, 냉동저장)<br>- 온습도제어·관리기술<br>- 가스제어저장(CA 저장, 감압저장, MAP) |
| 수송, 배송 | • 수송·배송기자재(보냉·단열컨테이너, 항공수송용 단열컨테이너, 축냉·단열재 등)<br>- 물류관련 표준화(팔레트화)<br>- 수송자재(포장골판지, 기능성포장재, 완충자재)<br>- 고도유통시스템(유통·배송센타)<br>- 고속대량수송기술(항공시스템, 철도수송시스템) |
| 포장, 보존, 보장 | • 가스치환포장, 진공포장, 무균충전포장<br>- 냉동식품(포장자재, 동결, 저장, 해동)<br>- 기능성포장재(항균, 흡수폴리머, 가스투과성, 단열성)<br>- 품질유지제 봉입(탈산소제, 에틸렌흡수·발생제) |
| 입·출하, 선별·검사 | • 비파괴 검사(근적외법, 역학적, 방사선, 전자기학)<br>- 센서기술(바이오센서, 칩, 디바이스), 선도, 숙도판정 |
| 규격표시, 정보처리 | • 청과물출하규격, KS 규격<br>- 원산지, 생산자, 출하등급, 규격 등 표시<br>- 생산이력제 등 생산 정보 등 |

자료 : 안동대학교, 국내 냉동공조 신기술의 추진현황, 2004. 김병삼 한국식품연구원 책임연구원

- 도크 씰(Dock Seal)의 개념
  - 탑차와 컨테이너후면과 벽체면과 격차를 막아주는 완충성과 밀페성이 뛰어남.
  - 도크도어 외부벽면에 설치, 건물 내·외부 분진, 냉열기의 유출입 차단제품이다.
  - 종류는 상부 씰 페드(Seal Pad) 고정형과 상하높이 조절되는 가변형이 있다.
  - 고정형은 차량종류가 일정하거나 접차구역이 차량종류별 지정경우에 유리하다.
  - 가변형은 상부 높이조절로 중대형차량까지 차량종류가 봉합되면 유리하다.
- 도크 쉘터(Dock Shelter)의 개념
  - 도크 씰이 차량후면부 밀착, 도크 쉘터는 탑차지붕과 양쪽측면을 감싸는 작용.
  - 도크씰과 같은 완충작용 없이 차량과 건물차이를 차단하는 상품이다.
  - 상부 및 측면커튼 고정형과 공기의 팽창, 수축에어백이 설치된 가변형이 있다.
  - 작업시 팽창했던 에어백은 작업종료후 수축해 보관커튼 속으로 수납된다.
  - 완충작용은 없으나 내구수명이 길고, 접안차량의 종류가 다양한 경우 유리하다.
  - 차량이 살봇 접차되면 X-ARM구조의 유연한 측면축의 충격흡수로 보호한다.
- 냉동기 탑재 및 축냉식 차량으로 운송중 선도유지
  - 냉장냉동체계에서 선도유지를 위해서는 센터와 차량설비를 갖추어야 한다.
  - 차량에는 냉동기를 장착하는 방법과 축냉식 차량을 사용하는 경우로 나뉜다.
  - 차량온도를 관리하는 차량탑재용 냉동기는 메인타입과 서브타입으로 나눈다.
- 메인타입의 개념
  - 냉매를 압축하는 Compressor구동이 차량의 메인엔진으로 냉동기를 돌리는 것.

〈표 7-16〉 도크 씰(Dock Seal)과 도크 쉘터(Dock Shelter)의 특징

| 구 분 | 특 징 |
|---|---|
| 도크 씰<br>(Dock Seal) | - 완충성과 밀폐성이 뛰어남<br>- 고정형의 경우, 접언처량의 종류가 일정하거나 접차 구역이 차량 종류별로 지정된 경우에 유리함.<br>- 가변형의 경우, Seal Pad의 높이 조절로 중형 및 대형차량까지 Sealing이 가능함. |
| 도크 쉘터<br>(Dock Shelter) | - 도크 씰과 같은 완충작용은 없어나, 도크 씰에 비하여 내구수명이 길고 접차 차량의 종류가 다양한 경우에 유리함.<br>- 접차를 잘못한 차량이 겨우 A-ARM구조의 Flexibile Side Frame이 충격을 흡수해 도크 쉘터를 보호함. |

- 서브타입의 개념
  - 서브타입은 냉동기자체에 서브엔진이 붙어 있어 엔진으로 냉동기를 돌리는 것.
  - 메인타입에 비해 냉동능력이 뛰어나기 때문에 5톤 이상 대형차량에 사용된다.

• 축냉식 차량의 개념
- 탑차 잠열재를 축냉판 또는 특정형태 용기에 봉입한 축냉시스템을 장착해, 야간 전기로 냉열축적하고 주간에는 구동 없이 저온상태로 온도를 유지시킨다.
- 냉동기를 탑재한 차량보다 뛰어난 온도관리와 도어개폐시 설정된 온도로 신속하게 복귀되고 탑내부 높은 습도로 제품의 신선도가 그대로 유지된다.
- 장점은 배기가스를 내뿜는 엔진구동식 냉동탑차와 비교하여 환경 친화적이다.
- 단점은 엔진구동식에 비하여 가격이 비싸고 적재율도 적어 효율성이 떨어진다.

물류센터내 도크 씰(Dock Seal) 형태

축냉식 차량의 형태

## 2) 신선제품(Cold Chain) 물류개선 사례

### (1) 컨테이너를 이용한 운송

① 과거의 신선제품 운송방식
• 주로 냉동선(reefer ship)을 이용해 운송되었다.
• 대량 운송된 계절화물들은 일괄 항만인근의 냉동창고로 옮겨졌다.
• 운송된 진 후, 내륙운송을 이용해 각 소매점으로 배송되는 형태였다.

② 컨테이너운송의 특징
• 소비자중심 공급사슬 변화를 가능하게 한 것이 컨테이너이다.
• 다양한 화주 수요 반영
• 산지와 소매점 간 직거래로 유통구조 단순화
• 소매점 직배송이 가능하여 운송시간 단축
• 다양한 항로 개설 가능

③ 현재의 컨테이너를 이용한 신선식품 운송방식
• 컨테이너에 담긴 소량의 신선제품이 내륙기지를 거쳐 소매점으로 배송.
- 운송거리와 시간의 제약이 해소되면서 신선제품 공급사슬이 형성되고 있음.
- 중간도매상을 거치지 않고 산지직거래경우는 선박에서 소매점으로 직·배송.
• 물류업체들은 냉동선을 이용한 운송보다 컨테이너를 이용한 운송을 선호한다.
- 컨테이너운송은 다양한 화주수요를 반영하며, 항만인근의 (냉동)창고를 거치지 않고 선박에서 소매점간의 직배송이 가능하여 운송시간을 단축시킬 수 있다.

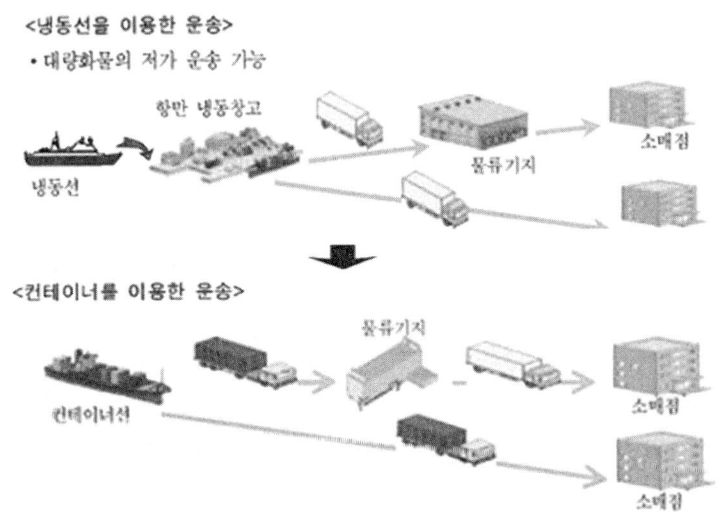


참조 : 한국해양수산개발원(KMI : Korea Maritime Institute)

[그림 7-11] Cold Chain 물류의 변화

④ 향후 전망

- 냉동선 운항업체들은 대량화물이 주요 항로에서 정기서비스를 개설하는 등 저가 운송의 장점을 내세워 자구노력을 기울이고 있는 실정이다.
- 2010년 말 현재 업계는 컨테이너를 이용한 운송이 전체 시장의 약 55% 이상으로 판단하지만, 향후에는 냉동선운송규모를 훨씬 앞지를 것으로 예측됨.

〈표 7-17〉 신선제품 유통물류의 혁신사례

| 구 분 | 혁신 내용 | 기대 효과 |
|---|---|---|
| 화주(네델란드 원예업계) | - 포장용기 개선<br>- 운송수단의 다양화, 물류체계 효율화 | 품질차별화<br>- 운송비 절감, 수출시장 다변화 |
| 기술<br>(독일 Cargo fresh) | - CA(환경조성 용기개발) | - 신선식품 품질 최적화 |
| 물류업체 | - 컨테이너 이용(신선제품 배송) | - 다양한 화주수요 반영<br>- 유통구조 단순화, 유통시간 단축 |

참고 : 한국해양수산개발원(KMI : Korea Maritime Institute)

### (2) 정보통신기술을 활용한 혁신사례

① 전자태그(RFID)중심의 무선정보통신기술이 물류 및 유통분야에서 적용.

- 물류업계는 게이트절차 간소화와 시설·장비이용 효율성증대방향으로 기술도입.

- USP는 블루투스(Bluetooth)가 내장된 바코드 스캐너와 무선랜 기술을 활용하여 화물위치, 위착화물의 배송상태 등을 장소와 상관없이 고객들이 휴대폰 등 무선 단말기를 통해 서비스 받을 수 있도록 시스템 개선을 시도함.
- NYK Logistics는 자사의 롱비치 환적센터를 출입하는 모든 트럭과 장비, 시설 등에 전자태그를 부착해 게이트 절차를 간소화하고, 장비나 시설의 위치와 작동 상태를 정확히 파악함으로써 환적센터의 생산성 향상을 도모함.

• 유통업체의 일반 화주기업들은 재고관리 및 대고객 서비스수준 제고를 위해서 대기업을 중심으로 전자태그 도입을 추진하고 있다.

② 네덜란드 원예업계의 물류혁신

• GDP의 4%인 연 70억 유로를 원예산업을 통해 벌어들이고 있는 나라다.

• 운송 도중에 재배상품의 품질을 최적으로 유지시키기 위해 포장박스 내 온도와 습도를 조절할 수 있는 신형 포장 박스를 개발했다.
- 원거리수송이 가능해져 수출시장 다변화는 물론 해상운송을 통한 운송비절감, 해외시장에서의 품질 차별화로 수익 확보가 가능해졌다.

• 네덜란드 원예업계는 유럽 내 도로운송환경규제 강화에 대응해 이를 대체할 수 있는 운송수단의 개발과 신선제품혼재센터 설립 등 물류효율화를 꾀함.

**〈표 7-18〉 정보통신 기술을 통한 혁신사례**

| 구 분 | 도입 이전 | 도입 이후 |
|---|---|---|
| 물류기업<br>(NYK LINE) | - 전자출입증을 통한 게이트의 반출입 통제<br>- 잦은 화물격차의 오류<br>- 장비 및 시설관리 효율성 낮음 | - 게이트 재고관리시간 단축<br>- 물류시간 단축<br>- 화물적치 오류 감소<br>- 장비 및 시설의 실시간 위치파악으로 생산성 증대 |
| 화주기업<br>(월마트) | - 담당자가 직접 입고관리<br>- 입고 및 검수시간이 길다<br>- 관리인력 소요 등 | - 입고, 재고관리 시간 단축<br>- 비용절감 효과<br>- 정확한 재고관리 파악 및 관리가능<br>- 철도행위 방지 등 부수적인 효과 발생 |

참고 : 한국해양수산개발원(KMI : Korea Maritime Institute)

③ Cargo fresh사의 최첨단 저장용기 개발

• 독일의 Cargo fresh사는 일반적인 신선제품 전체를 포장할 수 있는 환경조절(Controlled Atmosphere : CA) 용기를 개발했다.

• CA 용기를 이용하면 내부의 산소농도와 습도의 조절을 통해 신선제품의 품질을 유지하고 숙성속도를 조절할 수 있다.

• CA 용기는 크루즈여행객의 신선제품 수요충족 및 Hamburg Siid 등 정기선의 서비스 등에 이용되고 있다.

〈표 7-19〉 화주들의 SCM 혁심사례

| 구 분 | 문제점 | 대책 | 개선 효과 |
|---|---|---|---|
| MCC | - 높은 재고수준<br>- 긴 리더타임<br>- 인건비/투자비 부담 | - 모듈화 확대<br>- 주문생산, 아웃소싱<br>- 파트너십 강화 | - 공급체인사슬 개선<br>- 재고 최소화<br>- 운송비용 절감<br>- 관리비용 절감<br>- 고객서비스 향상<br>- 새로운 고객가치 창조 |
| 한국 코카콜라 보틀링 | - 수효예측의 부정확성<br>- 배송/영업 동시수행<br>- 비효율적인 물류망 | - 업무전문화, 과학적인 수요예측<br>- 고객서비스 강화<br>- 물류네트워크 정비, 창고분업화 | |

참고 : 한국해양수산개발원(KMI : Korea Maritime Institute

### (3) SCM 혁신을 통한 제조업체의 물류혁신 노력 사례

① 공급체인망 구조조정을 통한 화주들의 생산성 향상 및 비용절감 노력.

• 다임러크라이슬러의 자회사인 MCC(Micro Compact Car AG)사는 신형자동차를 출시하면서 새로운 생산 및 물류방식을 채택했다.

• MCC는 자동차업계의 문제해결방안으로 모듈화와 주문생산, SCM을 고려한 공장레이아웃, 아웃소싱 확대, 공장건설·운영·투자의 파트너십을 강화했다.

- 부품재고 최소화, 리드타임 감소, 운송비 최소화, 비용절감 등의 효과

② 다국적 기업인 한국코카콜라 보틀링(주)도 공급망의 구조조정을 통해 생산성향상, 비용절감, 고객서비스 향상의 효과를 거두었다.

# 08 정보화와 물류정보시스템

## 1 정보화 추진

### 1) 정보화 사회(Information Society)

#### (1) 개요

① 정보의 정의

- 어떤 행동을 취하기 위한 의사결정을 목적으로 하여 관측이나 측정으로 수집된 각종 자료를 특정한 목적과 기술로 처리하여 획득한 지식이다.
- 개인정보는 생존하는 자의 정보로서, 이름, 주민등록번호 등의 개인식별정보
- 국가정보는 단순한 지식의 차원을 넘어서 활동과 조직을 포괄하는 개념.

② 정보의 유사개념

- 자료 : 체계화되지 않은 단편적 사실, 특정 또는 있는 사실(수집. 검색 대상)
- 정보 : 체계화된 사실 또는 특정한 목적으로 구성된 데이터(알려지는 것)
- 지식 : 데이터가 정보로 전환되는 과정에서 사용되는 축적된 힘(사고되는 것)
- 첩보 : 특정한 의미의 타당성이 검증되지 않은 상태

③ 정보의 가치

- 의사결정의 관점에서 정보의 가치.
- 사회변화에 근거를 둔 정보의 가치.

④ 정보화 사회의 정의

- 산업혁명에서 성숙된 공업화사회의 다음에 오는 정보가 경쟁력이 되는 사회.

- 컴퓨터와 정보통신 등의 기술이 사회적인 욕구를 가치정보로 창출하는 사회.
- 3C 혁명 : 계산(computation)·제어(control)·통신(communication) 기술.
- 사회의 산업구조도 제조업중심에서 정보산업, 두뇌산업중심으로 전환 의미.

⑤ 정보혁명의 변화

- D. 벨의 탈공업화사회[1], A. 토플러의 제3의 물결[2]에서 정보혁명의 개념이다.
- 제1단계 정보화(단순정보화) : 1960년대 제3세대 스탠드얼론형 컴퓨터 둔 문제제기 관념.
  - 산업내부의 컴퓨터화(산업의 정보화)와 정보관련 산업의 탄생(정보의 산업화).
- 제2단계 정보화(고도정보화) : 1980년대 분산처리네트워크화 문제해결 실체론.
- 제3단계 정보화(사회의 정보화) : 현금카드 등 사회정보의존(개인컴퓨터 보급).
- 제4단계 정보화(차별적 정보화) : 정보혁명은 인간의 지적노동대체와 증폭이다.
  - 제1차 언어혁명, 제2차 문자혁명, 제3차 인쇄혁명, 제4차 컴퓨터·통신혁명.

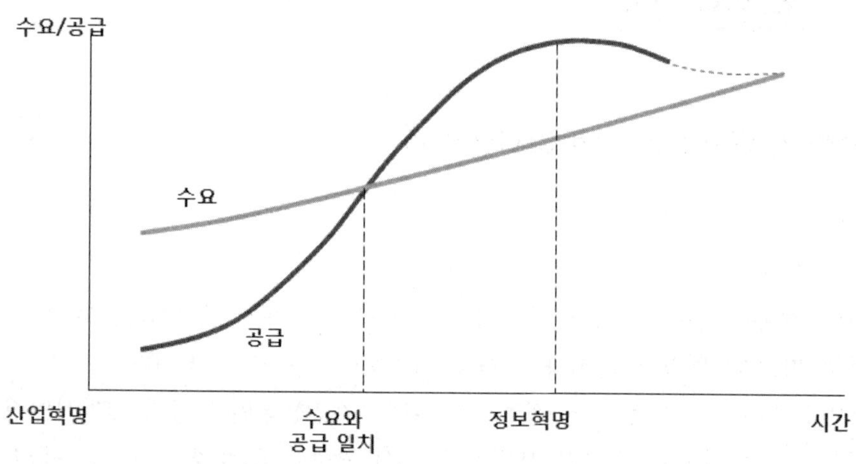


[그림 8-1] 산업혁명과 정보혁명의 등장 배경

- 정보의 생산·처리·전달·소비를 둘러싸고 변하는 선진국중심 산업화의 혁신동향.
  - 규격화, 전문화, 집중화, 극대화, 집권화 구조를 다양화, 탈전문화, 탈동시화, 탈극대화, 분권화구조로 변화.

---

1) 다니엘 벨에 의해 주장된 사회로 2차 대전 이후 과학과 기술의 급속한 발전에 따라 19세기의 산업사회는 새로운 특성을 지닌 사회로 변모하였으며, 이와 같은 사회를 탈산업 사회라 지칭(Post industrial Society)

2) (The Third Wave)오일쇼크 및 물질적 자원의 유한성이 강조된 이후 정보화사회개념 거론, 정보혁명의 개념

### (2) 정보화 사회의 동전의 양면

① 정보통신이 발달되면 좋은 점

- 멀리 떨어져 있는 다른 사람들과 빠르게 다중통화와 영상대화.
- 자신이 알고 싶은 모든 정보를 언제 어디서나 빠르게 탐지.
- 집에서 수업 재택수업과 근무하면서 시간적인 여유.
- 모든 일이 가정에서 가능하여 가족들과 대화시간 증가.
- 콘서트나 영화 등의 관람을 보러 가지 문화적인 생활을 한다.
- 가상공간에서 세계에서 어디에서나 정보를 탐색할 수 있다.
- 자신이 게임 속에 있는 주인공처럼 가상 게임을 할 수 있다.
- 어디서나 여러 사람들과 채팅을 하면서 친구를 사귈 수 있다.
- 집에서 의사의 조치나 치료를 받거나, 경영지시를 할 수 있다.

② 정보통신이 발달되면 안 좋은 점

- 자신의 모습과 사생활이 모든 사람들에게 공개될 수 있다.
- 특정정보가 다른 사람에 의하여 부정적으로 사용될 수 있다.
- 인간이 독창적인 사고의 퇴색으로 수동적으로 변화될 수 있다.
- 사람이 기계와 IT에 의존하게 되면서 사람의 창의능력이 저하된다.
- 기계의 고장이나 에러가 나면 모든 생활이 연계되어 힘들어 진다.
- 생활의 행동반경이 축소되어 운동량이 줄고 비만문제가 심각해진다.
- 음란과 욕설, 비방글 등과 직업이 축소되어 사회문제가 야기된다.
- 국가의 각종 기밀정보가 노출되면서 전쟁의 승패에 큰 역할을 한다.
- 아이들이 게임에 빠지면서 산만하고 무능력하게 성장하게 된다.

### (3) 정보화 사회의 주요 특징

① 지역 경제의 활성화

- 정보통신의 발달로 거리간해소와 대도시중심 기업입지가 지방으로 분산.
- 지역경제가 활성화 되고, 지역 간에 균등한 발전을 가져 오게 된다.
- 도시의 교통난 해소와 기업이윤의 증대로 전국토가 균형적으로 발전된다.

② 유통 체제의 확립

- 정보통신망의 발달로 생산과 소비 등 상거래가 통신망을 이용하여 처리.
- 시간과 거리에 관계없이 판매·구매되어 생산자·소비자의 이익을 극대화.

③ 직업의 변화

- 사무실업무가 통신망을 이용하여 집에서 처리하는 재택근무가 일반화됨.
- 출퇴근 시간의 경감과 교통난 해소 및 여가 간을 활용할 수 있게 되었다.

• 향후 정보통신망에 관련된 직업과 직장생활이 여러 형태로 변화가 예상됨.

라이프 로그가 여는 미래 사회

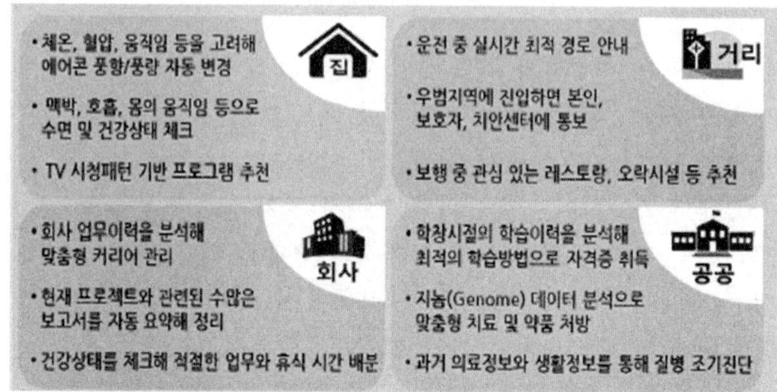


클라우드혁명이 바꾸는 미래, P6, 최은정수석연구원,삼성경제연구소. 2013.3.18.

### (4) 정보 지식사회(情報知識社會)

① 지식기반사회

• 21세기 지식산업의 주도를 예측하고 정보통신기술에 지식개념을 포함한다.[3]

• 글로벌사회 : 무한경쟁과 달성 등 상호의존성으로 소비자욕구전략이 중요[4]

• 지구촌화 : 국가 간의 장벽이 소멸되어 생산요소의 이동이 자유로운 사회.

② 정보지식사회의 특징

• 정보지식사회는 시장보호 위한 정부개입의 약화, 세계시장이 통합되고 있다.

- 조직구성원은 생활과 경영에 핵심정보지식을 이용하고 적용하는 사회이다.

• 스마트 모빌리티(Smart Mobility)란 물류·정보통신이 특수목적의 융합사업.

- 글로벌 대도시교통 환경은 혼잡, 예측불가, 비효율, 환경오염해결 등 4대과제.

- 공통의 스마트 모빌리티는 재반 문제를 근본적으로 해결하기 위한 노력이다.

③ 파급효과 : 세계화 즉, 무한경쟁의 출발점이다.

• 사회·정치·문화 분야까지 확산되면서 자연 발생적으로 나타난 보편적 현상

• 자본주의 발전에서 글로벌경제의 출현은 시대 산물, 거대한 세계사적 흐름.

• 정보통신발달은 지역별·국가별 문화, 정보, 지식공유로 새로운 생활형태 변화.

④ 현상

• 전자상거래 : 인터넷으로 상품구매, 시간과 노력을 절약, 손쉬운 정보비교.

• 인터넷 뱅킹 : 인터넷으로 은행업무, 각종 세금과 공과금 납부 등.

• 인터넷 예매 : 기차표, 비행기표, 각종 문화행사, 공연입장권 등.

---

3) 프리츠 마흐르프에 의해 주장

4) 존 나이스비츠는 글로벌화 진전은 소비자욕구에 대한 전략이 중요해진다고 주장

- 화상 전화 : 목소리에서 화면으로 전송, 거리개념에서 탈피된 모습.
- 예매 시스템 : 열차, 영화, 연극 등 예매의 시간과 비용이 크게 축소.
- 원격수업과 가상수업 : 장소와 시간과 관계없이 선생님과 공부하는 수업.
- 주택의 자동화 시스템 : 집 밖에서 동작감지시스템으로 자동연결하여 작동

### (5) 정보 전쟁(情報戰爭, Infoemation Warfare)

① 개요

- 특허나 저작권 등의 지적소유권을 둘러싼 글로벌 기업 간의 기업전쟁을 의미.
  - 흔히 I-War, IW, 또는 C4I 또는 사이버 전쟁으로 불리는 정보 전쟁이다.

② 정의 : 미국 국방대학 국가전략연구소의 「마틴 리비키」교수 7개 개념

- 명령과 통제의 전쟁(적의 수뇌부와 명령 계통에 대한 공격)
- 전통적 개념의 정보수집 전쟁 (정보원 등을 통한 전생 관련 정보 징악)
- 전자 전쟁(전자·전파 관련 무기나 암호 기술 관련)
- 심리 전쟁(적을 설득하고 동요시키기 위한 정보사용)
- 해커 전쟁(컴퓨터 시스템에 대한 공격)
- 경제 정보 전쟁(경제 활동을 방해하거나 장악하기 위한 공격)
- 사이버 전쟁(사이버 공간에서의 전쟁).

③ 유래

- 미국 공군(TEMPEST)과 해군의 독자적인 정보전쟁 프로그램에서 유래.
- '90년 발표된 해군 코페르니쿠스(Copernicus)

④ 현상

- C4I체계[5])를 광역의사관리체계에서 글로벌정보교환시스템으로 일원화계획.

- 미국은 레이건대통령이 국제경쟁력 강화를 목적으로 지적소유권 보호강화.
  - 가트(관세·무역 일반협정)에서 지적소유권 규정신설로 관세법 337조 개정.
  - 산업피해가 입증되지 않아도 특허 등을 침해한 외국기업을 저지할 수 있다.
- 삼성·애플사의 사활을 건 특허소송전쟁에 전문기업체 동원으로 일진일퇴 공방
  - 안드로이드 OS(운영체제)중심축 구글, 휴대전화제조사 모토로라모빌리티 인수
  - 최대 PC메이커 휴렛팩커드가 PC사업 포기, 소프트웨어업체 오토노미 인수
  - 애플은 하드웨어와 SW시장에서 경쟁자인 구글과 삼성전자의 도전에 대응.

### (6) 유비쿼터스(Ubiquitous) 물류

① 개요

- 시간과 장소에 구애받지 않고서 언제나 네트워크에 접속할 수 있는 통신환경.
  - 라틴어의 유비쿼터스(Ubiquitous)는 '언제나 어디에서나 존재한다'는 뜻이다.
  - 언제, 어디서, 누구나 대용량 통신망을 사용하여 저렴한 요금으로 대화한다.
  - 사용자와의 커뮤니케이션을 쉽게 해 주는 정보기술 환경과 정보기술패러다임.
- 정보통신분야는 시간, 장소를 초월한 통신환경을 목표로 서비스경쟁을 한다.
  - 유비쿼터스환경은 아직 부족하지만, 이동통신기기는 편의성·융합성이 강조.
  - 전화와 인터넷으로 가정세탁기와 보일러 작동하며, 해외공장기계를 조정한다.

② 유비쿼터스의 의미

- 정보 통신관점에서 모든 사회분야에 대한 새로운 패러다임을 창조하는 것이다.
- 여러 가지 기기나 사물에 컴퓨터를 집어넣어 유비쿼터스관점에서 해석한다.
  - 그 분야는 특정분야가 아니며 기존사회에 구성되는 모든 분야를 포함한다.
  - 컴퓨터가 있을 때와 모든 분야에서 컴퓨터가 적용될 때를 생각하면 비슷하다.

③ 유비쿼터스의 대 명제

- 모든 사물에 칩이 깃든다. 우리가 보는 모든 사물에 칩이 깃들게 된다.
- 칩이 깃들게 되는 사물은 모두 컴퓨터가 되며, 우리는 컴퓨터에서 살게 된다.
  - 책, 침대, 의자, 보일러, 차량, 냉장고, 전등 등 모든 사물에 칩을 가지게 한다.
  - 칩을 통한 상품관리체계이며, 1㎤이하 크기로 만드는 저 전력이 소모된다.

④ 유비쿼터스 센서 네트워크(Sensor Network, USN)[통신망]

- 각종 센서에서 감지한 정보를 무선으로 수집하도록 구성한 네트워크이다.
  - WPAN(wireless personal area network), ad-hoc network 등의 기술이 발전함에 따라 u센서 네트워크 기술이 매우 활성화되고 있다.
  - 센서의 종류로는 온도, 가속도, 위치 정보, 압력, 지문, 가스 등 다양하다.

---

5) (Command·Control·Communication·Computer and Intelligence)

• 물류의 흐름을 파악하기 위하여 RFID기술로 사물에 태그를 부착하고 있다.

⑤ 향후 기술전망

• 유비쿼터스 컴퓨팅 혹은 네트워킹기술의 IT 혁명의 파급효과는 엄청날 것이다.
- 새로운 지식정보국가 건설과 국가정보산업 경쟁력강화를 위한 핵심패러다임.
- 미국, 일본, 유럽정부 등 기업과 주요연구소들이 관련기술을 개발하고 있다.

• 미국은 HCI(Human Computer Interaction) 기술과 표준개발을 핵심요소이다.
- 일상생활 공간과 컴퓨터간의 자연스러운 통합과 융합이 가능한 기술개발이다.
- 미국은 기술적 비전 제시와 필요한 부문에서의 조기 응용을 강조하고 있다.

• 일본은 새로운 비즈니스의 창출과, 편리하고 풍요로운 라이프스타일 실현이다.
- 고령화 문제, 교통 혼잡, 지진, 환경관리 등을 해결하는데 기여한다는 판단이다.
- 컴퓨팅 기술개발 방향과 전략에서 국가차원의 정책추진에 비중을 두고 있다.

**클라우드로 인한 미래 변화**

| 클라우드 5가지 특징 | 고객 가치 | 미래 변화 |
|---|---|---|
| 온디맨드 셀프 서비스 (사용자 요구 기반 서비스) | 언제 어디서나 인터넷 연결 기기를 통해 데이터 접근/공유 | ① [서비스] 불가능했던 서비스의 등장 |
| 광대역 네트워크 접속 (네트워크를 통해서 접근) | | ② [디바이스] 다양한 형태의 기기 출현 |
| 리소스 풀링 (위치에 상관없이 IT 자원 이용 ) | 실시간으로 저렴하게 빅데이터 저장/처리 | ③ [생활] 개인화된 정보 소비 |
| 신속한 확장성 (사용량에 따른 IT 자원 신축성) | | ④ [기업경영] 경영효율성 획기적 제고 |
| 계측 서비스 (사용한 만큼 비용 지불) | | ⑤ [신시장/신사업모델] 비즈니스 기회 창출 |

클라우드혁명이 바꾸는 미래, , P3, 최은정수석연구원,삼성경제연구소. 2013.3.18.

## (7) 새로운 변화의 물결

① 쟁점의 개괄

• OEDC Forum : 1998 년, 독일 하노버 박람회 준비의 일환으로 개최.
- 21세기 기술에 관한 전망을 분석하고 토의

• 20세기 : 전기, 전화, 자동차 등과 같은 혁신적인 기술들이 보급됨.
- 기술적 경제적 사회적으로 많은 부분에서 변화가 엄청나게 일어남.

• 21세기 : 그와 같은 변화가 계속 이어질 수 있을지 우려하는 사람이 많음.

② 전망

• 다가올 25년 동안 지난 20세기에서 경험했던 것과 비슷하거나 더 큰 변화.

• 경제, 사회, 환경, 유통 등에서 풍요로워지기 위해 역동적인 전환점 될 것.

③ 개괄 부분

- 21세기 기술전망 : 오늘날 연구개발실험실에서 하고 있는 것이 바탕이 됨.
- 경제와 사회적 압력 : 기술적인 발전의 중심 역할로서 micro와 macro.
- 정책지원 평가 : 기술의 발전과 보급에 대하여 예측과 대응능력 미약.

### (8) 기술적인 가능성에 대한 조망 : 기회와 위험

① 디지털 정보의 사용과 성능향상

- 2020년의 탁상컴퓨터 1대가 현재 실리콘밸리 전체 컴퓨터의 성능과 같음.
- 네트워크기술 : 전송장비 소형경량화. 이동통신은 각종 인공위성으로 연결.
  - 인간과 컴퓨터간의 의사소통.
  - DNA에 심어둔 분자나 원자수준의 반도체 감지기
- 소프트웨어 : 자율적인 사고를 완전하게 수용할 수 있음.
  - 산업용 로봇(지식 로봇)이 일반화
  - 컴퓨터와 에너지 절감 컴퓨터와 네트워크
- 건강관리 분야에서 유전자정보의 활용과 성취의 향상

② 새로운 기술의 발전관 관련된 무수한 위험들

- 미래기술은 파괴적인 가능성이 내재되며, 이는 강력하고 통제하기 어려움.
- 기술시스템의 파손으로 인한 예측이 불가능한 엄청난 위험가능성을 포함.
- 물리적 혹은 사회시스템에서의 통제가 불가능한 실패위험이 있을 수 있다.
- 인간의 윤리, 소비자의 가치, 시민의 기본적인 마음가짐과 관련이 있다.

③ 인간 복제나 인공 지능 : 기존의 윤리와 문화적 기준 강한 충돌 가능성.

- 다양한 인간욕구의 분출이 심각한 사회적인 불안으로 발전할 수 있다.
- 기술발전과 위협의 실제현상은 순수 과학적가능성보다 힘으로 형성된 것.
- 위험들의 출현 : 국제사회와 정치적인 선택과 집중에 의해서 결정된다.
- 향후 과제 : 제반문제들은 발표되는 기술가능성을 합법화하기 위한 논쟁.

# 2 가상물류정보의 본질

## 1) 정보시스템

### (1) 시스템의 개념

① 시스템의 정의

- 특정한 목적을 달성하기 위해서 구성된 다양한 인자가 상호적으로 작용하는 집합체이다.

② 시스템의 구성

- 환경(Environment) : 통제할 수 없으나 시스템운영에 영향을 미치는 요소
- 투입물(Input) : 시스템 가동을 위해 내부로 투입되는 모든 에너지
- 산출물(Output) : 시스템 내부에서 처리되어 외부로 보내지는 산출물
- 시스템 내부 구성요소 : 투입물을 목적에 맞는 산출물로 처리.
  전환하기 위해서 기능하는 단위 요소들
- 접속(Interface) : 시스템간의 경계영역, 연결점
- 환경과 내부와의 경계 : 투입물과 산출물이 통과하는 개념적인 영역

### (2) 정보 시스템의 개념

① 정보시스템의 정의 : 정보기술을 이용해서 데이터를 처리하여 조직
구성원의 업무 수행의 목적 달성에 기여 하는 것

② 정보시스템의 특성

- 조직 전체의 목표에 부합
- 인간과 컴퓨터간의 시스템
- 의사결정을 지원해주는 포괄적인 개념
- 다양한 하위시스템으로 구성된 통합시스템

③ 유통정보시스템의 구성요소

- 하드웨어 : 컴퓨터와 통신네트워크(통신회선, 전송장비)
- 소프트웨어(S/W)
  - 시스템 S/W : 하드웨어 자원관리프로그램(운영체제, 유틸리티 프로그램 등)
  - 응용 S/W : 운영체제를 작동하는 특정업무 수행프로그램(엑셀, 파워포인트)
  - 휴먼웨어 : 정보시스템의 구축, 관리, 개선의 주체인 사용자
  - 데이터베이스: 정보관련 데이터를 물류체계로 저장해 놓은 집합체

• 기업환경
- 내부 환경(경영자, 의사결정유형, 기업의 목적)
- 사용자 환경(장비와 업무절차)

④ 정보처리 기본 형태
• 실시간 처리 : 비행기 좌석 예약시스템, 거래시스템
• 일괄(Batch) 처리 : 급여처리, 수요예측
• OLTP(온라인 거래처리) : 거래내역 처리, 관리활동 정보제공
• OLAP(온라인분석처리) : 미래예측, 발생가능문제 분석

⑤ 정보시스템 발전단계
• 1950년대 : 전자자료처리시스템(EDPS), 거래처리시스템(TPS)
• 1960년대 : 경영정보시스템(MIS)
• 1970년대 : 의사결정지원시스템(DSS)
• 1980년대 : 사무자동화(OA), 최종사용자컴퓨터(EUC)
• 1990년대 : 전문가시스템(Expert System), 전략정보시스템, 정보자원관리.
• 2000년대 :

### (3) 가상시장(Vertical e-Marketplace)

① 가상시장(eMarket;pace) 개념
• "인터넷상에서 다수의 공급자와 수요자들이 대변하고 거래를 이룰 수 있도록 해주는 가상의 시장"을 말한다.
• 가상시장의 특징
- 판매자경우, 물류자원을 활용하여 원격지 시장에서 새로운 판로를 개척.
- 구매자경우, 효율적인 상품조달이 가능, 새로운 B2B 사업모델로 각광.

② 종류
• 수직형 : 각 산업에 대한 이해와 문제점의 해결에 초점.
• 수평형 : 다양한 산업에서 동일기능이나 비즈니스과정 제공형태.
• 기업간 : B2B emarketplace(가상시장 내에서의 시장 창출 방식)
- 카탈로그형 : 판매자와 구매자 한 곳에 모아 가치창출(고정 가격제도)
- 경매형 : 구매자와 판매자를 연결하여 가치창출(동태적인 가격구조)
- 교환형 : 구매인과 판매인을 적절히 연결하여 가치 창출(불안정시장)
- 바터형 : 동종·이종제품 교환가능 자산보유자를 연결하여 가치창출

③ 수확체감의 법칙(전통적인 물리적 경제)
• 생산요소를 한 단위 더 추가하면 할수록 한계수확 증가분은 체감한다는 이론.
• 시장에서 앞서가는 제품이나 기업도 점차 한계에 도달한다.

• 경쟁자간의 균형이 형성되기 때문에 균형가격과 시장점유율 예측이 가능하다.
• 각 경쟁자의 생산 계획과 통제, 관리의 최적화 등이 요구된다.

④ 수확체증의 법칙(디지털 경제)
• 기업 규모, 사업 범위, 고객의 수가 증가함에 따라 수익이 점점 커지는 현상.
• 생산량 증가에 필요한 생산 요소의 투입량이 점점 적어지는 현상.
• 승자가 거의 모든 것을 가져가는 불안정한 구조가 형성된다.
• 시장 예측이 어려워지며 자신의 제품으로 시장을 장악하는 능력이 중요함.

## 2) 전자상거래(인터넷 비즈니스)

### (1) 정 의

① 기본 정의
• 인터넷의 전시상품을 소비자가 쇼핑하고 인터넷주문과 결제로 구입하는 행위.
 - 인터넷거래가 활성화되면서 B2B, B2C, B2G 등 전자상거래가 활성화되고 있다.
• <대한상공회의소> 인터넷을 매개로 한 제반 거래행위.
 - 인터넷으로 다양한 형태의 상품서비스를 제공하고 그 보상을 받는 모든 거래.
• <미국 국방부> 종이문서를 사용하지 않고 IT를 이용한 상거래이다.
 - 전자문서교환, 전자우편, 전자게시판, 팩스, 전자자금이체 등
• <경제협력개발기구(OECD)> 문자, 소리, 시각이미지 모든 형태 상업적거래.
 - 디지털화 된 정보의 전송, 처리에 기초하여 이루어지는 거래행위.
• <서울 소상공인지원센터> 모든 정보를 컴퓨터·통신망을 이용, 교환·거래방식.
 - 기업, 개인, 정부 간의 상품 및 서비스 거래에 필요하다.

② 전자상거래의 영역 및 내용
• 계약(잠재고객과 잠재기업간의 최초계약 체결)
• 정보교환(사전 및 사후 판매지원)
• 전자지불(전자자금이체(EFT), 신용카드 전자수표, 전자현금 등을 활용)
• 유통(유통관리, 제품출하 추적시스템 등)
• 정보기술((E-mail, Fax, EDI, EFT, CALS)
• 가상기업(독립된 기업들이 정보기술을 이용하여 비용절감 기술/정보공유)
• 기업프로세스 공유(ERP, 기업과 협력회사가 기업프로세스 공동 소유, 운영)

③ 용어 해석
• "전자거래"라 함은 재화나 용역의 거래에 있어서 그 전부 또는 일부가 전자문서에 의하여 처리되는 거래를 말한다.<전자거래기본법>

- "전자유통"이라 함은 유통분양에서 소비자가 컴퓨터 및 통신장비를 이용하는 모든 상거래이다.<대한상공회의소 전자상거래 지원센터>
- e-비즈니스는 전자매체 거래행위이외 온라인사업에 참여하는 고객과 업체와의 관계와 정보흐름을 나타내는 개념. 전자상거래보다 넓은 의미의 비즈니스이다.
- I-비즈니스는 인터넷상에서 이루어지는 업무로 e-비즈니스보다 작은 개념이다. 인터넷을 통해 이루어지는 거래행위를 포함한 모든 업무, 정보의 흐름 등이다.
- 인트라넷(Intranet)은 보안정치에 의해 특정기업이 독점할 수 있는 인터넷이다.
  - 기업 내부 업무의 효율을 높이기 위해 내부에서 사용하는 인터넷.
- 엑스트라넷(Extranet)은 관련기업 간에만 전용망처럼 활용하는 인터넷이다.
  - 보안문제를 걱정하지 않는 인트라넷의 확장개념으로 기업외부에서 사용한다.

〈표 8-1〉 인터넷, 인트라넷, 엑스트라넷의 비교

| 구 분 | 인터넷 | 인트라넷 | 엑스트라넷 |
|---|---|---|---|
| 접 속 | 공개적 | 비공개적 | 반공개적 |
| 사용자 | 제한 없음 | 특정 기업(집단) 내 소속원 | 고객, 공급자, 사업 파트너 등 |
| 응 용 | - 정보 공유<br>- 정보 검색<br>- 광고 선전<br>- 유즈넷 | - 기업 내 정보 및 자원 공유<br>- 내부 의견 교환<br>- 교육 훈련 | - 수주, 발주<br>- 제품 카탈로그<br>- 비공개 뉴스그룹<br>- 공동 프로젝트 공동관리 |

④ 기업간 구매시장의 종류

- 판매자중심의 시장구조
  - 판매자위치에 카탈로그 존재, 판매자주문정보가 판매자가 취합, 처리되는 구조
- 구매자중심의 시장구조
  - 구매자가 제품카탈로그 존재, 공급자 입찰정보가 구매자가 취합되는 구조.
- 중개자중심의 시장구조
  - 공급자 입찰정보, 구매자 주문정보, 제품카달로그 등 모두 중개자 관리구조.
  - 물량중심에 따른 경제성, 구매나 납품에서의 단일채널이용으로 이익발생.

### (2) 인터넷에 의한 변화

① 전자상거래시대의 새로운 현상

- 인터넷 쇼핑몰의 변화와 전자상거래가 일반화되면서 생활화되고 있다.
- 고객중심으로 권력이 이동되면서 서비스경쟁의 기본 틀을 변경시키고 있다.
- 가상공간에서 고객은 수동적인 제품구매에서 능동적인 설계자로 변하게 된다.

- 전자상거래는 이익이 영업보다 클릭에 의해 발생하면서 소매업을 변화시킨다.
- 제조업체는 정확한 고객정보에 따른 운영으로 경영합리화의 초석이 된다.

② 초이스 보드(choice board)시대[6]는 고객이 선호하는 온라인으로 대화방법이다.

- 고객들이 속성, 구성요소, 가격, 납기조건 등을 선택하는 제품설계 시스템이다.
- 제품속성, 기능, 납기, 가격으로 선택하는 생산시스템의 온라인유통방법이다.
- 전자상거래가 생활화되면서 다수 고객들이 제품설계에 대한 통제권 갖게 됨.
- 고객관계와 경쟁에서 근본변화를 초래하여 새로운 경쟁구도가 형성되는 의미.

### (3) 전자상거래의 유형(주체에 따른 분류)

① B to B(Business to Business) : 기업과 기업과의 전자상거래.

- 구매부서와 납품업체, 판매부서와 도소매업자, 서비스부와 고객과 거래.
- 기업 대 정부 간 거래도 동일 범주에 포함.

② B to C(Business to Consumer) : 기업이 개인고객대상의 전자상거래.

- 전자상거래 종합쇼핑몰, 전문쇼핑몰, 구매자선택에 판매자가 따르는 거래형태

③ B to G(Business to Government) : 기업과 정부대상의 전자상거래

④ C to G(Consumer to Government) : 개인과 정부간 전자상거래

⑤ C to C(Consumer to Consumer) : 개인과 개인간 전자상거래

⑥ C to B(Consumer to Business) : 개인과 기업간 전자상거래

⑦ P to P(Personal to Personal) : 개인과 개인 간의 전자상거래

⑧ G to C(Consumer to Consumer) : 정부와 소비자 간의 거래

### (4) 인터넷유통의 특징

① 고객지원 기능 : 다양한 제품구색 갖추어 제공 시간과 노력절감

② 자발적인 연결구조 : 포괄적인 지배력의 특정관리자 등장의 어려움

③ 고객 정보제공 기능 : 고객에게 구체적인 제품의 정보제공

④ 판촉 기능 : 특별할인, 이벤트, 판촉을 고객에게 제공 → 고객흡인력

⑤ 고객정보수집기능 : 시장조사와 고객의 제품반응에 대한 정보수집

⑥ 다양한 상거래 기능 : 보관, 운송기능 및 유지, 수선, 주문기능

---

6) 슬리보츠키가 만든 신조어

〈표 8-2〉 인터넷유통의 특징

| 소비자(구매자)측면 | 판매자측면 |
|---|---|
| • 편리하고 경제적이다.<br>• 가격이 저렴하다.<br>• 비교쇼핑가능하다.<br>• 충분한 정보에 의해 상품구입이 가능하다.<br>• 심리적으로 편안한 상태에서 쇼핑이 가능하다.<br>• 일시적인 충동구매 감소한다. | • 고정 비용 및 간접비용을 절감할 수 있다.<br>• 시간적. 공간적 제약이 없다.<br>• 마케팅 성과를 높일 수 있다.<br>• 가격 경쟁력을 제고시킨다.<br>• 새로운 시장 진입 및 시장확대가 용이하다.<br>• 지불 및 결제가 간편하다. |

### (5) 장점과 단점

① 장점(원가절감효과)

- 유통단계의 축소 : 생산·소비 직접적 거래, 시간과 장소의 제약 극복
- 유통단계별로 부가되는 비용축소, 거래비용 절감, 기회비용 증대.
  - 중소기업이나 개인에게 새로운 비즈니스기회 제공
  - 유통비용과 건물임대료 등의 운영비도 크게 줄일 수 있다.
  - 제품정보제공, 주문, 반품 등 → 기능내부효율, 유연, 시장지위 제고
  - 재고부담축소 : 데이터베이스근거 → 고객수요의 정확한 예측
  - 수주실패율 낮음 : 고객의 직접주문이므로 수주 실패율 낮다
- 의사소통원활 : 유통파트너간의 긴밀한 협조로 의사소통비용 절감
  - 중간고리부분의 재창출 : 온라인에 의한 중간기능의 새로운 출현.
- 쌍방향통신을 통한 고객만족 극대화
  - 중간상인의 배제와 중간상인의 재창출 수익효과
  - 창출되는 고객정보에 의하여 체계적인 마케팅계획수립 및 실천
  - 일방적인 정보전달방식에서 상호작용의 커뮤니케이션이 가능.

② 단점

- 소비자(구매자)측면
  - 제품에 대한 실제 감각의 부족,
  - 결제와 배송으로 인한 반품 및 환불의 어려움
  - 개인정보누출 우려
- 판매자측면
  - 고객중심의 정보수집행동이 아니면 정보를 입수할 수 없다
  - 제품 간의 경쟁이 심화되며 새로운 관리시스템이 부가비용 전가.
  - 커뮤니티 정보로 인하여 신뢰도가 높지 않은 경우.
  - 유통채널의 변화에 따른 경영상 어려움이 발생.

• 온라인 상거래 성공요인
  - 물류배송능력 : 분산되고 다원화 된 물류기능의 통합, 규모화.
  - 사회 신용체계 확립 : 사회 감독체계 확립, 시장질서 확립이 전제.
  - 보안시스템 구축 : 자금, 정보, 상업기밀 등 보안기술과 인증체제.

〈표 8-3〉 전자상거래 거래단계별 이슈

| 거래단계별 이슈 | | | | | | | | 일반적인 사안<br>(Horizontal Issues) | |
|---|---|---|---|---|---|---|---|---|---|
| 단계 | 1단계 | 2단계 | 3단계 | 4단계 | 5단계 | 6단계 | 7단계 | | |
| 활동 | 설립 | 마케팅 | 생산 | 협상 및<br>계약 | 지불 | 무효<br>또는<br>취소 | 세금 및<br>관세의<br>지불 | 프라이버시 | 보안 |
| 소비자 | | 프라이<br>버시<br>(지나친<br>1:1<br>마케팅) | | 연중<br>- 합법적인<br>상인 및<br>개인발견<br>- 사기예방 | 지불 및 전자<br>화폐<br>- 일반종용성<br>- 경제성<br>- 안전성<br>- 재정성 | 소비자<br>보호<br>- 무효<br>- 취소철<br>회기간 | | 프라이버시<br>-개인공간에 원하지 않는 정보의 무단유입<br>-정보공개의 기밀성<br>-개인정보에 대한 자율권 | 보안<br>-법집행 및 국가보안에 대한 영향<br>-시스템의 신뢰성<br>-시스템의 내구성<br>-책임분담 |
| 기업 | 상표권 | 규칙<br>재정 | 지적<br>소유권<br>보호 | | 신뢰 | 책임분담 | | | |
| 정부 | | 내용물 규제 | | 전자적 계약<br>의 효과 | | | 세금규정에<br>대한 영향<br>소득세 부<br>가가치세 | | |

자료 : 삼성경제연구소, 전자상거래관련 국제규범의 제정내용과 동향분석, 2000.12

## 3) 가상물류(Cyber Logistics) 서비스

### (1) 기본 개념

① 정의

• 정보통신 네트워크를 기반으로 사업과정을 효율적으로 지원하는 활동.
  - 화주기업과 물류기업 간의 실물활동을 제외한 다양한 온라인서비스 구현한다.

• 물류정보시스템, 네트워크 구축, 물류서비스업체와의 Win-Win전략이다.
  - 아웃소싱을 바탕으로 물류업체와 물류정보업체의 서비스를 종합 재배치한다.
  - 새로운 부가서비스상품을 지속으로 개발하고 이를 사이버 공간에서 제공한다.
  - 물류업체는 안정적인 비즈니스 기회, 화주는 고품질 서비스제공 기회가 있다.
  - 서비스가 원활히 유통되도록 업체 간 관계관리 및 대화수단을 제공한다.

### (1) 개 요

① 사이버 물류 정의

- 정보통신 네트워크를 기반으로 화주기업과 물류기업간의 물류활동 중 상품의 실물적인 취급활동을 제외한 다양한 물류서비스를 온라인에서 구현하여 공급사슬체인망(SCM)개념에서 관련 비즈니스과정을 효율적으로 지원하는 활동.

② 도입배경

- 오프라인의 상거래 온라인 상거래(사이버 경제로의 전환)
- 시장경제체제의 변화(공급자 주도→소비자주도)
- 가상공간에서의 공동체 구성
- 시대적 흐름과 경쟁력 강화를 위한 물류의 사이버화 필요

〈표 8-4〉 가상물류와 유사 물류전략의 개념차이

| 물류전략 | 개념 차이 |
|---|---|
| 가상물류 | o 물류경영자산의 실제 소유 및 존재 없이도 가능<br>o 실제로 이루어지지 않고, 존재하지 않은 물류경영자원을 활용하여 물류활동을 수행(예, 가상인도)<br>o 물류경영자원을 공동으로 관리하지 않음 |
| 제3자물류 | o 근접거리상에 물류경영자원의 실제 소유<br>o 물류활동을 외부 전문업자에게 위탁하여 수행하는 것 |
| 공동물류 | o 근접거리상 물류경영자원의 실제 소유<br>o 물류경영자원을 공동으로 관리하고 활용하는 것 |
| SCM | o 관련기업간의 공급사슬을 형성하여 물류활동을 최적화 하는 것 |

### (2) 도입배경

① 오프라인의 상거래 온라인 상거래(사이버 경제로의 전환)

- 우리가 사는 이 지구 나아가 우주 전체는 하나의 거대한 생태계가 되었다.
  - 미국기업의 89%가 인터넷을 이용하며, 20%는 사이버쇼핑몰을 구축하고 있다.
  - 유료 마케팅이 증가하여 무료라고 인식된 페이스북 광고가 변화하고 있다.
  - 거대 생태계는 더 작은 생태계들끼리 경험을 공유하는 네트워크질서가 있다.
  - 기업 생태계도 그들의 생태계를 구성해 배타적인 지위를 계속 확보해야 한다.
  - 기업생태계에서 성장과 이익을 얻기 위해서는 오픈플랫폼구조가 필수적이다.
- 기업들이 페이스 북 이외 새로운 소셜미디어 마케팅플랫폼을 모색하고 있다.

- 페이스북이 기업의 소셜미디어 마케팅전략에 큰 영향력을 행사하고 있다.
- 기업이 마케팅 목적과 상황에 따라 SNS를 구분하려는 전략이 시작되었다.
- 특정 주제에 열정적인 사람들이 참여하는 틈새 SNS가 증가하고 있다.
- 기업들은 온라인 커뮤니티 등 SNS에 상당하는 플랫폼을 소유하고 있다.
- 기업들의 새로운 모색이 성과를 거둔다면, 페이스북 비중은 줄어들 것이다.[7)]

② 시장경제체제의 변화(공급자 주도에서 소비자 주도로 변화)

• 소셜 미디어 광고예산이 증액되면서 3분의 2는 페이스북에 집중될 예정이다.
- 기업광고비 중 소셜 미디어광고는 약 10%에서 2015년은 약 15% 증가 전망.[8)]
- 소셜 미디어 마케팅 성장의 과실은 거의 대부분 페이스북이 차지할 전망이다.
- 새로운 마케팅대안이 등장하지 않으면, 소비자들의 접근방식을 선택해야 한다.

• 실시간 마케팅보다, 적시(right time)의 개인화에 초점을 맞추게 될 것이다.
- 기존 소셜 미디어는 소비자의 관심을 끄는 대화채널의 속성이었다 할 수 있음
- 이후로는 찰나의 관심을 끄는 실시간 대화비율은 점차 낮아질 것으로 예측함.
- 소비자중심의 개인화 마케팅을 강화하는 방향으로 선회할 것으로 보인다.[9)]

③ 기업들의 마케팅 전략이 가상공간과 통합공동체 구성

• 소셜 미디어가 지금 이상으로 기업들의 마케팅 전략에 통합되어 가고 있다.
- 기업의 소셜 미디어정책이 미디어믹스가 아니라 운영체제 통합을 의미한다.
- 소셜 미디어 전담부서에서 마케팅조직에 단위기능이 되고 있다는 것이다.

• 미국은 온오프라인 마케팅통합에 69% 동의, 통합운영 중 응답은 17.5%였다.[10)]
- 소셜 미디어가 기업의 마케팅 전략에 필수적인 것으로 인정되었다는 것이다.
- 기업이 전담자를 두지 않고 마케팅종사자에게 새로운 능력을 요구할 것이다.

④ 시대적 흐름과 경쟁력 강화를 위한 물류의 사이버화 필요

• 인터넷은 조달업체, 생산업체, 판매업체, 소비자 등 전 공급체인이 운영된다.
- 물류사업은 전자상거래 등장으로 새로운 변화와 부가가치를 창출하게 되었다.
- 다수 고객이 다수 물류기업들과 만날 수 있는 장을 마련하는 중개역할 수행.
- 물류아웃소싱 택배 및 JIT 배달기회 증내, 배달 추적시비스 등 새로운 변화.
- 물류중개 서비스, 물류회사 직접 판매, 기업 A/S의 부가서비스 등이 있다.[11)]

• 새로운 차원의 모바일체계로 전환하는 물류전략을 시작할 필요가 있다.
- 미국은 2014년 중반에 소셜 미디어 상에서 71%가 모바일기기로 진행되었다.

---

7) [출처]2015년 소셜 미디어 마케팅의 8가지 트렌드 전망-작성자아이티디포
8) [출처]2015년 소셜 미디어 마케팅의 8가지 트렌드 전망-작성자아이티디포
9) [출처]2015년 소셜 미디어 마케팅의 8가지 트렌드 전망-작성자아이티디포
10) [출처]2015년 소셜 미디어 마케팅의 8가지 트렌드 전망|작성자아이티디포
11) 국내외 물류 정보화 현황물류관리 시스템.

- 전 세계 페이스 북의 이용자의 30%는 오직 모바일 기기를 통해서만 활동한다.
- 소셜 미디어가 모바일 사용자의 절대적 대화창구로서 입지를 높일 전망임[12)]
- 우리 기업들도 미래생존의 필수전제인 오픈플랫폼을 이해하하여야 한다.
- 오픈플랫폼은 단순한 기술문제가 아닌 상생기업의 전략의 문제라는 점이다.

### (3) 가상물류의 성립요인

① 가상물류의 기본적인 성립요인

- 가상물류의 공동물류 전제조건이 충족되어야 한다.
  - 물류정보네트워크의 구축과 정보의 공유, 거래물품 특성의 부합이 전제된다.
  - 기업 활동도 제품공간에서 솔루션 공간, 경험공간으로 진화와 통합되고 있다.
- 기업은 고객경험에 참여, 고객니즈를 감지하는 기회를 얻는 것이 중요하다.
  - 고객의 이벤트에 대응하려면 적응형 기업(adaptive enterprise)이어야 한다.
  - 전체 구성원이 관례보다 섬세하고 민감한 고객경험을 존중, 신속히 대응한다.
  - 기업의 오픈플랫폼은 똑똑한 고객을 상대하고 자연스럽게 참여하는 수단이다.
- 오픈플랫폼 활용분야가 인터넷, 엔터테인먼트, 정보통신, 금융, 제조업 등이다.
  - 글로벌세계는 비즈니스 개방으로 기업경계가 확장되고 무한 경쟁이 이뤄진다.
  - 고객의 참여와 활용, 공유로 고객 인 사이트를 지향하면서 새롭게 참여한다.
  - 컨버전스 환경에서 맞춤형 토털서비스 등의 변화도 서비스 확장지표이다.

② 전자상거래시대의 물류

- 전자상거래의 확산은 다빈도 소량운송으로 물류수요가 변화되었고 아웃소싱과 e-로지스틱의 확대 및 공급체인망관리의 필요성이 대두되는 등 전반적인 물류부문에 지대한 영향을 미쳤다.
- 전자상거래 상에서 당면하고 있는 물류과제는 주문회수의 급격한 증가. 아웃소싱의 증대, 온라인 추적체계 구축, 글로벌 배달체계 구축이다.

〈표 8-5〉 물류 패러다임의 변화

| 구 분 | 물류영역 | 배송시간 | 배송물류 | 물류정보 |
|---|---|---|---|---|
| 전통상거래 물류 | • 물류센터↔유통점(유통점과 소비자가 직접수행)<br>• 최종 배송점 제한/집중화 | • 충분한 리드타임<br>• 사전 계획 불가능<br>• 사전 계획(고정) | • 로트(Lot) 단위배송 | • 유통점의 판매정보 |
| 전자상거래 물류 | • 물류센터↔소비자<br>• 최종 배송점 분산/광역화 | • 선택가능(소비자)<br>• 초단축화 | • 1개 단위 배송 | • 개별 고객주문정보<br>• 개별 배송물품 실시간 추적 가능 |

12) (eMarketer, 10. 23 & Slideshare, 10. 24.)[출처] : 정보통신산업진흥원[출처]2015년 소셜 미디어 마케팅의 8가지 트렌드 전망작성자아이티디포

③ 사이버 물류의 기본지식과 기술요소의 이해와 적용범위를 확정해야 한다.

- 무선통신기술은 실시간 운송과 재고 위치정보 확보를 위해 활동도가 높아졌다.
  - 지그비(Zigbee)기술은 저전력, 저가격, 편의적인 무선센스 네트워크 기술이다.
  - 삼성네트워크는 RFID바코드 리더기, PDA 등과 결합상품위치 파악, 재고관리 등이 자동 수행되는 무선 솔루션 'NexBee'를 출시했다.
  - 유무선 통신 전문업체 텔로드도 지그비기술에 환경센스 기술을 이용해 지능형 운송장(u-TAG)의 배송관리정보를 관제하는 서비스를 제공하고 있다.
- 차량용 블랙박스는 그 종류와 기능, 가격 등이 다양하다.
  - 차량용 블랙박스는 운전자안전과 사고발생 시에 정확한 원인규명이 가능하다.
  - 기존 GPS, 위치추적시스템, GIS, 무선기술, DBM 등이 통합, 멀티제품이 공급.
- 사이버 물류의 활용은 고객 밀착형 서비스 및 온라인을 통한 지원 등이 있다.
- 사이버 물류는 현재 물류시스템보다 40%이상 원가절감 효과가 있어야 한다.
  - 사이버 물류시스템은 웹기반이며, 차후 호환성문제를 고려할 때 효율적이다.
- 사이버 물류시스템을 활용할 수 있는 범위를 확정해야 한다.
  - 물류란 홈쇼핑과는 다르며 수없이 많은 오프라인 특성이 반영되어야 한다.
  - 자사가 사이버 물류시스템을 구축할 것인지, 아웃소싱인지를 결정해야 한다.
  - 단순 운송주문, 일괄 서비스, 위치추적시스템 등 사용범위가 명확해야 한다.
  - 범위를 지정해야 개선효과, 비용 산출, 향후 기술범위를 예측할 수 있다.
- 사이버 물류시스템은 SCM(Supply Chain Management)형태로 발전할 것이다.
  - 선진국에서는 생산에서부터 재고, 판매, 유통을 통합적으로 운영 중에 있다.
  - 국내에서도 소수의 대형업체들이 부분적으로 도입하여 운영하고 있다.

④ 사이버 물류의 유형

- 인터넷 사이트로 제공되는 물류서비스 모두가 사이버 물류라고는 볼 수 없다.
  - 국내 물류산업은 물류서비스를 개별적으로 제공하는 물류기업이 대부분이고 이 중 화물운송업체가 물류시장에서 큰 비중을 차지하고 있다.
  - '90년대 중반 이후 기존 단조로운 사업방식에서 종합물류, 컨설팅, 물류공동화, 포워딩 등 다양한 물류서비스를 제공하는 제3자 물류업체들이 증가되었다.
  - 기업들은 화주기업 특성 및 거래관계에 따라 택배업, 도매물류업, 공동물류업 등 다양한 형태의 사업방식의 영위하고 있다.
- e마켓플레이스와 물류
  - 물류업체의 고비용 문제, 책임소재가 불분명한 서비스 등이 해결되어야 한다.
  - 업종별 운송정보의 실시간 제공으로 발주자와 화주간의 긴밀한 관계관리, 글로벌 물류체계 구축, 물류비용의 인하 조정 등이 선결과제이다.

• e-logistics의 전개 현황
- 인터넷기반의 물류정보 실시간 제공, 물류관리 효율화, 고객서비스 등이 있다.
- 사이버물류의 요소기술에는 물류정보화, 물류솔루션, 물류지식 등이 있다.
- 물류서비스는 육송업체위주로 조회(추적)와 주문(운송)서비스를 제공하고 있다.

• 제4자 물류체계 구축
- 제3자 물류체계 : 주요 운송업체가 영세한 화주나 창고관리업무까지 대행한다.
- 제4자 물류체계 : 사이버 물류시스템을 기반으로 기존 운송업체와 VAN업체가 장악한 물류정보서비스를 주도하는 것이다.

• 사이버 공동물류센터
- 전자상거래환경에서 여러 회사들이 공동으로 물류센터를 건설하여 해결한다.
- 참여기업들이 물류시스템을 공동물류센터에 접속시켜 실시간의 물류체계구축.
- 현재 대기업중심으로 글로벌사이버 공동물류체계를 구축하여 운영되고 있다.
- 구매, 제조, 유통의 전 과정이 공급체인망관리로 정보공유와 물류비감소 유도.

• 농산물 전자상거래 플랫폼 '이웃농촌(enongchon.com)'
- 2014년 9월 개점, 농림축산식품부와 한국농수산식품유통공사(aT)가 운영한다.
- 유통비용이 판매가격의 14%로 평균 22~25%인 다른 쇼핑몰보다 경쟁적이다.

• aT가 운영하는 사이버거래소
- 농수산물 유통구조 개선사업이며, 개장한 2009년 10월 52억원 매출을 기록함.
- 2012년 1조원, 2013년 1조6000억원, 2014년 11월 말 2조원 매출을 돌파했다.
- 가락시장 거래액의 46%(2013년 기준), 전국 공영도매시장 거래액의 17%규모.
- 중국 알리바바와 협력, 우리 농식품이 해외 전자상거래를 통해 판매기회 열림.

• 농협중앙회 농협a마켓 전자상거래
- 농식품전문 온라인쇼핑몰로 2014년 1월 1일 개장, 11월 22일 1,000억원 달성.
- 산지 농민과 소비자를 직접 연결해 기존 유통경로에서 발생하는 비용을 축소.
- 농협안성농식품물류센터를 통해 과일류를 통합 배송해 물류경쟁력도 갖췄다.
- 농협중앙회는 2017년까지 a마켓 사업금액을 1조원까지 늘릴 계획이다.

### (4) 가상물류시스템의 구현

① 가상창고관리시스템의 개념

• 기존 창고는 한 장소에서 가능한 적은 수의 재고보유, 집중화시키는 방법이다.
- 재고정보에 쉽게 접근하면서 통제하기 편리하게 조직을 관리하여 왔다.

• 정보시스템 발달로 가상창고 한 장소의 재고보유는 규모의 경제를 수행한다.
- 규모의 경제는 인터넷을 이용, 공동으로 창고를 사용함으로써 실현될 수 있다.
- 정보의 통제, 지리적으로 분산된 재고관리, 응용시스템의 조직화개발이 가능.

• 공유창고가 유사품목을 보유한다면 특화된 재고관리기법으로 경제효과 증대.
- 전통 창고관리방식에 있어, 재고는 이상적으로 결합되어 한 곳에 모아져 있다.
- 전통 창고 W는 같은 장소에 네 종류의 다른 재고품목을 보유한다(그림 8-2).
- 창고는 보유품목 공간 및 범주에 의해 구속되어 제한적으로 운용되고 있다.

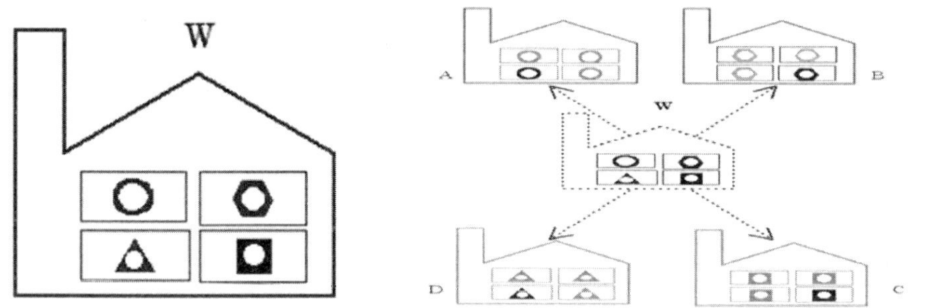


인용 : 물류혁신론, 송계의, 두남, 2007, P82-83.

**[그림 8-2] 전통적인 창고관리 방식** **[그림 8-3] 가상창고관리시스템 방식**

• 재고보유정보는 멀리 떨어져 있는 재고목록에 조직화된 접근을 용이하게 한다.
- 재고보유 품목의 실질적인 위치는 지리적으로 분산되어 있다([그림 8-3] 참조).
- 가상창고의 재고는 이상적으로 결합되어 있으며, 지리적으로 분리되어 있다.
- 가상창고 W는 다른 네 장소에 네 종류의 다른 재고품목을 보유하고 있다.
- 가상창고는 창고 및 목록 크기, 취급품목 변화에 융통적으로 적응한다.

• 가상창고관리시스템을 통한 재고관리의 장점
- 정보통신의 발달로 다양성이 강조되는 사업 환경에서 유리하게 전개된다.
- 장벽 파괴, 가용능력 증대, 재고범수 확내, 수요사의 집근성과 효율성 증대 등

② 가상거래(Virtual Trade)

• Inter와 Network가 결합된 가상공간(cyber space, virtual reality)자체가 시장임.
- 인터넷으로 국제간에 컴퓨터 정보통신망이 만든 가상의 상품서비스 매매시장.
- 주요 고객은 인터넷접속 이용자이며, 매매가 성립되면 매수인에게 상품 이동.
- 주문정보를 공급자들에게 신속하게 전달해 목적지에 배달하는 시스템을 구축.
- 매도인의 상품이동은 비용절감과 고객만족을 위한 물류의 효율성문제가 제기.

• 가상거래에 있어서 재고품의 소유자는 그 위치가 독립적이다.
- 재고품은 그 위치의 변동 없이 매매될 수 있다([그림 8-4] 참조).
- 불필요한 물품취급과 운송은 제어되므로 공급사슬의 효율성이 높아진다.
- 공급자 A가 제공한 재고품은 실질적으로는 창고 W에 존재한다.
- 재고품은 공급자 A에 의해 공급자 B에게 판매된다.

- 재고품의 실질적인 위치는 변하지 않고 그대로 창고 W에 존재하게 된다.

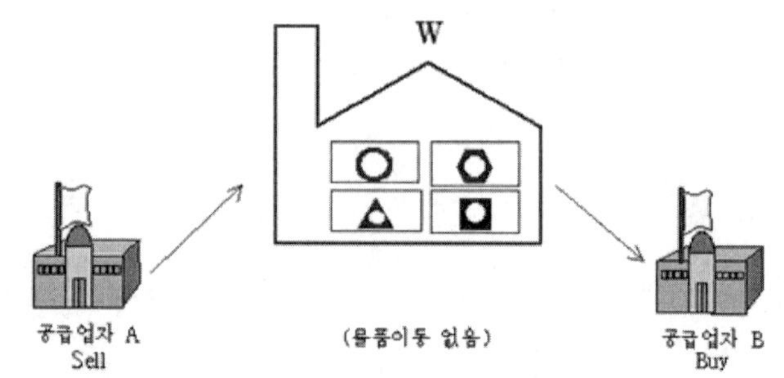


인용 : 물류혁신론, 송계의, 두남, 2007, P84.

**[그림 8-4] 가상 거래**

③ 가상인도(Virtual Deliveries)

- 공급자가 장거리운송으로 물품을 인도하는 경우
  - 수요지점과 가까이 위치해 있는 동일 물품을 확보하여 인도하는 것이 가능하다.
  - 이 경우 그 인도를 위해 원격지의 운송수단을 사용할 수 있다. (그림)참조.
  - C에 위치한 어떤 고객이 A에 위치한 공급자에게 어떤 물품을 주문하였다.
  - A로부터 C로의 운송비용은 장거리이므로 매우 높다.
  - 공급자 A는 C에 가까이 있는 공급자 B로부터 그 물품의 재고를 확보한다.
  - 고객 C를 위한 재고품은 이렇게 낮은 비용으로 공급자 B로부터 인도된다.

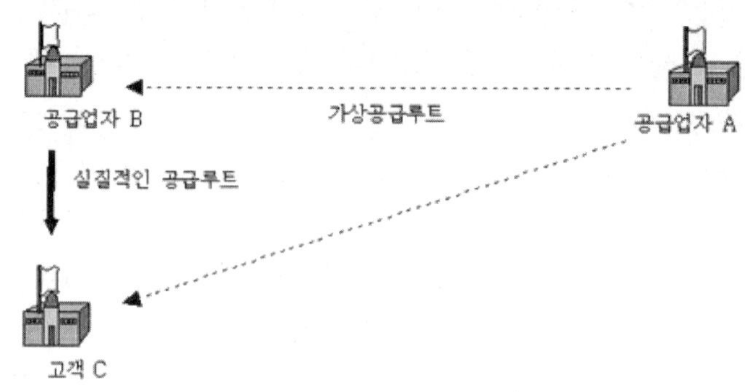


인용 : 물류혁신론, 송계의, 두남, 2007, P86.

**[그림 8-5] 가상 인도**

- 동일한 원리로 최초 공급자로부터 최종소비자에게 직접 인도하는 것이다.
  - 운송도중 물품을 취급하기 위한 제2의 공급자를 필요로 하지 않다.

- 이것은 공급체인사슬의 효율성을 증대시키는 결과를 초래한다.
- 가상인도와 더불어 직접 운송 및 취급에 의한 비용절감이 가능하다.
- 서비스 수준이 높아지며, 전체 리더타임이 줄어들게 된다.
- 가상인도는 복합운송업자가 국제운송물품을 취급하는 경우 적용되고 있다.

• 국제물품복합운송(United Nations Multimodal Transport of Goods)
- 목적지까지 물품의 일관수송을 위해 다른 운송방법이 사용되는 국제 물품운송.
- 1명의 복합운송인이 하주와 전 구간 운송계약을 체결하여 이행책임을 진다.
- 국제복합운송 발전으로 운송인의 책임과 의무에 관한 통일의 필요성이 높아짐.
- 국제기관이 이러한 수요에 부응하기 위하여 기초한 조약안을 말한다.

④ 운송대체거래

• 어떤 물품이 수요지로부터 멀리 떨어져 있을 경우,
- 그 수요는 운송보다는 오히려 대체거래를 통하여 성립될 수 있나.
- 대상 물품은 기존 거래방식보다 낮은 비용으로 인도될 수 있다(그림 참조).

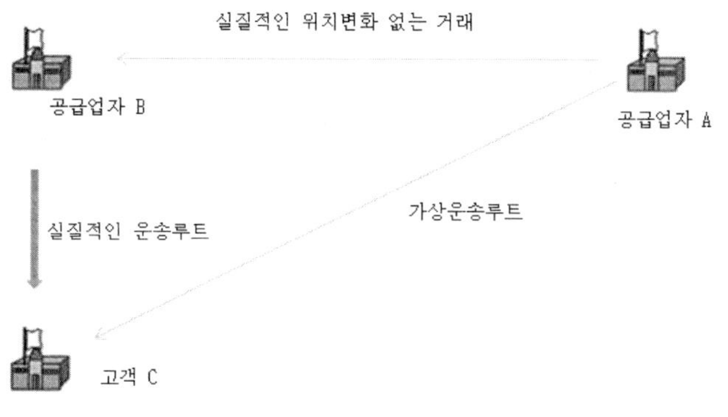


인용 . 물류혁신론, 송계의, 두남, 2007, P87

• C에 위치한 어떤 고객이 A에 위치한 고객에게 어떤 물품을 주문하였다.
- A로부터 C로의 운송비용은 매우 높다.
- 공급자 A는 자신의 물품과 C에 가까이 있는 공급자 B의 물품을 교환한다.
- 어떤 실질적인 재고품의 이전은 발생하지 않았다.
- 고객 C를 위한 재고품은 낮은 비용으로 공급자 B로부터 인도된다.

• 물품이 좋은 조건으로 원격적으로 구매될 수 있는 경우
- 물품구매로 특정지역수요를 충족키 위해 지역공급자 물품과 교환할 수 있다.

• 재고품을 공급하는 경우의 장점
- 운송비용과 운송 리더타임 도두가 줄어든다는 것이다.

- 가상인도는 특별한 경우의 운송대체거래이다.
  - 석유화학제품과 같은 벌크화물 거래 등에서 활용되고 있다.

⑤ 가상물류서비스

- 가상물류는 훨씬 더 높은 유용성으로 가상물류시스템이 탄생하게 된 것이다.
  - 어떻게 설계 되든, 자원이 어떻게 공급되든, 어떻게 유용되던지 관계가 없다.
  - 가상물류를 통해 화주는 핵심역량을 집중하여 물류서비스를 조정·통제한다.
  - 물류전문그룹도 가상공동물류 추진, 고객밀착서비스, 새로운 사업기회 확대.
  - 인터넷물류시스템도 가상물류서비스 제공과 구현하는 시스템을 구축한다.
- 물류시스템의 부가가치창출에는 온라인과 연계된 오프라인의 활동이 중요하다.
  - 상품과 재고관리, 운송수단 등 실질 물류자산의 효율적인 관리가 필요하다.
  - 사이버 쇼핑몰업체들은 조달비용 절감, 재고축소, 마케팅 비용절감이 관건임.
- 전자상거래에서는 온라인과 오프라인의 상호 결합과 보완이 매우 중요하다.
  - 모든 구매활동이 인터넷에서 이루어져도 제품배달은 배송업체의 몫이다.
  - 상품보관시스템과 배송서비스구축이 마케팅의 핵심이며, 기업성패를 좌우함.
- 성공적인 전자쇼핑을 위해서는 기존 사람중심의 관리체계에서 탈피해야 한다.
  - 배송업체와 소비자간 효율적인 관리를 위한 택배시스템과 RFID시스템 도입.
  - 배송관리시스템과 물류업체간 공동 수·배송전략으로 효율성을 높여야 한다.
  - 고객주문배달서비스도 고객만족과 효율성 증대차원에서 관리해야 한다.

## 3 물류정보화

### 1) 물류정보

#### (1) 개 요

① 정의

- 생산자와 수요자관련 재료 및 생산제품을 기업물류 활동단계에서 제반기능을 유기적으로 결합하여 전체적인 물류관리를 효율적으로 수행하게 하는 정보이다.
- 기업의 생산성향상과 이익증진을 위하여 물적 유통기능과 흐름을 효율적으로 종합 분석하여 통일적으로 결합한 정보체계이다.
- 물류에 영향을 주는 정보에는 거래유통정보, 물류정보, 도로·기상정보가 있다.

② 물류정보의 특징

- 물류정보는 여러 가지 종류이다(정보와 첩보의 차이)
- 정보의 양이 여타정보에 비해 절대적으로 크다.
- 평상시 정보와 성수기 정보량의 차이가 크다.
- 화물정보와 상태에 대한 정보가 동시에 제공될수록 좋은 반응을 나타낸다.
- 글로벌 경쟁에서 정보의 발생지, 전달대상 등이 광범위하다.
- 정보내용이 영역별 연관성이 크며, 제반단계에서 필요정보를 사전 처리한다.
- 최소의 비용으로 서비스 내용을 극대화할 수 있다.

③ 물류 정보망(물류정보 네트워크)

- 물적 유통에 의해 시간적, 장소적 가치를 만들어내는 경제활동을 파악하고 관리하는 정보네트워크를 말한다.
- 물류정보의 부가가치를 극대화하기 위한 방안은 각 기업이 보유하고 있는 장비에다 새로운 통신매체를 이용하여 각 이용자 간을 상호 연결한다.
- 물류 정보망은 물류비용의 절감과 시간을 대폭 할인하여 국가경쟁력을 강화한다.

④ 물류정보망의 종류

- 내륙화물정보망 : 데이콤운영 VAN, 한진GLOVAN
- 철도화물정보망 : 철도운영정보시스템)
- 해상화물정보망 : 항만운영정보시스템)
- 항공화물정보망 : 대한항공ACE-II

## (2) 물류정보의 종류

① 국내물류정보

- 정보활동의 역할에 따른 구분.
  - 수주정보, 재고정보, 생산정보, 출하정보, 물류관리정보로 구분할 수 있다.
- 물류센터에서 발생하는 물류정보(Data)
  - Order관리, 입고 관리, Picking/Packing, 출고 관리, 배차 계획, 차량/운송관리, 재

고 관리, 정산 관리, Location관리, 반품 관리 등이 있다.

• 가장 많이 쓰이는 물류정보시스템은 3가지입니다.
- OMS(Ordering Management System) : 주문정보시스템
- WMS(Warehouse Management System) : 물류센터(창고)관리 시스템
- TMS(Transportation Management System) : 수·배송관리 시스템

② 국제물류정보

• 국내 물류정보에서 제시된 사항이외에도 계약이행을 위해 다양한 정보 필요.
- 단계별로 화주정보, 화물운송 기기정보, 철도 정보, 선박정보, 항공기관 정보, 컨테이너 정보, 화물운송 정보, 항만정보 등을 필요로 한다.

**〈표 8-6〉 물류정보의 종류와 내용**

| 구 분 | 내 용 |
|---|---|
| 하주정보 | - 하주의 성명, 전화, Fax, e-Mail, 화물의 종류, 중량, 용적, 장소, 발착지, 운송기간, 운송거리 등 |
| 화물운송 기기정보 | - 화물자동차 운송관련 정보<br>- 운송차량, 운송공급력, 운송수요, 화물자동차 운송관리 정보 |
| 철도관련 정보 | - 화물열차 운행정보, 열차운행시간 통제정보, 철도보안정보, 철도 컨테이너 관리정보 등 |
| 선박정보 | - 선박운항 및 입출항 정보 |
| 항공기관 정보 | - 항공기 운항정보, 항공화물 하역정보, 항공보세창고 관리정보, 공항터미널 정보 등 |
| 컨테이너 정보 | - 컨테이너 동정정보, 컨테이너 관리정보 등 |
| 화물운송 정보 | - 화물집하정보, 개별창고 화물정보, 화물터미널 정보, 특정화물 확인정보, 도로교통정보,<br>- 고속도로 관리정보 등의 종합교통정보화 , 항공화물 운송정보 |
| 항만정보 | - 항만관리정보 CY, CFS관리정보, 컨테이너 추적정보, 항만작업정보, 화물유통 통제정보<br>- 작업지시정보, 선박도착정보, 선적시정보, 선하증권정보, 보세창고, 장치장정보 등 |

### (3) 산업분야별 현상

① 유통정보 전략의 변화

• QR(Quick response) : 납기단축
• EDLP(Every day low price) : 저가상시판매를 위한 저비용경영 실현
• ECR(Efficent consumer response) : QR + EDLP
• CRM(Customer Relationship Management) : 새로운 고객만족 실현

- SCM(Supply Chain Management) : 신 네트워크관리와 물류비용절감

② 법률분야

- 화물자동차 : 환경개선부담금, 경유에 대한 특별소비세(@48원/L)
- 물류용지 : 종합토지세 과다(지방세법 : 일반 업무용부지와 합산 과세하여 공장요지대비 과다)
- 화물터미널 : 국민주택채권(주택건설촉진법 : 공장면제), 부가가치세 부과
- 물류사업장 근로자의 시간외수당 : 과세(소득세법 : 공장은 비과세)

③ 인프라(Infra strcture)

- 하드웨어(Hardware) : 도로, 철도, 항만, 공항
- 소프트웨어(Software) : 운영체계(정보, 인력)

④ 물류업무를 원활히 수행하기 위한 제반 정보.

- 화주정보 : 성명, 전화번호, 주소, 종류, 중량, 출발지, 도착지, 기간, 구간정보.
- 운송수단 정보 : 화물운송자동차정보, 항공기정보, 선박 및 철도운송정보.
- 운송 정보: 창고정보, 집하정보 등이 해당된다.
- 항만 및 공항정보 : 출발지 도착지 공항이나 항만 및 CY 등에 관한 정보.
- 수출입화물검사·통관정보 : 검수정보, 수출입통관정보, 검역대상품목정보 등.
- 하역 정보 : 하역업체정보, 하역 진척에 관한 정보, 실적 등에 대한 정보.
- 보험정보 : 화물보험정보, 자동차등 운송 기기에 따른 보험정보 등이 해당.

### (4) 물류정보망 활성화를 위한 문제점 및 환경요인 분석

① 문제점

- e-Logistics체계에 필요한 공급망의 가시화·최적화 기능을 제공하지 못함.
  - 기존 EDI, ERP, CRM과 바코드, RFID, GIS/GPS, ITS와 연동기능 못함.
- 신구 정보시스템과의 연동으로 실시간 추적(track & trace)과 최적화 실시.
  - 물류계획의 동적 최적화 기능개발이 추진되나, 아직 실용화는 미흡하다.
- e-Logistics 통합 프레임워크의 기술적 이슈
  - 정보시스템 간의 비즈니스통합, 공급사슬물류정보의 원활한 흐름에 중점.
  - 계획 수립 및 동적/지능적 재조정을 위한 물류최적화를 목표로 기술개발.
  - 실시간 모니터링과 예외상황에는 지능화된 경고/조치로 공급망의 가시화.

② 물류정보의 행정 제도적·환경적 분석

- 우리나라 물류정보분야 환경은 오랜 거래관습상 거래 자료화가 미진했다.
  - 이익감소 우려에 따른 무자료거래 관행, 물류관련 영세성과 구조적인 결함.
  - 정보화 필요인식 부족으로 물류정보 폐쇄성, 공유인식 부족, 영업상 비밀 등.
  - 정보유출을 기피하는 정보화 마인드 부족이 정보화요구에 장애요인이다.

- 행정과 제도적 측면에서 보면 행정규제와 행정부처 간의 상호 통합지원 부족.
  - 관련법 정비와 전자문서 인증부족, 기간 전산망간 추진체계의 연계성 미확보.
  - 관계부처 간의 연계체제, 물류시설 인허가, 접속환경 구현대책이 긴요하다.
  - 유통과 물류, 정보전문가 양성 등 전문 인력수급을 위한 통합수요반영 미비.
- 관련기업에서 물류정보서비스 사업추진 저해요인은 다양하다.
  - 물류정보사업에 대한 전담 사업자의 투자의 한계이다.
    * 공공투자 성격의 종합 물류정보망사업은 대규모 초기투자 수요가 필요함.
    * 투자에 대한 회수기간이 길어 전담사업자의 투자부담이 가중되는 약점이다.
    * 상품공급과 가격설정의 애로로 경영자원배분과 투자의사결정의 한계가 있다.
  - 물류관련 연계되는 부가통신망체계의 개별성과 폐쇄성이다.
    * 개별물류주체가 개발된 전산환경은 개별적인 관리와 내부시스템의 한계성.
    * 생성정보공유를 전제한 표준화가 미흡하여 외부체인망과 접속환경이 열악함.
    * 통합공급체인망관리를 위한 소매점 네트워크 구축과 물류통합관리의 부족함.
  - 첨단 물류관리시스템(소매점지원체계+공급체인망관리)에 대한 인식부족이다.
    * 세계 유통물류환경은 규모화, 효율성 강화를 위해 통합화, 융합화가 전제됨.
    * 정보서비스시스템의 구축관련 인식미비와 환경부족으로 글로벌 경쟁력 한계.
    * 시스템구축에 따른 사업타당성과 투자대비 이익산출의 부담으로 기피현상.
    * 기업과 국가의 기본 패러다임은 생산성 향상과 원가절감부분이 강조돼야 함.
    * "물류경쟁력이 제조경쟁력이다"는 상황 논리와 상생과 공존노력이 필요하다.

③ 물류정보망 활성화를 위한 법·제도적 지원

- 전담 사업자에 대한 지원이다.
  - 종합 물류정보망사업은 재정적 특성과 공익적 특성으로 나눈다.
  - 재정적 특성은 대규모 초기 투하자본과 투자회수기간, 경제적 가격설정 곤란.-
    공익적 특성은 전담사업자 이윤추구에서 이용자 공익추구, 국민경제효과차원.
  - 경제적지원은 화물유통촉진법상 물류전산망 전담사업자 지원규정이 적용됨.
    * 유통산업발전법 17조 중소유통공동도매물류센터 지원에 관한 법에 적용됨.
  - 제도적지원은 전산망의 조기정착과 이용자에게 양질의 서비스 저렴하게 제공.
  - 표준화보급을 위해 물류관련 시설, 장비, 전자문서 활용위해 이용자 가입유도.
  - 유통 및 물류관련 사업 인허가 및 등록 요건에 물류정보화 환경조성을 명시.
  - 물류체인망 및 유관망의 원활한 접속실현으로 이용자에게 양질의 서비스제공.
- 이용자에 대한 지원이다.
  - 첨단물류정보 이용자에 경제적·제도적 지원, 정보망활용도 향상, 안정성확보.
  - 경제적지원은 유통산업발전법의 지원범위를 종합물류정보망을 확대해야 한다.
  - 물류사업자의 자금 및 세제상의 지원 감면과 유통단지개발의 지원범위 확대.

- 중소물류유통사업자의 지원규정 및 정보화 장비, 기기, 시설, 부대비용 확대.
- 물류정보화를 위한 제반 개념의 확대 및 비용관련 조세감면을 추진해야 한다.
- 제도적지원은 시스템 구축과 물류이용자에게 인·허가, 등록 등 행정우대조치.
- 중소물류유통사업자의 자동차에 종합물류정보망 장비장착 및 CVO장치 장착.
- 물류차량의 종합물류정보망 가입의무화, 운행안전도, 물류생산성 증대 유도.

• 물류정보화 활성화를 위해 기존 법률보완 등 미비한 지원규정의 보완 필요함.
- 종합물류정보 전산망의 구축에서 수익성이 낮은 공공부문규정의 명확화 요구.
- 중소물류유통사업자의 경쟁력 강화를 위한 물류네트워크 구축비용 등 지원.

④ 물류 정보 전산망 구축에 따른 기대효과

• 국가 경쟁력 제고부문이다.
- 물류비용의 절감을 통한 국가경쟁력을 강화한다.
- 제조업 매출액대비 17%인 것을 선진국수준인 11%로 절감하는데 기여
- 국제물류 시스템을 구축하여 동북아 물류거점화에 기여
- 민원서비스 향상을 통한 대국민 서비스가 향상된다.
- 전국 어느 사무실에서나 민원업무 처리가능
- 일괄처리서비스(One Stop Service)를 통한 시간 및 비용절감
- 서류없는 업무처리로 물류업무 활성화을 기할 수 있다.
- 수출입화물 통관 입출항관련 절차와 서류간소화
- 정부 및 업계의 물류관련 인원 및 비용 감소
- 교통체증 완화와 물류시설의 활용도를 제고시킨다.
- 물류연결점(Node)의 대기시간 감소 및 화물수용율 증가
  * 항만, 공항, 터미널, 창고 및 물류단지 등 사회간접자본 투자 부담경감효과
- 화물차량 평균적재율 증가 및 공차율 감소
- 지역별, 물류업체별 균형적인 발전에 기여한다.

• 서비스 이용자의 비용절감과 편익증진이다.
- 물류업계측면
  * 업무생산성 향상으로 원가절감 효과
  * 업계 정보화지원을 통한 정보관련 투자비용 절감
  * 알선정보제공 등 DB활용으로 수주빈도수 증가 및 보유자원 이용을 제고
- 이용자측면
  * 물류계획(Logistics Planning)의 정확한 제고로 JIT 환경 조성
  * 물류비용 및 시간감소에 따른 생산성 향상
  * 자체 물류시설 및 차량보유의 필요성 감소
  * 필요시점에 원하는 물류서비스를 제공받는 체제 구축.

## 2) 물류정보서비스의 종류

### (1) 화물운송 중개 사이트

① 개요

- 물류전문업체 : 자사의 물류인프라를 바탕으로 사이버 물류서비스 제공
- 웹상에서 합리적인 운임, 최상의 서비스, 신개념의 인터넷 비즈니스
- 인공위성을 이용한 인터넷화물추적시스템
  - 위치추적시스템(GPS), 주파수공용통신(TRS), 핸드폰, 개인휴대폰단말기(PDA)
  - 각 차량 위치파악, 배송중인 물품 내역, 배송완결여부 등을 실시간 파악 가능.
- 고객은 운송사 홈페이지, e-mail, 핸드폰 문자메시지로 자료 확인 가능하다.

② 화물운송 중개 사이트의 가치

- 건전한 운임거래질서의 확립
- 무역회사(화주)의 가격 경쟁력 향상
- 만차 운행의 유도로 운송사의 업무효율성 증대
- 지리적 구애가 없는 마케팅
- 단일창구를 통한 비용과 시간의 절간

③ 국내 사이버 물류정보서비스의 문제점

- 화주나 운송사에 대한 정보 부족(마케팅 부족)
- 운임시장 공개를 꺼려함(포워더, 운송사)
- 가격경쟁으로 운임료 인하, 회비납입, 수수료 지불 부담(포워더, 운송사)
- 신뢰성 보장의 미흡과 화주, 포워더의 기존거래 관행 고착
- 온라인과 오프라인의 연계가 미비된 서비스

### (2) 수송관련 정보유형

① 주파수 공용통신(TRS : Truked Radio System)

- 한정된 주파수 자원의 효율성을 높이기 위해 개발된 이동통신방식.
  - 1개의 시스템에 여러 개의 주파수 채널을 묶어 공동으로 사용하는 통신방식.
  - Group Call, 개별통신, 긴급통신, 공중전화망과의 접속, 데이터전송이 가능.
- 통신이 필요한 업종인 운수업, 제조판매업, 보험용역업, 서비스업, 선박 등.
- 서비스 종류
  - 위치측정시스템(GPS)과 연계된 화물추적시스템.
  - 음성통화 (그룹통화, 긴급통화, 개별통화, 공중망 접속전화) 등
  - 데이터 통신

• 효과
- 물류비용절감 : 최적 및 최단거리 운행거리 선정 및 업무처리시간 단축.
- 고객서비스 개선 : 신속한 화물배송, 정확한 배송시간 약속.
- 효율적인 차량관리 : 전자에게 교통정보, 신속 정확한 배차관리,
- 부가적 서비스 : 생활정보제공, paper기능, 음성 및 팩스사서함 기능.

② 범 지구측위시스템(GPS : Global Positioning System)
• 차량과 각종 메시지의 송수신으로 신속 정확한 효율적인 관리시스템.
• 인공위성을 이용하여 지구 어느 곳에서도 리얼타임으로 위치 파악이 가능.
• 운송차량 추적시스템의 무선교신을 이용하여 완벽하게 관리, 통제할 수 있다.
- 컴퓨터모니터 전자지도상에서 이동물체 위치 및 상태를 실시간으로 파악
• 6개 궤도 24개 GPS용 위성.(대상물체의 위치나 속도까지 추적된다)

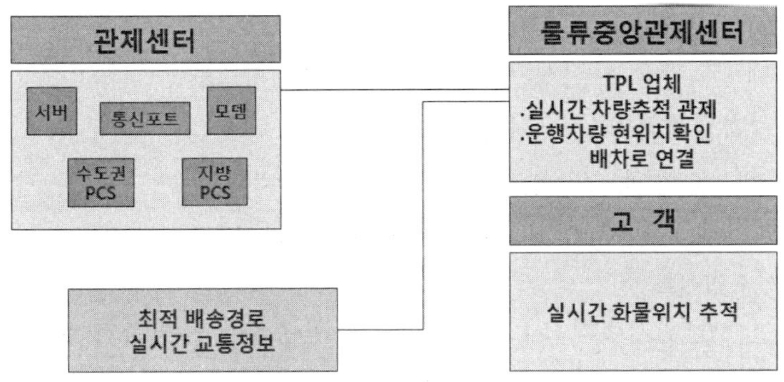


[그림 8-6] 차량위치 추적 시스템

• GPS의 효과
- 차량운행경로의 상황파악 및 업무지시 가능
- 교통혼잡시 신속하고 정확한 교통정보 제공
- 물류거점의 대기시간 감소 및 화물수률 증대
- 효율적인 배차관리로 공차운행의 최소화 및 물류비용 절감
- 차량의 적재율향상으로 배송비용 절감
- 소비자욕구의 응답요구에 신속한 반응
- 물류정보시스템의 효율적인 구축 및 자동화 실현
- 차량 및 근무자의 합리적 관리
- 운항중인 선박의 관리 및 통제
- 환경오염방지 및 에너지절감 등 국가경쟁력 제고

③ 차량 이동물체 위치파악 시스템(AVLS : Automatic Vehicle Location System)

- 차량, 선박, 항공에 장착된 GPS수신기와 그 밖의 위치 센서의 정보로부터 차량 운행관리, 수·배송 알선, 교통정보 제공, 화물추적기능 등을 효율적으로 관리.
- 위성으로부터 받은 신호를 현재 이동체의 위치를 운행자와 중앙관제소에 알려주어 이동 상태를 파악하고 실시간에 계산하여 차량의 최적배치 및 파견, 실태 파악 및 분석, 안내, 통제, 운영하는 일련의 작업들을 자동화한 시스템.

④ 화물 운송정보 서비스(CVO : Commercial Vehicle Operation)

- 지능형 교통시스템(ITS)의 일환인 물류관리 정보시스템
  - 화물 및 화물차량에 대한 위치, 적재화물종류, 운행상태, 노선상황, 화물알선정보 등을 실시간으로 추적·관리.
  - 각종 부가정보를 제공함으로써 생산성 향상을 도모.
  - 위험화물의 적재차량을 추적·감시하며 돌발상황시 조난신호를 자동적으로 발신토록 하여 신속한 사고처리 체계를 구축.
  - 교통체계 내 안정성 향상을 도모할 수 있는 시스템
- 효과는 기업경쟁력의 제고이다.
  - 공차율 감소, 최적노선 선택, 적기수송으로 수송비용의 절감, 차량운영 효율성 향상, 대고객 서비스 향상, 물류비용 절감 등이다.

⑤ 실시간 위치추적기술

- 현재의 실시간 위치추적기술은 테러 등 범죄행위를 예방하기 위한 측면과 자신들이 운송, 관리하는 화물을 보호하기 위한 측면이 혼재되어 있다.
- 대부분 글로벌 선사, 항공사, 물류기업은 운송자 번호, 컨테이너 번호 및 BL 번호 등을 이용하여 화물의 위치나 정보를 이용자들에게 제공한다.
  - 자사나 협력사가 운영하는 선박이나 항공기 및 운송차량의 위치를 각종 정보기기를 이용하여 파악한 후 이를 이용자에게 제공하는 것이다.
- 보안 솔루션 기업들이 이를 물류에 적용하여 화물추적서비스를 제공한다.
  - 현재 시장에서 제공되는 화물추적 서비스는 글로벌 물류기업이 제공한다.
  - 이들은 자체 기술개발 및 다양한 솔루션을 활용하여 서비스를 제공한다.
- 서비스범위가 국경을 넘어 인공위성을 활용한 기술적용이 확대되고 있다.
  - 우리나라도 RFID, 이동통신, GPS 등 많은 기술들이 도입·활용되고 있다.

⑥ 기타 기술

- 교통지리정보시스템(GIS-T)
  - 교통의 흐름을 방향과 더불어 표시하는 장치.
  - 교통사고, 교통체증 감소 위해 단일주파수 확보

• 지능형교통시스템(ITS)
- 자동차 센서, 전자장치 상호작용, 안전·편리한 운전.
- 대중교통 이용확대와 물류비 절감, 중요성이 크다.
- 사람, 차량, 국가기간시설 간의 지능적인 교통솔루션

• ISDN
- 디지털신호로 변화시켜 종합적인 서비스를 제공하는 통신망이다.
- 음성, 데이터통신, 팩시밀리통신, 영상정보 등 비음성계 통신.

### (3) 항공·운송업체의 정보 시스템

① 대한항공 물류정보시스템(http://www.koreanair.co.kr)

• 인터넷상에서 이메일이나 휴대폰으로 실시간 화물상황을 화물추적서비스.
- 예약에서부터 화물인도까지 전 과정을 포함하는 ACE-II전산시스템 운영.
- 항공화물처리회사 TRAXON을 통하여 업계·항공사 연계한 화물정보교환.

• Master Air Waybill(AWB 또는 MAWB, 마스터 항공운송장)
- 혼재업자가 항공회사에 화물을 수락시키면 항공회사는 AWB를 발급한다.
- 혼재업자(송하인, Shipper)는 MAWB번호를 입력하면 운송현황을 파악함.

• E-Mail Tracking Service(e-TRACK)
- e-mail로 화물의 운송상황을 실시간 전송하는 새로운 고객서비스.
- 매번 Tracking접속의 불편축소와 실화주 메일입력으로 대화주서비스 향상.

• 수입화물 통관정보
- 적하목록 제출이후 해당 수입화물의 통관과 화물정보·컨테이너정보 제공.
- 통관정보조회는 수입화물관리번호 또는 B/L번호 중 진행요구대로 입력함.
- 미국 세관시스템(AMS), 한국 관세청 EDI 등 각국 세관과 연결, 통관지원.

② 아시아나항공 물류정보시스템(http://www.asianacargo.com)

• 전체 화물에 CLASS를 적용.
- 네 가지 등급으로 분류.
  * 프로플러스(Priority Plus : 동일항공편 또는 당일내 연결 운송),
  * 패스트트랙(Fast Track : 1일 이내),
  * 스피드(Speed : 2일 이내),
  * 엑시큐션(Execution : 3일 이내) 등
- 프로플러스 클래스와 패스트트랙 클래스서비스에 의해 운송시간을 보장.
- 스피드 클래스와 엑시큐션 클래스로 세분화, 고객요구를 다양하게 구성.

• Cyber Express라는 이름으로 E-Logistics 서비스를 제공.
- 중소업체와 벤처수출관련 업무지원과 일반네티즌에게 신속한 서비스제공.

- ACE Express와 제휴, 서울발/착 익스프레스화물에 도어투도어서비스제공.
- 사이버익스프레스 화물은 Rapid988의 최상위 등급인 P-Class로 예약된다.
  * 운항스케줄(항공편, 연계운송, 정기편), 화물예약, 화물추적 서비스 제공.
- Cyber Express는 화물운송서비스에 전자상거래개념을 도입한 것이다.
  * 소화물, 견본품, 소포류, 사업서류와 지역도 美·日·中·싱가폴에 한정.
  * 동일항공편 또는 당일 내 연결운송이 보장되는 프로플러스(Priority Plus)
  * 1일 이내 운송서비스인 패스트트랙(Fast Track) 등 5단계의 서비스상품.

• 현대택배와 제휴한 국내에서 가장 빠른 택배 서비스 제공.
- 인터넷 예약하면 서울과 주요 도시간 5시간 만에 Door to Door 서비스.
- 고객접수이후, 도착지에 배달되는 ATD(Airport to Door) 등 3가지 서비스.
  * 서비스품목, 서류, 지역 등 한정, 전자우편과 전화번호로 배달여부 통보.

③ FedEx 물류정보시스템(http://www.FedEx.com)

• 프레드릭 스미스(Frederick W. Smith) FedEx 회장 겸 창립자.
- 1978년 "배송물에 대한 정보는 물품자체만큼이나 중요하다"는 경영철학.
- 1973년부터 혁신적인 솔루션을 구축, FedEx Powership 프로그램을 운영.
- 1980년대 중반부터 전자상거래와 소화물집배주문체계와 자동서류작업처리.
- 1984년 최초의 컴퓨터 기반 자동 선적시스템 FedEx PowerShip® 도입.

• 1994년 업계최초 온라인 물품확인 FedEx 홈페이지(fedex.com) 개설.
- 1996년 7월 FedEx InterNetShip 프로그램 출범, E-Logistics 서비스 개시.
  * 화물집배신청, 배달품 전달장소 확인, 포장라벨인쇄, 송장내용 수정요청, 배달처리상황 등 모든 업무사항을 웹사이트내에서 고객이 직접 일괄처리.
- 멤피스본사 중앙컴퓨터 코스모스와 휴대용 스캐너인 슈퍼 트랙커를 기반.
  * 일일 5,400만건 상품정보, 집하시점부터 배달완료까지 실시간 인터넷전달.

• 2003년 업계최초 하이브리드
- 전기 배송트럭 확보, 멀티센서 배송.
- 2009년 온라인상 전 과정 실시간으로 모니터링 SenseAwareSM 도입.
- IT 시스템 네트워크를 단일 하이브리드 클라우드 플랫폼 전환 작업 투자.
- 시스템 네트워크는 매일 15페타바이트에 데이터를 계속 상향처리 지속.

④ DHL 물류정보시스템

• DHL화물은 인수한 휴대용 무선스캐너로 항공운송장 부착 바코드가 인식.
- 화물이동정보는 각 글로벌 트랙 & 트레이싱 데이터베이스로 전달된다.
- 상품정보는 세계 어디서나 화물을 추적하며 인터넷에서 화물정보를 본다.
- DHL S/W를 이용하여 화물추적과 소화물의 바코드를 인쇄할 수도 있다.

• DHL 물류정보 서비스
- M-TRACK : 물류정보시스템을 이용하여, 실시간 배달정보문자서비스.
- E-TRACK : 고객이 직접 이용하는 E-메일추적 배달정보 조회서비스.
- Easyship : DHL 발송업무를 편리하고 효율적으로 관리하는 시스템.
- BRS : 수출네고서류 추적조회서비스.
- DHL Connect : 해외 발송고객을 위한 맞춤형 발송물 관리 프로그램.
- DHL ATS : 기업전용 고객번호이용 발송물 배달조회시스템.
- DHL IVRS(Interactive Voice Response System :자동음성정보 서비스.
- DHL BRS(Bank Reference Service) : 수출네고서류 운송상황 조회서비스.
- DHL e-Business : 전자상거래 배송 솔루션
- DHL TAS(TradeAutomation Service) : 관세정보 국제무역자동화서비스.

### (4) 미래 정보처리 기술

① 향후 물류정보처리 기술 전망
• 현재 e-Logistics 환경하의 물류 정보처리의 가장 큰 이슈.
- 전체 물류정보의 프레임워크구성은 경영전략에 영향을 미칠 것으로 전망.
- 주문정보나 재고정보가 실제 전략부서에서 분석차이의 발생문제를 의미.
- 모바일과 위치추적기술 발달로 물류정보처리는 실시간으로 취급되어 짐.
• 공급사슬과 연계한 프레임워크인 네트워크형 e-fulfillment시스템 구축.
- 특정기업이 보유자원들과 사업자들의 보유자원·시스템들을 상호 연계함.
- 현재 공급체인망관리 솔루션들이 표준에 따르지 않고 최적의 호환성 강조.
- 네트워킹으로 연계하여 다양한 고객지향 주문을 하는 환경구축을 의미함.
• 네트워크형 e-fulfillment 시스템의 향후 구조
- 중앙물류통제 통합허브가 하단의 공급체인망 어플리케이션들을 조정함.
- 인터넷과 부가가치통신망(VAN)으로 공급자, 소비자, 3PL들과 연결구조.

② 기술발전이 물류에 미치는 파급효과
• 전자상거래에 따라 신속하고 신뢰성이 높은 배송 서비스를 기대한다.
- 소비자는 e Logistics 체계상에서 신속하고 편리한 주문에 익숙해진다.
- 전자상거래 증가는 신속한 화물운송과 화물수송 다빈도화와 소량화 초래.
- 화물운송시장은 증가하고 철도운송은 부가서비스를 점차 감소될 전망임.
• 기술의 발달로 과거와 다른 유통망의 구조에 가장 두드러지는 변화요인.
- 전자상거래와 발달과 실시간 재고정보의 공유 등으로 사이버 무역의 성장.
- 대형 할인점포의 성장은 필요한 유통과정의 축소가 두드러진 괄목한 현상.
• 물류구조의 변화는 인터넷서버하나로 세계 서비스망과 판매망 구축 가능.

- 유통비용 절감으로 고객에게 신상품을 보다 신속하게 유통시킬 기회 확대.
- 고객요구에 맞는 가상 커뮤니티·쇼핑몰·전문물류업체 협력체계는 필수.

• 특정 국가를 넘어서 세계시장을 무대로 하는 단일시장의 등장을 촉진.
- 유통과 물류의 협력 이외에도 제조업자와 유통업자간 네트워크로 연결됨.
- 단일가상기업체제를 형성한 e-Globalization등장으로 체인망관리촉진 예상.

③ UPN기술

• 모든 사물에 전자태그를 부착해(Ubiquitous) 사물과 환경을 인식하고(sensor) 네트워크를 통해 실시간정보를 구축, 활용토록 하는 것.
• 현재의 사람중심에서 사물중심으로 정보화를 확대하고 궁극적으로는 광대역망(BcN)과 통합해 유비쿼터스 네트워크로 발전하는 것.
• UPN기술은 전자태그, 리더, 미들웨어, 응용서비스 플랫폼 등을 중심으로 유무선망을 이용한 네트워크로 구성.
• 유비쿼터스 네트워크의 근간이 되는 전자태그(RFID)는 칩의 저가화와 소형화
• 지능화추세에 따라 물류, 유통, 교통 등 사회전분야로 확대 적용되고 결국에는 지능형 유비쿼터스센서 네트워크(USN)으로 진화.

④ Telematics 서비스

• 텔레메틱스란 통신(Tele communication)과 정보과학(Informatics) 의 합성어.
• 자동차, 이동통신단말기, 컨텐츠와 애플리케이션이 유기적으로 연관된 자동차용 차세대 정보제공서비스.
• 무선통신과 GPS기술을 결합하여 자동차에 시기적절한 위치정보, 안전, 오락 및 생산성향상 서비스, 금융, 예약, 상품구입 등 개인화 서비스, 이동통신서비스 제공.

⑤ 향후 기술발전 방향

• 기술의 융합화·복합화 통해 소형화, 고성능화, 저가격화가 중심되어 다양한 분야로 확대 예상된다.
• (다양한)컨테이너 또는 수송용기 자체에 위치추적 장치를 내장하는 형태로 기술진보가 이루어 질 것으로 전망된다.
• 향후 실시간 위치추적기술과 관련한 표준화는 스마트컨테이너와 스마트 운송기기 쪽으로 초점이 맞추어지리라 판단된다.

⑥ 세계 물류환경의 변화와 대응방안

• 새로운 정보망의 중요성이 더욱 확대
- 서류 및 허가절차, 기업들 간의 물류정보 공유 등을 담당하는 되고 있다.
- 관련데이터베이스의 구축과 공급자와 이용자 간 체계적 정보교환이 필요.

• 1982년 미국세관은 EDI체계인 ACS(Automated Commercial Systems).
- 무역자동화시스템을 공공기관, 통관대행업자, 선박회사 등과 연결, 구축.

- AT&T, IBM, GE 등 유수한 민간정보통신업자들이 자체 EDI시스템 구축.
- GE사의 EDI·xpress System은 글로벌 네트워크로 EDI서비스 제공.
  - 세관 통관, 컨테이너 및 화물추적 서비스, 운송업체와 관련업체간의 업무.

### 3) 물류정보시스템(Distribution Logistics System)의 구축

#### (1) 개요

① 정의

- 기존 물류시스템에 컴퓨터를 이용한 정보시스템을 접목시켜 확대된 시스템.
  - 소비자주문에 대응하는 물류지원과 물류기능을 유기적으로 연결하는 시스템.
  - 물류관리 주요 기능인 포장, 하역, 저장, 보관, 수송, 정보과 연관된 복합개념.
  - 물리적인 경제활동을 지원하는 관리시스템이며, 정복하지 못한 이익원이다.
  - 점포 출점에서 유통물류채널의 배송, 진열, 판매까지 전 과정에서 좌우된다.
  - 인터넷과 전자상거래의 활성화로 인해서 생겨난 e-Logistics 시스템이다.
- 생산에서 소비에 이르기까지 유통물류활동을 구성하는 정보시스템이다.
  - 정보관리기술로서, 물류 정보를 효율적으로 활용하는 시스템이다.
  - 통신매체를 이용하여 기업과 제조업체, 판매점과 소비자를 연결하는 수단.
  - 수행수단 매체로는 부가가치통신망(VAN)과 전자문서교환(EDI) 등.
  - 주문 및 수·발주업무의 최적화, 재고 최소화, 수·배송 합리화, 생산 계획화.
  - 점포와 POS로 연결시켜서 필요상품을 정시·정량으로 배송하는 시스템이다.
- 수송, 배송, 창고관리, 수·발주 등 물류기능별 영역과 경영활동 관계
  - 물류기능(집하, 배송, 수송, 보관, 하역 등)을 업무로 연결.
  - 정보를 효율적으로 수집, 처리, 공급하고 관리하는 것.
  - 물류정보관점에서 정보흐름을 물류현장에 실실 적용시키는 계기 됨.
  - 물류기능을 유기적으로 결합하여 전체적인 물류관리를 효율적으로 수행한다.
  - 공급체인사슬에서 제조업체와 협력하여 물류센터 호스트 컴퓨터를 설치한다.

② 특징

- 글로벌 통신망에 의한 원격지간·다기업간 시스템이다
- 대량 정보처리와 정보량의 대폭적인 변동이 가능하다
- 물류기기와 연결되어진 현장중심의 시스템 체계이다
- 데이터의 사전처리 및 후속처리 기능이 가능하다
- 서비스 수준과 비용의 상충관계에 있다.(Trade Off)

③ 도입배경

• 복잡한 물류관리로 인하여 제반 물류비용의 증가와 밀접한 관련이 있다.
• 시장개방과 글로벌 경쟁구조, 운송물량 및 소품종 다품목운송이 증가했다.
• 생산원가의 압박요인을 해결하기 위한 방안으로 도입하게 되었다.

④ 구성 목적

• 시간과 공간 및 일부 사업변경에 따른 효용창출을 극대화.
  - 물류서비스의 제공, 물류비용의 최소화, 최적 물류시스템, 최대의 이익을 창출.
• 수송, 보관 등 종합 기능의 조합으로 새로운 참여자들에게 부가가치를 창출.
  - 고객의 요구를 만족시키는 물류 서비스를 제공.
  - 물류비의 최소화 및 최적 물류시스템을 구성.
  - 시간과 공간 및 일부의 형질 변경의 효용 창출의 극대화.
• 종합물류정보 서비스 체계화
  - 주문 받은 물품을 신속·정확하게 고객에게 인도하는 확실한 정보처리 필요.
  - 화물의 집하, 배송, 운송, 보관, 하역 등 전체 일관운송체제 구축에 필요.

⑤ 목표

• 고객이 원하는 시간에 상품을 신속하고 정확하게 전달(신속성)
• 대고객 서비스 활동 원활화(안정성)
• 물류 및 유통시스템의 운영 효율성을 제고하여 물류비용 절감(효율성)

### (2) 기능

① 종합기능

• 기획·통제기능
  - 재고관리, 물류시설의 입지 결정, 예측 가능한 작업
  - 계획과 실적의 통제, 판매원의 통제, 시스템 성과의 통제
  - 제품주문 상황, 조달관련 리드타임정보 등 재고수량기획 및 입지결정.
  - 설정된 시설활용서비스 목표와 실제서비스수준 비교, 통제자료 활용.
• 조정기능 : 정보의 공유. 조달. 생산. 판매 등 조정
  - 생산, 자재 수급, 판매, 마케팅 기획
  - 보의 공유에 따른 생산계획과 조달계획을 조정가능
• 운영기능 : 운송, 보관, 포장, 하역, 배송, 유통가공, 정보기능 등 효율적 수행
  - 고객서비스·커뮤니케이션 기능 : 고객과의 커뮤니케이션 경로 유지
  - 고객주문 처리상황, 재고상황, 입고상황
  - 고객주문 시 정보시스템의 반응 및 신축성에 의한 서비스 개선

② 기능별 세부 기능

- 운송 기능 : 고객주문에 신속 배송, 운송 중 교통사고, 화물 분실, 훼손 감소.
- 보관 기능 : 변질, 분실, 도난, 파손 등의 감소.
- 포장 기능 : 운송과 보관이 보다 안전하고 부가가치 높도록 운영.
- 하역기능 : 운송과 보관기능이 보다 과학적이며, 합리적으로 운영.
- 배송 기능 : 고객 주문에 대하여 신속 정확하게 운영.
- 재고서비스 기능 : 고객주문에 대한 결품 및 로스방지체계의 구축.
- 유통·가공 기능 : 최적의 생산비와 물류비용 도출을 위한 운영시스템 구축.
- 정보가공기능 : 물류활동 지원을 위한 제반 물류정보 축적 및 관리, 제공
- 피드백 기능 : 수요정보를 생산부문, 마케팅부문에 통합관리 및 조정.

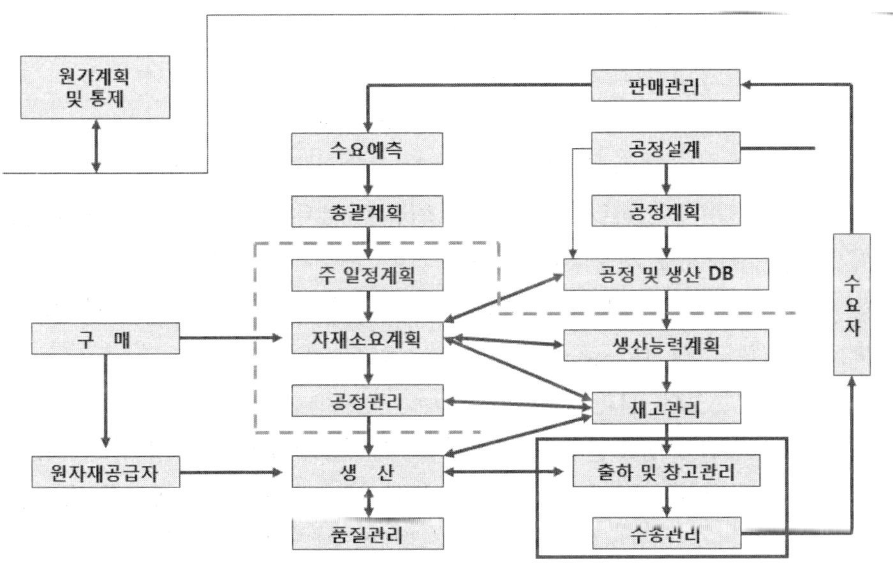


**[그림 8-7] 물류정보시스템의 기본 구성요소**

## (3) 역할과 종류

① 역할

- 효율화와 전자화를 목적으로 물류관리를 수행하는 물류혁신개념이다.
  - 입하와 출하의뢰, 차량알선, 배송, 재고관리에서 화물이동추적까지 정보관리.
  - 물류라인상의 전체 동향을 상황에 맞게 실시간으로 신속히 수정하는 전략.
  - 과거 비용절감개념에서 오늘날 서비스 차별화개념으로 변화된 것을 의미.
  - 현실에서는 재고정보와 실재 재고량과는 차이가 발생하는 경우가 많다.

• 기능적 주체(화주, 운송업자, 주선업자, 창고업자 등)간의 효율적인 정보관리
- 정보를 효율적으로 수집, 처리, 공급하고 관리한다.
- 물류창고정보는 체크시점과 업로드상황에 따라 실제 재고정보와 차이 큼.
- 전자상거래기반의 e-비지니스차원에서 재고오차는 매우 치명적이 된다.

• 물류의 목표인 효율성, 경제성, 신속성, 안정성 추구.
- 재고의 적정화, 사무관리 자동화, 판매기능에 대한 지원 등
- 리드타임의 절감, 수·발주 및 출하작업의 자동화, 수요와 공급의 조정 등
- 수송효율 및 하역작업의 효율성 제고, 출하 및 배송의 정확성 향상 등

② 종류

• 수주 및 출하 처리시스템 : 고객의 주문제품 출하과정을 관리하는 시스템
- 수주처리는 거래활동의 최초 출발점으로 이는 물류활동의 기초가 된다.
- 우선 고객의 수주를 받은 직원이 재고를 조회하고,
- 수주조건 및 재고유무를 파악하며,
- 전체적인 물류 시스템을 관리하는 기능을 가지고 있다.

• 재고관리 시스템 : 고객의 주문량과 연동, 적정재고를 보유하는 시스템
- 어떤 품목이 언제 얼마나 주문되는지 일련의 절차와 수행인력, 장비 포함함.
- 경제적인 재고량과 재발주를 하는 시점을 결정하는 것이 중요하다.
- 대 생산일정계획을 확보하여 최종제품의 시기와 양을 명확하게 파악한다.
- 모든 재고품은 설계된 숫자로 명확한 파악이 가능하다.
- 모든 재고품목들에 관한 기록의 이용이 가능하다.

• 창고관리 시스템 : 창고관련 정보관리시스템(입고·재고·출고·이동·관리)
- 창고면적, 작업자, 하역설비 등 효율적인 활용, 서비스수준제고가 목적임.
- 재고관리가 가장 중요하며, 생산 및 구매계획 시스템과 밀접한 관련이 있다.
- 입고정보, 재고정보, 출고정보, 창고내 이동정보, 창고관리 영역으로 나눈다.

• 수·배송관리 시스템 : 적기배송체제 확립과 최적운송, 운송비용의 절감.
- 수주된 주문을 처리하는 마지막 단계에 대한 정보시스템이다.
- 수·배송정보를 청구하는 수단으로 변형시키는 중요한 자료의 관리범위가 중요.
- 수발주 내용과 수·배송내용의 일치여부를 확인, 고객만족도를 높이는 것 중요.

〈표 8-7〉 물류정보시스템의 구성요소

| 구 분 | 주요 내용 |
|---|---|
| 생산계획시스템 | 판매기능으로부터 발생한 수요를 충족시키기 위하여 필요한 제품의 생산일정 및 원자재 조달계획을 수립하고, 수립된 계획에 따라 생산을 통제하는 기능을 수행 |
| 전자발주시스템 | 매장에서 필요한 상품을 주문하고 이를 인수하는 과정을 자동화한시스템 |
| 재고관리시스템 | 공급상품의 적정 재고량을 설정하고, 재고 보충시기와 수량을 결정하는 시스템 |
| 창고관리시스템 | 입고, 출고, 재고의 위치관리 및 창고 내 제품의 이동관련 정보관리 시스템 |
| 판매관리시스템 | 점포자동화를 위한 소매업 경영의 종합서비스시스템·판매정보 뿐만 아니라 매입, 발주, 배송, 재고 등 소매업에서 발생하는 모든 정보를 종합적 관리 |
| 수배송관리시스템 | 배송의 효율화를 위해 상품 공급자와 수요자 사이의 공간적 간격을 극복하는 기능, 배송루트의 조정, 적재율의 향상을 위한 체계적인 배송운영을 위한 다이어그램과 배송루트 설정, 최저주문제도, 리더타임의 표준화를 컴퓨터로 지원하고 조정, 통제하는 소프트웨어의 개발체제 |
| 고객정보관리시스템 | 마케팅기능과 물류기능을 연결하는 시점에서 고객서비스와 관련된 다양한 정보를 입수, 처리, 가공, 보관하는 기능 |
| 수요예측시스템 | 물품이 운송될 때 수반되는 자료와 정보를 신속하게 수집하여, 이를 효율적으로 관리하는 동시에 수주기능에서 입력한 정보를 기초로 비용이 가장 적은 수송경로와 수송수단을 제공하여 수·배송 계획을 수립 |

### (4) 물류정보화 실태

① 프로세스의 변화

- 정보통신 기술의 발달은 물류프로세스의 변화를 촉진하고 있다.
  - 조달계획부터 최종 소비자에게 선 과정을 관리·운영하는 역할을 담당.
  - 글로벌경영으로 물류범위가 확대되어 물류과정이 빠르게 전산화, 자동화.
  - 기업거래와 통관, 검역, 기업들 간의 정보공유를 위한 행정절차까지 확대.
- 제반 행정은 서류 없는(Paperless), 끊임없는(Seamless) 프로세스 촉진.
  - 물류정보망은 개별 회사, 계열회사 또는 유통회사와의 연계 등으로 발전.
  - 국가단위의 제반 시설은 공항, 항만, 물류거점시설들을 중심으로 발전함.
  - 개별기업의 효율화에서 글로벌차원의 효율화를 추구하면서 빠르게 발전.
  - 공급사슬의 전 과정을 효율화하기 위해서는 제반기능의 고도화가 필요함.
- 물류정보화 수준
  - 바코드와 RFID, 판매시점관리(POS), 전자문서교환
  - 자동 수·발주시스템, 화물차량 위치추적시스템, 자동창고관리시스템

② 기술 추세

- 고객에게 전달하는 상품·서비스관련 통합업무의 종합관리시스템을 지향.
  - 물류활동의 기획·조정 및 통제와 고객서비스와 커뮤니케이션 관리가 필요
- 기업의 부품조달, 생산, 유통, 판매, 기업회계 등 경영요소까지 영향 미침.
  - 자동화제어시스템, 재고관리시스템(WMS), 무선관리시스템(RFID), 자동분류시스템, 배차시스템(TMS), 주문관리시스템에서 차량관리시스템으로 발전
- 기업내부 업무과정뿐만 아니라 기업 외적인 요소까지 전체적으로 통합.
  - 비용최소화와 고객만족극대화를 위한 SCM경영전략의 적극 활용에 기여.
- 관련 기능별 소프트웨어의 통합 프레임워크기술이 가장 중요 요소로 대두.
  - 다자간 정보교류, 실시간 통합 관리환경, 고객서비스 지식정보 등의 강조.
- 이질적인 정보통합을 위해 e-Logistics 솔루션표준화 프레임워크방식 개발.

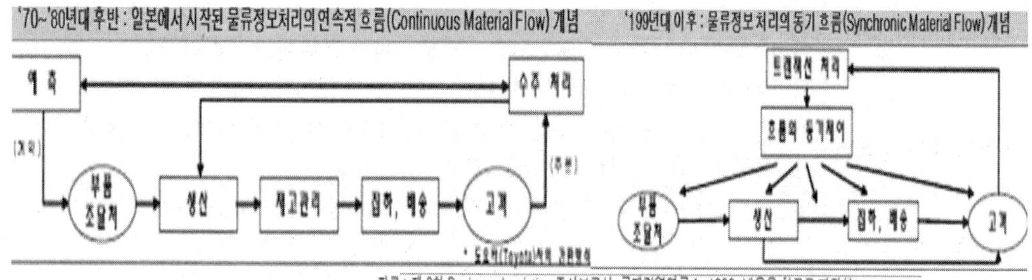


자료 : 제 2회 Business Logistics 조사보고서, 국제경영연구소, 1990, 내용을 참고로 재작성

[그림 8-8] 물류정보시스템 설계의 변화

③ 정보화 정책과 장애요인

- 정보화 정책
  - 종합물류정보망, 지능형교통시스템(ITS), CALS/EC 등 물류관련 정보화 추진
  - 산업경쟁력 강화를 위한 사회 인프라 및 유통물류관련 정부정책 제도화 추진.
- 장애요인
  - 정보화 추진을 위한 전담부서와 인력의 미확보
  - 기술도입에 소요되는 투자재원의 부족
  - 사내에 컴퓨터, LAN 등 정보기술 기반 미비
  - 현재 업무상 정보화의 필요성이 없음

〈표 8-8〉 물류정보화의 실태

| 물류정보화 수준 | 물류정보화 도입의 장애요인 |
|---|---|
| • 바코드, RFID(도입시도)<br>• 전자문서교환(EDI)<br>• 판매시점관리 시스템(POS)<br>• 컴퓨터 자동 수·발주 시스템<br>• 화물차량 위치추적 시스템<br>• 자동창고 시스템 | • 정보화 추진전담부서와 인력의 미확보<br>• 기술도입에 소요되는 투자재원의 부족<br>• 사내컴퓨터, LAN 등 정보기술기반 미비<br>• 현재 업무상 정보화의 필요성이 없음 |

### (5) 물류정보시스템의 설계와 구축

① 기본목표

• 물류시스템의 목표는 비용절감과 정보서비스관리로 판매경쟁력을 확보.
- 생산지에서 소비시까지 유통물류부분을 선진시스템으로 구축하는 것.
- 유통단계 축소와 통합유통물류시스템 구축, 정보자동화와 성역화 달성.
- 농산물은 산지포장, 유통가공, 보관, 배송, 단품관리, 로스관리 등이 수행된다.

• 체인스토어의 경우, 시장의 변화에 신속히 대응하기 위한 시스템 구축.
- 상품구매와 수주가 소단위 “다빈도 소량화”를 위한 다양한 물류 실현.
- 개별소매점은 종합정보시스템에 의해 운영해야 경영목표가 달성될 수 있다.

• 글로벌경쟁에 선점하기 위한 물류비용 절감, 물류서비스의 안정공급.
- 업태개념 확대, 마케팅대상 수평화, 물류공급시설 선진화와 집약화.
- 52주 아웃소싱공급체계, 현장중심 소매지원 등 저비용물류시스템 구축.
- 물류공동화와 물류합리화와 단품별 재고관리와 로스관리가 필수요소.

② 기본 원칙

• 기업 시스템 설계는 기업의 총체적 차원에서 시작한다.
- 물류시스템설계는 마케팅설계 연계, 효율적인 운영, 고객서비스를 실천한다.
- 물류시스템 설계는 기업경영목표와 전략에 바탕으로, 일관적으로 추진한다.

• 물류시스템의 구축 노력
- 정보편재화 방지, 광범위한 소비자정보 활용으로 유통정보 수집, 정리, 축적.
- 소비자동향, 상품정보 등 컴퓨터처리가 가능한 정보File로 유지, 관리한다.
- 이용자니즈에 대응, 검색, 분석, 신속하게 제공하는 데이터서비스시스템 연결.
- 물류기술혁신은 수송수단의 시스템화 시도, 신 교통시스템 보조적 수단이다.
- 향후 산업용 로버트가 물류센터에서 가격표시 작업, 포장작업 등에 이용된다.

• 물류전략의 개발 과정(기업 경쟁적 이점의 도구)
- 4P : 제품(Product), 가격(Price), 촉진(Promotion), 유통(Placement)

- 3R : 신뢰성(reliability), 반응성(responsiveness), 관계(relationship)

• 물류시스템 설계에서의 기본원리
- 거점집약화를 하면 거점비용은 감소하지만 서비스수준도 내려간다.
- 서비스수준을 유지한 채로 거점을 줄이면 비용이 증가한다.
- 상품을 로트(lot)화 하면 비용은 감소하고 서비스 수준도 내려간다.
- 서비스수준을 유지한 채 소량화하면 비용은 올라간다.
- 재고의 단품과 수량을 줄이면 비용은 감소하고 서비스수준도 내려간다.
- 서비스수준을 유지한 채 재고를 줄이면 비용은 올라 간다.
- 정보를 정비하면 코스트는 증가, 재고·배송비용 감소, 서비스수준 증가한다.
- 차량의 대형화, 루트설정에 의한 혼재화로 비용 감소, 서비스수준 내려간다.

③ 물류전략의 개발 과정

• 목표 명확화 → 범위 설정 → 현상 분석 → 시스템 평가 → 일정표 작성
- 물류경로 재구축 및 규모의 경제를 활용(물류자산의 공동 활용)
- 통합된 보고 시스템 구축 및 데이터베이스 활용

• 기업의 경영목표 및 정보 시스템의 목표 명확화.
- 고객 세분화 및 차별화된 서비스 수준 결정
- 비용의 절감이냐, 고객만족이냐 어디에 중점을 두느냐 정책결정은 중요하다.
- 대상이 되는 업무현상 분석, 문제점 파악, 시스템 기능을 명확히 해야 한다.
- 그 범위를 업무별, 지역별, 기구별, 물류 종류별로 설정해야 한다.
- 재고관리, 배송관리, 창고관리 등 업무시스템화의 범위를 결정하는 것이다.
- 지역 설정문제는 전국 범위인가, 또는 특정 지역대상인가를 정하는 문제이다.

• 시스템의 수명을 설정하여, 이를 기초로 비용과 그 효과를 평가해야 한다.
- 평가 과정까지 완료되면, 그 결과를 바탕으로 시스템 구축의 우선순위 결정.
- 최종단계까지 계획대로 추진하기 위해 종합적인 예정표를 작성하여야 한다.

④ 물류시스템설계를 위한 전제조건

• 물류정보시스템의 설계 목표
- 경영목표와 정보시스템으로 운영비용축소와 고객만족 위한 경영정책 결정.
  * 기업 하부시스템 계획과 설계는 총체적차원에서 전체 시스템으로 결정한다.
  * 시스템입안범위 설정과 분석, 시비용과 효과평가, 개발구축 일정작성을 한다.
- 물류시스템설계는 마케팅설계 및 손익구조와 관련되어야 한다.
  * 물적흐름과 의사소통의 효과적인 수행, 고객서비스 증대와 밀접하게 관련함.
  * 설계대상 업무현상 분석과 문제점 파악 및 시스템 기능을 명확히 규명한다.
  * 물류정보시스템의 수명을 설정한 이후, 비용과 그 효과를 평가한다.
  * 시스템구축을 계획대로 추진하기 위해서 종합적인 예정표를 작성한다.

- 물류정보시스템에는 업무별, 지역별, 기구별, 물류 종류별수준을 결정한다.
  * 업무범위의 설정 : 재고관리, 배송관리, 창고관리 등 시스템화 정도.
  * 지역 설정 : 전국 범위 또는 특정 지역만을 대상 등 지정하는 문제.

〈표 8-9〉 물류정보의 전략 및 운영적인 결정사항

| 구 분 | 운 송 | 창 고 | 주문처리 | 재 고 |
|---|---|---|---|---|
| 전략적 | - 운송수단 선택<br>- 운송업체 이용관리 트럭킹 | - 창고 수, 위치결정<br>- 창고자동화범위 영업<br>- 창고, 자가창고 | - 기계화 범위 결정<br>- 중앙화, 분권화 | - 재고보완 체계<br>- 안전 재고 수준 |
| 운영적 | - 운임, 반품 행정<br>- 차량 배차, 운임 협상<br>- 철도 차량관리<br>- 운송업자 선택<br>- 업무수행 측정 | - 추출, 포장, 상점측정<br>- 창고상품 이전 인력배치<br>- 창고배치 도안<br>- 하역장비 선택<br>- 업무수행 측정 | - 주문추적<br>- 주문유효화<br>- 신용검사<br>- 천구서 재정리<br>- 업무수행 측정 | - 예측 재고 추적<br>- 재고유지비용 측정<br>- 재고반출 |

• 시스템분석방법
  - 연역법적 접근방법
    * 사전에 이상적인 시스템설계이후, 현실적인 시스템에 맞추어 가는 접근방법.
    * 특수상황이면 설득하는 문제가 있고, 일반상황이라면 영역을 줄일 수 있다.
  - 귀납법적 접근방법
    * 현상분석을 통해 현상파악과 문제점 확인이후, 새롭게 설계하는 접근방법.
    * 고정관념에서 벗어나 배경과 그 의미의 넓고 깊은 세계를 새롭게 정리한다.
• 시스템설계에 영향을 미치는 요소와 고려사항
  - 요소
    * 기존의 물류활동 및 산업별, 제품별 인식
    * 물류시스템과 관련된 기능조직 및 경쟁력우위의 확보
  - 고려사항
    * 대고객 서비스수준 및 운송수단과 경로
    * 재고정책 및 설비입지

⑤ 유통기업들의 물류혁신 과제
• 비효율적인 요소들을 제거하고 보다 적은 비용으로 고객만족서비스를 제공.
  - 다양하게 참여한 경제주체에게 이익목표와 고객서비스를 지원한다.
  - 보다 적은 비용, 보다 좋은 서비스, 글로벌시장 최적의 물류시스템을 구성.
  - 기업의사결정을 조정·통제하는 수단으로 개별 물류기능을 상호 연관되어 구성.

- 고객이 필요한 상품을, 필요한 시기에, 필요한 양만큼, 저비용으로 제공.
  - 조직적으로 상호 작용하는 통합작업과 피드백효과를 관리하는 전략모델 필요.
  - 저렴한 비용과 양질의 서비스로 기업경쟁력과 소비자이익을 달성해야 한다.
- 물류효율을 높이기 위해 정보시스템을 사용하는 전략적인 구조구축이 필요.
  - 물류시스템에 영향을 주는 환경변수들을 탄력적인 반응시스템으로 구성한다.
  - 소비자의 동향, 상품정보 등 유통정보 수집, 정리, 축적, 정보File 유지와 관리.
  - 이용자요구에 대응하여 정보편재화 방지와 신속한 검색, 분석, 데이터의 연결.

### (6) 물류정보시스템 구축 사례

① 미국 컴팩社

- 2위 업체와의 시장점유율 격자를 확고히 하기 위해 물류효율화 강화
  - 1993년 세계최대 개인용 컴퓨터(PC)업체로 부상한 여세를 몰아 위상 강화.
  - 유통업체인 월마트 방식을 도입하여 휴스턴에 있는 공장의 내부재고를 일소.
- 1994년 6억 달러의 재고비용을 절감하였다.
  - 공장에서 20㎞ 떨어진 부품센터 35개 공급부품 집결시켜 생산속도 맞춰 투입.
  - 부품 공급선과 생산관련 자료를 공유하여 이들의 재고부담도 덜어주고 있다.
- 물류합리화로 1991년 이래 공장규모 확충 않고 생산량 5배 증대효과 올림.
  - 첨단화된 휴스턴 배송센터의 작업효율을 높임으로써 적시 배송율을 높였다.
  - 센터 내 재고 일수를 2주일로 종전보다 절반가량 줄이는 등 효율성 제고.

② 재너럴 모터스(GM) 새턴사업부

- 최대 물류관리업체 라이터 스시템社에 부품공급위탁, 철저한 無재고관리 지향.
  - 라이더 시스템은 첨단 물류정보시스템을 갖춘 23t급 대형트랙터로 연결한다.
  - 테네시州 스프링 힐의 새턴생산공장과 평균 8백 90㎞ 떨어진 부품 공급선임.
- 라이더 시스템은 또 復貨 수송체계도 갖춰 효율화를 도모하고 있다.
  - 새턴부문 본사와 부품 공급선은 자동발주시스템망으로 연결돼 있다.
  - 철저한 無재고관리에 힘입어 재고회전율은 연간 3백회에 달했다.
  - 부품이 제때 도착하지 않아 공장 가동중단은 4년간 단 1차례, 18분에 불과.

③ 팅크웨어는 (주)한진에 첨단화물운송시스템(Power CVO)을 제공하고 있다.

- 차량·선박위치정보를 파악하여 실시간 물류비용을 최소화할 수 있는 시스템.
  - 기사의 핸드폰을 이용, 작업지시하고 기사는 작업진행상황을 관제센터에 보고.
- 관제센터 도입 목적
  - 컨테이너위치 : 컨테이너 위치정보 제공위해 간접방법 위치추적서비스 제공.
  - 샤시위치 : 화물차량에 부착한 컨테이너 지지대인 샤시위치를 파악하여 제공.
  - 공차확인 : 화물인수지점에서 가장 근거리에 위치한 차량 중 공차검색, 배차.

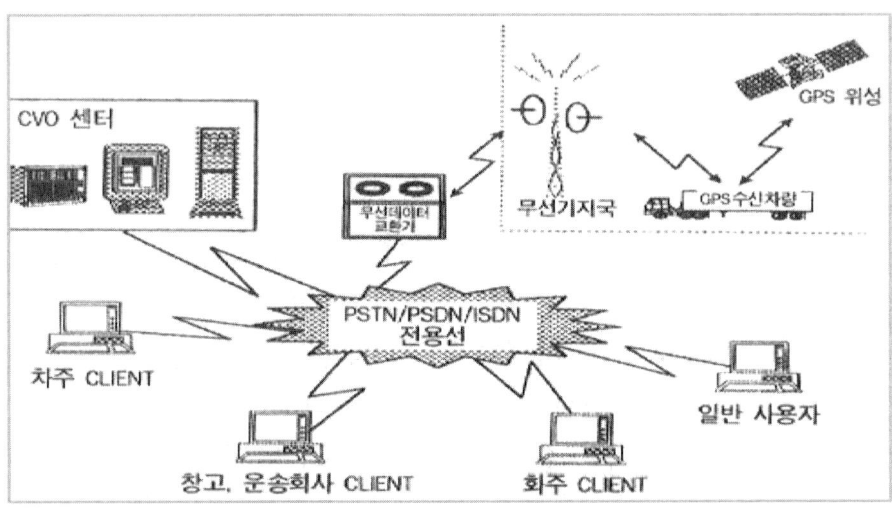


• 관제센터 구축현황

- 대형 물류업체 : 국내의 대형 물류업체(차량 500대 이상 보유사)
  * 한진, 대한통운, 세방기업, 동부고속, 동방, KCTC, 성우 등 시스템도입 운영.
- 중소 물류업체 : 도입비용 부담, 임대서비스회사 회원가입 솔루션 임대 사용.
  * 영업정보 및 운임정보가 공개될지도 모른다는 우려감 등이 해결될 문제점.
  * 관제센터 임대서비스경우 전용 고가의 단말기를 구입에 부담감이 있다.
  * 임대서비스는 통신비용, 관제센터 임대료, 단말기 유지보수 비용 등 부담.

• 관제센터(이동 단말기의 위치를 파악, 추적을 수행) 제공업체

- CDMA 망에서 위치추적 서비스는 GPS[13]와 이동전화망[14]을 이용한다.
- 이동통신망을 이용한 위치추적서비스는 크게 3가지로 구분된다.
  * 하나의 기지국이 서비스영역여부를 판단하는 BASE ID(또는 pilot PN)방식.
  * 어느 정도 위치정보 파악방법. RTD(Round Trip Delay). Phase 이용방법.
  * 단말기에 GPS를 사용, 이동통신망의 도움을 받아서 처리하는 방법.
- 대부분의 물류업체들과 서비스 제공업체들이 Cell Tracking방식 서비스 선호.
  * 물류업체가 운전기사에게 단말기구입부담을 덜기위해 핸드폰사용 권장이유.
- 관공서 및 텔레매틱스 관제센터의 경우에는 GPS방식을 사용하고 있다.

• 관제센터 도입효과

- 화주에게 화주화물을 상차한 차량 위치추적과 컨테이너 위치정보 등을 제공, 경쟁력을 강화함으로서 매출증가의 효과를 얻을 수 있다.
- 위치추적 시스템을 도입할 경우 분실되는 샤시의 수량이 대폭 감소된다.

13) (Global Positioning System)
14) (Cell Tracking 방식)

- 분실된 샤시도 대부분 회수가 가능하여 상당한 비용절감의 효과가 있다.
- 근거리 차량검색 등을 통한 유류비용의 절감 등의 효과도 발생한다.

④ KT 로지스(logis)

• 첨단화물운송정보(CVO)서비스
- GPS위성 및 휴대폰을 통해 기업물류비용을 절감시켜 주는 국가기간전산망.
  * 화물 및 차량을 실시간으로 추적하여 화물운송에 필요한 제반업무를 전산화.
- KT의 출자회사로 서비스의 안정적, 지속적인 제공 보장
  * 차량의 배차 및 운행관리, 화물의 상태 관리 등을 체계화하여 지원한다.
  * PCS 망을 사용함으로써 전국 어디에서나 안정적인 서비스 제공

• 차원 높은 서비스 제공
- 전국화물운송안내(1588-2424)서비스를 통한 물량 확보(공차·배차대기 감소)
- 인터넷상에서에 화물운송의뢰 및 화물정보 검색 서비스(업무전산화·자동화)
- 화물의 위치와 상태를 알려줌으로써 화주의 궁금증 해소(차량관리의 효율화)
- 도착 예정시간을 알려줌으로써 탑승고객에 대한 만족(상시 연락체계 구축)
- 화물운송 의뢰시 최단시간에 도착함으로써 고객 만족(운행경로의 최적화)
- 긴급사태에 대비할 수 있어 고객의 불안감 해소 등(각종 통계관리 자동화)
- 국·내외 유관 물류망 연계서비스(인터넷을 통한 물류정보 등)

• CVO서비스 GPS위치추적방식과 Cell방식 휴대폰위치추적방식도 도입, 제공한다.
- KT logis가입업체에 1588-2424접수물량을 회원사 전화국번으로 착신시켜줌.
- KT logis 물량확보가 가능한 전국화물운송안내서비스를 제공하고 있다.
- 주선업체 등 개별업체에 맞는 OA프로그램을 협력사를 통해 개발 공급한다.
- 솔류션 보유업체, 영업대행협력업체의 맞춤서비스 제공위해 제휴·협력 노력.
- 저렴한 서비스이용료, 누구나 화물운송정보서비스 이용유도, 물류비절감 기여.

### (7) 미국 도매물류시스템 구축현황

① 미국의 물류 여건(유통업 중심) 및 제약 요소

• 입지(물류단지조성)확보, 단지(물류센터) 조성에 대한 정부의 규제사항은 없음.
- 공원지역은 우리나라의 그린벨트와 같은 개발제한구역이다.
- 자연환경보전지역(Wilderness Area)으로서 미개발된 지역이 있음.

• 산업단지(Industrial Park) 조성은 자발적인 참여로 단지조성이 이루어진다.
- 동 조성에 대한 특별한 정부의 지원과 역할 등은 없다.

② 업종·업태별 주요 물류 포인트

• 도매업
- 미국 성장 도매업의 3가지 공통점

* Retail Base 다변화 확충
* 업무 효율화(시스템화)
* Retail Support System(RSS) Program 개발

- 물류(배송) 센터의 Efficiency에 주력

• 거래 소매상(점별·점포전체)의 기본 물량확보를 기반으로 도매상 구매력 확보.
- 배송센터의 저비용경영을 위한 시스템화, 생산성향상에 초점을 맞추고 있음.

• 도매상으로서 이익의 근원을 물류센터의 효율적 운영(저비용경영)에서 찾는다.
- 소매상에게 상품공급 마진 아닌, 물류(배송)서비스 피(fee)개념의 거래관계 정립.

• 물류센터와 소매점간의 온라인시스템화관련 점포, 센터 전산화는 잘 되어 있다.
- 센터의 작업효율, 노동생산성 제고, Trucking(최적 Routing, 공차활용수입) 등.
- 도매상의 소매점지원제도 강화로 수·발주시스템구축이 활발하게 진행됨.
- 도매상의 Retail Support System(RSS) 개발로 소매기관 확충
- 소매상과 도매상(물류센터)간 Retail Support Program 개발
  * 광고·판촉 서비스
  * 머천다이징 시스템(Merchandising System)
  * 점포개발 서비스
  * 정보 서비스
  * 소매점 Counselling Service
  * 회계 서비스
  * 교육·훈련 서비스
  * 보험·기타 서비스
- 도매상이 제공하는 소매점지원프로그램(RSS)은 경쟁력 강화에 큰 도움이 된다.
  * 소매상(중소 자영 슈퍼마켓)은 직영체인, 신업태와의 경쟁력 강화가 가능함.

• 다품종 소량 물류에 대응
- 도매상도 소매상으로부터의 다품종 소량물류에 대한 요구가 높아지고 있다.
  * 최근 급변하는 소비자 니즈(대 소매상)에 소매점의 대응전략차원이다.
- 일부 도매상은 Piece-picking에 대한 System화에 주력하고 있다.
  * Piece단위 Picking을 완벽한 자동화로 구현한 시스템은 다양한 분야에서 활용.
  * McLane회사는 CVS전문 도매상으로 특화해 성장한 좋은 케이스가 되고 있음.

• 소매업(Super Market 중심) 직영체인의 경우
- 자체 배송센터를 보유·운영, 상품서비스 및 물류코스트 절감효과를 시현함.
- 인건비 등 물류코스트 인상 압박으로 센터의 생산성 향상, 효율화에 더욱 주력

• SM Chain 매출 총이익 분석
- Membership warehouse club(Wall-Mart의 Sam's Club 중심)

〈표 8-10〉 SM Chain 매출 총이익 분석

(단위 : %)

| 구 분 | '85 | '86 | '87 | '88 | '89 |
|---|---|---|---|---|---|
| 배송센터 보유 | 24.0 | 23.6 | 23.9 | 23.9 | 24.0 |
| 배송센터 미보유 | 22.3 | 21.3 | 22.6 | 22.2 | 23.4 |

• 기본 구도
- 점포, 배송센터, 공급자(Maker 포함) 간 하이테크를 활용한 종합체계로 연결됨.
- 다음 세 가지 기본 시스템으로 이루어져 있음.
  * UPC Bar Code Scanner POS 전점 채용
  * 실현가능한 전 Vendor(Supplier)와의 전자거래(EDI) 채용
  * 위서토인회선 이용 전사, 전 Vendor 통신망 설치

• 사례
- 월마트의 총 Supplier 9,000사중 1,700사가 EDI를 채용하고 있다.
- 1,100사가 위성통신망 사용 월마트 본사와 온라인 연결

• 업태 특성을 고려한 물류 포인트
- 디스카운트(매일 저가격 판매)실현 가능
  * 시스템에 의한 물류 합리화는 공급조달 물류, 점포 배송, 점내물류가 있음.
- 각 포인트에서의 재고관리, 보충발주, 검품 등이 신속·저렴하게 입력된다.
  * 즉각 자동 송신되어 '유통정보의 공유'가 가능하다.

③ 소매업, 편의점(CVS)[15]의 물류시스템
- The Southland Corp.(7-Eleven) 事例
- 미전역 8,700개의 CVS에 각 지역별 배송센터를 운영하고 있음.
- 다품종소량상품을 점별 Piece -picking, 결품없는 적시 배송체계를 구축함.

• CVS 물류의 특성
- 다품종소량 Piece -picking
- Store 內 결품 방지
- 정시배송·필요시 1일 2회 이상 배송

• 상품구성
- 상품구성은 가솔린, 담배, 주류, 음료, 가공식품, 페스트 푸드 순이다.

15) Convenience Store

〈표 8-11〉 상품의 구성

| 상 품 | 퍼센트(%) | 상 품 | 퍼센트(%) |
|---|---|---|---|
| 가솔린 | 22.1 | 잡 화 | 6.4 |
| 담 배 | 15.8 | 일배식품 | 5.2 |
| 주 류 | 11.7 | 캔 디 | 4.0 |
| 음 료 | 10.9 | 빵 류 | 3.5 |
| Grocery | 8.6 | 건강·미용상품 | 2.6 |
| Fast Foods | 8.1 | Service | 1.1 |

- 전형적인 CVS 통합 배송센터 운영현황(Southland San Bernardino 배송센터)
  - 상권 : California 남부, Arizona주, Nevada주 내 900개 7-Eleven점포 상품공급
  - 건물 : 8,000평, 취급 Item(4,000)
  - 창고 구성 : 냉동창고, 냉장창고, 에어컨 창고, Dry grocery 창고
  - 직원 수: 650명
- 운영
  - 수주, 입고, 보관, 보충, 피킹(Picking), 분류, 검품, 출고, 배송 등으로 구분된다.
  - 본부가 지원하는 매뉴얼과 체크리스트에 의해서 일별, 시간대별로 관리된다.

〈표 8-12〉 업무별 개요

| 구 분 | 업무 플로우(Flow) |
|---|---|
| 수 주 | - 7-Eleven의 Salesman 이 주2회 Store 순회 Hard Terminal을 이용 발주<br>- 공중전화회선으로 Dallas 본사의 Computer에 전송<br>- 수주마감 오후 7시, 익일 아침부터 Picking 오후 1시부터 원격부터 배송 |
| 입 고 | - 입고 시간: 8 A.M. ~11:30 A.M.<br>- 컴퓨터로부터 Pallet 단위의 전표 발행(상품명, Location 인쇄) |
| 보 관 | - 1차 보관장소, 입고장과 평행으로 연결<br>- Wire-guide에 의한 Forklife 사용 |
| 보 충 | - 1차보관 장소에서 Picking Area로 상품 보충<br>- Computer에서 보충 Label 발행(1차 보관 Location, carton 수, Picking-line location, 권장가격 인쇄) |
| Picking | - 냉동고, 냉장고, Bulk상품, Carton, 1/2 Carton, Piece로 분류체계는 담배, 사탕, 기타식품으로 분류<br>- 각각의 상품특성에 따라 선도 관리(일반식품 68°F) |
| 분 류 | - 자동분류기에 의해 분류되며, bar code 및 laser scanner 에 의해 실행<br>- Induction caps (시간당 4,680 개) |
| 검 품 | - POS터미널을 이용 상품의 UPC Code를 Scanner가 판독 |

| 구 분 | 업무 플로우(Flow) |
| --- | --- |
| 출 고 | - 1대의 트레일러에 8개 점포의 상품 집적<br>- 트레일러내 냉동, 냉장, 상온으로 구분 상품 혼적 |
| 배 송 | - 각 트럭마다 전용 driver 배차<br>- 운전석 천정에 CADEC이라는 터미널이 있어 tachometer(회전 속도계) 기능 및 통신기능 수행 |

④ 전국 Network를 갖춘 도매물류 시스템

- 도매물류사업(현장 판매·배송) 사례
  - 선진 공영시장 및 유통업체 특성과 사례 등 선진 현장 도매사례를 참조.
  - 기능별 주요 형태에는 공영시장, 물류센터, 집·배송센터 등이 있음.
  - 공영시장 : 국가, 지자체 직접운영·가격기준 제시(뉴욕 헌스 포인트 도매시장)
  - 물류센터 : 마케팅중심·고객 직접 대면판매(Jetro Cash & Carry 현장 판매)
  - 집·배송센터 : 체인화사업, Depo거점 판매(White Rose, Shop Rite, Flum- ming)
- White Rose시스템(집·배송 복합시스템)
  - 미 동부지역 직영점과 가맹점 이원화 집·배송사업으로 성공한 세계 상장기업.
  - 3000개소의 Depo시스템체계와 강력한 PB상품으로 안정된 영업을 선도함.
- Shop Rite 집배송 시스템(협동조합시스템)
  - 영업방식의 특성과 특화를 명쾌히 하며, 협동조합형태의 영업방식.
  - 집·배송센터중심 자체지역본부 역할을 부상시켜 협동조합점포 Network 구축.
  - 총괄적으로 구매만 전담하는 구매본부 물류센터중심의 정보와 상품 분산체계.
- Jetro 현장 도매 물류 사업 (Cash & Carry 시스템)
  - 세계 최초 현장판매도매물류센터를 성공시킨 Jetro Cash&Carry 영업방식 채택.
  - 52주 수·발주 자동화 Sales Promotion Program중심의 철저한 현장판매체계.
  - 소매상과 소비자를 차별화하여 도매영업중심으로 불특정 다수고객대상 판매.
  - 강력한 자동화 수·발주시스템으로 활성화시킨 대표적 도매물류센터시스템임.
- Jewel Food Store
  - 미국 시카고중심 인근 아이오와, 미시간, 인디아나주 207개 직영수퍼마켓 운영.
  - 도미넌트 지방 수퍼마켓체인.(동지역 유력 수퍼마켓체인으로 Dominick's 있음).
  - 동 SM에 상품을 공급하기 위해 5개의 Distribution Center를 운영하고 있음.
  - 소매점포와 물류센터(Distribution Center)에 혼합배송을 실시하고 있다.
  - Bakery Plant, Dry Grocery DC, Produce·Frozen Foods DC는 단지(Com- plex)내에 소재.
  - General Merchandise DC 및 Meat/Dairy DC는 인근 별도입지에 소재.

- 본부는 컴퓨터의 구매오더와 Warehouse Model이며, Pallet이동식 재고실사.
- Stoer Order는 Telxon사 Handy Terminal을 이용함.

• Ace Hardware Corporation
- 시카고지역 소규모 Hardware Retailer들이 공동구매와 Promotion 필요성 인식.
- 1928년 "ACE Store Inc" 조직, 1931년 ACE Hardware Corporation 사명 변경.
- 5,300여개 독립자영 Hardware, Lumber and Home Center Retailer 회원 운영.
- Hardline제품을 직접 구매, Ace Hardware Support Center로 점포에 공급함.
- 가입조건은 가입비는 1회 1천불 지불, 계약서에 서명한 뒤, ACE 지불조건.
  * 연간 최저 구매금액인 $200,000에 동의하여야 계약조건이 완전 성립한다.
- 단, 모든 제품을 ACE로부터 구매해야 하는 구속력은 없음.

〈표 8-13〉 Ace Hardware Corporation의 점포수

| 지 역 | 점 포 수 |
|---|---|
| 필란드, 모스코바, 성페터스부르그 | 60여개 스토어 체인 |
| 남아프리카 | 321개 스토어 체인 |
| 에쿠아도르 | 3개 스토어 체인 |
| 칠레 | 2개 하이퍼마켓 |
| 콜롬비아 | 47개 스토어 체인 |
| United Arab Emirate | 400평 규모의 food store |

- 회원점포에게는 아래 사항들을 지원하고 있음.
  * 광고(TV, Radio, 신문, 광고, 전단 등)
  * In Store Display(전내 광고, 전단 부착, Promotion 안내서)
  * 점포 계획 & 점포 발전
    (점포 계획 : 입지선장, 매장 디자인 및 현대화에 대한 자문)
    (점포 발전 : 점포의 확장, Relocation, 점포운영, 상품과 자금지원 및 자문)
  * 시설물 지원(Ace program에 의한 지원)
  * 소매점 컴퓨터 서비스(Ace Computer System에 의한 지원)
  * 지원내용 : 가격&마진체계 재고관리(EOS, In-store 컴퓨터&소매점 S/W시스템)
  * 회원점포 교육(STAR Program, 판매기술, 제품지식 등 지도교육)
  * Video, 서적, 정규적 workshop 등을 통한 교육(회원점포의 고객확보 지원)
  * 보험(미국 전역에 5,300여개 회원들의 재산 및 건강보험 가입)
    (국제사업 추진현황 : 38개 국가 500여 지역에 진출)
- Ace Hardware Corporation은 5,700여개 PB상품 등 총 50,000개 아이템 취급.

- 자체공장에서 생산한 양질의 plant를 최저가격으로 회원점포에 공급, 이익지원.
- Store of Future Program을 통하여 회원점포의 경쟁력을 강화시키고 있음.
- Total Retail Marketing Plan이라는 차별적인 회원점포 지원프로그램 운영.
  * 시장연구, 점내고객연구, 사업계획, Lay out, 이익관리, 상품 등 프로그램 구성.

〈표 8-14〉 Ace Hardware Corporation 회원점포 세부 Program 내역

| 구 분 | 세부 지원 내용 |
|---|---|
| Market Study | - 상권 분석<br>- 상권내 인구 통계 : 지역내 주민의 증가, 가구의 소득에 관한 정보<br>- 잠재적 시장 : 상권내 고객의 년령, 가구소득, 자가 소유자 수에 관한 정보<br>- 경쟁상태 조사 : 상권내 경쟁점의 규모, 영업형태 등에 관한 정보<br>- Product-mix Recommendation : 점내의 강점을 증가시킬 수 있도록 제의. |
| 점내고객연구 | - 고객의 점포 방문 횟수에 관한 조사<br>- 점포방문 이유에 관한 조사<br>- 고객의 방문거리에 관한 조사<br>- 충동구매의 비율에 관한 조사<br>- 고객에 점포에 대해서 좋아하는 점과 싫어하는 점<br>- 다른 점포의 고객에 대한 서비스<br>- 광고의 효과에 대한 조사 |
| Business Plan-ARMI(Ace Retail Management Institute) | - Business Plan 작성의 지원 - 자금계획 - 가격구조 - 광고계획<br>- 관리구조 - 관리재고시스템 - Training Program |
| 조 명 | - 상품의 특성에 맞는 조명을 통해 구매 의욕을 자극시킴<br>- 주변 조명(Perimeter Lighting)<br>- Accent Lighting : Special Display 지역이나 서비스지역의 조명 강조 |
| Merchandising | - Niche marketing : 경쟁점사와 차별화된 Product Mix, Display 상품선정, Service를 통한 판매력 강화<br>- Display의 기술: 제품 선택을 용이하게 하는 Display |
| 내부와 외부 Design | - 외부 Design<br>- 점포를 찾기에 용이하게 함<br>- 크고 쉬운 문자로 점포의 시계를 양호하게 하며 점포의 인식을 높임<br>- 내부 Design<br>- Department banners<br>- Department wall sign<br>- "Supergraphic" photomural - Point of sale sign<br>- Directive floor tape - Ace Retail Support Center(RSC)<br>- 미 전역의 14개 Retail Support Center는 자체 배송센터를 보유하고 있으며, 전산 시스템에 의한 정확한 배송으로 회원점의 비용절감과 이윤증대.<br>- 각 RSC관할 회원점(300～400점)에 Retail Training, Retail Computer System 지원 |

• 미국의 세계적 도매물류회사인 Flumming 집·배송 시스템(가맹점 전문시스템)
  - 미국 전역의 소매점(독립소매점, 회사형, 프레밍 직영점)에 상품을 공급한다.
  - 업태 종류에는 일반 SM(Super Market)과 할인점, Combination임.
  - 경제성 배송루트 및 철저한 기능의 첨단화로 효율성 극대와 획기적 경비 절감.
    * 시장지배력을 바탕으로 PB상품 개발과 운영으로 오차를 극소화하는 시스템.
    * 배송센터는 컴퓨터화 된 물류센터이며, 품군별 특화된 센터 수는 다음과 같음.
  - MarQuee브랜드는 약 300Item, TV브랜드 약 35Item, MarQuee보다는 저렴함.
    * Retail Support의 주요 내용에는 진열, 발주량, 판촉, 공동광고 등이 있다.
    * Training은 종류 및 내용에 따라 가맹점 선정, 비용부담관련 fee를 받고 있음.
    * 일정지역 소매점 조직, Scale Merit[16] 광고효과 제고 및 비용분담절감 유도함.
  - 플레밍의 리엔지니어링
    * 기본 경영전략의 핵심은 조직개편과 정보화 투자가 핵심임.
    * '94년 스크리브너[17] 인수, 종합 식품유통기업 목표로 한 뉴 플레밍계획 실천.
    * 미국 내 최대 도매 기업으로 부상, 수퍼벨류와의 규모측면에서 경쟁이 치열함.
    * 미국 전체 식품유통 기업 가운데서도 크로거에 이어 2위를 차지하였음.
  - 경영진들은 플레밍의 양적인 성장에도 기업의 질적인 문제에 만족하지 못함.
    * 내부적으로 많은 문제점과 미래에 부정요인을 상당수 가지고 있기 때문임.
    * 제반 문제점을 해결하기 위해 조직개편을 포함, 전면적인 기업리엔지니어링임.
    * 완전한 격변이라고 표현할 정도로 새로운 사업방식에 대처하기 위해 노력함.

〈표 8-15〉 품군별 특화된 센터수

| 구 분 | Grocery | General Merchandise | Perishable | Total |
|---|---|---|---|---|
| 센터 수 | 29 | 5 | 1 | 35 |

⑤ 미국 도매업계의 동향이 주는 시사점

• 미국의 도매상도 새로운 유통업계의 변화에 다양하게 반응하고 있음.
  - 미국의 지역적 특성상 단일 기업이 전국 도매유통을 담당하기 어렵기 때문임.
  - 지역적으로 확고한 유통망을 확보하고 있는 도매상에 자사 유통기능을 위탁함,
  - 권역별로 확실한 전문도매상이 발전할 수 있는 환경조성이 되어 있다고 본다.

16) 규모의 확장으로 얻게 되는 이익
17) (Scrivner)

- 최근에는 미국 도매업체의 국제화 추세가 뚜렷하게 나타나고 있음.
  - 과거 한국·일본 종합무역상사역할을 대신한다는 점에서 새로운 기능이 아님.
  - 몇 개의 전문상품중심 도매업체로 다품종 무차별 취급하는 상사와는 차이보임.
  - 국내 도매업체의 향후 과제는 단연 글로벌 경쟁력을 갖춘 유통기업의 탄생임.
- 미국 도매업체는 글로벌 소매업체와 제조업체를 지원할 수 있는 체계 구축됨.
  - 자본력과 전문 인력, 소매지원시스템(RSS 프로그램), 운영체계를 갖추어야 함.
- 독립점포들의 생존방식은 단합된 조직일 때 매출향상과 강한 경쟁력이 있음.
  - 소규모 도매상의 유일한 생존방안은 대규모 기업 간의 전략적인 제휴이다.
  - 협동조합의 경우, 조직화, 협업화로 규모의 경영과 과학적인 경영이 전제된다.
  - 그 범위는 다양한 영업부문이 포함될 수 있도록 역할분담이 확대되어야 함.
- 미국 도매업의 물류기능의 전문화방안은 우리 도매상이 고려해야 할 사항임.
  - 구매부서 기능 확대방안, 전자상거래의 확산에 대응하는 통합 조정공급방식 등.
  - 도매상 대형화, 다점포화, 규모화, 전체적인 효율성 확보는 주목할 필요가 있음.
  - 한국도 대규모 자본유입을 유도하여 도매업체의 규모화를 이루어야 할 것임.

⑥ 우리나라 도매물류사업의 활성화를 위한 시사점

- 가격경쟁과 고객사의 가격인하요구 등으로 인해 많은 물류대행업체들의 어려움.
  - 원가절감측면에서 물류비를 더 줄이기 위해 운송운임을 인하를 요구하는 실정.
  - 무조건 수주를 위해 낮은 물류대행료를 제시하기보다 방안모색이 절실한 실정.
  - 고객사의 분석으로 총 물류비관점에서 고객사가 발견하지 못한 개선활동 제시.
  - 물류 간접비를 낮추는 방안을 병행하여 물류비와 서비스 질을 동시 방안 제시.
- 공급사슬체인망의 요구는 특정기업이 아니라, 복합적인 유통산업의 결과물이다.
  - 이제 통합물류서비스에 만족하지 않고 금융과 물류의 복합서비스를 요구한다.
  - 적시 상품공급, 재고관리, 금융지원서비스 등 원스톱 일괄서비스가 중요하다.
  - 제품 생산에서 공급까지 비즈니스 사이클 단축과 고객 만족을 극대화가 가능.
  - 실시간으로 적절한 수요의 양에 맞는 제품생산, 재고의 축소, 관리비용의 절감.
- 수·발주, 운송, 분류, 목록관리, 콜센터, 주문관리, 물류서비스 관리체계 구축.
  - 물류서비스의 가시성을 위한 물류정보 통합, 물류시간 간격을 90% 감소 목표.
  - 결품으로 인한 판매기회 상실의 축소와 지역별 소매점에 대한 서비스의 향상.
  - 공급처의 안정적인 매출향상 및 경쟁력 강화를 위한 신뢰되는 지원체계 구축.
  - 어떤 장소나 상황, 시스템에도 적용이 되는 새로운 글로벌 공급네트워크 구축.
- 해외 현지물류서비스 제공을 위해 해외투자 및 지역 전문가 육성 및 파견
  - 인재 양성과 물류시스템을 새로운 유통전략 시스템으로 재설계하는 전략 필요.
  - 초고속물류체계를 위한 서비스인력 확충과 물류센터 개설에 집중으로 투자함.
  - 전략적 재고관리를 창고관리, 대화채널로 자사물류활동과 연결, 재고수준 낮춤.

- 비상 배송서비스 제공, 모든 지역정보 온라인화로 물류표준화, 비용절감 실천.

• SCM기반의 재고 및 창고관리에 시간개념의 배송서비스를 접목시켜 최적화함.
  - 낮은 가격으로 적시적소에 유통, 효율적인 재고·창고관리 등 물류관리 첨단화.
  - 공급자와 생산변동, 상품유출입정보를 효과적으로 공유하는 연결시스템 구축.
  - 재고증가율을 낮추고 판매성장률을 크게 높여서, 자산을 늘릴 수 있어야 한다.
  - 전 세계 점포, 제품 공급업체들, 다양한 협력자들과의 상호 의사소통체계 구축.

# 09

# 물류 정보기술

## 1 바코드(Bar-Code) 체계

### 1) 바코드(Bar Cord)관리

#### (1) 바코드 개요

① 정의

- 바(Bar)로 이루어진 코드로서 기계가 읽기 위한 코드이다.
- 숫자, 특수문자로 표시하며 4개의 BAR와 3개의 간격으로 구성한다.
  - 외국에서는 MRC(Machine Readable code) 라고 약자를 사용하기도 한다.

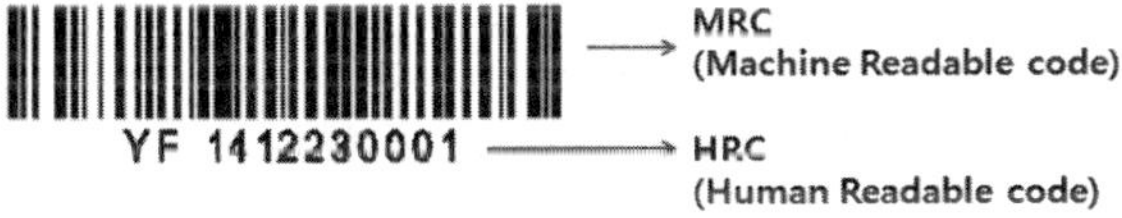


- 컴퓨터가 판독하도록 고안된 굵기가 다른 흑백 막대로 조합시켜 만든 코드.
  - 1948년 미국 필라델피아 드렉셀 공과대학 대학원생, 버나드 실버에 의해 시작.
  - 두께가 서로 다른 검은 막대와 흰 막대의 조합으로 부호화 한 것이다.
  - 제품포장지에 숫자 또는 특수기호를 광학적으로 구성, 인쇄하여 쉽게 판독함.
  - 바코드는 데이터표현방식에 따라 불연속형과 연속형으로 구분된다.[1)]
- 공통상품코드(UPC)는 1973년 미국에서 제정하여 식료, 잡화품 등에 사용한다.
  - 컴퓨터 스캐너로 상품계산, 재고관리, 상품, 고객정보를 신속 정확하게 수립함.

1) 불연속형은 각 문자들이 독립적으로 분리되고 연속형은 문자 사이에 갭(Gap)이 없다.

- 경영의 제조, 검사, 수송, 데이터수집기능과 혈청보관소, 도서관에 널리 사용.
- 미국은 0 1, 일본은 49, 한국은 880으로 표기한다.(1988년 EAN가입)

• 굵기가 다른 검은 막대와 하얀 막대를 조합시킨 기술을 전 산업계가 이용함.
- 컴퓨터가 정보를 읽기 쉽도록 하기 위해 문자나 숫자를 코드화한 것이다.
- 바코드를 읽어서 컴퓨터에 입력시키는 장치를 바코드리더라 한다.

• 바코드는 소매점포의 관리효율을 높이기 위해 고안되어 널리 사용되고 있다.
- 고객이 계산대에서 기다리지 말고 판매와 동시에 자동 상품정보 처리목적임.
- 과학적인 판매·재고관리를 지원하여 판매시점관리(POS system)의 중심역할.
- 바코드에 의해 판매제품과 가격 등으 판매정보를 읽어 즉시 수집할 수 있다.

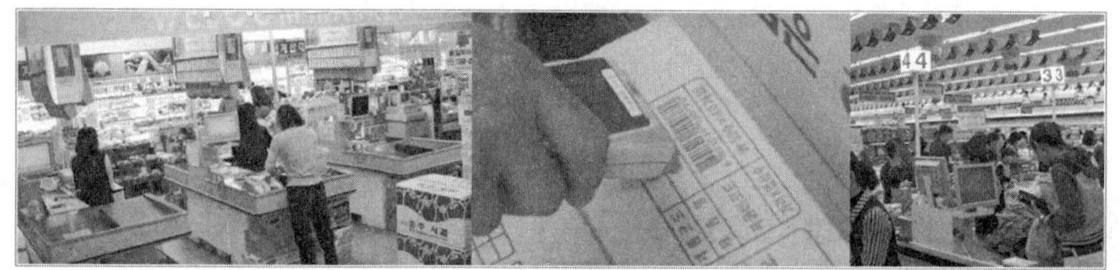

② 특징

• 바코드는 부호화 방법에 따라 구분된다.
- 바코드가 나타내는 원문의 한 자리 숫자나 한 글자를 흑백 막대의 조합방식.
- 바코드의 시작과 끝, 체크섬 등을 제공한다.

• 바코드의 구성 방법은 여러 가지가 있지만 보통 13자리이다.
- 첫머리 3자리 나라명(한국은 880), 다음 4자리 제조업체명, 다음 5자리 상품명, 끝머리의 한 자리는 코드의 에러를 체크하기 위한 숫자 기호이다.
- 별도가격 표시. 서적겉면의 도서분류, 신분증명 이용, 높은 인쇄정밀도 요구.
- 바코드의 특허권은 세계적인 컴퓨터회사인 IBM사가 가지고 있다.
- 한국에서는 1988년 나라별 코드를 부여받아 사용하고 있다.

• 문자종류
- 숫자 (0 ~ 9)
- 알파벳
- 7개의 특수문자{-Space S/ +%}
- Start /Stop 캐릭터 (*: 별표)

• 표현가능한 자릿수 : 무한대

• 바 구성의 특징 : - 바 크기는 2종류
- Start /Stop 캐릭터는 *(별표)
- 바 5개 스페이스 4개로 1문자 표시

- 부호화 방법은 연속(continuous) 바코드와 불연속(discrete) 바코드로 구분된다.
  - 연속 바코드에서 숫자나 글자를 나타내는 부호는 연속해 있다.
    - * 부호를 구분하기 위해 처음과 끝이 다르다.
    - * 예를 들면, 흑으로 시작해서 백으로 끝나거나 백으로 시작해서 흑으로 끝남.
  - 불연속 바코드에서 한 자리 숫자나 한 글자 사이의 간격은 제한이 없다.
    - * 떨어진 숫자나 글자들이 하나의 코드로 인식될 수만 있다면 모두 가능하다.
    - * 불연속 바코드 부호는 모두 떨어져 있으며 처음과 끝이 모두 흑색이 대부분.
  - 두 폭(two-width) 바코드와 여러 폭(many-width) 바코드.
    - * 두 폭 바코드에서 흑색막대나 백색막대 너비는 좁거나 넓은 두 가지로 구분.
    - * 넓은 막대가 좁은 막대에 비해 얼마나 넓은지는 아무런 의미가 없다.
    - * 여러 폭 바코드에서 모든 막대의 너비는 좁은 막대의 정수배이다.
    - * 여러 폭 바코드에서 좁은 막대의 너비를 모듈이라고 한다.
    - * 예를 들어, 네 폭 바코드는 1, 2, 3, 4 모듈 막대로 이루어진다.
- 선형(1차원) 바코드, 매트릭스(2차원) 코드, RFID 기술의 차이
  - 전통적인 형태의 광학적인 바코드를 선형(1차원) 바코드라고 한다.
  - 많은 정보를 담기 위하여 매트릭스(2차원) 코드가 개발되었다.
    - * 육각형이나 사각형 배열의 점으로 이루어져 있다.
  - 매트릭스 코드는 엄밀히 말해 바(bar) 코드가 아니다.
  - 제품고유번호를 표시한 바코드가 제품 포장지에 인쇄, 널리 활용되고 있다.
  - RFID 기술은 칩 하나의 가격이 400원 수준, 바코드는 5원 수준, 차이가 난다.
  - 지속적인 연구에도 대부분 분야에 RFID가 바코드를 대체하지는 못하고 있다.

③ 바코드의 구성

- 마진(Quiet Zone)
  - 바코드 심벌 좌우에 있는 여백부분을 말한다.
  - 이 여백이 충분하지 않으면 판독이 불가능하다.
  - 좌우에 내로우 폭의 10배 이상이 필요하다.

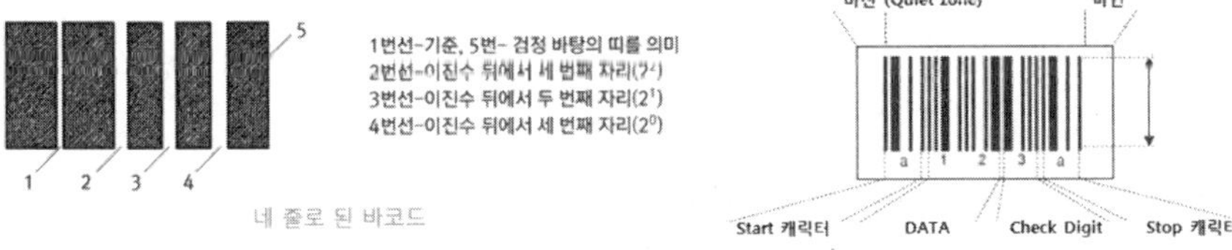

네 줄로 된 바코드

- Start / Stop 캐릭터
  - 데이터의 시작과 끝을 나타내는 부분이다.
  - Code39에서는 "*"이고 NW-7에서는 "A" "B" "C" "D"이다.

- JAN, ITF에는 존재하지 않지만 START/STOP 을 나타내는 바 패턴이 있다.

• Check Digit
- 판독오류를 체크하기 위해 산출된 수치로 바코드 데이터 바로 뒤에 붙는다.

• 바코드 길이
- 바코드 길이란 좌우 마진을 포함한 전체 바코드의 가로 방향 길이다.
- 바코드 리더기의 스캔 폭 안에 마진이 들어가 있지 않으면 읽지 못한다.

• 바코드 높이
- 바코드 높이는 인쇄가능한 최대한의 높이를 확보하여야 한다.
- 바코드 스캐너가 읽어 들이는 높이는 거의 1포인트이다.
- 높이가 낮으면 레이저스캐너가 바코드에서 벗어나, 안정적인 판독을 못한다.
- 바코드 길이의 15% 이상을 확보해야 한다.(바코드의 손상 가능성)

• 네로우 폭
- 바코드는 단순히 검정색의 바로만 표시되는 것이 아니다.
- 가늘고 굵은 바와 스페이스를 조합하여 만들고 각각 바와 스페이스는 다르다.
  * NB : Narrow Bar- 가는 바
  * WB : Wide Bar- 넓은 바
  * NS : Narrow Space - 가는 여백
  * WS : Wide Space- 넓은 여백

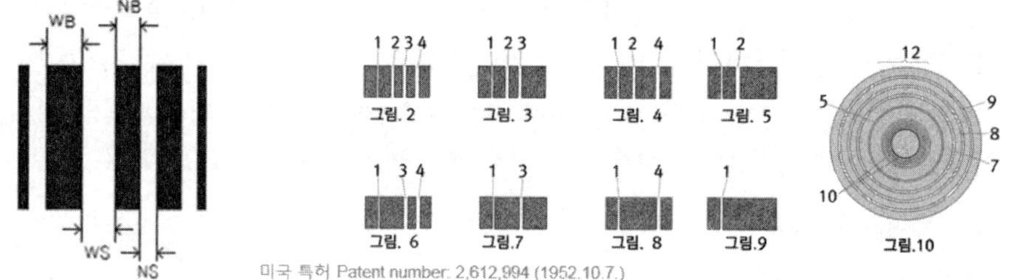

미국 특허 Patent number: 2,612,994 (1952.10.7.)

• 네로우 폭이 좁은 경우
- 인쇄 밀도를 높일 수 있어 작은 공간에 인쇄할 수 있다.
- 정해진 공간에 많은 자릿수의 바코드를 인쇄할 수 있다.
- 판독 가능한 범위가 좁아진다.
- 바코드를 인쇄하는 프린터의 정밀도가 높아야 한다.
  (라벨프린터, 레이저마킹기, 열전사프린터)

• 네로우 폭이 넓은 경우
- 인쇄 밀도가 낮아지기 때문에 큰 공간이 필요하다.
- 판독 가능한 범위가 넓어진다.

- 바코드를 인쇄하는 프린터의 정밀도가 낮아도 상관없다.
  (산업용 잉크젯 프린터)

④ 바코드 원리와 POS 시스템의 상품 코드

- 세계상품코드(UPC) 등의 기준에 따라 부호화부터 시작한다.
  - 바코드 스캐너와 암호 해독기로 구성된 판독기를 통해 해석된다.
  - 스캐너가 바코드를 읽으면 코드가 암호 해독기에 전달된다.
  - 최종적으로 코드암호가 해독되어 알아볼 수 있는 정보로 변환된다.
- POS시스템의 효과적인 이용을 위해서는 컴퓨터정보를 코드화할 필요가 있다.
  - 기업의 물류 및 상품관리 시스템을 활용하기 위해서는 상품코드를 이용한다.
  - 코드를 판독하여 이동데이터를 처리할 때 상품명, 상품분류, 가격정보 필요.
  - 각 마스터에 등록된 상세 POS 매출데이터를 컴퓨터에서 집계, 가공하여 사용.
- 아무리 뛰어난 정보라도 그것을 신속하게 수집 및 분석 활용해야 한다.
  - 상품분류와 단품정의를 코드화하기 위해서는 「코드체계」를 설정해야 한다.
  - 「코드체계」란 어떤 규칙에 의하여 상품코드를 부여 하는 것이다.

⑤ 상품코드의 설정(균형성)

- 해독성 : 코드 그 자체로 코드의 의미를 해독하는 것.
- 조작성 : DATA의 입력, 전달, 집계, 분류 등의 조작을 쉽게 하는 것.
- 자릿수 : 조작시 오류가 적고, 조작을 용이하게 할 수 있는 자릿수.
- 확장성 : 장래에 확장될 것을 대비하여 여유를 줄 것.
- 판독성 : POS 및 기타 판독 장치를 읽으며, 수작업의 가능 여부.
- 공통성 : 자사는 물론, 해당 업계가 공통으로 인식할 수 있을 것.
- 관리성 : 번호를 부여, 관리할 수 있고, 조작이 용이할 것 등이다.

| 표준형 코드와 단축형 코드

[그림 9-1] 바코드 구조

## (2) 바코드의 장단점

① 장점

- 도입비용이 저렴하고 응용범위가 다양, 신속한 데이터의 수집이 가능하다.

- 상품종류 표시, 점포의 매출정보, 도서관의 도서관리 등 용도가 다양하다.
• 주문절차의 오차가 축소되어 정보 정확성과 시스템의 신뢰성과 안정성 확보
- 종이이외에도 다양한 재질에 인쇄하며, 원하는 정보에 빨리 접근할 수 있다.
• 한 번의 주사로 판독, 생산에서 배송까지 신속, 정확, 효율화의 이점을 준다.
- 일부가 손상되더라도 다른 부분을 읽어서 정상적인 정보를 얻을 수 있다.
• 실시간 재고파악으로 재고관리 효율화, 인원 축소와 창고보관비용의 감소.

② 단점
• 저장의 한계성으로 정보량이 적다.
- 정보용량에 한계가 있으므로 바코드 물건정보를 충분히 알 수 없다.
• 추가나 변경이 안 된다.(별도의 라벨부착)
- 많은 정보를 담기위해 2차원 바코드(매트릭스 코드)가 개발되었다.

**〈표 9-1〉 장점과 단점**

| 장 점 | 단 점 |
|---|---|
| • 표시가 용이하고 비용 저렴하다.<br>• 판독이 용이하고 정확하다.<br>• 자료처리시스템 구성가능 | • 정보량이 적음 : 5- 15개 bar에 정보관리<br>• 정보의 변경이나 추가가 안 됨 |

### (3) 바코드 상품코드 종류

① UPC(Universal Product Code) 제정
• 1973년 미국슈퍼마켓특별위원회가 세계상품코드를 식료품업계 표준으로 제정.
- 상품판매관리를 원활히 하기 위해, 북미(미국·캐나다)에서 적용하는 바코드.
- 미국과 캐나다는 수송포장상품대상으로 양국이 공통 사용하는 UPC카드 제정.
- IBM 에서 고안한 것과 거의 유사한 것이며 현재 미국이나 캐나다 등지에서 POS 용으로 백화점이나 슈퍼마켓의 식료품과 일상 잡화, 의료제품에 사용됨.
• 표준형 UPC-A(12자리로 구성), 단축형 UPC-E (8자리로 구성)으로 양분된다.
- Version A는 표준형 12자리, Version E는 단축형 6자리, Version D는 확대형.
- 12자리(구분코드-1자리),(제조사코드-5자리),(상품코드-5자리),(체크코드-1자리)
- 표준형 UPC-A(12자리로 구성/생산품목 분류 1자리, 제조업체코드 5자리 상품명 코드 5자리, 체크디지트 1자리)
- 단축형 UPC-E (8자리로 구성/UPC-A의 제조업체코드형태에 따라 분류)
• 단품별로 정확하게 표현하여 POS와 기타 컴퓨터기기를 사용하여 상품관리.
- UPC코드는 12개 캐릭터로 구성, 숫자(0 ~ 9)만 표기가능하며, 3가지 종류 있음.

- UPC코드는 좌측여백과 가드패턴, 상품분류 체계번호, 제조업체 번호, 중앙 가드패턴, 상품번호, 검사문자, 우측 가드패턴, 우측 여백으로 구성된다.

• UPC는 일반적으로 UPC-A를 가리키지만 그 밖의 다른 종류도 있다.
  - UPC-B : 12자리 UPC 버전. 검사 기호가 없음. 국가 약제 등에 쓰임.
  - UPC-B : 12자리 UPC 버전. 검사 기호가 없음. 국가 약제 등에 쓰임.
  - UPC-C : 12자리 UPC 버전. 검사 기호가 있음.
  - UPC-D : 가변길이 부호(12자리 이상) + 12자리 검사기호.(보통 쓰이지 않음)
  - UPC-5 : 5자리 UPC 버전. 서적에 쓰임.

• 국제표준도서번호(International Standard Book Number, ISBN)
  - ISBN는 국제적으로 책에 붙이는 고유한 식별자이다.
  - ISBN체제는 1966년 영국에서 "표준도서번호"(SBN)라는 이름으로 만들어졌다.
  - 1970년 국제 표준화 기구에 의해 ISO 2108이라는 표준으로 채택되었다.
  - 본래 10자리지만 2007년 1월 1일부터 유럽상품번호(EAN) 맞춰 13자리 바뀜.
  - 비슷한 종류로 정기출판간행물에 사용되는 국제표준연속간행물번호(ISSN)있다.
  - 현재 책에 붙어 있는 바코드는 EAN-13이며, ISBN-13이라 부르기도 한다.
  - ISBN 국가번호인 978을 앞에, 마지막 숫자 EAN-13 맞춰 계산하면 변환가능.
  - 국제표준화기구, 10자리 ISBN에 공간이 얼마 남지 않아 13자리 ISBN로 전환. 새로운 표준은 EAN-13과 동일번호 사용할 수 있기 때문에 통합으로 생각함.
  - 기존 ISBN은 해당 EAN-13 번호(국가번호 978)가 그대로 새 ISBN 번호 된다.
  - 국가번호 978이 모두 차면 그 뒤로는 국가번호 979를 사용할 예정이다.
  - 2007년 이후, 10자리로만 표시된 책들에 13자리 ISBN을 함께 표시 출판.

UPC-A

UPC-E

ITF( Interleaved two of five = interleaved 2 of 5 )

• 아스키코드(ASCII: American Standard Code for Information Interchange)
  - 미국 정보교한 표준 코드.
  - ASA(미국표준협회)가 ISO(국제표준화기구)위원회에 미국 안으로 제안했다.
  - 이 체계에 준거해 ISO의 국제부호체계가 제정돼 있다.

- 제어 문자와 도형 문자의 세트로 8비트로 되어 있는 코드이다.
- 영어를 사용하는 대부분의 정보기기에서 사용되고 있다.

② EAN(European Article Number)코드

• 유럽에서 국제상품코드를 1977년에 재정한 것이 표준유통 심벌인 「EAN」이다.
- 미국의 UPC제정이후, 유럽의 12개국이 모여 국제적인 공동상품코드를 제정함.
- EAN International(국제상품 코드 관리협회)에서 제정되어 사용되고 있다.

• 우리나라에서는 대외적으로 EAN KOREA로 불리고 있다.
- 1988년 36번째로 (재)한국유통정보센터가 회원으로 가입, 국내 EAN코드 보급.
- 과거 한국은 KAN코드로 사용되었으나 현재 세계 공통 EAN코드로 사용한다.

• EAN코드는 UPC코드보다 상위 라벨의 코드이다.
- EAN코드 판독기는 UPC코드를 읽을 수 있으나 반대경우에는 성립되지 않음.
- EAN코드는 13개 문자를 포함할 수 있으며, 바코드로 표시하는 것은 12자리.
- 맨 좌측문자는 수치로 표현되므로 UPC와 동일한 심블 길이인 95X를 갖는다.

• EAN식별코드 종류에는 상품을 분류하는 여러 가지가 있다.
- EAN-13이 표준형코드이며, EAN-8, EAN-13, EAN-14, EAN-128코드가 있음.

• EAN-13(식품, 문구, 자동차용품 및 일반 소매산업에서 활용)
- EAN-13, 제조업체코드에 따라 표준형코드, 다품목코드, 의약품코드로 구분.

• EAN-14(멀티팩, 수송용기의 고정길이 데이터를 식별하기위한 식별코드)
- EAN코드 종류에는 E-13 즉, 13개 문자의 표준형과 E-8인 8개 문자의 단축형.

• EAN : 13 바코드
- 세계상품코드(UPC)시스템일부인 13자리(12개 번호 + 검사 번호)바코드 표준.
- EAN-13 바코드 숫자는 상품인식번호이며, 일본은 일본상품번호로도 부른다.
- EAN-13 바코드는 전 세계적으로 소매점의 상품에 쓰인다.
- UPC와 EAN의 숫자는 국제거래단위번호(GTIN)이며, GS1바코드로 변환 가능.
- 이보다 덜 쓰이는 EAN-8 바코드는 크기가 작은 물품을 위해 소매점 사용함.
- 2자리(EAN2)와 5자리(EAN5)바코드는 총 14개/17개자리 숫자위해 추가 가능.
- 정기간행물경우, 일련번호이며 서적·음식 등 무거운 상품은 판매가격 사용.

• EAN-13 [표준형A] : 우리나라에서는 KAN-13, 다품목코드
- 표준형 A는 의류 등 많은 품목을 취급하는 업체들을 위한 코드이며,

- 표준형 B는 취급상품의 품목수가 상대적으로 적은 업체를 위한 코드.
- 국가식별코드
• 국가를 식별하기 위한 숫자로 2~3자리로 구성됨.
• ’82년 이전에 EAN International에 가입한 국가는 2자리이다.
• ’82년 이후에 가입한 국가 는 3자리가 부여됨.
• 우리나라의 경우 “880”을 사용함.
- 제조업체코드
• 상품의 제조업체를 나타내는 코드로 5자리
• 의류 등의 다품종 업체에 63000-69999 부여.
- 상품품목코드
• 각각의 단품을 나타내는 코드로 총 10,000 품목에 부여할 수 있음.
• 0000-9999호로 4자리
- 체크 디지트
• 스캐너에 의한 판독 오류를 방지하기 위해 만들어진 코드.
• modulo 10방식에 의해 계산됨. 1자리
• EAN-13 [표준형B]
- 국가식별코드
• 국가를 식별하기 위한 숫자로 2~3자리로 구성.
• ’82년 이전 EAN Internation에 가입한 국가는 2자리이다.
• ’82년 이후 가입한 국가는 3 자리이다.
- 제조업체코드 : 6자리
- 상품품목코드 : 총1,000품목에 부여할 수 있음, 3자리
- 체크 디지트
• 스캐너에 의한 판독오류를 방지하기 위해 만들어진 코드.
• modulo10방식 에 의해계산. 1자리
• EAN-13 (의약품 코드)
- 국가식별코드
• 국가를 식별하기 위한 숫자로 2~3자리로 구성
• ’82년이전 EAN Internation에 가입한 국가는 2자리이다.
• ’82년이후 가입한 국가는 3 자리이다.
- 제조업체코드 : 5자리
- 상품품목코드 : 총10,000품목에 부여할 수 있음, 4자리
- 체크 디지트
• 스캐너에 의한 판독오류를 방지하기 위해 만들어진 코드.

- modulo10방식 에 의해계산. 1자리.
- EAN-14 (물류식별코드)
  - 업체간 거래단위인 물류단위, 주로 골판지박스에 사용되는 국제표준바코드.
  - 생산공장, 물류센터, 유통센터 등의 입·출하시점에 판독되는 표준바코드이다
  - 표준물류바코드 활용 이점
- 물류센터 내 검품, 거래처별·제품별 소팅, 로케이션관리의 자동화,
- 물류센터 내 실시간에 재고파악을 통한 재고관리의 효율화,
- 생산에서 배송까지 제품이동의 신속·정확한 수·발주활동에서 납품까지의 리드타임단축 등 물류중심의 EDI거래추진
  - 물류식별코드가 의미하는 내용
- 0 : GTIN에 따른 식별코드 구분, 박스내 소비자 구매단위가 혼합되는 경우
- 1 ~ 8 : 박스 내에 동일한 단품이 들어 있는 경우, 물류식별코드는 박스에 포함된 단품의 개수의 차이를 구분한다
- 9 : 추가형(Add-on)코드가 있는 경우 : 계량형 상품
- CODE : 39 바코드
  - Alphanumeric 데이터[2]를 표현할 수 있는 대표적인 불연속형 변환 바코드.
  - UPC나 EAN을 사용하는 유통분야를 제외한 전 분야에서 널리 사용된다.
  - 1975년 인터멕(Intermec)사 개발, 자동차, 의료, 국방, 상업용 심벌로 응용됨.
  - 개발 초기 39개의 캐릭터를 표시할 수 있었다하여 Code39라는 명명되었다.
  - 표현 가능문자는 0 ~ 9, A ~ Z 대문자, 7개 특수문자{-Space S/ +%}가 가능하다.
  - 43개 문자(0 ~ 9, A ~ Z 7개 특수문자)와 하나의 시작, 끝 문자로 구성되어 있다.
  - 각 문자는 9개의 요소로 구성되어지고 그 중 3개는 논리 값 1을 의미한다.
  - 자체 검증기능이 있어 높은 데이터 신뢰도를 가진다.
    (판독 오차 1/70.000.000)
  - 자리 수에 제한이 없고 최대 길이는 판독장비에 따라 결정된다.
  - 가장 널리 사용, 문자와 문자사이의 갭(GAP)은 코드 값을 포함하지 않는다.
- CODE : 93 바코드
  - 모든 ASCII 데이터를 표현할 수 있는 연속형 심볼리지.
  - 1982년 인터맥(Intermec)사 개발, 매우 적은 바코드의 사용을 위해 개발됨.
  - CODE-93은 작은 심벌이 요구되는 곳에서 CODE-39와 호환가능하게 고안됨.
  - 코드길이는 자유롭게 변동, 최대 허용길이는 바코드리더인 스캐너에 좌우된다.
  - 현재 고밀도 데이터응용분야와 Code 93를 보완하는 응용분야에 사용 증가함.

---

2) 문자와 숫자의 구별없이 처리할 수 있는 데이터

• CODE : 2 of 5
- 1968년 아이텐티콘(Identicon)사 개발, 수치(Numeric)데이터 표현 불연속형
- 1개 숫자가 5개 바와 5개 스페이스를 교대 조합되었고 문자 사이 갭을 제거.
- 문자검증. 심볼로지. 창고분류 시스템, 항공티켓, 항공수하물관리 등에 사용됨.
- 문자의 수가 짝수이므로 홀수문자가 들어오면 "0"이 맨 앞에 표기, 가장 짧다.
- 숫자데이터 표현시, 많은 데이터를 짧게 코드화가 가능, 자체검사기능 탁월함.
- 산업용 및 소매점용 바코드로 많이 사용된다.

• 제이에이엔 코드(JAN code)
- 1978년에 제정된 일본 식품, 잡화용을 주된 대상으로 한 바코드이다.
- 코드 체계는 EAN과 같다.

③ KAN(Korea Article Number)코드
• 한국 공통상품코드로 판매시점정보를 신속히 파악하는 POS시스템 보급 원인.
- 미국·유럽은 EAN·UPC코드 사용, 일본은 EAN 가입, JAN코드 체계 확립.
- 한국은 EAN에 가입하여 국가코드 「880」을 부여 받고 『KAN』코드체계 확립.
• KAN코드, 1988년 12월 24일 한국공업표준심의회 의결로 KSC 5833으로 제정.
• POS시스템 보급 및 이용확대를 위해 판매시점에 필요한 정보를 신속히 파악
- 상품정보를 해독할 수 있도록 부호화한 공통상품코드
• 미국의 UPC에 대항해 유럽 12개국이 모여 만든 공통 상품 코드
- 1973년 미국 슈퍼마켓 특별위원회가 캐나다와 수송포장 상품을 대상으로 하여 세계상품코드를 식료품업계 표준으로 제정하면서 일반화되기 시작.
• 1977년 미국의 UPC에 이어 유럽에서는 12개국이 국제적인 상품코드를 제정
- 업체의 취급제품에 따라 한국유통물류진흥원에서 세소업체코드를 부여한다.
• ISBN[3]제도는 모든 간행도서 고유번호 부여, 문헌정보와 시직관리목적 사용함.
- 한국은 국가번호 '880'를 배정받아 1990년 8월 24일부터 공식적으로 사용함.
- 모두 10자리로 구성되며 ISBN 이라는 문자를 항상 맨 앞에 표기한다.
- 상품제조코드 5자리는 제조업체나 수입업자들이 사용, 코드지정기관이 부여함.
• 단축형 코드구성은 인쇄공간의 부족, 표준형코드 사용이 부적당한 경우 사용.
- 제조업체 코드는 표준형이 5자리이나, 단축형은 4자리로 구성되며, 상품품목코

3) 국제표준도서번호

드에서도 표준형이 5자리이나 단축형은 1자리로 구성된다.

### (4) 국내유통업체의 KAN 코드체계(공통상품 및 표준물류코드)

① 표준형(KAN-13) : 가장 일반적으로 사용되는 형태

- 소매업에서 활용되는 것이 아닌 보관, 배송목적으로 박스에 사용되는 코드
  - 백화점, 슈퍼마켓, 편의점 등에서 최종소비자에게 판매되는 상품에 사용
- 주로 골판지박스 등에 사용되는 국제표준 물류바코드로 생산 공장, 물류센터, 유통 센터 등의 입·출하시 판독용으로 이용되는 표준바코드.

| 0 | 880 | $M_1M_2M_3M_4$ | $I_1I_2I_3I_4I^*$ | C/D |
|---|---|---|---|---|
| 물류식별 | 국가식별코드 | 제조업체코드 | 상품품목코드 | 체크디지트 |

→ 물류식별코드 1자리, 국가식별코드 3자리, 제조업체코드 4자리, 상품품목코드 5자리, 체크디지트 1자리로 구성

- 표준형(13자리)

| 8 8 0 | 1 2 3 4 | 5 6 7 8 9 | 3 |
|---|---|---|---|
| 국가식별코드 | 제조업체코드 | 상품품목코드 | 체크디지트 |

- 국가 식별코드(3자리 또는 2자리): 한국880. 일본49. 미국00-01.
- 제조업체 코드(4자리 또는 5자리) : 펭긴 1001. 럭키 1051.
- 상품 품목코드(5자리) : 고유 번호로 기재되어 있다.
- 체크 디지트(1자리) : 판독기에 의한 판독 오류를 방지하기 위한 코드.

② 단축형(KAN-8) : 작은 상품의 경우 사용

- KAN코드 활용분야는 소비재의 상품, 소매업 종합정보시스템, EDI시스템 등.
- 단축형 : KAN-8자리(작은 상품의 경우 사용)

| 880 | $M_1M_2M_3M_4$ | I | C/D |
|---|---|---|---|
| 국가식별코드 | 제조업체코드 | 상품품목코드 | 체크디지트 |

→ 국가식별코드 3자리, 단축형 제조업체코드 3자리, 단축형 상품품목코드 1자리, 체크디지트 1자리 등 총 8자리로 구성.

• 단축형(8가지)

| 8 8 0 | 1 2 3 | 5 | 5 |
|---|---|---|---|
| 국가식별코드 | 제조업체코드 | 상품품목코드 | 체크디지트 |

- 제조업체코드 : 표준형보다 1자리가 적다.
- 상품품목카드 : 10개 품목으로 제한되어 있어나, 복수 제조업체코드를 사용함.

### (3) 상품코드 Marketing 표시방법

① Source Marketing

• 제조업자가 생산시점에 바코드를 인쇄하는 판매자방식.
 - 포장이나 용기 인쇄와 동시에 인쇄, 전 세계적으로 사용하는 국제표준규격

• 필요성
 - 대외적요인(해외 바이어의 요구, 국내유통업체의 요구)
 - 대내적요인
  * 물류시스템의 활용 및 POS데이터의 활용.
  * EDI시스템의 활용, 마킹비용 절감 및 마킹작업의 효율화.

• 소스마킹에 따른 이점
 - 제조업체
  * 판매정보를 기초로 정확한 생산계획 수립
  * 경쟁제품과의 가격동향을 파악하여 시기적절하게 가격조정
  * 광고나 판매촉진의 효과를 측정
  * 소비자의 요구에 맞춰 신제품을 개발하거나 기존제품을 개량
  * 팔리지 않는 상품의 생산중단 및 폐기
  * 시장규모를 파악하여 각사별 시장점유 파악
  * 출고·배송의 합리화, 재고관리의 정확도 향상.
 - 유통업체
  * 매출등록계산의 간편화·신속화
  * 마킹비용의 절감(바코드라벨 부착작업 경감)
  * 단품정보 수집
  * 재고관리의 정확도 향상.

② Instore Marketing

• 소매상이 소스마킹이 되어 있지 않은 제품에 코드를 부여.
• 가공센터 및 소매점에서 스티커형태로 부착하는 방식.

POS 거래내역을 반영한 커피 샵의 익일이용유도 타겟 쿠폰 프로모션과 포스시스템과 연결된 작은 쿠폰 프린터에는 프로모션을 제어하는 Application이 연결되어 있다.

### (4) Bar Cord의 종류별 관리 방법

① SOURCE MARKETING

- 국제규격 13자리, 단축형 8자리 Bar Code심벌 표시.

• Cord 3 Of 9

- 문자와 숫자가 동시에 사용된다.
- 글자는 3개의 BAR와 일정 간격으로 구성된다.
- 43개의 글자로 구성된 가장 많이 쓰이는 종류.

• Cord 9 of 3

- CODE 3 of 9와 호환이 가능하며, 코드 길이를 자유롭게 변동.
- 최대 허용 길이는 판독기 특성에 좌우가 된다.
- 스케닝 에러를 극소 화 할 수 있는 장점이 있다.

• Cord 2 Of 5

- 가장 간단한 형식.
- 산업, BAR간격, Matrix의 종류에 따라 3가지 종류가 있다.
- 5개 요소를 이용해 0 ~ 9까지 숫자를 나타낼 수 있는 단순형식의 코드체계이다.
- 2개의 넓은 요소와 3개의 좁은 요소로 구성되어 있다.
- 좁은 요소는 2진수의 0, 넓은 요소는 1을 의미한다.

〈표 9-2〉 소스마킹과 인스토어마킹의 비교

| 구 분 | 소스마킹 | 인스토어마킹 |
|---|---|---|
| 마킹장소 | 생산·포장 단계 (제조·판매원) | 가공·진열단계(점포·가공센터) |
| 표시내용 | 국가식별코드/제조업체코드/상품품목코드/체크디지트 | 별도 표준코드체계(원칙적으로 소매업체 자유설정) |
| 대상상품 | 가공식품, 잡화 등 일반적으로 공장 제조상품 | 정육, 생선, 청과와 소스마킹 안 되는 가공식품, 잡화 |
| 활용지역 | 전 세계적으로 공통으로 상용이 가능 | 인스토어마킹을 실시하는 해당업체만 사용가능 |
| 비 용 | 제조업체에서 포장지에 직접 인쇄하기 때문에 인쇄에 따른 추가비용이 거의 없다. | 각 소매점에서 바코드라벨을 한 장씩 발행하여 일일이 상품에 부착하기에 부착작업을 전담할 인원 필요 |
| 포장 이미지 | 인쇄하기 때문에 모든 색상을 전부 사용할 수 있으므로 포장지 전체의 이미지를 손상치 않음 | 라벨 또는 컴퓨터 발행으로 바코드색상이 백색바탕에 흑색Bar만 사용. 포장이미지에 손상할 우려 있다. |
| 판독률 | 판독 오류가 거의 없으나 포장재, 인쇄방법, 인쇄색에 대한 주의가 필요 | 라벨이 떨어질 경우와 장기간 지나면 바코드의 흑색Bar의 퇴색으로 오독의 우려가 있다. |

② INSTORE MARKETING

- 청과, 야채, 정육 등을 포장하면서 일정기준으로 정하여 코드를 개량 및 라벨 프린트로 인쇄하여 상품에 부착하는 방식.
- 인스토어 코드는 국제코드로 정해진 20~29까지의 코드를 사용하는 것을 원칙으로 하며 상품코드는 10자리에서 자유롭게 사용할 수 있다.
- PLU(Price Look Up)형은 Source Marketing이 된 일반 공산품이나 잡화 등.
  - 상품 판매가격을 미리 상품마스터에 기재하여 판매시점에 불러오는 형태.
- 표준 13자리 PLU(Price Look Up)형

| 2 2 | 1 2 3 4 5 6 7 8 9 0 | 3 |
|---|---|---|
| 인스토어코드 | 상품 코드(자유 사용) | 체크디지트 |

- Non PLU형은 청과, 야채, 생선 등 가격 변하는 상품판매시나 바코드 인쇄.
  - 상품코드와 상품가격을 5자리로 하며 상품코드와 가격을 10자리 내에 사용.
- 표준 13자리 Non-PLU형

| 2 2 | 1 2 3 4 5 6 7 8 9 0 | 3 |
|---|---|---|
| 인스토어코드 | 상품 코드(자유 사용) | 체크디지트 |

- 전자저울 코드는 Instore Marketing할 상품 중 Non-PLU상품에 한하여 부여하는데 국제 식별코드인 20 ~ 29사이의 코드를 기본으로 지정하고 상품코드를 부여하면 된다.
- 20 ~ 29사이의 코드를 사용하지 않으면 2개의 코드가 중복되는 경우가 있으므로 주의하여야 한다.

* 유형1(표준 13자리)

| 2 2 | 1 2 3 4 5 | 6 7 8 9 0 | 3 |
|---|---|---|---|
| 인스토어코드 | 상품코드 | 상품가격 | 체크디지트 |

* 유형2

| 2 2 | 1 2 3 4 5 6 | 7 8 9 0 | 3 |
|---|---|---|---|
| 인스토어코드 | 상품코드(4 ~ 6) | 상품가격(6 ~ 4) | 체크디지트 |

* 유형3

Instore Code의 2번째 코드를 부문별 체계를 부여할 수 있다.

## 2) QR코드(Quick Response Code)

### (1) QR Cord(2차원 바코드) 개요

① 정의

- 흑백 격자무늬 패턴으로 정보를 나타내는 매트릭스 형식의 2차원 바코드다.
  - 1차원 바코드(Bar Cord)에 비해 보다 작은 공간에 더 많은 데이터를 포함함.
  - 종래에 많이 쓰이던 바코드 용량제한을 극복하고 그 형식과 내용을 확장했다.
  - 종횡의 정보를 가져서 숫자이외에 문자의 데이터를 저장할 수 있다.
- 흑백 격자무늬패턴으로 정보를 스캐너로 읽는 매트릭스형식의 바코드를 말함.
  - QR코드는 넉넉한 용량을 강점으로 3차원적인 다양한 정보를 담을 수 있다.
  - 기존 바코드의 용량 제한에 따른 가격과 상품명 등 한정된 정보관리를 극복함.
  - 일반적인 바코드에 비해 수록하는 정보량이 많고, 왜곡에도 강한 것이 특징임.

② 기능

- 문자와 숫자, 사진 등 대량정보를 작은 사각 안에 2차원심벌로 고밀도 코드화.
  - 1차원 바코드 13 ~ 14자리 데이터 표시, 2차원 바코드 1000자 이상 데이터 인식.
  - 바코드에 다양한 정보를 저장하여서 바코드를 읽으면 내용이 화면에 나타남.
  - 암호화로 각종 인증 시스템이나, 휴대폰 액정에 전달되어 티켓대신 사용한다.
  - 한국어 등 모든 외국어와 지문을 비롯한 그래픽, 사진정보의 표현이 가능하다.

- 작은 사각 안에 가로, 세로(x,y) 양방향으로 점자나 모자이크코드의 평면바코드.
  - 암호화된 데이터정보를 스캐너에 의해 제품정보의 제공과 웹사이트로 연동됨.
  - 고밀도 정보저장과 문자, 숫자, 음성, 지문, 서명 등 다양한 정보파악이 가능.
  - 한 변에 21개 나열된 '버전1'에서 177개가 나열된 '버전40'까지 40가지 사양임.
- 엄청난 정보량 기록, 많고 다양한 정보취득, 데이터 복원 등에 대응이 가능함.
  - 코드 3개의 모서리에 [回]자형 심벌이 배치되어서, 어느 방향의 정보도 인식함.
- 기록 가능한 정보량은 버전 40의 경우 최대 23,648비트, 독자 문자코드 사용함.
  - 가나(일본 문자)나 한자의 경우 1,817문자, 알파벳과 숫자의 경우 4,296문자, 숫자만 사용할 경우 7,089문자까지 기록할 수 있음
- 인식률이 높아 정보취득이 확대되고 정보훼손에도 상당부분 복구가 가능하다.
  - 제품정보, 물류정보보다 데이터베이스에 접근하는 키를 표현하는데 주로 활용.
  - 최근, 휴대전화에 QR코드 인식기능이 탑재, 인터넷URL 등 데이터입력 보급됨.

③ 역사

- 1994년 덴소웨이브 개발, 덴소 웨이브 등록상표 'Quick Response'에서 유래됨.
  - 1994년에 덴소의 개발부서(덴소 웨이브)가 개발하였다.
  - 1997년 10월 AIM International 표준이 되었다.
  - 1998년 3월 JEIDA 규격 2000년 6월 ISO/IEC 18004표준이 되었다.
- 특허권을 가진 덴소웨이브는 이 표준화된 기술에 특허권행사의 포기를 선언함.
  - QR코드는 2002년부터 주목받기 시작했으며, 가장 많이 보급된 2차원 코드이다.
  - 대표적으로 Maxi코드, Data Matrix코드, PDF417(세계 시장 점유율 60~70%), QR코드(일본, 아시아 지역에서 주로 사용) 등이며, 세계 표준화되어 있음.
- 우리나라 산업통상자원부 기술표준원도 한국산업규격(KS)으로 규격화해 도입.
  - 기'QR코드, Data Matrix, PDF417, Maxicode 등' 4개의 2차원 바코드를 인허함.
  - 한글 표현이 가능한 2차원바코드시스템을 국내 산업에 꾸준히 상용되고 있다.

## (2) 종류와 특징

① 2차원바코드의 종류

- 다층형(Stack) 코드
  - 코드를 세로방향으로 배열하는 형태(Code16K, Code49, PDF417)

- 매트릭스형(Matrix) 코드
  - 체크무늬코드, 어떤 표시부분을 흑백이 서로 맞붙은 모자이크 식으로 표현함.
  - Code1, Maxi Code, Data Code, Veri Code, QR Code, カルラCode, Array Tag.

② 2차원 바코드의 특징

- 하나의 심벌에 대용량의 데이터를 포함시킬 수 있다.
- 공간의 이용률이 매우 높아서, 정보표현의 제약이 없다.
- 좁은 영역에 한글, 일어, 한자, 특수문자를 표현한다.
- 고밀도데이터를 표현하기 때문에 표현공간이 적다
- 심벌의 오염과 훼손, 손상된 데이터의 바코드를 복원할 수 있다.
- 그래픽정보 등 대량의 데이터를 초고속으로 읽을 수 있다.
- 1차원 바코드에 비해 수 배이상의 많은 정보를 저장할 수 있다.

**〈표 9-3〉 2차원 바코드의 특징**

| 특 징 | 효 과 |
|---|---|
| 대용량의 데이터 | 휴대형 데이터파일 역할, 네트워크나 EDI 대치 & 보완, 서유작업 감소, 제거 |
| 고밀도의 데이터 | 소형 미관중시, 제품 표시, 인쇄비용 절감, 원거리 판독, 고밀도 표현 가능 |
| 데이터 오류검출 및 복원 | 데이터 정확도 및 신뢰성 증가, 오염 훼손된 심벌 판독, 판독률 증가, 요류 감소(작업 생산성 증가) |
| 낮은 선명도 판독 | 열악한 인쇄상태나 환경조성에 적응, 인쇄기술 및 인쇄재질의 다양성(인쇄비용 절감) |
| 한국어 및 그래픽 표현 | 다양한 언어(한글, 일어, 한자, 특수문자) 및 그래픽 데이터 표현, 이진수 코드 표현 가능 |
| 데이터 기록 가능 | 데이터 암호화 가능으로 비밀, 보안자료 표현 및 저장, 자료의 위조, 변조 또는 오용 방지 |
| 다방향 판독 가능 | 260도 어떤 심벌도 판독, 판독률 증가, 선뢰성 있고 고장 적은 판독기 |

③ 2차원 바코드와 RFID비교

- 2차원 바코드
  - 누구나 생성이 가능하고, 인터넷에서 쉽게 주고받을 수 있음
  - 바코드는 프린터만 있으면 인쇄가 가능해 개인이 이용하기에 편리함
  - 물류분야와 정보의 유통, 보급, 전달에도 용이하여 '미디어코드'라고도 불림
  - 현재 각종 고지서, 비행기 탑승티켓, 설명서, 학생증 대용으로 다양하게 활용됨.
- RFID
  - 사물 속의 칩에서 RFID 리더기가 보내주는 전파를 수신하여 전류를 생성함.

- 물류산업에서 주목되나, 기술완성도가 100%가 아니면 에러발생시 손실 예상.
- 정보입력에 별도장비가 필요하며, 정보 유통, 보급, 전달에서 상대적인 취약성.
- RFID의 대표적인 이용사례로는 교통카드를 들 수 있음

### (3) QR Cord 사용과 만들기

① 사용

• 초기는 자동차부품 생산관리에 널리 이용, 기존 바코드 대체개념으로 보급함.
 - 바코드라벨을 붙이기 힘든 작은 제품, 반도체, 핸드폰 등에 사용하도록 개발됨.

• 이후는 카메라 폰을 이용한 다양한 매체에 인쇄, 연결된 인터넷정보를 검색하기 쉽게 하기 위한 수단으로 발전.
 - 최근 '스캐니' '크루크루' 등 QR코드를 인식하는 무료애플리케이션으로 인기.

② 유통업계의 QR코드마케팅

• QR코드는 오프라인고객을 온라인으로 실시간 이동시키는 가장 좋은 방법임.
 - 스마트폰 보급 확산에 따라 훌륭한 마케팅 도구로 활용할 수 있기 때문이다.

• 제품에 부착된 QR코드를 읽으면 이벤트나 할인행사 등 모든 정보가 취득된다.
 - 한우, 생선 등 신선식품의 생산·유통 이력과 백화점의 각종 행사정보 등.

③ QR코드 만드는 방법

• 스캐니 사이트(http://www.scany.net/kr)에 접속하면 QR코드 생성함.
 - 명함, 이메일, 지도좌표, 전화번호, SMS, 텍스트, URL, 유 튜브 동영상 ed.
 - 가급적 복잡하지 않는 핵심적인 내용만으로 QR코드를 만드는 것이 좋다.

• QR코드 만드는 사이트
 - 구글 챠트 API QR코드Code(http://blog.naver.com/affectionjs/)
 - 다음 코드 QRCode(http://code.daum.net/web)
 - 네이버 QR코드(http://qr.naver.com)

• 스마트폰 QR코드 어플
 - 바코드 스캐너(http://j.mp/RcHRwG)
 - 스캐니(http://j.mp/UQeGBP)
 - QR Droid (한국어)http://j.mp/RcI4Qv
 - 이미지를 코드화 QR코드 - design QR

### 3) 무선주파수 식별시스템(RFID : Radio Frequency Identification)

#### (1) RFID(무선주파수식별) 시스템 개요

① 정의

- 전파 등의 무선통신을 사용하여 사람과 물건을 식별하기 위한 기술총칭이다.
  - 일정한 무선 주파수[4] RF-ID를 이용하여 대상을 식별하는 기술이다.
  - 전자물류와 오프라인시스템을 연결시켜 업무데이터와 정보통합 응용기술임.
  - 제품정보를 태그에 붙여 주파수로 전송, 처리되는 비접촉식 데이터인식기술.
  - 상품마다 초소형 마이크로 칩을 부착하여 대상물을 분별하는 인식시스템이다.
- 판독기의 무선신호로 상품부착 태그에서 식별한 데이터를 호스트로 전송함.
  - 읽기와 쓰기가 가능하면서 다수상품을 동시에 처리하는 신기술 시스템이다.
  - 신개념의 태그(teg, 꼬리표)는 SCM에 획기적인 발전을 가져오는 기술이다.
  - 응용별로 주파수대역을 달리하여 여러 분야에 적용할 수 있는 범용성이 있다.
  - 특별한 충돌적인 요소 없이 기존산업에 자연스럽게 적용시켜 활용할 수 있다.
- JIS(일본공업규격)의 정의
  - 유도전자계 또는 전파에 의해 비접촉식으로 반도체메모리데이터를 식별하고, 삽입하기 위해 근거리통신을 수행하는 것의 총칭이다.
- 유비쿼터스 물류기술의 실시간 활용
  - 물품, 박스, 컨테이너, 차량, 무인창구, 운송장 등 모든 사물에 RF-ID를 내장함.
  - 개체에서 자율적으로 생성하는 발신자·수신자정보 상황인식을 가능하게 함.
  - 위치, 무게, 용량, 온도, 습도 정보를 인식, 수집, 분석, 제시, 교환, 공유, 판단.

〈표 9-4〉 바코드와 RFID와의 구분

| 구 분 | 바코드 | 무선식별. 주파수인식시스템(RFID) |
|---|---|---|
| 인식 방법 | 광학식(Read Only) | 무선(Read / Write) |
| 정보량 | 수십 단어 | 수천 단어 |
| 인식 거리 | 최대 수십 Cm | 최대 수m(전파 규제에 의해 좌우) |
| 인식 속도 | 개별 스캐닝 | 최대 수백 개(이론적으로 수천 개도 가능) |
| 관리 레벨 | 개개 상품(일련번호) | 상품 그룹 |
| 가격 | 라벨 인쇄 10원미만 | 태그 최하 수백 원(EPC 5센트 목표) |

4) (Radio Frequency)

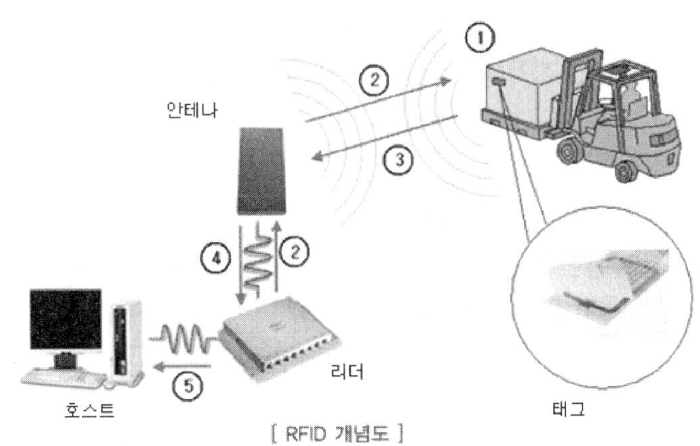


참조 : 유통물류진흥원

**[그림 9-2] 무선식별, 주파수 인식 시스템의 개념도**

② RFID시스템의 특징

- 바코드 및 스마트카드와 유사한 기능을 수행하지만 기술적 장점이 있다.
  - 원거리에서 인식이 가능하고 충돌방지기능이 있다.
  - 동시에 여러 개를 인식할 수 있는 자동인식기술이다.
- RFID는 판독기(Scanner), 주파수(Frequency), 태그(Tag) 등으로 구성.
  - Tag의 데이터 변경 및 추가가 자유롭고,
  - 일시에 다량의 Tag판독이 가능하며,
  - 냉온, 습기. 먼지 등의 열악한 판독환경에서도 판독율이 높다.

### (2) 장점 및 단점

① 장점

- RFID 기술의 범용성으로 기존산업에 자연스럽게 적용시켜 활용할 수 있다.
  - 바코드와 달리 접촉하지 않아도 인식이 가능하다.
  - 충돌방지기능이 있어 여러 개가 동시 인식이 가능하다.
  - Tag의 데이터 변경 및 추가기능이 있다.
  - 눈, 안개, 결빙, 도색, 오염 등 환경적 제한상황에서도 인식이 가능하다.
- 원거리 및 고속이동시에도 인식이 가능하다.
  - 대중교통(버스, 지하철)요금을 카드를 넣은 상태에서 요금을 지불한다.
  - 소매점에서 구입한 상품을 고객의 비접촉식 스마트카드에서 대금을 지불한다.
- 유통물류 자동화로 물류비 절감 효과
  - 기술적으로 실현으로 비용이 저렴하면서 유통물류시스템 개선효과가 크다.

- 재고관리, 발주관리의 자동화로 피킹 오류방지와 로스율 축소로 효율성 향상.
- 생산자측면에서 상품추적이 가능하므로 배송도중 손실이 방지된다.
- 매장에서도 한꺼번에 많은 태그를 읽으며, 가격관리나 품절이 방지된다.

② 단점

- 바코드에 비해 높은 비용이 투입된다.
  - Transponder의 가격이 400원정도로 1,000원짜리 제품에 사용 불가능하다.
- 스마트카드에 비해 메모리용량이 낮다.
  - 바코드처럼 레이블에 상품코드를 바로 인쇄할 수 없다.
- 사생활 침해
  - 모든 상품기록이 칩에 저장되면서도 모든 추적이 가능, 비밀보장이 어렵다.
  - 소비자들은 개인들이 감시당한다고 생각하여 심한 거부감을 갖게 될 수 있다.

### (3) 구성 및 작동원리

① 구성

- 판독기[5)]와 전파 식별 태그[6)], 운용 소프트웨어 및 네트워크로 구성된다.
- 전파식별 태그는 반도체로 된 트랜스폰더 칩과 안테나로 구성된다.
- 전파신호로부터 에너지를 공급받는 수동식[7)]과 전지가 포함된 능동식이 있다.
- 판독의 구분
  - 실리콘 반도체 칩을 이용한 칩 태그.
  - LC 소자 또는 플라스틱·폴리머 소자로만 구성된 무칩 태그.
  - 고유정보기록방식에 따라 읽기전용형과 판독기록형.

② 작동 원리

- 칩과 안테나로 구성된 태그에 정보입력하고 박스, 팔레트, 자동차에 부착한다.
- 게이트, 계산대, 톨게이트에 부착된 리더기가 안테나에서 발사된 주파수가 태그에 접촉하면, 태그는 주파수에 반응하여 입력된 데이터를 안테나로 전송된다.
- 전송받은 데이터를 변조하여 리더기로 전달, 해독하여 호스트컴퓨터로 전달함.

---

5) (RF reader)판독 및 해독 기능을 하는
6) (RFID tag)고유 정보를 내장한
7) 내부의 전원이 없이 판독기

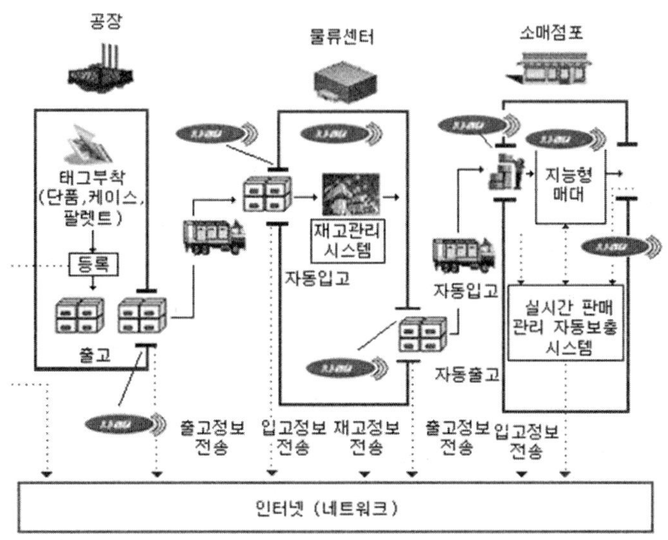


[그림 9-3] RFID 적용 프로세스

## (4) RFID의 보급이후 기대 효과

① 경제적 효과

- 제조/유통/물류 간 협업 SCM 기반이 구축되어 비용을 절감할 수 있다.
- 프로세스 개선을 통해 국가 물류 경쟁력을 향상시킬 수 있다.
- 제품 생명주기 관리로 국가 생산 경쟁력을 향상시킬 수 있다.

② 기술적 효과

- 표준화(국내외)를 수용하고 이를 주도해 나갈 수 있다.
- 관련 기술을 선험적으로 체험하는 효과가 있다.
- 핵심 기술 개발 및 습득(메모리 DB, 미들웨어, 센서 네트웍 등)에 유리하다.

③ 관련사입 파급효과

- 핵심기술 및 특허공유를 통해 시장활성화(공공분야, 유통/물류, 제조 등)전망.
- 유통서비스 및 물류산업은 물론, 관련업계에서 유비쿼터스 환경기반의 마련.
- IC태그의 이용은 SCM(공급체인망관리)시스템과 생산이력주적관리에도 시도.
  - 창고·재고·배송관리, 산지와 소비지간의 관리, 도서관 물품관리 등 다양함.

## (5) 유통업계의 활용사례

① 개요

- 산업·사회·식품·의료 분야 안전 관리에 역점
  - 정부가 추진하는 센서기반의 사물인터넷(IoT) 서비스과제 8개 추가로 선정.

- '14년 u-IT신기술검증확산사업'으로 센서·특수태그 응용 과제 8개를 추가 선정.
• RFID 기반의 투명한 마약류 제조·유통·판매·사용 관리를 위한 사업
- 마약류 입출고 업무 효율화, 재고조사 비용절감 등의 효과를 기대하고 있다.
- 선정 과제는 스마트센서를 제품·서비스·산업에 융합해 기업의 수익을 창출.
- 효율성 개선 및 다양한 사회적 이슈를 해결할 수 있는 서비스모델 검증사업.
- 스마트센서를 활용한 사물인터넷(IoT) 서비스 확산을 추진키로 했다.

② 미국 월마트사의 전자태그(RFID) 도입 사례

• 대형 유통기업 최초로 IC태그 도입을 결정한 것은 2003년 11월이다.
• 월마트는 2005년 1월부터 RFID 시스템체계를 적용하기 시작했다.
- 물품업자의 상품박스와 팔레트에 RFID기반의 전자상품코드(EPC)[8])를 설정함.
• 우선 상위 100개 공급업체들은 2005년 1월까지 RFID 태그를 모두 의무부착.
- 나머지 공급업체는 2006년 1월까지 모든 제품에 RFID 태그부착을 명시했다.
• 물류센터와 점포에 식별장치를 설치하여 위치정보 파악과 재고관리가 목적임.
- 댈러스지역 7개 점포에서 8개 제조업체 21개 제품이 단품별·케이스별 실시.
• 도입효과
- 상품의 입고, 적치, 재고관리업무 등의 효율성이 증대된다.
- 시스템도입으로 차량이 정문을 통과하는 즉시 제품이 물류센터 재고로 인식
- 적치시에도 사람관리가 필요없이 로케이션에 부착된 능동형 칩이 재고관리
- RFID기반의 EPC도입으로 연간 84억달러 가량의 비용절감효과를 달성

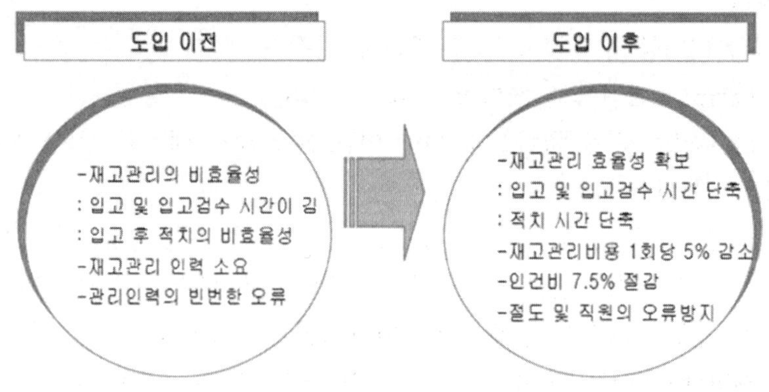


[그림 9-4] 월마트사의 RFID기반 EPC 도입사례

③ 독일 메트로퓨처스토어

• P&G, 존슨앤존슨, 질레트, 크래프트 등 업체들이 RFID 기술적용에 참여했다.

8) Electronic Product Cord)

④ 일본 소매업

- 미쓰코시 백화점, 재고관리 정확도를 높이고 고객서비스 향상을 위해 도입.
  - 여성구두매장에 도입한 사례가 있으며, IC태그를 개별 상품에 부착함.
- 식품도매기업 료쇼쿠가 케이스단위로 IC태그를 부착, 케이스관리에 활용.
- 의약품 도매기업 도호약품, 자사물류센터 운영에 액티브 IC태그를 활용함.
- 2003년부터 총무성, 경제산업성, 농림수산성, 국토교통성 지원으로 실험단계.
- 대규모의 실용화 사례보고는 아직도 많지 않은 상황이다.

⑤ 영국 소매업 Marks & Spencer사.

- 300개의 직영점과 8곳의 물류센터, 300개 공급회사가 있는 소매유통업체.
- 식품사업부는 3,000종 이상의 제품을 취급하며, 그 중 70%가 냉장식품.
- 재고관리는 금일 접수된 주문상품이 익일에 판매될 수 있는 체제유지.
- 2002년에 식품운반용 트레이, 팔레트, 롤 케이지(roll cage)에 RFID 부착.
- 전자태그의 도입으로 향후 10년간 약 88%의 비용절감 효과를 얻게됨.

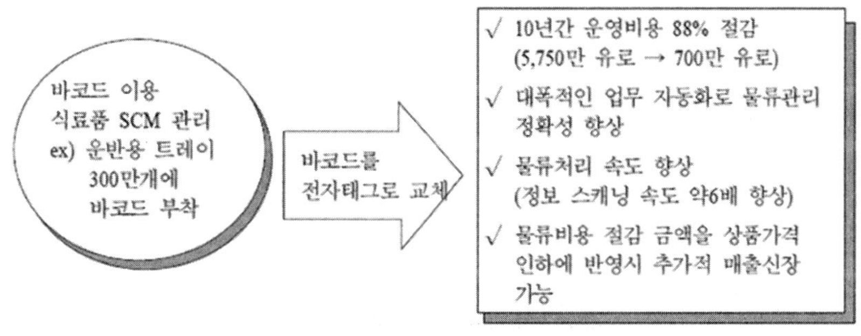


자료 : RFID 시스템과 물류산업에의 응용방안, 주식회사 ECO, 2003. 11

**[그림 9-5] 전자태그 시스템의 도입 효과**

### (6) 항공화물처리시스템의 RFID 적용

① RFID기술이 적용되어야 할 분야

- 화주 및 포워드에서 화물 RFID 택(tag)부착
- 게이트 반입이후 Truck Dock부분에서 이용
- 화물의 목적지별 분류
- 화물의 위치 파악
- 화물의 항공기 탑재위치파악 등

② 관세청, ' 80년 RFID전자테그 부착 항공수입화물 자동화사업

- '09년 아시아나항공을 시작으로 공항터미널에 구축 등 수입화물 자동화 실현

- 내륙지역 보세창고의 RFID 사용으로 화물관리가 정확하고 획기적인 간소화.
- 세관은 선 반입, 신고지연 등 보세화물의 반·출입관리 간소화 및 시간단축.

### (7) RFID의 이용확대를 위한 해결 과제

① 기본과제

- 저가격화, 복수 일괄식별기능 향상
- 표준화 추진 및 개인정보 보호, 태그 폐기·재활용.
- 투자효과를 명확하게 기대할 수 있는 활용방법 등이 열쇠이다.

② 파이로트 테스트(Pilot Test)를 통한 전개 모델의 재정의 작업.

- 파이로트 테스트는 비용투자에 따른 수익적인 측면을 고려하여야 한다.
- 다양한 가설을 재설계하는 분석과 내외부적으로 발생 가능한 제반문제 대비.
  - 기술 문제, 법규, 제도 등이 검토되고 추진모델을 수정되어 정의해야 한다.

③ 자사의 사업체계를 분석하여 유비쿼터스 도입을 위한 가치목표를 설정해야 함.

- 목표설정은 데이터에 근거하여 기업이 실현가능한 다양한 가설이 바탕이 됨.
- 비용절감을 통하여 수익을 창출할 수 있는 목표 모델을 도출해 내어야 한다.
- 북미 캐나다의 Associated Brands사는 "재고의 정확성"이라는 가치목표 설정.
- Eagle Consulting & Development사의 Express RF를 도입, 99%의 효과 도출.
  - 제품선적단계부터 재고파악단계까지 업무자동화로 재고의 정확성이 실현됨.

④ 시스템 개발 및 적용에 앞서 파일롯 테스트(Pilot Test)로 전개모델의 재정작업.

- 비용투자대비 수익적인 측면을 고려하여 다양한 가설 재설계하는 분석 작업.
- 내외부적으로 발생 가능한 기술문제, 법규, 제도 등을 검토, 추진모델 재정의.

> - 노무라 종합 연구소는 "과거에는 물량공급 위주의 정책으로 리더쉽이 발휘됐지만 앞으로의 유비쿼터스 시대에는 무량위주가 아니라, 질적 서비스 제공과 그 만족을 지향하는 정책으로 탈바꿈 되어야 한다"고 지적하고 있다.
> - 궁극적으로 RF -ID 도입을 통한 유비쿼터스 유통환경은 상품 공급망 효율성과 체계적인 재고관리를 통해 고객서비스 개선을 가져와 기업의 비용절감 및 매출증대를 가져올 수 있다.
> - 유비쿼터스 유통전략모델 또한 기존 공급자 중심에서 고객의 다양한 가치 활동에 기여할 수 있는 고객가치 중심으로 전환되어야 한다.

## 2 POS정보시스템의 활용

### 1) 판매시점정보(POS : Point of sales)

#### (1) 정의

① 매장에서 판매시점에서 발생하는 판매정보를 컴퓨터로 자동 처리하는 시스템.
- 광학적 자동판독으로 단품별 판매정보와 각종 데이터를 가공하는 정보시스템.
  - 직접 손으로 입력하는 키인(Key-in)방식에서 광학적 바코드를 자동판독방식임.
- 판매정보를 정산하면서 발주, 매입, 발송, 재고관리 등 정보 처리하는 시스템.
  - 단품별 레지스터 판매정보와 매입·배송활동에서 발생한 정보를 컴퓨터로 처리.

② 상품바코드를 읽어 들이는 시점에서 필요한 조치가 한번에 이루어지는 시스템.
- POS시스템의 주요기능은 계산 기능, 영수증 발행기능, 데이터 기록기능이다.
  - 각 부문정보를 유용하게 활용할 수 있게 정보의 수집·가공·전달하는 시스템.
- POS 데이터는 점포데이터(점포수집), 패널데이터(가정단위 수집)로 구분된다.

③ POS 시스템의 효과
- 직접효과
  - 계산원의 생산성 향상
  - 오타의 방지
  - 상품명이 기록된 영수증의 발행
  - 점포 사무작업의 간소화
  - 가격표 부착작업의 절감
  - 계산원 부정의 방지
  - 고객의 부정 방지
- 간접효과
  - 품절의 방지
  - 잘 안 팔리는 상품의 신속한 제거
  - 신상품의 평가 가능
  - 판촉활동에 대한 평가 가능
  - 고수익상품 조기 파악과 판매촉진

〈표 9-5〉 POS 시스템이 효과

| 구 분 | 세부 내용 | |
|---|---|---|
| 직접효과 | - 계산원의 생산성 향상<br>- 상품명이 기록된 영수증의 발행<br>- 가격표 부착작업의 절감<br>- 고객의 부정 방지 | - 오타의 방지<br>- 점포 사무작업의 간소화<br>- 계산원 부정의 방지 |
| 간접효과 | - 품절의 방지<br>- 신상품의 평가 가능<br>- 고수익상품 조기 파악과 판매촉진 | - 잘 안 팔리는 상품의 신속한 제거<br>- 판촉활동에 대한 평가 가능 |

④ POS 데이터서비스 분석정보

- 품목별 판매실적
- 단품별 판매순위
- 제조사별 판매실적
- 기회손실(자점취급, 비취급)
- 판매실적 구성비
- 단품별 판매동향
- 제조사별 단품순위
- 신상품 판매실적

### (2) POS 레지스터 단계

① 레지스터(금전등록기 등)에 자동판매 기능을 추가

② 점포관리 단계 : 점포에서 발생하는 정보를 본부의 대형 컴퓨터에 입력

③ 운영관리 단계 : 점포정보를 집중화하여 경영측면 의사결정정보로 변환

〈표 9-6〉 금전등록기와 POS 시스템의 비교

| 항 목 | POS 사용시 | 금전등록기 사용 | 비 고 |
|---|---|---|---|
| 1. 단품 정리 | 가능 | 불가능 | |
| 2. 가격표 부착 | 불필요 | 필요 | Source Marking 90% |
| 3. 행사가격 변경 | 마스터 수정 | 가격표 재부착 | |
| 4. 매출정보활동 | 매우 높다 | 거의 없다 | * 단품별 물동량 고객별 구매정보 |
| 5. 신용카드조회 | 가능 | 불가능 | |
| 6. 계산속도 | 빠르다 | 느리다 | * 고객서비스 향상 |
| 7. 계산의 정확도 | 정확하다 | 문제발생 | |
| 8. 계산원의 부정 | 거의 없다 | 문제발생 | |
| 9. 구입가격 | 비싸다 | 매우 싸다 | |
| 10. 매출누락 | 거의 불가능 | 가능 | |

### (3) POS의 구성

① 매장에서의 POS 터미널 : 터미널 본체, 스캐너로 구성

- 현금등록기의 영수증등록, 금고 및 가격표인식기능, 판매정보 및 여신조회 등.

② 스토어 콘트롤러(Store Controller) : POS터미널과 본부 호스트컴퓨터와 연결

- 판매정보 수집과 집계, 매출동향 각종보고서 발행, 발주자료 수집과 처리기능.
- 온라인과 연결된 본부컴퓨터는 거래데이터(상품명, 가격검색)를 축적고도분석.

③ 라벨 발행기(Label Printer) : 일부 상품이나 1차 상품의 점포자체 바코드 인쇄.

- 바코드를 부착하는 라벨을 In-Store Label이라 하며, 기기는 라벨 프린트이다.

④ 스캐너(Scanner) : 바코드, 광학문자, 자기방식으로 코드화된 심벌을 자동 판독.

- 읽는 심벌을 스캐너가 빛의 반사를 전기 신호로 변환하여 본체에 전송한다.

⑤ 핸드 스캐너 : 심벌 면에 접촉하여 바코드를 판독하는 휴대형 자동판독 장치.
- 고정식에 비해 가벼우나 한쪽 손은 사용하지 못한다. 주로 편의점에 사용함.

⑥ 고정식 스캐너 : 상품이 판독 창을 통과하면 상품의 바코드 라벨을 판독한다.
- 심벌의 인쇄방향은 관계가 없으나, 상품과 10cm이상 떨어지면 판독이 어렵다.



### (4) 선반 라벨(Shelf Label)

① 개요
- 상품정보를 기록하여 발주를 쉽게 할 수 있도록 한다.
- 선반라벨작성은 쉬운 편은 아니다.
  - 더러워지면 교환해야 하고 상품정보가 바뀔 때마다 교환해야 한다.
  - 선반 라벨은 핸드 터미널을 기본적으로 사용되고 있다.
- 선반 라벨의 정보 기록은 사용자마다 특성이 있다.
  - 많은 정보 기록을 통한 활용과 선반 번호도 함께 갖고 갈 수 있다.
  - 기본적으로 상품명, 상품코드, 입수, 단위, 진열수량, 발주량, 회전율 등

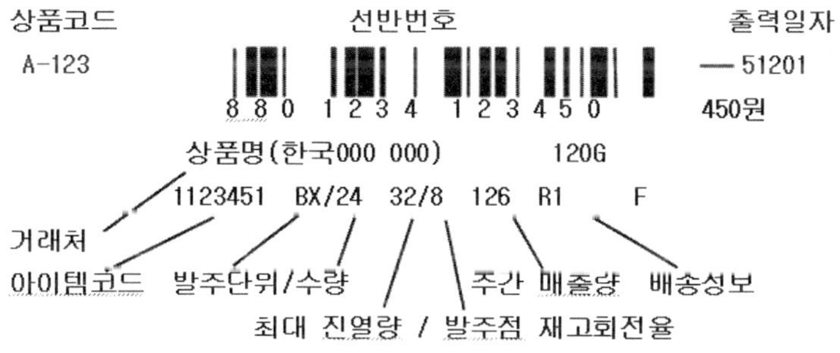


[그림 9-6] 선반 라벨(Shelf Label)의 식별 방법

② 선반라벨(Shelf Label) 작성
- 사용자의 용도에 따라 임의로 변경할 수도 있다.
  - 상품이 진열된 좌측을 기준으로 하여 선반라벨을 부착한다.
  - 상품정보가 변경되면 변경 내용을 수정하여 같은 자리에 부착한다.
- 선반라벨 출력은 일반프린터도 가능하나, 바코드심벌 출력이 정확하지 못함.
  - 스케닝하는데 어려움이 있기 때문에, 라벨전용프린트를 사용하는 것이 효과적.

- 선반라벨 레이아웃은 사용자 자유지만, 인쇄는 상품마스터 내용일 것이다.
- EOS와 POS마스터가 일원화되지 않으면 EOS용의 정보도 인쇄할 수 없다.

③ 선반표의 종류

• 정상가격표(전산출력), 할인판매가격표(전산출력), 납품업체 공급양식9)이 있다.

- 세부 내용은 UPC(상품표준코드), 선반표 발행일자, BIN#, 상품명, 상품규격.
- 가격과 할인판매양식은 할인가격을 표시하며, 발행일자, 구분, BIN#가 생략함.

• 선반표 관리에는 신상품경우, 구분란에 '0' 표기, BIN에 진열이후 BIN# 입력.

- 매일 선번표의 부착여부를 확인하여 수시로 발행하여 부착한다.
- 고정위치에 교체식으로 되어 있어 항상 부착과 교환이 가능하다.
- 할인가격표를 동시에 부착하여 고객이 가격비교가 가능하게 한다.
- 각 주주별(또는 시군별) 협력상품을 선정한다.
- 농가공상품 및 농산물(1차 상품)중심으로 별도 판촉프로그램에 의해 관리한다.

### (5) POS시스템의 흐름도

① 상품 코드는 KAN코드이며, 상품코드체계를 표시하는 정보코드로 정해져 있다.

• KAN코드는 단품마다 반드시 서로 다른 상품코드로 되어 있다.

② 고객이 정산을 할 때 POS 레지스터는 스캐너로 상품 코드를 판독한다.

• 관련 상품별 단품정보(품명, 단가, 수량 금액 등)를 판독한다.

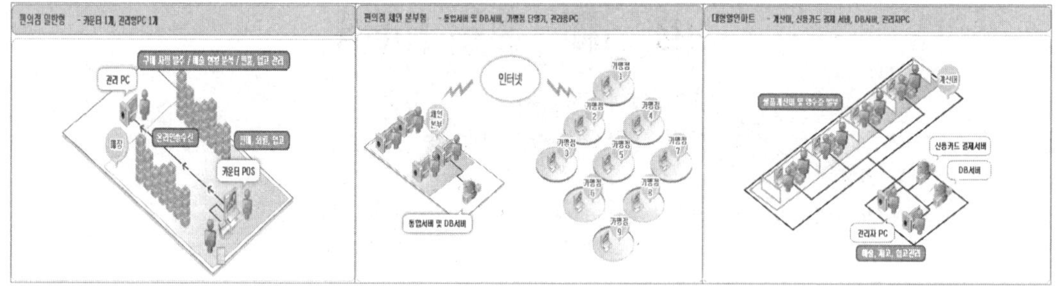


[그림 9-7] POS시스템의 흐름도

③ 판독된 상품코드는 스토어컨트롤러로 전해져서 상품파일에서 상품코드에 대응.

• 품명, 가격을 검색(PLU)해서 POS 레지스터로 반송하여 영수증이 발행된다.

④ 스토어 콘트롤러에 축적된 매출일보와 상품판매리스트는 자동으로 작성된다.

⑤ 온라인으로 본부컴퓨터에 판매정보가 전송되면 점포별로 판매정보를 집약한다.

• 발주, 배송관리, 재고처리, 소비자동향, MD, 진열, 가격설정에 유효하게 적용.

9) (자사 홍보를 위해 공급되며, 점포양식과 부착 단, 가격은 기록안함)

⑥ 매출정보, 고객정보, 상품정보와 크레디트의 작성이 자동으로 이루어진다.
- Negative Check[10]와 Positive Check (구매한도 체크), 각종 계산전표 레포트

### (6) POS시스템의 장점

① 판매정보를 기초로 자사 마케팅전략과 정확한 생산 계획을 효과적으로 수립.
- 판매가격과 판매량과의 상관관계, 자사제품의 판매흐름을 단위품목별로 파악.
- 경쟁제품과의 가격동향파악, 판매가격 조정 등 주요공략 대상을 세밀히 파악.
- 소비자 욕구에 맞춰 광고 및 판매촉진의 효과측정과 신제품·기존제품 개량
- 각 경쟁사별 시장점유율을 파악하여 사양상품의 생산중단 및 폐기결정

② 재고·발주·배송관리체계를 단순화·표준화시켜서 원가절감을 기할 수 있다.
- 신제품과 판촉제품 판매경향과 수·발주 시간대관리, 매출부진상품 등.
- 출고 및 배송합리화와 재고관리 향상과 연계하여 신속하고 적절한 구매활동.
- 재고의 적정화, 물류관리의 합리화, 판촉 전략의 과학화를 유도

③ 소매점의 세부적인 판매상황을 파악하여 운영의 효율성 제고할 수 있다.
- 매상등록시간의 단축 → 고객대기시간 및 계산대의 수를 줄일 수 있음
- 판매원교육 및 훈련시간이 짧아지고 입력오류를 방지
- 각종 정보의 효율적인 활용으로 매출증대와 상품관리, 업무의 자동화 실현.
- 판매 및 재고현황 등을 수시 파악, 상품회전율 향상과 판매효율화 가능함.

〈표 9-7〉 POS데이터의 분류

| 매출분석 | 부문별, 단품별, 시간대별, 계산원별 등 |
|---|---|
| 고객 정보 분석 | 고객 수, 고객단가, 부문별 고객 수, 부문별 고객단가 등 |
| 시계열 분석 | 전년 동기 대비, 전월 대비, 목표대비 등 |
| 상관관계 분석 | 상품요인분석, 관리요인분석, 영업요인분석 등 |

## 2) POS 데이터의 활용

### (1) POS 데이터의 활용방법

① POS시스템의 효과적인 이용
- 물류시스템과 상품관리시스템에는 컴퓨터처리에 사용되는 정보 코드화 필요.
- 상품이 이동하는 시점을 바코드 리더기로 코드를 판독하여 이동데이터 처리.
  - 필요한 상품명, 상품분류, 가격, 기타 정보를 상품코드를 이용해 처리한다.

10) Black List의 자동체크

• 이동처리 및 거래처 등의 상세한 정보를 각 마스터에 등록하여 POS로 수집.
  - 수집한 매출데이터를 컴퓨터에서 집계하고 가공하는 데 사용된다.
• 아무리 뛰어난 정보라도 그것을 신속하게 수집 및 분석하여 활용해야 한다.
  - 상품분류와 단품 정의를 상품 코드화하기 위해서는 「코드체계」를 설정한다.
  - 「코드체계」란 정부가 지정하는 규칙에 의하여 상품코드를 부여 하는 것이다.

② 단계적인 활용방법.
• POS매출 데이터 분석
  - 매출현황, 고객의 수, 고객단가와, ABC분석, 미진상품 및 인기상품 등을 파악.
  - 매출데이터만으로 분석할 수 있으며, 매장운영에 직접 도움 되는 데이터이다.

〈표 9-8〉 POS정보의 활용분야

| 분 야 | | 목 적 | 필요한 가공분석 |
|---|---|---|---|
| 상품정보관리 | 매출관리 | • 부문별 매출관리<br>• 매출 총 이이관리<br>• 시간대별 매출관리 | • 시간대별 매출관리 |
| | 상품, 상품구매 계획관리 | • 상품관리<br>• 인기상품, 비인기 상품관리<br>• 신상품 도입, 평가 | • 상품의 판매동향 분석 |
| | 진열관리 | 판매장 배치계획 | • 장바구니 분석 |
| | 판촉계획 | • 적절한 판촉계획<br>• 적절한 판매가격 결정 | • 판촉효과 분석 |
| | 발주, 재고관리 | • 발주 권고<br>• 자동 보충 발주<br>• 판매량 예측 | • 적정 발주량 산출<br>• 판매요인 분석 |
| 종업원 관리 | | • 계산원 관리<br>• 자금계획의 자동화 | • 계산원별 생산성 분석 |
| 고객 관리 | | • 지역마케팅 | • 지역별 판매분석<br>• 연령별 판매분석 |

③ 데이터 활용 분석 방법
• 요인별 데이터 분석
  - 기온, 계절상품, 요일과 날씨, 행사, 고객의 수 및 특성 등 매출변화 내용파악.
  - 요인별 데이터 축적을 위해서는 많은 데이터정보수집이 선행되어야 한다.
• 전반적인 데이터 활용 분석
  - 매입 및 매출 데이터로 매입현황에서 매출, 발주, 재고 등 전반적인 흐름분석.
  - 단품관리, 매출이익, 로스관리, 재고관리 등을 통하여 손익분석도 가능하다.
  - 경쟁점포와의 전략적 평가를 통한 매장운영과 고객만족서비스에 활용된다.

- 어떤 목적을 가지고 해당 데이터를 분석한다면 보다 쉽게 접근할 수 있다.

〈표 9-9〉 데이터 활용 분석 방법

| 알고자 하는 것 | 이용 데이터 | 활용 예 | 비 고 |
|---|---|---|---|
| 어느 정도 팔렸는가 | 단품 매출 데이터<br>(집계 데이터) | - 인기 상품 관리<br>- 사양상품 배제 | 비교적 용의 |
| 어떤 것이 팔렸는가 | 명세 데이터 | - 병매 분석 | 데이터 양이 많으며 분석에 시간이 걸린다 |
| 왜 팔렸는가? | 요인 데이터 | - 특매효과 분석<br>- 선반 스페이스 | 요인 데이터 수집이 습관화 |
| 누구에게 팔렸는가? | 고객 데이터 | - 고객별 매출관리 | 고객에 대한 서비스 운용이 문제 |
| 어떤 상황인가? | 타 시스템 데이터 | - 재고관리<br>- 발주관리 | 데이터나 마스터가 일원화 되어야 한다. |

### (2) 데이터베이스 마케팅(Database Marketing)

① 개요

- 사업장을 연결하여 고객의 정보, 경쟁사 정보, 산업 정보 등 시장의 데이터를 수집, 분석하고 그것을 기초로 하여 마케팅 전략을 수립하는 기법이다.
- 고객에 관한 데이터베이스를 구축·활용하여 필요한 고객에게 필요한 제품을 판매하는 전략으로 '원 투 원(one-to-one) 마케팅'이라고도 한다.
- 특정한 고객정보를 가지고 고객의 성향을 분석하여 효율적인 판매 전략을 수립하는 것이다.

② 배경

- 컴퓨터시스템의 발달로 인해 어느 고객이 무엇을 얼마나 자주 구매하였는지, 어느 고객이 어느 매장에서 어떤 유형의 제품을 구매하였는지 또는 어떤 고객층이 언제 재구매, 대체구매를 할 것인지 등과 같은 데이터를 가지고 고객의 성향을 분석하고 향후 필요한 마케팅 전략을 수립하는 것이다
- 컴퓨터가 고객의 복잡한 데이터를 보다 저렴하고 신속하게 처리되자, 메일의 고객 구매형태에 대한 데이터베이스가 신속하게 갖춰질 수 있고 이를 기초로 보다 효과적인 마케팅 전략의 수립이 가능하게 된 것이다.

③ 특징

- 불특정 대중을 상대로 신규 고객을 개척하는 것보다 기존 고객을 평생 단골로 만들자는 관점이다.
- 고객에 관한 정보, 경쟁사정보, 산업정보 등 시장의 각종 1차 데이터를 직접 수집

해 분석하고 그것을 기초로 하여 수립하는 마케팅 전략의 하나이다.

④ 방법

- 전화와 우편, 방문판매, 고객거래상황은 모두 컴퓨터에 저장되어 분석된다.
  - 주소, 성명, 좋아하는 상품, 취향 등의 기초자료가 된다.
- 각종 자료를 체계적으로 정리해 놓은 파일(file)들의 집합체를 필요시, 다목적으로 꺼내서 자금의 축적 구조나 색인 구조 등을 모두 고려하여 정리한다.
- 고객의 특성, 고객의 과거 구입 실적, 상품별 매출 실적 및 판촉 활동성과 등의 체계적으로 정리된 정보들은 시장세분화와 상품차별화전략에 활용된다.
- 특정 고객의 상품별 구매량과 일자, 매장별 단품판매 수량, 구매 패턴과 구매성향, 언제 재구매 또는 대체 구매여부 등이 기초분석 자료가 된다.

⑤ 적용

- 우리나라는 유통 회사와 여행사, 보험회사, 호텔, 카드 회사 등 서비스 업종의 회사들이 Individual marketing전략에 의한 고객서비스관리를 실현한다.
- 데이터베이스에 의한 새로운 고객관리 방법은 많은 업태에서 고객 만족을 실현하는 구체적인 마케팅전략으로 작금에는 개발이 확대되고 있다.
- 고객모니터링을 위해 핫라인(전화, 우편엽서, 감동편지)을 설치한다.
  - 각종 축하카드 등을 고객에게 발송.
  - 상품 안내장을 우편엽서 등을 통해 회사와 고객과의 쌍방간 대화 유도.
  - 고객과 대화로 공동의식 강화와 신제품 아이디어도출 등 추가효과 도출.

⑥ 데이터베이스의 마케팅의 기대효과

- 매출 및 수익의 증가
- 마케팅 비용의 절약 및 감소
- 고객과의 연대감 형성, 고정고객의 확보
- 기업과 상품의 이미지 개선효과
- 무형의 마케팅 정보자산 확보

※ 역마케팅(Demarketing) : 최근에 거래가 없는 고객들을 개발하는 기법

### (3) LOCATION 관리

① 개요

- 단품별 판매정보를 POS데이터에 의해서 취합되어 각종 경영정보를 도출.
- 상품별 매출이익, 상품별 회전율, 고객충성도, 이익기여도 등이 평가된다.

② 작업방법

- 소매점 매장의 페이싱 관리와 상품관리대장을 위한 필요사항으로서 곤돌라 번호, 상품명, 규격, 판매가격과 구매가격(가능하면 판매가격), 구입처와 구입 단위, 최

고 진열량과 최저 진열량 등이다.

- 크기는 A4나 B4의 가로형태로 하고 컴퓨터를 사용할 때 효과를 발휘한다.

③ 기타 작업 부문

- 상품대장을 기초로 정해진 시간 또는 담당자지시에 따라 진열수량을 조사하여, 최저 진열량이 많으면 체크만 하고, 최저 진열량보다 적으면 보관 장소에서 상품을 꺼내 보충한다. 재고가 없을 때는 진열량을 대장에 기입한다.
- 가격을 붙이는 작업은 정해진 방법으로 정해진 도구를 사용해 정해진 위치에 붙이도록 한다.
- 진열 작업은 양손을 사용해 정해진 위치에 하도록 한다. 특히 페이싱에 주의한다.
- 재진열 작업은 진열 위치에서 돌출된 상품, 불결한 상품, 이종상품과 혼재, 가격표 없는 상품, 불량 상품 등을 발견해 진열대를 청소하는 것이다.
- 프라이스 카드, POP는 더러워져 있지 않은지 게시 위치, 내용에 잘못된 것이 없는지 등을 점검한다.

④ Zone

- 소매점 선반의 상품군별 구역 또는 도시의 지역구분을 zoning이라 한다.
- 배차관리 프로그램(VSP) 등에서는 여러 배송선이 위치하는 구역이다.

⑤ FACING

- 진열대 가로 한 열에 옆으로 나란히 진열된 상품의 수를 말한다.
- 진열대 Face의 상품수, 색깔, 사이즈, 포인트의 차이, 재료 등이 무엇인지를 알려주기 위하여 옆걸이로 진열하는 방법이다.

■ 레이아웃 (Lay-Out)
- 점포시설설계나 장비설치, 고객 및 물류동선 배치, 매출증가의 중요 기술.
- 셀프 서비스 점포의 레이아웃 원칙.

■ 레이아웃(Lay-Out)의 기본 형태
- 고객가치관 변화와 소비환경 변화로 레이아웃효과와 효율을 높여야 한다.
- 레이아웃 설계시, 고려해야 할 사항
  - 서비스별 판매방법, -원웨이컨트롤, -계산대 집중화, -업태별 소모빈도, 구매빈도 높은 상품진열과 원스탑쇼핑 -마진믹스에 의한 가격경쟁력 등.

■ Planogram(Plan-O-Gram)
- 계획(plan)과 도형(diagram)의 합성어로, 상품진열공간을 표시한 도표.
- 보통 POG란 용어로 칭하며, 국내에서는 진열대장, 진열도로도 통용된다.
- 진열시 이용되는 자재와 방법 및 순서 등을 사전에 수립하는 계획이다.
- 실제 상품진열에서 무엇을 이용하여 어떠한 방식으로, 그리고 어떻게 해야 할 것인가 등에 관하여 사전에 치밀한 진열계획을 수립할 때 활용.
- 우리나라는 페이싱(Facing)과 혼용되어 사용하나, 잘못된 현이다.

# 3 물류관련 정보기술

## 1) 정보기술의 종류

### (1) EDI(Electronic Data Interchange)

① 개요

- 기업 간의 데이터교환을 위해 POS·KAN상품코드 활용한 정보처리방식.
  - 서비스제공자는 메시징시스템 접근제한과 전자문서 중계·전송 책임.
  - 메시징 시스템에 통지되는 이용자 식별코드와 비밀번호의 부여.
  - EOS(Electronic Order entry System)체계를 발전시킨 것
- 표준서류양식을 전자신호로 바꿔 컴퓨터통신망을 이용한 거래처전송시스템.
  - 컴퓨터를 이용하여 사무실에서 빠르고 간편하게 업무를 처리할 수 있다.
  - 거래데이터 교환을 위한 표준포맷으로 미국 데이터교환표준협회가 처음 개발.
- 컴퓨터 통신망을 이용하여 거래처에 전송.
  - 각종 서류를 표준화된 서식을 통해 서로 합의된 전자신호로 바꾼다.
- 데이터를 표현하는 구조적 표현양식을 없기 때문에 내용적으로 다름.
  - 사람 간에 이뤄지는 전자우편(e-mail)과 다름.

〈표 9-10〉 EDI와 EC의 비교

| EDI | EC | 비 고 |
|---|---|---|
| 전자거래 | 전자상거래 | |
| 정보를 주고받음 | 상업적인 거래 | |
| 기업대 기업 | 기업대 소비자(가정) | |
| 특정한 상대 기초 | 불특정 다수 대상 | |
| 국내 한정 | 국내/해외 대상 | |
| 업계내 | 기업내외 | |
| Closed System | Open System | |

- XML/EDI
  - 일본정보처리개발협회 산업정보화추진센터가 개발한 EDI표준.
  - 인터넷기반의 공급체인망관리로 거래당사자가 직접 전송·수신하는 정보시스템.
  - 확장성표기언어·전자데이터와 문서를 표준화하여 컴퓨터 통신망으로 송수신.

- 사무처리 간소화로 처리시간의 단축, 비용의 절감 등에 효과가 있다.

• 우리나라
- 외교부의 무역자동화시스템(KT Net), 해운항만청의 물류자동화시스템(KL-Net)
- 관세청의 주문서, 납품서, 청구서 등 무역에 필요한 통관시스템
- 금융전산원의 금융망 및 보험개발원의 보험망

② 구성요소와 도입배경

• 3대 구성요소
- EDI 표준(standards), 사용자시스템(user system), 통신 네트워크(VAN).

• 등장배경

다품종 소량화가 진행됨에 따라 소량유통이 빈번한 납품요구가 많아짐.
- 전달정보의 소단위 대량화가 진행되고 동시에 리드타임의 단축이 요구
- 국내는 1987년 대우자동차가 제너럴모터스(GM)사와 EDI거래를 처음 도입

③ 목적

• 컴퓨터가 직접 읽어서 해독하고 인간의 개입 없이 제반 업무처리 자체처리.
- 주문서, 영수증 등과 같은 제반 자료의 정형화가 전제된다.

• 수·발주 착오 및 처리시간 단축, 물류업무 효율화
- 기업경영측면 : 주문지연 오차감소, 비용절감, 대고객 서비스의 질적 향상
- 기업관리 측면 : 주문기간단축, 재고관리 효율성증대, 사무처리 인원 감축

〈표 9-11〉 VAN과 EDI의 비교 이해 및 암기

| 구 분 | VAN | EDI |
|---|---|---|
| 정 의 | 회선은 직접 보유하거나 임차 또는 이용하여 다양한 부가가치를 부여한음성 또는 데이터정보를 제공하는 광범위하고 복합적인 서비스 | 서로 다른 기업간에 상거래를 위한 데이터를 합의한 규격에 의해 컴퓨터로 교환하는 것 |
| 기 능 | 전송기능, 교환기능, 통신처리, 정보처리 | 합의된 규격에 의한 전자데이터 교환 |
| 물류에 적용 | 각 물류경로의 강화, 정보전달의 효율화. 고속화, 화물추적 등 대고객서비스 향상 | 물류기관간의 컴퓨터에 의한 주문, 배송, 보고 등 |
| 관 계 | EDI를 수행하는 가장효율적인 수단, EDI를 담는 용기 | VAN이 활용될 수 있는 무한시장<br>VAN을 이용하는 내용물 |

④ 효과

• 서류처리비용 감소와 신속한 업무처리로 개별기업과 국가경쟁력 강화.
- 생산성향상 : 수작업에서 전자메세지로 신속 정확 전달로 시간절약
- 이윤의 증대 : 주문 cycle 단축, 재고관리비 감소 및 인건비의 감소

- 업무처리비용의 절감 : 오류감소, 업무 처리시간 단축 및 사무처리 비용
- 부대효과의 발생 : 거래 상대방과 정보의 공유로 협력관계 증진

• 체인스토어 유통기업 : ARS, MCA Order Entry로 제조 및 소매점 정보교환
  - 컴퓨터간의 구조화된 데이터 전송, 정확하고 노동량 감소를 가져옴.
• 제조업체와 소매점간의 매출, 재고회전율 등 정보교환을 위한 시스템 구축.
  - 시간 및 비용 절감, 제품의 주문과 생산, 납품 및 유통단계에서 생산성 향상
• 유통회사는 물류업자(물류센터, 운송업자), 금융, 행정과 공유 필요.
  - 유통산업과 관련된 물류기관간의 컴퓨터에 의한 주문, 배송, 보고 등

〈표 9-12〉 EDI의 효과

| 전통적 방식의 문제점 | EDI의 효과 |
|---|---|
| 낮은 정확도 | 거래시간 단축 및 업무처리 오류 감소와 비용절감 |
| 업무처리시간의 지연 | 관리의 효율성 증대 및 고객서비스의 향상 |
| 많은 인력소요 | 효율적인 인력관리 및 거래상대방과의 관계증진 |
| 자료의 사장 또는 망실 | 자료의 재입력 방지 및 내부업무처리절차의 개선 |
| 업무수행의 높은 불확실성 | 전략적인 정보시스템 구축 및 국제경쟁력의 강화 |

⑤ 물류정보 Electronic Market System(EMS)

• EMS의 구축 개요
  - 조직간 정보시스템(IOS)[11]으로서 참여기업간의 다양한 정보교환시스템이다.
  - VAN 제공업체 EDI시스템은 시스템의 성격으로 분류하면 EMS에 속한다.
• EMS의 구축 특징
  - 참여기업들의 정보교환과 정보획득에 소요되는 비용을 감소시켜준다.
  - 시스템에 참여기업 수가 증가할수록 시스템에 가입된 개별기업편익은 증가.
    * 이러한 현상을 경제학적인 용어로 NETWORK E. TERNALITIES라고 한다.
  - 한 기업이 가입하던 EMS에서 다른 시스템으로 이전은 상당한 비용이 수반.
    * 이러한 비용을 SWITCHING COST라고 한다.
  - 기업에게는 대규모 투자와 시스템 구축, 규모 및 범위의 경제효과를 원한다.
    * VAN업체들은 EMS구축 운영, 유관기관들을 연결하는 중개인[12]역할 수행.
  - 국내에는 EMS을 구축, 운영하는 VAN업체들이 다수 있다.
    * 데이콤, 삼성데이터시스템, 쌍용, 현대, 에스티엠, 한국무역정보통신 등이다.

11) Inter Organizational System
12) (intermediary)

### (2) 광속상거래(CALS: Computer aided logistics system)

① 개요

- 다양한 제품설계, 생산, 거래, 보급, 운영, 조달 등의 인터넷 통합정보 시스템.
- 컴퓨터교류환경에서 설계, 제조 및 운용정보를 통합하여 자동화시키는 개념.
  - 정보표준화 및 공유화를 도모하여 생산성 향상 및 고객서비스향상 추구개념.
  - 첨단 디지털기술을 도입 누구나, 언제든지, 전 구성원들이 편리하게 사용한다.
  - 제조업체 제품개발, 설계, 생산, 판매과정을 컴퓨터네트워크로 연결한 것이다.
- 초기에는 단순한 군수자원개념에서 출발, 적용범위 확대
  - 현재는 군과 방위산업체는 물론 일반 제조업체간의 정보연계의 개념이다.
  - 제품의 모든 활동을 디지털정보기술의 통합을 통해 구현하는 산업화전략이다.
  - 상품의 탄생과 폐기, 연속적인 구매와 제품의 수명수기 농안 물류를 시원한다.
  - 제품 또는 시스템의 전 사이클 활동에 표준화 및 정보종합기술을 적용한다.
- 전자정보고속도로 네트워크를 토대로, 글로벌 기업경영을 지원한다.
  - 라이프사이클비용의 절감, 개발리드타임의 단축 및 품질향상을 목표로 한다.
  - 기업내부와 기업 간의 업무프로세스의 합리화와 고부가가치화를 달성한다.

〈표 9-13〉 CALS와 EDI의 비교

| CALS | EDI |
|---|---|
| - 국제용 - | - 국내용 - |
| Open Network(Internet) | 전용 Online Network |
| 기업대 기업 대상(기본) | 기업대 기업/정부/소비자 |
| 무국경(세계화) | 업계내의 EDI(일본은 끝) |
| Mutimedia data | Text date |
| Open System / Network | Closed System |

② 유래

- 초기에는 단순한 군수자원개념에서 출발했다.
  - 군수지원전산화(1985년) 및 무기체제 획득 및 군수지원 전산화(1988년)
  - 통합물류생산 및 지원정보시스템 및 웹 브라우즈가 개발되면서 사용 증가.
- CALS의 변천
  - 군수지원전산화(디지털화)
  - 무기체계획득 및 군수지원 전산화(표준화)
  - 통합물류 생산 및 지원정보시스템(라이프사이클 정보관리)

- 광속거래(네트워크 통신기술, EC)
- 현재는 방위산업체, 일반 제조업체간의 정보연계개념으로 적용범위 확대
  - 민간기업 도입(1991년), 인터넷 확장 → 전자상거래 결재 : E-mail, 광속 상거래.
  - 산업정보가 결합되는 글로벌가상기업의 구현으로 개방형 정보시스템 구축.
  - 국가와 지역, 지역 등이 TPC/IP[13] 사용, 자료공유와 정보매개체로 사용.

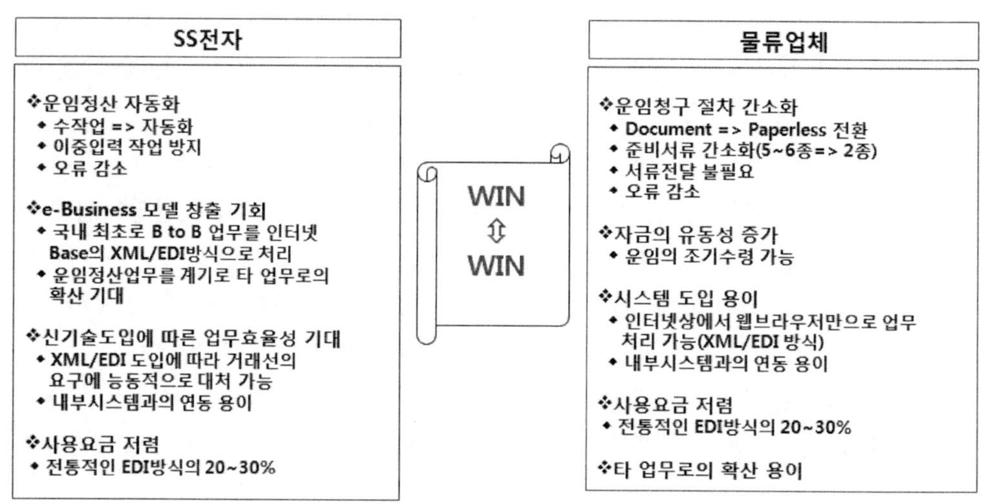


[그림 9-8] 삼성전자 운임정산업무 자동화 사례

③ 도입효과

- 신속한 정보 서비스 제공, 비용의 절감.
- 조직간 정보공유 및 신속한 정보전달, 신속한 정보 서비스의 제공.
- Cost 절감, 인력의 절감, 산업정보화에 따른 기업 국제경쟁력 강화.
- 제품생산 소요시간의 단축. 품질의 향상, 물류운영자원 비용의 감소.

④ CALS의 특징

- 설계에서 폐기까지 제품의 라이프 싸이클 전체를 대상으로 한다.
- 서류를 없애는 정보화 시스템, 모든 업무는 국제표준에 의해 이뤄짐.
- 실현을 위해서는 전 세계를 연결하는 안정적인 네트워크의 정비가 전제됨.
- 글로벌 산업정보를 이용하여 기업거래를 신속하게 하는 산업정보화전략이다.

13) (Transmission Control Protocal/Internet Protocol)

### (3) 부가가치통신망(VAN)

① 개요

- 제3자 통신업자[14)]를 매개로하여 기업 간의 자료를 상호 교환하는 통신망이다.
  - 단순한 정보의 교환뿐만 아니라 각종 정보의 축적, 가공 또는 데이터베이스 기능까지도 충분히 수행하는 광범위하고 복합적인 서비스를 제공한다.
- VAN의 물류에의 적용
  - 대고객 서비스 향상
  - 각 물류경로의 강화, 정보전달의 효율화, 고속화, 화물추적 등

② VAN의 기능

- 교환기능
  - 보통 VAN은 패킷교환방식(Packet Switching)을 사용한다.
  - 서로 다른 단 말기로부터 패킷 단위로 묶어 통신의 효율을 향상
  - 패킷 통신의 접속을 담당하는 단말기나 호스트컴퓨터와 상호통신 가능
- 전송기능
  - 자료 및 데이터를 전송하는 기능
  - VAN사업자가 아닌 기본 통신사업 자의 고유기능.
- 통신처리기능
  - 데이터 통신 중 통신에 장애가 되는 제반 문제를 컴퓨터가 자동 처리
  - 통신이 원만하게 이루어질 수 있도록 해주는 기능.
- 정보처리 기능
  - 프로토콜(Protocol)변환, 속도변환, 메일 박스(Mail Box) 기능
  - 통신, 미디어 (Media) 변환, 포맷(Format)변환.

③ 기업의 VAN도입의 이점

- 불특정 다수의 기업 간의 효율적인 자료교환시스템 구축
- 공동이용부문의 시스템 개발에 비용을 대폭절감
- 시스템을 만들 수 없는 기업도 VAN을 쉽게 구축한
- 공동상품코드, 정보데이터서비스, POS 데이터분석 공동프로그램의 이용
  - 개별기업의 POS EMD 상품관리시스템 운용이 용이

④ 사용지역범위에 따른 VAN의 종류

- LAN : 근거리 통신망 효과
  - 정보의 공유, 정보의 실시간처리, 사무자동화

---

14) (데이터 통신처리업자) : 한국정보통신 등

- 정보처리 시스템의 비용절감, 다른 기종 간의 통신가능
- WAN : 원거리 통신망 : 전국적 온라인 컴퓨터 네트워크
- GAN : 세계적 통신망

## 2) 물류정보 시스템의 종류

(1) JIT(Just-In-Time)

① 개요

- 적시에 원재료를 공급받아 가공·생산하여 완성품을 적시 판매하는 시스템.
  - 필요한 물자, 필요한 양, 필요한 시기, 필요한 장소에서 생산하는 즉납제도.
- 필요한 때에 필요한 만큼의 부품만 확보한다는 일본 대표적 경영방식이다.
  - 생산부문의 각 공정별 작업량을 조정하여 재고량을 최소로 줄이는 관리체계.
  - 뒷공정이 필요시에 앞공정에 인수하고 앞 공정은 인수한 만큼 만들어 보충.
- 생산현장의 불필요·불균형·불합리를 제거, 생산을 향상시키는 토요타간판방식.
  - 재고를 전혀 가지지 않는 것을 목표로 하는 대량생산체계의 시스템방식이다.
  - 기업품질과 생산성을 향상시켜 원가절감으로 기업이윤을 증대시키는 시스템.

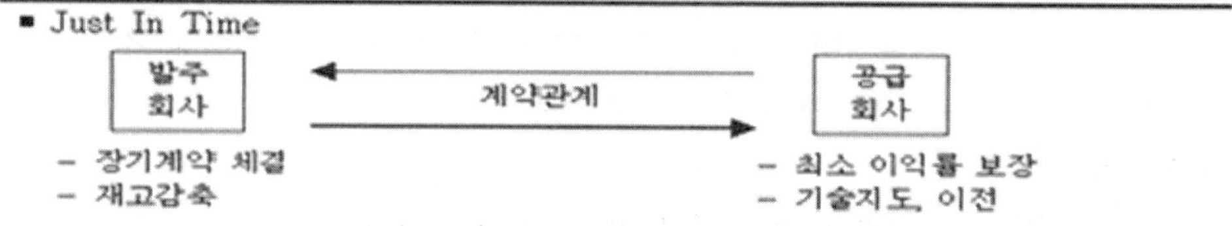


[그림 9-9] JIT의 개념도

② 유래

- 본래 토요다자동차 내부 운영과정과 협력업체 관계관리 위한 사용방식이다.
- 일본의 토요다자동차 제조담당부사장인 다이이치 오오노에 의해 개발되었다.
- 1970년대 석유파동으로 불황에서 많은 이익확보로 집중 연구의 대상이다.
- 토요다 Taiichi Ohno와 일본경영자협회의 Shigeo Shingo에서 본격화되었다.

③ JIT의 장점

- 재고를 축소하여 재고회전율이 높아져서 대기시간이 짧아진다.
- 재고에 대한 투자비용 및 재고의 운반, 취급 비용의 감소
- 불량품 감소 및 재고의 진부화 위험의 감소
- 재고와 생산공장의 부지 면적 감소 및 총 제조원가의 절감

④ JIT의 단점

- 생산체계가 한 치의 착오도 없이 움직일 때만 가능하다.
- 부품공급이 필요시점에 신속히 필요하므로 부품공급업체 거리 가까워야 함
- 필요한 시점에 불량부품이 공급되면 작업 중인 라인전체가 서버리게 된다.
- 본부공장에서 "재고부담을 납품업체에게 떠넘긴 것에 불과하다"는 혹평이다.

⑤ JIT의 구성 전략

- 초점화 공장 : 과업의 단순성과 반복성, 경험과 동질성이 경쟁력이라는 개념.
- 그룹 테크놀로지 : 공통적인 개념과 원칙, 문제와 과업들을 조직화하는 개념.
- 셋업시간 단축 : 필요시간의 축소와 경제적인 주문량(EOQ)의 축소에 초점.
- 전원참가 생산보존 : 정기일정별 예방적 유지와 기계교체프로그램으로 구성.
- 다기능작업자 : 작업자는 다기능부문에서 상이한 기계에 훈련을 받게 한다.
- 균일한 작업부하 : 제조시스템에서 발생하는 모든 작업부하변동 감소시킨다.
- 간판시스템 운용 : 각 작업장에서 필요부품을 "끌어당기기" 정보시스템.
- JIT구매 : 필요장소에서 공급업체로부터 적시적량의 올바른 부품의 수령기법.
- 전사적 품질관리 : TQC는 완전한 품질을 지향하는 품질개선 연속과정이다.

⑥ JIT와 자재소요계획(MRP : Material Requirement Planning)15) 시스템

- JIT시스템은 반복적인 생산의 경우에 사용된다.
- JIT시스템과 MRP시스템의 혼합형태로 동시 MRP(synchro-MRP)개념 등장.
- MRP와 JIT시스템은 고유의 사용영역이 있다.
- MRP는 생산공정의 효율적인 관리체계이다.
  - 생산 품절, 고장, 계획 및 설계변경 등 문제발생에 의한 납기지연문제 해결.
- MRP는 개별주문생산이나 소량의 로트 생산 등 비반복적인 생산에 사용된다.

〈표 9-14〉 JIT와 MRP시스템의 비교

| 구 분 | MRP | JIT |
|---|---|---|
| 재고를 보는 관점 | 자산 | 부채 |
| 로트의 크기 | 일정계획에 필요한 크기 | 즉시 필요한 양만큼의 크기 |
| 납품업자와의 관계 | 적내시 | 협력자 |
| 품질상태 | 약간의 불량 허용 | 무결점 |
| 설비유지보수 | 필요 | 지속적·효과적인 체제 필요 |
| 조달기간 | 길수록 유리 | 짧을수록 유리 |
| 작업자 | 규정에 의한 관리 | 합의제에 의한 관리 |

15) 경제 컴퓨터를 이용하여 최종제품의 생산계획에 따라 그에 필요한 부품 소요량의 흐름을 종합적으로 관리하는 생산관리 시스템.

(2) JITⅡ

① 공급자와 수요자의 의사소통채널이 많아 구매비용이 상승문제 해결시스템

- 판매자의 영업과 구매자의 구매를 묶어 하나의 가상기업으로 간주한다.
- 영업과 구매는 동일업무, 각각 분리되어 운영되면 중복업무 낭비로 여김
- 단순한 하청관계가 아닌 정보를 공유하는 파트너십이 요구된다.

② 세계적인 Hi-Fi 제조업체인 Bose는 JIT-Ⅱ 공급업체 관리기법을 사용한다.

- JIT제조방식을 사용하는 자동차회사들의 신속한 납품요구를 훌륭하게 충족.
- Bose 구매·물류담당이사였던 L. E. Dixon이 창안된 사내인(in-plant)개념이다.
- 공급업체의 대표자를 Bose공장 내에 파견하여 모두에게 이익을 주는 방식.
- 사내인은 Bose의 부품설계회의에 참석, 구매부서 구매주문을 직접 담당한다.
- 봉급은 공급업체에서 주지만, 사내인의 최종선발권은 Bose가 가지고 있다.

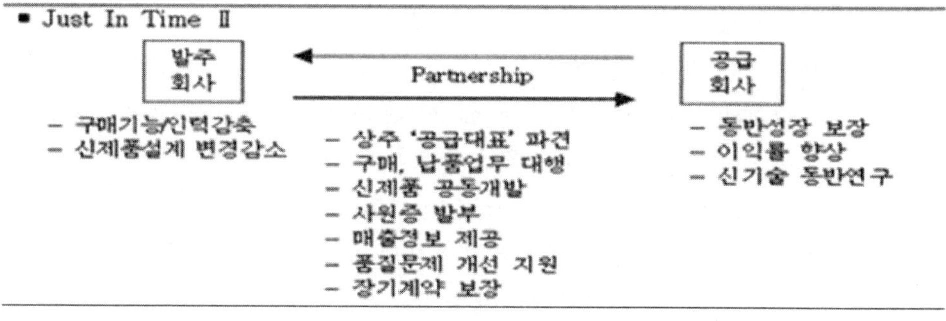


[그림 9-10] JIT Ⅱ의 개념도

③ JIT와 JIT Ⅱ의 차이점

- JIT는 부품과 원자재의 원활한 공급에 초점, JIT Ⅱ는 모든 분야가 대상이다.
- JIT는 개별적인 생산현장연결, JIT Ⅱ는 공급체인상 파트너 및 프로세스 연결
- JIT는 자사공장의 최적화, JIT Ⅱ는 기업간의 중복업무 제거
- JIT는 어느 정도의 공급자 헌신요구, JIT Ⅱ 공급자와 구매자 모두 win-win

④ JIT Ⅱ의 효과

- 구매자가 부품가격을 인하하거나 동결이 가능
- 구매인력 감소와 설계변경 감소 효과
- 공급자와 구매자의 동반성장 가능
- 신기술 개발에 공급자 구매자 동시 참여가능

〈표 9-15〉 JIT-II의 적용과 효과

| 적용분야 | 변화내용 | 효 과 |
|---|---|---|
| 자재계획 수립 | 공급사가 발주사의 생산계획을 받아 자재 및 생산 계획을 동시 수립 | • 중복기능 감소<br>• 인당 생산성 25% 증대 |
| 구 매 | 공급대표가 발주사와 곱사 사이 구매 및 납품 업무 대행 | • 구매요원 감소<br>• 불납요인 사전제거<br>• 제조원가 절감 |
| 배송물류 | 운송업자와의 전자연결을 통해 물류상황을 통제, 운송업체의 전문요원이 회사에 상주 | • 강력한 물류 통제<br>• 배송시간 30% 단축 |
| 신제품개발 | 공급자의 기술요원이 상주, 동시개발 수행 | • 설계기간 단축<br>• 설계변경 단축 |

⑤ JIT-II의 이익

- 구매업체에게 주는 이익
  - 구매부서 직원들이 행정업무에서 벗어나 다른 기술능력을 배양.
  - 커뮤니케이션과 구매주문체계가 극적으로 개선.
  - 자재비용의 감축이 즉각적으로 실현되고 초기 비용수준이 수년간 고정된다.
  - 자재비용의 감축의 일상화와 공급업체대표자가 동시공학과정에 참여한다.
  - 공급업체는 표준화로 우수 공급업체는 필요한 제품에 부품설계를 담당한다.
  - 전자문서교환(EDI)[16]과 효과적인 서류처리 및 행정비용 개선체계 마련한다.
- 공급업체에게 주는 이익
  - 구매업체에 상근종업원을 파견하는 대신 판매노력을 없애 준다.
  - 커뮤니케이션과 구매주문체계가 극적으로 개선되고 거래규모가 증가된다.
  - 영속적인 계약이 보장된다. 계약의 종료나 재입찰 필요성이 없어진다.
  - 공급업체가 제품에 필요한 직접 부품설계, 사업규모 증가가 상시 달성된다.
  - 공급업체가 직접 설계부서를 대상으로 판매활동을 벌일 수 있다.
  - 대금청구와 결제업무가 효율하된다

  공급업체파견 직원은 내부승진, 1년 이후 Bose 취업 등 이중 승진경로 추구.

### (3) 전사적 자원관리(ERP : Enterprise Resource Planning)

① 정의

- 기업의 모든 자원을 효율적으로 관리하고 경영계획을 수립하기 위한 시스템.
  - 영업에서부터 생산, 출하까지 컴퓨터를 이용하는 유기적인 경영지원시스템.
  - 수요예측, 구매, 생산, 물류, 회계, 영업, 구매, 인사 등 통합정보시스템.

16) 문서의 표준화 시스템이다.

- 기업의 제조, 재무, 유통, 기타 업무들을 목적 지향적으로 조화롭게 통합한 소프트웨어 어플리케이션의 묶음인 차세대 업무시스템이다.17)
- 기업전산화와 단위별 업무재통합에서 세분되는 전사적인 자원관리시스템이다.
  - 영업수주에서 손익분석까지의 통합되는 관리가 가능한 체계구축을 위한 것.
  - 생산·구매·물류에서 회계·원가관리까지 실시간으로 인프라가 구축된다.
- 경영자원을 통합시스템으로 재구축하여 생산성을 극대화하는 혁신기법이다.
  - 기존의 경영정보시스템(MIS)보다는 방대한 자료를 축적해 관리한다.
  - MRP와 달리 생산과 같은 특정분야뿐만 아니라, 새로운 정보를 만든다.
  - 초기는 대기업이 주도했으나, 협력관계인 중소기업들의 시스템화가 진행됨.

② 특성

- 최근 통합성과 유연성으로 기업의 전사적 정보시스템 구축을 위한 방법.
- 정확하고 효율적인 물류관리, 재무관리로 이익극대화와 고객만족을 달성.
- 한정된 자원을 이용하여 효율적으로 수행할 수 있도록 시스템적으로 지원.
- 전체공급사슬에 대한 최적의 의사결정을 내려주는 통합정보시스템이 목표.
- 기업의 한정된 자원(인사, 자재, 영업, 상품, 개발, 물류)의 통합관리시스템.

③ ERP 패키지가 제공하는 분야

- 재고관리(Inventory management) : 재고조사를 주기적으로 실시하는 형태.
- 수요예측(Forecasting) : 제품판촉활동과 가격조정을 통하여 수요를 조절.
- 기준생산일정계획(Master Production Scheduling) : 수요와 공급의 균형.
- 생산활동관리(Production Activity Control) : 작업지시나 생산별 업무관리.

④ ERP 도입의 필요성

- 업무측면
  - 원재료, 제품, 저장품 등의 재고 관리능력이 향상
  - 계획생산체제구축이 가능해짐
  - 생산실적관리가 편리해진다
  - 필요정보의 공유화가 가능
  - 영업에서 자재, 생산, 원가, 회계에 이르는 정보흐름의 일원화
- 정보시스템 측면
  - 시스템 표준화를 통해 데이터의 일관성을 유지
  - 개방형 정보시스템으로 자율성과 유연성이 극대화
  - 클라이어트.서버 컴퓨팅 구현으로 시스템성능의 최적화
  - GUI(Graphic User Interface)등 신기술로 사용하기 쉬운 정보환경 제공

17) (Gartner, 1995)

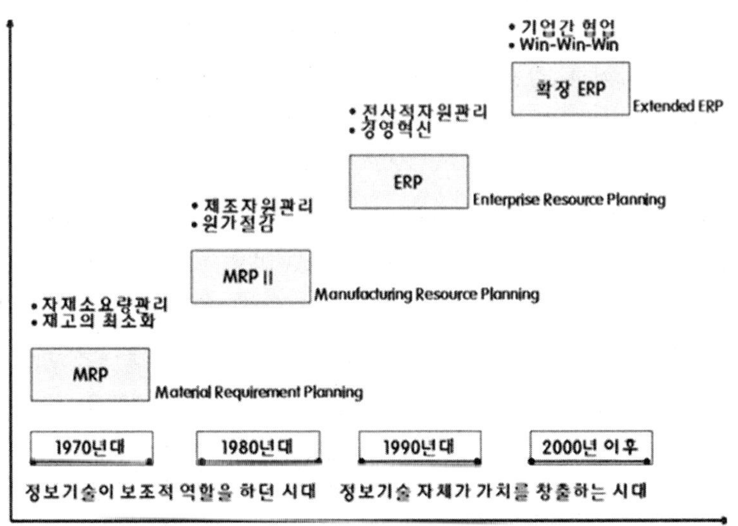


[그림 9-11] ERP 발전 전략

⑤ ERP 발전 과정

• 기업의 생산성 및 경쟁력 강화의 필요성으로 새로운 생산성 요구
  - 경영혁신의 전사적인 통합관리시스템이 필요함에 따라 등장하였다.
  - 제조업체의 핵심 생산부문의 자재소요량계획(MRP)에서 비롯된다.
  - 기업내부업무를 전체 일원화시키고 효율성 증대, 경영의 생산성을 증대한다.

• 발전 단계
  - 기존 MRP[18]는 자재관리시스템에서 특정업무를 지원하는 차원에서 관리.
  - MRPⅡ단계는 재무, 회계, 인사 등의 요소들이 추가 확장하여 발전하여 왔다.
  - ERPⅡ는 ERP 기능을 확장, 인터넷상 고객과 협력사 등 외부업무 통합 지원.

⑥ ERP시스템의 중요성

• ERP시스템이 도입되면 영업, 생산, 구매, 자재, 회계 등 정보의 통합처리.
  - 기업의 모든 조직과 업무가 IT로 통합되어 실시간으로 통합정보를 처리.
  - 기존 경영정보체계(MIS)는 단위업무별 최적화, 전체 최적화 구현 실패.
  - ERP시스템은 전체업무를 하나로 통합, 실시간 모든 업무 동시처리 설계

• ERP패키지에 포함된 Best Practice라는 선진 프로세스를 회사 내에 적용.
  - BPR(Business Process Reengineering : 업무흐름재설계)의 자동 수행결과.
  - RP도입 초기에는 기업경영혁신수단으로 컨설팅회사에 의뢰하여 BPR수행.
  - BPR결과가 도출되면 이를 이용해 전산시스템을 전문적으로 개발하게 함.

18) (Manufacturing Resource Planning)

* 외주용역, 자체개발과 BPR결과에 접합한 ERP패키지를 선택으로 도입.
* 최근 구축경험과 검증으로 자사실정에 맞는 ERP패키지 도입추세.

- ERP시스템을 도입하면 복잡·다양한 시대에 충분한 확장성을 보장받음.
  - 급변하는 정보기술(IT)과 첨단기술은 중장기적인 관점에서 비용절약효과.
  - 기업들은 유지비용이 많은 MIS보다 유연성·확장성이 높은 ERP 선호함.
  - 저비용 고효율구조의 값싼 컴퓨팅자원(HW비용 싸지고 SW기능 고도화).

| 방법 | 장점 | 단점 |
|---|---|---|
| 업무에 맞추어 ERP 패키지 수정 | 직원 교육훈련 최소화 | BPR 효과 없음 |
| 先 BPR 後 ERP 도입 | 요구사항 명확화로 도입효과 증대 | ERP패키지가 BPR의 결과를 지원하지 못하는 경우 발생 |
| BPR과 ERP 병행 | 시너지 효과 발생 | 많은 비용과 시간이 소요 |
| ERP에 맞추어 BPR 수행 | 적은 시간과 비용으로 프로세스 개선 | 패키지 선택에 따라 결과 좌우됨 |

[그림 9-12] ERP 구축방안(BPR 수행여부에 따라)

⑦ 도입효과

- 업무 효율화
  - 전사적으로 정보가 공유되고 자원이 통합되어 업무처리의 생산성 향상
  - 기업의 부품조달, 생산, 영업, 구매, 수주관리, 재고관리, 회계 등 통합관리
  - 생산시간 최소화에 손실방지, 재고보유기간 및 납품기간단축 등
- 비용절감 및 신속하고 정확한 경영지표 정보 취득
  - 인적·물적 비용 절감 및 업무의 효율성 제고
  - 업무의 표준화 및 정보인프라의 정비와 고속화
- 기업경쟁력의 확대 및 글로벌 대응
  - 기업이미지 향상, 대고객서비스 질의 향상 등
  - 고객만족도의 향상 및 이익극대화 실현

### (4) 즉시 대응체계(QR : Quick response)

① 개요

- 표준상품코드, 데이터베이스, 전자문서교환 등 정보처리기술 시스템.
  - 생산과정과 유통기간 단축, 재고 및 손실의 감소 등 이익공유하는 기법이다.
- JIT전략보다 나은 공급효율성을 향상, 물류효율화를 실현하는 물류기법이다.
  - 소매업체가 제조업체에게 실시간 판매정보를 제공하는 프로그램이다.

- 거래상사자가 상호 협력하여 소비자에게 적절한 조건으로 제공하는 목적.
- 적절한 상품, 적절한 장소, 적절한 시기, 적절한 양, 적정한 가격 등이다.

② 유래

• 1980년대 초 미국 의류소비량 수입증가로 동종업체간의 경쟁심화에서 유래.
 - 시장개방에 따른 경영위협에 직면하면서 새로운 경영기법이 탄생되었다.
 - 고객욕구 다양화, 유통업자 협상력증대 등 시장의 환경변화에 대응전략.
• 미국의 경우, 경영자의 리더십 발휘하는 구체적인 수단으로 채택되었다.
 - 소매업체가 미국산제품의 국제경쟁력을 회복하는 전략으로 경영자가 모임.

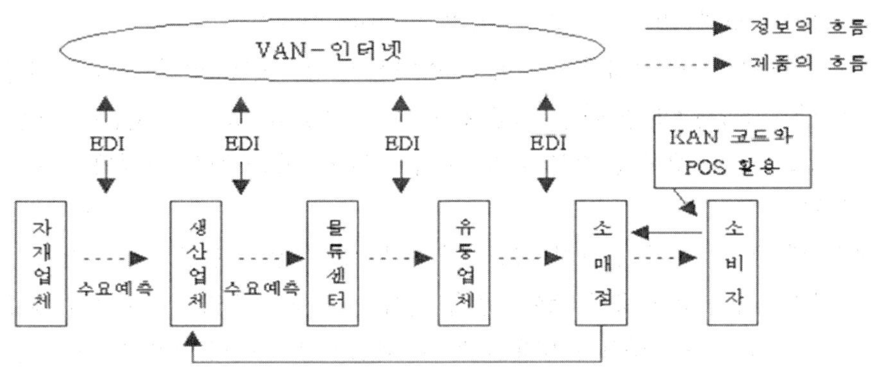


[그림 9-13] QR의 개념도

③ 기본목적

• 고객이 원하는 상품을 원하는 시기에 즉시 구입할 수 있도록 QR시스템 구축
• 조달제품이 매우 빨라져, 소비자가 원하는 상품이 없을 경우 즉시 보충한다.

④ QR 도입효과

• 소매업자 : 비용 절감, 고객서비스 제고, 높은 상품회전율, 매출과 이익증대
• 제조업자 : 정확한 수요예측, 주문량으로 생산유연성 확보, 높은 자산회전율
• 소비자 : 상품 다양화, 낮은 소비자 가격, 품질 개선, 소비패턴 상품구매

⑤ QR시스템의 발전단계

• 제1단계 : 기본 QR정보기술의 사용단계이다.
 - 한국은 KAN코드라는 공통 상품코드를 제품에 표시하고(소스마킹).
 - 표준EDI 등을 이용하여 수·발주하며, 재고관리 등에 코드 적극 활용.
• 제2단계: 재고보충 등을 자동으로 하는 단계이다.
 - 출하상품 포장에 바코드 붙이고, 데이터를 EDI로 상대방에게 사전 통지.
 - 상품인수 시 검품할 필요가 없으며, 센터 Cross화와 재고삭감 실현된다.

- 소매점은 POS시스템을 이용하여 일별, 주별 판매예측이 가능하다.
- 사이클로 매장재료를 자동 보충발주시스템을 운용할 수 있다.

• 제3단계 : 파트너십형성으로 재고의 자동보충이 이루어지는 단계이다.
- 판매데이터를 공유, 상품계획과 판매예측 강화, 짧은 사이클로 자동 보충됨.

• 제4단계 : 공동상품개발단계이다.
- 제3단계까지 성과로 확실성이 높은 공동상품을 개발하는 것이 가능하다.
- 상품 기획력, 추가생산능력, 즉각적인 정보 입수와 분석능력을 구사한다.
- 소매점과 제조업자가 신상품의 판매결과를 근거로 상품 디자인을 개량함.
- 이 단계는 회전이 빠른 상품개발, 가격이 높은 하이패션상품에서 큰 효과.

• 제5단계 : 소매지원 단계 즉, 소매지원이 이루어진다.
- 제조업자의 고도 판매정보를 이용, 소매점의 상품진열, 영업 등을 지원한다.
- 이 단계에서는 QR을 이용, 상품유행변화에 대응과 소량생산제품에 대응함.
- 가계소비동향, 요구를 즉시 파악, 소비자 필요상품을 적시 가정에 보내준다.

⑥ QR 전략

• 생산 및 유통업자가 전략적으로 제휴하여 소비자선호 등을 즉시 파악.
- 시장변화에 신속 대응한 적합상품을 적시·적소·적정가격으로 시장에 제공.
- 업무전반의 효율성향상과 비용절감으로 매출신장과 이익극대화를 이루었다.

• 정보기술의 도입으로 품절방지 등 저비용운영과 매일저가격판매를 실현.
- 주요 경쟁사인 K-mart보다 매출액대비 영업비측면에서 낮은 편임[19].
- 월마트의 광고비도 매출액대비 0.49%로 업계에서 낮은 수준이었다.

• POS바코드시스템과 전자표준서식(EDI) 채택, 비용절감과 고객서비스 향상.
- 유통센터와 매장에서 입·출하작업과 재고관리의 효율화가 달성되었다.
- 거래공급업체도 EDI를 채택하면서 공급관련 업무와 의사교환관리가 개선.

• 창고출고데이터를 활용한 QR[20]이 가능했다.
- 월마트 팔레트 크로스도킹체계를 본격적인 궤도에 올려놓는 계기가 되었다.
- 매장발주부터 보충까지의 사이클과 재고회전율을 2배로 증가되었다.
- 팔레트가 입고하여 점포로 가는 기간이 평균 20일에서 10일로 축소되었다.
- 정보시스템이 가동되면서 인기위주상품이 구비되고 품절도 최소로 억제.
- 최고서비스가 최저비용으로 실현, 매출액도 25%에서 30%가 신장되었다.

---

19) (월마트 16%, K-mart 22.2%)

20) (좋은 반응을 얻는 제품만을 재생산)

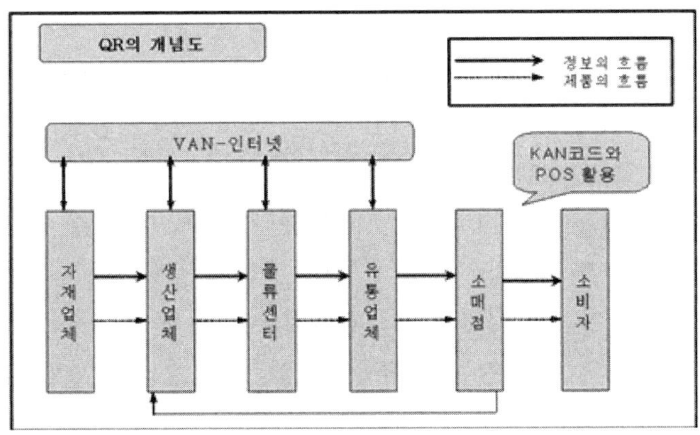


자료 : 유통관리사 2급

**[그림 9-14] QR시스템의 발전단계**

⑦ 자동발주시스템(EOS : Electronic Ordering System)

- 개요
  - 소매업점포 발주데이터를 자동 입력하고 온라인으로 전송되는 시스템.
- 도입목적
  - 점포재고 적정화, 오납, 결품관리 용이, 검품체제 개선, 발주체계 개선,
  - 매입관리시스템의 확립, 점포관리시스템의 발전,
  - (소매점) 서비스체제 향상, 효율적인 물류체제 확립, 판매관리의 시스템화.
- 도입효과
  - 발주시간 단축, 발주 정확화, 전표업무 삭감, 검품시간 단축과 인력감소,
  - 품절 및 과잉재고 방지로 인한 이익의 증가,
  - 발주데이터분석으로 정확한 자료관리 가능, 발주작업의 표준화 가능.

### (5) 효과적인 고객대응(ECR : Efficient Customer Response)

① 개요

- 유통채널에서 물류와 정보의 비효율적인 요소를 제거하는 경영혁신전략이다.
  - 판매사와 구매자가 서로 협력시스템을 구축하여, 경영성과와 사업이익 극대화.
  - 저가격 공급과 고객응대속도 향상을 동시에 실현하여 고객가치 극대화 실현.
  - 공급사슬에서 참여주체가 최대이익을 위해 정보공유와 기술·비용의 표준화.
- 가격파괴 현상에서 경영합리화를 모색하여 살아남고자 하는 전략이다.[21)]
  - 제조업체와 도·소매상이 하나 되어 소비자만족을 극대화시키는 유통전략이다.

21) Daum 백과사전.

- 모든 관련 업체들이 파트너십을 통한 상호신뢰와 정보지향적인 유통시스템.
- 최신 정보기술을 활용하여 일련의 상품흐름을 소비자 관점에서 재편성한다.
- 유통채널에서 발생하는 비효율적인 요소 제거, 관련비용을 최소화한다.

• '90년대 미국, 유럽 식품업계와 유통업계의 핵심과제로 등장했다.
- 생산에서 판매까지 시간단축으로 잉여재고를 없애는 것을 주요 목표이다.
- 소매 및 도매판매데이터를 제조업체의 계획생산에 반영시키는 정보공유화.
- 생산에서 최종판매까지 상품흐름에 관련된 기업의 유통과정 일체화, 표준화.
- 소비자 만족 및 기업이윤 극대화 위한 물류와 정보의 전략적 제휴전략이다.

• 신속히 대응하는 BPR(business process re-engineering)경영혁신전략의 하나.
- 유통채널 관련기업이 공급 프로세스의 시간과 업무낭비를 철저히 배제한다.
- 저가격 공급과 고객응대속도 향상으로 고객가치 극대화와 공정한 이익분배.

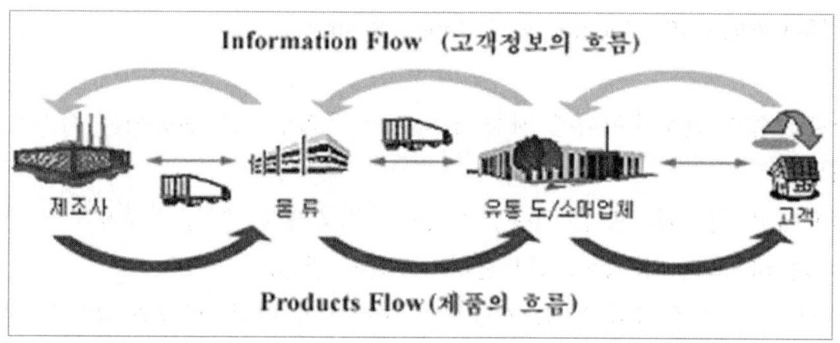


[그림 9-15] ECR의 개념도

② 특징

• ECR은 고객정보를 순간순간 파악, 필요한 때에 즉시 보충해 주는 방식이다.
- ECR이 최초로 적용된 곳은 장기간 재고를 가져갈 수 없는 식품 유통이었다.
- 제품특성상 수요예측이 힘들며, 소비자가 찾을 때 신선상태로 공급해야 한다.
- 따라서 식품유통은 생필품인 관계로 구매정책수립이 매우 힘든 분야이다.

• 과거 유통구조는 생산자중심의 일방적으로 마케팅을 전개하는 시대였다.
- 유통업체는 제조업체가 시행하는 마케팅활동에 전적으로 의존하던 시대였다.
- 불확실한 유통채널관리는 비용이 증가되어 결국 최종소비자가 부담하게 된다.
- 불확실한 판촉활동, 거래대금의 관리비용 발생, 소비자요구가 반영되지 못한 신제품개발에 따른 실패, 소비자 수요파악 실패에 대비한 재고보유 과다 등.

• ECR은 생산자중심의 관리(push형)에서 소비자중심(Pull형)으로 전환을 의미함.
- 고객이 원하는 제품을 필요한 만큼 생산하여 보충하는 소비자 풀(pull)이다.

- 시대적인 변화에 적극 부응하며, 소비자의 풀(pull형)유통을 지향하고 있다.
- 일본 도요다 자동차에서 최초로 적용한 JIT(Just In Time)방식과도 일치한다.
- 풀(Pull형)방식을 도입, 소비자가 원하는 제품을 필요한 만큼 생산, 보충함.

③ 역사

• ECR은 1960년대 말 일본에서 만들어진 것이 최초로 그 이후 급속하게 보급.
- 시스템도입은 제조, 도·소매가 상품진열, 판매촉진, 신상품개발 등 고객지향.

• ECR은 1985년에 미국 그로서리업계에서 시작된 QR과 SCM을 이해해야 함.
- QR은 유통업체·제조업체가 전 유통채널의 비효율적 요소를 제거하는 것임.
- 유통과정에서 비용절감과 소비자만족을 극대화하여 파이를 나누는 것이었다.

• 슈퍼마켓체인의 경쟁력강화를 위한 것이 체인스토어에서 ECR의 시초였다.
- 배경은 경쟁의 심화, 소비자의 구매저조, 낮은 인플레율 등 3가지 요인이었다.
- 1980년 중반이후 회원제도매클럽의 급성장, 슈퍼마켓 잠식, 업태경쟁 심화됨.

• 1985년 미국 그로서리업계 ECR은 QR(Quick Response)과 SCM을 연계한다.
- QR은 유통·제조업체가 비용절감과 소비자만족으로 파이를 나누는 것이었다.
- 1980년대 중반이후 회원제도매클럽이 수퍼마켓을 점점 잠식하면서 경쟁 심화.
- 경쟁 심화, 소비자의 구매 저조, 낮은 인플레율 등 3가지 요인으로 매출 저하.
- 체인스토어에서 경쟁력강화를 위해 식품유통 거래관행을 재검토한 것이 시초.
- 도·소매 판매데이터를 제조업체 계획생산에 반영시키는 정보공유화가 기초.

• 1992년 미국 선두유통기업들이 최초 ECR추진위원회(Working Group) 결성.
- 1992년 미국 슈퍼마켓의 매출신장률은 과거 40년 이래 최저를 기록하였다.
- 보다 효율적인 생산성향상방안을 찾아 식품유통거래관행을 재검토하기 시작.
- 1993년 미국의 10여개 단체들이 ECR연구프로젝트가 발기되었다.
- 미국 마케팅 협회(FMI)가 1993년 5월부터 용어를 사용하기 시작하였다.
  QR 초기단계 참여업체는 의류업체와 판매를 담당하는 백화점들이었다.
- 가시적인 성과가 나타나면서 의류업체이외에 주거관련용품으로 확대되었다.
- 생산에서 판매까지 시간단축과 잉여재고 축소, 유통과정 일체화, 표준화 실현.

④ 현상과 도입효과

• ECR의 최대 이점은 재고 감소에 따른 비용 절감이다.
- 상품포장단계부터 판매까지 전 과정을 빠른 이동으로 재고는 줄어든다.
- 비용절감은 전체 유통비용 절감과 생산성증가에 따른 재정비용절감의 결과다.
- 비용절감의 효과는 소비자에게 되돌려지면서 ECR의 주요 수혜자는 소비자다.

• ECR의 목적은 소비자 만족 즉 소비자가치의 극대화이다.
- 소비자는 질 좋은 상품을 언제, 어디서, 싼 가격에 구입할 수 있어야 한다.
- ECR은 소비자의 인식가치를 극대화하는 최선의 무기가 될 수 있다.

• ECR 유럽연합은 18개 다국적 회사 참여, 각각 국내 및 국외 공급망이 있다.
  - 가치사슬분석(VCA)[22]으로 전 유럽 식품업체운영비를 연간 US$270억 절감.
  - 상품의 총재고량도 40% 이상 축소될 수 있다는 결론을 도출했다.
  - 1996년 소비자가격의 평균 5.7% 절감하고 1997년은 7.3% 절감효과 달성함.[23]

• 도입효과
  - 통합업무시스템 구축 및 고객서비스 개선
  - 투명한 경영 및 표준화, 단순화, 코드화
  - 결산작업의 단축 및 자금관리개선(채권관리)
  - 비즈니스프로세스 혁신(PI) 및 조기경보체제 구축
  - 생산계획소요기간단축 및 생산성향상
  - 재고물류비용 감소(재고감소, 장부재고와 실물재고 일치)
  - 리드타임감소와 Cycle 단축
  - 최신IT(정보기술)도입 및 정보마인드확산
  - 작업의 효율화(이중 작업방지, 데이터정확, 자료의 일관성)
  - 원가절감(부품 및 자재도달비용감소)과 경보시스템 유지비용 감축
  - 수익성개선(부서별, 사업장별 손익관리)과 매출증대

⑤ ECR의 구조

• 4대 전략
  - Efficient Promotion(효율적인 판매촉진)
  - Efficient Assortment(효율적인 점포의 상품 구색)
  - Efficient Product Introduction(효율적인 신제품도입)
  - Efficient Replenishment(효율적인 보충물류)

• 10대 정보기술의 활용(Enabling Technology)
  - 전자문서교환(EDI: Electronic Data Interchange)
  - 자동발주시스템(CAO : Computer Assisted Ordering)
  - 카테고리 관리(COM : Category Management)
  - 판매시점정보관리(POS: Point of Sales)
  - 흐름 배송 기법(FTO : Flow Through Distribution)
  - 활동기준원가계산(ABC : Activity Based Costing)
  - 지속적 재고보충(CRP : Continuous Replenishment Planning)
  - 전자대금 결제(EFT : Electronic Funds Transfer)
  - 활동기준원기관기(ABC : Activity Based Costing)

22) (Value-Chain Analysis)
23) 다음, 2004/05/03

- 데이터 보존(DM : Data Maintenance)

⑥ ECR의 구현전략

• 목표

- 효율적 보충(Effcient Replenishment)
  * 연속적인 제품 보충으로 공급 오류를 방지함
  * 시간과 비용 최적화
- 효율적 진열(Effcient Assortment)
  * 진열대의 공간 활용을 통하여 가장 생산성 있는 제품 구색을 갖춤
  * 재고 및 소비자 접점에서의 점포 공간 최적화
- 효율적 판매 촉진(Effcient Promotions)
  * 소비자의 호감을 살 수 있게 함
  * 거래와 판촉 시스템의 효율성 극대화
- 효율적 상품 개발(Effcient Product Introductions)
  * 신상품 개발 및 소개 활동의 효과 극대화

〈표 9-16〉 ECR의 구현전략 및 목표

| 구현 전략 | 목 표 |
|---|---|
| 효율적인 상품 보충 | • 연속적인 제품 보충으로 유통효율화<br>• 조당시스템 활용으로 시간과 비용 최적화 |
| 효율적인 점포진열 | • 진열대의 공간 활용을 통하여 최적의 상품 구색 갖춤<br>• 재고 및 소비자 접점에서의 점포 공간최적화 |
| 효율적인 판매촉진 | • 소비자의 적극적인 구매유인<br>• 거래와 소비자판촉 시스템 효율성 극대화 |
| 효율적인 상품개발 및 소개 | • 신상품 개발 및 상품소개의 효율성 극대화 |

• 4대 전략

- 효율적인 판매촉진 : 전통 식품업종과 대규모 소매상 및 도매상과의 차별화
- 점포의 상품 구색 : 온라인으로 소비자들이 즐겨 찾는 제품정보를 취합
- 신제품도입 : 고객요구에 기초하여 매장에서 팔리는 상품을 조달
- 보충물류 : 과다재고 위험을 덜어내고 자동으로 일정량을 발주하는 시스템

• 4대 전술

- 효율적인 점포진열 : 안정적 생산과 소비자접점에서의 점포공간의 최적화
- 효율적인 상품의 보충 : 상품 조달 시스템에서의 시간과 비용 최적화
- 효율적인 판촉 : 거래 및 소비자 판촉의 전체 시스템 효율성을 극대화

- 효율적인 상품 소개 : 신상품 개발 및 소개 활동의 효과 극대화
- 7대 요소
  - 전자문서교환(EDI), 자동발주시스템(CAO), 카테고리관리(COM),
  - 판매시점정보관리(POS), 흐름배송 기법(FTO), 활동기준원가계산(ABC),
  - 지속적 재고보충(CRP).
- 적용분야
  - 효율적 진열, 상품보충, 판촉, 상품소개, 상품개발비용 절감 등.

⑦ ECR의 중점 대상 분야

- 카테고리 관리(Category Management)
  - 카테고리(Category)란 소비자입장은 보았을 때 대체 가능한 상품군이라 한다.
  - 이 개념은 고정개념이 나니라 상황과 소비자변화에 따라 변하는 개념이다.
- 인프라 구축(Establish Infrastructure)
  - 전략, 프로세스, 성과측정, 상호관계, 조직, 정보시스템 등 인프라 통합구축.
- 신제품도입 최적화(Optimize Introduction)
  - 소비자요구의 반영을 신제품 도입단계에 적용하여 신제품 성공확률을 높인다.
- 상품구색의 최적화(Optimize Assortment)
  - 실적이 저조한 최소재고관리 단위(SKU)[24]를 신속 교체, 진열관리 효율화한다.
  - 고객니즈에 부응하는 매장의 진열관리가 가능해진다.
- 판촉활동의 최적화(Optimize Promotions)
  - 유통업체의 무계획적인 판촉활동에 대비한 과다재고 보유문제를 해결한다.
  - 유통업체는 제조업체와 판매정보의 공유로 최적의 판촉활동을 수행한다.
- 제품보충의 관리(Product Replenishment)
  - 기업에서 CR을 추진하는 방법에는 크게 두 가지 방법이 있다.
  - 재고관리의 책임소재와 협력업체간에 정보공유의 정도를 고려한 방법이다.
  - 공급업체와 유통업체에서 발생하는 주문은 상품에 대한 수요를 결정한다.
  - 완벽한 주문이행을 위해서는 상품공급업체에게 충분한 정보를 제공한다.
  - CR은 제조업체, 유통업체중 누구에게 주문책임이 있느냐에 따라 구분한다.
  - VMI (Vendor Managed Inventory) : 상품보충 책임이 벤더에게 있다
  - CMI (Co-Managed Inventory) : 상품보충 책임이 유통업체에게 있다
- 공급업체의 통합(Integrated Supplier)
  - 원재료 공급업체, 제조업체, 도소매업체 등 각각의 수요예측은 차이가 있다.
  - 공급업체 통합은 유통채널의 제반로스를 감소시켜 수요예측을 향상시킨다.

---

24) Stock Keeping Unit

- 연속보충시스템(Continuous Replenishment)
  - POS정보로 판매, 상품, 판촉, 계절요인 등을 감안한 연속 보충하는 개념이다.
  - 재고 감소 주문관리비용 절감, 소비자만족도 증가, 선도유지 등 효과 기대함.
- 크로스도킹(Cross Docking)
  - 창고와 물류센터는 최소한의 안전재고를 제외하고 재고를 보유하지 않는다.
  - 단, 제조업체상품이 입고되는 즉시 각 지정지역에 통과배송역할을 수행한다.
  - 창고기능을 부가가치를 높이는 매장배분기능으로 전환되는 물류시스템이다.
- 자동발주시스템(Automated Store Ordering)
  - 컴퓨터 자동발주시스템으로 인간의 자의적인 판단과 개입을 최소화한다.
  - 매장관리자들의 비효율을 제거하고 발주소요비용의 대폭 삭감이 가능하다.
- 공정운영의 신뢰성 제고(Reliable Operations)
  - 공정상의 병목부분(Bottle Neck)을 찾아내어 과감하게 제거한다.
  - 예상 못한 비 가동시간, 가동속도의 불규칙성, 재작업과 폐기를 최소화한다.
- 동기화된 생산 (synchronized Production)
  - 수요발생과 동시에 생산하기 위해서는 장단기 방안을 고려 할 수 있다.
  - 단기방안 : 생산능력과 신뢰성 제고, 공정교체시간 축소, 가동시간 최대화 등
  - 장기방안 : 소비자수요의 변동성 감소, 생산성 능력 증가 등

〈표 9-17〉 ECR의 구현전략 및 목표

| 구현 전략 | 목　표 |
|---|---|
| 효율적인 상품 보충 | • 연속적인 제품 보충으로 유통효율화<br>• 조달시스템 활용으로 시간과 비용 최적화 |
| 효율적인 점포진열 | • 진열내의 공간 활용을 통하여 최적의 상품 구색 갖춤<br>• 재고 및 소비자 접점에서의 점포 공간최적화 |
| 효율적인 판매촉진 | • 소비자의 적극적인 구매유인<br>• 거래와 소비자판촉 시스템 효율성 극대화 |
| 효율적인 상품개발 및 소개 | • 신상품 개발 및 상품소개의 효율성 극대화 |

### (6) 상고관리시스템(WMS : Warehouse Management System)

① 정의

- 공급체인망관리(SCM)의 핵심 요소로, SCE(Supply Chain Execution) 솔루션.
  - 업무(입고, 적치, 출고, 이동, 재물조사 등)를 신속하고 정확하게 관리한다.
  - 공급채널(Supply Channel)과의 재고정보를 실시간으로 공유하도록 지원한다.
  - 수주, 발주, 창고업무, 재고관리, 하역, 수·배송, 포장, 정보관리를 지원한다.

- 재고흐름을 정밀하게 추적·통제하여, 항상 최상의 창고운영이 가능하다.
- 제품생명과 신기술의 주기단축과 취급품목 증가로 물류의 신속함을 요구.
  - 기존의 개념
    * 창고의 기능(재고관리, 보관, 분류, 유통가공 등),
    * 시설(자동화 창고, 보통 창고 등)의 위치선정,
    * 제품 적재방법, 하역기계 및 정보시스템 등
  - 새로운 개념
    * 제품의 입·출고, 보관, 품질보전, 보관효율, 창고비, 운송지원, 정보처리 등.
    * 제품보관과 조립, 가공 등 부가가치창출을 지원하는 다양한 형태
    * 공급채널과 실시간 공유·지원하면서 최고의 창고운영을 지원하는 시스템.
- 단순 보관위주의 창고관리시스템은 최종 수요대비 재고관리가 불가능 함.
  - 물류센터관리업무와 정보총괄, 설비제어시스템통제가 센터 핵심시스템이다.
  - 센터의 업무개선을 통해 물류효율과 코스트 삭감, 고객만족을 지원한다.

② 도입 배경

- 1996년 국내 공급체인망관리(SCM)이 도입되면서 물류대행서비스 개념 정립.
  - 3자 물류기업이 빠르게 적용되면서 물류창고관리는 그 중요성이 매우 높다.
- 영업에서 제품재고정보 불확실성은 고객서비스의 품질을 떨어뜨리는 원인.
- WMS는 제반 창고관리와 재고운영상의 문제점을 지원하기 위해서 도입.
  - 창고관리시스템은 상품재고를 보관하는 접점으로, 일반적인 개념이 되었다.
- 유통관련 시스템과 연계된 환경시스템으로 도입이 더욱 확산되고 있다.
- 물류전문업체는 거의 대부분 도입하고 있는 대표적 SCM부분 솔루션이다.

③ WMS의 기능

- Inbound Process
  - 외부에서 창고로 입고되어 보관되기까지의 입고관리 활동.
  - 창고 업무는 작업자의 입하데이터 수신, 입고정보관리, 입고관리의 수행이다.
  - 적절한 적치전략을 설정하여 보고서를 도출하는 입고작업 기능 등이 있다.
- Outbound Process
  - 창고에서 출하되어 나가는 출고관리 활동.
  - 출고작업은 출고계획수립, 출하량 검토, 피킹작업 수행, 출하현황을 관리한다.
- Internal Process
  - 재고의 이동, 조정, 정리 등의 창고 내에서 행해지는 활동.
  - 창고재고 조회, 재고정보 이력관리, 입출고 이력조회, 순환재고조사 등을 수행.
  - 크로스 도킹, 창고 최적화, 센터작업 모니터링, 분석기능, 작업자 동선관리 등.

④ 필요성

- 선입선출의 불가능으로 인한 악성재고 증가 및 수익 감소.
- 초과출고로 제품로스, 잘못출고로 인한 물류비용 증가와 고객신뢰 감소.
- 운영요원에 종속된 수동적인 창고운영으로 효율성 및 생산성 저하
- ERP 등과의 실시간 데이터의 불일치로 실제재고 오류의 발생가능성.
- 창고내의 정확한 재고 위치파악 불가능으로 재고로스 및 분실가능성.
- 과다한 인원운영으로 인건비 증가(비수기와 성수기 인원관리 부재).

⑤ 창고관리시스템이 각광을 받는 이유

- 물류센터의 모델의 다변화를 들 수 있다.
  - 물류센터는 그 모델에 따라 언제든지 변화된다.
    * 단순물류센터, 크로스도킹, 데포센터, 유통가공센터 등 물리적·기능상 모델
  - 모델이 변경될 때 다양한 업무를 유연히 지원할 수 있는 시스템이 요구된다.
- 물류거점을 회사마다 다변화시킨다.
  - 각 회사별 판매에 따른 재고배치전략에 따른 거점의 재구축, 신규구축 의미.
  - 물류센터 규모의 변화로 통상 진화하는 일종의 창고의 대형화로 이해된다.
  - 중앙집중식 CDC[25)]센터와 다수 지역거점별로 소창고방식이 도입되고 있다.
  - 복잡한 업무처리, 엄청난 재고보관, 대형센터 지원시스템 도입이 필수적이다.
- 물류센터가 Value Center를 지향하고 있다.
  - 과거 물류센터는 단순 재고관리, 주문충족 위한 피킹 정확도 등이 전부였다.
  - 이제 물류센터는 혁신 하드웨어, 기술 도입으로 물류서비스가 넓게 확장됨.
  - 센터의 관리최적화가 비용절감, 홍보, 영업, 마케팅, 구매 등 영향이 확대됨.
  - 실시간 로트(Lot)정보위한 Lot tracking 모듈, Web Portal을 사용한 각종 정보공유요구가 높아진 것도 물류센터관리시스템의 중요도가 커지는 이유이다.

⑥ 도입 효과

- 통합관리 측면
  - 물류센터 통제로 고객만족, 원가절감, 생산성향상을 위한 의사결정에 관여.
  - 전사차원에서 회계정보 및 실물정보흐름을 일치시켜 SCM체계 기반 역할.
  - 상품정보를 실시간 고객에게 제공하고, 상품재고율을 적정상태에서 유지.
  - 입고와 피킹 시간과 인적자원을 절감하여 물류흐름이 가속화된다.
- 업무적인 측면
  - 모든 서류정리가 바코드와 PDA단말기로 이루어져서 서류작업이 없다.
  - 표준화된 업무 프로세스 제공 및 물류 운영의 성과 분석 가능

25) Central Distribution Center

- 바코드를 이용하여 작업 정확도 및 처리량 향상
- 작업의 공정한 배분 및 진척도 실시간 모니터링
- 동선관리를 통한 작업효율 증가 및 입고에서 출고까지 업무 사이클 단축

• 고객 서비스 측면
- 오배송율 감소로 고객 주문 신속 대응
- 고객주문의 납기약속 및 진행상황 제공

• 투자비용 측면
- 상품의 재고파악과 피킹 등 업무량을 감소시켜 비용이 절감된다.
- 입출고 예측의 가능으로 재고 부담을 최소화, 재고비용 절감
- 생산성 향상에 따른 노무비용 절감 및 인력과 물리적 자산의 더 나은 활용
- 적치 및 피킹을 통해 보관위치 찾는 시간 50% 이상 감소
- 상품 처리량 증가

〈표 9-20〉 창고관리시스템(WMS)의 주요 하위시스템

| 구 분 | 내 용 |
| --- | --- |
| 주문관리시스템(OMS : Order Management System) | 고객의 수주를 처리하고 원활한 주문추적 등 고객서비스 향상과 기업의 물류회계 등을 지원하기 위한 시스템 |
| 물류센터관리시스템(WMS : Inventory Management System) | 물류센터 관리상품의 금액, 수량을 명확하게 관리하고 제품로케이션정보를 보유하여 입·출하 및 패킹작업의 효율 향상시스템 |
| 수송관리시스템(TMS : Transportation Management System) | 수송과 배송부분에 최적화를 통해 수배송의 업무 효율화와 비용절감을 위한 시스템 |
| 물류관리시스템(LMS : Logistics Management System) | 기업의 전체에 걸쳐있는 공급라인상의 재고정보를 가시화하여 제품 출하시에 최적의 물류 거점설계를 지원하는 시스템 |

⑦ 주요 운영체계 구성

• CIM과 자동제어기술을 이용한 기계적요소와 전자적요소가 결합된 시스템.
• 창고내의 효율적인 업무관리를 통하여 관리비용 절감과 재고정확성 제고.
• 효율적인 창고운영을 위한 SCE(Supply Chain Execution)솔루션의 하나.
• 자재조달, 생산 및 판매관리의 중간과정에서 나타나는 보관관리를 위하여 최소비용으로 창고 면적, 작업자, 하역시설 등 경영자원을 유용하게 활용.
- 창고내의 모든 업무(입고, 출고, 보관, 피킹, 출고, 재고조사 등)
- 재고수량/입고위치, 입고시간, 보관일수, 실시간 자산변동 분석까지 반영.

• 고객서비스수준 제고와 보관, 재고상황을 적정 수준으로 유지시키는 역할.

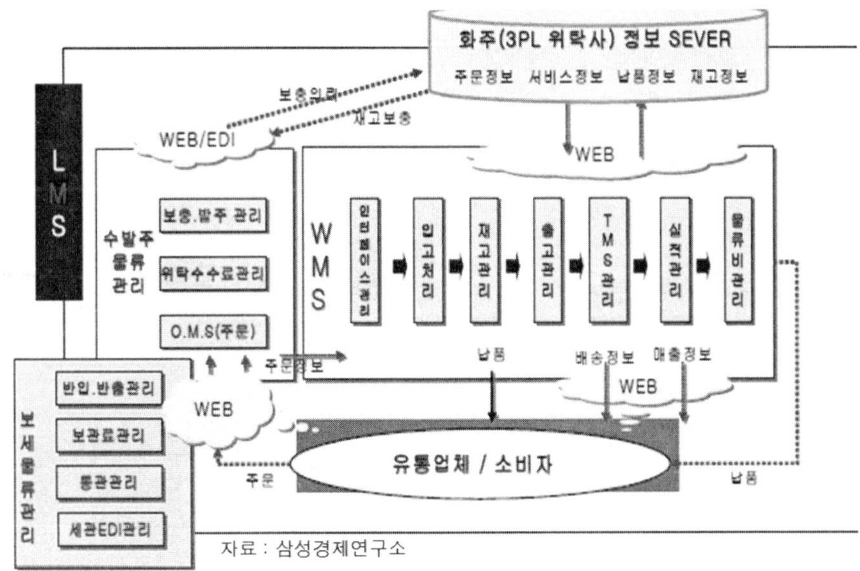

자료 : 삼성경제연구소

[그림 9-16] WMS를 중심으로 한 3PL업체의 재고관리 시스템 구조

⑧ 주요 운영시스템

• 주문관리시스템(OMS : Order Management System)
- 고객수주처리와 원활한 주문추적 등 고객서비스 및 기업물류지원시스템.

• 물류센터관리시스템(WMS : Inventory Management System)
- 물류센터 상품관리와 제품정보(입·출하, 재고) 및 패킹작업 지원시스템.

• 수·배송관리시스템(TMS : Transportation Management System)
- 수·배송의 최적화를 통해 수·배송의 업무효율화와 비용절감지원시스템.

• 물류관리시스템(LMS : Logistics Management System)
- 공급채널상의 재고정보를 실시간 최적의 적시배송을 지원하는 시스템.
- 화물수송업체 TMS(Transportation Management System)기능 통합형태.

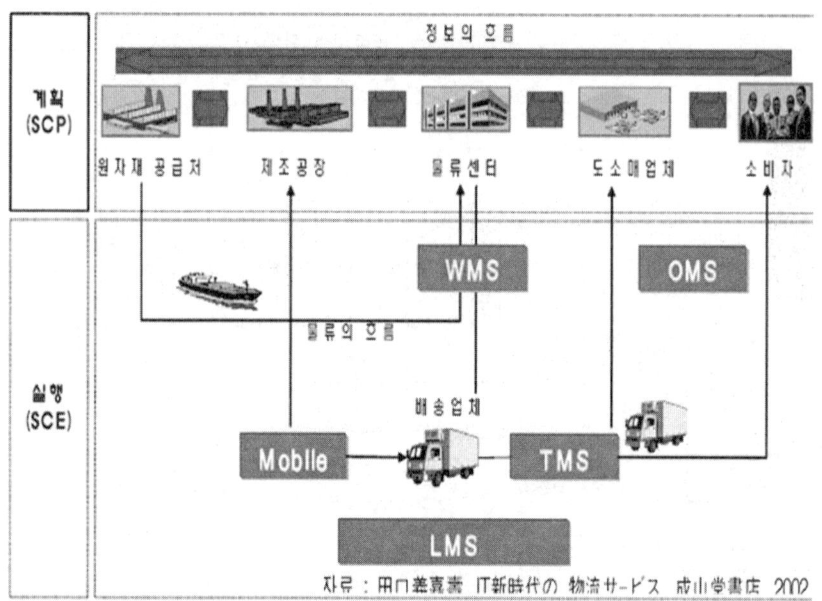


[그림 9-17] SCM전략을 지원하는 e-Logistics

### (7) 기타 물류정보 시스템

① 지속적인 상품보충(CRP : Continuous Replenishment Program, Process)

- 개요
  - 상품의 소비자수요에 기초한 Pull방식의 소매점공급 상품의 보충방법이다.
    * 거래선 간에 상품이 공급되는 모든 지점에 적용될 수 있는 개념이다.
  - 공급업자와 소매업자의 정보공유로서 상품흐름을 통제하고 관리하는 것이다.
    * 유통물류센터, 소매점 재고량, 유통채널 잔존 주문량, 예측판매량, 재고수준.
    * 상품 재고량과 재고시간을 단축, 공급자와 소매업자의 긴밀한 협조체계 가능.
- 운영
  - 매출수량중심 주문방식에서 탈피, POS데이터와 예측수요를 근거로 상품보충.
  - 전자문서교환시스템(EDI)에 의해 제조업체와 단품별 보충작업을 지원한다.
    * 창고의 출고데이터와 POS데이터 통합능력에 의해 단품별 판매량이 집계된다.
  - 유통업체와 납품업체가 사전 정보에 기초하여 연속으로 상품을 공급한다.
  - 상품공급정책에 합의한 이후에 자동으로 교환한 수요·재고·상품이동정보.
- 효과
  - 재고 및 판매정보를 기초로 제조업체와 소매업체간의 상품흐름예측이 가능.
    * 재고비용의 축소를 위하여 상품보충수량을 공급업체가 자동 결정하여야 한다.

- 발주, 판매, 재고정보를 EDI를 활용하여 제조원가와 판매단가를 낮춘다.
  * 협력업체와 공유하여 업체는 생산량을 조절하고, 불필요한 재고를 감소한다.
- 재고량과 재고시간을 단축, 공급자와 소매업자 간의 긴밀한 협력체계 구축함.

② 상호 공급기획 예측 프로그램(CPFR)[26]

• 개요
- 유통채널에서 파트너가 공급체인사슬전반의 효율성을 높이려는 전략.
  * 업무 프로세스와 사업계획을 공유하고 시스템을 통합, 유기적인 연결을 시도.
  * 유통업체와 제조업체가 공동으로 판매량을 예측하여 적정 판매량을 합의함.
- 공동 수요예측으로 재고와 결품의 최소화를 위한 의사결정계약이다.
  * 판매생산계획의 수립이 기업내부의 협업을 위한 SCM영역이다.
  * CPFR는 관계협력사들과 SCM 혁신을 강화하기 위한 활동이다.
- 거래파트너 간에 특정시장을 목표로 하는 특성 사업계획의 공동수립.
  * 제조업체와 유통업체간 구매협업으로 보다 넓은 영역에서 SCM혁신이 시도됨.
  * 수요예측의 정확도를 높이면 판매생산계획의 혁신효과도 극대화 할 수 있다.
  * 유통업체도 매장의 결품율을 줄여서 각종 프로모션을 원활하게 수행한다.

• 운영체계
- 공급자와 판매자들 간의 B2B 관계정신의 증진을 위한 공동 목표실행.
  * 서로 협의된 물리적 예상데이터 및 POS데이터를 교환, 예상데이터를 비교함
- 고객사와 공급사는 수요 예측이후 상호 비교와 공동 수요예측을 반복한다.
  * 매출, 결품, 재고정보, 판촉정보, 제품출시 및 단품정보 등을 교환한다.

• 시스템의 효과
- 소비자가 구입한 양만큼 보충하는 PULL형 보충방식의 소매점지원체계(RSS).
- 공동수요예측 보충시스템, 운영비용 감소, 주기 감소 등 고객진달기능 최적화.
- 인력절감, 데이터에러감소, 발주시간 단축, 결품 감소, 서비스율 향상.

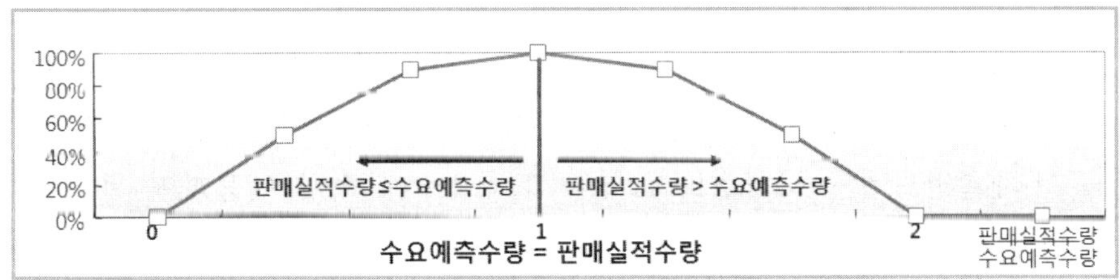


• 성공 핵심 요소.
- 거래파트너들이 업무프로세스와 사업계획공유에 합의 도달하는 것.

26) Collaborative Planning Forecasting Replenishment

- 각 파트너는 일정 범위 내에서 사업계획의 변경이 가능하다.

• 도입 시기

- 공동수요예측공급관리(CPFR)개념은 이미 20세기말에 나왔다.
  * 베스트바이, 월마트 등 글로벌 유통업체들의 중간 물류창고를 기준 방식.
  * 최근에는 수천 개에 달하는 각 매장단위로 판매데이터를 확보하여 관리된다.
- 우리나라는 삼성전자가 가장 앞서 공동수요예측공급관리를 최초 도입 시작.
- LG전자도 적극 확대 추진하여 CPFR을 통한 데이터 확보방식도 진화되었다.
- 현재 CPFR 계약은 현재 20여개의 글로벌 유통 및 통신업체로 확대되고 있다.

**〈표 9-18〉 수요예측 정확도 기준**

| Category | Contents |
|---|---|
| 개념 및 정의 | 수요예측 대비 판매실적 비교 |
| 측정 목적 | 수요예측 주체의 수요예측 능력 평가를 통한 수요예측 정확도 향상 |
| Data 측정 단위 | Product : 수요예측 입력 최소 단위, AP1/AP2/GC 레벨에서의 각각의 수요예측값, Time : 주단위/8주간 |
| 프로세스 주제 | AP1/AP2/GC 각 수요예측 입력 주체 |

③ 파트너관계관리(PRM : Partnering Relationship Management)

• 개요

- 중간채널 파트너들과 관계관리로 매출 및 고객만족도를 높이는 전략.
  * 협력업체 업무개선, 자동화, 최적의 파트너 관리전략 수립과 운영.
  * 파트너는 곧 기업의 얼굴이 되며, 이들과의 관계관리가 매우 중요.
- CRM의 광의개념으로 전자상거래와 e-Business중심의 기업협력과 산업협력.
  * Value Chain상의 전 기능을 유기적으로 결합하여 협업과정을 위한 기술.

• 필요성

- 이해관계자간의 동질의 서비스체계 수립, 경쟁력 있는 IT역량 확보.
  * 파트너와의 의사전달 강화 및 고객생애가치 확대를 위한 업무프로세스 개선
  * 채널파트너와 고객정보 교류와 고객요구에 적극 대응하여 고객만족도 제고

• 구축 목적

- 생산성 증가, 미래인프라 구축, 채널 커뮤니케이션, 채널관리 강화.

• 시스템의 기대효과

- 최종고객에게 유통과정에서 의사소통(커뮤니케이션) 촉진.
  * 기업의 가치에 영향을 미치는 각 구성원간의 의사결정의 접점을 견고히 결합.
  * 투자 효율성 증대와 획기적인 비용절감, 로열티 증대로 효율적인 채널관리.

〈표 9-19〉 정보기술의 유통기능에의 활용의 예

| 정보기술 \ 유통기능 | 판매·마케팅 | 구매·재고관리 | 물류관리 | 일반관리 |
|---|---|---|---|---|
| 온라인 데이터베이스(online database) | • 온라인 시장분석<br>• 마케팅효율성측정<br>• POS시스템 | • 자동구매시스템<br>• 재고통계<br>• POS시스템 | • 배달 스케줄관리<br>• 선적 관리 | • 회계<br>• 경영정보시스템<br>• 기획·LAM |
| 스캐닝(scanning) | • 가격 표시<br>• 계산서 발부<br>• 소비자 ID카드<br>• 판매사원 방문보고 | • 재고통제 | • 선적자동화<br>• 입고자동화<br>• 창고내 이동 | • 출입 보안장치<br>• 현금 수납 |
| 텔레커뮤니케이션(telecommunication) | • 화상회의<br>• 소비자 접촉<br>• 이동통신 | • EDI | • 수송차량의 위치 확인 | • 화상회의 |
| 사무자동화 | • 전자우편 | • LAN | | • 워드프로세싱<br>• 광파일 |
| 비디오텍스트(videotext) | • 카탈로그 제작<br>• 판매원 훈련 | • 카탈로그제작<br>• 훈련 | • 배달정보 | • 훈련 |
| 인공지능(artificial intelligence) | • 가격 및 판촉결정<br>• 판매원 방문스케줄 | • 적정 재고산출<br>• 최적 주문시점 관리 | • 최적 배달 노선 결정 | • 임원 의사결정 지원시스템(EIS) |
| 로보틱스(robotics) | | | • 선적, 하역·포장 | |

# 10 공급사슬관리(SCM)

## 1 공급체인망관리의 이해

### 1) SCM(Supply Chain Management)의 개념

#### (1) 개요

① 정의

- 통합네트워크체계를 구축하여 창조적으로 부가가치를 창출하는 경영활동이다.
  - 공급자에서 고객에게 제품, 서비스, 정보를 제공하는 제반 과정의 통합이다.
  - 공급자에서 고객에게 새로운 소비가치를 제공하기 위하여 융합하는 과정이다.
- 글로벌주체들이 공급사슬상의 모든 정보를 공유할 수 있는 조직네트워크이다.
  - 기업들이 경쟁력 강화를 위해 모든 사업범위에서 효율적으로 통합 협력한다
  - 원자재 추출단계에서 최종소비자에 이르기까지 정보흐름을 통합 관리한다.
  - 재화흐름의 변형과 연계된 모든 물류흐름까지 계획하여 지원하는 방법이다.
- 상품과 서비스의 변환과정과 유통채널사슬관리에서의 모든 과정을 통합한다.
  - 제품과 서비스, 생산제품과 서비스가 고객에게 전달되는 일련의 상호연결고리.
  - 유통채널담당자[1]의 이해관계에서 공급사슬상의 공동 이익가치를 창출할 목적.
  - 공급자, 제조 운송 및 보관, 유통 및 판매, 최종 소비자의 연쇄적인 구조
- 고객요구를 만족시키기 위하여 필요로 하는 모든 단계의 유기적인 관계구조
  - 모든 물류기능을 하나로 보고 전체 물류정보흐름을 최적화하기 위한 기법.

1) 원료제조업자가 부품제조업자에게 원료공급에서 제품생산자, 도매업자, 소매업자 순으로 이어지는

- 물류관리개념이 기업내부의 물류흐름을 효율화하는 목적에서 출발하였다.
- 공급업자, 최종고객, 유통경로구성원, 제 3자 물류의 업무까지 통합화했다.

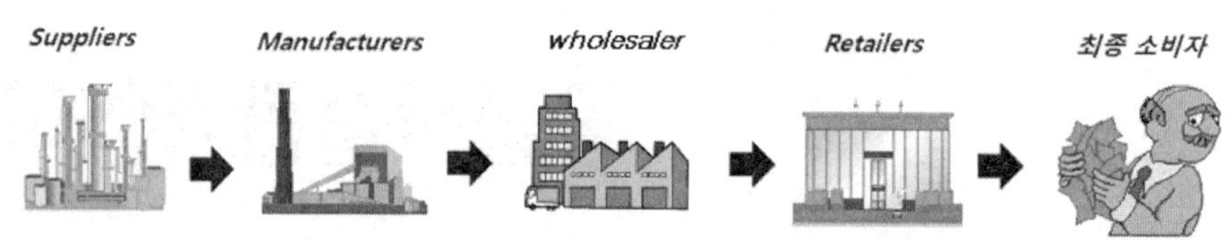


[그림 10-1] 유통채널에서의 사슬과정

② 등장배경과 목적

• SCM의 등장배경

- SCM의 역사는 1920년대 포드사로까지 거슬러 올라간다.
  * 포드는 당시 최초의 자동차 대량생산라인을 보유했던 기업이었다.
  * 공급라인, 철강 원석(광산)→이송→반제품(제련소)→조립(공장)→배송→판매.
  * 정보기술이 발달되면서 공급체인망을 합리화하고 효율화하려는 노력이 진행.
- SCM 초기인 1960년대에는 공급망의 개별 기능을 최적화 하는데 집중했다.
  * SCM의 범위는 부가가치의 원천 및 기업환경의 글로벌화 점차 확장되었다.
- 1990년대부터 ERP, MRP 등 기업내 자원관리솔루션 도입이 확산되었다.
  * 사내외 정보의 통합 개념으로서의 SCM이 주목 받게 되었다.
- 1990년대 중후반 이후 인터넷의 빠른 보급과 관련 정보기술이 발달되었다.
  * 공급자, 제조사, 판매자, 고객간의 협업을 강화한 SCM 솔루션이 개발되었다.
- 공급망의 통합[2]과 협업이 강조된 이유
  * 기업 활동의 세계화, 치열한 경쟁, 끊임없이 다양한 고객의 요구
  * 외부의 불확실성의 증가 및 채찍효과[3]의 심화
  * 기업경재우위 전략의 변화 및 고객요구의 다양화 및 소량화
  * 제품 Life Cycle의 단축 및 정보기술의 발전
  * 세계를 무대로 활동하는 국제 기업으로서는 SCM 도입이 필수적 상황

• 목적

- 고객만족 강화, 부가가치 기회의 자본화, 공급사슬의 기능을 강화하는 것이다.-
  공급을 다자간의 체인으로 포착하여 전 과정을 종합 관리하는 것을 의미한다.
- 자체조달에서 제조, 판매, 고객까지와 이후물류관리까지 종합족으로 관리한다.

2) (Supply Chain Integration)

3) Bullwhip Effect제품에 대한 수요정보가 공급사슬상의 참여 주체를 하나씩 거슬러 올라갈 때마다 계속 왜곡되는 변동폭이 커지는 현상을 의미한다.

- 물류와 정보흐름을 종합관리하고 전체 관점에서 생산과 공급을 최적화한다.

공급자 [공급 > 제조 > 도매 > 소매 > 판매후 관리] 고객

**[그림 10-2] 물류 파이프라인 상에서 가치 부가과정**

③ SCM 기본적인 개념

- 자산관리 측면 : 각 체인별 보유재고 최소화, 자산 및 자금 효율화 도모
- 코스트(Cost) 측면 : 소비자에게 공급되기까지 모든 원가(총원가) 대상
- CS(고객만족) 측면 : 고객이 원하는 시기에 적시 공급할 수 있는 것
- 통합관리 측면 : 안전의 전문성과 수익성, 성장성, 안정성 등

④ SCM의 범위

- 생산에 관련한 SCM
  - 원재료의 조달, 처리물량의 증대, 생산 리더타임의 단축 등 생산과정의 SCM
  - 원활한 제품의 생산을 목적으로 하는 SCM
- 마케팅에 관련한 SCM
  - 마케팅의 기본 원칙 : 팔리는 상품을 발굴하여 팔리는 상품을 만든다.
  - 마케팅환경 분석과 예측에서 시작된다. : 수효·물류코스트·이익예측.
- 물류에 관련한 SCM
  - 수주·원재료 조달·생산·공장 내 흐름·제품출하, 부두의 분류, 집하·창고,
  - 통관·항공사·해운사·목적지의 공항, 통관, 창고·보관·제품의 배달 등.

⑤ 주요 기능

- SCM의 기능은 크게 계획, 조달, 제조, 수수·출하부분으로 분류될 수 있다.
- 세부적으로 재고 및 수요관리, 능력 및 생산계획 소성, 수주관리, 물류관리 등.
- 판매동향에 기초한 수요예측기능
  - 수요예측에 기초한 기업수준의 생산과 재고, 물류계획 수립기능
    고객요구를 정확히 예측하는 것은 수요 불확실 해소와 양질의 서비스 제고
- 조달
  - 제반업무를 체계적으로 관리하여 비용절감과 효용가치를 통한 시장능력 강화
  - 친환경 조건을 반영한 부품 및 원료조달을 위한 정보시스템 구축 및 업무과정의 활용성
- 생산수립계획을 보면서
  - 각 공장의 생산라인 수준에 의한 제조일정 관리 기능
  - 보유재고는 없어도 일정과 시간을 고객에게 정확하게 제시하는 기능

- 수주·출하(운송계획)
  - 배송날짜, 교통상태 등 제한요인을 감안한 선적·배송 등 최적 일정관리
  - 수주에서 출하까지 제반과정을 통합하여 변화에 신속히 대응하는 체계 구축

〈표 10-1〉 SCM의 주요기능

| 주요기능 | 세부기능 | 설 명 |
|---|---|---|
| 계획 | 수요공급 계획 | • 공급업체의 생산능력 및 부품의 조정<br>• 전체 수요에 대한 우선순위 조정<br>• 연, 월간, 생산계획 수립 및 조정(현 재고, 판매능력, 장기 생산능력 검토)<br>• 제품 기획 및 관리(수명, 수급 조절) |
| 조달 | 부품 수배 부품조달 | • 수배, 검사, 보관, 인수<br>• 공급업체의 생산능력, 부품의 품질<br>• 공장 내 조달, 대금지불 |
| 제조 | 생산 생산지원 | • 부품의 발주 및 출하<br>• 시제품 관리, 포장 및 부품 수불<br>• 설계 변경, 생산현황 파악<br>• 세부 생산 스케줄링, 설비관리, 품질관리 |
| 수주·출하 | 수주관리 창고관리 운송 및 보관물류지원 | • 수주입력과 수주배경<br>• 고객관리, 제품관리, 대금관리<br>• 고객별 출하(포장 포함)<br>• 제품 출하(포장 포함)<br>• 운송, 배차, 보관, 통관<br>• 물류업무 관련(관련업체간 제반 규정 및 원칙작성, 물품 품질관리) |

### (2) SCM 도입환경과 기대효과

① 도입환경

- 부가가치의 60 ~ 70%가 제조과정 외부의 공급사슬에서 발생
  - 고객이 주문 후 납품까지의 주문 사이클 타임 중에서 순수 제조에 소요되는 시간보다 유통을 위하여 공급사슬 상에서 소요되는 시간이 훨씬 오래 걸림
- 불확실성
  - 부품 및 기자재 공급의 납기 및 품질의 불확실성
  - 시간대별, 계절별 고객수요 및 주문물량의 불확실성
  - 외부의 변동요인을 낮은 비용의 정보로 감소시키는 적극적인 방안을 강구

• 대량 고객화(Mass Customization)[4]
- 소품종 대량생산시대에 유통 대상 품목이 많아짐
- 주문관리, 생산계획, 정보관리 및 추적관리가 복잡해짐
- 제품별, 장소별, 품목별 리드타임이 길어지고 불확실해짐
- 생산자중심의 밀기내기 판매로 재고 증가현상

• 전제조건
- 장기적인 관점과 통합적인 관점에서 접근
- 각 부문별 정보공유 및 협력체제
- 최첨단 정보기술의 활용이 필수
- 전체 최적화와 융합화의 관점에서 접근
- 철저히 채널망의 합의와 프로세스 관점으로 접근

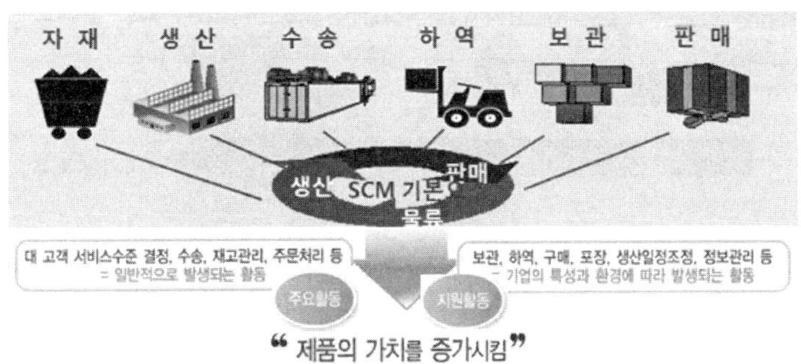


[그림 10-3] SCM의 기본 개념도

② SCM의 필요성

• 개별 조직의 혁신 노력의 한계
- 부가가치의 대부분이 제조과정 외부의 공급급제인망에서 발생한다.
- EDI[5], 인터넷 및 WEB, 전자상거래 등의 급속한 기술의 발전
- 전사적 자원관리로 기업 내 프로세스가 정보화, 통합화 되고 있는 경향.
 공급사슬 간의 정보공유 및 전달이 혁신되고 관련개념 및 기법의 보급이 확산.

• 수요의 불확실성 증가
- 상품공급의 납기 및 품절의 불확실성과 수요 주문납기, 수량의 불확실성
- 기업 활동이 글로벌화 되면서 공급체인망의 리더타임이 길어지고 불확실

4) 주문제작(Mass Customization) : 대량생산(mass production)과 고객화(customization)의 합성어로서 기업 경영혁신의 새로운 패러다임.

5) EDI(Electronic Data Interchange) : 전자문서교환. 표준화된 상거래서식 또는 공공서식을 서로 합의된 통신 표준에 따라 컴퓨터 간에 교환하는 정보전달방식

- 수요 및 주문의 불확실성에 따라 재고 및 재고품을 감축하는 것에 대한 한계.
- 공급의 불확실성 증가
  - 순수제조시간보다 제품이 고객에게 이르기까지 유통과정의 소요시간이 길다.
  - 정보 및 추적관리가 복잡해지고 리더타임이 길어지면 공급체인 효율이 떨어짐
  - 대량 생산에 의한 밀어내기 판매에서 다양한 고객요구에 맞는 대량 고객화[6]
- IT 환경 개선에 따른 여건 조성
  - 기업 간의 경쟁이 치열해짐에 따라 코스트 및 납기 개선의 시급.
  - 기업 활동이 글로벌화로 공급사슬상의 리드타임이 길고 불확실해졌다는 것.
  - 고객지향, 고객만족, 시장요구에 적응하는 공급체인의 혁신 요구
  - 다품종 소량생산에 원가 절약과 납기개선이 시급

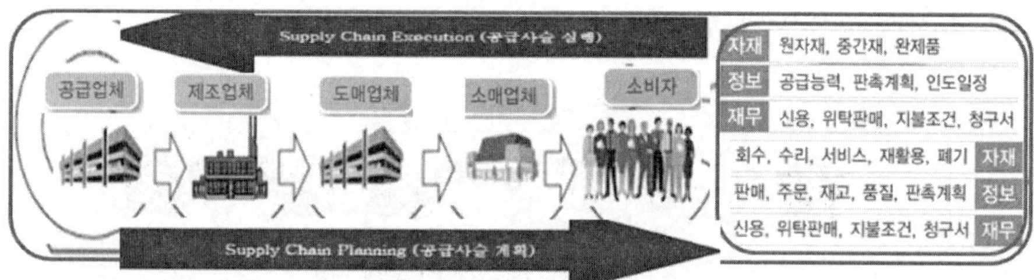


③ SCM 도입 기대효과

- 거래투자 비용의 최소화
  - 공급체인망의 통합으로 재고 감소, 자금흐름개선, 스피드와 응답율의 향상
- 비용과 시간 단축
  - 공급체인망을 통합, 공급자 및 구매자간 정보전송에 필요한 비용과 시간단축.
- 안전재고수준의 안정된 공급
  - 공급체인망 정보공유로 정보를 실시간으로 파악해 자동 보충하기 때문이다.

---

6) **대량 고객화**(mass customization)맞춤화된상품과 서비스를 대량생산을 통해 비용을 낮춰 경쟁력을 창출하는 새로운 생산과 마케팅 방식을 말한다.

〈표 10-2〉 업종별 SCM 도입 기대 효과

| 업 종 | 도 입 전 | 도 입 후 |
|---|---|---|
| 제조 | - 예측에 의한 생산<br>- 상품의 시장 호응도 파악 지연<br>- 과다한 재고 보유<br>- 수작업 수/발주 | - 판매 동향에 맞춰 생산<br>- 시장 호응도의 신속한 파악<br>- 최소 수준의 재고 보유<br>- EDI를 통한 수/발주 |
| 물류 | - 비표준 팔렛트로 적재 효율 저하<br>- 수작업에 의한 상품 분류<br>- 수작업에 의한 입/출고 | - 팔렛트 표준화로 적재 효율 증대<br>- 바코드에 의한 자동 분류<br>- 자동 입/출고 |
| 유통 | - 과다한 재고 보유<br>- 수작업에 의한 수/발주<br>- 매장 구성의 비효율성<br>- 재고 조사에 시간, 인력 과다 소요<br>- 계산의 오류 발생 및 장시간 소요<br>- 상품의 품절 현상 발생 | - 최소 수준의 재고 보유<br>- EDI를 통한 수/발주<br>- 바코드, 스캐너를 통한 자동 검품<br>- 최적의 매장 공간 활용<br>- 자동적인 재고 파악<br>- POS에 의한 신속한 계산, 무오류<br>- 품절 현상이 없어짐 |

- 양질의 부가가치를 창출.
  - 전략적 제휴, 아웃소싱 등 기업의 추구하는 양질의 부가가치 창출전략
- 글로벌 기업이 제공하는 21세기 생존전략.
  - 체인망관리자들이 정보통신기술을 활용하여 매출증대와 수익성 향상에 기여
- 비 표준적인 작업업무의 오류 제거
  - 작업지연시간의 단축 및 사내업무의 정형화를 통한 업무단축
- 양질의 상품과 서비스를 소비자에게 제공
  - 철저한 납기관리 및 수주처리 기간의 단축으로 고객만족도 향상
- 전체경로의 효율성을 최적화한다.
  - 물류정보흐름을 유기적으로 통합 관리하여 참여기업의 상호이익을 도모한다.

④ 도입 효과

- 물류비용 절감, 고객만족, 시장변화에 대응력 확보, 구매비용 절감, 생산효율화.
- 재고량을 획기적으로 감소와 공급체인망 주기[7]를 20-25%정도 감소 가능하다.
- 응답 시간(Response Time)은 25%에서 최대 50%까지 감소 가능
- 결과적으로 재고와 재고 관리를 위한 비용 절감이 가능하게 된다.
- 상품의 소비자판매가격을 낮출 수 있고 동시에 기업 상품마진을 높일 수 있다.
- 소비자의 신속한 소비성향을 파악, 소비자니즈를 충족시키는 상품개발이 가능.
- 유통업체와 제조업체가 모두 수용하는 브랜드 개발이 가능해 수익증가를 기대.

7) (Supply Chain Cycle Time)

〈표 10-3〉 SCM 도입효과

<table>
<tr><td rowspan="11">정량적 효과</td><td rowspan="3">외형적인 업무 운영 효율화에 의한 비용 절감</td><td>직접 인원 생산성 향상</td><td>5 - 10%</td></tr>
<tr><td>간접 인원 생산성 향상</td><td>20 - 30%</td></tr>
<tr><td>간접 인원 증가 요인 억제</td><td>10 - 20%</td></tr>
<tr><td rowspan="6">공급망 및 고객 서비스 분야의 개선</td><td>자재 비용 감소</td><td>5% 이상</td></tr>
<tr><td>재고 자산 감소</td><td>20 - 80%</td></tr>
<tr><td>생산 사이클 타임 단축</td><td>30 - 60%</td></tr>
<tr><td>생산량 증가</td><td>10 - 15%</td></tr>
<tr><td>구매 사이클 타임 단축</td><td>50% 이상</td></tr>
<tr><td>전체 제 경비 감소</td><td>40% 이상</td></tr>
<tr><td rowspan="2">전산 비용 절감</td><td>도입 비용의 정간</td><td>50 - 70%</td></tr>
<tr><td>관리 비용의 절감</td><td>60%</td></tr>
<tr><td colspan="2">정성적 효과</td><td colspan="2">- 작업 지연 시간의 단축(사내 업무의 정형화를 통한 업무 단축<br>- 철저한 납기 관리 및 영업 관리로 고객 만족도 향상<br>- 비표준적인 수작업 처리로 인한 업무의 오류 제거<br>- 수주 처리기간의 단축<br>- 계획 기능 강화로 재고 감소<br>- 원청 업체와 하청 업체의 신속한 교류로 인한 하청 업체의 재고 감소</td></tr>
</table>

자료원 : 한국유통정보센터

### (3) SCM의 활용과 범위

① 분야별 유형

- 첨단전자기술 활용유형
  - 전자메일로 정보유지와 보안문제 해결 등 시간과 불필요한 업무를 대폭 절감.
  - 상품주문서, 지불확인서를 EDI, 전자자금결제, 전자카탈로그, 전자게시판 활용.
- 공급자 주도의 재고관리 유형(QR : Quick Response, JIT : Just-in-Time)
  - QR은 소매·공급업자가 판매정보 공유, 소비자패턴에 맞게 상품공급주기 개선.
  - JIT는 필요한 시간과 공정에 필요한 수량만큼 공급, 재고를 최소화하는 방식.
- 중앙 집중관리 유형
  - 효율성의 극대화를 위한 업무표준화, 거래물량의 규모화로 배송주기 단축.
  - 물류센터 설치, 구매·배송절차 단순화, 구매와 운송최소화, 규모와·대형화.
  - 배송물류센터를 상품이동 중개기지로 활용하는 Cross Docking방식 도입.
- 사용분야별 유형 분류.
  - 의류부문에서는 QR(Quick Response)
  - 식품부문에서는 ECR(Efficient Consumer Response)

- EHCR(Efficient Healthcare Consumer Response)
- 신선식품부분에서는 EFR(Efficient Foodservice Response)

※ SCM(Supply Chain Management)의 업종별 적용

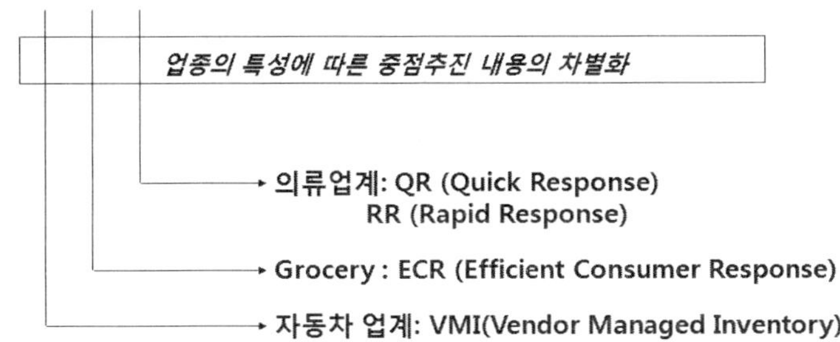


[그림 10-4] SCM의 활용범위

- SCM 관련분야
  - 컨설팅 : 기획, 운영, IT 등 개선사항이나 문제점을 지적하고 향후 대안 제시.
  - 기획전문가 : 전체 물류거점 조정, 협력업체 조율, 관련부서와의 협의와 조정.
  - IT전문가 : 유통물류관련 IT시스템 구축·개발·분석·설계·보수·운영업무.
  - 영업전문가 : 물류전문업체 SCM지식으로 일반기업에서 물류관련 영업수행.
  - 운영전문가 : 기획, 통상전문가, 영업, 컨설팅전문가로 SCM 및 물류업무 수행.
  - 금융전문가 : VMI로 재고관리비용을 부담하는 금융·물류 복합서비스 수행.

② SCM의 범위

- CRM과 SCM을 어떻게 통합적으로 연계할 것인가의 범주.
  - 업무과정이 개선환동선상에서 어떤 업무과정을 IT기술로 연계할 것인지 관점.
- 경영관리의 구성요소로 보는 관점.
  - 경영관리의 효율화를 위한 전사적 자원관리와 통합을 상소하는 SCM의 관점.
- 정보 네트워크의 구조로 보는 관점.
  - ERP, CRM를 통한 물류기능이 기업 간에 통합·운영되어야 성공한다.
  - 대고객 서비스, 수요관리, 주문처리, 생산일정, 구매, 제품개발, 반품관리 등.

③ SCM의 원칙과 특성

- 원칙
  - 고객지향성,
  - 장기적인 물류 파트너십 구축,
  - 계획수단과 정보수단의 활용
  - 통합된 정보시스템

- 상품과 서비스의 품질 제고
- 특성
  - 사용시점에 부품저장위치를 알리는 바코드이다.
  - 재고시점에 가까워지면 온라인으로 공급자에게 알린다.
  - 각 입지에서 일일재고 평가가 가시화 된다.
  - 사용시점에 온라인주문으로 관리되는 재고이다.
  - 소량부품의 사용지점으로의 직접 배달된다.

### (4) SCM 도입환경

① 경영환경의 변화
- 글로벌 경쟁으로 공급체인상의 리드타임이 길어지고 불확실해 졌다.
- 제조업체내에서 재고를 효율적으로 관리하는 데에는 한계가 있다.
- 고객요구가 다양해져 공급체인의 효율이 저하되었다.
- 기업 간의 경쟁이 치열해짐에 따라 비용 및 납기 개선이 시급해짐.

② 핵심역량에 매진
- 핵심역량 강화에 집중
  - 기업은 현대의 경영환경 모든 부문에서 탁월할 수가 없음.
  - 지속성장이 가능한 확실한 비교우위 확보에 매진
- '핵심역량'이 있어야 '왕따'를 회피
  - 업계 / 소비자에게 자신의 존재가치를 각인
- 경영환경 / 패러다임 변화에 능동적 대응
  - 과다 재고를 운영하지 않으면서도 고객이 원하는 적기에 공급
- Knowing-Doing Gap을 극복
  - 일류 기업과 이류 기업을 판가름하는 것은 실행력임.
- 이류 기업은 지식습득에, 일류기업은 지식활용에 초점
  - 방법을 몰라서가 아니고 반복적으로 제기되는 문제에 대한 기본 프로세스와 전술을 실행하지 못하기 때문이다.(이상론, 컨설팅 무용론)
- 조직 구성원의 실행력 강화에 초점
  - 회의·보고만 하면 된다는 무사 안일주의를 탈피

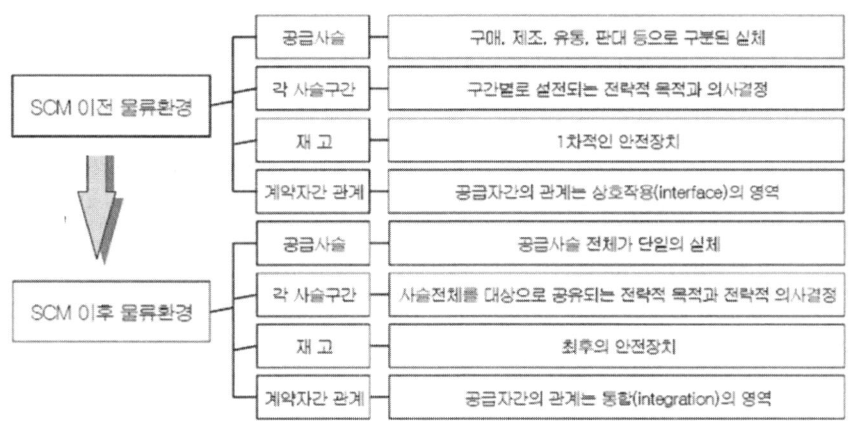


**[그림 10-5] SCM 도입에 따른 물류환경의 변화**

③ 기업경영에 활용사례

- 성공하는 기업은 프로세스상에서 타사와 차별성을 두어 한 분야에서는 확실한 우위를 점할 필요성이 점증하는 일시적 우위 경쟁시대 돌입.
- SCM은 고객가치 달성수단 중의 하나이며, 고객가치를 통해 기업목표를 달성할 수 있도록 하는 경영 기법임.
- 사업/ 산업간 벽을 넘나들 수 있는 교량
  - Dell의 핵심역량인 '공급망 관리' → 사업영역 확장

**〈표 10-4〉 기업경영에 활용사례**

| 구 분 | 활용 내용 | 비 고 |
|---|---|---|
| 월마트 | EDLP, 잘 알려진 브랜드 | 가격 우위 선택 |
| 나이키 | 브랜드 인지도, 제품 | 경험을 최우선 |
| 맥도날드 | 매장 접근성, 서비스 | 어디서나 가까이 |
| Dell | 낮은 가격, 정보 접근성 | 구매가능성, 배송상태, 재고 등 |

④ SCM의 7대 원칙

- Intimate Customer Knowledge : 고객·시장의 변화를 지속적으로 모니터링하여 변화의 근본 원인을 분석, 이해하고 대응하라"
- Intimate Supply Knowledge : "시장수요 정보 및 구매계획을 제공하여 공급사와 협업하라"
- Living and Dying by the Plan : "계획대로 생산, 판매, 구매 실행을 운영하라"
- Cross-Silo Synchronization : "기업의 타 조직, 부서간의 목표를 연계하여 일관된

계획을 수립하고, 실행을 동기화하라"

- Rapid, Reliable Fulfillment : "고객 주문에 빠르고, 정확하게 대응하고, 차질 발생시는 상황의 가시성을 제공하라"
- Supply Chain Design : "Supply Chain 설계는 One-Time Activity가 아니며, Supply Chain 비용을 고려하기 보다는 시장변화에 민첩하게 대응할 수 있는 기반준비의 방향성을 우선적으로 고려하라"
- Business Reconfiguration Management : "비즈니스 환경변화를 쉽고 유연하게 수용할 수 있는 정보시스템 기반을 확보하라"

⑤ 유의사항

- Supply Chain을 운영하는 기업들도 규모가 커지고 여러 조직이 같이 일을 하게 되면 실물을 기반으로 Supply Chain을 운영하기란 제한적이며 불가능하다.
- SCM의 7대 원칙을 기준으로 Supply Chain과 프로세스를 디자인하고 운영하는 규칙을 명확히 공유해야 한다.
- 시장수요, 공급상황, 재고 등 Supply Chain 현황과 변화 등의 SCM운영에 필요한 정보들을 정확하게 반영하여 가시성을 제공하고 공유할 수 있는 경영정보시스템의 구축도 병행되어야 한다.8)

## 2) SCM 기술의 발전

### (1) SCM 구현기술의 발전단계

① 개념 변천

- ECR(Efficient Consumer Response)
- QR(Quick Response)
- CRP(Continuous Replenishment Program)
- CAO(Computer Assisted Ordering)
- CFAR(Collaborative Forecast & Replenishment)
- CPFR(Collaborative Planning Forecasting & Replenishment)
- 생산 관리에서 공급망 관리로 개념 확장
  - Multiple Plant & Sales Branch
  - Supply Chain Management 포트폴리오의 복잡도 증가

② 발전 단계 : SCM은 초기 물류관리의 확장 개념으로 출발.

- 1970년대 세계화와 무역자유화단계로 글로벌경영환경에 대응능력 요구.

---

8) 물류신문, SCM 시리즈 2] SCM의 7대 원칙, 2007. 12. 15.

- 물류역할을 생산과 가까운 관계로 통합하여 생산효율을 높이는 수단으로 이용.
- 일괄 배치, 대량생산 등 규모의 경제를 위한 물류와 생산관계는 새로운 계기.
- 1980년대 미국 산업사회의 가장 핵심 경쟁수단으로 분업화된 개념.
  - 관련 기업들은 경영에 도입 운영(생산, 판매, 인사, 재무, 회계, 개발).
  - 1980년 미국 의류업계 QR(Quick Response)시스템에서 기본개념 태동
  - ECR[9])로 발전. 생산부문은 MRP Ⅰ[10]), MRPⅡ[11]), ERP[12])로 발전.
  - 단위기업대상 ERP 한계로 인하여 기업간의 협동이 중요시되는 SCM으로 발전.
- 1980년대 말 한국의 물류영역은 주로 하역, 보관, 포장, 물자운반수준이었다.
  - 원자재조달에서부터 최종 제품이 고객에게 배송되는 전 과정, 공급사슬로 발전.
  - 수주, 수요예측, 판매, 생산, 구매, 보관 순[13])으로 발전되는 통합 로지스틱스.
- 90년대 : 국가를 넘어 글로벌화 지향 → 다양한 경쟁 상황에 직면
- 기업 전체적인 관점에서 경쟁 → Network 화
  - 사례 : 일본 토요타자동차는 Just-in-time delivery system 도입
    * 운송의 기능을 중요시, 생산자의 원자재 재고 감소효과 창출.
    * 안정적 수요환경에는 적합, 빠르게 변화하는 수요대응 부족.
    * 생산과 물류의 적극적인 통합, 전사적 정보공유시스템 요구.

③ P&G(Procter & Gamble) 적용사례

- 1980년대 세계적 기업 P&G, Coca Cola, J.C Penney 등은 이익 극대화.
  - 제조업체, 물류업체, 유통업체 등 거래처들과 협력관계를 구축함.
- P&G(Procter & Gamble)는 QR을 적용하면서 ECR과 SCM으로 발전.
  - CEO인 A.G. Lafley는 비용절감을 마케팅에 활용, 브랜드가치를 높이려 했다.
  - 경영전략은 SCM과 제품수명주기관리로 인원감축 등 비효율적인 요인제거였다.
- 2002년 발표 자료, SCM과 e-마켓플레이스인 Transora에 동시적으로 참여했다.
  - 아틀란타 베이스의 Procuri Inc사의 구매 소프트웨어를 구입하여 구축하였으며,
  - 제품개발 측면에서는 자체 개발한 기술스펙관리시스템을 개발하였다.
  - 이를 Matrix One에 대여하고 EDS로부터 PLM 소프트웨어를 구입, 구축했다.
- 2003년 1월 29일 P&G는 2002년 12월 31일 마감한 2분기 실적을 발표.
  - 이익이 15%나 증가, 순이익만 무려 14억9천만 달러에 주당 이익은 1.06 달러.
  - 이는 작년 동기의 13억 달러에 93센트보다 엄청 향상된 수치들이다.

---

9) (Efficient Consumer Response)
10) (Material Requirement Planning)
11) (Manufacturing Resource Planning)
12) (Enterprise Resource Planning)
13) 재고관리, 주문처리, 배송, 고객서비스 등

- 3분기와 4분기 전체를 통해 연간 베이스로 12%~13% 이익의 성장을 예측함.
- 이러한 발표는 P&G의 10년 장기계획상의 목표인 10%를 웃도는 수치였다.
- 데이터베이스는 작업엔진과 협력 틀에서 운영되고 있다.
- 제품의 속성, 메타데이터, 모든 서류, 디자인, 도안, 파일들이 저장된다.
- 디자이너들이나 생산자들은 외부에서도 필요한 정보와 데이터를 업들 수 있다.
- 생산자들은 제3의 장소에서도 활용할 수 있다.
- 최근 시뮬레이션 소프트웨어를 추가하여, 엔지니어들이 시뮬레이션을 통해, 제품의 크기, 무게, 영구성 등의 속성들을 사전 테스트하여 결정하고 있다.
- 엔지니어들은 생산 프로세스까지도 시뮬레이션으로 확정한다.14)

〈표 10-5〉 SCM의 성공요소

| SCM의 성공요소 | SCM의 효과 |
|---|---|
| * 개별의 우월성 | * 재고 감소 |
| * 중요성의 인식 | * 부가가치 없는 작업제거 |
| * 독립성/의존성 | * 안정된 공급 |
| * 적극적인 투자 | * 상호이익 |
| * 정보의 공유 | * 자금흐름 개선 |
| * 업무 연계/통합 | * 이익증가 |

### (2) SCM의 시대별 발전 단계

① '60년대~'70년대 : 창고처리 및 수송을 신속하게 주문처리 시간을 단축에 초점

- 1970년대 세계화와 무역자유화단계로 글로벌경영환경에 대응능력 요구.
- 물류역할이 생산의 효율을 높이기 위한 수단으로 이용하기 시작.
- 물류와 생산관계는 일괄 배치, 대량생산 등 규모의 경제를 위한 새로운 계기.

② '70~'80년대 : 정보기술에 의한 수송, 제조, 구매, 주문관리기능 등 물류합리화.

- 1980년대 미국 산업사회의 가장 핵심 경쟁수단으로 분업화된 개념.
- 관련 기업들은 경영에 도입 운영(생산, 판매, 인사, 재무, 회계, 개발).
- 1980년 미국 의류업계의 QR(Quick Response)시스템에서 기본개념이 태동.
- 유통은 효과적인 고객대응(ECR), 생산부문은 MRP, MRPⅡ, ERP로 발전.
- 단위기업대상 ERP 한계로 인해 기업간의 협동이 중요시되는 SCM으로 발전.
- 1980년대 말 한국 물류영역은 주로 하역, 보관, 포장, 물자운반수준에서 시작.
- 원자재 조달에서부터 최종 고객에게 배송되는 전 과정의 수주, 수요예측, 판매, 생산, 구매, 보관, 재고관리, 주문처리, 배송, 고객서비스 등 공급사슬로 발전.

14) 다음, P&G의 SCM 및 제품수명주기관리(PLM) 시스템의 구축 및 웹 통합 성공사례|작성자 나눔자리

③ ' 90년대 : 단위국가를 넘어 글로벌화를 지향하는 단계로 발전.
- 시장개방과 다자간 경쟁과 협력관계가 상존하는 글로벌 네트워크화 진전단계.
- 사례 : 일본 토요타자동차는 Just-in-time delivery system 도입
  - 운송의 기능을 중요시, 생산자의 원자재 재고 감소효과 창출.
  - 안정적 수요환경에는 적합, 빠르게 변화하는 수요대응 부족.
  - 생산과 물류의 적극적인 통합, 전사적 정보공유시스템 요구.

④ 21세기 : 공급사슬의 관련업체들이 수요, 구매정보 등을 상호 공유하는 단계.

⑤ 미래 : 제품기획, 개발, 제조, 마케팅 등 모든 기능을 서로 협력하는 수행단계.
- 이 단계는 물적 유통의 관리체계가 모두 가상공간으로 들어오게 될 것이다.

### (3) 도입배경과 활용사례

① 도입 배경
- 글로벌 경영환경의 변화로 공급체인상의 리드타임이 길어지고 불확실해졌다.
  - 다품종 소량생산에 의한 소비가치 다양성과 상품생명주기 단축 등 무한경쟁.
- 제조업체내에서 재고를 효율적으로 관리하는 데에는 한계가 있다.
  - 시장의 환경변화로 원료공급에서 유통기업, 소비자까지 빠른 니즈파악이 필요.
- 고객요구가 다양해져 공급체인의 효율이 저하되었다.
  - 소비자니즈가 100인 1색에서 1인 1색으로 변화되고 다시 1인 100색으로 변화.
- 기업 간의 경쟁이 치열해짐에 따라 비용 및 납기 개선이 시급한 상황이다.
  - 공급체인망을 효과적으로 관리하여 빠른 납품과 효율적 운영으로 비용절감.

② 기반 기술측면의 주요 이슈
- 영업사원들이 현장판매활동보다 수·발주업무에 대부분 시간을 소비하게 된다.
- 우리 제품 시장반응이 어떠한지 매장에서 아무런 정보를 제공해 주지 않는다.
- 영업현장 제품별 고객니즈와 판매성과에 대한 평가가 항상 엇갈리게 나온다.
- 유통단계별 및 제품별 수익구조와 비용구조를 파악하는데 많은 시간이 소요.
- 마감업무에 많은 시간이 소비되지만 결과보고가 늦어 적절한 대응이 어렵다.
- 마케팅은 정보를 활용하기보다 Data를 가공하는데 대부분의 시간을 소비한다.

③ 성공하는 기업경영에 활용사례
- 기업경영관리에서 한 분야에서 확실한 우위를 점할 필요성이 있는 경쟁시대.
- SCM은 고객가치창조를 통해 목표를 달성할 수 있도록 하는 경영기법이다.
- 사업과 산업 간의 글로벌장벽을 넘어 세계표준 초일류물류서비스를 제공한다.
  - Dell사 핵심역량인 '공급체인망관리'는 사업영역의 확장을 위한 계기가 되었다.
  - 세계 일류물류기업들은 화주요구에 부응, 세계표준 초일류 물류서비스를 제공.
  - DHL 단자스, 판알피나, KWE, K+N, Exel, 쉥커, Bax글로벌, Nippon Express.

〈표 10-6〉 기업경영에 활용사례

| 구 분 | 활용 내용 | 비 고 |
|---|---|---|
| 월마트 | EDLP , 잘 알려진 브랜드 | 가격 우위 전략 |
| 나이키 | 브랜드 인지도, 제품 | 경험을 최우선 |
| 맥도날드 | 매장 접근성, 서비스 | 어디서나 가까이 |
| Dell | 낮은 가격, 정보 접근성 | 구매가능성, 배송상태, 재고 등 |
| DHL 단자스 | 세계 표준의 서비스 제공 | 세계표준의 초일류 물류서비스 제공 |

④ 기술의 변화와 적용사례

- 1980년대 세계적 기업인 P&G, Coca Cola, J.C Penney 등은 제조업체, 물류업체, 유통업체 등 거래처들과 협력함으로써 이익의 극대화가 실현되었다.
  - P&G(Procter & Gamble)는 월마트와 QR을 적용하면서 ECR과 SCM으로 발전.
- P&G는 1837년 영국 양초제조업자 윌리엄 프록터(William Procter)와 아일랜드 비누 제조업자 제임스 갬블(James Gamble)이 통합함으로써 탄생.
- CEO(A.G. Lafley)는 SCM과 제품수명주기관리를 통한 인원감축 등 불합리한 요인들을 제거하는 비용절감 마케팅으로 브랜드가치 극대화 노력.
- 2002년 SCM분야의 구매소프트웨어 구축과 e-마켓플레이스 적극 참여.[15)]
- 2003년 1월 29일 P&G는 2002년 12월 31일 마감한 2분기 실적을 발표.
  - 이익 15% 증가, 순이익 14억9천만 달러(작년 동기 13억 달러에 93센트).

### (4) e-SCM의 통합

① e-scm의 개념

- SCM은 글로벌 경쟁시대, 공급체인망을 통합시켜 최적화를 도모하는 것이다.
- 통합 물류관련 업무흐름을 Supply Chain관점에서 경영효율을 향상하는 것임.
- 기술융합시대에 기업의 장애요인과 병목현상을 해결하는 새로운 경영무기다.

② 통합을 위한 이슈

- 수요 기획
  - 공급망의 각 과정과 각종 채널에서 수집된 정보를 예측하는 과정이다.
  - 고객요구를 정확히 예측하는 것은 고객에게 더 양질의 서비스를 제공한다.
  - 공급체인망에서 고객비중과 역할이 더 강해지면서 고객이 더 중요해졌다.
- 제조 기획 및 일정 관리
  - 생산 능력을 감안한 제조 일정을 보다 최적화하는 과정이다.
  - 생산과 관련된 MRP 및 CRP[16)]와 결합하여 최적화된 생산계획을 제시한다.

15) 다음, P&G의 SCM 및 제품수명주기관리(PLM) 시스템의 구축 및 웹 통합 성공사례

- 공급 기획
  - 재고와 운송자원에 기반한 고객수요 충족을 위해 DRP[17]기능을 포함한다.
  - 재고 물량 보충과 창고 관리 등의 기능을 포함하고 있는 프로세스이다.
- 운송 기획
  - 배송 날짜, 교통 상태, 운송 업체 상태 등과 같은 제한 요건을 감안한다.
  - 물건의 선적, 배송 등과 같은 일정을 최적화하여 활용한다.

③ e-scm 모형의 발전이슈 단계

- 세계화
  - 통신 및 운송수단의 발달로 세계화가 빠르게 진행되고 있다.
  - 기업은 마진압력이 커지면서 본사를 세금부담이 적은 국가로 옮겨 간다.
  - 생산기지를 노동비가 상대적으로 저렴한 중국 등 동남아시아로 옮긴다.
  - 공급망의 범위가 세계로 확대되면서 통합관리시스템이 필요하게 되있다.
- 고객의 요구 증가
  - 기업간의 경쟁이 치열해짐에 따라 고객의 교섭능력이 증가했다.
  - 고객의 요구사항은 날로 다양화되며, 고객은 과거보다 훨씬 영악해졌다.
  - 고객은 보다 자신의 요구를 제시하며, 브랜드충성도가 약화된 것이다.
  - 기업은 고객의 요구를 보다 수용하고, 다양한 방법을 필요하게 되었다.
  - 고객관련 솔루션을 통해 고객에 맞는 제품생산 기획역할을 수행한다.
- 협업의 필요성 증가
  - 세계화는 멀리 떨어진 파트너와 공동작업, 다양한 공동작업이 증가하였다.
  - 인터넷 및 관련 기술발전으로 협업이 가능한 SCM이 개발되고 있다.

④ SCM환경

- SCM은 유통체인망의 연결망 속에서 원자재, 정보, 자금흐름을 통제한다.
  - 물류는 제품이 제조업체에서 고객 손에 전달되는 전 유통체인망을 관리한다.
  - 정보흐름은 주문과 전달이며, 자금흐름은 신용, 지불 등 소유권관리를 뜻한다.
- 주요 흐름들은 기업 내외의 다양한 부서, 때로는 다양한 업계를 관통한다.
  - 기업 내, 또는 기업간의 흐름을 조정하는 것은 효율적인 SCM 필수요건이다.

---

16) (Capacity Requirement Planning)

17) (Distribution Requirement Planning)

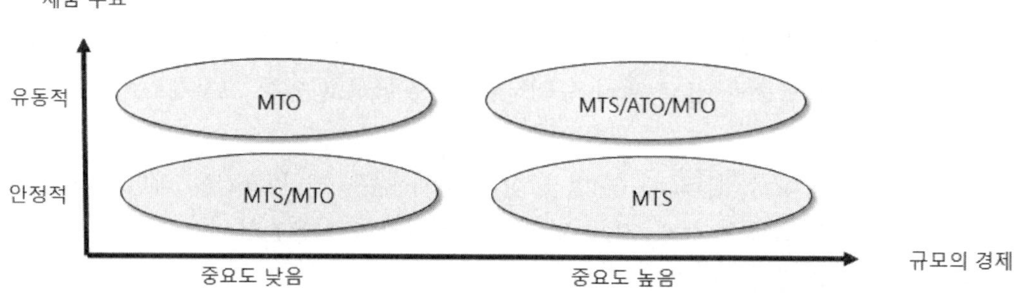


**[그림 10-6] 적절한 공급사슬 전략 식별**

### (5) SCM의 응용기술

① 자동발주시스템(CAO : Computer Assisted Ordering)

- 소매점포의 기반시스템
  - 상품흐름정보와 외부요인 정보를 통합·분석하여 주문서하는 시스템이다.
  - 상품흐름정보 : 상품판매 재고가 소매점설정 기준치이하로 떨어지면 자동주문
- 효과
  - 고객에 대한 반응과 효율적인 상품보충
  - 데이터와 상품보충과정을 연계함으로써 비용을 절감
  - 매대 공간의 효율적인 활용으로 상품판매 효과증대
  - 판촉활동에 의해 발생하는 제품수요에 즉각 대응
  - 운영비를 절감하고 재고수준을 감소
  - 물류의 동기화 및 수요관리의 통합화
  - 주문서작성 및 발송비용절감
  - 결품을 줄이고 매출액 증대

② 지속적인 상품보충(CRP : Continuous Replenishment Programs)

- 재고 및 판매정보를 기초로 상품 보충량을 공급업체가 결정하는 시스템

③ 전사적 자원관리(ERP : Enterprise Resource Planning)

- 기업 내의 인적, 물적 자원의 효율적 관리를 위한 통합정보 시스템.
  - 새로운 정보생성, 신속한 의사결정 통합DB인 자재소요량계획에서 발전된 것.
  - 마케팅, 생산, 물류, 재무, 회계, 구매 등 기간업무를 통합 연계관리, 정보공유.
  - 생산, 구매재고, 판매, 회계, 인사 등의 전 업무를 통합하고 표준화한 솔루션.
  - 수·배송, 재고관리 등과 사람, 물건, 자금관리, 정보 일관성 등 계획적 활용.

④ SCM & SCE

- 공급체인망 계획(SCP : Supply Chain Planning)

- 물류서비스의 효율적 제공은 기업내부과정이 완벽하여야만 실현이 가능하다.
- 미션이 상이해서 계획을 자주 변경하는 생산능력과 자재조달, 영업부문 등 부서간의 정보교환라인이 투명하게 해결되도록 정보측면에서 지원하는 솔루션.
  * 수요계획 : 예측기법을 이용한 제품 또는 서비스의 수요분석 계획 수립
  * 제조계획 : 제조관련 고객 상품 또는 서비스의 모든 일정의 관리 및 조정
  * 유통계획 : 일정관리, 운송계획, 수요계획과 통합된 물류 운영계획 수립
  * 운송계획 : 생산에서 소비까지 상품서비스의 효율성 강화 위한 자원배분.

**〈표 10-7〉 SCM & SCE의 비교**

| 구분 | SCP(Supply Chain Planning) | SCE(Supply Chain Execution) |
|---|---|---|
| | * 수요계획(Demand Planning) | * ASN(Advanced Shipment Notice) |
| | * 재고계획(Inventory Planning) | * 주문처리(Order Management) |
| | * 재고보충계획(Replenishment Planning) | * 창고관리시스템(Warehouse Management |
| | * 생산계획(Manufacturing) | System) |
| | * 스케줄링(Scheduling) | * 수송관리(Transportation system) |

- 공급체인망 실행(SCE : Supply Chain Execution)
  - 공급체인관리에서 보다 정확하고 빠르게 구현, 비용절감과 성장기회를 창출함.
  - 물류흐름에서 실행소프트웨어들로 구성되어 주문 처리나 물류관리 등에 이용.
    * 주문관리 : 주문이행, 주문 확인, 주문처리
    * 생산관리 : 제품 및 서비스의 생산과정에 대한 전체적인 관리
    * 유통관리 : 완성상품 또는 서비스가 최소비용, 최단거리 고객전달 관리
    * 역물류관리 : 제품하자 및 제품보상판매 경우의 상품서비스관리

⑤ 벤더 재고관리(VMI : Vendor Management Inventory)

- 제조업체(배송센터)가 상품보충시스템 관리하면 상품보충시스템이 실행된다.
  - POS판매·재고데이터정보가 유통업체에서 제조업체로 직접 전송되는 체계임.
- 유통업체가 제조업체에 판매, 재고정보를 제공하면 점포는 발주업무 생략됨.
- 제조업체는 VMI를 통해 데이터분석, 소비자 수요예측과 반응을 신속히 파악.
  - 상품의 적정 납품수량을 EDI를 통하여 실시간으로 결정하여 통보한다.
  - 품절이 도입이전에 비해 낮아진다.

⑥ 자동발주시스템(CAO : Computer Assisted Odering)

- POS정보와 외부요인, 기타 정보 등을 컴퓨터로 통합분석 주문서작성시스템.
  - 상품흐름정보와 계절요인, 소비자 수요정보, 상품정보를 컴퓨터로 통합 분석.
  - EDI를 통해 물류센터로 전송되고 즉각적으로 재고보충이 이뤄지게 된다.

- 시스템의 성공을 위해서는 실제 상품판매량과 보충물량차이의 조정이 중요.
- 적은 비용으로 한정공간에서 판매효과 상승, 판촉활동이 제품수요 즉각 대응.
  - 고객에 대한 반응과 효율적 상품보충 측면에서 잠재적 개선이 가능하다.
  - POS데이터와 상품보충 과정을 연계, POS데이터근거로 점포에서 주문을 한다.
  - 업무 처리과정을 통해 물류의 동기화 및 수요관리의 통합화가 가능해 진다.

⑦ 지속적 재고보충(CRP : Continuous Replenishment Planning)

- 상품의 소비자수요에 기초, 유통소매점에 Pull방식에 의한 상품보충방법이다.
  - 공급체인망에서 상품이 공급되는 것은 모든 지점에 적용될 수 있는 개념이다.
- 공급업자와 소매업자의 정보공유로서 상품의 흐름을 통제하고 관리하는 것임.
  - 재고량, 유통채널 잔존 주문량, 예측 판매량, 재고 수준 등
- 재고량과 재고시간을 단축, 공급자와 소매업자사이의 긴밀한 협조체계 가능.
- CRP 구현비즈니스 프로세스는 VMI와 CMI 두 가지 종류가 있다.
  - 공급자 재고관리(VMI : Vender Managed Inventory)
    * <u>제조업체중심 데이터분석으로 수요예측, 적정 상품납품수량 결정지원시스템.</u>
    * 공급자가 상품발주를 확정한 이후, 바로 유통업체로 배송되는 방식이다.
  - 공동재고관리(CMI : Co-Managed Inventory)
    * <u>제조업체와 유통업체 상호간 제품정보를 공유하고 공동의 재고관리시스템.</u>
    * 공급자가 발주확정 이전, 발주권고를 유통업체와 상호 합의로 발주확정 처리

⑧ 상호공동수요예측공급관리(CPFR)[18]

- 소매업체와 공급업체를 연결, 생산계획과 수요예측, 보충발주 등 협업시스템.
  - 기업이 거래처와 상호협업으로 상품 계획과 예측을 하고 상품을 보충하는 것.
  - 공급체인흐름 최적화로 수익증대, 운영비용 감소, 주기감소 등이 가능하다.
  - 생산에서 고객전달까지 통합계획, 실행시스템, 수송·창고관리능력 향상 전제.
  - 상호 협업과정의 갈등과 문제발생은 조정프로그램으로 원인규명과 시정한다.
- B2B 관계망모델로 ECR과 VMI의 장점들을 혼합한 개념이다.
  - POS정보와 소비자(시장)정보가 제조업체 생산관리일정에 신속히 반영한다.
  - 제조·유통업체들 간의 B2B 관계에서 좀더 '2(to)'에 중점 두고 있다.
  - 서로 협의된 물리적 예측 데이터 및 POS 데이터 들을 실시간 교환한다.

18) Collaborative Planning, Forecasting, Replenishment

- 서로의 예측 데이터를 비교함으로써 공동 목표실행을 가능하게 한다.
- 공급체인망에서 제조·유통업체들과 원윈 관계로 보다 효율적 대응방법론임.

⑨ 전사적 자원관리(ERP : enterprise resource planning)

• 새로운 정보생성 및 빠른 의사결정을 지원하는 전사적 통합정보시스템이다.
- 기업 전 부문에서 독립 운영되던 인사·재무·생산관리시스템 등을 하나로 통합.
- 업무의 연계, 통합관리, 인적·물적 자원의 활용 극대화를 위한 경영혁신기법.
- 구축기업은 부서데이터를 입력하면 전 부서업무에 반영되어 즉시 처리된다.

• ERP 패키지"는 ERP 실현에 필요한 소프트웨어기능을 구비한 통합 솔루션임.
- 1980년대초 자재소요계획[19]과 1980년대 후반 MRPⅡ보다 기능이 크게 향상.
- 기업의 모든 조직 간의 상호정보통합을 위한 전사적 개념으로 전개되고 있다.
- 제반 S/W기능들이 개발·보급되면서 각자 실정에 맞는 S/W를 적용하고 있다.

### (6) SCM의 추진방법(A.T.Kearney[20] 4단계 방법론).

① 기업의 Supply-Chain 경쟁력을 평가한다.

• SC평가팀을 구성하고, 이 팀이 주축이 되어 기업의 목표 수준들과 현재의 공급사슬의 능력과 성능을 비교 분석하는 것이다.

• 이 단계에서 경쟁력을 보강할 수 있는 SC상의 보완점과 어떤 부분의 비효율성이 경쟁에 대해 취약한가 등을 판별한다.

② 공급사슬의 미래 Vision과 목표 상태를 설정한다.

• 핵심 고객과 공급업체들을 포함한 'visioneering' 세션을 통하여 globalization, channel, Shifts, 새로운 기술 등이 어떻게 원하는 공급사슬의 형태에 영향을 미칠 것인가를 고려하여 다음과 같은 질문들이 고려된다.

• 어떤 SC factors와 수준이 고객의 구매 결정에 영향을 미치는가?

• 무엇이 성공적인 SC를 좌우하는가?

③ 현재의 SC와 미래의 SC 사이의 갭을 없애기 위한 Action들을 도출한다.

• 원하는 SC를 구축하기에 요구되는 각종 활동 및 작업들을 도출하다.

• 경영진과의 긴밀한 작업으로 현재의 조직이 변화를 수용할 준비가 되어 있는가도 판단하여야 한다

19) (MRP: material requirement planning)기업의 생산관리 부문에서 원활한 자재관리 및 구매활동을 위해서 제안

20) **A.T. Kearney A.T. Kearney**는 컨설팅 능력과 전 세계적인 네트워킹을 통해 전략 수립에서 기업 운영 개선 및 정보기술 등 비즈니스의 전 분야에 걸쳐 고객에게 최상의 부가가치를 제공하고 있는 세계적인 경영 컨설팅 기업이다.

④ Action 들의 우선 순위를 결정하고 필요한 자원을 투입한다.

- 기업의 일치된 SC 전략에 대한 지원과 그 전략을 달성하기 위한 확고한 계획이 도출되어야 한다.
- 이후의 SCM 추진과정은 각 부문별 Project team 에 의해서 추진될 것이다.
- 일반적으로 다음과 같은 분야별 project가 수행된다.
  - 장기적으로 ㅣ업의 경쟁력을 최대화하기 위한 공급사슬의 설계
  - 제품, 정보, 자금의 내부 및 외부와의 흐름을 슬림화하기 위한 SC의 re-engineering
  - 각 부문별 운영 조직에서의 품질과 생산성 향상을 통하여 SC의 기능별 기초를 단단히 하기 위한 작업들 등이 그것이다.

## 2 SCM 전략체계

### 1) 공급사슬관리의 주요이슈

#### (1) 채찍효과(Bullwhip Effect)

① 개요

- 하류의 고객주문 정보가 상류로 전달되면서 정보가 왜곡되고 확대되는 현상.
  - 공급체인사슬에서 공급자로 갈수록 상류이고 고객 쪽으로 가면 하류라고 한다.
  - 시장판매가격 결정과정에서 수요·공급의 잘못예측, 제반 오류와 위기발생현상
- 소비자수요변화의 크기는 공급사슬의 상류로 갈수록 파장이 커지는 현상이다.
  - 공급사슬의 정보흐름이 상류로 갈수록 채찍의 형태와 같이 발생한다는 것이다.
  - 수요변화 크기는 소매점, 유통업체, 제조업체, 공급업체 순으로 파장이 커진다.
- 채찍효과와 공급사슬관리 어려움은 공급사슬의 효율적 설계와 운영을 통하여 공급사슬상에서 발생될 수 있는 제반 불확실성을 제거 또는 최소화 하는 것이다.
- 미국 스텐포드대학의 하우 리(Hau Lee)교수가 P&G사와 공동연구로 발표
  - 지저귀의 최종수요는 시간흐름에 따라 큰 변함없이 일정하게 유지될 것
  - 실제로 주문량은 시간흐름에 따라 변동되는 폭이 크고 공급사로의 주문량의 변동되는 폭도 더욱 컸다.
  - 최종소비자의 수요가 따라 변동되는 폭이 큰 제품일수록 더욱 더 가속화되는 현상을 나타냈다.

② 특징

- SCM의 효율적 설계와 운영은 공급사슬의 불확실성을 최소화 하는 것이다.
  - 불확실성이 축소되면 재고수준의 감소, 조달시간의 단축 및 예측가능성 증대, 시장변화에 대한 신속한 대응 등 전체적으로 효율적인 운영이 가능해진다.
- 공급체인 상의 하류에서 상류로 정보가 전달되는 과정에서 정보의 왜곡현상은 공급체인망을 거슬러 올라갈수록 그 변동의 폭이 커지게 된다.
  - 수요의 불확실성으로 인하여 소매업자는 재고확보를 위해 판매치보다 훨씬 많은 수량이 생산자에 의해 생산되는 수요의 증폭현상이 발생하게 된다.

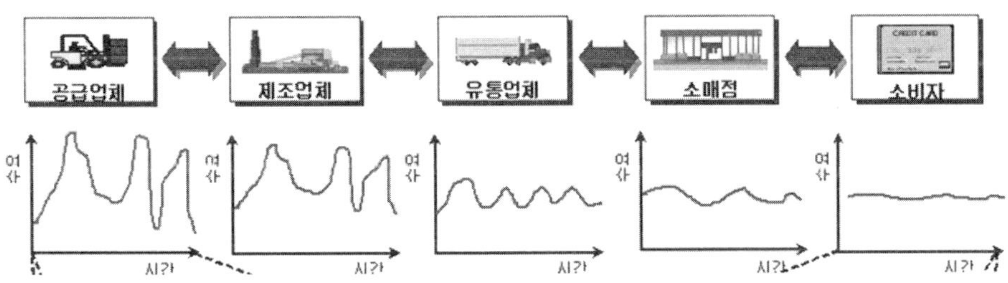


[그림 10-7] 채찍 효과(Bullwhip Effect)

- 각각의 유통단계별 주체가 독립적으로 수요를 예측한다.
- 유통단계별 공급사슬상에서 수요의 불확실이 증가한다.

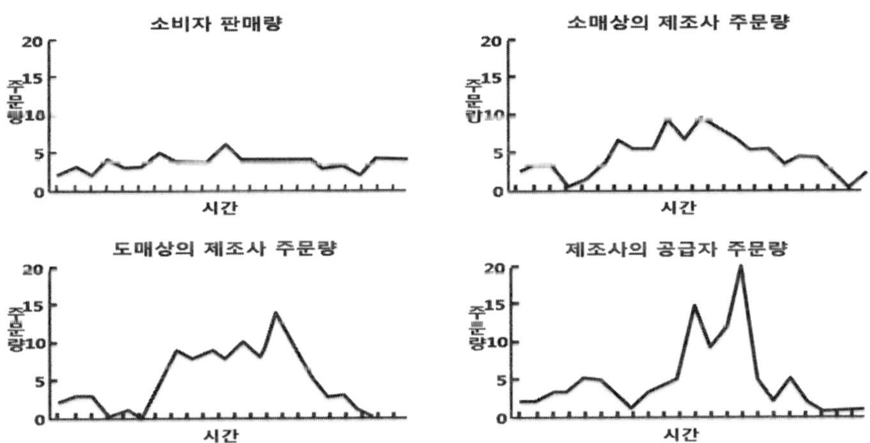


③ 채찍효과의 발생원인

- 다중수요예측(Multiple Demand forecast) : 각각의 주체가 독립적으로 수요예측(수요기업 주문량)

• 일괄주문(Order batching) : 주문이 일정기간(일정량)이후 한 번에 처리
• 가격변동(Price fluctuation) : 프로모션 등의 가격 정책의 영향
• 할당 및 공급부족[21] : 수요불확실성으로 실제 양보다 많은 수량을 주문

④ 발생 결과
• 공급사슬 참여 주체 모두에게 과다 재고 발생
• 수요 예측의 정확도 감소
• 불충분하거나 과도한 생산능력 유지
• 고객 서비스 수준의 감소
• 잔업, 긴급배송 등에 의한 비용 증가
• 리드타임의 증가

⑤ 채찍효과의 대응방안
• 다중 수요 예측(Multiple Demand forecast)
  - 최종 고객 수요정보의 공유
  - 상류 참여자의 하류 참여자 재고 제어능력 강화
  - 중간 참여자의 배제와 삭제
  - 리드타임 감소(단축) 등의 운영 효율화
• 일괄주문시스템(Order batching) → 주문 소량화(주문의 빈번화)
  - 주문시스템 자동화 등을 통한 주문비용 감소
  - 아웃소싱 물류(혼합물류와 3자 물류 등) 활용
  - 주기적 배송 등 배송 스케쥴의 합리화
• Price fluctuation : 상시저가판매(Everyday Low Price) 등
  - 판촉 세일 등과 같은 가격 변동 마케팅의 최소화 (EDLP)
• Rationing and shortage gaming
  - 공급능력 및 재고에 대한 정보 공유
  - 주문량이 아닌 과거 판매기록과 시장 점유율에 근거한 제품할당
  - 주문량 변경에 대한 계약조항의 강화를 통한 거품 주문 감소
• 채찍효과를 예방하기 위한 방법
  - 정보의 공유, 일괄처리, 가격정책의 안정화, 판매예측에 의한 공급 대비
  - 철저한 데이터 분석과 냉정한 시각에서 수요예측과 반대의견 경청
• 채찍효과의 불확실성을 축소한 결과
  - 재고수준의 감소, 서비스라벨의 상승, 효율적인 지원할당, 운송비감소

21) (Rationing and shortage gaming)

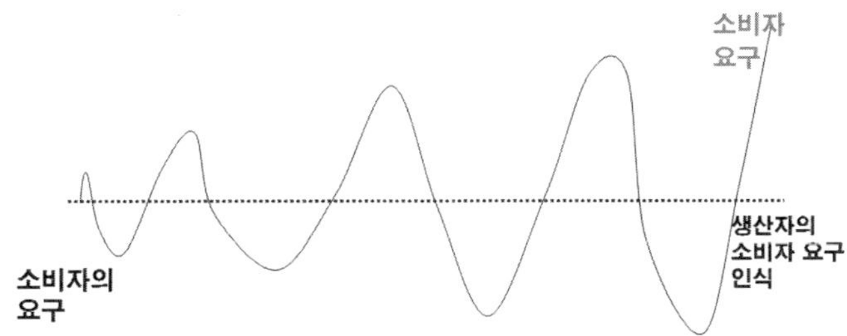


[그림 10-8] 채찍효과(Bullwhip Effect)의 특징

## (2) pull-push전략

① 개요

- 고객은 광고중심의 풀 시스템(pull system)에서 상품을 주문하고 상품은 유통채널 중심의 인적판매 촉진활동에서 푸시(push)된다.
- 고객 주문의 충족 방법에 따른 업무 프로세스 분류
  - Pull Process : 고객 주문에 의해 시작되는 Process
  - Push Process : 고객 주문 예측에 의해서 시작되는 Process

② Pull Process에 의한 업무 수행 과정

- Order Arrival
  - 물류센터(Distributor)에서 발생한 소요량을 공급자에게 주문하는 과정.
- Production Scheduling
  - 제품의 공정별 작업순서 및 작업우선순위 등의 계획을 수립하는 과정.
  - 주어진 목적을 극대화하기 위한 실행 가능한 계획을 신속하게 수립해야 함.
- Ordor Fulfillment

  생산오더를 충족시키기 위한 제품을 할당, 고객에게 납기를 제공하는 과정.
  - 고객이 원하는 제품 및 정확한 납기의 제공이 중요함
- Receiving
  - 센터가 주문한 제품을 공급받고 재고정보를 갱신, 관련 비용처리 수행과정.
  - 재고·비용 등 관련 정보의 빠른 갱신이 필요.

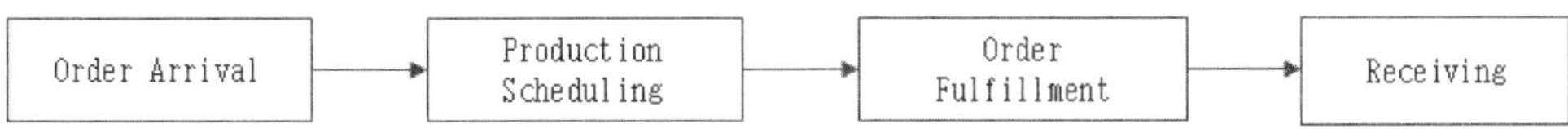


[그림 10-9] Pull Process에 의한 업무 수행 과정

③ Push Process에 의한 업무 수행 과정

• Demand Forecast
  - 공급자가 향후 발생한 수요를 미리 예측하는 Process
  - 제품별, 지역별(고객별), 시간별 수요 예측이 필요

• Production Planning
  - 예측된 수요를 만족시키기 위한 공급계획을 수립하는 Process
  - 생산계획, 인력계획, 운송계획, 구매계획 등 다양한 부문을 고려해야 함.

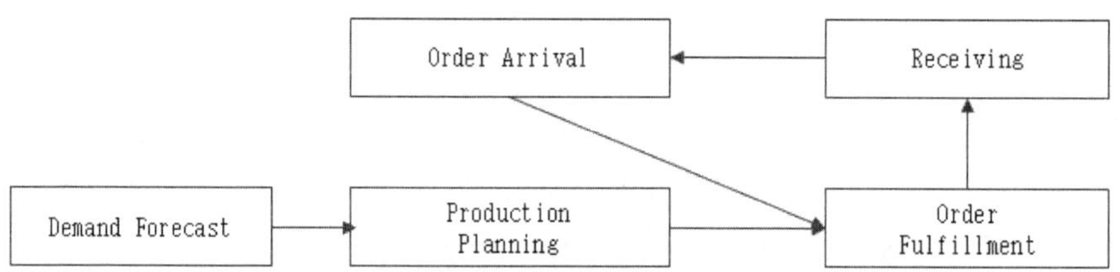


**[그림 10-10] Push Process에 의한 업무 수행 과정**

④ Pull Process VS Push Process

• Pull Process의 장점
  - 시장 정보의 파악이 빠르고 정확함.
  - 재고비용이 낮음.
  - 제품의 다양성 증가.

• Push Process의 장점
  - 납기가 빠름.
  - 물류비용이 낮음.
  - 대량 생산에 의한 비용 절감.

⑤ Push Supply Chain

• 장기적 예측에 근거하여 생산 및 유통 전략이 수립되는 Supply Chain.
• 시장 변화에 대응하는 속도가 느림.
• 비용 최소화를 목적으로 함.
• 대규모 안전재고를 필요로 함.
• 규모의 경제를 구현하기 쉬움.

⑥ Pull Supply Chain

• 실제 발생한 고객수요에 근거, 생산 및 유통전략 수립되는 Supply Chain
• 시장 변화에 대한 대응속도가 빠르다.
• 서비스 수준의 극대화를 목적으로 함.

- 대규모 안전재고를 필요로 하지 않음.
- 주문 정보, 원자재 공급 정보 등을 빠르게 공유할 수 있는 시스템이 필요함.
- 주문 충족까지의 리드타임이 증가함.

⑦ Push-Pull Supply Chain

- 초기 활동은 Push Process로 운영되는 반면, 후속 활동은 Pull Process로 운영되는 Supply Chain.
- Push/Pull Boundary : Push Process와 Pull Process가 만나는 지점.

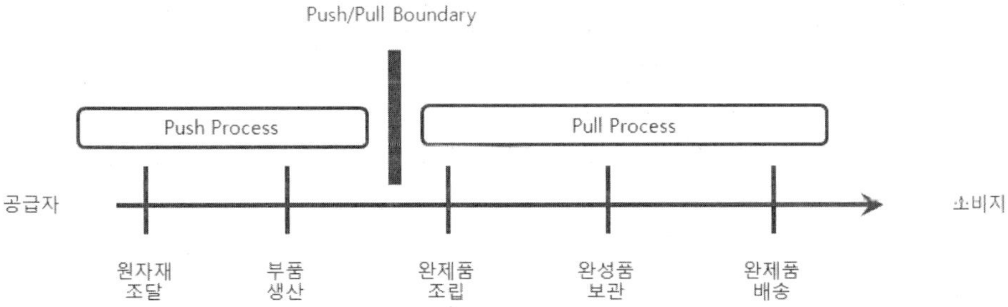


출처 : 용인송담대학 유통학과 강의 자료집

[그림 10-11] Push-Pull Supply Chain

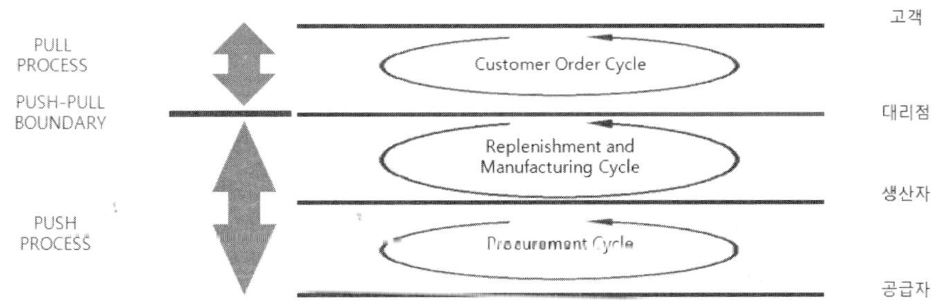


출처 : 용인송담대학 유통학과 강의 자료집)

[그림 10-12] Push-Pull Supply Chain – EC

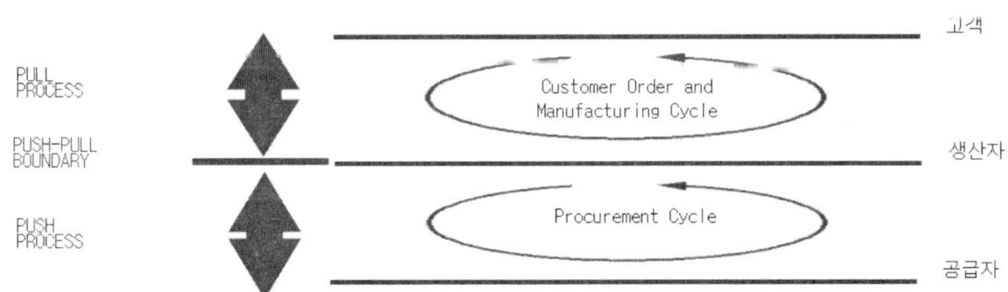


출처 : 용인송담대학 유통학과 강의 자료집

[그림 10-13] Push-Pull Supply Chain – ELL

⑧ Push-Pull Supply Chain의 분류

- MTS : Make To Stock
- ATO : Assemble To Order
- CTO : Configure To Order
- MTO : Make To Order
- ETO : Engineer To Order

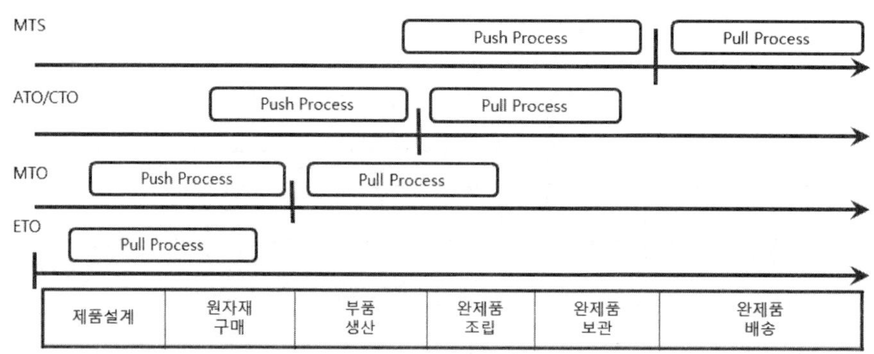


출처 : 용인송담대학 유통학과 강의 자료집

**[그림 10-14] Push-Pull Supply Chain의 분류**

### (3) Risk Pooling

① 개념

- 시스템 내에 분포되어 있는 불확실성을 하나로 모음으로써 시스템 전체의 불확실성에 효율적으로 대처하는 것
- 통합에 따른 불확실성 감소가 발생함.
- Risk Pooling의 효과는 통합 대상의 성격에 차이가 날 수 있음.
- 통합 대상이 양의 상관관계를 보일 경우, 효과가 낮음.
- 통합 대상이 음의 상관관계를 보일 경우, 효과가 높음.

② 수요예측에서의 Risk Pooling

- 수요예측 시 제품 구성단계의 최고 하단에서 수행하지 않고 중간단계에서 수행함.
- 수요 예측의 정확도 향상

③ 판매/마케팅에서의 Risk Pooling

- CM(Category Management)
- 소비자 욕구를 충족시키기 위해 상호 대체할 수 있다고 뚜렷이 확인되는 상품 및 서비스를 한 그룹으로 묶어 관리함

④ 물류관리에서의 Risk Pooling

- 공급사슬 상에서 각 지역별 전담 물류센터를 지역구분 없이 여러 물류센터가 공동 담당하는 형태로 구현될 수 있음.
- 지역별 수요 과부족이 서로 상쇄되는 효과가 발생함.
- 재고를 중앙 집중화하여 관리할 경우, 분산화 된 경우보다 안전재고와 평균재고가 감소함.
- Risk Pooling은 재고정보 및 의사결정의 통합을 의미하며 실제 재고는 분산 저장 가능함.

⑤ 위치통합 (Location Pooling)

- 지리적으로 분리되어 운영되는 재고를 하나의 장소에서 통합하여 보관하고 관리함으로써 지역별 수요의 변동성을 감소시킴.
- 가상통합(Virtual Pooling)

⑥ 제품통합 (Product Pooling)

- 범용 디자인을 통해 세부사양이 다른 제품들을 통합.
- 제품 종류의 감소에 따른 불확실성이 감소함.
- 제품 기능의 단순화 및 비용 증가 가능성.

⑦ 리드타임통합 (Lead Time Pooling)

- 공급자로부터 고객으로의 직접 배송을 고객의 위치에 가깝게 위치한 물류센터를 통한 배송으로 전환함으로써 리드타임의 감소를 유도함.

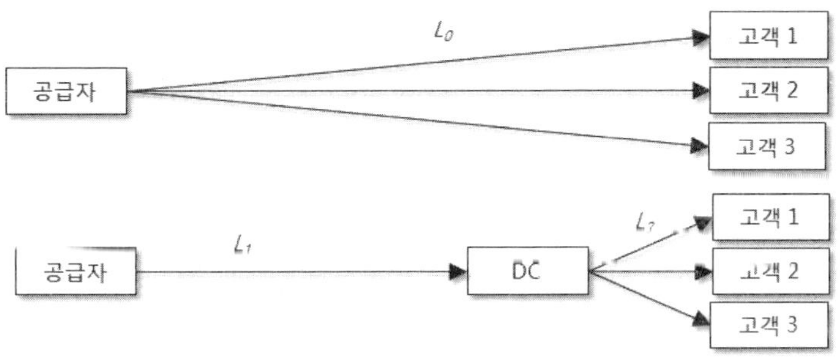


출처 : 용인송담대학 유통학과 강의 자료집

⑧ 생산능력통합 (Capacity Pooling)

- 특정 고객, 제품, 기능 등에 할당되어 있는 설비를 다른 고객, 제품, 기능에 사용될 수 있도록 전환하여 설비의 활용성을 높이고, 필요한 생산능력을 충족시킴.

### (4) 지연 전략(Postponement Strategy)

① 개요

- 공급 사슬 상에서 제품의 차별화가 발생하는 시점을 최대한 지연시키는 (소비자 쪽으로 이동시키는) 전략.
- 차별화 이전지점에서는 Risk Pooling 효과를 가질 수 있음.22)

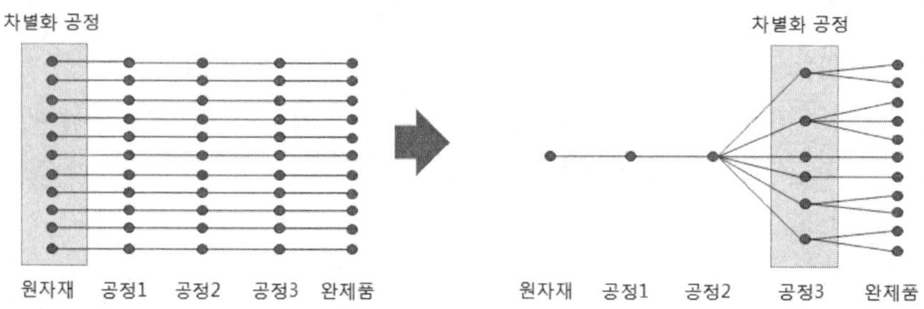


출처 : 용인송담대학 유통학과 강의 자료집

② 형태/기능지연(Form/Function Postponement)

- 제품차별화를 가져오는 공정 또는 기능을 재설계, 차별화 시점을 지연함.
- 차별화 부품의 표준화, 부품의 모듈화 등
- DELL, HP 프린터 등

③ 시간/순서지연(Time/Sequence Postponement)

- 공정작업순서를 변경하여 제품차별화를 가져오는 공정을 후속공정으로 배치.
- Benetton

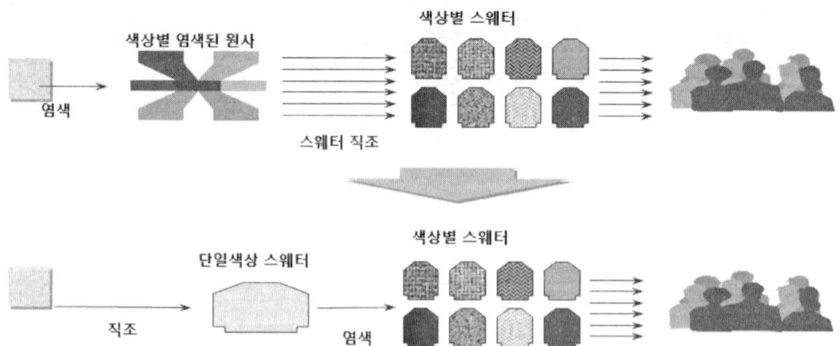


출처 : 용인송담대학 유통학과 강의 자료집

22) (Aggregated Forecast를 사용함.)

④ 위치지연(Place Postponement)
- 제품의 차별화를 가져오는 공정을 물리적으로 다른 장소에서 실시함으로써 제품의 차별화를 지연시킴.
- HP Printer의 localization.

⑤ 지연 전략이 효과적인 상황
- 고도의 제품 다양성으로 인한 고도의 불확실성
- 차별화가 용이한 제품 구조
- 차별화 특징의 수가 작음
- 모듈화 제품 설계가 가능
- 공정의 분리 가능성
- 핵심공통부품이 높은 가격/가치, 차별화용 부품이 낮은 가격/가치

## 2) SCM의 변화

### (1) 개요

① 2011 CSCO(Checf Supply Chain Officer) Report의 주요 이슈[23)]
- 가치창출과 비용절감 : SCM 개선노력이 비용의 절감에 국한되는 기업은 궁극적으로 경쟁에서 뒤쳐질 수밖에 없다.
- 글로벌화와 신흥경제 : 공급사슬의 글로벌화가 이제는 개발도상국과 신흥경제국가에서도 확산되고 있는데, 이러한 현상은 단순히 저임금저비용구조를 영위하기 위해서가 결코 아니다.
- 지속가능성과 동반성장 : 고객관계관리(CRM)와 새로운 시업기회의 발굴은 궁극직으로 모든 지속가능성 향상 노력이 가장 중요한 목적이자 초석이다.
- 역량관리 및 개발 : 현재 SCM과 관련한 역량개발의 가장 큰 문제점은 전체 비즈니스를 포괄하는 전략적 역량보다는 부분적인 SCM 기술역량의 개발에 초점을 맞추고 있는 것이다.

② 모바일과 위치추적 기술의 발달로 물류정보의 실시간 처리로 변화.
- 모니터링이 되는 주문정보나 제고정보의 분석차이의 근본적인 해소.
  - 기업보유 자원들과 사업파트너들의 자원과 시스템이 네트워크로 연결.
  - 다양하면서도 고객지향적인 주문이행이 되는 고객가치체계의 환경 조성.
- 중앙물류에서 통제하는 통합 허브중심의 공급체인 어플리케이션의 조정.
  - 인터넷과 부가가치통신망(VAN)을 통한 공급채널과 3PL들과 온라인구조.
  - 사업체계를 초단기적인 제품수명에 맞추어 수정이 가능한 동태적 기술개발.

23) 전 세계 750여명의 임원급 SCM관리자를 대상으로 SCM World에서 발표

③ SCM은 고객 관점의 수요사슬(Demand Chain) 이해

- 기업내부와 기업 간에 온·오프라인으로 통합된 e-SCM에서 u-SCM으로 변화.
  - u-SCM이란 유비쿼터스 컴퓨팅을 SCM에 적용한 RFID체계로 전체자원 관리.
  - 실시간으로 상황파악으로 정보 제공하고 해당 상황정보를 분석과 최적화조치.
- u-SCM을 구현하면 다양한 센서네트워크로 기업자원흐름과 제품관리 쉬워진다.
- 가치사슬의 후방부분, 즉 고객 관점의 수요사슬24)을 이해해야 한다.
  - 수요사슬에서 시작된 가치사슬의 개선은 기업에게 가치제안의 변화를 요구.
  - 생산과 운영활동까지도 고객니즈가 효과적으로 실현되는 최적 구조로 설계.
  - 맥도날드는 매장, 메뉴, 서비스 등 고객접점과 가치표준화로 높은 효율달성.
  - 맥도날드는 '맥도날드는 카페'라는 새로운 가치제안으로 전면적 변신을 시도.

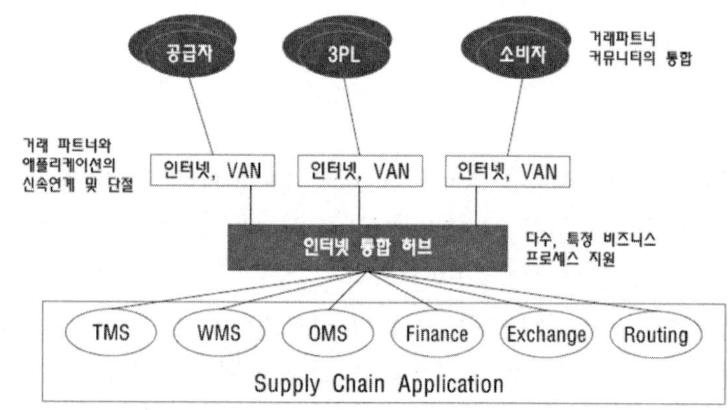


자료 : www.ascet.com, Internet Fulfillment:The Next Supply Chain Frontier, 2000 참조

**[그림 10-15] 네트워크형 e-fulfillment 물류처리정보시스템의 구조**

④ SCM의 정확한 수요예측으로 고객을 리드하는 능동적인 수요관리가 중요하다.

- 수요관리란 재고수준과 수요예측에서 마케팅과 판촉 등 다양한 요인을 반영.
- 부정확한 수요예측에서 주도적으로 고객 대응력과 생산성 모두를 향상시킨다.
- 수요예측이 아닌 수요관리로 가치사슬의 효율성과 고객만족을 동시 만족.

⑤ 솔루션을 제공할 수 있는 가치망(Value Network)관점으로 파트너들의 참여.

- 전략적 연계 : 경영, 사업, IT 연계 통한 최적화된 의사결정 제시
- 성과측정 : IT-경영성과 연계, 무형 자산가치 포함한 ROI 측정
- 자원관리 : IT 자원의 최적활용 지원·통제·관리
- 위험관리 : 시장, 사업 신용 등의 위험 식별, 감소, 전가, 수용

24) 수요사슬은 시장이 공급자에게 수요를 전달하는 과정을 말하며, 단순히 '얼마나 구매할 것인가'의 수량적인 개념에서 '무엇을', '어떻게'의 제반 정보까지 이해해야 한다.

• 가치전달 : IT-Biz 전략연계, 프로세스 최적화, 가치극대화

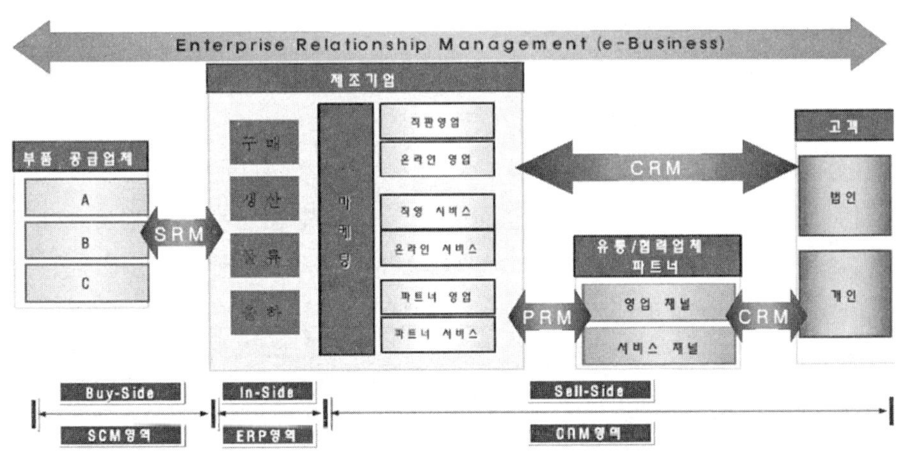


주 : PRM : Partner Relationship Management(파트너 관계 관리)
SRM : Supplier Relationship Mangement(공급자 관계 관리)

**[그림 10-16] 고객기반 물류전략 수행을 위한 정보시스템의 연동관계**

### (2) SCM기술의 발전단계

① Integrated Supply Chain 단계

- ERP구축으로 Supply Chain의 시간효율이 성취되고, 공급체인망 전반을 조망하는 통합전략 수립 및 나아가 협력 업체들과의 전략적 공조가 이루어진다.
  - 협력·외주업체 및 국내·외 파트너업체간의 물류중심 공급체인망통합제안 대두
- 전사적 자원관리시스템(ERP)의 도입
  - 사업과정 재설계 : 기업내부과정 통합 및 재조정과 역할과 책임 재분배 발생

② Adaptive Supply Chain 단계

- SCM 모델링단계로 Value-Web상에서 실시간으로 수집되는 수요예측정보 및 소비자행동정보의 효과적인 분석으로 더 나은 고객만족실현을 위해 기업의 내·외부간 연계되고 통합된 공급체인사슬의 과정을 지속적으로 훈련하고 관리한다.

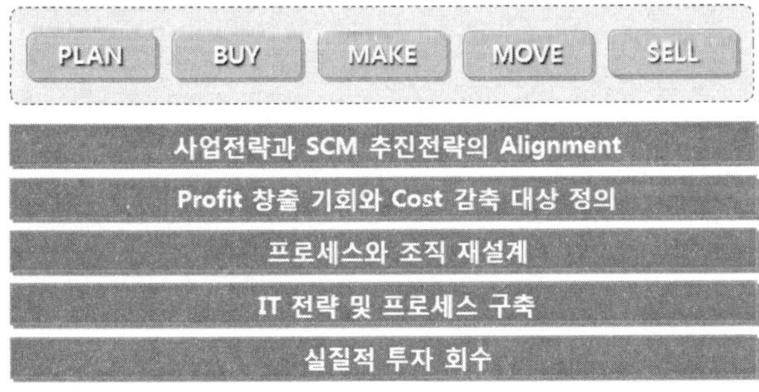

③ 특징

- 공급체인망에서 지역네트워크와 유통네트워크 간의 구분이 사라지고 시장변화와 소비자요구에 유기적으로 대응한다.
- 가치 체인(Value Chain)을 Value-web 개념으로 재인식하여 재정비하기 위한 업체 간의 업무유대와 정보교환체계가 필요하다.
- 지식관리와 제품서비스중심에서 소비자가치의 창조개발이 성공의 관건이다.
- 업무처리, 물류회전 등 공급체인사슬전반에 걸쳐 회전기간을 단축한다.
- 무한경쟁의 실현 : 시장경계와 고객한계가 없어지고 배타적 경쟁개념 상실.

## (3) SCM의 영역

① 공급망실행(SCE:Supply Chain Execution)

- SCM구성 중 그 제품이 소비자까지 도달하기까지의 과정에서 발생하는 발주관리, 견적서 관리, 발주 등 물류 흐름을 관리하고 창고를 관리하는 통합과정이다.
- 공급체인망에서 주문과 물류관리에 따른 SCM을 보다 빠르고 정확하게 실행하기 위해서 SCP결과로 큰 성장기회를 창출하기위한 실행소프트웨어들로 구성된다.
  - 입고예정정보(ASN)나 Cross Docking System을 지원하는 주문처리시스템(AOM), 창고관리시스템(WMS), 차량관리시스템(TMS) 등이 있다.
- ERP를 구축한 기업은 기업성과를 높이는 도구인 SCP를 구현하기 위해서는 입고 → 출고 → 재고관리 → 포장 → 수송·배송 → 컨설팅기능이 통합되는 SCE가 있어야 한다.
  - 주문관리 : 주문이행, 주문 확인, 주문처리
  - 생산관리 : 제품 및 서비스의 생산과정에 대한 전체적인 관리
  - 유통관리 : 완성상품 또는 서비스가 최소비용, 최단거리 고객전달 관리
  - 물류관리 : 제품하자 및 제품보상판매 경우의 상품서비스관리 역물류관리

〈표 10-8〉 SCM & SCE의 비교

| SCP(Supply Chain Planning) | SCE(Supply Chain Execution) |
|---|---|
| 수요계획(Demand Planning) | ASN(Advanced Shipment Notice) |
| 재고계획(Inventory Planning) | 주문처리(Oreder Management) |
| 재고보충계획(Replenishment Planning) | 창고관리시스템(Warehouse Management) |
| 생산계획(Manufacturing) | |
| 스케줄링(Scheduling) | 수송관리(Transportation system) |

② 공급체인망 계획(SCP : Supply Chain Planning)

- 공급체인망에 대한 의사결정과 계획입안 업무를 지원하는 소프트웨어로써, SCM에서 수요자의 Needs를 분석하고 예측하여 생산계획과 일정계획을 수립.
- APS(Advanced Planning and Scheduling)로 불리는 다양한 소프트웨어들이
- 생산능력과 자재조달, 영업계획을 정보교환체계 지원하는 사슬계획 솔루션.
  - 수요계획 : 예측기법을 이용한 제품 또는 서비스의 수요분석 계획 수립
  - 제조계획 : 제조관련 고객 상품 또는 서비스의 모든 일정의 관리 및 조정
  - 유통계획 : 일정관리, 운송계획, 수요계획과 통합된 물류 운영계획 수립
  - 운송계획 : 생산에서 소비까지 상품서비스의 효율성 강화 위한 자원배분.

〈표 10-9〉 SCP와 SCE의 주요 내용

| SCP(Supply Chain Planning) | SCE(Supply Chain Execution) |
|---|---|
| • 수요계획(Demand Plasnning) | • ASN(Advanced Shipment Notice) |
| • 재고계획(Inventory Planning) | • 주문처리(Order Management) |
| • 재고보충 계획(Replenishment Planning) | • 창고관리 시스템<br>(Warehouse Management System) |
| • 생산계획(Manufacturing) | |
| • 스케줄링(Scheduling) | • 수송관리(Transportation System) |

③ SCM의 TO-BE Process

- SCM은 SCP영역, SCE영역, SCR영역으로 구분되며, 명확한 TO-BE를 도출
- 기업에서 도출하는 방법은 SCOR[25]모델이다.
- SCOR 모델은 계획, 조달, 제조, 배송, 회수 등을 통합 프로세스 진단분석.
  - SCOR 모델은 총괄 수요와 공급의 균형관점에서 프로세스 최적화 도출.
  - SCM 운영수준을 높이는 실행 측면의 진단 툴로는 매우 훌륭하다.
  - 전략 재정비, 인프라, 인재육성 등에 대해 그 기능이 다소 부족하다.

25) (Supply Chain Operations Reference)

④ SCM 자원운영 계획에 의한 생산계획 수립

- 기업 생산계획은 시장 또는 고객 관점과 손익의 관점에서 고려되어야 한다.
  - 부품조달, 생산, 유통과정에서 재고 최소화, 차별적인 서비스 제공, 다양한 고객 니즈 수용, 신속한 제품생산, 시장정보관리 등 다양한 대책이 필요하다.
- 수요기획 : 수요예측과정을 거쳐 향후 제품 및 서비스 수요물량 계획수립과정
  - 고객 수요의 정확한 예측은 수요의 불확실성으로 인해서 위험과 비용 발생.
  - 고객의 수요를 정확하게 예측하여 고객서비스를 개선하여 가치만족을 제공.

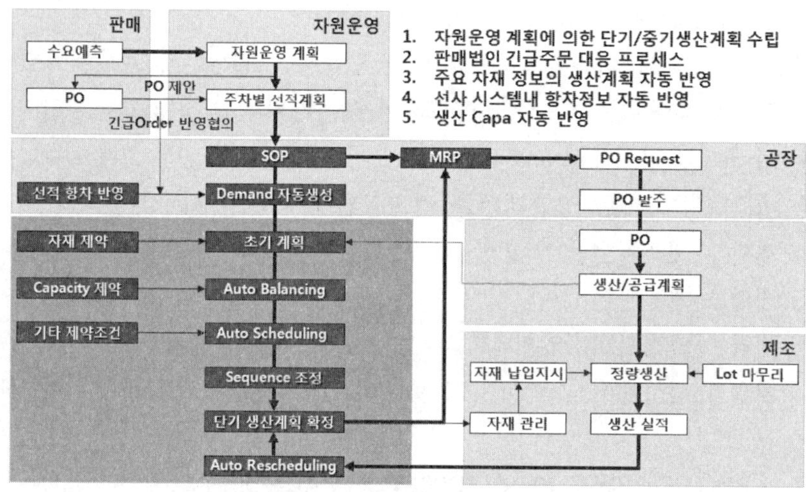


[그림 10-17] 생산계획 TO-BE Process

- 제조계획 및 작업일정 : 기업 제조능력을 감안, 제조주문량 작업계획 수립.
  - MRP(자재소요량계획)과 CRP(제조수용능력수요계획) 연계하여 최상 계획실행.
- 제품수명주기관리(PLM) 및 생산관리시스템(MES) 등 개발·생산시스템 연계.
  - 모든 생산자재와 제품재고를 관리해 실물재고와 시스템상 재고수치 일치작업.
  - 글로벌 물류시스템과 연계해 벤더중심재고(VMI)관리로 무재고 모니터링체계.
- 공급계획 : 유효한 제품 재고량과 운송능력에 따른 공급계획을 세우는 과정.
  - 배송센터 또는 물류창고의 재고보충여부를 결정하는 물류수요계획 포함한다.
- 제품 생산에 관련된 다수의 아웃소싱전문 업체들은 가상기업의 씨앗이 된다.
- 운송계획 : 고객니즈 상황을 감안한 최적의 운송스케줄수립과 선적·배송 진행.
  - 공급체인망의 각 거점별 운송량에 대해 각 수단을 가지고 운송계획을 수립.
  - 운송계획은 배송일자와 운송수단의 특성을 고려하고 비용 최소화 계획 수립.
  - 공급체인망 각 단계(공급자 → 공장, 공장 → 물류센터 등)와 전체 운송계획 수립.
  - 운송 유형별 운송수단의 계획을 수립한다.

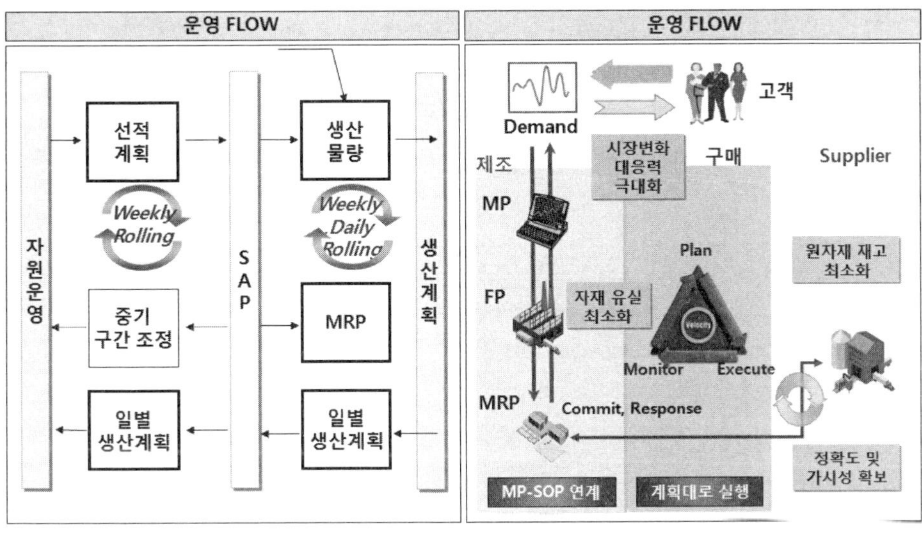


[그림 10-18] 자원운영 계획에 의한 생산계획 수립

⑤ SCM의 생산 Capa 반영

- 공급계획(생산량과 생산시점)의 수립에는 제반생산자원으로 생산계획 필요.
  - MPS를 수립할 때에는 생산 내·외부의 자원과 제약을 반드시 고려해야 한다.
  - 수요와 공급 균형을 맞추기 위해서 판매 및 구매, 재무담당 등과 긴밀한 협조.
- 실재 판매계획은 생산부문의 시간, 자재, 생산능력과 손익과 전략순위가 중요.
  - 제품원가, 단위이익 소모율, 공장 가동률, 물류비용, 단위자재비용 등을 고려.
  - 생산전략은 물류비용과 판매가격보다 단품에 투자한 소모능력수준 우선한다.
- 생산계획의 중요 3요소는 가시성(Visibility), 속도(Speed), 조직과 시스템이다.
  - 생산결정과정에서는 생산, 구매, 물류부문에서 일정부문 의사결정에 참여한다.
  - SCM의 세일즈생산믹스를 만족하기 위해서는 어느 라인에서 언제, 어느 제품을 얼마나 생산할 것인지에 대해서 결정해야 한다.
  - 개인·조직별 프로세스중심으로 업무성과를 상시 모니터할 수 있는 과정중심의 관리체제로 인하여 프로세스 최적화관점에서 성과관리와 개선활동이 쉬워진다.
- 실적기반의 제조 수용치를 반영하여 과도한 수용치 설정을 지양한다.
  - 표준 업무절차(SOP)변동의 최소화논리를 구현하여 주차간의 변경요구 적용[26].
  - SOP수정과 재동기화경영계획 수행이후, 수요·위임·표준행동절차 등 결과도출.
- 총괄 생산계획 수립전략에는 수요추적전략, 고정수준전략, 혼합전략이 있다.
  - 수요추적전략 : 생산율과 고용수준을 조정하여 계획기간동안 수요변화에 대응.

26) Net Change Plan

- 주요 옵션은 상근 또는 비상근의 고용, 해고, 잔업, 하청이 있다.
- 고정수준전략 : 계획기간동안 고용수준과 생산율을 일정 수준으로 고정한다.
- 재고, 잔업·단축작업, 하청 옵션을 활용하여 수요변동에 대응.
- 혼합전략 : 수요추적전략과 고정수준전략이 혼합된 전략.

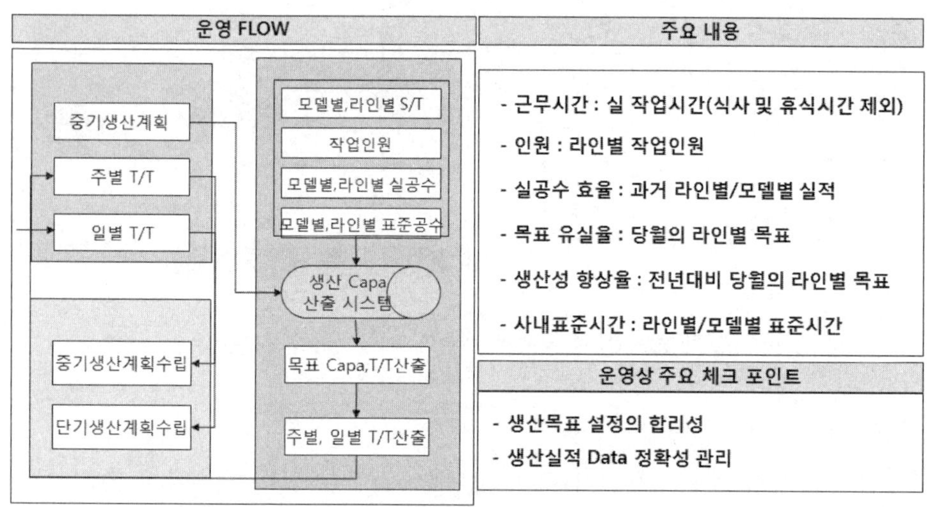


[그림 10-19] 생산 Capa 반영

### 3) 도입과 활용

#### (1) 개요

① 기본 원칙

- 공급망의 통합파트너들과 최소 비용으로 고객만족을 극대화하는 혁신운동.
- 고객지향적인 장기 물류파트너십을 구축하여 상품서비스의 효율성을 강화.
- 규모의 기업들이 효율적인 사업별 네트워크를 구축하여 공급체인망을 운영.
- 시장수요, 공급 상황, 재고 등 공급체인현황과 변화정보들을 정확하게 반영.
  - 가시성을 제공하고 공유할 수 있는 경영정보시스템의 구축도 병행한다.

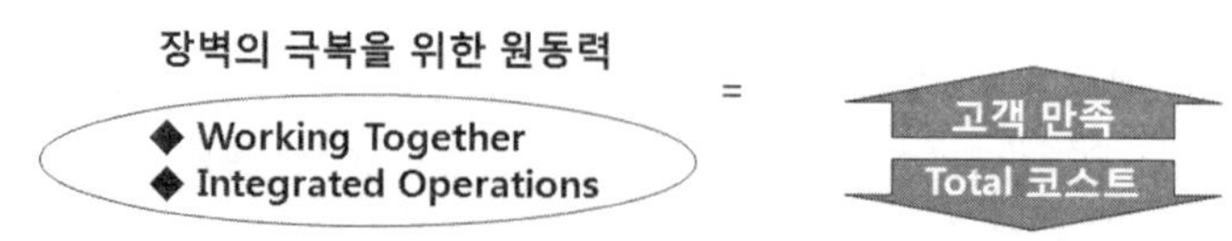


[그림 10-20] SCM의 원칙

② 의의

- 온라인으로 다양한 제품 및 서비스, 다양한 유통구조, 다양한 고객을 대상.
  - 인터넷 마케팅의 전후방 주문관리, 운송관리, 재고관리에 효율성을 제고한다.

〈표 10-10〉 SCM의 성공요소

| SCM의 성공요소 | SCM의 효과 |
|---|---|
| 개별의 우월성 | 재고 감소 |
| 중요성의 인식 | 부가가치 없는 작업제거 |
| 독립성/의존성 | 안정된 공급 |
| 적극적인투자 | 상호이익 |
| 정보의 공유 | 자금흐름 개선 |
| 입무 연계/통합/융합 | 이익증가 |

- 유통경로 내에서 협력업체들 간의 업무의 협력체계를 구축하는 상생전략이다.
  - 제품개발에서 최종판매에 이르기까지 유통관련업체들이 협력하여 정보 공유.
  - 시장변화에 적시에 대응할 수 있는 체제를 구축하는 기업들의 공동 전략이다.
  - 공급체인상의 관련 기업들이 공유된 기술시스템으로 성공가능성을 제고.
  - 잠재적으로 강력한 네트워크가 형성하여 손실을 최소화하는 글로벌 상생전략.
- 최종 고객가치를 최대화할 수 있을 때 고객만족과 기업이익이 동시에 실현.
  - 공급체인사슬 전체가 그 공급체인에 속한 개별기업 성과의 극대화가 중요함.
  - 공급사슬에서 이해관계의 장벽이 발생되면 기업 경영전략측면에서 낭비요인.
  - 제조업체와 유통업체사이의 내부기능에서 소통의 장벽이 매우 중요하다.

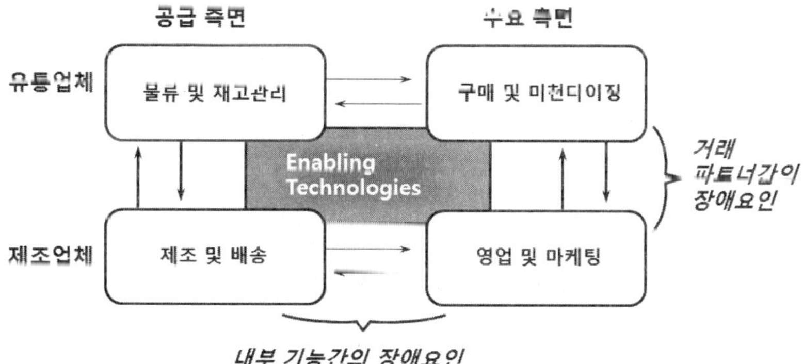


③ 효과

- 거래 및 투자비용의 최소화 : 전략적 제휴, 아웃소싱 등 가상 네트워크를 형성인터넷에서 업무수행이 최소자산으로 가능하다.

- 비용과 시간 단축 : 공급체인망을 통합하여 공급자·구매자간에 정보전송에 필요한 제반 비용과 시간을 최소화 할 수 있다.

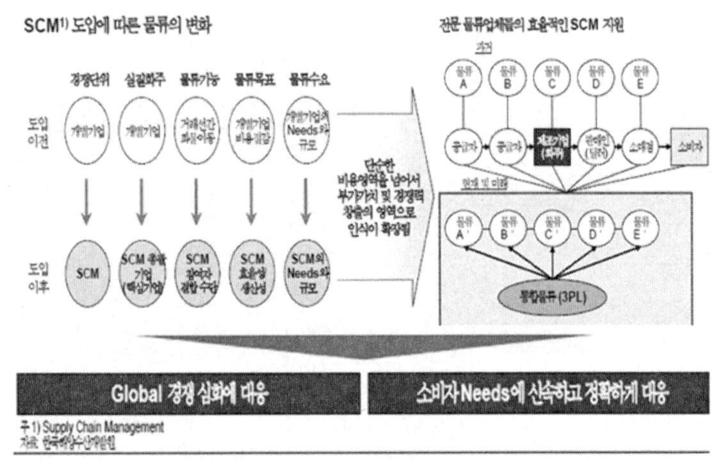


[그림 10-21] SCM 도입의 효과

- 안정된 공급 : 공급채널망의 정보공유로 공급자 재고정보를 실시간으로 파악하여 필요물량을 자동 보충하여 양자가 안전재고수준을 낮출 수 있다.
- 기타 : 즉시 응답율의 향상, 상품회전시간의 단축, 재고감소, 개별화된 고객서비스 제공, 참여기업간의 상호이익, 자금흐름개선, 이익증가 등을 공유할 수 있다.

### (2) 접근방식

① 경영관리적인 측면

- 전체 공급체인을 대상으로 실물과 정보의 흐름을 원활히 수행하여 조직체인망의 안정화와 신뢰성을 강화하여 공급사슬의 전체 기능을 강화하는 것이다.
  - 특정 사업에 대하여 공급체인망을 가동하여 쌍방문제에서 다자간의 연쇄적인 과정을 종합관리하면서 고객만족의 강화, 부가가치 기회의 자본화를 추구한다.
- 핵심역량 강화에 집중
  - 기업은 현대의 경영환경 모든 부문에서 탁월할 수가 없다.
  - 지속성장이 가능한 확실한 비교우위 성장전략이 확보되어 매진하여 한다.
- 기업의 '핵심역량'이 있어야 경쟁우위를 유지하는 바탕이 된다.
  - 업계 및 소비자에게 자신의 브랜드 가치와 존재가치를 각인할 수 있다.
- 경영환경 및 패러다임 변화에 능동적으로 대응한다.
  - 과다 재고를 보유하지 않으면서도 고객이 원하는 적기에 상품공급체계.

• 일류기업으로 Knowing-Doing 차이를 극복
- 일류기업과 이류기업을 판가름하는 것은 고객가치의 창조능력과 서비스능력.

• 일류기업은 새로운 지식의 활용에 이류기업은 지식의 습득에 초점을 둔다.
- 고객만족을 실천하는 기업문화 정립은 조직구성원 실행력강화에 초점 둔다.
- 공급채널과 브랜드·생산·사업단위 공급체인망 기획·관리·동기화·최적화 실행.

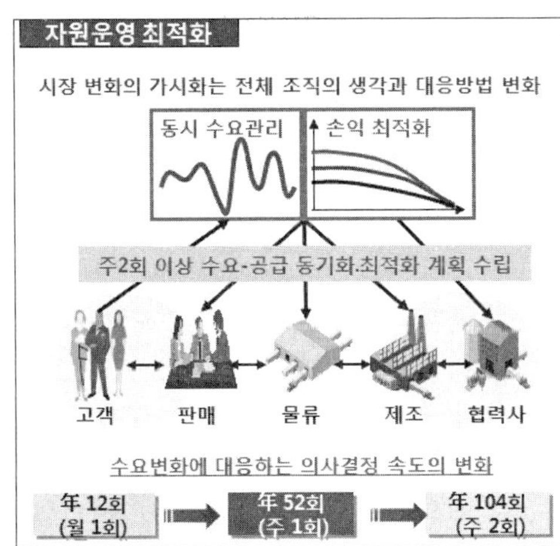


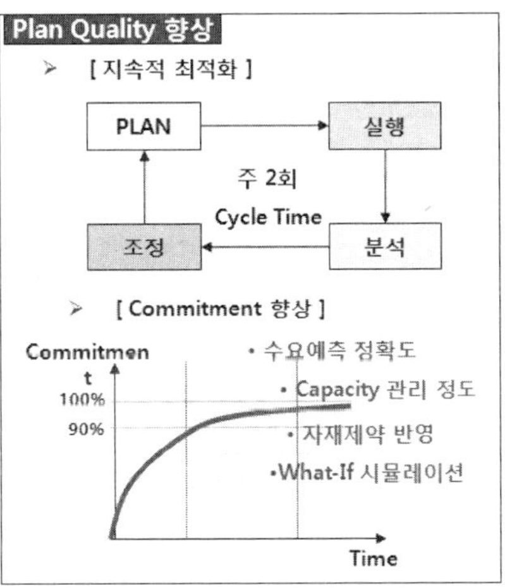


② 비전

• 실물 흐름의 동기화 : 온라인 정보전달의 수단을 일체화하는 활동이다.
- 공급체인망 전체 범위로 재고 최적화 및 가용성 확인, 공급체인망의 모니터링.
- 이상발견 시 자동경보체계와 제품개발 시 공급체인정보를 전략적 활용한다.
- 유통채널과 협력업체와 긴밀한 연계로 신제품 품질향상과 출시기간 단축효과.
- 고객서비스 제고, 원가절감, 재고부족 등 경영리스크에 대한 대응능력 강화

• 정보 흐름의 동기화 : 어떤 범위에서 번져나가는 정보를 일체화하는 활동이다.
- 개발·공급관리(제조, 구매, 물류), 경영관리(판매/마케팅, 품질/서비스).
- 생산관리 : 리드타임의 단축, 기존 정보흐름의 동기화
- 원가관리 : 재고의 절감, 설비가동율의 향상, 로스율의 저하
- 품질관리 : 품질불량의 저감, 표준작업의 확립

• 자원운영의 바람직한 모습
- 전담조직 운영 : 계획-실행-분석-조정 과정의 Control Tower
- 운영 기본방향 : 자원운영 최적화, 손익중심, 공급사슬 운영능력 향상

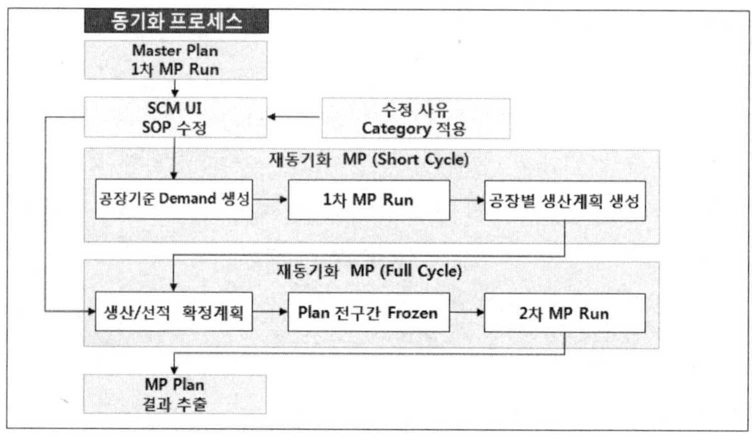


### (3) 원칙

① SCM의 7대 원칙

- Intimate Customer Knowledge : 고객과 시장모니터로 원인분석과 대응.
- Intimate Supply Knowledge : 시장수요정보와 구매계획을 공급사와 협업.
- Living and Dying by the Plan : 계획대로 생산 및 판매, 구매전략 운영.
- Cross-Silo Synchronization : 기업목표와 연계, 일관계획 수립 및 실행동기화.
- Rapid, Reliable Fulfillment : 빠르고, 정확하고, 위기상황에 대한 가시성 제공.
- Supply Chain Design : 시장변화 대응능력과 기반준비 방향성을 고려한 설계.
- Business Reconfiguration Management : 유연한 기술정보시스템의 기반 확보.

② Replenish Products : 8가지 핵심 활동

→ 수요와 공급측면의 개선을 촉진하는 정보기술기반과 ABC성과관리체계.

- Manage Store Inventory : 적시 주문, 납품, 저장 등 적절한 매장재고 유지
- Manage Customer Orders : 적절한 고객주문 수주 및 처리로 납품관리
- Procure Materials : 원자재와 포장자재 주문 및 입고, 적절한 재고수준 유지
- Produce Products : 제품 생산과 관련한 모든 활동
- Store Products : 재고의 유지와 반출
- Deliver Products : 제조업체로부터 고객에게로의 실제 물류
- Manage Invoices : 송장과 대금의 관리
- Maintain Product Records : 의사결정에 활용하기 위한 제품정보관리

# 3 SCM 구현 전략

## 1) 구성 체계

### (1) SCM의 도입

① 도입 전후 물류환경

- 공급체인망을 도입하기 이전에는 제반 물류활동이 별도로 계획·집행·관리되면서 공급사슬의 각 구간별 독립적인 수행과 정보와 자금관리도 구간별로 이루어졌다.
- 공급체인망이 도입되면서 각 구간별로 수행하던 물류활동도 통합되어 관리된다.
- 통합관리는 계획, 집행, 관리 등의 단일시스템이 구축된다는 것을 의미한다.
- 물류관리측면에서 기능이 통합되면 공급측면에서도 구간별 물류활동이 통합된다.

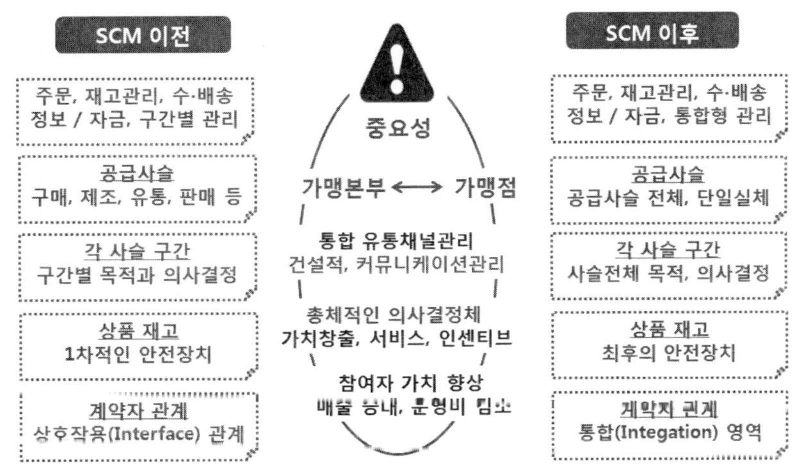


[그림 10-22] SCM 도입 전후 물류환경의 특성

② SCM 도입에 따른 물류환경의 변화

- 전통 생산관리는 구매, 제조, 유통, 판매를 별개의 기능부분으로 분류에 반해, SCM은 공급체인전체를 단일단위로 보기 때문에 전략적 의사결정 요구된다.[27)]
- 각 단계의 공급은 전체비용과 시장점유율에 영향으로 전략적으로 접근한다.
  - 각 단계의 공급은 공급사슬전체비용과 시장점유율에 영향을 주기 때문이다.
- 전통생산관리는 재고를 일차적인 안전장치(안전재고)로 평가하는 데 반하여, SCM

---

27) Martin Christopher, Logistics and Supply Chain Management, Financial Times, London, 1992. p.13.

은 무재고시스템을 지향하기 때문에 재고를 최후의 안전장치로 간주한다.

• 전통생산관리는 공자간의 관계를 상호작용의 영역으로 간주하는 반면에, SCM은 공급자간의 관계를 통합의 영역으로 보면서 새로운 시스템접근 요구한다.

③ SCM에 의한 물류니즈 변화

• 물류기능과 목표가 개별기업들에서 총괄기업(핵심기업)으로 대치된다.
  - SCM이전 : 물류활동이 독립 조직별 목적과 전략으로 계획, 수행, 관리.
  - SCM이후 : 물류활동이 공유된 목적과 전략으로 단일시스템으로 작동함.
• 공급사슬의 개별 거래구간에서 독자적으로 화물의 이동을 담당하던 물류의 기능은 공급사슬 참여자들을 물리적으로 결합시켜주는 역할로 전환된다.
• 공급사슬에 참여한 공급자, 생산자, 소비자 요구사항과 대가를 주고받음.
• SCM물류에서는 공급자, 생산자, 소비자를 물리적인 결합역할을 수행한다.
  - 단계별 공급사슬이 확장될수록 물리적 통합관계가 복잡하고 어렵다.
• 공급사슬 관리자입장에서 물류는 생산성과 경쟁력 창출의 영역으로 인식.
  - 개별기업 비용절감에서 SCM차원의 효율성과 경쟁력 강화로 목표 전환.
• 제조업의 경쟁단위가 개별기업에서 SCM으로 전환된다([그림 10-23] 참조).

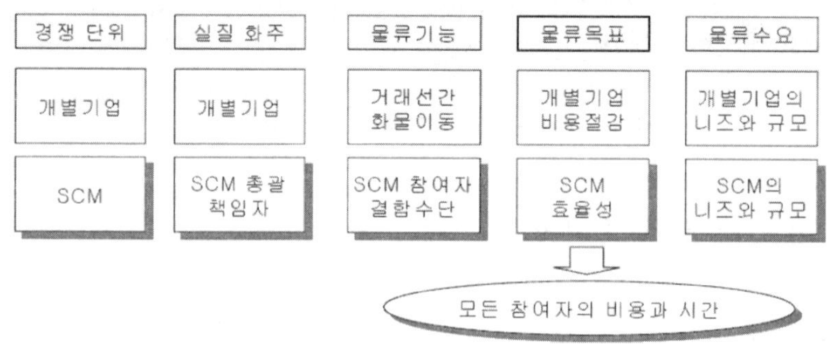


[그림 10-23] SCM에 의한 물류니즈 변화

### (2) 시스템구축의 고려요소(관점)

① 자산관리측면

- SCM은 재고금액의 축소라는 측면에서 고려되어야 한다.
  - 공급체인에서는 각 체인별 보유재고를 최소화, 자산 및 자금의 효율화를 도모.
- Supply Chain 전체의 현금 흐름의 개선
  - 원자재 구입과 제품개발, 생산과정, 제품판매, 물품대금 회수 회전기간을 개선.
  - 매출액, 매출채권, 재고, 매출원가, 매입채무, 재료비 등 개별추이 종합 활용.

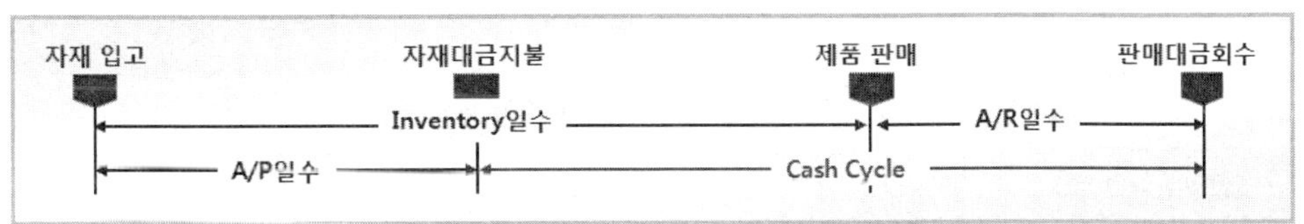


[그림 10-24] 현금흐름도

② 코스트측면

- 원가관리는 제조원가를 의미하며, 소비자공급까지의 모든 원가(총원가)이다.
  - 제품의 제조원가가 매우 낮다하여도 소비자에게 판매시기가 늦어 폐기된다면 제조원가가 높아도 적정시기에 공급되는 상품의 총원가가 상대적으로 낮다.
- SCM에서의 원가 개념
  - 공급체인망 전체의 프로세스를 대상, Activity Cost를 주된 개선목표로 설정.
  - 고유원가(일반관리비, 세금, 로열티)는 SCM 의해 영향을 받지 않는 고유영역.
  - 순이익은 총수익(전체 원가), 공급체인망에 의한 부가가치의 반대급부이다.
  - 내부의 원가는 SCM운영과 관련된 비용으로 거래 당사자들 활동에 의해 발생.

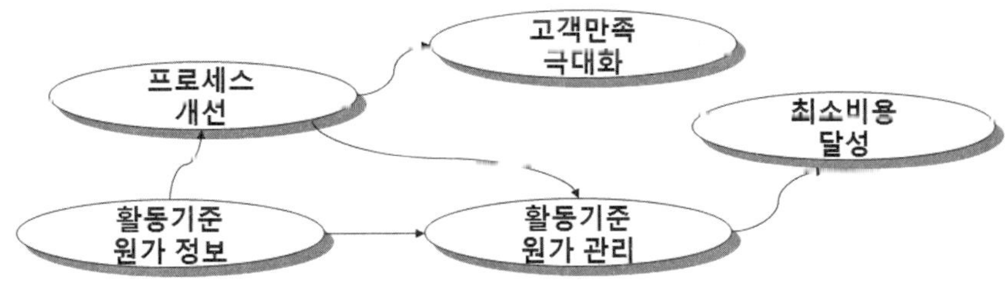


[그림 10-25] SCM의 성과 달성을 위한 원가 개념

③ 고객만족측면

• SCM에서는 고객이 원하는 품질, 가격, 납기, 서비스, 사회기여 등을 의미한다.

- 품질(Quality) : 기능, 신뢰성, 불량, 재작업, 폐기, 불만족,
- 원가(Cost) : 가격, 수리비용, 구매가격, 금융비용, 감가상각 등
- 납기(Delivery) : 리드타임, 납품시간, 반환시간, 준비시간, 운송지연 시간 등
- 서비스 : A/S, 신뢰성, 안전, 제품책임
- 사회기여 : 기업윤리, 환경 영향, 규제, 법규, 지역사회 등
- 기타 : 의사결정시간, 정확도, 생산성, 고객충성도, 설비고장률, 문제해결능력 .

• 고객니즈와 서비스를 적기 공급할 수 없다면 고객투자비용은 상대적으로 크다.

| 확장 | 통합 | 조정역할 강화 | 수평적 확장 |
|---|---|---|---|
| 고객과의 접점 확대 | 고객 및 공급업체와 관련 중간 단계 통합 | Out-Sourcing 강화 및 전략적 제휴 확대 | 새로운 사업 모델 및 시장 창조 |
| • 고객 접점 확대 및 마케팅 혁신<br>- 회사 이념, 제공 제품/서비스 내용, 기타 유용한 정보 제공을 위한 Web 사이트 개설<br>• Internet을 활용하여 공급업체/고객에 대한 다양하고 심층적인 정보 획득이 가능<br>• 정보 시스템 및 Supply Chain의 통합이 불완전하여 전자 구매 (e-Procurement)의 실시 혹은 혁신적인 배송 서비스 제공 않됨 | • 고객 가치 제공을 위해 Supply Chain 상에서 고객 및 공급업체와 관련된 중간 단계의 통합<br>• 중간 유통 단계를 생략, 고객/공급업체와 직접 거래 수행, 개별 고객 니즈를 충족시킬 서비스 제공<br>• 외부 파트너/제휴 업체와 실시간 정보 교환, 구매업체/공급업체간 상호 커뮤니케이션 및 협력 활성화, 프로세스 효율화 가능 | • 브랜드, 마케팅 등 기업 핵심 역량을 활용, 제휴업체에 대한 전략적 통제 실시<br>• 아웃소싱/전략적 제휴를 통한 투하 자본의 절감과 신속한 프로세스 진행을 통한 고객 서비스 제고 추구<br>• 수요/공급의 동기화 및 이를 통한 Supply Chain 흐름의 신속화로 고객 서비스 향상, 대응 체제도 사전 제조(Build-to-Stock) 방식에서 주문 생산(Build-to-Order)방식으로 이동 용이 | • 전략, 조직, 프로세스 등의 변화로 새로운 비즈니스 모델 및 시장 창조, 비즈니스와 관련된 여러 기능이 통합된 Supply Chain으로 다양한 사업 모델의 실행 지원<br>• 기업들이 고객의 복합적 니즈 충족을 위해 제품/서비스 융합, 산업간 경계가 희석됨<br>• 기업들은 전략적 제휴/파트너쉽 형성을 통해 다양한 사업으로 진출<br>• 가상의 전자 시장을 통한 Community 형성 |

④ 본부시스템 구축 범위

• 배송부문

- 주문, 배송, AS 등 공급자에게 최종 소비자에 이르기까지 제품의 모든 이동과정을 효율적으로 통합해 관리

• 영업부문

- 각 법인의 대리점 및 병원 등의 실시간 웹 주문관리, 단가관리, 채권관리, 배송관리 등 통합 관리시스템 구축

• 발주부문

- 주문, 발주, 외주 업무절차의 간소화로 투명한 주문, 발주, 외주 프로세스를 구현한다.

• 구매부문
- 적정재고 및 유효재고를 유기적으로 파악하여 수요에 맞는 적정 상품수불과 구매량 예측 및 구매단가, 거래처, 기간, 구매량 등을 기준으로 구매업무 효율화에 중점
- 점포들의 상품별 재고상태와 흐름을 협력업체와 공유하고 일일 발주·재고현황, 전송현황, 행사·일반 상품조회, 주간·월간 평가 등 핵심정보를 시스템으로 분석, 제공한다.
- 협력업체가 최적의 발주를 생성하고 개별 점포들의 핵심 정보를 공유하는 등 제조사와 유통사간 전체적인 공급사실의 효율을 극대화시킬 수 있다.

• 재고부문
- 글로벌 법인의 실시간 재고 파악 및 가용재고, 적용재고 파악 등을 통한 효율적인 재고관리가 가능한 시스템 구축

• 재무부문
- 연결재무제표 산출을 위한 글로벌 계정 통합 및 총계정 원장 및 매출/매입 등의 각종 장부 관리 및 계정 세그먼트별 손익분석 시스템 구축

• 금융부문
- 은행을 통해 화주의 재고비용을 부담하는 금융 등 동일한 복합물류서비스 제공

• 원가부문
- 상품별 구매원가 및 수입부대비용의 배부를 통한 실시간 원가 분석 및 이를 통한 주문시점의 원가대비 마진율 분석 시스템 구축

• 마케팅부문
- 잠재고객 정보 통합 및 기획관리 구축, 고객데이터의 본사고객 DB로 통합고객 DB 구축 서비스부문
- 다양한 서비스 케이스 관리 및 서비스 재고관리를 통한 서비스 프로세스 구축

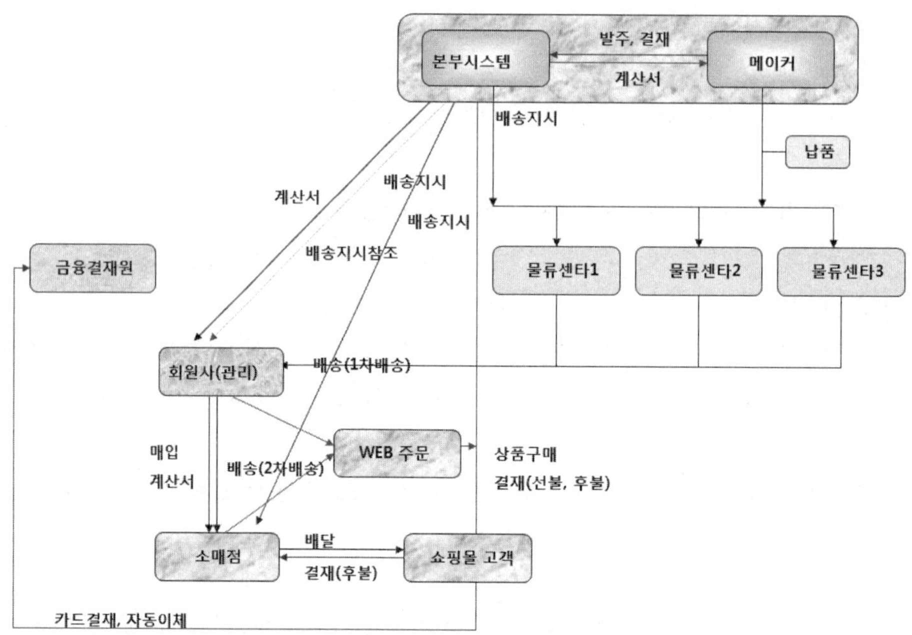


[그림 10-26] 본부시스템 구축 범위

## 2) 도입전략

### (1) 물류센터 운영기술

① 개요

- 세계 일류 물류기업에서의 정보시스템의 구성은 고객의 주문사항과 니즈를 정확하게 추적할 수 있는 주문관리시스템(OMS)[28] 기능과 물류센터의 적정 재고관리 기능인 물류센터관리시스템(WMS)[29] 기능, 적시배송을 위한 화물수송업체의 수송관리시스템(TMS)[30] 기능들이 통합된 물류관리시스템(LMS)[31]형태로 운영되는 추세이다.
- 제반 시스템기술의 새로운 발전은 물류정보시스템뿐만 아니라, 부품의 조달과 생산에서부터 유통과 판매, 서비스관리와 기업 재무 및 회계 등 고객에게 전달과정에서 필요한 제반 업무를 통합적으로 관리하는 것이다.
- 글로벌 일류기업들은 SCM 경영전략을 활용하여 기업내부의 업무통합에서 기업

---

28) Order Management System
29) Inventory Management System
30) Transportation Management System
31) Logistics Management System

외부까지 통합하여 투입비용을 최소화하되, 고객만족은 극대화시키는 경영전략과 특정한 목적을 달성하는 데 크게 기여하게 되었다.

② 업무의 범위

- 업무개선활동차원에서 어떠한 업무를 IT기술과의 연계를 중심으로 보는 관점.
  - 기업경영의 신제품개발에서 제품 도입, Merchandising, 촉진, 제품공급, 최종 고객까지의 모든 거래 주체들이 제반 프로세스로 연결되어 있다.
  - CRM과 SCM을 어떻게 통합하여 연계할 것인가도 범주 내에 있다.
- 경영관리의 구성요소로 보는 관점.
  - 제반업무를 과정별로 연결하여 이를 통제·관리·배분하는 경영관리체계의 필요.
  - 경영관리의 효율화를 위한 전사적 자원관리(ERP)와 기능의 통합을 강조한다.
- 정보흐름의 공유와 전체 네트워크의 구조로 보는 관점.
  - ERP, CRM 등 기업 간의 가치연결고리와 연계되어 통합·운영되어야 성공한다.
  - 고객서비스, 수요관리, 생산관리, 수·발주관리, 제품개발 및 관리, 반품관리 등.
- 생산개념에서 설계, 유통, 소비, 폐기 전체과정을 녹색혁명차원에서 접근방식.
  - 제품의 생산·판매에서 자원·에너지의 효율성극대화와 환경적 유해요인 최소화.
  - 예방적이고 근원적 청정기술, 폐기물 최소화, 오염예방, 친환경적 설계와 생산.
  - 공급사슬이나 제품특성에 따라 그린SCM 단계적 접근방식을 적절히 활용한다.

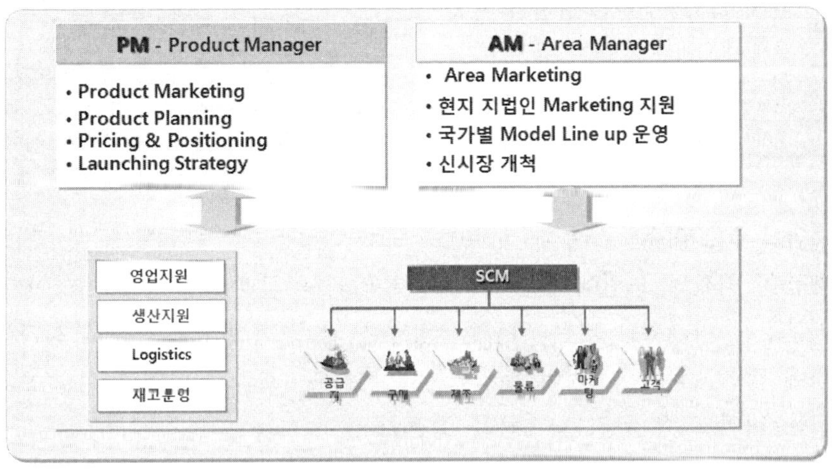


[그림 10-27] SCM의 범위

## (3) SCM 세부실행계획

① 수요측면 수요예측

- 전문경영개념에서 최적화된 제품전략과 소비자전략을 제조·유통협력 적용.

- 협업적 수요예측 : 각 수요예측이후, 서로 비교·협의로 합의된 수요예측 생성.
  - 거래선 판매실적에 근거하여 거래선 판매예측 실시
- 프로세스 관리 강화 : 시스템에 의한 프로세스 관리.
  - 통계적 수요예측 + 프로세스에 의한 물량예측 = 총수요예측
- 통계적 수요예측 : 판매실적을 근거로 한 통계적 수요예측 실시.
  - 통계와 마케팅을 잘 아는 전문가 활용
- 수요관리에 성공요소
  - 최신 수요정보의 신속한 공유가 필요
  - 수요예측의 정확성을 높이기 위한 공급체인망간의 협업과 지속적 노력
  - 합의예측이라는 프로세스를 준수
  - 수시로 변화하는 경영환경을 감안한 합리적 우선순위 체계 확보

**〈표 10-11〉 수요관리 장단점 비교**

| 구 분 | 장 점 | 단 점 |
|---|---|---|
| Top Down | - 신속한 글로벌 수요관리 가능<br>- 공급 및 제품 정보를 활용한Time to Market 실현<br>- 하위 Seller 변화관리 주도 | - 시장 변화에 둔감<br>- 시장과 무관한 Push 우려 |
| Bottom Up | - 시장과 근접한 수요관리 가능<br>- 판매변화에 신속한 대응 | - 글로벌 변화관리 시간 소요<br>- 다수의 오류로 인하 왜곡<br>- 인적 자원의 한계 및 담당자 변경 |
| Consensus | - Top Down 및 Bottom Up 방식의 장점을 취하고 단점은 보완 | - 논리적 복잡성<br>- 시스템 구현의 제약 |

② 수요측면의 주요 이슈

- 신제품의 기획과 도입에 많은 비용이 투입되나 실패율이 90% 이상이다.
- 판매부진시 마케팅은 낮은 입점율, 영업은 낮은 회전율을 이유로 제기한다.
- 판촉에 많은 비용과 노력이 투입되는데 비하여, 효과가 낮거나 파악 어렵다.
- 재고는 많아도 잘 팔리는 제품은 절품이 많다.
- 제품 아이템은 많아도 돈이 되는 단품은 몇 개 되지 않는다.
- 소비자들의 다양한 요구에 대한 대처에 많은 비용이 소비, 효과는 크지 않다.

| 협업적 수요예측 | • 거래선과 자사가 별도의 수요예측을 한 후 서로 비교하고 협의하여 하나의 합의된 수요예측을 생성<br>• 거래선 판매실적에 근거하여 거래선 판매예측 실시 |
|---|---|
| 프로세스 관리 강화 | • 시스템에 의한 프로세스 관리<br>• 통계적 수요예측 + 프로세스에 의한 물량예측 = 총수요예측 |
| 통계적 수요예측 | • 판매실적을 근거로한 통계적 수요예측 실시<br>• 통계와 마케팅을 잘아는 전문가 활용 |

[그림 10-28] 수요측면의 주요 이슈

③ 공급측면 공급예측

• 정보와 실물흐름의 동기화를 통해 낭비 없이 소비자에게 가치를 전달한다.

• 정확한 수요예측으로 신제품 적기출하와 생산최적화로 순의 선순환구조가 중요함.

- 물류비용의 절감을 넘어서 전반적인 생산·판매과정을 혁신하는 것이 지름길.

• 단 하나의 계획에 의거하여 물량공급계획을 수립하여 재고의 정확도가 개선됨.

- 주 단위 단일계획을 수립, 긴급 주문에 대한 납품의 대응력을 높이는 것이다.

• 고객에게 제품납기회신기간을 줄이고, 즉시로 자재조달현황 파악시스템 구축.

- 다양한 패널구입고객정보를 빠르게 자재공급과 연계되는 B2B 협업체계 강화.

〈표 10-12〉 Customer의 협력범위

| 구 분 | Customer Side | 자사 Side |
|---|---|---|
| Inventory | • 재고 일수<br>• 재고 회전율 | • 재고일수 |
| Foreacast Accuracy | • Sales FA (Customer, Collaborative)<br>• Order FA (Customer, Collaborative)<br>• Sales Forecast 변동율<br>• Order Forecast 변동율 | • Sales Index<br>• Forecast 변동율 |
| Lost in Sales | • 매장 재고 보유율 | • 공장재고 보유율 |
| Service | • 고객납기 준수율 | • OTD 1,2,3 |
| Etc | • Commit vs PO | • Order Forecast vs Commit<br>• Allocation vs Commit |

• 주 단위 공급계획의 일 단위판매와 공급차질을 접목하여 일일 공급계획 정착.

- 빠른 시장조사와 공급계획, 24시간단위로 판매배송대비 공차라인 확인체계.

- 일정 비율이상의 공차가 발생하면 즉시 비상사태가 되는 의사결정체계 마련.

- 글로벌ERP시스템으로 재고·판매·원가추이 총괄집계로 실시간의 데이터 수집.

④ 제4자 물류와 SCM의 도입

• 물류전문업체들이 창고·수송·배송관리·상품개발·고객서비스를 수행하고 있다.

- 물류정보기술의 개발과 관리, 52주 판매촉진지원서비스, 수·발주관리, 단품관리 등 SCM상의 서비스를 모두 담당하는 물류전문서비스업체는 거의 없는 실정.

• 유통기업은 업무과정을 재구축하고 SCM상 비효율을 개선하고 정비해야 한다.

- 전문물류업체를 관리하고 조정하는 것에는 많은 시간과 노력을 투입한다.

• 4PL이란 화주기업에게 포괄적인 공급사슬솔루션을 제공하기 위해 물류서비스기업이 자사의 부족한 부문을 보완할 수 있는 타사 경영자원능력과 기술과 연계하여 보다 완전한 공급사슬 솔루션을 제공하는 공급사슬의 통합체계를 말한다.

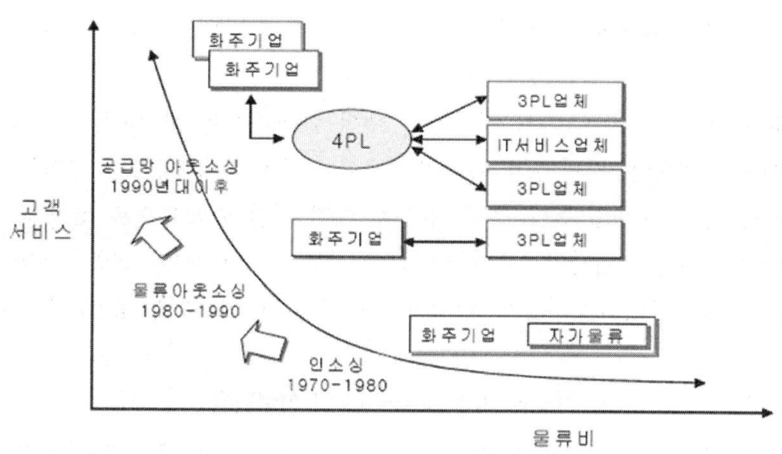


[그림 10-29] SCM의 아웃소싱 및 4PL로의 발전 과정

⑤ 삼성전자 공급망관리(SCM) 프로세스 기법

• 기술력과 품질, 디자인 경쟁력을 높이면서 혁신을 도입.

• 모니터 사업에 적용했던 SCM 혁신 사례를 TV에 접목시키려 한 것이다.

• 수요, 구매, 생산, 배송, 재무, 신제품 개발 계획 등을 하나로 통합.

• 모든 프로세스가 하나의 계획에 동의하도록 한 뒤 계획대로 실행하고 이를 평가하면서 문제점을 고쳐나가는 PDCA(Plan, Do, Check, Act)가 핵심이다.

• SCM 프로세스 개선과 함께 베스트바이 등에서 실제 판매정보를 입수(CFPR)하고 이 같은 정확한 실제 판매정보를 기반으로 공급시간단축이라는 목표를 갖고 업무를 시작했다.

• 재고가 과다하면 프로모션을 기획해 이를 재빨리 해소시키고 부족하면 즉시 물량을

보충해주는 공급사 재고관리(VMI : Vendor Managed Inventory)기법 도입
- 내부 최적화를 넘어 아웃바운드(Outbound) SCM 체계를 통해 유통업체와의 전략적 협업을 강화하고 있다.
- 시장중심 체제로 변화하기 위해 수요예측을 강화하고, 정확도 높은 생산계획으로 재고를 감축할 수 있도록 실시간 판매 정보를 수집하는 것이다.
- 향후는 고도화 된 SCM 경쟁력 향상에 전사 역량을 집중하기 보단 창의적 제품 개발을 통해 수익성을 높이고 새로운 시장을 창출하는 데 매진해야 한다는 목소리도 있다.

〈표 10-13〉 판매부문 관리항목(사례)

| 구분 | Daily | Weekly | Monthly |
|---|---|---|---|
| 최고 책임자 | • 일별 판매 진척도 관리 | • SCM 운영수준 점검<br>• 판매 마케팅 회의 주관 | • 적정재고 및 부진재고 관리<br>• SCM 성과 및 성공사례 전파 |
| 관리/물류 | • Credit 관리<br>• 물품도착분 실시간 입고 관리<br>• 거래선 Delivery 현황파악 | • 적정 재고 및 부진재고 관리<br>• 3PL 물류 대응능력 관리 | • 수요예측 점검<br>• SCM Lead Time 현황분석 및 개선방안 수립 |
| Biz. Mgr/ Assistant | • P/O Tracking<br>• 일별 판매 진척도 Check | • 수요 예측 운영<br>• 주단위 P/O Comfirm<br>• 부진재고 판매전략 수립 | • P/O 기준정보 정비 |
| Sales Org./Sales Support | • Allocation 조정<br>• S/O Staus 현황 관리<br>• 거래선 납기약속 정보 제공 | • 거래선 수요예측 정보 입수<br>• 수요예측 운영<br>• 거래선간 Allocaiton | • S/O 기준정보 정비 |
| IT Mgr./SCM Coordinator | • SCM 시스템 운영 이슈 F-up<br>• Help Desk 역할 수행 | • 주단위 SCM 성과지표 집계<br>• 교육 및 변화관리 집계 | • SCM 운영수준 분석 및 공지<br>• 주문처리 표준 프로세스 점검 |

⑥ SCM 체크리스트
- 체크리스트는 소프트웨어 형상관리활동 중에서 각 단계 및 작업별로 요구되는 세부 활동사항의 수행 충실성을 점검하기 위한 문서이다.
- 체크리스트는 프로젝트 수행 시 소프트웨어 형상관리와 관련한 활동 내용이 체계적이고 신뢰성 있게 수행되도록 지원한다.

- 기본패턴은 생산관리, 판매관리, 물류·유통관리, 정보시스템관리 등 다양한 분야에서 나타나고 있다.
- 프로젝트를 수행할 때 요구되는 형상관리 활동들이 제시되어 프로젝트에서 필수적인 활동과 프로젝트에 따라 선택적인 활동과 부가적인 활동으로 구성되어 있다.

# 11 물류조직과 외주관리

## 1 물류관리조직

### 1) 물류조직

#### (1) 개요

① 정의

- 물류조직은 물류기능을 수행하는 중요한 활동이다.
  - 물류조직과 구성원은 상품과 서비스를 다루는데 사용되며 전문성과 기술을 바탕으로 물류조직의구성이 필요하다.
  - 물류조직은 계획의 창조, 수행, 평가를 촉진하는 구조로 구성되어야 한다.
- 물류조직은 기업의 목표를 달성하기 위해 기업의 인적자원을 할당하는 공식 및 비공식적 조직이다.
  - 회사에서 물류활동에 책임이 있는 사람들을 배치하는 것은 물류조직에 있어서 중요한 문제이다.
  - 조직의 배열은 물류시스템을 운영하는데 자주 발생하는 비용의 상쇄효과를 가져옴으로써 제품과 서비스의 공급과 분배에서의 효율을 촉진한다.
- 물류조직의 주요 임무
  - 물류예산편성관리, 물류비 파악과 물류비용표의 작성, 전반적인 물류전략 수립, 물류시스템의 설계와 개선, 물류관련 프로젝트의 추진 등이다.

• 물류담당자의 주요업무

- 생산관련(생산입출고, 적재지시, 창고조작, 생산설비관리 등), 물류관련(재고관리, 입·출고관리, 물류비용관리 등), 판매관련 (수·발주관리, 조정관리, 관련 리스트작성 등)업무 등이다.

② 의의

• 기업물류관련활동을 전문적으로 수행하기위해 책임과 권한을 체계화시킨 조직

- 물류조직과 구성원은 상품과 서비스를 다루는데 사용되며, 전문성과 기술을 바탕으로 물류조직의 구성이 필요하다.

• 물류조직은 계획의 창조, 수행, 평가를 촉진하는 구조이다.

- 물류조직은 기업목표 달성을 위해 자원을 할당하는 공식 및 비공식적 조직.

③ 물류조직구조의 필요성

• 갈등의 해결

- 전체회사의 효율증진에서 발생되는 갈등은 준 최적인 물류운영시스템이 된다.
- 갈등을 해결하기 위하여 물류활동의 의사결정을 위한 조직적 구조가 필요하다.

• 관리

- 주문과정, 교통, 창고관리를 위해 개별 관리되고, 관리자는 종합운영, 조정된다.
- 관리자만이 가장 높은 수준의 효율을 달성하는 균형 역할을 할 수 있다.

### (2) 물류조직구조의 필요성

① 갈등의 해결

• 전체적인 회사의 효율 증진에는 갈등이 발생하기 마련인데, 이러한 갈등은 준 최적(Suboptimal)인 물류운영시스템이 된다.

• 각 단계가 이러한 갈등을 해결하기 위하여 서로 기능적 타협을 하지 않는다면 가장 유익한 물류활동의 의사 결정을 위한 조직적 구조가 필요하게 된다.

② 관리

• 주문과정, 교통, 창고 같은 것은 관리를 위해 개별적으로 관리되고, 관리자는 이들을 종합하여 운영, 조정하게 된다.

• 관리자만이 가장 높은 수준의 효율을 달성하는 균형 역할을 할 수 있다.

③ 물류조직 구성의 필요성

• 물류는 실제적으로 모든 형태 기업이나 협회와 기관에 의해 수행되는 활동.

• 물류조직과 구성원은 상품과 서비스 변동에 따른 전문성과 기술이 바탕.

### (3) 물류조직의 발전

① 물류조직의 발전단계

- 제 1단계 : 영업부형 물류조직(영업위주의 조직)
  - 재고책임, 수·배송책임 등 물류운영에 관한 모든 사항이 영업에 소속되어 있어 물류의 일원적 관리가 어렵다.
- 제 2단계 : 상물분리형 판매조직(영업과 물류가 분리형태)
  - 예산책임, 관리책임이 명확하여 전문성을 살릴 수 있으며, 경영효율성과 탄력성을 기할 수 있다.
- 제 3단계 : 독립형 물류조직(물류업무의 독립조직 형태)
  - 전략추진과 생산 및 구매기능의 조정역할이 가능할 수 있으나, 의사결정과 명령기능이 없다.

② 물류부서의 주요임무

- 물류기획부의 주요임무
  - 전사적인 물류 전략의 수립
  - 전사적인 물류시스템의 설계 개선
  - 전사적인 물류관계 프로젝트의 추진
  - 물류 예산의 편성 관리
  - 물류비의 파악 및 물류 비용표의 작성
- 물류 담당자의 주요임무
  - 생산 관련 업무
- 일상 업무 : 공장 입/출고, 적재 지시, 자동 창고 조작, 출하 보고 입력 등
- 생산계획업무 ; 생산설비관리계획의 작성, 생산, 판매, 재고균형계획의 작성 등
  - 판매 관련 업무
    * 일상 업무(판매사무) : 물품 수주, 수주 여부 판단 조정, 수주 속보 작성 등
    * 계획관리 업무 : 부실 채권 관리, 취소 수정 입력, 판매관리 자료의 작성 등
  - 물류관련 업무
    * 일상배송업무 : 출하, 가공지시, 납품시간대 조정, 재고균형 및 출하보고서점검, 상자에의 출하 안내서 작성 등
    * 물류관리업무 : 수·배송작업 및 수·배송설비계획, 물류비관리, 재고관리 설계, 입·출고작업계획, 보관·하역관리 및 설비기기계획, 포장설계, 규격·품질작업계획 등

## 2) 물류조직의 발전

### (1) 물류조직의 변천

① 조직형태

- 분산형 : 각 공장 및 기능(영업, 운송, 총무 등)이 분산되어 있는 물류조직. 우리나라의 일반적인 형태와 유사.
- 집중형 : 기업의 판매와 생산 분야가 지역적으로 떨어져 있으면 구분관리.
- 독립 부문형 : 물류부, 물류관리부 등 일부 권한 위임관리형태.
- 독립 채산형 : 물류의 코스트비중이 과대하여 발전한 형태.
- 자회사형 : 전문화됨에 따라 이윤을 추구하는 기업으로 발전.

② 물류조직의 특징

- 도매·물류사업을 추진하기 위해서는 제 2단계와 제 3단계로 발전해야 한다.
  - 조직의 변화에서 주의할 것은 조직의 개편 그 자체로 물류의 혁신과 물류관리단계의 향상이 이루어지는 것이 아니다.
  - 제 3단계의 단점을 지적하듯이 만약, 물류부문이 기업 내에 전략적인 위치를 확보하지 못한 상태에서 독립적인 물류조직이 운영된다면 부서 간 충돌 시 상당한 문제만 노출되고 2단계보다도 못한 결과를 가져 올 수 있다.
- 물류조직 유형, 도매·물류사업을 추진 위해서 2단계와 3단계로 발전을 시사.
  - 조직 변화에서 주의할 것은 조직개편이 물류 혁신과 물류관리단계 항상 아님.
  - 제 3단계 단점 보듯, 물류부문이 기업 내에 전략적 위치 확보 못한 상태에서 독립적 물류조직 운영되면, 부서간 충돌시 문제만 노출, 2단계보다 못한 결과.
  - 책임소재 분명한 2단계와 3단계 운영, 취급품목과 업태성격 물류합리화 실현.
- 도매·물류사업을 위해서는 물류의 책임소재를 분명히 해야 한다.
  - 제 2단계와 제 3단계의 초기 조직을 운영하면서 취급품목과 업태성격에 따라 물류합리화를 실현해야 한다.

### (2) 물류조직의 형태

① 직능형 조직

- 개요
  - 1955년까지의 조직형태로 라인부문과 스텝부문이 미분화된 상태 물류조직.
  - 현대경영에는 잘 이용되지 않는 조직유형이다.
- 특징
  - 물류부서는 총무부나 경리부 등 여타조직과 병렬배치

- 또는 개개조직 하부에 발송과 창고부서 등과 같은 형태로 배치
• 직능형 조직의 단점
- 직능형 조직자체가 조직론 적으로 미숙하다.
- 전사적인 물류정책이나 전략·계획 등을 도모하기 어렵다.
- 물류의 전문집단화 어려움, 물류 전문가 양성 어려움 등

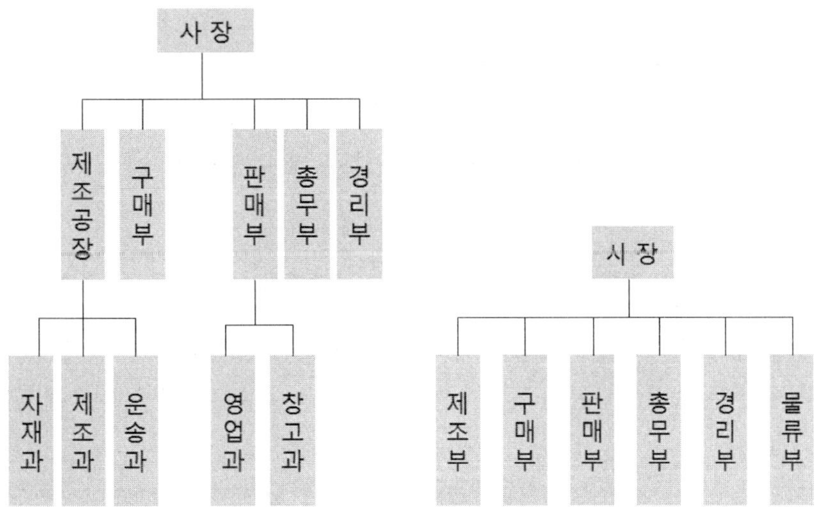


**[그림 11-1] 직능형 조직**

② 라인(line)과 스탭(staff)형 조직
• 개요
- 직능형조직의 결점을 보완하여 라인과 스텝의 기능을 분화, 작업부문과 지원부문을 분리하여 현대물류관리조직의 중심이 되고 있다.
- 라인활동은 재화나 서비스생산, 판매에 직접 연관되고 스텝활동은 생산, 판매라인 업무를 지원하며, 기본적으로 분석, 조언 보조의 성격이다.
- 라인과 스탭형의 조직이 확대되면 사업부형 조직이나 다국적 기업의 조직에서 볼 수 있는 그리드형 조직형태로 발전된다.

| 라 인 | 스 텝 | 비 고 |
|---|---|---|
| 수주처리 | 시스템의 검토 | |
| 커뮤니케이션 | 재고분석 | |
| 재고관리 | 하역기술 | |
| 창고 입고, 보관 | 창고의 설계 | |
| 발송 | 지역계획 | |
| 수송 | 마케팅의 조정 | |
| 차량의 운영 | 코스트의 분석 | |

• 특징

- 직능혁 조직의 결점을 보완하여 작업부문과 지원 부문을 분리한 물류조직.
- 라인(Line)과 스텝(Staff)형 조직은 라인과 스텝의 기능을 분화한 조직.
- 현대물류관리조직의 중심이 되고 있다.

• 장점

- 영업과 물류활동의 일체화가 가능하다.
- 유통전체의 시스템의 정합성을 유지할 수 있다.
- 경영자의 영업정책을 물류에 신속하게 반영할 수 있다.
- 영업을 대표하여 생산이나 구입부문과의 조정이 쉽다.
- 물류부문의 생각, 의견, 제안 등이 영업부문에 반영되기 쉽다.

• 단점

- 스텝기능을 지나치게 강화할 시 현장과 일치하지 않는 계획입안 가능성 존재
  * 실행력이 결핍되기 쉬우므로 물류의 일원적 관리가 어렵다
  * 물류에 관한 책임과 관련하여 권한이 없으므로 최종 책임이 없다.
  * 물류부문과 영업부문이 혼재되어 있을 경우 물류부문에서 직접관리가 어렵다.

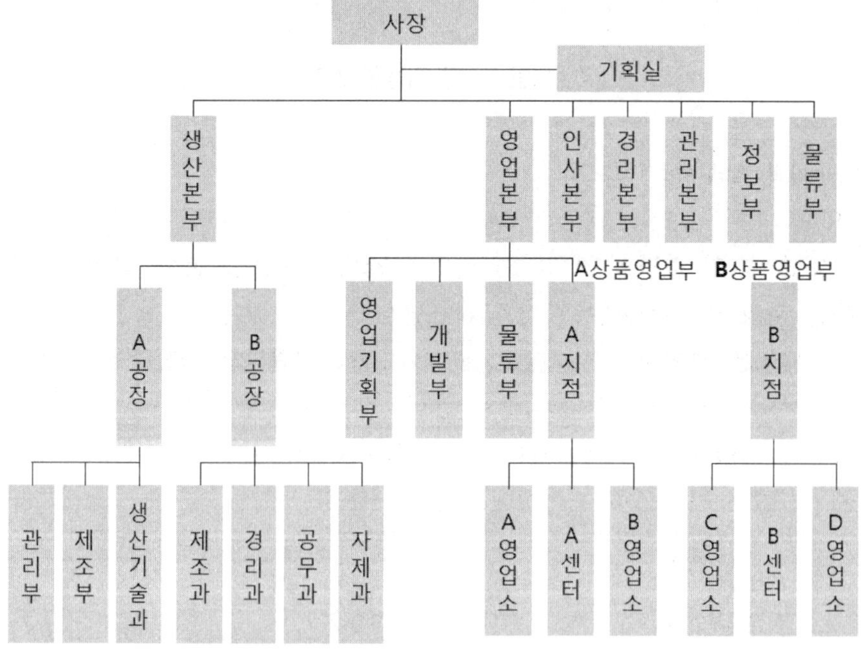


[그림 11-2] 라인과 스탭 조직

③ 라인과 스텝의 물류활동방법

• 라인물류활동의 그룹화 : 생산 및 판매의 라인기능과 유사한 기능.

- 물류메니저가 책임관리 : 고객주문과 재고처리, 창고관리, 배송.
  스텝물류활동은 생산, 판매조직을 담당.

• 스텝물류활동의 그룹화 : 물류메니저가 책임관리

- 계획, 분석, 조정기술 등 스텝기능조직.
- 라인기능은 기존 판매나 생산조직이 수행.

**〈표 11-1〉 물류에 있어 대표적인 라인/스텝 활동〉**

| | |
|---|---|
| 라인 활동 | 수주주문처리, 커뮤니케이션, 재고처리, 창고납입, 보관, 발주, 수송, 차량운영 |
| 스텝 활동 | 시스템의 검토, 재고분석, 하역기술, 창고설계, 지역계획, 시스템 검토, 마케팅 조징, 코스드 분석 |

- 라인활동은 재화나 서비스를 생산, 판매에 직접 연관되고, 스텝활동은 생산, 판매의 라인업무를 도와주는 서비스를 제공하며, 분석, 조언 보조의 성격을 갖는다.
- 라인과 스텝형의 조직이 확대되면 사업부형 조직이나 다국적 기업의 조직에서 볼 수 있는 그리드형 조직형태로 발전된다.

• 라인과 스텝의 물류결합 : 모든 물류활동을 포함. 원자재의 구매기능.

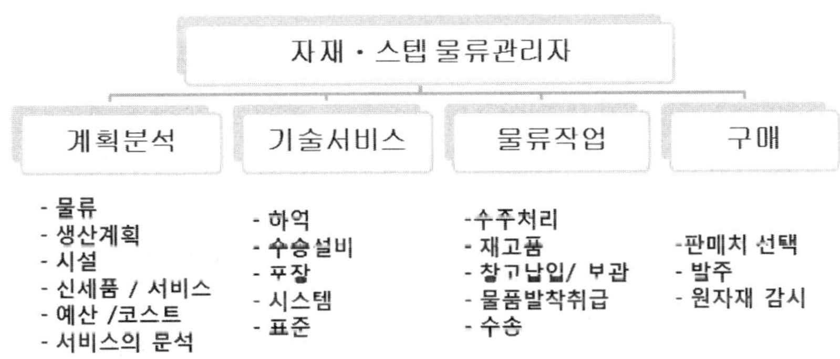


**[그림 11-3] 라인스텝 물류활동의 그룹화**

③ 사업부형 물류조직

• 개요

- 기업규모가 커지고 최고 경영자가 기업의 모든 업무를 관리할 수 없게 됨에 따라 등장한 조직형태이다.
- 조직의 유형으로는 상품별 사업부형, 지역별 사업부형과 이 두 가지를 절충한

형태가 있다.

- 현재의 물류조직은 사업부 단위의 조직이 일반적이다.

• 물류부서 : 특정 지역권을 중심으로 물류거점에 보다 양질의 상품과 서비스 증대 및 물류작업생산성(창고관리/배송) 극대화로 물류비용을 절감하여 기업 이윤창출에 기여하는 임무를 가진 부서. 부서 주요직무 및 업무내용은 다음과 같다.

| 직무분류 | 주요 업무 내용 | 비 고 |
|---|---|---|
| 센터관리 | - 센터시설/장비관리 - 인력관리 - 재고관리 | |
| 배송관리 | - 배송기사관리, 배송차량관리, 배송루트관리 | |
| 입,출고관리 | - 입고, 보관, 분배, 로스관리, 실물재고관리 | 주류 |
| 영업지원 | - 방문수주지원 - 채권회수지원 - 영업보조 | 가맹점 영업팀 |
| 상품구매/<br>상품기획 | - 발주/매입확정 - 구매대금결재 - 적정재고관리<br>- M/F관리(상품/매입처) 품질관리(상품/매입처)<br>- 품질관리(검사) - 장부재고관리 - 구매조건개선 | 주류 |

• 특징

- 기업규모의 확대에 따라 등장한 물류조직(상품별 사업부제, 지역별 사업부제)
- 최고 경영자가 기업의 모든 업무를 관리할 수 없게 됨에 따라 등장한 조직형태.
- 조직유형으로는 상품별 사업부형, 지역별 사업부형과 이를 절충한 형태가 있다.
- 현재의 물류조직은 사업부 단위의 조직이 일반적이다.

• 사업부형 조직의 장, 단점

- 장점
  * 원칙적으로 사업부 하에 제너럴 스텝이나 서비스 스텝이 존재한다.
  * 각 사업부의 장이 자기 사업부의 영업활동 결과에 대한 책임을 진다.
  * 하나의 기업과 같이 사업부가 운영되므로 후계자 육성이 뛰어나다.
- 단점
  * 일원의 움직임이 어려워서 인재교류의 횡적인 연대나 연휴가 어렵다.
  * 인재의 교류가 경직화되어 인재의 적절한 활용이 어렵다.
  * 전사적인 관점에서의 종합성이 결여되어 경영 효율이 떨어진다.

④ 그리드(grid)형 조직

• 개요

- 다국적 기업의 물류관리조직형태로 해외 사업본부 하에 각국의 자회사를 두고 관리하는 형태이다.
- 다국적 기업은 해외 사업본부 하에 각국의 자회사 조직을 두고 각각의 제너럴 스태프와 서비스 스태프를 두고 영업활동 결과에 책임을 지고 있다.
- 각국의 자회사 물류부서는 자사의 경영자 지시뿐만 아니라, 자회사의 로지스틱

스본부의 지시와 영업활동의 결과에 대한 책임을 지고 있다.

- 특징
  - 그리드형 조직은 다국적 기업의 물류관리조직형태이다.
  - 모회사와 자회사간의 권한이양의 형태, 다국적기업에서 많이 나타남
  - 다국석 기업은 해외 사장본부 하에 각국의 자회사 조직을 두고 관리한다.
  - 각국의 자회사는 제너럴 스텝과 서비스 스텝을 두고 영업활동을 하고 있다.

## 2 물류 아웃소싱(Outsourcing)

### 1) 개요

#### (1) 개념

① 정의

- 기업이 고객 서비스의 향상, 물류비 절감 등 물류활동을 효율화 할 수 있도록 물류기능 전체 혹은 일부를 외부의 전문업체에 위탁, 재응 하는 업무
- 기업의 다양한 경영활동과 업무 가운데 전략적으로 중요하면서도 가장 잘 수행하는 분야나 핵심역량은 모든 자원을 집중시키고 나머지 활동들은 해당분야에 가장 뛰어난 전문 업체에 맡김으로써 기업의 경쟁력을 제고시키는 전략이다.
- 기업이 수행하는 물류활동의 일부 또는 전부를 기업자체내에서 처리하지 않고 외부 물류전문업자에 위탁하거나 조달하여 수행하게 하는 물류전략이다.
- 전문 물류업체에 위탁 대응하여 상호 복합적이고 의존적이며, 장기적인 파트너관계를 형성하여 하나의 통합시스템으로 유영되는 되는 것이다.
- 비용절감보다는 고객서비스 향상과 물류활동의 효율성 강화 등 기업의 지속성장과 경쟁력·핵심역량 강화차원에 운영되어 컨설팅·외주·하청과는 차이가 있다.

② 개념

- 물류업무를 사내에서 분리하여 제3의 전문기업에 위탁할 때에 일반적으로 다양한 효과를 기대
- 특정 기업이 물류활동의 일부 또는 전부를 외부 물류전문업자에 위탁하여 수행하도록 하는 물류전략
- 특정 기업이 고객서비스 향상, 물류비 절감 등 물류활동을 효율화할 수 있도록 외부 사업자와 효율적인 관계를 구축하여 물류생산성을 향상시키는 기법이다.

- 범위 : 창고, 운송, 운임지불, EDI 정보교환, 주문충족, 자동기록, 운송수단의 선택, 포장인쇄, 제품조립, 세관통과 과정
- 종류 : EDI정보교환, 주문접수, 운송업체 선정, 포장, 라벨링(labeling), 상품조립 등 직접적 고객업무를 포함.

### (2) 아웃소싱의 종류

① 1자 물류(1PL : First Party Logistics) : 자사 물류(自社 物流)
- 기업에서 사내에 물류조직을 두고 직접 물류업무를 직접 수행하는 것임.
- 화주기업이 자사인력, 장비, 시설 등 자기자산으로 직접 물류업무를 수행.

② 2자 물류(2PL : Second Party Logistics) : 물류 자회사(物流 子會社)
- 하주기업의 물류부서를 별도의 회사로 분리 독립해서 운영하는 자회사 말함.
- 화주기업이 자회사나 계열사 등에 위탁하여 물류업무를 수행하는 것을 말함.
- 물류자회사는 물류비의 명확화, 물류효율화, 합리적인 노무관리 등 물류효율화를 지원하면서 여타기업물류도 적극 다루는 독립된 물류기업으로서 성장.

③ 3자 물류((3PL : Third Party Logistics) : 위탁물류
- 화주기업이 물류전문회사에 물류활동의 일부 또는 전부 위탁하여 운영한다.
- 물류채널 내의 다른 주체와 일시 또는 장기적인 대행자 또는 매개자를 의미.

④ 제4자 물류(4PL : Forth Party Logistics) : 공급사슬물류
- 화주기업이 물류서비스기업들과 포괄적인 공급사슬솔루션을 제공하기 위해 자사 부족부문인 타사 경영자원, 능력과 기술과 연계하여 공급사슬통합 역할 수행
- 제3자 물류이외 고객관리, 물류기획, 전략컨설팅 등의 기능이 추가된다.
- 화주기업은 경영컨설팅업체, 제3자물류업체, 정보기술업체 등과 가상조직을 형성하여 공급사슬상에서 통합서비스를 제공

### (3) 물류아웃소싱의 필요성

① 기업들의 원가절감 노력은 진행형이다.
- 경영컨설팅 회사인 맥킨지 조사에 따르면, 구매비용의 1% 절감은 직원 수의 6.7% 감소, 재고 10% 감소, 판매 3% 증가와 같은 효과를 낼 수 있다.
- 물류의 아웃소싱은 구매 부문의 원가절감 없이는 전사적인 원가절감을 이뤄내기 힘들다는 물류 최적화를 위한 현대경영전략에서 기인한다.

② 주력 업무에 경영자원을 집중하고 핵심역량을 강화하기 위함이다.
- 인력, 자금 등 경영자원의 적절한 재배분이 가능.
- 외부전문가 활용으로 비효율·고비용 부문의 효율성 극대화
- 핵심역량사업에 내부 경영자원을 집중하여 경쟁사와 차별성 부각

• 주력업무의 전문성과 품질향상, 경영체질의 강화를 도모.

③ 리스크를 분산하기 위함이다.

• 전 세계적인 물류아웃소싱 추세에 대응한 물류시설투자의 경감
• 아웃소싱 조직으로 시장, 경쟁, 기술 등 기업경영 리스크의 최소화
• 외부 제품개발로 고정비의 변동비화로 리스크 감소와 기업의 유연성 강화

④ 조직을 슬림화·유연화하기 위함이다.

• 단순하고 반복적인 업무 등이 외부에 의존됨에 따라 기업 내 조직이 슬림화.
• 유연성 있는 고용형태와 직무급 등의 급여체제 실현도 가능해진다.

⑤ 정보기술 변화에 대응한 효율적인 관리체계 구축을 위함이다.

• 공급체인망관리(SCM)개념의 확산 및 즉시응답체계(JIT)에의 대응
• 물류IT의 발달 등 환경여건의 조성에 대응

⑥ 코스트 절감이 그 목적이다.

• 기능의 비대화와 분야별 전문 인력의 부족현상을 적은비용으로 가능하다.
• 시너지 효과에 의한 새로운 부가가치를 창출하기 위함이다.
• 공급 및 활용측면의 시너지효과로 새로운 부가가치 창출과 사업화가 가능.

### (4) 물류 아웃소싱의 장단점

① 아웃소싱의 장점

• 글로벌시장 확대를 통해 안정적인 서비스의 필요성으로 장기계약이 증가됨.
• 가장 큰 효과는 운송비용 등 물류비용의 절감이다.
  - 자재관리 및 보관비용의 절감, 재고수준의 감소, 응답시간의 단축, 유통채널에 대한 통제의 향상 등이다.
• 고객요구에 대한 신속대응, 제품과 서비스의 품질, 제품의 가용성 등의 향상.
• 물류회사는 고객사를 위해 물류시설, 시스템 등에 과감히 투자 기회
• 고객에게 맞는 맞춤 IT시스템을 기반으로 정교한 물류 서비스 제공 등

〈표 11-2〉 물류아웃소싱의 장점

| 화주기업관점 | 물류업체관점 |
|---|---|
| • 기업의 핵심역량에 집중<br>• 선진 물류기법 활용<br>• 물류관리비용 절감<br>• 고객서비스 향상<br>• 유연성의 향상<br>• 물류자본에 대한 투자 감소<br>• 물류아웃소싱에 따른 세제혜택<br>• 인력절감 | • 규모의 경제 실현<br>• 다양한 물류고객 확보 가능<br>• 물류를 핵심사업 군으로 양성 가능<br>• 물류서비스 수요변동에 대처 가능<br>• 물류전문인력 양성 가능<br>• 물류전문업체 양성에 따른 지원 혜택<br>• 경험을 통한 글로벌 물류시장 진출 |

② 아웃소싱의 단점

- 본사중심 통제능력 상실 및 보안상의 문제, 서비스 품질의 불확실, 실제비용의 측정 곤란 및 비용점증 현상의 문제, 기존의 사내물류인력의 실업, 정보의 유출, 물류업체의 전문지식에 대한 평가 곤란, 협조관계의 추진에 따른 문제 등.
- 고객 불만에 대한 신속대처의 곤란, 배달 업무 등의 신뢰성 저하, 계약종결 등 사후관리문제, 내부전문가 상실 및 사내 전문지식을 축적할 수 없는 것 등.
- 교체비용의 발생 등 비용점증 현상의 문제
- 환경변화에 대한 대응능력의 저하우려

〈표 11-3〉 물류아웃소싱 불안요소 및 주요 결정요인

| 불안 요소 | 주요 결정요인 |
|---|---|
| • 직접통제의 어려움 | • 비용절감 효과 |
| • 서비스수준의 불확실성 | • 고객서비스 대응 수준 |
| • 비용체계의 불확실성 | • 전문성 및 경륜/평판 |
| • 고객변화에 대한 대응체계 | • 정보시스템 능력 |
| • 전문기술의 정도 | • 재무적 안정성 |
| • 정보시스템 통합/사용 기술력 | • 서비스 권역 |
| • 프로세스 재설계 | • 시설 및 보유 장비 |
| • 새로운 관계형성 및 문화충돌 | • 노무관리의 안정성 |
| • 의사소통의 애로 | • 자사와의 관계 및 기여도 |
| • 정보유출 가능성 | • 전문화의 장점 |

### (5) 기대효과(benefits)

① 기본 효과

- 기업경쟁력의 향상
  - 기업내부의 자원을 핵심역량에 집중하여 전문화한다.
  - 효율적 또는 고비용 업무는 외부화로 주력부문에 매진한다.
  - 주력업무의 전문화로 인하여 경쟁우위효과를 높여준다.
  - 핵심 역량에 대한 집중력을 강화, 투자위험의 회피가 가능
  - 기업의 경쟁우위 확보 및 사회적비용의 절감과 국가경쟁력 강화에 기여
- 위기 대처능력의 발휘
  - 경쟁우위능력의 확보와 사회적비용의 절감으로 국가경쟁력 강화에 기여.
  - 기업의 경쟁우위 확보 및 사회적 비용의 저감과 국가경쟁력 강화에 기여
  - 경영역량은 분산되나 핵심역량사업에 집중할 수 있는 장점이 있다.
  - 기업의 조직이 슬림화되어 유연성을 높여 구조조정을 단행할 필요가 없다.

- 매출의 둔화 또는 경기의 둔화 등 저성장기의 경영위기에 유연한 대처

• 가치의 창출
  - 품질은 더욱 향상되면서 경쟁회사에 비해 우수한 품질과 가격의 창출
  - 제조업체는 전문화이점을 살려 고객욕구 변화에 대응한 주력사업 집중.
  - 전문화의 이점을 살려 고객욕구의 변화에 대응하여 주력사업에 집중
  - 전문화된 물류 업무의 질을 제공받을 수 있기 때문에 업무가치의 창출.
  - 제조업체는 물류전문화의 이점을 살려서 새로운 고객가치를 창출에 기여.

• 비용의 절감
  - 조직 간소화로 조직의 유연성을 확보할 수 있고 물류비도 절감.
  - 물류공동화와 물류표준화가 가능하여 물류합리화를 통한 비용절감 가능하다.
  - 물류시설 및 장비를 이중으로 투자하는데 따르는 투자위험의 회피가 가능하다.
  - 기업이익측면에서 화주기업이 자체적으로 모든 업무를 해결하려 할 때는 많은 노력과 비용이 낭비되지만, 외부전문기업에 위탁하면 경비를 절감할 수 있다.

• 물류기업의 경쟁력 강화
  - 물류시설 및 장비를 이중 투자하는 데 따르는 투자위험의 회피가 가능하다.
  - 물류 공동화와 물류 표준화가 가능
  - 물류시설 및 장비를 이중으로 투자하는데 따르는 투자위험의 회피 가능
  - 물류공동화와 물류표준화가 가능하여 물류비 절감과 서비스의 향상이 가능

〈표 11-4〉 물류아웃소싱 활용의 전략적 효과

| 핵 심 역 량 | 비용우위 및 서비스 우위 확보 |
|---|---|
| R&D에 주력 | 높은 물류 생산성 |
| 마케팅과 영업에 주력 | 물류코스트 절감 |
| 생산에 주력 | 공동 수·배송 효과 |
| 자원의 집중 | 계획발주 및 계획 수·배송체계 유지 |

## 2) 물류아웃소싱의 성공 절차

### (1) 단계별 접근

① 물류분야의 아웃소싱단계 : 서비스제공 형태에 따라 보통 세단계로 구분된다.

• 첫 번째 단계는 운송, 보관, 하역, 포장, 정보처리, 유통가공 등 일련의 물류 각 기능을 부문별로 외부의 물류업체에게 아웃소싱 경우.

• 두 번째 단계는 운송, 보관, 하역 등 여러 물류기능을 일괄적인 방법의 아웃소싱

경우.

• 세 번째 단계는 서비스범위측면에서는 두 번째 단계와 거의 비슷하지만, 운영관리 측면뿐만 아니라 물류전략계획의 수립부문까지 포괄적으로 수행.

- 현재 미국 등 선진유통물류국가를 중심으로 공급체인관리(SCM)가 확산됨에 따라 3번째 단계수준으로까지 발전하고 있다.

② 물류아웃소싱의 이론적 배경

아웃소싱을 기업 내부의 미시경제학적 차원에서 설명하는 거래비용이론과 경쟁우위를 위한 전략적 차원에서 설명하는 전략적 이론이 있다.

• 거래비용이론

- 외부적 조정비용에 초점을 두는 이론이다.
- 기업은 거래의 적절한 관리구조를 통해 제품 서비스를 외부 서비스 제공회사로부터 구입 또는 내부에서 조달할 것인지 평가방법 제공.
- Williamson(1995) : 제한된 합리성과 기회주의, 두 가지의 행동을 가정
  * 업무의 직접처리와 관련한 생산비용과 업무의 달성을 위한 계획, 각색, 감시와 관련한 거래비용을 제시.
  * 조직은 생산과 거래비용의 최소화 목표를 달성하는 구조에 적응한다.
  * 거래비용분석은 총비용을 최소화하는 기업의 관리구조에 초점,
  * 효율적인 관리 형태를 결정하는 생산-구입 의사결정과 일치한다.

• 전략적 이론

- 자원기반이론
  * 자원기반이론에서 자원은 기업에 투입되는 광범위한 투입을 의미
  * 자원을 경쟁우위의 주요원천이 되는 기업의 역량으로 본다.
  * 경쟁우위의 두 가지 원천인 우수한 기능과 우수한 자원과 관련.
  * 경쟁우위를 위해서는 가치, 희소성, 불완전한 모방성, 비대체성 요구.
  * 아웃소싱을 전략관리상 자원과 능력간의 갭의 보충이며,
  * 아웃소싱을 통한 자원과 능력의 갭 보충은 기업의 전략적 기회 확대
  * 경쟁우위의 유지·확대를 위한 자원과 능력의 증대를 의미.
- 자원의존이론
  * 가치 있는 자원보유·획득이 기업의 경쟁우위에 공헌한다는 이론.
  * 기업은 경쟁우위를 위해 생산과정의 자원조달을 외부에서 의존.
  * 조직의 자원 획득에는 외부환경관리와 안정적 관계유지전략 필요.
  * 과업환경 의존과 전략적 제휴와 아웃소싱, 강한통제 등과 관련.
  * 기업은 외부 서비스제공회사와 모니터·전략적 관계구축 등 필요.

### (2) 발전 단계

① 발전과정

- 물류수행 주체측면
  - 제1자 물류(자사물류) → 제2자 물류(물류자회사) → 제3자 물류(위탁물류)
- 서비스의 전문성측면
  - 물류활동의 운영 및 실행 → 관리 및 통제 → 계획 및 전략
- 물류의 서비스측면
  - 기능별서비스 → 기능간의 연계 및 통합서비스 → 기업간의 연계 및 통합서비스
- 물류의 최근 변화 추세
  - 공급체인망관리(Supply chain management)의 등장.
  - 신속물류(Quick response logistics)의 확산.
  - 물류시스템 내 전략적인 제휴가 활발함.
  - 제3자 물류(Third-party logistics) 활성화.

② 물류분야의 아웃소싱 3단계

- 첫째단계 : 운송, 보관, 하역, 포장, 정보처리, 유통가공 등 일련의 각 물류기능을 부문별로 외부의 물류업체에게 아웃소싱경우.
- 둘째단계 : 운송, 보관, 하역 등 여러 물류기능을 일괄적인 방법의 아웃소싱경우.
- 셋째단계 : 서비스범위측면에서는 둘째단계와 비슷하지만, 운영관리와 물류전략 계획의 수립부문까지 포괄적으로 수행하는 것이다.
  - 현재 선진국을 중심으로 전략적 제휴에 의한 효율적인 물류전략·계획의 제안, 통합물류서비스 제공 등 공급체인관리가 확산됨에 따라 발전하고 있다.

③ 아웃소싱의 종류

- 비용절감형 아웃소싱
  - 우리나라 기업들이 주로 이용하는 방식으로 비용절감만을 위하여 중요하지 않은 기능을 아웃소싱 하는 형태이다.
  - 원부자재를 조달해 주는 임가공방식에서 고객관리, 해외출장, 자료정리, 행사대행 등 단순관리, 교육, 전산 등 전문 관리까지 아웃소싱이 확산되고 있다.
- 분사형 아웃소싱
  - 이익 추구형(Profit-Center)형 : 분사화 된 기업이 모기업에 서비스도 공급하면서 외부 기업과도 거래하고 업무전문화로 인력구조조정의 한 수단으로 활용.
  - 스핀오프(Spin-off)형 : 자사의 기술, 공정제품, 역량 등을 분사화·비즈니스화로 조직을 슬림화한다. 사업부조직을 분리하여 별도법인 또는 협력기업에 이관한다.
  - 네트워크형(가상기업형) : 공급업체와 수평적 네트워크를 형성하여 시너지효과

를 제고시키는 형태. 복수의 주체가 경영자원을 공유하고 상호보완적으로 활용.
- 핵심역량 자체의 아웃소싱 : 핵심역량 자체를 외부화하여 경쟁에 노출하고, 핵심사업의 경쟁력을 더욱 높이려는 아웃소싱이다.

④ 물류아웃소싱의 성공전략

- 지출된 물류비용을 정확히 파악하여 아웃소싱에 따른 비용절감효과를 측정한다.
- 아웃소싱의 목적인 고객서비스와 비용절감이 기업 전체의 전략과 일치해야 한다.
- 장애요인인 인원감축에 따른 사기저하를 방지하기 위해 적절한 인력을 관리한다.
- 최고경영자(CEO)의 관심과 지원전략이 필요하다.
- 아웃소싱의 목표는 현재와 미래의 고객만족과 고객가치창출에 목표를 둔다.

⑤ 물류 아웃소싱을 활용하는 절차

- 기업의 물류 환경 및 장단기 목표와 전략을 분석한다.
  - 물류전략을 기업의 전략과 일치시키기 위해 필요한 절차이다.
  - 제품의 성숙기부터 제품원가우위를 목표로 효율적인 물류업체를 선택한다.
  - 브랜드 이미지를 위해 서비스 품질이 좋은 파트너 선정할 필요가 있다.
- 자사의 핵심영역 및 강점과 약점을 파악한다.
  - 제반 강점에 자원을 지중하고 약점은 외부에서 아웃소싱으로 보강한다.
  - 물류 아웃소싱에 따른 제반 장애 요소를 인식 및 규명하여 제거한다.
- 물류아웃소싱의 가능성을 파악한다.
  - 운송, 하역 등 단순 업무만 아웃소싱을 주고 점검하면서 통제권은 확보한다.
  - 전략적인 중요부문에서 전문지식이나 장비를 아웃소싱영역이 있는지 파악.
- 물류아웃소싱의 업체선택요건을 정의한다.
  - 명시된 문서 선택요건을 명확한 의사소통으로 서비스범위와 수준을 이해한다.
- 물류업체 선정을 위한 평가기준을 마련한다.
  - 자사전략과 목표의 적합성, 조직문화, 물류회사의 장단점, 아웃소싱 경험이다.
- 파트너를 평가하여 아웃소싱업체를 선정한다.
  - 물류전문기업이 물류경쟁력이 있는 물류인프라를 갖추고 물류노하우를 보유하고 있다면, 물류를 하나의 사업부로 삼아서 물류자회사를 설립하는 방법이 있다.
  - 소수의 파트너를 선정한 후 최종파트너를 선정한다.
- 선정된 파트너와 협상을 거쳐 아웃소싱서비스 계약조건을 확정한다.
  - 세부적인 계약내용을 협상하여 상호 유익한 계약을 체결한다.
- 파트너가 결정되면 업무이관을 위한 제반 사항을 준비한다.
  - 이관준비, 교육, 의사소통채널의 확정, 성과평가, 피드백과 조정절차를 거친다.
- 파트너십의 관계개선을 위한 모델을 개발한다.
  - 계약관계의 원만한 유지와 발전을 위하여 발전방향에 대한 모델을 설정한다.

- 아웃소싱서비스를 실행하여 파트너십관계를 관리하고 지속적으로 유지한다.

⑥ 물류 아웃소싱 성공을 위한 실행 조건

- 최고경영자의 아웃소싱에 대한 경영판단에 의한 명확한 비전과 아웃소싱에 대해 조직구성원 전체의 공감대가 형성.
- 물류아웃소싱 업체와 공급업체간의 Win-Win 전략 하에 상호협력, 공생관계의 파트너십 유지.
- 상호 업체와의 지속적인 커뮤니케이션관리를 위해서는 경영층과 실무진을 지정하여 정기적/비정기적 대화채널을 통해 계속적인 평가와 개선활동을 실시.
- 물류 아웃소싱 기업과 공급업체와의 경영가치와 문화적인 차이에 의한 갈등과 조직 부서간의 갈등이 방지하는 긴밀한 협력관계를 유지.
- 물류아웃소싱 업체와 공급업체의 핵심역량 파악과 시너지효과 제고.
- 원가관리를 통한 이익수준의 사전 검토 및 평가.
- 단순히 물류비용 절감만 기대하기 보다는 고객서비스측면에서 차별적 경쟁우위를 가질 수 있는지 등 부가가치창출에 목적.
- 계약은 요구사항을 분명히 하고 정확한 데이터베이스, 충분한 시간적 여유를 가지고 구체적이고 명확하게 한다.

**〈표 11-5〉 물류 아웃소싱업체 선정기준 및 필요사항**

- 물류서비스 범위 및 업무분장 및 물류서비스 수준
- 계약기간 및 계약에 대한 관리 및 책임
- 프로세스별 실행방법, 조건, 책임한계
  - 주문처리, 발주, 검수, 입출고, 재고관리, 하역, 수·배송, 유통가공, 반품, 회수폐기, 품질관리 및 정산
- 물류서비스 수수료 기준 및 지급조건
- 정보의 공유 및 보안유지
- 계약불이행, 문제발생 시 배상방법 및 조건
- 계약사항 수정, 변경 및 계약연장조건, 방법
- 계약해지 조건 및 방법 및 분생 발생 시 처리 등

## 3) 물류 자회사(物流 子會社)

### (1) 개요

① 정의

- 자가 물류(제1자 물류)에서 물류조직이 독립되면서 자연적으로 생성된 것을 말한다.
- 모회사의 물류관리업무의 전부 혹은 일부를 대행하기 위한 수단으로서 모회사의

출자 및 인원의 파견으로 설립된 회사를 말한다.

- 모회사의 물류관리 업무의 전부 혹은 일부를 대행하기 위한 물류 관리상의 한 수단으로서 모회사의 출자 및 인원의 파견으로 설립된 회사를 말한다.

② 개요

- 하주기업의 물류부분이 독립해서 생긴 자회사를 말한다.
  - 설립 목적은 물류비의 명확화, 물류효율화, 합리적인 노무관리 등 물류효율화.
  - 한편으로 중개요금을 받기만하는 터널회사라고도 한다.
- 기업 활동에서 비중이 높아짐에 따라 판매 지원형의 물류시스템이 요구된다.
  - 모(母)회사의 물류뿐만 아니라, 물류자회사의 역할도 중요해졌다.
  - 타 기업의 물류도 적극 다루고 독립 물류기업으로 성장하고 있다.
- 모회사가 50% 이상을 출자하여 설립한 물류전문회사
- 모회사의 물류기능을 전부 또는 일부 대행하는 회사

③ 설립목적

- 물류업무의 전문성과 고객서비스 향상
- 물류기능의 강화로 경쟁력 우위 확보

### (2) 물류자회사의 발전과정

초기에는 물류조직의 라인과 스태프를 종합한 형태로 출발하여 점차 경영의 안전성을 찾으면서 비용 중심적 및 이익 중심적 물류조직으로 발전된다.

① 스탭 1(모회사전속형) : 모회사의 업무만을 수행하는 형태로서 판매에서 사원의 이사짐 등을 취급하는 사원물류에 이르는 활동영역이 있음

② 스탭 2(그룹형) : 물류 비즈니스영역을 모회사뿐만 아니라, 모회사를 포함하는 그룹 관련회사의 물류업무를 대상으로 하는 형태

③ 스탭 3(물류전업형) : 운수·보관·포장 등의 물류회사를 핵으로 하여 판매에서 쿠리어 서비스에 이르기까지 그룹 이외로 확장된 업무를 대상으로 하는 형태

### (3) 운영의 특징

① 기본적 형태 : 물류종합자회사, 물류업무위탁회사, 물류업무중간회사 등.

② 업종별 분류 : 창고회사, 포장회사, 하역회사, 운송회사 등이 있다

③ 자회사활동의 기본

- 모회사 물류업무(조달, 생산, 판매, 수출, 관련업무)를 100% 수행한다.
- 모회사 업무가 최우선, 모회사의 물류시스템을 확립한 후 이외영역에 진출.
- 모회사이외 진출 경우, 모회사의 수·배송특성, 보관특성, 작업특성 보유.

④ 물류자회사의 성공조건

- 물류전문업자로서 경영의 독립성(독립채산성)
- 물류전문업체로서 특화되어 있는 형태
- 물류전문인력 활용
- 모회사의 조직과 동일한 물류기능을 실시하는 형태
- 물류공동화 실시

### (4) 물류자회사의 장점과 문제점

① 장점

- 모회사의 관점
  - 모회사의 정년퇴직자, 고연령자 등을 처리하는 조직으로 활용가능
  - 노동임금의 탄력성
  - 정보수집이 빠름
  - 관리책임이 명확함.
  - 모회사의 경영정책을 매크로적으로 자회사에 세밀하게 반영가능
  - 인사측면에서 로테이션을 물류테두리 안에서 할 수 있어, 전문가육성 용이
- 자회사의 관점
  - 보다 자율적인 자회사 독립의 물류정책에 대한 입안과 실시가 가능
  - 자회사 독자적인 물류설비투자 가능
  - 자율적인 인원육성 및 인원배치로 물류전문인력양성에 유리
  - 명확한 경영책임 부여로 평가가 객관화되고 기업공헌도가 명료해짐
  - 독자적인 시스템구축이 가능
  - 모회사이외 업무확장이 용이하고 조업도의 안정, 규모의 이익실현 가능
  - 물류효율이 명확해지고 객관화됨

② 문제점

- 모회사의 물류정책이 자회사의 말단까지 미치기 어려움
- 모회사의 지휘/명령계통이 자회사와 일원화되기 어려움
- 물류부문에 영향을 끼칠 수 있는 모회사의 계획변경 등의 결성사항이 자회사로 잘 전달되지 않는등 커뮤니케이션의 원활화가 저해됨
- 모회사와 자회사의 시스템이 유기적으로 조화되기 어려움
- 모회사의 낙하산식 인사 등에 의해 고연령/고임금/저생산성 문제 야기
- 물류자회사를 관리하는 스탭부문이 비대성/증대화되는 문제

## 3 제3자 물류(3PL : Third Party Logistics)

### 1) 개 요

#### (1) 기본 개념

① 정의

- 통합물류관리시스템으로 제3자 물류를 의미한다.
  - 전문 물류업체가 하주에게 물류개선계획을 제안하여 물류업무를 일괄적으로 수탁하는 것.
  - 기업은 생산 또는 판매만 담당하고 외부의 전문 물류업체가 판매자에서 소비자에게까지 운송을 책임지는 물류서비스. 생산업체, 물류업체들이 운영하는 물품 보관창고 등의 중간 거점을 완전히 생략하거나 축소한 형태.
- 화주가 물류업무를 직접 수행하거나 계열사를 통해 하지 않고 제3자인 전문물류업체에 업무를 대행하게 하는 방법을 말한다. 계약물류라고도 한다.
  - 전문물류업체와 하주업체와의 관계가 장기적인 전략적 협력 관계이고 종합물류서비스를 제공한다는 점에서 단순 거래관계에 기초하여 수송·보관 등의 개별물류 기능을 위탁 처리하는 물류아웃소싱과 구분된다.

② 의의

- 제조업체, 유통업체 등의 화주와 물류서비스 제공업체간의 전략적 제휴라는 형태.
  - QR, ECR[1] 등은 공급사슬 내 제조업체와 유통업체 주체간의 파트너십 또는 전략적 제휴로 나타난 형태이다.
- 공급사슬망상 전체나 일부를 제3의 물류전문기업에게 일부 또는 전부를 위탁하는 것이다.
  - 화주와 단일 혹은 복수의 제 3자가 일정 기간 일정 비용으로 일정 서비스를 상호 합의 하에 수행함
- 고객서비스 향상, 물류비 절감, 물류활동의 효율성향상 등 목표를 달성할 수 있도록 물류경로 내의 다른 주체와 일시적이거나 장기적인 과제를 가지고 있다.

---

1) (efficient customer response)

〈표 11-6〉 제3자 물류와 단순 물류아웃소싱의 차이점

| 구 분 | 제3자물류 | 단순 물류아웃소싱 |
|---|---|---|
| 목 표 | 경쟁우위 획득(서비스/비용우위) | 원가 절감 |
| 운영기간 | 중장기 위주 | 단기, 일시적 |
| 정보공유여부 | 반드시 필요 | 불필요 |
| 서비스제공 | 능동적(제안형) | 수동적(수주형) |
| 서비스분야 | 운영, 관리, 전략 | 주로 운영 |
| 계약방식 | 경쟁계약 | 수의계약 |
| 의사결정 | 최고경영층 | 중간 관리층 |
| 자산특성 | 무경영자산형가능(가상물류 등) | 경영자산 소유필수 |
| 관리형태 | 통합관리형 | 분사관리형 |
| 고객화주와의 관계 | 협력관계 | 상하관계 |
| 서비스 범위 | 종합물류지향 | 기능별서비스(수송, 보관 등) |

③ 필요성

- 화주기업의 측면 : 물류체계 구축비용 등 물류비를 절감하여 기업본연의 업무와 고부가가치 사업 재투자, 소비자만족 등 극대화한다.
- 물류업체측면 : 업종전문화와 규모의 경제 달성으로 이윤을 극대화한다.
- 국민경제측면 : 국가물류비 절감 및 고부가 물류서비스 확대로 경제성장과 국가 경쟁력 효과가 향상된다.

④ 특징

- 특정기업의 물류업무를 다양한 기업이 파트너로서 참여하는 혼합조직 형태
  - 제조업체나 유통업체 등의 화주와 물류 서비스 전문제공업체간의 전략적 제휴 형태로 나타난 것
- 이익분배를 통해 공동의 목표설정으로 공급사슬 전체의 지속적인 비용절감
  - 물류관련 자산비용의 부담이 줄어듬, 전문물류 서비스의 활용을 통한 고객서비스 향상, 핵심사업분야 집중을 통한 기업 경쟁력 향상
  - SCM상 전체관리와 운영의 최적조합에 의한 서비스 제공에는 한계가 있다.
- 복수 기업이 관련되는 제 4자 물류조직과의 계속적인 노하우 공유를 지원.
  - 합작투자 또는 장기간 제휴상태를 유지하면서 공합석으로 지원한다.
  - 특정 과제를 가지고 물류채널 내의 전문기업과 단일 혹은 복수의 제3자 간의 일정기간 동안 적정비용으로 일정서비스를 상호 합의하에 수행하는 과정이다.

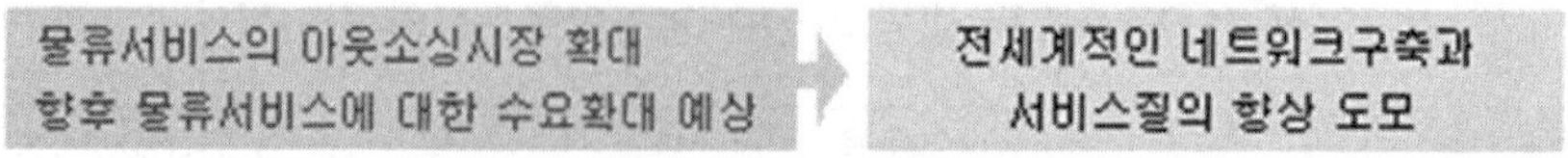

물류서비스의 아웃소싱시장 확대
항후 물류서비스에 대한 수요확대 예상
전세계적인 네트워크구축과
서비스질의 향상 도모

[그림 11-4] 제3자 물류 이용분야

⑤ 유형

- 자산기반 물류업체 : 물류자산을 직접 보유 또는 임차를 통해 운영
- 네트워크 물류업체 : 글로벌 운송 및 정보통신 네트워크 확보
- 기술기반 물류업체 : 컨설팅, 재무서비스, 정보기술 및 관리역량을 바탕으로 고객에게 차별화된 서비스를 제공

⑥ 도입의 목적

- 기업구조 개선 및 기업의 핵심역량 강화 전략
- 기업의 리스크 분산 및 시너지효과 창출전략
- 비용절감을 통한 경쟁력 강화 전략
- 기업 경영혁신의 도구
- 서비스 전문성을 확대시키는 전략
- 글로벌 네트워크의 효율적 구축
- 기업들의 핵심역량 집중화 경향 가속

경쟁우위의 확보
품질의 향상
재고감소
리드타임 개선

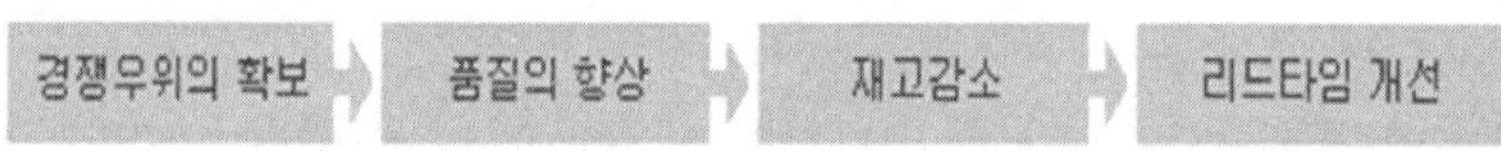

[그림 11-5] 제3자 물류의 이용목적

## (2) 도입효과

① 물류산업 합리화·고도화에 의한 고 물류비용 구조

- 토털 물류비용의 삭감.
  - 화주기업이 고객물류서비스의 향상, 물류비용의 절감, 물류활동의 운용효율 증대, 판매지원을 통한 매출증대, 경쟁우위의 확보

② 고품질 물류서비스의 제공으로 제조기업의 경쟁력 강화

- 조직의 슬림화 및 조직의 분산효과
  - 운영비 감소, 서비스 개선, 핵심역량 치중, 인력감소, 자본비용 감소 등.

③ 종합물류서비스의 활성화

- 고객서비스 향상

- 고객욕구(need)에 가장 적합한 공급망의 루트를 선택하는 것이다.
- 기업의 핵심부문에 인력을 집중할 수 있도록 도움을 주며, 고객서비스를 향상시키는데 이점이 있다.

④ 공급체인망관리(SCM) 도입·확산의 촉진

• 물품이동에 대한 신속성 및 정확성.
- 수송, 보관, 포장, 분류, 유통가공 업무를 부분 수탁에서 파트너로 포괄 인수.
- 물류서비스의 향상과 물류비용의 절감을 통한 지속적인 개선을 시행하는 것

## 2) 역 사

### (1) 도입배경

① 3PL의 유래

• 1988년 미국 물류관리협회(CLM)의 화주대상 물류서비스 조사에서 제3자 제공자(Third party-providers)라는 용어 최초사용.

② 등장 배경

• 1980년대에는 기업내 물류기능간의 통합관리를 강조한 통합물류관리[2] 중시.
• 1990년대 이후 기업간의 물류기능의 외연적 통합을 통해 물류효율성을 제고하기 위한 공급체인관리(SCM) 개념 확산시기이다.
• 1990년대부터는 경쟁관계의 설정과 보다 효율적인 물류시스템 구축노력.
- 개별 기업차원에서 공급체인전체의 물류효율성 증대를 위한 관련주체간의 파트너십 또는 제휴형성이 매우 중요성 이슈로 등장한다.

③ 성장 배경

• 미국에 있어서 물류의 중요성인식이 확산
• 미국의 운수행정의 규제완화 정책에 의한 시장경쟁 원리 도입
- 1978년 항공 운송사업, 1980년 화물·자동차 운송사업과 철도 운송사업
• 화주와 물류서비스업체 쌍방에 맞추어 서비스개선을 위한 신규 사업개발
• 미국기업의 글로벌경쟁에서 물류개선을 통한 물류비용절감이 최대과제 등장
• 화주기업의 요청에 부응하고 제3자 물류업체로의 생존위한 적극 변신 모색.

④ 시장 환경

• 글로벌화의 진전과 무한경쟁에 의한 동종품목별 가격경쟁의 심화
• 서비스비용의 삭감과 새로운 고객가치창출을 위한 고객서비스의 기대 증가
• 글로벌 가격경쟁의 격화와 규모의 경영을 위한 인수합병(M&A)의 심화

2) (integrated logistics management)

• 시장진입에 대한 규제완화 및 고객니즈 변화와 새로운 상품의 개발 강화
• 새로운 정보기술의 융합시대(IT 정보기술의 변화)에 의한 기술의 변화추세

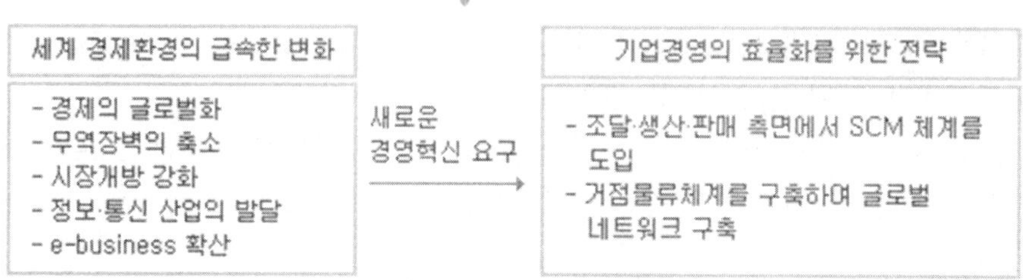


**[그림 11-6] 3PL 도입배경**

⑤ 물류 조직 발전단계의 관점

• 물류활동의 수행주체별 분류를 기업물류조직의 발전단계로 보는 시각이 있다.
• 최초 직접 물류업무의 수행에서 시작하여 사내 물류조직의 경쟁력을 바탕으로 자회사로 분리되고 이 자회사가 경쟁력을 인정받으면 모 기업의 물류업무 뿐만 아니라, 타 기업을 고객으로 확보하여 제3자 물류업체로 성장한다는 시각.

**〈표 11-7〉제 3자 물류업체의 형태적 유형**

| 구 분 | 지식형 3자물류 | 자산형 3자물류 |
|---|---|---|
| 형 태 | - 자산 비보유<br>- 자산리스 이용 | - 트럭, 창고 등의 자산 보유 |
| 장 점 | - 유연한 서비스<br>- 비용절감 및 물류 효율화 | - 성수기 이용가능<br>- 고객중심의 상업화 |
| 단 점 | - 신뢰성 및 관리감독 능력<br>- 성수기 이용여부<br>- 배상책임 | - 특정고객전용 시 차별성이 사라짐 |
| 특 징 | 컨설팅/IT전문업체의 인력을 스카우트 | 화주기업/컨설팅업체의 전문인력 스카우트 |
| 비 고 | 자산상각비용과 무관하여 경영구조가 유연함 | 경영과 정보시스템을 주요 무기로 함 |

자료 : 최신물류관리론, 박귀환/김웅진/박정섭 공저, 도서출판 두남, 2007. P125.

(2) 유형

① 자산기반 물류업체 : 물류자산을 직접 보유 또는 임차를 통해 운영
② 네트워크 물류업체 : 글로벌 운송 및 정보통신 네트워크 확보
③ 기술기반 물류업체 : 컨설팅, 재무서비스, 정보기술 및 관리역량을 바탕으로 고객에

게 차별화된 서비스를 제공

### (3) 활용의 효과

① 일반적 효과

- 비용절감, 첨단 물류정보시스템 활용, 운영효율성의 개선, 물류서비스 개선, 자사 핵심역량강화

② 제3자 물류활용의 전략적 효과

- 경제적 이익, 전문화의 이점 활용, 리스크 감소, 사회·경제적 비효율성 제거

③ 화주기업 측면의 효과

- 이익 증대, 경쟁력 향상, 외주화에 따른 사무처리 간소화, 화물 손상 감소, 시간 단축, 시설 이용 효율 향상

④ 고객 거래처 측면의 효과

- 혼잡 완화, 영입력 강화, 서비스 증내, 새고 삼축, 환경 개선

⑤ 전문물류업자 측면의 효과

- 운송효율 증대, 안정적 경영 기반, 계획적 집하·배송, 배송구역 축소, 효율향상, 배송경로, 작업과정 숙달, 사업 확대 기회 증진, 체계적인 차량 관리 System

⑥ 사회적 측면의 효과

- 에너지 절감, 환경오염 감소, 사회적 비용 감소, 교통체증 감소, 물가상승 억제, 효율적인 인적·물적 활용

## 3) 발전 가능성과 육성방안

### (1) 현상 파악

① 이용하지 않는 이유

- 아웃소싱 하기에는 너무 중요한 부문임
- 물류는 기업의 핵심역량임.
- 가격을 조절할 수 없고 통제의 어려움
- 3PL회사보다 더 많은 전문가를 보유

② 제 3자 물류업체의 어려움

- 원스톱 솔루션의 제공
- 글로벌 소싱과 공급망의 통합에 대한 수요충족 문제
- 기업의 핵심요소의 충족
- 글로벌경쟁에 대한 압박
- 고객가치 창출을 위한 고객만족서비스 제공의 유연성

③ 제 3자 물류의 발전 가능성 요인

- 물류전문그룹에 의한 종합적인 일관물류서비스 제공
- Win-Win게임으로 공급사슬 상의 각 주체 모두에게 전략적인 경쟁우위 확보
- 물류전문그룹으로서 IT기능 및 물류컨설팅 기능 등 복합적인 서비스 제공
- e-Business 환경에 적응
- 고객서비스 제고, 자본투자 감소효과, 비용절감효과, 노동문제의 유연성확보 등

### (2) 도입상의 문제점

① 미국의 제조업체들은 다양한 편익을 경험하고 있는 것으로 나타난다.

- 물류비용의 절감(38%), 인력전문성·시장지식의 향상(24%), 운영효율성의 개선(11%), 고객서비스의 개선(9%) 등의 순으로 나타났다.

② 제3자 물류서비스의 이용을 통해 기업들이 자사물류인력을 크게 절감하였다.

- 조사업체의 48%가 자사물류인력을 절감시킨 것으로 응답하였으며, 이중 33%는 20% 이상의 자사물류인력을 절감시킨 것으로 응답하고 있다.

③ 기본 과제

- 비용절감 : 제3자 물류업체의 핵심 성공요소
- 새로운 정보기술 : 트레킹 기술, RFID, 생체인식기술 등.
- 경쟁업체들과 차별화되는 부가가치서비스와 고객관계관리 기술의 개발
- 글로벌 인수합병에 의한 규모의 경영 실현(대형화)
- 현금의 유동선이 높은 바이어의 증가(물류목표기업의 증가)
- 시장을 선도하는 물류전문기업의 등장.

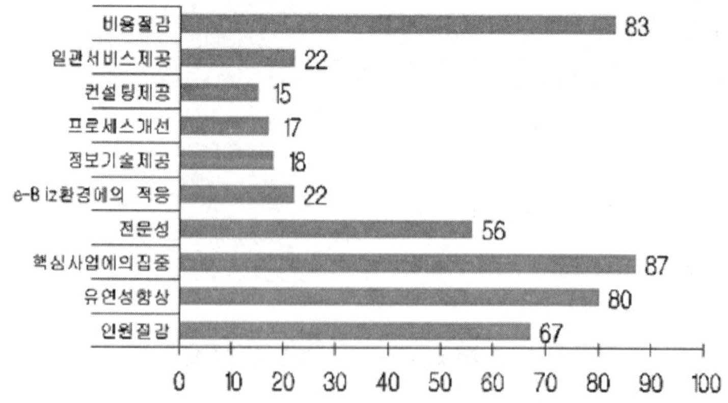


[그림 11-7] 제 3자 물류서비스에 대한 만족도 수준(단위 : %)

### (3) 육성방안

① 기본 전략

- 동종 또는 이종기업간의 신뢰관계 구축 및 물류업체의 대형화와 전문화
- 물류용지 및 전문물류시설의 개발에 의한 도매물류업체의 입주허용.
- 고객지향의 고객관계관리와 연계된 품격과 저렴한 전문물류서비스 제공.
- 계약의 투명성 확보 및 제 3자 물류기업에 대한 인식전환
- 물류전문 인력양성 및 물류업체 핵심역량 강화에 의한 우수기업 육성
- 물류관련 규제개혁 및 관련법령 정비(세제지원, 외부컨설팅 지원 등)
- SCM 표준화 구축(제조와 판매, 판매계획, 판매예측, 상품보충시스템 등)

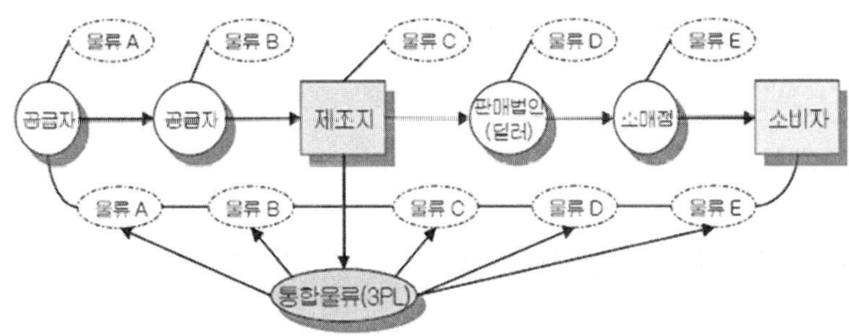


〈표 11-8〉 제3자 물류의 5단계 도입 프로세스

| 구 분 | 내 용 |
|---|---|
| 1단계 : 물류아웃소싱의 필요성 파악 | • 문제 또는 기회의 인식<br>• 구매팀의 구성<br>• 경영층과의 의사교환 |
| 2단계 : 가능대안의 도출 | • 내부 전문가/지식/경험의 활용<br>• 외부전문가의 활용 |
| 3단계 : 공급업체 평가 및 선정 | • 후보 공급업체의 선정<br>• 관련 자료의 수집<br>• 후보업체의 평가<br>• 공급업체의 선정 |
| 4단계 : 서비스의 적용 | • 전이계획의 수립<br>• 교육훈련의 실시<br>• 실제업무에 대한 서비스의 적용 |
| 5단계 : 제공서비스의 지속적인 평가 | • 정량적/정성적 분석<br>• 성과지표의 관리/연속적인 개선<br>• 관계의 개선 또는 공급업체의 교체 |

② 5단계 도입 프로세스

- 제3자 물류의 도입프로세스와 관련하여, 제3자 물류서비스의 구매과정에 대한 연구를 수행하였다.
- 구매과정을 물류아웃소싱 필요성 파악, 가능대안 도출, 공급업체 평가 및 선정, 서비스 적용, 제공서비스 평가의 5단계로 개념화하여 제시하고 있다.
- 제 3자 물류운송서비스와 관련하여서는 정시배송률, 배송오류와 같은 서비스 요소가 운송비용과 같은 전통적인 고려요소에 비해 더욱 중요시되는 경향을 보이고 있다.
- 제 3자 물류서비스와 관련하여서는 예측하지 못한 문제에 대한 해결능력, 설정된 목표의 달성도, 혁신적인 관리기법, 재무적 안정성 등이 추가적인 고려요소가 되고 있다.

## 4 제4자 물류(4PL : Forth Party Logistics)

### 1) 제4자 물류(4PL) 개요

#### (1) 기본 개념

① 정의

- 기본적으로 제3자 물류가 발전한 개념으로, 물류기업이 화주 기업에게 IT와 컨설팅 등 분야를 제휴하여 통합솔루션을 제공하는 공급체인망관리(SCM) 및 솔루션 제공, 변화관리 능력을 갖춘 전문 물류업체를 뜻한다.
- 물류업무수행능력 및 정보기술, 컨설팅능력을 보유한 업체가 체인 공급망상의 모든 활동에 대한 계획과 관리를 전담하여, 다수의 물류업체 운영 및 관리를 최적화함으로써, 생산자와 유통업체 간의 물류 효율화를 도모하는 것이다.
  - 시너지 플러스, 솔루션 통합자, 산업 혁신자 모델

② 일반적 개념

- 제조업체나 유통업체 등의 기업들로부터 아웃소싱을 받아 종합물류서비스를 제공하는 제3자 물류업체(3PL)가 자사의 부족부분을 보완해 주는 정보통신사업자 및 다른 물류사업자와 창의적인 파트너십을 맺고 가상조직을 형성하여 공급사슬상의 모든 물류기능에 대한 토털 솔루션을 제공하는 서비스 제공방식.
- 제4자 물류용어는 '앤더슨컨설팅사'에 의해 '전체적인 공급연쇄솔루션을 제공하

는 서비스 제공자와 함께 기업의 경영자원과 능력, 기술을 관리하고 결합하는 공급 연쇄통합자'로 정의되면서 처음 사용되었다. 일부 컨설팅업체들은 제4자 물류를 LLP(Lead Logistics Provider) 등으로 지칭하기도 한다.

③ 목적

- 수입 증대·운영비용 감소·운전자본 감소·고정자본 감소
- 기업의 경쟁력을 강화하기 위해서 물류기능의 통합과 운영의 자율권이 증대되고, 모든 영역의 물류서비스를 제공할 수는 없었던 기존 전문물류업체의 한계를 극복하고 공급연쇄에 대하여 탁월하고 지속적인 개선효과를 발휘하는 것이다.
- 공급연쇄에 대하여 물류기능의 통합과 운영의 자율권이 증대되고, 전체적인 공급체인망에서 연쇄 솔루션을 제공하는 공동의 이익을 창출하는 것이다.
  - 기존 전문 물류업체의 한계를 극복, 지속적인 개선 효과
  - 수입증대, 운용비용 감소, 운전바존 감소, 고정자본 감소

### (2) 제3자 물류와 제4자 물류의 차이

① 배경

- 3PL과 4PL은 모두 물류서비스의 아웃소싱으로서, 중요 부분 또는 핵심역량에 자원을 집중하여 저비용·고효율구조로 전환하고 나머지 부분은 전문아웃소싱으로 조직의 슬림화를 실천한다.
- 기업 간 전자상거래의 확산에 따라서 공급사슬 효율화를 효과적으로 지원할 수 있는 제4자 물류가 제3자 물류의 발전적 대안의 하나로 부상하고 있다.

② 아웃소싱발전단계

- 전술적(Tactieal) 아웃소싱 : 주로 사람에게 촛점
- 전략적(Stratogio) 아웃소싱 : 사람과 기능에 촛점
- 인텔리 소싱(Intellisourcing) : 사람, 기술, 정보, 과정, 기능 등 종합관리

③ 비교

- 3자 물류는 단순히 공급자와 수요자 사이의 운송을 대행하는 기능을 하고, 4자 물류는 물류컨설팅 및 IT솔루션 제공까지 하는 기능적인 통합업체를 말한다.
- 3자 물류업체가 스스로 수요·공급자에게 물류 네트워크 구성을 제안하면서도, 가상조직에 의한 공급사슬관리 토털솔루션서비스를 구축하면 4자 물류업체이다.
- 3PL은 차원 높은 컨설팅과 시스템재구축 등 SCH을 관리능력을 갖춘 반면, 4PL은 핵심서비스 역량을 집중하여 고객서비스 개선, 재부수적 효과, 고객애로사항개선, 노동효율성 등을 통합적으로 관리하여 경영성과를 도출하는 조직이다.

〈표 11-9〉 제 3자 물류와 제 4자 물류와의 차이

| 구 분 | 제 3자 물류 | 제 4자 물류 |
|---|---|---|
| 활동 목적 | 전문적/객관적 물류 총괄 | 가상기업의 기능/Assembler |
| 활동 범위 | 1개 기업의 물류전반 | 여러 참가기업간 경영총괄 |
| 활동 기준 | 효율성/신속성 | Collaborative VCM |
| 정보 활용 | Extranet | lntranet/lnternet |

### (3) 기능 및 특징

① 제4자 물류 공급자의 본질적 기능

- 제4자 물류의 공급자는 광범위한 서플라이체인상의 조직을 관리하고 기술, 능력, 정보기술, 자료 등을 관리하는 공급망의 통합자이다.
- 기업간의 전자상거래의 확산과 글로벌 경영전략으로 통합서비스 제공과 공급체인 효율화를 위한 발전대안.
- 공급체인과 공급사슬 내의 복수 기업이 관련되는 물류서비스를 지원하는 기능을 수행한다.
- 자신의 서비스능력을 상호 보완할 수 있는 타 서비스 제공업체와 연계하여 보다 완전한 공급사슬이다.
- 고객에게 제공하는 서비스를 확대하는 것이다.

② 특징

- 공급체인사슬상의 총괄적인 관리와 운영을 통하여 공통 목표와 설적을 달성.
- 원재료 조달부터 최종 소비자까지 세계수준의 전략과 기술, 경영관리를 제공.
- 4자 물류는 독립기업으로 출자와 관계없이 서비스이용과 이용촉진이 가능함.
- 다양한 기업이 파트너로서 참여, 혼합조직의 합작투자 또는 장기간 제휴형태.
- 여러 기업이 출자한 독립기업으로 부가가치 물류활동과 공동 이익분배 실현.
- 기업이 조달 및 물류서비스를 제공하여 4PL조직과 계속적인 노하우 공유.
- 다양한 융합기술과 연계한 가치만족서비스 창출로 미래의 잠재이익을 창출.
  - 세계수준의 전략, 기술, 경영관리를 제공, 전반에 걸친 통합 서비스를 제공
  - 공급체인사슬라인에서 발생하는 모든 물류활동을 하나의 조직이 수행
  - 기업 간의 전자상거래의 확산에 따른 공급체인 효율화를 위한 발전적 대안

〈표 11-10〉 물류도입 단계별 특징 비교

| 구분 | 계약/운송/분배 | 제 3자 물류(아웃소싱) | 제 4자물류(SCM) |
|---|---|---|---|
| 서비스 | 단일 기능 | 복수(개별적)기능 | 복수(통합적)처리기능 |
| 관계 | 일시적 계약 | 장기적인 합의 | 전략적 파트너십, 메가 사이즈 계약 |
| 범위 | 지역적 | 복수 지역적 | 글로벌, door-to-door |
| 경쟁 우위 | 단편적 | 통합적, 협력적 | 전문화/세분화/틈새시장별 대형협력체계 |
| 역량 | 대량자산. 프로세스 실현 | 자산기반에서 정보기반으로 이동 | 정보/지식에 포커스, 통합정보기술 솔루션 |
| 효과 | 비용 절감 | 비용절감, 지리적 확장, 부가적인 개성 가능성 | 최적화 된 비용서비스 부가가치서비스 제공 |

### (4) 제4자 물류의 성립요인

① 제4자 물류서비스의 제공자

- 제4자 물류 물류전문그룹의 형성
- 일관종합물류서비스 제공
- 정보기술 능력
- e-Business 사업모델의 구축
- 물류컨설팅 능력

② 제4자 물류서비스의 수혜자

- 제4자 물류서비스의 수용
- 물류서비스 제고
- 물류프로세스의 개선

③ 제4자 물류의 장점

- 물류서비스의 아웃소싱과 기업내부에서의 인소싱[3]이 장점을 살려주는 조직이므로 21세기의 새로운 물류 조직으로서 각광받을 수 있을 것으로 기대된다.
- 4자 물류의 이점은 수입 증대, 운영비용 감소, 운전자본 및 고정자본의 감소이다. 수입증대는 상품이 품질향상 및 구매기회 확대, 고객서비스의 향상으로 가능하다.
  - 운영비율절감은 운영효율, 프로세스향상, 판촉비용과 구매비용을 절감할 수 있다.
  - 운전자금 감소는 재고감소 및 상품수발주 등 제반 사이클타임을 대폭 단축할 수 있다.
  - 고정자본감소는 자산이전과 자산이용율의 극대화를 통하여 핵심역량에 집중할

3) (Insourcing)

수 있다.

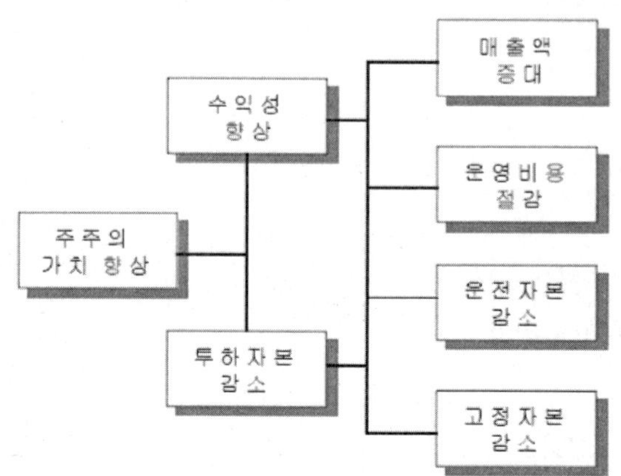


자료 : Bauknight & Miller, "Fourth Party Logistics:The Evolution of Supply Chain Outsourcing", Logistics & Supply Chain Journal, 1999.8

**[그림 11-8] 4PL 도입에 따른 장점**

### (5) 제4자 물류의 공급체인망관리(SCM) 4단계

① 1단계 : 재창조(Reinvention)

- 독립적인 공급체인망전략에서 사업전략과 연계한 동기화로 컨설팅 기술 강화.

② 2단계 : 전환(Transformation)

- 판매, 운영, 계획, 유통관리, 구매전략, 고객서비스, 공급망기술 등 구축.
- 전략적 사고와 조직관리, 고객의 공급망 활동과 과정의 통합기술의 강화.

③ 3단계 : 이행(Implementation)

- 사업과정의 제휴, 조직과 서비스영역의 범위를 초월한 운영까지 포함.
- 인적자원관리가 성공 포인트로 인식.

④ 4단계 : 실행(Execution)

- 다양한 공급망 기능과 과정을 위한 운영상의 책임관리.
- 조직의 활동범위를 제 4자 물류(4PL) 공급자에게 아웃소싱이 가능.
- 수행범위를 제 3자 물류, 공급자, IT회사, 컨설팅회사, 물류솔루션 업체 등.

## 2) 제4자 물류의 탄생 및 도입사례

### (1) 제4자 물류의 탄생 배경

① 기본 배경

- 토털 물류서비스에 대한 요구증가
- 기업환경의 글로벌화에 대한 대응 필요
- 고객들의 다양한 요구에 대한 대응 필요
- 물류서비스가 기업의 차별화된 경쟁요소로 부각
- 전자상거래, e-business 등 새로운 비즈니스 형태 출현
- 기업들의 핵심역량 집중화 경향 가속

② 대외환경의 변화

- 세계화와 정보, 통신, 수송부문의 기술혁신과 주요시장에서 글로벌 경쟁심화.
- 물류인력 과다보유, 물류시설의 유지, 보수 및 정보화 투자자금의 과다 소요.
- 원자재 및 차량이동경로가 광범위해지면서 추적 곤란 등 경영 비효율이 초래.
- 물류고도화를 통한 비용절감과 고객서비스향상이 경쟁우위 원천임을 인식.
- 글로벌 고객요구에 부응하는 통합네트워크 구축과 종합물류 서비스전략 요구.

〈표 11-11〉 물류도입 단계별 특징 비교

| 구분 | 계약/운송/분배 | 제 3자 물류(아웃소싱) | 제 4자물류(SCM) |
|---|---|---|---|
| 서비스 | 단일 기능 | 복수(개별적)기능 | 복수(통합적)처리기능 |
| 관계 | 일시적 계약 | 장기적인 합의 | 전략적 파트너십, 메가 사이즈 계약 |
| 범위 | 지역적 | 복수 지역적 | 글로벌, door-to-door |
| 경쟁우위 | 단편적 | 통합적, 협력적 | 전문화/세분화/틈새시상별 내형협력체계 |
| 역량 | 대량자산 프로세스 실현 | 자산기반에서 정보기반으로 이동 | 정보/지식에 포커스, 통합정보기술 솔루tus |
| 효과 | 비용 절감 | 비용절감, 지리적 확상, 부가직인 개성 기능성 | 최직화 된 비용서비스 부가가치서비스 제공 |

### (2) 선진국의 4PL 도입사례

① 미국과 유럽 : 전문물류업체(3PL)들보다 한 단계 더 진보된 4PL 등장.

- 1990년대 중반 이후 선진국에서 활성화되기 시작
- 그 목적이나 계약조건에 따라 업종별, 기업별로 다양한 형태가 등장.

② 영국의 3대 의약품업계와 3대 전문물류업체, 컨설팅회사가 합작 추진.

- 3대 의약품업체의 수송기능 통합, 업무상 규모의 경제효과를 추구.
- 업무프로세스를 도입하여 공급사슬 전체 비용절감과 효율성 향상 도모.

③ 영국의 음료업체, 공급연쇄상의 파트너들 참여하는 4PL 설립 구상.

- 음료업체, 포장재공급업체, 전문물류업체, 컨설팅회사가 구성.
- 공급연쇄의 관리, 조달 및 판매물류기능, 창고업무, 자재관리서비스 등
- 다른 음료업체 물류서비스 기능도 수행할 기대.

④ 싱가포르, 홍콩, 대만, 중국 등 아시아 국가로 아웃소싱을 확대하고 있다.

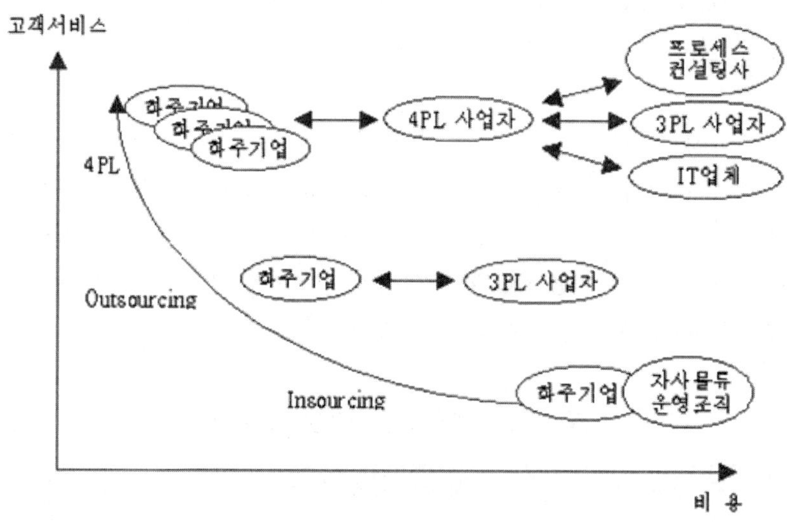


[그림 11-9] 제4자 물류의 발전과정

### (3) 성립 요인

① 서비스 제공자

- 제4자 물류 물류전문그룹의 형성
- 일관종합물류서비스 제공
- 정보기술 능력
- e-Business 사업모델의 구축
- 물류컨설팅 능력

② 서비스 수혜자

- 제4자 물류서비스의 수용
- 물류서비스 제고
- 물류프로세스의 개선

③ 새로운 요구의 증대
- 기업경쟁우위를 위하여 전문물류업체로부터의 물류서비스 아웃소싱비율이 급증.
- 물류정보기술의 개발과 관리, 고객서비스, 수주관리 등 공급망상의 비효율성의 개선 및 정비, 업무프로세스의 재구축으로 경쟁우위전략을 위한 노하우를 제공.
- 새로운 유비쿼터스환경에 적응하는 시장창조와 경영효율성과 합리화에 공헌
- 글로벌 공급체인 전략의 표준화와 업무과정의 재설계로 아웃소싱 리더십관리
- 강력한 통합관리 및 포괄적인 서비스제공을 위한 아웃소싱 협력관리 구축

### (3) 제4자 물류의 도입 사례

① 미국유수의 물류업체인 CNF사와 합작으로 Vector SCM이라는 회사를 설립
- Vector SCM에 자사의 물류업무 전체를 아웃소싱으로 4PL서비스 도입을 통하여 물류시스템 혁신 및 대고객 서비스의 만족도 개선에 주력하였다.
- Vector SCM, 12,000개 GM공급업체와 연계, 전 세계의 70여개 GM 조립공장에 원재료, 자동차 유통, 차량운송, 수출입 업무 등의 물류서비스 제공역할 수행.

② GM의 물류 시스템 분석 및 접근방안[4)]
- GM, 조인트 벤처였던 4자 물류회사 사내로 흡수
  - GM이 Con-way(기존 CNF)와의 조인트벤처였던 Vector SCM의 지분을 (2006년) 말 전량 인수함으로써 GM 물류 시스템에 큰 변화가 발생.
  - 4PL인 Vector를 다시 회사 내로 흡수하기로 한 GM의 결정은 Vector SCM의 약 80% 지분을 보유하던 조인트 벤처 파트너 Con-way 조차 예상 못한 결정.
  - GM의 결정배경은 물류가 기업의 핵심 경쟁력 중 하나로 부상, 일부 기업들이 아웃소싱을 하던 물류부문을 다시 기업 내로 흡수하는 동향과도 무관하지 않다.

### (4) 제4사 물류의 도입효과

① 수입 증대, 운영비용 감소, 운전자본 감소, 고정자본 감소이다.
- 4PL의 도입을 통하여 GM은 연간 830만 대의 자동차생산에 따른 물류비의 약 50억 달러의 상당부문(약 20%로 추정) 및 물류정보화 투자액을 절감.
- 800명의 물류인원을 감축하고, 핵심 사업에의 재배치를 통해 합리적 인력 활용 및 핵심역량 강화.
- 완성차 인도기일을 12일에서 8일로 단축하여 대고객 서비스를 개선.
- 재고수준의 50%를 감소시키고 주문사이클을 단축하여 재고관리 및 효율성 증대.

② 그룹의 공급사슬 업무를 통합처리하여 규모의 경제 효과 창출
- 첨단정보기술을 기반으로 공급사슬의 상류와 하류의 모든 활동을 조정·관리하여

4) KOTRA, 김호준 디트로이트무역관의 지료(2007.3.7) 인용.

포괄적인 글로벌 전략으로 확대

- 원료공급에서부터 생산, 판매, 물류소비자관리, 정보유지관리, 보안관리 등 초고속 일괄처리 기능

### (5) 서비스기업의 4PL 도입시의 고려사항

① 물류계획능력 개발 및 네트워크 구축능역에 대한 면밀한 검토가 필요함
- 고객의 경영전략에 적합한 최적의 솔루션설계능력의 보유에 대해 파악함
- 고객물류시스템과 경영전략으로 최적의 다른 물류서비스 추천능력 필요함.

② 다른 물류기업들과 글로벌 네트워크를 구축하여 경영활동을 지원하여야 함
- 원료 및 부품조달, 보관, 수·배송 등 정보가공처리 및 인력확보 점검 필수임
- 고객기업들은 기업경쟁우위의 원천이 물류서비스에 있음을 인식해야 함

③ 핵심역량에 경영자원을 집중, 아웃소싱에 대한 인식전환이 우선되어야 함.
- 기업 전체의 관리정보 물류시스템을 재구축하는 방안을 적극 검토해야 함

④ 물류아웃소싱에 따라 물류분야에 종사하는 인력의 축소 또는 재배치가 필요함
- 공급체인망에서 상호 글로벌 정보의 공유가 가능한 신뢰관계 구축이 중요함

# 참고문헌 REFERENCES

한국해양수산개발원(KMI)은 주간 <지구촌 해양.수산> 제243호(2004년 10월 11일)

한국해양수산개발원(KMI)자료

Cargo Systems, 2004. 11.

네덜란드연구기관 Burean for Economic Policy Analysis가 발표보고서.

어린이경제신문, http://www.econoi.co.kr

국토해양부 보도자료, 2009년 12월 28일.

장세진, 글로벌경쟁시대의 경영전략, 박영사, 2005, p.291. p.293 ~ 294. p.295 ~ 296.

상공회의소, 유통물류진흥원, 2011. 자료실.

일본리테일링센터 머천다이징 컨설던트=桜井多恵子

임실근, 『도매물류사업 절반의 성공』, 한수협출판부, 1977, p.85.p.101.

『중소유통활성화를 위한 혁신방안 연구』, 중소기업중앙회, 2005, p.85.

임실근, 유통채널관리, 도서출판 두남, 2007, p.160.

[경영전략]이마트 swot 분석 및 경영전략 분석|작성자 rkdtjrrhs054

삼성경제연구소

중소유통 권역별 공동도매물류센터 중장기 발전방안(2003.8 동아시아유통정보센터)

유통산업의 경쟁력 강화 방안 2004. 6. 25. 산업자원부

서비스수준합의서(SLA: Service Level Agreement) 평가 모델 구축 연구 보고서,

(사)한국아웃소싱기업협회한국마케팅학술연구소(KMRI). 산업자원부. 2003. 1.

중소 벤처기업 CEO 경영아카데미, 중소기업청, 중소기업정보화경영원. 2002. 4.

중소기업정보화리더스 아카데미. 중소기업청, 중소기업정보화경영원. 2002. 10.

정보화 경영체계(Information Management System), 중소기업청, 2003.

정보화경영의 새 패러다임을 선도할 중소기업 정보화 리더스 아카데미, 주최: 중소기업청, 주관: 중소기업정보화경영원. 2003. 10.

산업자원부 연구용역사업 21세기 중소유통업 발전을 위한 연구 대한상공회의소, 2002. 12.

물류관리론, 두남출판사, 백종섭외 2013.9.

도매물류사업절반의 성공, 한수협 출판부, 임실근 1997.

유통채널관리, 도서출판 두남, 임실근, 2007,

유통저널, 체인스토어, 물류와 경영 등 국내 저널 다수

매일경제신문 www.mk.co.kr

Nordstrom 노드스트롬백화점 사례 분석 |작성자 웅골차게

신세계그룹 [新世界-, Shinsegae Group ] | 네이버 백과사전
www.naver.com, 일본의 편의점, 그 발전의 역사
한국경제신문 2007.07.22. [유통혁신 이렇게 한다]GS홈쇼핑 신물류센터 <김진수기자>
한국경제, 2011-06-13, 조재희 기자 joyjay@hankyung.com
한국경제, 2011-03-17 임기훈 기자 shagger@hankyung.com@
한겨레(http://www.hani.co.kr), 2003-06-18 20:12 베를린=글·사진 강정수 전문위원 jskang@web.de
파이낸셜뉴스 2007.11.21.[유통･소비재산업 경쟁을 넘어 최고로]GS홈쇼핑 <이성재 기자>
테스코 [Tesco PLC ] | 네이버 백과사전
매일경제 2002.07.03. [이마트, 물류 바코드시스템 국내 선두]
매일경제 & mk.co.kr, 2010.10.14. [뉴욕 = 김명수 특파원]
매일경제. 2006.10.19 종합.
매일경제, 2007.10.22 [심시보 기자 / 이명진 기자.
매일경제, 기사입력 2011.07.29 14:30:48[시애틀 = 기업경영팀]
경향신문, 2010-08-30 종합.
뉴스핌 Newspim, 2009-05-15 08:45 [우동환 기자]
뉴스핌 & Newspim.com, 2009-11-13 07:29 [노종빈 기자]
아시아경제, 2010.08.24, 박선미 기자]
주간동아, 2010.08.16 750호(p62 ~ 63)
파이낸셜뉴스 2004.06.30 [아시아는 유통업 신대륙] <김시영 기자>
파이낸셜 뉴스 www.fnnews.com
뷰스 앤 뉴스 김홍국 기자, 2007.6.2.
머니투데이 www.moneytoday.co.kr2010.05.31 14:23, 송선옥 기자
이데일리 박옥희 기자.
중앙일보 염태정 기자 2007.5.30.
서울=연합인포맥스, 2010-01-12 08:57, 유승기 기자.
경향신문, 2011-06-28 22:07:24, 이지선 기자 jslee@kyunghyang.com
한국경제, 2011-07-04, 램지(영국)=송태형 기자 toughlb@hankyung.com
산업자원부 www.mocie.go.kr
신세계홈페이지 www.shinsegae.com
LG유통 세미나 자료- CYRIS 컨설팅
다음백과사전2004/05/03
네이트백과사전
네이버백과사전
체인스토어협회 한수협, 유통업체연감, 2005, p.75.
상공회의소, 한국유통물류진흥원
일본 노무라경제연구소
Lieb and Randall(1996)의 연구결과,
Sink, H. L., & Langley, C. J., Jr. (1997). A managerial framework for the acquisition of third-party logistics services. Journal of Business Logistics, 18(2), pp.163 ~ 189.

McGinnis(1989)의 화주의 운송서비스 선정의 결정요인에 대한 연구와 Menon and McGinnis (1998)의 제 3자 물류서비스 제공자의 선정기준에 대한 연구 참조.

Mirani, 2001.

Gartner, 1995.

Clark, 2000

Bourland, 1996

슬리 보츠키(경영 컨설턴트)

크리스 텐센

Tesco launches gold-for-cash swap service Telegraph 2011.01.04 28

BMI, shipping.gov.in, Business Standard, 현지언론 종합 및 코트라 첸나이KBC 의견종합

shipping.gov.in

Moscow Times, Food Newsweek, Discovery(4.16), 모스크바KBC 종합

Bond, Jeff (2010-06), The Keeper of the Nordstrom Way, Columns Magazine

Capital Economic Concultancy의 Jullan Jessop

家乐福：营销模式与能力的考量 왕역재경 2011.04.08 86

零售业巨头家乐福营销的六大策略, 마트168 2010.09.25 273

저탄소 녹색성장을 위한 국가수송체계 개편 방안 연구 한국수산개발연구원, 2010. 12. 전형진, 이주호, 김우선, 김찬호. p.23.

推进低碳经济发展的指导意见

规划环境影响评价条例

全国人民代表大会常务委员会关于积极应对气候变化的决议

2050 中国能源和碳排放报告

물류관리론, 두남출판사, 백종실외 2인, 2013.9. P272.

지식경제부 기술표준원, 국가표준코디네이터. 2013 10대 표준화 전략트렌드 중에서 재구성, 물류신문

물류신문 2012.4.17 장지웅 기자

저탄소 녹색성장을 위한 국가수송체계 개편방안 연구, 전형진외 3인, 해양수산개발원, 2010. p.100.

오태호, 「미국철도 소개」, 철길단상.

Association of American Railroads, U.S. Freight Railroad Productivity, 2009. 9

Association ofAmerican Railroads, Railroads : Green From the Start, 2010 April.

Association of American Railroad, Freight railroads helps reduce greenhouse gas emissions, 2010.

www.aar.org

머니투데이|전혜영 기자|입력2009.04.17 11:46

ISTEA : Intermodal Surface Transportation Efficiency Act of 1991, 종합 육상교통 효율화법.

The Transportation Equity Act for the 21st Century, 21세기 교통 형평법.

저탄소 녹색성장을 위한 국가수송체계 개편방안 연구, 전형진외 3인, 해양수산개발원, 2010. p.105.

후생노동성 통계자료

일본 요미우리신문, 경제주간지 닛케이비즈니스

물류신문 [창간 17주년 특집Ⅱ] Part 4. 일본 물류기업의 M&A 동향 및 특징, 2014년 10월 27일

김기준 KOTRA 선진시장팀장

홍콩에 본사를 둔 펑그룹(옛 리앤드펑그룹)계열 펑 비즈니스 인텔리전스 센터(FBIC·Fung Business Intelligence Centre)

[출처][중국] 샤먼 현대물류업 육성, 도약의 발판으로|작성자veni kim

광둥(广东)성 양청석간지(羊城晚报)의 중국물류구매연합회에서 발표한 '2011 상반기 물류운행 현황분석' 인용

tonmile : 톤수와 마일수를 곱한 것으로 철도·항공기 등이 일정기간에 수송한 운수량의 계산단위

FBIC(대규모 금융기관 청산과 관련된 기관) 보고서

자료원 : 和訊新聞

국토해양부자료. 네이버. 2011.

저탄소 녹색성장을 위한 국가수송체계 개편방안 연구, 전형진외 3인, 해양수산개발원, 2010. p.109.

자료원 : 신화망, 국제상보, 다롄항그룹 홈페이지, 코트라 다롄KBC 등 [출처] 세계 10대 항구 중 8개가 중국에(코트라)|네이버

자료 : 세계은행, 인도재무부, 인도물류연감, 게이트웨이, 로지스틱스등 전문지, 시장백서 2009/10, 코트라 뭄바이KBC 내부자료 종합 2010-03-18 작성자 최동석(dschoi@kotra.or.kr)

Fitch Ratings 2012 Outlook에 따르면 주요 제조업의 성장에 힘입어 성장했다는 분석이다.

2006 ~ 2007 회계연도

(National Maritime Development Programme)

세계은행이 제시한 2012 Global Logistic Report 평가자료

Business India지 분석에 의하면 이와 같은 문제는 재고 손실과 미숙한 영업에서 비롯됨.

JICA(Japan International Cooperation Agency)와 French Railway가 공동 실행한 뭄바이-아메다바드 고속철도사업의 사전실행가능성보고서

모디총리는 인도초고속열차프로젝트 추진에 있어 민관협력사업(PPP, Public Private Partnership)을 지향한다고 밝힌 바 있다.

영국 경제신문 파이낸셜타임스

다음. 전국무역인엽합, 2014. 9. 19.

지난 9월 3일 중국 일간지 China Daily에 따르면 인도에서 가장 빠른 성장률을 보이고 있는 인프라 기업이라고 했음

자료원 : BMI

자료원 : BMI, shipping.gov.in, Business Standard, 현지언론 종합 및 코트라 첸나이KBC 의견종합

동아일보 2012년 9월 12일자 시론 일부 발췌

한국해양수산개발원(KMI)

한국해양수산개발원(KMI)은 주간 <지구촌 해양. 수산> 제243호(2004년 10월 11일)에 '극동 러시아의 물류지도가 변한다'는 제목의 리포트를 내놓았다.

한국해양수산개발원(KMI)

한국해양수산개발원(KMI)자료

러시아 교통부, 물류포탈 참조

독일의 프라운호퍼 서플라이체인 시스템(Fraunhofer SCS) 연구소

독일 통계청 조사
독일 연방건설 교통도시 개발부
2010년 세계은행 평가
다음 [출처]독일, 물류산업 동향|작성자돼지
[네이버 지식백과]프랑크푸르트공항 [Frankfurt Main Airport, 一空港] (네이버 기관단체사전 : 종합, 굿모닝미디어)
다음 [출처]독일, 물류산업 동향|작성자돼지
자료원: 프라운호퍼 서플라이체인 시스템 연구소(Fraunhofer SCS), 세계은행(The World Bank), 코트라 프랑크푸르트 무역관 자체정보 종합
자료원: 독일 통계청, World Bank, 대한상공회의소 조사 및 코트라 프랑크푸르트 KBC 자체정보 2011-08-31 전영민(dave.jeon@kotra.or.kr)
[출처] 다음, 중소기업의 유럽시장 진출 시 물류전략 수립 TIP|작성자김종현
ycheon@msn.com 천영길 주네덜란드대사관 상무관
자료원 : Financial Dagblad 10월 27일자, 해양산업뉴스 Navingo(www.navingo.nl)
자료원 : Financial Dagblad 10월 27일자, 해양산업뉴스 Navingo(www.navingo.nl)
[출처] 다음 중소기업의 유럽시장 진출 시 물류전략 수립 TIP|작성자김종현
북극개발의 기회와 대응, 이대식외 3인, 삼성경제연구소. 2013.
해령(海嶺·깊은 바다에 산맥처럼 솟아오른 부분
북극개발의 기회와 대응, 삼성경제연구소, 이대식외 3인, 2013.
Container Shipping Network Economy.
삼성경제연구소, 컨테이너선 시장의 변화요인 점검 및 향후전망, P52.
유럽경제위원회, 1956.
유럽경제위원회, 1959.
Customs Cooperation Council(CCC), 1971.
International Convention for Safe Container, 1972.
세계 물류환경변화와 대응방안, 한국해양수산개발원, 월간 물류매거진 2005.10.09.
[출처] 2014년 냉동공조산업 전망 및 당면과제|작성자harfko1989
중국 물류기술연구센터
유럽최대 자문업체 롤랜드버거에 따르면
중국의 첸잔 산업연구원에서 발표한 자료에 따르면
안농대학교, 국내 냉동 공조 신기술의 추진현황, 2004.
다음, B2B 가상시장의 관리
물류혁신론, 송계의, 두남, 2007, P82.
물류혁신론, 송계의, 두남, 2007, P83.
D.E.Stuart,, J. Owen, T.L.Landers, "Establishing the virtual warehouse", manufacturing Science and Engineering, 1995.
물류혁신론, 송계의, 두남, 2007, P85.
물류혁신론, 송계의, 두남, 2007, P85.
Mike P. Clarke, op. cit, IJPDLM, Vol 28 No.7, 1998.

복합운송증권 발행.
Convention on International
물류혁신론, 송계의, 두남, 2007, P87.
물류혁신론, 송계의, 두남, 2007, P75.
D. E. Stuart,, J. Owen, T. L. Landers, op.cit, 1995.
지식경제부 기술표준원, 국가표준코디네이터. 2013 10대 표준화 전략트렌드
[출처]CDMA 망에서의 위치추적 서비스| 정보환 | 용인송담대학 정보통신과 교수
대한상공회의소 한국유통물류진흥원자료와 미국 IGA자료(주, 선경유통) 참조
유통업체(Distributer)든 메이커든 자체의 필요성에 의해 진행된다.
Retail Support System(RSS)
International Retail Merchant Agreement
(Store Training for ACE Retailer)
위키백과, 우리 모두의 백과사전.
공급사슬관리의 주요개념과 활용 p.23, 진현웅, 도서출판 청람, 2012.
자료원 : 한국유통정보센터
자료원: 한국유통정보센터
(Managing technical specifications)
다음, P&G의 SCM 및 제품수명주기관리(PLM) 시스템의 구축 및 웹 통합 성공사례
공급사슬관리의 주요개념과 활용, p.51. 조현웅, 도서출판 청람, 2012.
물류신문, SCM 시리즈 2] SCM의 7대 원칙, 2007. 12 15.
권오경, "3PL의 이해", 「logistics Evolution 2002」, 대한상공회의소, 2002.


宋新根, "會計情報시스템 아웃소싱의 決定要因과 成功要因에 관한 實證硏究," 釜山大學校 經營學博士學位論文, 1999.

Williamson, O. E., The Economic Institutions of Capitalism, Boston, M. A.: The Free Press, 1985.

Nam, K. C., Three Essays on Information Systems, Outsourcing, Doctoral Dissertation, The State University of New York at Buffalo, June 1995.

Barney, J., "Firm Resource and Sustained Competitive Advantage," Journal of Management, 1991, pp. 99-120.

Grant, R. M., "The Resource-Based Theory of Competitive Advantage: Implications for Strategy Formulation," California Management Review, 1991, pp. 114-135.

Day, G. and R. Wensley, "Assessing Advantage: A Framework for Diagnosing Competitive Superiority," Journal of Marketing, April 1988, pp. 1-20.

Stevenson, H. H., "Defining Corporative Strengths and Weaknesses," Sloan Management Review, 1976, pp. 51-68.

Aldrich, H., "Resource Dependence and Interorganizational Relations: Relations between Local Employment Service Office and Social Service Sector Organizations," Administration and Society, 1976, pp. 419-455.

Cheon, M. J., V. Grover, and J. T. C. Teng, "Theoretical Perspectives on the Outsourcing of

Information Systems," Journal of Information Technology, 1995, pp. 211-212.

Lee, M. H., Factors Affecting Information Systems Sourcing Decisions: Data Processing Services in the Banking Industry, Doctoral Dissertation, The University of Texas At Arlington, December 1994.

최신 물류관리론, 박귀환외 2인, 두남, 2007, P88.

매일경제 백과사전

한국경제 경제용어사전

최신물류관리론, 박귀환/김웅진/박정섭 공저, 도서출판 두남, 2007. P123.

Lieb and Randall(1996)의 연구결과.

Sink and Langley(1997)

Sink, H. L., & Langley, C. J., Jr. (1997). A managerial framework for the acquisition of third-party logistics services. Journal of Business Logistics, 18(2), pp.163 ~ 189.

McGinnis(1989)의 회주의 운송서비스 선정의 결정요인에 대한 연구와 Menon and McGinnis (1998)의 제 3자 물류서비스 제공자의 선정기준에 대한 연구 참조.

최신물류관리론, 박귀환/김웅진/박정섭 공저, 도서출판 두남, 2007. P127.

유통물류경영론, 임실근, 두남출판사, 2013. p

물류관리론, 장성기, 두남출판사, 2014. p

물류관리론, 백종실, 김영민, 우정욱 공저, 2013. p

『유통실무지식』, 체인스토어협회출판부, 2005.4.15. p.35.

네이버, 일본의 편의점, 그 발전의 역사

국제물류론, 두남, 차중곤, 2005, p.17. p.18.p.24.

최신물류관리론, 박귀환/김웅진/박정섭공저, 도서출판 두남, 2007. P123.P127.

KOTRA 아카데미 신현길 한성대 디지털중소기업대학원

핵심물류관리론, 박정섭외 2인, 두남, 2007, p.54.

물류정책기본법 시행령[별표 1]

서울과학기술대학교 김우제교수

SCM의 시작 Sales Forecasting. 수요예측원칙과 유효성 Check List|작성자 리차드. 네이버.

물류신문, SCM 시리즈 2] SCM의 7대 원칙, 07,12,15.

다음, P&G의 SCM 및 제품수명주기관리(PLM) 시스템의 구축 및 웹 통합 성공사례

유통물류진흥원

공급사슬관리의 주요개념과 활용, 도서출판 청람, 진현운, 2012년, p.16.

21세기 지식사회에서의 6시그마혁신전략 · 박성현, 이명주, 정목용, 네모북스

물류신문, SCM 시리즈 2] SCM의 7대 원칙, 07,12,15.

다음, P&G의 SCM 및 제품수명주기관리(PLM) 시스템의 구축 및 웹 통합 성공사례|작성자 나눔자리

건설교통부

세계 물류환경변화와 대응방안, 한국해양수산개발원, 월간 물류매거진.2005.10.09.

(주) 이지인더스 홈페이지(www.ezindus.com)

안동대학교, 국내 냉동 공조 신기술의 추진현황, 2004.

세계 물류환경변화와 대응방안, 한국해양수산개발원, 월간 물류매거진.2005.10.09.
위키백과사전
2005년 수송비 통계자료
네이버, 유통마당 유통사전, 인스토어 마킹, 로케이션관리
한국해양수산개발원(KMI : Korea Maritime Institute)
국토해양부자료. 네이버. 2011.
한국해양수산개발원(KMI)

## ■ 임 실 근

- 부산 YMCA대학-Y(영봉) 초대회장
- 부산 YMCA대학-Y연합회 초대회장
- (주) 삼양식품 부산지점장, 포항지점장
- (주) 선경유통 유통사업부 팀장(부장)
- (주) 화신유통 전무이사
- (주) APEC 물류전략 연구소 수석연구원(상임이사)
- 박관용 국회의장 보좌역
- 한국수퍼마켓협동조합연합회 전무이사(마켓월드 편집인)
- 한국유통단체협의회 카드수수료인하추진위원회 초대 실무추진위원장
- 대한은박지공업주식회사 생활용품사업단장
- (주) 보령 B&F 상임감사
- (사) 한국중소유통연구센터 전문위원
- 서울국세청 세정자문위원
- 서울상공회의소 은평상공회 고문
- 시장경영진흥원 자문위원
- KTC KOREA CO.LTD 감사
- 한국유통개발연구소 대표
- 용인송담대학 유통학과 겸임부교수
- 용인송담대학교 유통학과 외래교수
- 숭실대학교 전통시장 CEO과정 외래교수
- 연세대학교 프랜차이즈 CEO과정 외래교수
- (現) (사) 한국유통물류정책학회 이사
  네이버 카페「유통마당」지기
  장안대학교 유통물류학부 프랜차이즈경영과 겸임교수
  한국수퍼마켓협동조합연합회 전무이사(마켓월드 편집인)

<용역 및 연구>

- 경북능금주스 사업개발 및 마케팅 개발, 1993년
- 에스마트(smart) 수도권지역 380개 개점 및 운영, 1994년
- 참물 및 아노츠 비스켓 한국시장 론칭, 1995년
- 경북능금쥬스 사업활성화 대책, 1997년
- 중부농수축산물물류센타 식자재 개발사업, 1999년
- 부산권 중소유통도매 물류시스템 구축방안, 2000년
- 수도권 신선식품전문점중심 신물류시스템 구축방안, 2000년
- 농협유통 Call-Plus Service중심의 특판사업, 2000년
- 우리나라『우수농산물』코너설치 벤처 프로그램, 2001년
- 중소 공동도매물류센터제안서(제주, 부산, 충주), 2003년
- 중소 공동도매물류센터제안서(수원, 전주, 대전, 거제, 원주), 2004년
- 공동도매물류센터를 활용한 농산물 신유통공급시스템 개발, 2004년
- 중소 공동도매물류센터 성공을 위한 사업 운영에 관한 연구, 2004년
- 중소유통산업 발전을 위한 신업태 사업에 관한 연구, 2004년
- 중소유통중심점포 개선사업에 관한 연구, 2005년
- (서부권)중소유통·정보단지사업제안, 2010년
- (나들가게)smart-shop 운영매뉴얼 구축사업 용역, 2010년
- (나들가게)smart-shop 지원육성단 역량강화 교육사업 용역, 2010년
- 중소공동물류센터활성화방안에 관한 연구, 2014년
- 동네수퍼 가맹점사업 및 활성화방안에 관한 연구, 2015년

<저 서>

- 전략 마케팅 회사(사원교육), 선경유통, 1996년
- 도매물류사업 절반의 성공, 한수협, 1997년
- 유통채널관리, 도서출판 두남, 2007년
- 유통창조의 길, 도서출판 두남, 2007년
- 유통관리론, 변명식/임실근 공저, 도서출판 두남, 2011년
- 유통물류관리론 임실근/한규철 공저, 도서출판 두남, 2011년
- 유통물류경영론 개정2판, 임실근, 도서출판 두남, 2011년

<표 창>

- 중소기업중앙회장 표창(2004)
- 산업자원부장관 표창(2004)
- 부산광역시장 표창(2005)
- 서울은평상공회 회장 표창(2009)
- 산업자원부장관 표창(2014)

공저자 약력

## ■ 박 수 홍

- 동국대학교 경영학박사
- 한국무역학회 정회원
- 한국통상정보학회 이사
- ㈜한신공영 인사팀장
- ㈜세이브존I&C 성남점 지점장 역임
- ㈜세이브존I&C 중국지사장(중국밍타이그룹합작)역임
- 대림대학교 경영정보계열 교수 역임
- (현) 장안대학교 유통물류학부 프랜차이즈경영과 교수
  (사)한국유통과학회 부설 한국유통산업연구원장
  중소기업청 소상공인시장진흥공단 상인대학 교수
  용인시 기부심사위원회위원
  용인시수지구 주민참여예산위원회위원
- 한국유통과학회 부회장
- 한국물류학회 정회원
- 한국유통경영학회 이사

<논 문>

- 해외의류브랜드의 국내 유통경로별 상품경쟁력에 대한 소비자 만족도에 관한 실증연구(2006)
- 해외의류브랜드의 국내 유통경로별 상품경쟁력요소의 소비자 구매결정 영향 차이에 관한 실증연구(2008)
- 국내외 의류브랜드의 유통경로상의 거래관계와 반응에 관한 연구(2008)
- 글로벌 환경변화에 따른 내부마케팅 실증사례 연구(2010)
- 한국시장 해외브랜드 의류의 유통경로 파워와 반응에 관한 연구(2011)
- 해외의류브랜드의 국내유통경로와 소비자구매결정에 관한 연구(2012)
- 인제 전통시장 활성화에 관한 연구(2013)
- 폐기물 재활용의 현황 및 예측에 관한 연구(2013)
- 수정된 원형/행동경향 모형을 통한 SNS이용자들의 상호작용성이 이용저하에 미치는 영향(2014)
- 시계열 분석을 이용한 정보서비스업의 예측 및 도.소매산업과의 인과관계 분석(2014)
- IPA분석을 이용한 정기화물운송업의 경쟁력 강화방안에 관한 연구(2015)

<저 서>

- 국제무역학의 이해, 이무원/박수홍, 도서출판 두남(2009)
- 국제무역실무론, 이무원/박수홍, 도서출판 두남(2013)

<표 창>

- 행정자치부장관 표창(1999)
- 경기도지사 표창(2001)

**물류관리론**

초 판 1쇄 인쇄 —— 2015년 2월 25일
초 판 1쇄 발행 —— 2015년 2월 27일
지은이 —— 임 실 근 · 박 수 홍
펴낸이 —— 전 두 표
펴낸곳 —— 도서출판 두남
서울시 강동구 성내로6길 34-16 두남빌딩
신 고: 제25100-1988-9호
TEL: 02) 478-2065, 2066, 2067, 2311
FAX: 02) 478-2068
E-mail: dunam1@unitel.co.kr
http://www.dunam.co.kr

**정가 33,000원**

ISBN 978-89-6414-599-9 93320